李碧妍 著

危机与重构
唐帝国及其地方诸侯

北京师范大学出版集团
BEIJING NORMAL UNIVERSITY PUBLISHING GROUP
北京师范大学出版社

序

周振鹤

在中国的历史长河中,统一与分裂的现象是极其引人注目的政治过程。连说书人的口头语也是"话说天下大势,分久必合,合久必分"。但是如果我们认真地将"分裂"的意义作一剖析,则会发现,中国历史上由一个统一的政权分裂为两个或更多政权的例子,其实只有汉末与唐末。换句话说,统一政权的分裂只出现过两度,一而再,并没有再而三。许多人通常也认为分裂时期的辽宋对峙与金宋对峙其实并非由一个政权分裂而来,而是不同政权之间的并立。辽的前身契丹政权比北宋还早出现,改国号为辽也早于北宋开国。金则是击败了辽政权才与南宋并存。至于秦统一以前的春秋战国时期也并不是分裂时期,而应视为未统一阶段。西周并非中央集权制国家,而是封建式国家,封邦建国制度本身的形态就是各封国之间的并立状态。

进一步言之,汉末与唐末所引起的分裂还有程度的差异,汉末引起的分裂时期很长,若从魏文帝黄初元年算起,直至隋灭陈,前后有390年。如果自汉献帝兴平二年孙策割据江东算起,则更长。而唐末的分裂从后梁太祖起算,到宋太宗灭北汉,不过73年。这样看来,有一个问题就值得我们思考,为何中国历史上的中央集权制国家引起的分裂次数很少,且分裂时间趋短?这个问题很大,不容易一下子说明白,但有一点是明确的,那就是中央集权制国家在确立了这一制度以后,不断随着历史的进展而有技术上的改进,使得中央集权的程度越来越高,分裂的可能性越来越小。即使一旦分裂,也会比较快地走向重新统一。黑格尔以为中国没有历史,有的只是王朝的更迭。但他不知道中国历史的机制是渐变而非突变,如果从更长远以及更大范围来看,则中国历史上的制度演变是有损有益,也就是对前代制度有继承的一面,也有改革的一面。继承是保持连贯性,改革则是为了适应新形势。所以孔夫子在回答子张"十世可知耶"的问题时,就答道"殷因于夏礼,所损益可知也;周因于殷礼,所损益可知也,其或继周者,虽百世可知也"。从过去的朝代汲取历史经验与教训,对前代的制度采取有损有益的政治措施，成为中国历代政权运行的基本脉络。

唐朝最终因藩镇割据而分裂，但却又因藩镇的并峙均衡而维系中央政权，延续了比唐前期的完全统一时期更长的时间。这是一个颇有点奇怪的现象，这个现象正说明唐代吸取东汉分裂而亡的教训而采取的措施起了相当的作用。当然，这个作用并不完善，所以唐朝仍不免亡于分裂割据，于是后来的宋代，对于中央与地方的关系更加措意，地方权力进一步被削弱，中央集权进一步加强。于是宋以后，再未因地方分裂而引起王朝的覆亡。由于唐代后期的藩镇并立现象的两重性，一方面是唐代分裂的原因，另一方面又是维持中央政权得以不堕的因素，使得历史研究者投入许多精力对这一机制进行深入的研究。研究的关键无非在于中央、藩镇与州三方的政治关系，或讨论藩镇与州的关系，或分析州与中央的关系，或辩证中央与藩镇的关系。或综其中两方论之，或统其三方而作分析。

其中关于中央与藩镇的关系在粗线条方面是相对明确的，一方面是河朔诸镇的割据状态，使得唐后期的统一形势成为跛脚的状态；另一方面是东南八道的忠诚与经济支持使中央政权得以运转；此外则是边缘藩镇的不即不离状态。但在中央能够控制的藩镇中，有一层最重要的关系存在于中央、藩镇与州之间。中央一直想要维持安史之乱以前直领州县的状态，而藩镇则想控制所属州县以获取本身最大的利益。唐代后期即在这种拉锯争夺的动态均衡过程中维持了一百五十年之久，远远超过中国的一些一统王朝。其实唐初的地方政治制度设计已经虑及东汉的教训，采取了许多预防措施，其大要略为以下三点：一是不设高层政区，以中央直领州级单位；二是将州一级政区的地域划小，不让其拥有过大的人力财力；三是不划定监察区，避免其转化为行政区。这一措施的最大缺陷是中央政府的管理幅度过大，难以周全，于是在唐玄宗时仍然不得不划定十五个监察区，为以后的藩镇分立打下了地域方面的基础。

安史之乱以后，为镇压叛乱而形成的藩镇，实际上是合军区政区与监察区为一体的特殊地方机构，其与中央争权乃是自然正常的行为。所以表面上看起来，中央、藩镇与州是三层直线关系，实际上是三角关系，三者各为一角，互相"绷着"。正因为就全唐范围而言，各藩镇之间也是互相绷着，唐后期就这样绷了一个半世纪才寿终正寝。这种情况宋代统治者十分清楚，深知地方政区的两级制绝不可行，而三级制又行不得，索性就设计了一个调和的全新制度，虽设高层政区，而分其职司为三四个部门，而且州一级政府还可直达中央，不为路一级长官所阻隔。这样的制度使北宋相对正常地运转了一百来年，又继续在南宋再运转了差不多同样的时间，更在百年之后又为明代所改进效仿。于是我们从中看到了现代所热议的唐宋变革的一个侧面样态。

虽说唐宋之际的政治变革的基本理路已为大家所知悉，但其间的细节部分并未见得为人所熟知，而且还常常对同一史实有见仁见智的分歧。李碧妍这本《危机与重构——唐帝国及其地方诸侯》是作者多年来独立思考唐代藩镇问题的心得总结。虽说李碧妍从我读博士研究生，但一直习惯于独立思维，这本书即是她独立思考精心构思的结晶。此书集中讨论了8世纪中期至9世纪初唐代的地方政治问题，构成全书的四个章节，分别论述了政治焦点各不相同的四个区域——河南、关中、河北及江淮——在安史之乱爆发后的政治发展情形，这些论述都围绕着一个主题而展开，即唐后期中央政府是如何处理安史之乱及由此所开创的藩镇时代的地方政治危机，重新树立起朝廷的政治权力的。虽然上面我说到唐代中央与藩镇关系的粗线条是明确的，但细节却有待于深入的揭示。有别于以往的一些藩镇研究，本书作者的着力点在于将一系列被以往研究所忽略的藩镇事件，还原到一个具体的政治社会场景之中，或者说，在一个特定的时空界限内，去对与藩镇有关的各种地方政治事件进行阐释，以此来为读者展现一个富有生机且呈现出多棱面的藩镇群体，并提供一个远比一般认识更为复杂的中晚唐地方政治面相，并在此基础上，对藩镇时代在中国历史上的意义重新给予一个具有说服力的判断。

作者对历史细节有着特殊的敏感，并且也乐于在追索历史细节的过程中去充分发挥自己在逻辑推理方面的能力，因此阅读本书似乎有着面对推理小说的感觉。当然，作者的目的并非单纯地纠结于个别的历史细节，或只是对具体的历史事件进行有兴味的解读。本书作者的目标，显然是希望通过藩镇这一视角，去思考藩镇所处的时代的整体结构与发展方向，并且，对藩镇所在的中晚唐这样一个时代，给予一个恰切的历史定位。换言之，作者对藩镇个案的微观考察，希望最终导出的是对一个宏观时代的把握。而借由作者的这一努力，我们也可以看到她对于热议多年的"唐宋变革"的理解，是如何受到前辈学者的影响并在此基础上作出反思的。虽然在李碧妍之前，已经有过数量众多的对藩镇的研究，但我相信，本书绝对不只是在这些著作中数量上的增加而已。

目　录

绪　论 …………………………………………………………… 1

第一章　河南：对峙开始的地方 …………………………… 14
第一节　河南节度使与张巡 ……………………………… 14
第二节　元帅的时代 ……………………………………… 35
第三节　永平军的成长与蜕变 …………………………… 55
第四节　平卢系藩镇的解体 ……………………………… 72
小　结 ……………………………………………………… 108

第二章　关中：有关空间的命题 …………………………… 111
第一节　异族威胁与空间的重构 ………………………… 111
第二节　派系危机与空间的崩溃 ………………………… 134
第三节　东大门的空间塑造 ……………………………… 189
第四节　神策军镇的空间演变 …………………………… 203
小　结 ……………………………………………………… 243

第三章　河北："化外之地"的异同 ………………………… 245
第一节　安禄山叛乱与河北 ……………………………… 245
第二节　后安禄山时代的叛军 …………………………… 274
第三节　河朔三镇性格的差异 …………………………… 290
第四节　帝国的东北地区 ………………………………… 348
小　结 ……………………………………………………… 370

第四章　江淮：新旧交替的舞台 ……………………… 373
　　第一节　永王东行的图景 …………………………… 373
　　第二节　刘展之乱的真相 …………………………… 433
　　第三节　韩滉与镇海军时代的来临 ………………… 448
　　第四节　李锜叛乱与动乱期的终结 ………………… 489
　　小　结 ………………………………………………… 520

代结语　藩镇时代的意义 …………………………… 523

附　录 ………………………………………………… 538

后　记 ………………………………………………… 550

地　图

图1	安史之乱前期河南节度使所辖十三州	18
图2	宋真宗大中祥符元年东巡路线图	33
图3	李光弼去世后的河南藩镇图	54
图4	大历十四年河南藩镇图	71
图5	李希烈叛乱时期淮西节度使辖境	88
图6	李希烈攻扰运路及唐朝运路图	94
图7	贞元四年河南藩镇图	96
图8	元和十五年河南藩镇图	98
图9	关中的五条主要交通线	119
图10	大历初期的关中四镇	123
图11	大历十四年的关中六镇	124
图12	贞元十九年底的京西北八镇及盐州	130
图13	元和九年的京西北八镇	133
图14	代宗初年吐蕃进攻长安路线图	141
图15	广德二年九月所设南、北二道通和吐蕃使	144
图16	大历末期关中的三大派系	152
图17	京东与河东的地缘模式	198
图18	大历初期京西神策军镇屯驻地	206
图19	《续通典》所载左右神策军镇屯驻地	216
图20	陇县千阳地区和长武彬县地区形势图	221
图21	邠宁庆地区军镇分布图	224
图22	唐末的神策军近畿八镇	235

图 23	安史之乱前期河北朝叛对峙形势图	255
图 24	安史乱前河北主要军镇分布图	261
图 25	乾元元年十月相州之役爆发前的河北形势	279
图 26	广德元年初设的河北四镇	290
图 27	大历十一年的河北三镇	294
图 28	贞元二年的河北五镇	300
图 29	元和十五年的河北五镇	301
图 30	长庆元年刘总拟分的幽州三镇	342
图 31	永王东行路线图	375
图 32	贞元三年之后的江东三镇	476
图 33	元和十五年藩镇图	527

绪 论

一、问题的提出

在中国悠久的历史长河中，唐王朝以其辉煌的景象与气度一直以来备受世人的瞩目和推崇。"盛唐"是人们形容唐王朝时经常使用的一个概念。无论这一概念融入了多少后世想象或建构的成分，但作为这一概念依凭底子的"唐"，终究具有一种其他王朝所不具备的欣欣向荣的气质。然而，作为形容王朝性格的一个概念，"盛唐"也常常是与这样一个以它名字命名的时代挂钩的，这个时代就是"盛唐时代"。也就是说，"盛唐"概念的出世，常常只是人们截取了这个王朝生命历程的一个阶段——"盛唐时代"，或者宽泛地讲，经常还包括了走向盛唐时代的"初唐时代"来进行概括的结果。换言之，当人们在使用"盛唐"二字形容唐王朝的性格时，实际上有意无意地忽略了这个王朝生命历程的后一个阶段——中晚唐时代。

安史之乱一直被认为是由"初盛唐"向"中晚唐"转变的转折点，同时也是一个如日中天的帝国开始步入江河日下岁月的分水岭。安史之乱后，地方诸侯林立的藩镇局面俨然形成，后者常被认为是将唐王朝拖向下坡道路的祸首，也正是世人在对"盛唐"的礼赞中，有意遗忘中晚唐最重要的原因之一。然而颇为矛盾的问题就在于，作为对帝国未来命运产生巨大影响的一起事件，安史之乱并没有真正将帝国击垮。事实上，帝国不仅在乱后重新生存了下来，而且还在这样一个藩镇时代存在了约一百五十年，而这个时间，比一向被认为代表"盛唐"气质的帝国前期还要长。

如此看来，假若我们将安史之乱看作唐帝国所遭遇的一次前所未有的危机的话，那么，我并不认为由此引发的藩镇涌现的局面，仅仅是帝国君主盲目草创的一种产物，更不是为了在乱后寻得暂时苟安，措置失当地割裂王土的结果。相反，我更愿意将它视为一种帝国为化解安史危机，甚至还包括帝国前期痼疾而采取的相当理性的举措。另外，我也并不认为藩镇的存在就是必然会削弱帝国的政治权威与统治力并将其逐渐推向灭亡深渊的根源。因为在与藩镇的博弈之中，我们可以看到帝国是如何通过不断地学习与调整，重新树立起它对藩镇的权威与控制力的；并且，又是如何在此基础上发展出了一种利用藩镇体制来为自身带来切实利益的更为现实与灵活的政治理念的。我想，也许这才是帝国在经历了安史之乱这波冲击后，得以幸存并又长存了一个半世纪的内在原因吧。

以上所说，并不意味着我们将对"藩镇体制"的优劣重作判断，而是希望抱着"了解之同情"的态度，尝试着去理解帝国在安史之乱这场危机爆发后，于内地普设藩镇这种行为背后的政治动因，也尝试着去揭示处在一个藩镇时代的唐帝国，是如何通过重构藩镇的空间结构与权力结构，来应对由藩镇所带来的紧张危机并重新树立其统治力的。而对于那些安史之乱爆发地的藩镇而言，这种危机与重构的运动也同样将在它们身上发生。于是，就在这场帝国与它的地方诸侯为应对各自危机所进行的重构运动中，新的政治对抗、新的地缘结构、新的社会关系也将因此产生，并将对中国历史未来的政治走向产生深远影响。

本书以唐代后半期的藩镇为考察对象，不过，它并非一部与藩镇有关的专题史或断代史著作。我们的目的，是希望通过对唐代后半期最为重要的这样一个政治群体的实证性考察，来对唐帝国得以成功渡过安史之乱这波危机，并在由此创发的新兴的藩镇体制下，成功建立其政治权威与统治力的问题，给予一个合理的历史解释。在这一目标下，我将对以下四个相关的问题进行讨论。

首先，我将对安史之乱这场改变帝国政治走势的重大事件进行一次较为细致的梳理。与以往研究多关注于安史之乱的背景，亦即仍旧立足于唐代前期的考察不同，我希望能在实际的叛乱过程中，去整理叛军内部，以及与叛乱相关的各种矛盾的发展趋势。[①] 同时，对安史之乱的考察也不仅

---

① 有关安史之乱最为重要的研究是 E. G. Pulleyblank（蒲立本）半个多世纪前的 *The Background of the Rebellion of An Lu-shan*（London：Oxford University Press，1955。中译本《安禄山叛乱的背景》已由上海中西书局于 2018 年出版）。不过正如仇鹿鸣曾向笔者指出的，对于安史之乱这一唐史研究中的重大问题，令人疑惑的是，除了蒲立本早期开拓性的研究外，国内很少有专门著作对安史之乱的整个过程加以详细地考订。因此时至今日，对于这一改变整个唐史走向的关键性事件的实证研究，看来依旧显得有所不足。

只限于叛乱本身，它同样涵盖了其他一些不与其直接相关，但依旧是由其诱发的事件，其中既有西部异族的动向，也有南部的中枢斗争。在我看来，这同样是考验帝国应对能力，以及为藩镇初步发展提供契机的试金石与舞台。

其次，我将对安史之乱结束后，藩镇与帝国的新政治对抗，以及帝国在此过程中所进行的艰辛而又成功的政治努力进行一番探究。由于这一时期藩镇体制业已确立，因此它理所当然地成为我们整部书稿论述的重心。我们的研究将显示，安史之乱对帝国的影响，或者说，由这场叛乱衍生出来的藩镇危机，基本上到唐宪宗元和末年已经化解了。化解的标志是藩镇空间版图与政治版图重构的完成。有趣的是，帝国重构藩镇版图的方式及目标在不同的地区是完全不同的。但这种不同又是在重构过程中才变得逐渐清晰和明确的。因此它提醒我们，定义帝国与藩镇间权力与权益的地域性差异这时已经出现了。

再次，尽管不是我们讨论的重点，但我仍旧希望对帝国在成功化解了朝藩矛盾后的控制力问题进行一些探讨。我的研究将指出，一种藩镇内部权力结构的变化如何渐渐侵蚀了帝国对地方的控制力。因此虽然从表面上看，帝国不仅解除了藩镇的威胁，而且重塑了自己的权威，但是它对地方社会的控制力其实却弱化了。

在以上分析的基础上，我将对唐帝国地缘结构与社会结构发展的总体趋势提供一些看法。这些看法同样是对藩镇时代意义的一种确定。

最后，借助对过去一百年来藩镇研究成果的整理，我将对这一研究领域的现状及其研究思路进行一些总结与反省。

在研究资料的利用方面，除了传世文献外，我也会尽可能充分地利用已出土的唐代碑志资料，努力将对碑志资料的解读运用并融入整体研究的肌理脉络中。此外，除了以历史学知识为本书研究的基础外，地理学也将是我们必须加以利用的一个知识领域。地理学的研究不仅要求我们时刻注意将历史过程与它所在的地理环境进行联系，也不仅意味着把事物放在地图上；实际上，通过这个过程，我们在事物之间建立起一种联系，并且在对其中任何一个事物进行解释时必须考虑它与其余的关系。[①] 显然，藩镇研究是利用并展现这种地理学研究途径的极佳载体。从这一意义上来说，

---

① [美]李峰著，徐峰译，汤惠生校：《西周的灭亡——中国早期国家的地理和政治危机》，上海，上海古籍出版社，2007年，第23～24页。

本书也可以视为一部有关唐代政治地理学方面的研究之作。总之，我们力图在特定的时空界限内，通过围绕着藩镇而产生的一连串重要政治事件的细致解读，来对这些事件所依存并发生的那个时代的整体结构与发展方向，提供一些可资参考的意见。

本书的正文将由四章组成，每一章即是对帝国一个区域的讨论。我们会选择这些区域中的一些甚至全部的藩镇进行考察，选择的依据完全基于论述主题，亦即它们在"危机与重构"中所扮演的角色而定。此外，对于四个区域的选择同样是我们依据主题而定的结果，关于这一选择的具体原因，我将在"代结语"中给予陈述。另外，选择河南、关中、河北、江淮四个区域为我们讨论的对象，也是基于在"危机与重构"这一大主题下，上述四个地区演绎各自重构路径的具体主题互有差异但又特色鲜明。总之，本书并不旨在对帝国的每个区域甚至每个藩镇的性格特征与发展面貌，进行逐一罗列与面面俱到的阐述，对象的选择与结构的安排完全是我们有意为之的结果。

在有关河南的第一章中，我首先以安禄山叛乱期间河南节度使人选的变更为线索，考察了其背后所蕴含的政治矛盾，并提出这种矛盾对于张巡的抗贼，以及他的这种抗贼英雄形象的塑造可能起到的作用。第二节则以元帅的设置为线索，考察安史之乱后半期河南政治地理的变化情况。我们将看到，经由安史之乱，河南的政治主导权是如何由河南当地军将势力逐渐让位于北来的平卢军的。第三、四节则是对平卢军势力崛起与湮灭过程所作的梳理，并引申出对此后河南地方军人集团诞生问题的探讨。

第二章论述的区域是关中。在第一节中，我复原了唐后期京西北八镇建立的过程及其与西部异族威胁的历史性联系。第二节则由外部的考察转向内部，我将对帝国打压京西北诸军团的过程进行整理，并在此基础上，引申出对"奉天之难"这一政治事件的再探讨。第三节与附录组成了对京东地带的一个讨论。第四节则通过展现神策军镇在关中空间中的演变情形，尝试对帝国经营及失去关中的原因进行一番解答。

第三章对河北的论述将是基于河北本身政治问题的一项研究。在第一、二节中，我结合安史叛乱期间河北政治走向的变化，对叛军集团的内部矛盾及内部结构进行了一次考察，这同时也可视为一项有关河朔藩镇形成史的研究。而紧接着的第三节，则是我对河朔三镇内部权力构造所作的一项带有比较性质的研究。相较于围绕朝藩矛盾展开论述的河南与关中，我们对相对独立的河北诸侯的考察则更多地集中在它的内部。不过在第四节，我仍将对河北与帝国的关系进行一些简单的勾勒。

在第四章江淮部分的第一节中，我将对安史之乱期间发生在南方的一起重要事件"永王之乱"的整个过程进行细致的剖析。第二节讨论的"刘展叛乱"则预示着江淮矛盾已由中枢斗争转向中原将领对帝国的威胁。第三、四节是围绕着一个新兴藩镇镇海军的崛起与陨落所作的论述，这一论述同样将帮助我们审视江淮藩镇与朝廷的关系，以及它们内部权力结构的变化。

至此，我已对本书的研究动机、路径、手段、步骤等作了交代。既然我们的研究以藩镇为对象，因此在绪论的后半部分，我将对迄今有关唐五代藩镇的研究再进行一些简单的回顾。

二、研究现状与思路的反省

有关藩镇的研究，最早可以上溯至20世纪初，如孙诒让《唐静海军考》（《国粹学报》5：9，1909）、吴廷燮《唐方镇年表》（连载于1930—1931年的《东北丛镌》）等。不过最初仍是以考证和史料编纂的性质出现。兼有少数点评式的论文，如马其昶《唐代藩镇论》（《民彝》1：4，1927）、于鹤年《唐五代藩镇解说》（《大公报·史地周刊》第25期，1935年3月8日）。除此之外，罗香林、贺次君等学者也有一些有关唐代藩镇的文章发表。虽然当时的藩镇研究尚处于起步阶段，主要仍反映了传统的研究方式，但这些开创性的成果无疑为后代学者的研究奠定了史料与理论方面的基础。[1]

新中国成立后国内学者对藩镇的研究相对进入一个低潮期，而全面系统地展开对藩镇的探讨，主要是从80年代初才开始的。而在这一时期，海外学者尤其是日本学者却对藩镇进行了大量细致、深刻的研究，尤其是50年代以后，这方面的优秀论著大量涌现。不过在最近三十多年里，国内学者对藩镇的研究也取得了相当不错的成绩，尤其是除了传世文献外，还积极利用出土的敦煌、吐鲁番文书以及石刻史料等进行广泛深入的研究，并提出了许多新观点、新问题，这些都必将把唐五代藩镇的研究进一步引向深入。

---

[1] 参见张国刚：《二十世纪隋唐五代史研究的回顾与展望》，《历史研究》，2001年第2期，第149页。

基于近几十年来国内外有关藩镇的研究已经取得了相当丰厚的成果，使得我们对这一领域的研究作一番梳理成为可能。下文的梳理就将以"藩镇的权力构造研究"为核心展开。

"藩镇的权力构造研究"一语，出于日本学者的论述。日本学者将藩镇研究分为两大块，一块是有关藩镇的权力构造研究，另一块是藩镇辟召制与幕职官研究。[1] 相较于现今国内学者对藩镇研究的概述，日本学者的这一划分方法更清晰，对藩镇问题的本质把握也更明确。[2] 在这两块研究中，前者无疑是更为本质的研究对象，因为从某种程度上来说它揭示了藩镇问题的核心。其实，藩镇辟召制与幕职官研究同样可以被纳入"藩镇的权力构造研究"之中。

关于藩镇问题的核心，即究竟什么是"藩镇问题"，国内学者对此也有过讨论。孟彦弘先生在《论唐代军队的地方化》一文中指出："所谓'藩镇问题'，是指藩镇的跋扈乃至反叛以及士兵的哗变，前者主要是藩镇针对中央的行为，后者是军人针对藩镇节度使的行为。'中央—节度使—地方军人集团'之间的矛盾和相互依存的关系，成为我们理解藩镇问题的关键。"[3] 这一认识视角与日本学者对藩镇研究的划分有暗合之处，因为后

---

[1] 此划分方法见〔日〕高濑奈津子:《第二次大战后的唐代藩镇研究》，见堀敏一:《唐末五代变革期的政治与经济》，东京，汲古书院，2002年，第225~253页。

[2] 宋强刚《唐代藩镇研究述略》(《中国史研究动态》，1989年第11期，第16~20页) 一文将唐代藩镇研究分为"关于藩镇割据出现的原因"、"藩镇割据的社会基础"、"藩镇类型及内部组织结构的分析"、"唐中央和藩镇的斗争"、"对藩镇历史地位和作用的新评价"五个部分。《二十世纪唐研究》(胡戟、张弓、李斌城、葛承雍主编，北京，中国社会科学出版社，2002年，第50~58页) 中关于藩镇问题的评述则更是细分成了"藩镇割据的经济社会背景"、"藩镇的政治体制"、"河北藩镇"、"藩镇与藩帅"、"使府用人制度"、"幕府和军将"、"藩镇的分类"、"藩镇动乱"、"藩镇割据与反割据"、"平藩和销兵"、"藩镇习俗"、"牙军与牙将"、"归义军的研究"十三个部分。就分类本身而言，日本学者的分类法无疑更具有逻辑性，作为专题名，"藩镇的权力构造研究"以及"藩镇辟召制与幕职官研究"既可以针对整体，也可以针对个案。这相较国内学者将专题条目（如藩镇割据的经济社会背景）与个案条目（如河北藩镇）放在一起讨论要清晰得多。另外，分类的不同也体现了两国学者在分析框架上存在的差异。日本学者的分类虽然简练，但分析框架相对明确，这也说明他们对藩镇问题的认识相对更为成熟。

[3] 孟彦弘:《论唐代军队的地方化》，《中国社会科学院历史研究所学刊》(第一集)，北京，社会科学文献出版社，2001年，第264页。

者关于"藩镇的权力构造研究",具体就是从"唐朝与藩镇的关系"以及"藩镇的军事构造"两方面来着手的。如果以上理解正确的话,那么用孟氏的"'中央—节度使—地方军人集团'之间的矛盾和相互依存的关系"来概括藩镇的权力结构就应大致无误,而探讨藩镇与中央的关系以及藩镇的军事构造,就成为藩镇权力构造研究中最为重要的两个方面。

不过,地方军人集团虽然是藩镇权力结构中相当重要的一支力量,但它并不是唯一的一支力量,甚至在很长时期、很多藩镇中,它都不是主要的力量。因此,我们不妨将与孟氏视角相合的日本学者的定义范畴拉得更宽泛一些。即,从"唐朝与藩镇的关系"以及"藩镇内部的权力构造"两个视角来审视"藩镇的权力构造"。而以"地方军人集团"为表征的"藩镇的军事构造"其实只是"藩镇内部权力构造"中的一个层面而已。换言之,如果站在藩镇的立场来审视藩镇问题,我们既应该考察它与外部世界的关系,即所谓"朝藩关系"[①],也应该考察它本身内部世界的关系。

基于以上认识,笔者认为对于藩镇的权力构造研究,可以通过以下几个方面来着手进行。或者说,现今纷繁复杂的各种有关藩镇权力构造研究的表面论题,大体可以概括为以下几个基本思路:

(一)藩镇与中央的关系研究

这一领域的通观性研究首推王寿南的《唐代藩镇与中央关系之研究》[②]一书,其书内容全面、统计精细,目前无出其右。在藩镇与中央的关系研究中,中央的削藩措施是众多学者集中讨论的一个问题。有着眼于整个唐后期的[③],也有针对唐代中晚期特定君主在位时期的[④],还有针对五代十国北宋初

[①] 事实上还应该包括藩镇与藩镇间的关系,不过这方面的研究常常内化在朝藩关系研究之中。

[②] 王寿南:《唐代藩镇与中央关系之研究》,台北,大化书局,1978年。

[③] 如齐勇锋:《唐中叶的削藩措置及其作用》,《陕西师大学报》,1985年第1期;陈文和、林立平:《试论唐后期南方相对稳定的原因》,《扬州师院学报》,1987年第2期等。

[④] 如黄新亚:《说玄宗削藩与安史之乱》,《学术月刊》,1985年第3期;樊文礼:《安史之乱以后的藩镇形势和唐代宗朝的藩镇政策》,《烟台师范学院学报》,1995年第4期;刘太祥:《试论唐德宗施政方略》,《南都学坛》,1991年第3期;李怀生:《唐德宗削藩战争的策略浅析》,《祝贺胡如雷教授七十寿辰中国古史论丛》,石家庄,河北教育出版社,1995年;伍伯常:《唐德宗的建藩政策——论中唐以来制御藩镇战略格局的形成》,《东吴历史学报》第六期,2000年;Charles Peterson(彼得森),"The Restoration(转下页)

期的①。但总体而言，这一领域的研究仍旧停留在作过多的表层论述而缺乏深入的挖掘，而且重复的研究过多，这极大地浪费了学者的精力和智慧。至于如何突破朝藩对峙这一认识范式，并将朝藩关系置于特定时空界限内加以理解的细致研究，目前看来也仍是值得期待的。

由于藩镇这一级的存在，中央与地方州县之间的关系在中唐以后也发生了巨大的变化，于是藩镇时代中央与州县的关系，以及藩镇与州县的关系也成为近来学者关注的另一个重点。②

（二）藩镇内部的权力构造研究

1. 藩镇的军事构造研究

在藩镇的内部权力构造中，军事构造无疑仍是最为重要的，研究成果最为显著，尤其以中国与日本学术界最为突出。具体研究成果主要体现在如下几个方面：由军队征集制度改变而引起的军士身份变化③，因与节度

（接上页）Completed: Emperor Hsien-tsung and the Provinces", in *Perspectives on the Tang*, ed. Arthur F. Wright（芮沃寿）and Denis Twitchett（杜希德）（New Haven: Yale University Press, 1973）；方积六：《略论唐宪宗平定藩镇割据的历史意义》，《中国古代史论丛》，1982年第三辑；李焕青：《唐宪宗朝藩镇政策初探》，《昭乌达蒙族师专学报》，1984年第1期；王朝中：《李绛藩镇对策》，《中国唐史学会论文集》，西安，三秦出版社，1993年；郑学檬：《"元和中兴"之后的思考》，《中国唐史学会论文集》，西安，三秦出版社，1993年；杨西云：《唐中后期中央对藩镇的斗争政策——从元和用兵到长庆销兵》，《历史教学》，1996年第7期等。

① 如樊文礼：《从宋初的改革措施看唐末五代藩镇的割据统治》，《内蒙古大学学报》，1982年第2期；李昌宪：《五代削藩制置初探》，《中国史研究》，1982年第3期；齐勇锋：《五代藩镇兵制和五代宋初的削藩措施》，《河北学刊》，1993年第4期；易图强：《五代朝廷军事上削藩制置》，《中国史研究》，1994年第3期；易图强：《五代朝廷行政上削藩制置》，《益阳师专学报》，1996年第2期等。

② 这一领域早期的重要研究有［日］日野开三郎：《藩镇体制与直属州》，《东洋学报》43：4，1961。目今这方面的研究有：［日］郑炳俊：《唐后半期的地方行政体系》，《东洋史研究》51：3，1992；［韩］金宗燮：《五代中央对地方的政策研究——以对州县政策为主》，《中国社会历史评论》（第四卷），北京，商务印书馆，2002年；易图强：《唐代道、藩镇制下中央与地方关系》，《唐宋元明清中央与地方关系研究》，天津，南开大学出版社，1996年；陈志坚：《唐代州郡制度研究》，上海，上海古籍出版社，2005年；张达志：《唐代后期藩镇与州之关系研究》，复旦大学2009年博士学位论文（已于2011年由北京中国社会科学出版社出版）等。

③ 如［日］滨口重国：《从府兵制到新兵制》，《史学杂志》41：11、12，1932；［日］日野开三郎：《唐府兵时代团结兵的称呼及其普及地域》，《史渊》61，1954；《唐府兵制时代的团结兵》，《法制史研究》5，1954，两文后均收入《日野开三郎（转下页）

使亲疏关系差异而引起的藩镇内部军队性质与地位的不同①，藩镇军队的

(接上页)东洋史学论集》第一卷《唐代藩镇的支配体制》，东京，三一书房，1980年；〔日〕菊池英夫：《唐代募兵的性质和名称》，《史渊》67、68，1956；石垒：《论五代变乱的直接因素及其与兵制的关系》，《民主评论》11：21，1960；石垒：《五代的兵制》(一)、(二)，《幼狮学志》1：2、1：3，1962；胡如雷：《唐五代时期的"骄兵"与藩镇》，原载《光明日报》1963年7月3日史学版，后收入《隋唐五代社会经济史论稿》，北京，中国社会科学出版社，1996年；〔日〕栗原益男：《府兵制的崩坏与新兵种》，《史学杂志》73：2、3，1964；〔日〕大泽正昭：《关于唐末藩镇军构成的一个考察》，《史林》58：6，1975；唐耕耦：《唐代前期的兵募》，《历史研究》，1981年第4期；杨鸿年：《唐募兵制度》，《中国史研究》，1985年第3期；方积六：《关于唐代团结兵的探讨》，《文史》，第25辑，北京，中华书局，1985年；方积六：《关于唐代募兵制度的探讨》，《中国史研究》，1988年第3期；齐勇锋：《中晚唐五代兵制探索》，《文献》，1988年第3辑；张国刚：《关于唐代兵募制度的几个问题》，《南开学报》，1988年第1期；张国刚：《唐代的健儿制》，《中国史研究》，1990年第4期；张国刚：《唐代团结兵问题辨析》，《历史研究》，1996年第4期；张国刚：《关于唐代团结兵史料的辨析》，《唐代的历史与社会——中国唐史学会第六届年会暨国际唐史学术研讨会论文选集》，武汉，武汉大学出版社，1997年；王赛时：《唐朝军队结构的变化与骄兵悍将的形成》，《齐鲁学刊》，1988年第5期；王赛时：《唐代职业军人的谋生途径》，《西南师范大学学报》，1990年第3期；唐长孺：《魏晋南北朝隋唐史三论》第三章，武汉，武汉大学出版社，1993年；孟彦弘：《论唐代军队的地方化》，《中国社会科学院历史研究所学刊》(第一集)，2001年；孙继民：《唐宋兵制变化与唐宋社会变化》，《魏晋南北朝隋唐史》，2006年第4期；张国刚：《唐代兵制的演变与中古社会变迁》，《中国社会科学》，2006年第4期等。

① 如〔日〕日野开三郎：《五代镇将考》，原载《东洋学报》25：2，1938，中译文收入刘俊文主编：《日本学者研究中国史论著选译》第五卷《五代宋元》，北京，中华书局，1993年；〔日〕日野开三郎：《唐代藩镇的跋扈与镇将》，《东洋学报》26：4，27：1～3，1939—1940，后收入《日野开三郎东洋史学论集》第一卷《唐代藩镇的支配体制》；〔日〕周藤吉之：《关于五代节度使牙军的一个考察——和部曲的关系》，《东洋文化研究所纪要》2，1951；〔日〕矢野主税：《藩镇亲卫军的组织与性质》，《长崎大学学艺学部人文社会学研究报告》1，1951；〔日〕矢野主税：《牙中军统制的问题》，《长崎大学学艺学部人文社会学研究报告》2，1952；〔日〕堀敏一：《藩镇亲卫军的权力结构》，原载《东洋文化研究所纪要》20，1959，中译文收入刘俊文主编：《日本学者研究中国史论著选译》第四卷《六朝隋唐》，北京，中华书局，1992年；傅衣凌：《晚唐五代义儿考——中国封建社会结构试论之一》，《厦门大学学报》，1981年增刊(史学专号)；谷霁光：《泛论唐末五代的私兵和亲军、义儿》，《历史研究》，1984年第2期；王育民：《论唐末五代的牙兵》，《北京师院学报》，1987第2期；来可泓：《五代十国牙兵制度初探》，《学术月刊》，1995年第11期；张国刚：《唐代藩镇军队的统兵体制》，《唐代藩镇研究》(增订版)，北京，中国人民大学出版社，2010年；张国刚：《略论唐代藩镇军事制度的几个问题》，《敦煌学与中国史研究论集——纪念孙修身先生逝世一周年》，兰州，甘肃人民出版社，2001年等。

兵变①，藩镇的武职军将等。② 自从20世纪40年代日野开三郎教授的《中国中世的军阀》③问世以来，对藩镇的军事结构研究是目前唐代军制以及藩镇研究中最深刻、成果最显著的领域之一。

2. 藩镇辟召制与幕职官研究

除了军事构造外，文职僚佐的辟召等问题也是藩镇内部权力构造的一个重要层面。其所涉及的相关专题也与前者有相似之处。④ 就目前的研究状况来看，藩镇与中央的关系、藩镇的军事构造，以及藩镇辟召制与幕职官研究占据了藩镇研究的大半江山。

3. 藩镇与地方势力关系的研究

国内学者对于藩镇与地方势力关系的认识，有不少是在研究藩镇的阶级基础时涉及的。其中除了藩镇与职业雇佣兵的关系外，还包括藩镇与大

---

① 如王寿南：《唐末变乱之分析》，《"中央研究院"第二届国际汉学会议论文集》[历史与考古组（下册）]，台北，1989年；王赛时：《唐代中后期的军乱》，《中国史研究》，1989年第3期；何灿浩：《唐末地方动乱的新特点》，《中国社会历史评论》（第一卷），天津，天津古籍出版社，1999年；易图强：《五代藩镇动乱特征分析》，《历史教学》，1994年第2期等。

② 如：[日]曾我部静雄：《关于中国军队的编制名称——都与指挥》，《福井博士颂寿纪念东洋文化论集》，东京，早稻田大学出版部，1969年；[日]渡边孝：《关于唐·五代的衙前称谓》，《东洋史论》6，1988；[日]渡边孝：《关于唐·五代藩镇的押衙》（上、下），《社会文化史学》28、30，1991、1993；[日]渡边孝：《唐藩镇十将考》，《东方学》87，1994；张国刚：《唐代藩镇军将职级考略》，《唐代藩镇研究》（增订版），北京，中国人民大学出版社，2010年；王永兴：《关于唐代后期方镇官制新史料考释》，《纪念陈寅恪先生诞辰百年学术论文集》，北京，北京大学出版社，1989年；杜文玉：《晚唐五代都指挥使考》，《学术界》，1995年第1期；刘安志：《唐五代押牙（衙）考略》，《魏晋南北朝隋唐史资料》第16辑，武汉，武汉大学出版社，1998年；贾志刚：《从唐代墓志再析十将》，《'98法门寺唐文化国际学术讨论会论文集》，西安，陕西人民出版社，1998年；黄寿成：《唐代的突将》，《中国史研究》，2003年第2期；冯金忠：《唐代地方武官研究》，北京师范大学2006年博士学位论文（已于2012年由台北花木兰文化出版社出版）等。

③ [日]日野开三郎：《中国中世的军阀》，东京，三省堂，1942年。此文后收入《日野开三郎东洋史学论集》第一卷《唐代藩镇的支配体制》。

④ 相关研究情况可参见[日]高瀬奈津子：《第二次大战后的唐代藩镇研究》中的相关介绍，第235~238页。国内方面有关藩镇幕职官的系统研究目前主要有两部，一部具有史料编纂性质，即戴伟华：《唐方镇文职僚佐考》，桂林，广西师范大学出版社，2007年；另一部则是基于制度层面进行综合论述，即石云涛：《唐代幕府制度研究》，北京，中国社会科学出版社，2003年。

土地所有者、破产农民、流氓无产者、商人、少数族裔的关系，等等。①但是由于对这一问题的考察是在讨论藩镇的阶级基础背景下进行的，因此考察的结果不仅不够全面，而且有些有失偏颇。相较于国内的状况，日本学界对藩镇与地方势力关系的关注则由来已久，尤其是对藩镇与"土豪层"关系的研究，很早便已取得了相当不错的成绩。②不过，无论国内还是日本，近年来利用碑志资料对藩镇与少数族裔关系的研究所取得的成果则都是颇为显著的。③

当然，上述几个领域的研究并非完全孤立，其间也有明显的交叉性。但总体而言，就藩镇与中央关系立论仍是最为主要的视角，这一点突出地表现在学者对唐代藩镇类型划分的研究中。④相比较唐代的情况，五代的

---

① 如韩国磐：《唐末五代的藩镇割据》，《隋唐五代史论集》，北京，生活·读书·新知三联书店，1979年。杨志玖：《试论唐代藩镇割据的社会基础》，《历史教学》，1980年第6期；杨志玖：《藩镇割据与唐代的封建大土地所有制》，《学术月刊》，1982年第6期，两文后均收入《陋室文存》，北京，中华书局，2002年。黄新亚：《唐代藩镇割据的社会基础辨》，《青海师院学报》，1983年第2期。刘运承、周殿杰：《民族融合和唐代藩镇》，《学术月刊》，1983年第6期。魏承思：《略论唐五代商人和割据势力的关系》，《学术月刊》，1984年第5期。张剑光：《唐代藩镇割据与商业》，《文史哲》，1997年第4期等。

② 如［日］松井秀一：《唐代后半期的江淮——以江贼及康全泰·裴甫的叛乱为中心》，《史学杂志》66：2，1957；［日］松井秀一：《唐代后半期的四川——以官僚统治与土豪的出现为中心》，《史学杂志》73：10，1964；［日］栗原益男：《关于唐末的土豪地方势力——四川韦君靖的事例》，《历史学研究》243，1960；［日］菊池英夫：《节度使权力与所谓土豪层》，《历史教育》14：5，1966；［日］伊藤正彦：《唐代后半期的土豪》，《史潮》97，1966；［日］清木场东：《唐末·五代土豪集团的解体——吴政权土豪集团的事例》，《鹿大史学》28，1980；［日］伊藤宏明：《关于唐末五代时期江南地区的地方势力》，《中国贵族制社会的研究》，京都大学人文科学研究所，1987；［日］大泽正昭：《唐末·五代"土豪"论》，《上智史学》37，1992；［日］大泽正昭：《关于唐末·五代的地方权势者》，《柳田节子先生古稀纪念——中国的传统社会与家族》，东京，汲古书院，1993年。

③ 如荣新江：《安史之乱后粟特胡人的动向》，《暨南史学》第二辑，广州，暨南大学出版社，2003；［日］森部丰：《粟特人的东方活动与东部欧亚世界历史的展开》，大阪，关西大学出版部，2010年。

④ 比如大泽正昭从藩镇与中央的关系着手，将唐代的藩镇分为分立志向型、权力志向型、统一权力支持型三种（见《唐末的藩镇与中央权力——以德宗·宪宗朝为中心》，《东洋史研究》32：2，1973，第146~147页）。王寿南的分类法与此相似，他将藩镇对中央的态度分为跋扈、叛逆、恭顺三种。张国刚则从藩镇的地理位置（转下页）

藩镇研究虽然整体数量偏少，但早在20世纪60年代便已在藩镇内部的权力构造领域，出现了一部条理清晰且论述细腻的通贯性著作，即华人学者王赓武在其博士论文基础上修改出版的《五代时期北方中国的权力结构》①。

从藩镇研究的现状来看，除了专题性的研究仍旧占藩镇研究的绝大多数外，王寿南的《唐代藩镇与中央关系之研究》、张国刚的《唐代藩镇研究》②等都可以说是综合性研究的重要代表。至于区域与个案研究，所取得的成果则更为丰富，这方面尤以海峡两岸近年所出产的硕博论文最为突出。③但个案研究的质量，除了利用敦煌文书所进行的有关归义军的研究已取得突出成绩并影响较大外④，其余研究似仍有整体提升的空间。

研究藩镇问题，对于如何把握和认识藩镇存在的这一时期，即中唐至宋初这一历史阶段在中国历史发展进程中所处的地位是极有帮助的。20世纪初，内藤湖南先生首次从社会性质的角度初步提出了"唐宋变革"的观点。此后中外学者对此问题都展开了深入的讨论。尤其是近年来，"唐宋变革"更已成为史学界的一个热点话题。"中外史学界比较普遍的看法是，唐代或者说唐宋之际中国社会曾经发生了重要变革。大多数意见认为，唐代经济、政治、军事及文化方面发生的重大变化，是中国封建社会从前期向后期转变的标志。"⑤因此，把唐代后期的变化看成一个比较长期的过

（接上页）与作用出发，将唐代的藩镇分为河朔割据型、中原防遏型、边疆御边型、东南财源型四种，其实这仍是基于朝藩关系视角的一种论述（见《唐代藩镇研究》[增订版]第四章"唐代藩镇的类型分析"）。此外论述藩镇类型问题的文章如[英]杜希德著，张荣芳译《唐代藩镇势力的各种类型》（《大陆杂志》，第66卷第1期，1983年），王援朝《唐代藩镇分类刍议》（《唐史论丛》第五辑，西安，三秦出版社，1990年）等多是秉持这一视角。

① Wang Gungwu, *The Structure of Power in the North China during the Five Dynasties*, Kuala Lumpur: University of Malaya Press, 1963；其书中译本《五代时代北方中国的权力结构》已由上海中西书局于2014年4月出版。

② 张国刚：《唐代藩镇研究》，长沙，湖南教育出版社，1987年；后出增订版，北京，中国人民大学出版社，2010年。

③ 有关藩镇个案研究的成果极为丰富，在此不一一列举，较为详赡的介绍可参见张达志：《唐代后期藩镇与州之关系研究》，复旦大学2009年博士学位论文，第18~24页。

④ 归义军的研究目前已形成一个专门领域，本文对此不再展开评述。

⑤ 张国刚：《二十世纪隋唐五代史研究的回顾与展望》，《历史研究》，2001年第2期，第150页。

程，打通唐、五代、宋史研究的断代界限，从而实现对唐宋变革之际的整体把握，几乎成为论唐史者的共识。正因为"自中唐以至宋初，从政治上看，实在是一整个连贯的时期"，而且"此时期的特点就是藩镇"①，因此研究藩镇问题无疑是认识这一变革过程的一个很好的途径与切入点。

此外，由于唐宋变革涉及政治、社会、经济、文化等诸领域，而且由于这些发生在不同接口上的变革相互之间息息相关，因此，藩镇问题固然主要是指藩镇的军政问题，但我们在对藩镇进行研究的过程中，也应该有意识地将社会、经济等问题结合起来进行考察，并解构由此引发的诸多社会历史现象，这样才能避免研究浮于表层，也才能达到对唐宋变革更为客观及实质的把握。所以，对于唐五代藩镇的研究，必须"同时兼有纵向的宏观性及横向的多面性"②，这样才能使研究更为全面与准确。

---

① 于鹤年：《唐五代藩镇解说》，《大公报·史地周刊》第二十五期，1935年3月8日。
② 曾瑞龙、赵雨乐：《唐宋军政变革史研究述评》，包伟民主编：《宋代制度史研究百年（1900—2000）》，北京，商务印书馆，2004年，第165页。

第一章　河南：对峙开始的地方

公元755年，即唐玄宗天宝十四载十一月，身兼范阳、平卢、河东三镇节度使的胡族统帅安禄山起兵反唐，拉开了历时七年有余的安史之乱的序幕。无论是对于唐帝国还是其后来的人们来说，这场席卷北部中国的战争一直被视为帝国政治社会发展的分水岭，甚至被认为是帝国由盛转衰的转折点。叛乱初期的形势证明了安禄山军队的整饬有素，在毫无阻碍地穿过了他的辖区河北之后，安禄山仅用了一个月的时间就将唐廷的军队逼上了与他对峙的前台——河南。而我们关于帝国重构的话题也将以这个东尽于海、西距嵩山、南濒于淮、北薄于河的河南地区为起点展开。紧邻河南西南部的是代表帝国王权的所在地——洛阳平原，以及在未来很长时间内将与河南处在同一个政治单元下的汉东淮上地区。尽管东都洛阳与汉东淮上地区并非我们讨论的主角，但因为与河南的这层地缘政治关系，在我们讨论河南的政治话题时，它们同样是我们不会轻易忘记的对象。至于河南内部的地理环境差异，以及这种差异在河南地缘政治重构中所扮演的角色，我将结合下文的论述一并讨论。

第一节　河南节度使与张巡

> 惟宋三叶，章圣皇帝东巡，过其庙，留驾裴回，咨（张）巡等雄挺，尽节异代，著金石刻，赞明厥忠。与夷、齐饿踣西山，孔子称仁，何以异云。

这段出于《新唐书·忠义传》"赞"中的记载描写了11世纪初宋真宗东巡中的一段经历。据说真宗来到了当时的应天府，途经一座先贤的祠庙，先贤磊落不凡的品行与功业深深吸引了当时的真宗，使其"留驾裴回"。在向旁人咨询了先贤的所行所事后，真宗决定将他们的业绩"著金石刻"，因为在他看来，这些先贤"忠义"的品质足以并且应当彰显于后世。

祠庙供奉的先贤是唐代的两位重要将领——张巡和许远。实际上，即使真宗不将他们的功业"著金石刻"，张、许的事迹也已经广布民间，并且，其实早在唐代，张、许就已经获得了"立庙睢阳（即宋代应天府），岁时致祭"①的荣誉。自唐以来，张、许的功绩一直受到人们的高度推赞。人们推崇他们的"忠义"乃在于在安史叛乱时期，张、许等人以寡弱的军队对抗数十倍于己的叛军，其坚守睢阳（宋州）等地，前后四百余战，杀敌十余万众，城破之日骂贼不屈而全部遇难。而因张巡等人死守睢阳一线长达年余，叛军错失了南下江淮的机会，而江淮地区恰是帝国的财赋来源地。②

对于当代的历史学家而言，张巡的这种坚守睢阳、保全江淮的意义也已为他们所认可。只要我们稍稍翻阅一些简明的通史类著作，我们便不难发现，有关安史叛乱初期河南战局的描述基本上就是围绕张、许的事迹而展开的。譬如：

> 河南方面，唐的地方官张巡、许远等，也在人民的支持下，坚强地守住雍丘（今河南杞县）、宁陵、睢阳（今河南商丘南）一线，遏阻了叛军南下的道路。③

> 在此前后，在南阳（河南邓县）和睢阳的战斗也异常激烈。南阳是江、汉的屏障，睢阳是通向江淮的要道，而江淮一带是唐朝的重要财富来源地。叛军占据中原地区后，江淮财富不得不经由江、汉二水运抵洋川（陕西洋县），再由洋川运到唐军的后防基地扶风（陕西扶风）。安史集团为了切断唐朝廷的经济命脉，接连派大军猛攻南阳和

---

① （宋）欧阳修、宋祁撰：《新唐书》卷192《忠义中·张巡传》，北京，中华书局，1975年。（唐）韩愈撰，马其昶校注，马茂元整理：《韩昌黎文集校注》卷2《张中丞传后叙》曰："愈尝从事于汴徐二府，屡道于两府间，亲祭于其所谓双庙者。"（上海，上海古籍出版社，1987年，第76页）《柳宗元集》卷5《唐故特进赠开府仪同三司扬州大都督南府君睢阳庙碑并序》亦曰："朝廷加赠（南霁云）特进扬州大都督，定功为第一等，与张氏、许氏并立庙睢阳，岁时致祭。"（北京，中华书局，1979年，第142页）

② 据（唐）李肇《唐国史补》卷上等记载，张巡守睢阳时"粮尽食人"之事曾遭人非议，但自李翰撰巡传上之，众议乃定。（上海，上海古籍出版社，1979年，第19页）按李翰《张巡中丞传》今已不传，而《进张巡中丞传表》则收于《全唐文》卷430〔（清）董诰等编，北京，中华书局，1983年〕。

③ 翦伯赞主编：《中国史纲要》（上册），北京，人民出版社，1995年，第402页。

睢阳。唐将鲁炅守南阳历时一年，南阳失陷后又退保襄阳（湖北襄阳），抵挡住了叛军南下的道路。唐将张巡、许远苦守睢阳，和优势叛军前后进行大小四百余战，杀敌12万。睢阳最后陷落时，安史集团已丢失长安，无力再向江淮进扰。江汉和江淮地区的保全，使唐朝在经济上有所依赖，对战争的结局有重大影响。①

相似的论述也出现在由西方学者编纂的著作中，譬如崔瑞德（即杜希德）在《剑桥中国隋唐史》中就写道：

> 同时，他（指安禄山）的军队出击并占领了河南北部周围的地区。他在这里第一次遇到坚决的抵抗。汴州东面和东北面的濮州和曹州在叛军面前岿然不动，雍丘县一个足智多谋的地方将领（指张巡）的顽强抵抗使叛军不能向陈州南进。为了阻止叛军向西南进入长江中游，邓州节度使鲁炅奉命指挥一支基本上由黔中（今贵州）和岭南的非汉族部队组成的大军。虽然安禄山在756年阴历五月把他击退并围之于邓州，但他得到一支经蓝田关的来自京师的部队的救援，叛军被迫北撤。②

从史料记载看，安禄山率主力自灵昌（滑州）渡河，将战乱延伸到河南时为天宝十四载十二月。当月，陈留（汴州）、荥阳（郑州）、东京就先后陷入叛军之手。次年正月，安禄山在东京称帝，并着手西进。不过由于安禄山的决意西进，所以尽管朝叛对峙开始于河南，但实际上河南并不是安史之乱前期朝叛对抗的主战场。如果我们翻看一下上引的这些历史著作，我们会发现，此时期的河南实际上也不是学者着墨过多的一个地区。不过，在这种有关河南的相对精简的论述中，张巡的话题却是人们都会谈到，也几乎是唯一一会谈到的话题。

按张巡率兵抵抗叛军最初可能在天宝十五载（756）初，其为叛军所杀时为至德二载（757）十月。也就是说，张巡在陈留郡东部与睢阳郡西部一带与优势叛军对抗了将近两年。然而，现在引起我们重新探讨张巡问

---

① 朱绍侯、张海鹏、齐涛主编：《中国古代史》（上册），福州，福建人民出版社，2000年，第581页。

② ［英］崔瑞德编，中国社会科学院历史研究所西方汉学研究课题组译：《剑桥中国隋唐史》，北京，中国社会科学出版社，1990年，第453页。

题的兴趣在于，正如学者们所指出的，作为保全帝国经济命脉的功臣张巡，其身份实际上只不过是王朝的一名"地方官"。据史载，张巡起兵初的官职只是谯郡（亳州）太守属下的真源令，其手下之兵也多为临时招募的义兵。这种功绩与身份的巨大落差，不由得使人对唐廷在叛乱发生后所实施的河南政策产生怀疑。难道帝国真的准备依靠这样一位"地方官"和这样一批军队与叛军进行战斗？显然，唐廷不可能无视河南的重要性。事实上，早在安禄山起兵的当月，玄宗就下令"置河南节度使，领陈留等十三郡，以卫尉卿猗氏张介然为之"①。这是唐廷在安史之乱爆发后于内地设立的第一个藩镇，其意义当然不可能被轻视。而且在张巡的时代，河南节度使作为负责河南军政事务的最高统帅基本是一直设立的。此外，诚如上引史论所显示的，学者将坚守南阳的鲁炅看作与坚守睢阳的张巡同等重要的人物。然而，鲁炅是唐廷任命的首任南阳节度使，也就是说，他的职责与他的身份是匹配的，而这与张巡的情况显然截然不同。

如此来说的话，我们的疑问产生就一点不奇怪了，既然在叛乱伊始，唐廷就已经在河南设立了节度使，那为什么在随后的两年左右时间里，我们却几乎看不到这些节度使有多大的表现？或者说，他们的作用为什么始终无法与张巡相提并论，以至于无法引起学者的关注，而河南的存亡最终还是不得不维系在张巡、许远这样的地方官身上？要解答上述的困惑，我想或许还是从河南节度使的选任中来寻找线索比较有效。因为我们发现，与张巡长达两年持之以恒地对抗叛军不同，河南节度使在这两年里却换任得相当频繁。

一、玄宗的意愿

叛乱发生后的第一任河南节度使是张介然，他在叛乱伊始就被玄宗任命为陈留太守、河南节度采访使②，领陈留、睢阳、灵昌、淮阳（陈州）、

---

① （宋）司马光编著，（元）胡三省音注：《资治通鉴》卷217"天宝十四载十一月"条，北京，中华书局，1956年。

② 上引《资治通鉴》作"河南节度使"，《旧唐书·玄宗纪》、《新唐书·玄宗纪》、《新唐书》卷191《忠义上·张介然传》作"河南节度采访使"，《旧唐书》卷187下《忠义下·张介然传》[（后晋）刘昫等撰，北京，中华书局，1975年]，《新唐书》卷170《刘昌传》作"河南防御使"。当从《旧唐书·玄宗纪》《新唐书·玄宗纪》及《新唐书》本传为是。

汝阴（颍州）、谯、济阴（曹州）、濮阳（濮州）、琅邪（沂州）、彭城（徐州）、临淮（泗州）、东海（海州）等十三郡。①（见图1）张介然通常是一个不被注意的人物，他任使极短，在他到达陈留后不久，陈留就被叛军攻陷，而他与在陈留的近万士兵也被安禄山所杀，帝国在河南最重要的军事基础就此瓦解。不过在这里，我们却仍旧要对张介然的出身给予一定的关注。据《旧唐书·张介然传》载：

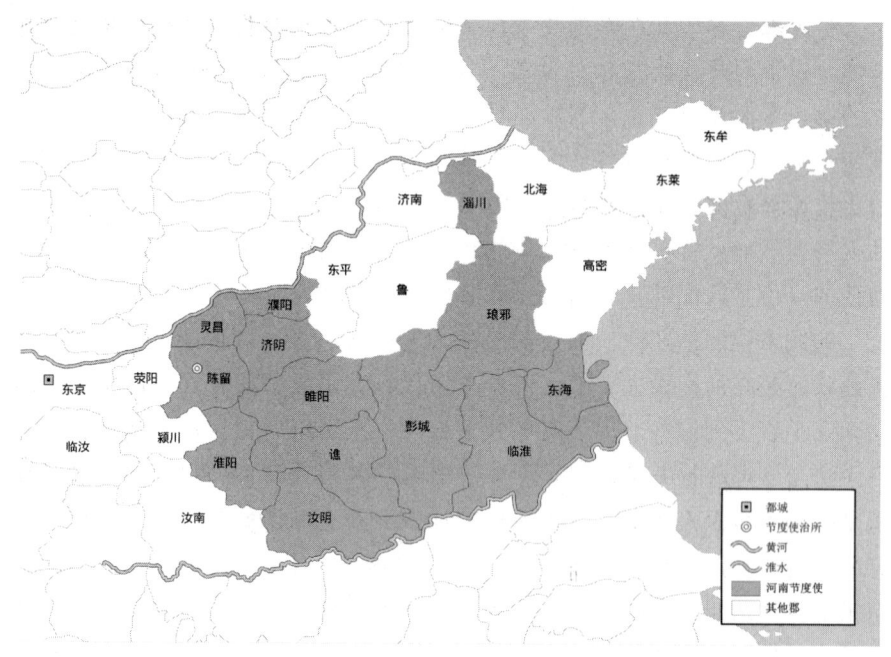

图1 安史之乱前期河南节度使所辖十三州

（此图以谭其骧主编《中国历史地图集》②第五册《隋·唐·五代十国时期》为底图改绘。以下未作说明的地图，皆以《中国历史地图集》第五册为底图。）

---

① 《资治通鉴》卷217"天宝十四载十一月"条称："（玄宗）置河南节度使，领陈留等十三郡。""至德元载正月"条胡注引《新唐书》卷65《方镇表二·河南》称："是载始置河南节度使，治汴州，领陈留、睢阳、灵昌、淮阳、汝阴、谯、济阴、濮阳、淄川、琅邪、彭城、临淮、东海十三郡。"按河南节度使天宝十四载十一月已置，不当于至德元载始置，此其一。其二，新表所载十三郡中，淄川郡较其他十二郡较远，或疑不当在此十三郡中，当补入者为东平郡或鲁郡。鉴于《新唐书·方镇表》普遍存在较多问题，十三郡之名目因此亦未必完全正确，但大致以河南中部为其范围则是不错的。

② 谭其骧主编：《中国历史地图集》，北京，中国地图出版社，1982年。

张介然者，蒲州猗氏人也。本名六朗。谨慎善筹算，为郡守在河、陇。及天宝中，王忠嗣、皇甫惟明、哥舒翰相次为节将，并委以营田支度等使。进位卫尉卿，仍兼行军司马，使如故。及加银青光禄大夫，带上柱国，因入奏称旨，特加赐赉。介然乘间奏曰："臣今三品，合列棨戟。若列于帝城，乡里不知臣贵。臣，河东人也，请列戟于故乡。"玄宗曰："所给可列故乡，京城伫当别赐。"介然拜谢而出，仍赐绢五百匹，令宴集闾里，以宠异之。本乡列戟，自介然始也。哥舒翰追在西京，荐为少府监。安禄山将犯河洛，以介然为河南防御使，令守陈留。

张介然起家的地区在河陇，到天宝年间，他已经先后在三位河陇藩帅手下担任"营田支度"这类主管节镇后勤军需的重要使职，同时还兼领"行军司马"这一节镇僚属体系中的"上介"。① 除此之外，张介然还带有"银青光禄大夫"、"上柱国"这类高品的散阶与勋衔，并且享有"本乡列戟，自介然始"的特殊宠誉。叛乱爆发前不久，他刚被时"废疾于家"的河西、陇右节度使哥舒翰追在长安，并推荐为少府监，显示了其与哥舒翰之间不同寻常的宾主关系。实际上，张介然正是带着这种明显的河陇藩帅使府僚佐及与哥舒翰关系颇为密切的身份出为河南节度使的。

如果我们联系唐廷任命张介然为河南节度使前后针对安史叛乱的其他一些重要人事安排，我们会看到，在任命张介然前不久，中央任命封常清为范阳、平卢节度使，使于洛阳募兵备讨。而在张介然之后，中央很快又任命高仙芝为讨贼副元帅，领飞骑、彍骑、新募兵及边兵在京师者出潼关进讨。封常清是当时来朝的现任安西节度使，而高仙芝则是已在长安多年的前安西节度，他们与张介然有一个共同的特点，那就是他们都是出身西北军事集团的重要人物。而此集团中另一位更加重要的人物哥舒翰，此时也在长安，并在封常清、高仙芝丧败后，被拜为兵马元帅。

叛乱初期的这一连串任命西北军事集团将领出为讨贼统帅的举措应该并非巧合，唯一巧合的，可能只是他们当时都在长安。黄永年先生曾经从

---

① 有关唐代行军司马的研究可参见李显辉：《唐代藩镇使府节度行军司马考论》，陕西师范大学2004年硕士学位论文。和张介然同时，在开元、天宝年间担任节帅行军司马的来瑱、李栖筠、裴冕、鲜于仲通等人，都是此后肃宗、代宗时期的重要人物。

帝国军事格局的角度入手，指出其实早在安史之乱前，帝国的北部边境就已经形成了以范阳为中心的东北军事集团，与以河西、陇右为中心的西北军事集团，两个集团的首领分别是安禄山与哥舒翰。在安禄山于天宝十载（751）兼领河东节度使之前，西方集团的实力本略高于东方。西方节镇原本较多，在河西、陇右两大镇之外还有安西、北庭，北面的朔方、河东与西方的关系也更密切些。不过当安禄山以范阳、平卢节度使的身份又兼领河东后，其"东北三师"的实力就开始高出哥舒翰的"西方二师"。况且安禄山的党羽安思顺此时又充当了朔方节度使。所以，在玄宗大批启用西方系统的将领担任讨贼统帅的同时，我们也看到他立刻罢免了安思顺的朔方节度使一职，以郭子仪取而代之，并最终从哥舒翰之请杀掉思顺。①

　　黄氏的论述并没有涉及张介然，不过我们以为，把任命张介然担任河南节度使一事同样放在这一大背景下来考察将是有意义的。也就是说，玄宗在天宝十四载底对张介然的这一任命，即使没有取悦其府主哥叔翰的意图，至少也与玄宗本人以西制东的战略原则相吻合。

　　然而令玄宗遗憾的是，他所任命的西方将领在与安禄山的对抗中相继溃败，即使后来，真正从西北增调过来的部分河陇、朔方军队开始进驻潼关②，数量上占优势的他们也仍旧敌不过来自东北的叛军。而以西军自恃的玄宗也因此不得不逃往剑南，并重新考虑其战略政策。

---

　　① 参见黄永年：《安史之乱》，《六至九世纪中国政治史》，上海，上海书店出版社，2004年，第314~348页。

　　② 《资治通鉴》卷217"天宝十四载十二月"条载："壬辰，上（指玄宗）下制欲亲征，其朔方、河西、陇右兵留守城堡之外，皆赴行营，令节度使自将之，期二十日毕集。"此制发布于张介然于陈留败亡后。当封常清、高仙芝败退潼关时，《资治通鉴》又称："是时，朝廷征兵诸道，皆未至，关中恼惧。会禄山方谋称帝，留东京不进，故朝廷得为之备，兵亦稍集。"哥舒翰代高仙芝成为副元帅后，史又称："河陇、朔方兵及蕃兵与高仙芝旧卒共二十万，拒贼于潼关。"（《旧唐书》卷104《哥舒翰传》）当然，实际人数可能并无如此之多（据《资治通鉴》记载，实际人数可能是八万，号称二十万）。而且驻守潼关的朔方军应该只是朔方军的一部分，或者主要是籍名于朔方军旗下的一些蕃兵，因为郭子仪所领的朔方军主力此时正在北方作战。而河陇军队的大部倒可能随着其统帅哥舒翰被任命为副元帅，主要由西方被调驻潼关一带了。所以此后高适在为玄宗陈潼关败亡之势时只称其时屯驻潼关的为"蕃浑及秦、陇武士"（《旧唐书》卷111《高适传》）。肃宗之子建宁王倓在马嵬驿之变后也曾对前者言"今河西、陇右之众皆败降贼，父兄子弟多在贼中……朔方道近，士马全盛"（《资治通鉴》卷218"至德元载六月"条）云云。

二、新的考虑

张介然死后，河南节度使因之一度废置。而安禄山在攻陷陈留后，却任命了自己的河南节度使李庭望，俾守陈留。此后安禄山引兵西进，叛军在河南的实力受到削弱，但其东略势头并未因此而消减。于是，地当要害、控引江淮的睢阳就成了叛军东略最重要的对象：

> 禄山以张通儒之弟通晤为睢阳太守，与陈留长史杨朝宗将胡骑千余东略地，郡县官多望风降走。①

不过，东平（郓州）太守吴王祗已在此时起兵，于是"郡县之不从贼者，皆倚吴王为名"②，分散在河南各地的军队至少在政治上找到了向心的目标。同时，"单父（睢阳属县）尉贾贲帅吏民南击睢阳，斩张通晤"③。这是叛军在河南遭到的第一次重大失败，它迫使原本欲引兵东徇的李庭望不敢再轻易行动。到了天宝十五载正月，几乎与吴王同时起兵的济南（齐州）太守李随已到睢阳，其时有众数万，于是唐廷有了与在陈留的叛军河南主力对峙的资本，李随也因此被任命为河南节度使。而与之一同被任命的还有许远，他以前高要（岭南高要属县）尉的身份被任命为睢阳太守兼防御使。有关李随此后的命运史料没有留下记载，推测他可能很快就去世了。而他留在睢阳的军队则应由许远统率，成为此后张巡、许远死守睢阳的主要力量。

继李随后被任命为河南节度使的是吴王祗。很可能是因为已经注意到了李祗作为宗室的号召力，玄宗在天宝十五载二月已经任命其为灵昌太守、河南都知兵马使。而当时在雍丘的张巡其实就是打着"吴王先锋使"的旗帜来抗贼的。李祗由东平移镇灵昌，很可能是为了与睢阳的李随形成对陈留叛军的南北夹攻。三月，李祗败安禄山将谢元同于陈留，同月被任命为陈留太守，河南节度使。④ 不过陈留的大部实际上此时仍在叛军的掌

---

① 《资治通鉴》卷217"天宝十四载十二月"条。
② 《资治通鉴》卷217"天宝十四载十二月"条。
③ 《资治通鉴》卷217"天宝十四载十二月"条。
④ 《资治通鉴》卷217"至德元载三月戊辰"条。《新唐书》卷5《玄宗纪》作二月己亥，此从《资治通鉴》。从《资治通鉴》上文的记载看，谢元同在当年三月乙卯的时候还在和令狐潮等其他一些叛军将领同攻张巡所守的雍丘，后为张巡所败。（转下页）

控中，因此李祗的驻地当仍在灵昌。

这年春天，除了随、祗等人的起兵外，濮阳丞尚衡率郡人王栖曜等成功攻拔了禄山将邢超然占领的济阴郡①，而四万叛军为时两个月的雍丘攻势也在张巡大小三百余战的努力下瓦解。与此同时，中央开始在南阳（邓州）设置节度使，并将岭南、黔中、襄阳子弟五万人屯叶（临汝属县）北，以备叛军南下，这对河南而言显然也是个好消息。

然而就当河南中部的形势开始变得较为乐观时，河南节度使的人选却又出现了变动，据《资治通鉴》载：

> 五月丁巳，（鲁）炅众溃，走保南阳，贼就围之。太常卿张垍荐夷陵（峡州）太守虢王巨有勇略，上征吴王祗为太仆卿，以巨为陈留、谯郡太守，河南节度使，兼统岭南节度使何履光、黔中节度使赵国珍、南阳节度使鲁炅……戊辰，巨引兵自蓝田出，趣南阳。贼闻之，解围走。②

按照《资治通鉴》的叙述看，李巨出任河南顺势也解除了南阳的围困，这可能得益于他率领了一部分军队随行③，给叛军造成了一定的威慑。不过李巨此次出任的目标毕竟还是河南，虽然我们并不认为到了河南后，他还拥有统辖岭南、黔中、南阳的实际权力，不过仅就这一名号而言，也足以显示出中央对李巨的期望。

在《旧唐书·李巨传》中，有关李巨出任一事有更为详细的记载：

> 及禄山陷东京，玄宗方择将帅，张垍言巨善骑射、有谋略，玄宗追至京师。杨国忠素与巨相识，忌之，谓人曰："如此小儿，岂得令

（接上页）而其时吴王祗担任的是灵昌太守，所以我推测最后真正击败谢元同的是在陈留（雍丘是陈留的属县）的张巡，而不是吴王祗。但考虑到张巡是打着"吴王先锋使"的旗帜抗贼的，所以这次胜利可能因此被寄于吴王祗名下，而吴王祗也因此被任命为河南节度使。

① （宋）李昉等编：《太平广记》卷222《相二》"尚衡"条引《定命录》称尚衡为"濮阳丞"，北京，中华书局，1961年，第1706页。《资治通鉴》卷217"至德元载正月"条称"濮阳客"，现从《太平广记》。

② 《资治通鉴》卷218"至德元载五月"条。

③ 另据《旧唐书》卷187下《忠义下·许远传》载，此后虢王巨为贺兰进明接任，"尽将部曲而行"，可见虢王巨在赴任时是带了一定数量的部曲的。

见人主！"经月余日不得见。玄宗使中官召入奏事，玄宗大悦，遂令中官刘奉庭宣敕令宰相与巨语，几亭午，方出……寻授陈留、谯郡太守，摄御史大夫、河南节度使。翌日，巨称官衔奉谢，玄宗惊曰："何得令摄？"即日诏兼御史大夫。巨奏曰："方今艰难，恐为贼所诈，如忽召臣，不知何以取信？"玄宗劈木契分授之，遂以巨兼统岭南节度使何履光、黔中节度使赵国珍、南阳节度使鲁炅，先领三节度事……巨至内乡（南阳属县），趣南阳，贼将毕思琛闻之，解围走。巨趣何履光、赵国珍同至南阳，宣敕贬炅，削其章服，令随军效力。至日晚，以恩命令炅复位。

上述的记载有两点值得注意：其一，本传称当安禄山攻陷东京后，玄宗开始着手选择将帅，这里的将帅明显应有一定所指，它指的就应当是河南地区的将帅。也就是说，当张介然、封常清失守河南、东京后，玄宗就已经开始考虑新的河南统帅人选了。另外，当玄宗接受其婿张垍的建议俾令夷陵太守李巨入京后，由于杨国忠的阻扰，李巨实际上又在长安赋闲了月余。换言之，如果没有道里、权臣的阻碍，李巨赴任河南可能会更早一些。指出以上两点是想说明，在虢王李巨之前，李随和吴王李祗被任命为河南节度使或许只是中央的一个权宜之计，玄宗要的是一位亲信大臣，而不是来自河南的地方官员出任统帅之职，尽管后者也有不俗的表现。所以说，同为宗室出任，李巨的权力要高于李祗。不过宗室间的这种替任对唐廷来说毕竟还是有利的，吴王业已建立起来的号召力可以很自然地为虢王所利用，所以当李巨来到河南后，同样有"假（张）巡先锋使"① 的举措。

如果说虢王李巨的出使才是玄宗在继张介然后对河南节帅人选所做的真正审慎的选择，那么它将透露出完全不同于此前任命张介然的战略意图，那就是改变由边镇将领统兵的局面，而代之以宗室出任。而这一精神，我们将在两个月后玄宗颁布的《命三王制》中看得更加清楚。

在这两个月里，唐廷发生重大变故，潼关被乱军攻陷，玄宗不得不南逃四川，而太子李亨则分道北上，著名的《命三王制》就是玄宗在这一背景下颁布的。制云：

太子亨宜充天下兵马元帅，仍都统朔方、河东、河北、平卢等节

---

① 《资治通鉴》卷219"至德二载十一月"条。

> 度采访都大使，与诸路及诸副大使等计会，南收长安、洛阳……永王璘宜充山南东路及黔中、江南西路等（"永王璘宜充山南东路及黔中、江南西路等"此句当从《唐大诏令集》作"永王璘宜充山南东道、江南西路、岭南、黔中等"）节度支度采访都大使，江陵大都督如故……盛王琦宜充广陵郡大都督，仍领江南东路及淮南、河南等路节度采访都大使……丰王珙宜充武威郡大都督，仍领河西、陇右、安西、北庭等路节度支度采访都大使……应须兵马、甲仗、器械、粮赐等，并于当路自供。其诸路本节度采访支度防御等使虢王巨等，并依前充使。①

随着西北军事集团的溃败，边将领兵的方针也被玄宗放弃，取而代之的则是皇子分统诸道。而就河南来说，此前对虢王巨的任命并未更革，显示了这一任命仍是玄宗此战略调整中的重要环节。不过此制文除了以上所说的目的外，也许还含有另一个更加深刻的意图，那就是玄宗要以分封诸王来遏制太子李亨。② 而我们的研究将会发现，玄、肃二帝间的这一矛盾也将对此后河南节帅的选任造成影响。

回到虢王巨的任命上来。不同于此前的河南节度使，虢王李巨此时的治所在彭城。与之前的睢阳和灵昌相比，彭城显然是一个更为安全的治所。虽然由于不再是战场的前线，多少带有示弱的意味，但无疑是一个更适合统帅驻扎的地区。

三、肃宗的企图

在天宝十五载春，除了河南中部外，一股来自河南东部的势力也值得我们注意：

> 时北海（青州）太守贺兰进明亦起兵，（颜）真卿以书召之并力，

---

① 《全唐文》卷366贾至《玄宗幸普安郡制》。该制又收入《文苑英华》卷462、《册府元龟》卷122《帝王部·征讨》。《唐大诏令集》卷36拟作《命三王制》[（宋）宋敏求编，北京，中华书局，2008年，第155页，据商务印书馆1959年排印本重印]。《资治通鉴》卷218"至德元年七月"条亦有该制的记载。《唐大诏令集》的文本与《文苑英华》《册府元龟》《全唐文》三者相差较大，本书采用《全唐文》的文本，并参校《唐大诏令集》等。

② 详见本书第四章第一节的论述。

> 进明将步骑五千渡河，真卿陈兵逆之，相揖，哭于马上，哀动行伍。进明屯平原城南，休养士马，真卿每事咨之，由是军权稍移于进明矣，真卿不以为嫌。真卿以堂邑（博平属县）之功让进明，进明奏其状，取舍任意。敕加进明河北招讨使，择交、冬馥微进资级，清河（贝州）、博平（博州）有功者皆不录。①

河南东部因鲁中山地的存在，在安史叛乱初期免于战火的侵扰，不过它与中部的联系也因此受到了阻碍。相反，它与河北的交通却并没有因黄河的阻隔而受到影响。所以当这个地区支持唐廷的地方势力开始起兵后，他们往往会首先呼应河北的同人。② 颜真卿是当时的平原（德州）太守，同时身兼河北招讨、采访、处置使，其时正组织着河北地区的义兵对抗叛军。从上述的记载看，贺兰进明为人高傲而颇有政治心计，在他来到河北后便开始有意凌驾颜真卿之上，但史料证明此人并无过人的将帅之才：

> 禄山已陷河间（瀛州）、信都（冀州）等五郡，进明未有战功，玄宗大怒，遣中使封刀促之，曰："收地不得，即斩进明之首。"进明惶惧，莫知所出，（第五）琦乃劝令厚以财帛募勇敢士，出奇力战，遂收所陷之郡。③

而据《颜鲁公行状》的记载，贺兰进明因失律于信都城下，本有诏抵罪，幸赖颜真卿"纵之使赴行在"④，暂时躲过了惩治。不仅如此，这次西行还为贺兰进明此后的仕途带来了不错的运气，史称：

> 上（指肃宗）命（房）琯以（贺兰进明）为南海（广州）太守，兼御史大夫，充岭南节度使；琯以为摄御史大夫。进明入谢，上怪之，进明因言与琯有隙，且曰："晋用王衍为三公，祖尚浮虚，致中原板荡。今房琯专为迂阔大言以立虚名，所引用皆浮华之党，真王衍

---

① 《资治通鉴》卷217"至德元载三月"条。"交、冬馥"疑为"胶东腹"之误。
② 如此前提到的济南太守李随，《全唐文》卷514殷亮《颜鲁公行状》就称"济南太守李随下游奕将訾嗣贤渡河，得博平伪太守马冀，据其郡。各有众数千，或至万人，相次于平原，共推公为盟主"。而此时的贺兰进明据《颜鲁公行状》载，亦是"（颜真卿）以书过河，招北海太守贺兰进明，统马步兵五千来助"。
③ 《旧唐书》卷123《第五琦传》。
④ 《全唐文》卷514殷亮《颜鲁公行状》。

之比也！陛下用为宰相，恐非社稷之福。且琯在南朝佐上皇，使陛下与诸王分领诸道节制，仍置陛下于沙塞空虚之地，又布私党于诸道，使统大权。其意以为上皇一子得天下，则己不失富贵，此忠臣所为乎？"上由是疏之（指房琯）。①

房琯正是曾向玄宗建言令诸子分总天下节制的大臣，此时奉使至灵武册立肃宗，并深得肃宗好感。然而贺兰进明的一番进言却动摇了肃宗对房琯的信任，当然，这也是因为他一语点出了肃宗的痛处所在。很快，贺兰进明被肃宗任命为河南节度使，而不是原本应该去的岭南。

这样一来，我们便发现河南现在出现了两位节度使，一位是玄宗任命的虢王巨，另一位则是肃宗任命的贺兰进明。这种两节度并立的局面显然正是"双悬日月照乾坤"② 的中央矛盾在河南的翻版。不过贺兰进明此时还未去河南赴任，当然，虢王巨能否接受前者的替任也还是个未知数，至少，现在河南的军政事务确还由其负责领导。

四、张巡的困境

现在让我们来谈一下于雍丘抗贼的张巡的问题。自从玄宗出逃长安后，处于与河南叛军作战第一线的张巡便失去了与朝廷的联系，史称：

> （李庭望将）令狐潮围张巡于雍丘，相守四十余日，朝廷声问不通。潮闻玄宗已幸蜀，复以书招巡。有大将六人，官皆开府、特进，白巡以兵势不敌，且上存亡不可知，不如降贼。巡阳许诺。明日，堂上设天子画像，帅将士朝之，人人皆泣。巡引六将于前，责以大义，斩之。士心益劝。③

在此后四五个月的时间里，张巡数次击破了李庭望、令狐潮等叛军的攻势。同时由于颜真卿的努力，河北、河南、江淮诸道业已知道了肃宗即位

---

① 《资治通鉴》卷219"至德元载十月"条。贺兰进明之奏对见《全唐文》卷346《论房琯不堪为宰相对》。

② （清）王琦注：《李太白全集》卷8《上皇西巡南京歌·其十》，北京，中华书局，1977年，第441页。

③ 《资治通鉴》卷218"至德元载七月"条。

灵武的消息,"徇国之心益坚矣"①。

不过这种僵持局面并没有维持太长时间,河北、河南的战局又渐渐开始倒向叛军一边。首先是河北,到至德元载(即天宝十五载)十月时,受安禄山之命稳固后方的史思明、尹子奇已经成功地将河北的大局重新控制在叛军手里。身为河北招讨采访等使的颜真卿不得不放弃平原等郡,渡河南走。

> (十月,)尹子奇将五千骑度(渡)河,略北海,欲南取江、淮。会回纥可汗遣其臣葛逻支将兵入援,先以二千骑奄至范阳城下,子奇闻之,遽引兵归。②

若不是回纥兵的入援,河南东部被攻陷的将不仅是北海一郡。但是很明显,河北的失守现已将战火引入了河南东部的胶莱平原一带。于是在这年底,唐廷"置北海节度使,领北海等四郡"③。这是唐廷在山东半岛附近设立的第一个节度使。

再来看河南,在西部,被围多年的颍川郡(许州)由于期年救兵不至,终于为禄山将阿史那承庆攻克。而在中部,虽然张巡顶过了李庭望、令狐潮数月的攻势,但是到至德元载十二月的时候,由于鲁(兖州)、东平、济阴诸郡先后沦陷,虢王巨"引兵东走临淮"④,而禄山将杨朝宗帅马步二万,将袭宁陵,绝巡饷路。于是张巡不得不拔离雍丘,东守宁陵以待之,开始与睢阳太守许远合势抗贼。史称:

> 是日,杨朝宗至宁陵城西北,巡、远与战,昼夜数十合,大破之,斩首万余级,流尸塞汴而下,贼收兵夜遁。敕以巡为河南节度副使。巡以将士有功,遣使诣虢王巨请空名告身及赐物,巨唯与折冲、果毅告身三十通,不与赐物。巡移书责巨,巨竟不应。⑤

宁陵之战后,张巡被敕以河南节度副使,但虢王巨吝于赏赉,张巡的节度

---

① 《资治通鉴》卷218"至德元载七月"条。
② 《资治通鉴》卷219"至德元载十月"条。
③ 《资治通鉴》卷219"至德元载(十二月)"条。《新唐书》卷65《方镇表二·青密》称至德元载:"置青密节度使,领北海、高密、东牟、东莱四郡,治北海郡。"
④ 《新唐书》卷192《忠义中·张巡传》。
⑤ 《资治通鉴》卷219"至德元载十二月"条。

副使当然也只是一纸虚名。所以在此后的睢阳之战中,张巡只能以这样一番话语告慰将士:

> 吾受国恩,所守,正死耳。但念诸君捐躯命,膏草野,而赏不酬勋,以此痛心耳!①

而在许远方面,其争取粮饷的努力也遭到了虢王巨的阻扰:

> 先是,许远于城中积粮至六万石,虢王巨以其半给濮阳、济阴二郡,远固争之,不能得;既而济阴得粮,遂以城叛。②

更糟糕的是,至德二载(757)正月,安庆绪杀安禄山取而代之,以尹子奇代替李庭望为河南节度使,

> 甲戌,子奇以归(妫)、檀及同罗、奚兵十三万趣睢阳。③

尹子奇率领河北劲卒的这次南下非同小可,许远不得不告急于在宁陵的张巡,请其于睢阳城与许远合兵。当时两者士卒相加亦只有六千八百余人,而就是这不到七千人的军队在此后的十个月里苦苦拖住了十几万的叛军,上演了安史之乱中最惨烈的死守睢阳的战役。

五、最后的对决

现存史料都表明,在当时的河南,其实并不只有张、许这一支抗贼力量。首先是贺兰进明,他可能差不多与尹子奇南下同时重新回到河南,并成功接替了虢王巨担任河南节度使。据《旧唐书·许远传》载:

> 虢王巨受代之时,尽将部曲而行,所留者拣退羸兵数千人、劣马数百匹,不堪扞贼。

这不知是不是李巨有意针对贺兰进明的行为,但此举削弱了河南的抗贼力量则不言而喻。不过就贺兰进明而言,其本部的军事力量倒并没有因李巨的"尽将部曲而行"而显得孱弱,《旧唐书·张巡传》中就说:"时贺兰进

---

① 《资治通鉴》卷219"至德二载三月"条。
② 《资治通鉴》卷219"至德二载七月"条。
③ 《资治通鉴》卷219"至德二载正月"条。

明以重兵守临淮。"《资治通鉴》也记载："河南节度使贺兰进明克高密（密州）、琅邪，杀贼二万余人。"① 显然作为新任河南节度使的贺兰进明手头是有不少士卒的。除了贺兰进明外，灵昌太守、河南都知兵马使许叔冀其时拔众奔彭城、谯郡②，史称其"麾下精锐"③，军事力量并不亚于当时的节度使贺兰进明。此外，在彭城和谯郡，尚有尚衡和闾丘晓的军队。

但不幸的，在睢阳日蹙之时，这些河南将领都没有发兵援助睢阳，甚至在张巡派出大将南霁云——向其告急请师时，仍旧逗留不进。对这些河南将领，尤其是节度使贺兰进明坐视睢阳危亡的行为，史家的解释是：

> 初，房琯为相，恶贺兰进明，以为河南节度使，以许叔冀为进明都知兵马使，俱兼御史大夫。叔冀自恃麾下精锐，且官与进明等，不受其节制。故进明不敢分兵，非惟疾巡、远功名，亦惧为叔冀所袭也。④

房琯与贺兰进明的矛盾，成了导致张、许失援的一大因素。不过更进一步来说，作为统帅河南军政大局的河南节度使，此时已经丧失了对借安史之乱而涌起的各地方军阀的控制力，这可能才是导致睢阳城孤守更为根本的原因。

或许是终于意识到了河南战局的危亡，至德二载八月，肃宗以平章事张镐兼河南节度、采访处置等使，代贺兰进明。另据《旧唐书·张镐传》和《新唐书·张镐传》载，张镐此时还持节都统淮南等道，显然是准备集合东南诸道兵力，合力北上救援睢阳。史称：

---

① 《资治通鉴》卷219"至德二载七月"条。
② 《资治通鉴》卷219"至德二载八月"条云："灵昌太守许叔冀为贼所围，救兵不至，拔众奔彭城。"《资治通鉴考异》（以下简称《考异》）曰："《实录》云：'拔其众南投睢阳郡'，按《张中丞传》云：'许叔冀在谯郡。'盖叔冀欲投睢阳，为贼所围，遂投彭城、谯郡耳。今从《新纪》。"《资治通鉴》后又云："是时，许叔冀在谯郡，尚衡在彭城，贺兰进明在临淮。"按《新唐书》卷6《肃宗纪》："灵昌郡太守许叔冀奔于彭城。"《新唐书》卷192《忠义中·张巡传》亦曰："许叔冀、尚衡次彭城。"《旧唐书》卷10《肃宗纪》则从《实录》云："拔众投睢阳郡。"睢阳必误，彭城、谯郡二说不知孰是，故此处从《考异》言，兼采二说。
③ 《资治通鉴》卷219"至德二载八月"条。
④ 《资治通鉴》卷219"至德二载八月"条。

> 张镐闻睢阳围急，倍道亟进，檄浙东、浙西、淮南、北海诸节度及谯郡太守闾丘晓，使共救之。晓素傲很，不受镐命。比镐至，睢阳城已陷三日。①

张镐终究还是没来得及赶上救援睢阳，而在睢阳城陷十天后，广平王以郭子仪及回纥等军收复东京，各地叛军纷纷撤归河北，而此时已撤至陈留的尹子奇也为郡人所杀。

十一月，张镐率鲁炅、来瑱、吴王祗、李嗣业、李奂五节度徇河南、河东郡县，除能元皓据守北海、高秀岩据守大同外，其余皆攻克。十二月，位于范阳的史思明以所部请降，并率其河东节度使高秀岩亦以所部来降。到了次年二月，安庆绪所署北海节度使能元皓举所部来降。于是河南、河东、河北至少在名义上已经全部归顺唐廷，对于唐廷来说，现在只差对据守邺郡（相州）一带的安庆绪给予最后一击了。

不过在此时，以宰相身份出为河南节度使的张镐已向肃宗手书密表，上言：

> "思明凶竖，因逆窃位，兵强则众附，势夺则人离。包藏不测，禽兽无异，可以计取，难以义招。伏望不以威权假之。"又曰："滑州防御使许叔冀，性狡多谋，临难必变，望追入宿卫。"②

但此时的肃宗正欲宠纳史、许诸人：

> 会中使自范阳及白马来，皆言思明、叔冀忠恳可信，上以镐为不切事机，（乾元元年五月）戊子，罢为荆州防御使；以礼部尚书崔光远为河南节度使。③

张巡时代的最后一任河南节度使也就此被罢职。

六、真实的影像

以上我们以河南节度使的选任为线索，考察了安史叛乱第一阶段河南的政治形势。我们可以将考察的结果通过表1展示出来。

---

① 《资治通鉴》卷220"至德二载十月"条。
② 《旧唐书》卷111《张镐传》。
③ 《资治通鉴》卷220"乾元元年五月"条。

表 1　安史叛乱初期河南节度使任命表

	姓名	任年	治所	出身
玄宗系	张介然	天宝十四载十一月—十二月	治陈留	河陇集团重臣
	李随	天宝十五载一月—三月前	治睢阳	济南太守
	吴王祗	天宝十五载三月—五月	治灵昌	东平太守、宗室
	虢王巨	天宝十五载五月—至德二载春夏受代	先治彭城，继治临淮	宗室
肃宗系	贺兰进明	至德元载十月受命—至德二载八月	治临淮	北海太守
	张镐	至德二载八月—乾元元年五月	治陈留	宰相
	崔光远	乾元元年五月—十二月	治陈留	礼部尚书
禄山系	李庭望	天宝十四载十二月—至德二载一月	治陈留	
庆绪系	尹子奇	至德二载一月—十月	治陈留	

我们在传统上习惯于将藩镇节帅的选任仅仅置于一个纵向的时间序列中来进行考察，但在这里，我则试图在更为复杂的横向关系网中来为这些河南节帅寻找定位。从上表来看，较之于叛军集团相对稳定的节帅任命，唐廷方面的节帅更迭则要频繁得多，其背后所隐藏的复杂的政治矛盾正是上文所论述的主题。

就玄宗而言，其战略部署原打算以西方军事集团的张介然、封常清牵制东北叛军的西进，最终达到凭借河陇军事力量击溃叛军的目标。但随着两京的先后陷落，玄宗的这一军事计划也宣告破产，取而代之的是以诸王尤其是皇子分统诸道。虢王巨的任命在一定程度上正体现了这一战略思想的转变。而李随与吴王祗先后以河南地方势力的身份被任命为河南节度使，可能只是一个权宜之计。在唐廷与叛军争夺河南的同时，唐廷内部的争夺也在进行。肃宗以贺兰进明代替虢王巨为河南节度使，正是其决意与玄宗争夺河南政治统治权的表现。但当贺兰进明来到河南后，实际上已经无法控制凭借安史之乱业已成长起来的河南地方军阀，如许叔冀等人。肃宗在此时也在调整策略，其以宰相张镐出统河南诸道，试图集合东方诸军救援睢阳并收复河南失地。但张镐实际上也遇到了与贺兰进明同样的问题,面对这些逐渐坐大的地方军阀,有效的控制力已经无法施行。虽然在睢阳失陷后,张镐杖杀了不受禀命、不肯发兵施救的谯郡太守闾丘晓,但对于许叔冀等人,却也是无可奈何,并最终因谏招史、许诸人被肃宗指为不切事机而罢职。随后任职河南节度使的崔光远,其节度性质与此前已有根本不同。许叔冀之辈的实力已经壮大,而自身军事力量不够的河南节度使已经无法凌驾于其上,当然也就要改弦易辙了。

回过头来还要谈一下张巡。无疑,在安史之乱爆发后,朝叛之间的矛盾成为当时河南的主要矛盾。但正如上文所分析的,在当时的河南,除了朝叛矛盾外,其实还交织着玄宗与肃宗、中央与地方、地方与地方这多重矛盾。而从另一角度来讲,所谓朝叛矛盾,与其说指的是唐廷与叛军,倒还不如说张、许与叛军可能更恰当。因为当朝命的河南节帅们从陈留、睢阳一步步地退到彭城、临淮时,张巡却在雍丘、宁陵、睢阳一线死死抵住了叛军长达约两年的攻势。因此,我们现在再来探讨张巡的问题,如果能将他们保全帝国经济命脉的作用置于这样一种维度下来理解,或许就会对其意义有更加深刻的认识。

张巡没有显赫的官职,他的抗贼之举全然出于对王朝的忠义①,但他和许远等人的努力自始至终都没有得到唐廷方面多大的支持。唐廷虽然一次次地派遣新的河南节帅,但实际上却并没有缓解睢阳等地的压力。而来自他郡的支援与牵制也相当有限,逐渐崛起的周边实力军阀以隔岸观火的心态坐视睢阳的粮尽人亡。所以说,张巡与许远正是在这样一种恶劣的生存环境下为保全帝国的经济命脉战斗的。

回头,让我们再来谈谈本文开头引用的那段宋真宗途经睢阳庙的记载:

> 惟宋三叶,章圣皇帝东巡,过其庙,留驾裴回,咨(张)巡等雄挺,尽节异代,著金石刻,赞明厥忠。与夷、齐饿踣西山,孔子称仁,何以异云。

实际上,当我们查看有关宋代的史料,发现真宗在大中祥符元年(1008)东封泰山的行程中,其实根本没有经过(实际上也不可能经过)

---

① 此后韩愈在评价张、许事迹时就言:"当其围守时,外无蚍蜉蚁子之援,所欲忠者,国与主耳。"(《韩昌黎文集校注》卷2,第74页)

当时的应天府。①（见图2）换言之，这段引起我们话题的记载很可能只是子虚乌有。不过，我们不用谴责传记作者欧阳修是否道听途说了这一事件，因为在真宗东巡时，欧阳修（1007—1072）只不过是一个一岁的孩童。当然，我们也没有必要去揣测欧阳修是否刻意杜撰了这样一个记载，因为只要对比一下《旧唐书·忠义传》和《新唐书·忠义传》中有关张巡事迹详略悬殊的篇幅，我们就不难想象文忠公即便不是张、许的忠实拥趸，至少也对他们有特别的偏爱。实际上，文忠公的那篇《跋〈唐张中丞传〉》②，以及《新唐书·忠义传》"赞"中的那句"与夷、齐饿踣西山，孔子称仁，何以异云"已经将他对张、许的态度公之于众了。而显然，即使这一事件真出于杜撰，欧阳修也不会因此背上任何的政治负担，因为张、许

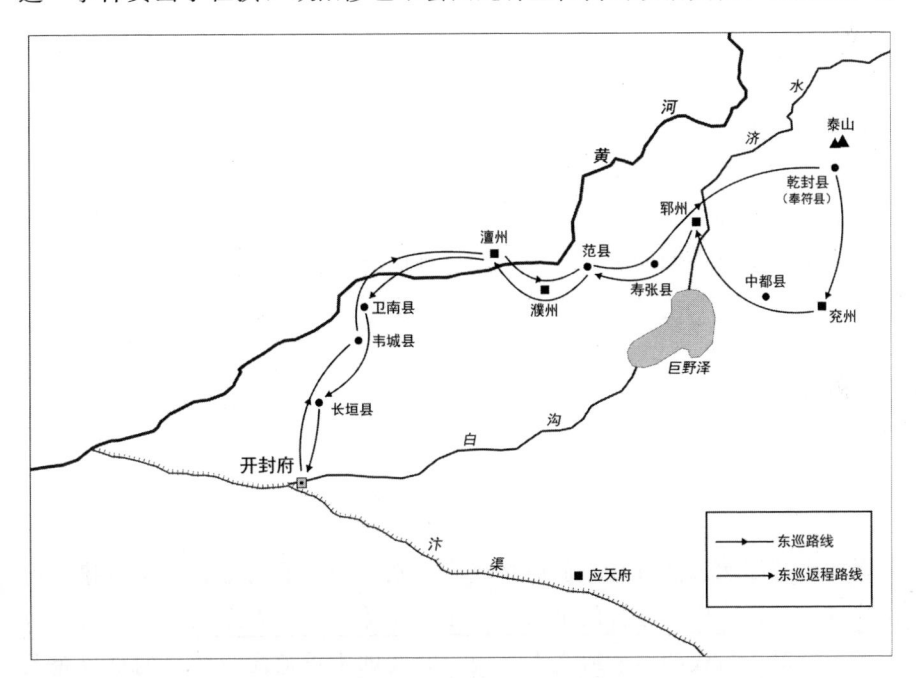

图 2　宋真宗大中祥符元年东巡路线图

（此图以《中国历史地图集》第六册《宋·辽·金时期》为底图改绘。）

---

① 参见（宋）李焘：《续资治通鉴长编》卷90"大中祥符元年十月—十一月"条，北京，中华书局，1979年。
② （宋）欧阳修：《集古录跋尾》卷7，《欧阳修全集》，北京，中国书店，1986年，第1179页，据世界书局1936年版影印。

所享有的声誉，已经足以让他们在宋代也同样获得民间崇拜与官方祭祀的待遇。

与欧阳修的记载不同，两个世纪后的文天祥或许真是去过睢阳庙的，《词苑丛谈》载："文丞相北去时，有题张许庙沁园春一调。"① 其词曰：

> 为子死孝，为臣死忠，死又何妨。自光岳气分，士无全节，君臣义缺，谁负刚肠。骂贼睢阳，爱君许远，留得声名万古香。后来者，无二公之操，百炼之钢。　人生翕欻云亡。好烈烈轰轰做一场。使当时卖国，甘心降虏，受人唾骂，安得留芳。古庙幽沉，仪容俨雅，枯木寒鸦几夕阳。邮亭下，有奸雄过此，仔细思量。②

欧阳修与文天祥刻画了睢阳庙气脉庄重的形象，庙中的张巡和许远以其"忠义"的品质或是深得帝王的敬誉，或是暗合忠臣的信念，或是具有震遏奸雄的力量。"俨雅"、"雄挺"与"幽沉"是宋人刻绘张许仪容、形容张许事迹、描摹睢阳气场的语汇。

然而，同样表现张巡与睢阳的主题，唐人笔下的忠臣形象与空间场域却给人带来截然不同的感受。韦应物《睢阳感怀》诗言：

> 豺虎犯天纲，升平无内备。长驱阴山卒，略践三河地。张侯本忠烈，济世有深智。坚壁梁宋间，远筹吴楚利。穷年方绝输，邻援皆携贰。使者哭其庭，救兵终不至。重围虽可越，藩翰谅难弃。饥喉待危巢，悬命中路坠。甘从锋刃毙，莫夺坚贞志。宿将降贼庭，儒生独全义。空城唯白骨，同往无贱贵。哀哉岂独今，千载当歔欷。③

张巡的事迹固然忠烈可嘉，但他终究身处在一个矛盾纷纭、无法自拔的河南战场。同样，庄严幽沉的睢阳祠也无法掩盖睢阳城曾经的累累白骨与败土颓垣。对于后代的学者或文人来说，时间的不可追还与距离的难以企及是塑造忠臣形象天然的培养皿，它帮助人们按照自己的要求凸显或建构忠

---

① （清）徐釚撰，唐圭璋校注：《词苑丛谈》卷6《纪事一》，北京，中华书局，2008年，第134页。

② 唐圭璋编纂、王仲闻参订、孔凡礼补辑：《全宋词》第五册《沁园春·题潮（睢）阳张许二公庙》，北京，中华书局，1999年，第4182～4183页。

③ （唐）韦应物著，陶敏、王友胜校注：《韦应物集校注》卷6《感叹》，上海，上海古籍出版社，1998年，第416页。

臣卓尔不群的品性。但培养皿又往往是这样一个空间，它容易抽空诞生此一形象的原始情境。因此，作为与张巡同时代并且亲临战争发生地的唐人，他们的感受或许就更为真切，并且似乎更具有洞悉历史本相的力量。因为他们明白，无论张巡的忠臣形象如何高大伟岸，却终究是脱不了惨烈与悲壮的色彩。

在距张巡的抗贼大约十余年后，大历十才子之一的诗人李端途经睢阳，写下了以下这首五言律诗。也许，李端笔下那凄清哀婉的景象与欲哭无泪的感受才最为真切地表达了张巡与睢阳的主题：

> 睢阳陷虏日，外绝救兵来。世乱忠臣死，时清明主哀。荒郊春草遍，故垒野花开。欲为将军哭，东流水不回。①

因为张、许这一支力量，帝国在河南暂时渡过了安史之乱爆发后的第一波危机。但是，安史之乱还没有结束，而河南节度使已被证明不能再起多大作用了，地方军阀业已成长起来，河南的政治地理格局势必将因此发生大的变动。至少，原本不太被关注的河南东部与西部即将进入我们的研究视线。而在结束了河南节度使的任命后，采取何种措施来应对新的危机将是摆在肃宗面前的新的难题。

第二节　元帅的时代

乾元元年（758）初，在两京得以收复，玄、肃之争也以肃宗的胜利告一段落后，肃宗开始对全国的军政体系进行调整②，这一年也成为帝国在乱后确立其新政治格局的开始。河南是此次军政体系调整的重点地区，考虑到两年以来地方军阀逐渐坐大的现实，以及河南即将成为朝廷经营河

---

① 《全唐诗》卷285《过宋州》，北京，中华书局，1960年，第3245页。

② 《旧唐书》卷10《肃宗纪》称："（三月）乙亥，山南东道、河南、淮南、江南皆置节度使……（五月）壬午，诏：'近缘狂寇乱常，诸道分置节度，盖总管内征发、文牒往来，仍加采访，转滋烦扰。其诸道先置采访、黜陟二使宜停。'"《唐会要》卷78《诸使中·采访处置使》载此诏文时为"乾元元年四月十一日"[（宋）王溥撰，上海，上海古籍出版社，1991年]。现据陈垣先生《二十史朔闰表》，乾元元年五月壬午日为五月十一日（北京，中华书局，1962年，第97页），故疑《唐会要》"四月"当为"五月"之误。

北的行营所在地,这一年年中,河南开始设置多个节度使辖区。由于这些节镇在很大程度上又同时是为配合战局发展而设置的,因此其建置与节帅人选具有临时性和不稳定的特点。[1] 自宋代以来,学者对于包括河南在内的藩镇建置与节帅任命已有相当系统的考证与梳理[2],但除去由于原始资料的问题导致这些基础性工作仍存在不少错讹外,这些研究或是表地,或是表人,而且均以单一的藩镇为立目对象,因此对于理解建置、人员、藩镇与藩镇间的关系都急剧变化的河南政治形势提供的帮助相当有限。而有关安史之乱后期河南政治形势的研究目前仍没有取得突破性的进展。

为了解决这一问题,本文力图将节镇建置调整与人员变化结合在一起进行考察。同时,当原本统辖数十州的河南节度使退出政治舞台后,河南的问题将不再由一个节镇所主导,对所有这些节镇都给予一定的重视,尤其是重视它们彼此间的关系就将成为我们考察的重点所在。[3] 另外,安史之乱在此时还没有结束,而河南仍将是与叛军作战的前沿阵地。但与安禄山南下的时期不同,此时的唐廷毕竟已经回到了长安,在与叛军的对峙中不会像叛乱初期那样被动。事实上,回到长安的新政府已经开始有计划地制定讨叛策略了,其中最重要的就是在河南组建行营。于是我们将发现,这一时期河南政治地理结构的变动将与行营的组建和调整有很大的关系,而行营调整的标志就是元帅的任命与更迭。于是,依循着元帅的设置来探讨此时河南政治地理结构的变化就将成为我们论述的主线。

一、九节度的时代

河南政治地理格局的第一次调整发生在乾元元年五月至九月间。如上

---

[1] 《资治通鉴》卷 221 "乾元二年四月" 条胡注在论述当时河南地区的节镇划分时就说:"此皆临时分镇,非有一定规模也。"

[2] 如宋代学者欧阳修的《新唐书·方镇表》、民国学者吴廷燮的《唐方镇年表》(北京,中华书局,1980 年),以及当代学者赖青寿的《唐后期方镇建置沿革研究》(复旦大学 1999 年博士学位论文)。

[3] 因此在史料的选择方面,我们将以《旧唐书·肃宗纪》为核心资料,因为这份资料很好地将以上所说的人、地、关系三者的变化结合在一起。并且,由于《旧唐书》本纪的资料来源是《实录》,其时间又可精确到月,甚至是日,因此其可靠性也有一定的保障。(参见黄永年:《唐史史料学》,上海,上海书店出版社,2002 年,第 9 页。关于《旧唐书·肃宗纪》的史料来源,可参见 [英] 杜希德著,黄宝华译:《唐代官修史籍考》,上海,上海古籍出版社,2010 年,第 220 页)

所说，这年五月，崔光远代替张镐出任河南节度使，而张镐则调任至荆州。与此同时，原荆州长史季广琛被诏赴河南行营会计讨贼事宜。八月，河南方面的战略部署基本完成，这就是《旧唐书·肃宗纪》所载的：

> 壬寅，以青徐等五州节度使季广琛兼许州刺史，河南节度使崔光远兼汴州刺史。以青州刺史许叔冀兼滑州刺史，充青滑六州节度使。
>
> （九月庚午，以）贝州刺史能元皓为齐州刺史、齐兖郓等州防御使。
>
> 庚寅，大举讨安庆绪于相州。命朔方节度郭子仪、河东节度李光弼、关内潞州节度使王思礼、淮西襄阳节度鲁炅、兴平节度李奂、滑濮节度许叔冀、平卢兵马使董秦、北庭行营节度使李嗣业、郑蔡（豫）节度使季广琛等九节度之师①，步骑二十万，以开府鱼朝恩为观军容使。

总体而言，这一阶段河南政局的调整明显是针对即将开始的相州之役而进行的。学者很早就注意到，即使《实录》这样的原始资料，在关于这一时期河南地区几大节镇领州的记载中就已经存在不小的矛盾。② 事实上，我们需要明确这样一个问题，在当时的战争环境下，统军较辖地更为重要，而分镇是为统军服务的。如以上述许叔冀的情况来说，旧纪既称其为青滑六州节度使，又称其为滑濮节度使。实际上，许的势力范围只是在滑濮一带，甚至可能仅限于滑州，其之所以还被冠以统辖青、密等州的名号，只是说明许此时统辖由青、密诸州抽调赴河南行营讨贼的士兵，这才是滑、濮与青、密、登、莱这两块在地理上毫不接壤的地区会被安在同一个节度使名号下的原因。因此，称许为青滑六州节度使可，称其为滑濮节度使亦可。所以，虽然史料提供的有关这些节度使的名称或辖区的记载也可能存在错误，但我们也大可不必对此作咬文嚼字似的考证或理解，否则难免有刻舟求剑之嫌。

如果对上述史料所提供的信息进行一番辩证地挑选，那么三位节度使的刺史号将是值得注意的内容。许叔冀在当时被任命为滑濮节度使，治滑州，其军事辖区在河南中北部，与此次讨伐对象安庆绪控制的卫、相、魏等州仅以黄河相隔。就实力和战略地位而言，许都是河南这几位节度使中

---

① 豫州要到代宗李豫即位后，因避讳才改为蔡州，故而此时应仍为豫州。
② 见《资治通鉴》卷220"乾元元年八月"条《考异》。

最强也是最重要的。况且滑州是许的根据地,差不多与张巡同时,许在滑州也曾经与叛军对峙了一年左右①,培养了相当不俗的部曲,所以肃宗特意让许统领青州方面来的军队,自然是有这方面考虑的。崔光远以河南节度使的名义继承了张镐原来的军队,理所当然驻屯汴州,但其势力范围较先前的河南节度使已小不少,但河南中部一带还是理应在其控制范围内。季广琛为郑蔡(豫)节度,治许州,其军事辖区是河南西部紧邻东京的地区。季广琛的身份比较特殊,其是一年前随永王李璘南下的大将,后来率领了一大批军队离开了永王,这是导致此后"永王之乱"很快被平息的一个重要原因。② 在几经调任后,季广琛此时来到河南,其此前的军队可能随之一起调任。其实我推测襄邓节度使鲁炅名下的"淮西"之衔应该是属于季广琛的③,不过既然《实录》称季广琛为郑蔡(豫)节度,又明记其治所在许州,本就说明唐廷此时战略部署的重点在河南。

　　上述安排显示出,河南政局的此次调整,重点在中、西部,这当然与这一地区紧邻安庆绪盘踞的相卫一带这一地缘因素有关。因此唐廷在九月任命能元皓为齐州刺史、齐兖郓等州防御使,便只是一个具有策应意义的任命。不过能的实力也不能小觑,他是安庆绪曾经委任的北海节度使,在他于乾元元年初以所部投降唐廷后,立即被委以"河北招讨使"④ 一职。

---

　　① 实际上许叔冀在滑州抵御叛军的事迹也是值得肯定的,元和初年吕温在《代李侍郎论兵表》中就提到:"许叔冀之保灵昌,李光弼之全河阳,李晟之收复京邑,皆以兵少将一,而建大功。"(《全唐文》卷262)许叔冀同时代人贾至的《谏贷死以流人使自效疏》中亦提及许叔冀的功绩。(参见《新唐书》卷119《贾曾附贾至传》,《全唐文》卷432误"贾至"为"李至",现据新传改)

　　② 有关季广琛与李璘的关系,详见本书第四章第一节的考述。

　　③ 《资治通鉴》卷220"乾元元年八月"条,《考异》曾记:"实录称(季广琛)郑蔡节度使。汾阳家传称淮西、荆、沣。"而据《旧唐书》卷120《郭子仪传》来看,传中称鲁炅为"襄邓节度使"、季广琛为"荆南节度"。按原淮西节度使来瑱在两京收复后已被唐廷安排重回河西任职(见《全唐文》卷44肃宗《收复两京大赦文》、《旧唐书·来瑱传》和《新唐书·来瑱传》,虽然实际并未成行),所以此职势必得由他人接替,而接替他的最佳人选便是原与来瑱同出西部军团、此时正担任荆南长史的季广琛(可参见本书第四章第一节的论述)。由于季广琛在相州之役后被贬,临近淮西的襄邓节度使鲁炅兼领了他的职务,所以《实录》编撰者以为鲁炅在相州之役前就已经领有"襄邓"、"淮西"两职,其实并不正确。至于《旧唐书·鲁炅传》和《新唐书·鲁炅传》中关于鲁炅在相州之役前后的职衔与事迹记录则极为紊乱,不能作数。

　　④ 《资治通鉴》卷220"乾元元年二月"条。

其实在当时的河南东部，唐廷除了对能元皓有所任命外，对另一些将领，如李铣、殷仲卿、孙青汉等人可能也有所安排。在其时郭子仪向肃宗所上的《进灭残寇形势图状》中，就对当时的战略形势有过以下这番陈述：

> 臣伏请平卢兵马及许叔冀等军郓州西北渡河，先冲收魏，或近军志避实击虚之义也。伏惟陛下图之，遣李铣、殷仲卿、孙青汉等军逦迤渡河佐之，收其贝博。贼之精锐，撮在相、魏、卫之州，贼用仰魏而给。贼若抽其锐卒渡河救魏博，臣则请朔方、伊西、北庭等军渡沁水收相、卫；贼若回戈距我两军，臣又请郭口、祁县等军蓦岚驰，屯据林虑县界，候其形势渐进，又遣季广琛、鲁炅等军进渡河，收黎阳、临河等县，相与出入掎角，逐便扑灭，则庆绪之首，可翘足待之而已。①

叛军的主力不在贝、博，因此李铣、殷仲卿等人的"渡河佐之"自然也只是一种策应。而与能元皓一样，他们虽然可能也被赋予讨贼之职，但同样也不在九节度之列。

二、郭子仪的元帅时代

九节度围攻相州的战役在三个月后遭遇失败，到了乾元二年（759）三月，河北南部已落入取安庆绪而代之的史思明之手，史兵锋所及甚至已迫东京。于是，郭子仪以唐军主力朔方军断河阳桥南保东京，其余节度则大多溃归本镇。在这种情况下，唐廷改变了不设统帅的局面：

> 丙申，以郭子仪为东畿、山南东、河南等道节度、防御兵马元帅，权东京留守，判尚书省事。②

而河南的军政格局也因之进行了新的调整，这波调整发生在当年的三月到六月间。据《旧唐书·肃宗纪》载：

> （三月辛卯，）以滑州刺史许叔冀充滑、汴、曹、宋等州节度使③；

---

① 《全唐文》卷360杜甫《为华州郭使君进灭残寇形势图状》。
② 《旧唐书》卷10《肃宗纪》。《资治通鉴》卷221"乾元二年三月"条略有不同："丙申，以郭子仪为东畿、山东、河东诸道元帅，权知东京留守。"
③ 《资治通鉴》卷221"乾元二年"条的记载在时间上与旧纪有所不同："五月壬午，以滑、濮节度使许叔冀为汴州刺史，充滑、汴等七州节度使。"

以郓州刺史尚衡为徐州刺史，充亳、颍等州节度使。

（四月）甲辰，以邓州刺史鲁炅为郑州刺史，充陈、郑、颍、亳节度使①；以徐州刺史尚衡为青州刺史，充青、淄、密、登、莱、沂、海等州节度使②；以商州刺史、兴平军节度李奂兼豫、许、汝等州节度使③……贬季广琛宣州刺史。崔光远为太子少保。

（五月，）以汝州刺史刘展为滑州刺史，以平卢军节度都知兵马使董秦为濮州刺史。

（六月己巳，）以右羽林大将军彭元曜为郑州刺史，充陈、郑、申、光、寿等州节度使。

许叔冀现在由滑濮节度改为滑、汴、宋、曹等州节度，其势力范围已经由河南中北部渗透到中部。这主要是因为崔光远在去年唐军暂时攻克魏州后被任命为魏州刺史，魏州寻为史思明所得，崔光远南逃，不久被贬为太子少师。与许叔冀的任命相关的还有以汝州刺史刘展为滑州刺史、平卢都知兵马使董秦为濮州刺史。《资治通鉴》将刘展与许叔冀二人的任命置于同日，并且明言刘是许的副使。④ 史思明重新占领相卫等地后，滑、濮二州自然成了唐军的前沿阵地，因此要配以副使或曾为九节度之一的董秦这样的人物率兵出任方才合适。刘展很快就被调往稍南的宋州，于是这一前线地区后来与史思明对抗的主要是许、董二人。

除了中部外，在河南的这次调整中，最值得注意的是东部，即对尚衡的任命。如上文所说，尚衡是在安史之乱伊始就起兵的义军统帅，也是河南的一大实力军阀。在几经换任后，尚衡在这年四月出任青、密等州的节度使。也就是说，青、密的军队现在正式脱离由来自中部的节度使许叔冀的统辖，真正回归属地。唐廷也在继能元皓统辖兖郓诸州后，于胶东半岛附近设立节度使，统辖更为东部的地区。

最后来说一下西部。西部的变化最为复杂，在相州兵溃的九节度中，

---

① 《资治通鉴》卷221"乾元二年四月甲辰"条："置陈、郑、亳节度使，以邓州刺史鲁炅为之。"

② 《资治通鉴》卷221"乾元二年四月甲辰"条："以徐州刺史尚衡为青、密等七州节度使。"

③ 《资治通鉴》卷221"乾元二年四月甲辰"条："以兴平军节度李奂兼豫、许、汝三州节度使。"

④ 《资治通鉴》卷221"乾元二年五月壬午"条。

来自郑蔡（豫）的季广琛是唯一真正受到贬惩的节度使①，他被贬为宣州刺史。季广琛遭贬应该是因为在九节度谋议不同的相州之役中，唐军最后采纳的是季广琛与郭子仪提出的引安阳河水浸城的方案，但该方案并未给唐军带来胜利，因此季广琛就自然成了唐军失利的主要责任人。② 在季广琛之后，河南西部的节镇划分经过了一些调整。到四月，鲁炅以襄邓节度使的身份兼领了临近的淮西及陈、郑、颍、亳节度使，徙镇郑州。与此同时，豫、许、汝等州则由兴平军节度使李奂兼领。按兴平军节度本管商、金、均、房四州。③《资治通鉴》胡注对此解释为："李奂时在行营，统豫、许、汝三州。此皆临时分镇，非有一定规模也。"④ 当月，前往郑州途中的鲁炅饮药而死，所以唐廷又不得不以右羽林大将军彭元曜为郑州刺史，充

---

① 崔光远的改为太子少保，《旧唐书》卷111《崔光远传》称："肃宗不之罪，除太子少保。"

② 参见（唐）姚汝能撰，曾贻芬点校：《安禄山事迹》卷下，北京，中华书局，2006年，第109页。郭子仪在此役后没有受到责罚，应该是与其作为九节度中地位最高的朔方军节度使这一身份有关。

③ 《资治通鉴》卷219"至德元载"条："（是岁，置）兴平节度使，领上洛等四郡。"胡注："领商州上洛郡，金州安康郡，岐州凤翔郡。方镇表止著三郡，余一郡当考。凤翔郡郿县东原先有兴平军，因置为节镇。"胡注此条误，按《新唐书》卷67《方镇表四·南阳》至德元载条："置兴平节度使，领上洛、安康、武当、房陵四郡，治上洛郡。"又据《新唐书》卷37《地理志一》载，京兆府兴平县，"本始平，景龙四年，中宗送金城公主降吐蕃至此，改曰金城，至德二载更名"。同卷商州："有兴平军，初在郿县东原，至德中徙。"按郿县属凤翔府，比邻京兆府之武功县。据《旧唐书》卷196上《吐蕃传上》载，东原位于京兆府武功县周近。那么史料称郿县东原亦未尝不可。兴平军可能最早确是设在郿县或与郿县所在的凤翔府有关，比如《旧唐书·王难得传》和《新唐书·王难得传》中就说王难得在至德年间曾以兴平军使兼凤翔都知兵马使。其实兴平节度初设之时，商州尚未收复，所以《资治通鉴》卷220"至德二载十月壬子"条称："兴平军奏：破贼于武关，克上洛郡。"胡注："时王难得领兴平军。"《新唐书》卷6《肃宗纪》亦称："（至德二载十月）壬子，复东京，（安）庆绪奔于河北。兴平军兵马使李奂及庆绪之众战于武关，败之，克上洛郡。"兴平军由郿县徙至商州其实就在至德二载。但《资治通鉴》卷221"乾元二年四月"条胡注又曰："兴平军本置于雍州始平县。"从上引新志言始平县至德二载改名兴平县一事来看，兴平军与始平（即金城）县似乎确存在某种微妙的关系。其实我认为，兴平军最初应当是设置在凤翔府郿县的，而就在兴平军将领王难得、李奂克服商州之前不久，长安收复。我推测始平县的收复就是由兴平军实现的，所以始平县就改名为兴平县了。而在王、李克服商州后，兴平军也正式从郿县徙屯商州了。

④ 《资治通鉴》卷221"乾元二年四月"条胡注。

陈、郑、申、光、寿等州节度使，统辖原属鲁炅的河南西部与淮西地区。

三、李光弼的天下兵马副元帅时代

与唐廷调整战略部署同时，史思明在成功控制了河北南部后，重回范阳稳固其根本，朝叛双方暂时处于僵持状态。到七月，郭子仪因鱼朝恩之诉被罢职，肃宗以李光弼代为出任朔方节度使、兵马副元师，知诸节度行营，赴镇东京。与此同时，河南方面的节帅也略有调整，这次小规模的调整主要集中在西部，即《旧唐书·肃宗纪》所称的：

> （九月丁亥，）右羽林大将军王仲升（昇）充申、安、沔等州节度使，右羽林将军李抱玉为郑州刺史、郑陈颍亳四州节度使。①

鲁炅原来的辖区现在正式分成两块，彭元曜可能已经去世②，接替他的王仲昇和李抱玉都是早征疆场的将领。王仲昇现在主要负责淮西部分③，而河南西部的郑、陈、颍、亳诸州则由原鲁炅部将李抱玉出任节度使。④

九月，史思明率大军分四道南下，其南下过程与当年安禄山大致相似，即先夺滑、汴，次谋东京。首当其冲的许叔冀、董秦诸人很快力屈投降，史称：

---

① 《资治通鉴》卷221关于李抱玉任命的时间与旧纪有不小出入，其系李抱玉的任命时间为乾元二年四月戊申。本文采用旧纪的记载。

② 《金石录》卷7："第一千三百六十六 唐郑陈节度使彭元耀墓志 李潮撰并八分书。乾元二年十一月。"［（宋）赵明诚著，刘晓东、崔燕南点校，济南，齐鲁书社，2009年，第64页］

③ 《资治通鉴》卷221"乾元二年九月丁亥"条："以陈、颍、亳、申节度使王仲升（昇）为申、沔等五州节度使，知淮南西道行军兵马。"有关王仲昇此前的情况，据《资治通鉴》卷219"至德二载四月"条载："上（指肃宗）以郭子仪为司空、天下兵马副元帅，使将兵赴凤翔。庚寅，李归仁以铁骑五千邀之于三原北，子仪使其将仆固怀恩、王仲升（昇）、浑释之、李若幽等伏兵击之于白渠留运桥，杀伤略尽，归仁游水而逸。"则王仲昇可能原为朔方军的将领。

④ 两唐书《李抱玉传》、《资治通鉴》卷221"乾元二年四月"条都以为李抱玉曾为李光弼裨将，其实不然。据本传，李抱玉与鲁炅一样，都是出身河西陇右集团的将领。《新唐书》卷138《李抱玉传》曾言："禄山乱，守南阳，斩贼使。"《旧唐书》卷114《鲁炅传》亦载李抱玉为鲁炅"兵马使"。所以李抱玉成为李光弼裨将还是自这次被任命为郑、陈、颍、亳节度使后的事情。

> 思明至汴州，叔冀与战，不胜，遂与濮州刺史董秦及其将梁浦、刘从谏、田神功等降之。思明以叔冀为中书令，与其将李详守汴州；厚待董秦，收其妻子，置长芦（沧州属县）为质；使其将南德信与梁浦、刘从谏、田神功等数十人徇江、淮。神功，南宫（冀州属县）人也。思明以为平卢兵马使。顷之，神功袭德信，斩之。从谏脱身走。神功将其众来降。①

史思明厚待董秦诸人，乃是因为出身平卢军的董秦与史思明一样都是原先安禄山河北集团的人物。不过董秦之将田神功此后并没有遵从史思明令其南徇江淮的命令，而且成功袭杀了南德信，并率其众投降唐廷。田神功的投降阻止了叛军向河南中东部的扩展，当然更不用说南徇江淮了。而跟随史思明西进的董秦后来也投降了李光弼，并在随后被任命为陕西、神策两军兵马使，改名李忠臣。许叔冀投降史思明后，汴州落入叛军之手，原来由许统辖的河南中部势力至此解体。

叛军在攻克汴州后，乘胜占领了郑州，并向洛阳逼近。此时，李光弼果断放空了无险可守的东京，固守河阳。因此虽然史思明在当月就占领了东京，其实意义并不大。而唐军主力始终在河阳、怀州一带与叛军激战，双方对峙了一年多的时间，叛军并未占到多大便宜。在河阳等地的战斗中，身为郑、陈、颍、亳节度使的李抱玉发挥了相当重要的作用，旧书本传称其"固河阳，复怀州，皆功居第一"②。正因为朝叛双方的主力在一年多的时间里都集中在洛阳附近，因此在河南其他地区，战斗只是零星地进行③，影响并不大。到上元元年（760）十一月的时候，

> 史思明遣其将田承嗣将兵五千徇淮西，王同芝将兵三千人徇陈，许敬江将二千人徇兖郓，薛鄂将五千人徇曹州。④

战况有所扩大。不过李光弼已在此时收复了怀州，唐军尚保有与叛军在东

---

① 《资治通鉴》卷221"乾元二年九月"条。
② 《旧唐书》卷132《李抱玉传》。
③ 如《资治通鉴》卷221"上元元年六月"条："平卢兵马使田神功奏破史思明之兵于郑州。"《全唐文》卷338颜真卿《有唐宋州官吏八关斋会报德记》载："（田神功）袭敬钅工于郓州。"
④ 《资治通鉴》卷221"上元元年十一月"条。

京一带周旋的实力。不过这种局面没有维持更长时间,到上元二年(761)二月,李光弼被迫出兵邙山,官军败绩,河阳、怀州重新丢失,唐廷大惧,只得益兵屯陕,而河南局势也真正倒向了叛军一边。

四、李光弼的河南副元帅时代

邙山之败无论对于唐廷还是李光弼,都是一次重大的转折。败后,李光弼率朔方军进驻河中,不久,李光弼又被调离了河中的朔方行营:

> (上元二年)夏五月十有一日复拜太尉兼侍中,充河南副元帅,都知河南、淮南、淮西、山南东、荆南五道节度行营事,出镇临淮(泗州)。①

李光弼的都统之职看似风光,不过正如黄永年先生所指出的,李光弼调离朔方出镇临淮,其实是中央不信任朔方军及其统帅的一种体现。而丧失了对唐军主力朔方军指挥权的李光弼,也只得带领少数人马去泗州赴任。②所以史书中会有"李光弼至临淮,诸将以朝义兵尚强,请南保扬州。光弼曰:'朝廷倚我以为安危,我复退缩,朝廷何望!且吾出其不意,贼安知吾之众寡!'"③的记载。

如上所言,肃宗对李光弼的这次调任,其实是明宠实贬。不过,帝国东部现在也的确需要一位重臣出镇。这不仅是因为史朝义已"乘邙山之捷,围逼申、安等一十三州,(并)自领精骑,围李岑于宋州"④。同时史料中还称:

---

① 《全唐文》卷342颜真卿《唐故开府仪同三司太尉兼侍中河南副元帅都督河南淮南淮西荆南山南东道五节度行营事东都留守上柱国赠太保临淮武穆王李公神道碑铭》。《资治通鉴》卷222"上元二年五月"条作:"都统河南、淮南东西、山南东、荆南、江南西、浙江东西八道行营节度。"另《唐会要》卷78《诸使中·元帅》载李光弼任元帅之时为上元二年七月,均略误。

② 参见黄永年:《泾师之变》,《六至九世纪中国政治史》,第413、417页。

③ 《资治通鉴》卷222"宝应元年五月"条,《旧唐书》卷110《李光弼传》又云:"监军使以袁晁方扰江淮,光弼兵少,请保润州以避其锋。"黄永年先生已指出此段记载不可信。(见《两税法的实施》,《六至九世纪中国政治史》,第389页注)但此记载所透露出来的李光弼兵少的状况却是一个事实。

④ 《全唐文》卷342颜真卿《唐故开府仪同三司太尉兼侍中河南副元帅都督河南淮南淮西荆南山南东道五节度行营事东都留守上柱国赠太保临淮武穆王李公神道碑铭》。

光弼未至河南也，田神功平刘展后，逗留于扬府，尚衡、殷仲卿相攻于兖、郓，来瑱旅拒于襄阳，朝廷患之。及光弼轻骑至徐州，史朝义退走，田神功遽归河南，尚衡、殷仲卿、来瑱皆惧其威名，相继赴阙。①

　　李光弼当时都统的淮西、山南东、荆南三道由王仲昇、来瑱、吕谭三位实力派节帅坐镇。这三道离李光弼的东部驻地较远，同时它们是一个相对独立的作战区，因此李光弼于这三道，其实并没有什么实际的控制可言，最多也只是协同配合而已。这三道中，与叛军作战压力最大的是淮西②，而因地缘与传统的关系，淮西节度王仲昇在当时还统辖着河南西部部分地区③，尽管这些地区可能已为叛军占据。

　　由于河南中北部和西部现已大多落入叛军之手，所以李光弼在当时实际能都统的地区和军队其实仅限于河南中、东部一带。事实上，当河南中西部的节镇随着史思明的这次南下，尤其是邙山之败而瓦解后，能在河南与叛军继续周旋的其实就只剩下来自东部的能元皓、尚衡，以及此时投降唐廷的田神功的军队了。所以虽然这批将领很早就在河南，但直到这个时候，关于他们的记载才在史料中活泛起来，比如：

　　（上元元年十二月，）兖郓节度使能元皓击史思明兵，破之。④

　　（上元二年四月）乙亥，青密节度使尚衡破史朝义兵，斩首五千

―――――――
① 《旧唐书》卷110《李光弼传》。"相攻于兖、郓"疑为"相攻于淄、青"之误。
② 《全唐文》卷342颜真卿《唐故开府仪同三司太尉兼侍中河南副元帅都督河南淮南淮西荆南山南东道五节度行营事东都留守上柱国赠太保临淮武穆王李公神道碑铭》："时史朝义乘邙山之捷，围逼申、安等一十三州。"
③ 刘长孺《唐故鸿胪少卿贬明州司马北平阳府君（济）墓志铭并序》称："元帅李公光弼领河南，御史大夫王仲昇领许蔡（豫），咸请佐幕，以公力焉。"（吴钢主编：《全唐文补遗》第一辑，西安，三秦出版社，1994年，第229页）而从另外一些史料看，王仲昇对河南中西部的影响可能早在李光弼尚未担任河南副元帅前就已存在了，如《资治通鉴》卷221"上元元年十一月"条称："御史中丞李铣、宋州刺史刘展皆领淮西节度副使。铣贪暴不法，展刚强自用，故为其上者多恶之，节度使王仲升（昇）先奏铣罪而诛之。时有谣言曰：'手执金刀起东方。'仲升（昇）使监军使、内左常侍邢延恩入奏：'展倔强不受命，姓名应谣谶，请除之。'"宋州刺史刘展既为淮西节度副使，则王仲昇的影响当已及于宋州。
④ 《资治通鉴》卷221"上元元年十二月"条。能元皓可能已于此前由防御使升任为节度使。

余级。丁丑，兖郓节度使能元皓破朝义兵。①

六月，甲寅，青密节度使能元皓败史朝义将李元遇。②

不过正如前引史料所显示的，在李光弼来到河南之前，这些东部将领并不安分。因此李光弼的这次出镇河南，除了肩负与叛军作战的职责外，另一个重要目的就是稳定已让朝廷感到担忧的东部诸侯。

我们看到，随着李光弼的东来，河南东部这些将领的命运出现了两种不同的走向。在为中央平定了"刘展之乱"后逗留江淮的田神功现在被要求回到河南③，但尚衡和殷仲卿则被要求入朝。显然，唐廷对待河南将领的策略是不同的，而这种不同策略背后的动因，当是这些将领在身份上的差异。

尚衡是借安史之乱而崛起的地方实力人物，这在上文已有交代。殷仲卿的出身史书没有留下记载，但从上文所引杜甫的状文来看，他应该也是河南东部的一位实力人物，其出身很可能与尚衡相似。据《旧唐书·肃宗纪》的记载，在上元元年十月，中央曾有以青州刺史殷仲卿为淄州刺史、淄沂沧德棣等州节度使，以兵部侍郎尚衡为青州刺史、青登等州节度使的任命。④但我们知道，在乾元二年，尚衡已经被任命为淄、青一带的节度使了，因此，唐廷对山东半岛的这次节镇辖区的新调整很可能是导致此后尚、殷二人互相攻击的根源。鉴于二人不合的现状以及可能都出自地方的身份，朝廷很可能已有所不满和顾虑，而李光弼的到来，使得朝廷调其离开地方的用意终于得以实现。⑤

田神功的身份则与尚、殷二人完全不同。田是来自河北的平卢军大

---

① 《资治通鉴》卷222"上元二年四月"条。
② 《资治通鉴》卷222"上元二年六月甲寅"条。该条胡注曰："按上卷五年冬书兖郓节度使能元皓。详考本末，'青密'恐当作'兖郓'。"《册府元龟》卷359《将帅部·立功第十二》所载此事稍详："能元皓为青密等州节度使，上元二年六月破史朝义之将伪骠骑大将军李元遇等马步一万人，擒贼将马登封等十人，斩首五千余级。"不过亦误作"兖郓"为"青密"。［（北宋）王钦若等编，北京，中华书局，1960年］
③ 刘展是曾握强兵的宋州刺史，在上元元年底到上元二年初这段时间，也就是朝叛对抗在河南中东部尚不明显的时期，刘展曾引兵南下江淮，引发了对江淮地区影响极大的"刘展之乱"。关于"刘展之乱"的详细始末，参见本书第四章第二节的论述。
④ 《资治通鉴》卷221"上元元年十月"条亦载："丙子，置青、沂等五州节度使。"
⑤ 据《资治通鉴》卷222"宝应元年五月"条《考异》的记载，唐廷可能在李光弼东来前就已诏尚、殷二人赴阙任职，但两人皆未肯入朝。

将。作为安禄山集团后方基地之一的平卢军在安禄山叛乱伊始分为勤王和叛乱两派。据日野开三郎教授的研究，到王玄志出任平卢节度使的时代（756—758），支持唐廷的他派遣兵马使董秦率大将田神功等人，以精锐三千渡海至河北南部德州一带，目的是想恢复因颜真卿的败退而断绝的平卢军的补给。董秦在至德二载末从德州调往濮州之前，一直保卫着以德州为中心的地区，他也是继颜真卿之后黄河流域勤王军的著名将领。所以在九节度围攻相州的战役中，董秦是唯一一位来自河北集团的节度。相州之役失败后，董秦被正式任命为濮州刺史，移镇杏园渡。此后在史思明攻陷汴州之际，被敌擒获。董秦被史思明所厚待，很大程度上是因为史本人原先也是出自平卢军的将帅，并且他所统领的将卒，很多是平卢的战士。① 董秦后来逃脱了叛军的队伍，但也失去了旧部，遂加入神策军，而继董秦之后成为南下军首领的就是上文所说的田神功。② 田神功所部精锐，在此前的郑州之役③与平定"刘展之乱"的战斗中已经显现出来。因此，田的力量就成为此时与叛军对峙的唐廷和李光弼不得不依赖的对象。而在尚衡与殷仲卿被调离淄青一带后，这一地区很自然就被授予原本并无固定势力范围的田神功了。④

另外我们不要忘记，在当时的河南东部还有兖郓节度使能元皓的军队。能本人的情况史书记载不多，但他出于将门之家则无疑。因为其孙能政的墓志铭中就记载能元皓的父亲能昌仁曾经担任过沙州刺史、豆卢军使。⑤ 能氏如何由西师辗转至河北我们不是很清楚，但他在河北担任的很可能就是平卢军的将领，因为在"刘展之乱"前，肃宗曾命游移于河南的田神功所部暂屯任城⑥，而任城正是兖州的属县。使田神功的军事补给能

---

① 《旧唐书》卷200上《史思明传》："思明将卒颇精锐，皆平卢战士。"
② 参见[日]日野开三郎著，唐华全摘译：《安史之乱与唐朝东北政策的后撤》，《河北师院学报》，1990年第4期，第95～101页。此文译自《史渊》91所载《安史之乱引起唐朝东北政策的后撤与渤海占领小高句丽国》一文的第一部分。
③ 《资治通鉴》卷221"上元元年六月"条："平卢兵马使田神功奏破史思明之兵于郑州。"《旧唐书》卷124《田神功传》对此事的记载更为详细："于郑州破贼四千余众，生擒逆贼大将四人，牛马器械不可胜数。"
④ 《新唐书》卷144《田神功传》："俄而禽展送京师，迁淄青节度使。"
⑤ 周绍良主编：《唐代墓志汇编》"长庆024"李退思《唐故朝散大夫试光禄寺丞谯郡能府君墓志铭并序》，上海，上海古籍出版社，1992年，第2075页。
⑥ 《资治通鉴》卷221"上元元年十一月"条。

在能元皓的兖州获得，这种安排不能不说是考虑到田和能之间较为亲密的关系。

于是我们看到，河南东北部现在将成为很有实力的一个地区，因为它集中了两位实力人物——田神功和能元皓，而这两人可能都是来自平卢系的军阀。到了次年（762）春天，河南东北部的实力将再一次得到大规模的提升，因为位于河北本部的平卢节度使侯希逸将率领整支平卢军浮海南下。平卢军的这次南下，无论对于河北、河南还是整个东北亚地区都是一次重要事件。① 史称此次南下的平卢军军人约二万②，而总人数据有学者推测将在八九万左右。③ 肃宗元年（761）建寅月，来自河北的这三大节度侯希逸、田神功、能元皓相会于兖州，对于时任河南元帅的李光弼来说，这三支军队将成为其此后用以与叛军作战的主要支柱。④

至于李光弼其时还都统的淮南道，军事意义其实并不大。江淮诸镇养兵不多，前此不久还刚遭"刘展之乱"的重创，因此李光弼的都统淮南，更大的意义可能是借其威名令此前流连扬州不返的田神功所部遽回河南。不过到了代宗宝应元年（762）八月，由于浙东袁晁以及宣歙一带方清、陈庄等起义的爆发，致使浙东、浙西、江西十多州被攻克，持兵甚少的当地官员几乎无以应付。这样一来，李光弼的军事辖区就真的要深入江淮一带了，因为中央不得不依靠李光弼的力量去平定这些起义。

不过对于与叛军作战尚处于敌众我寡局面的李光弼来说，另要分兵南下，无疑会使自己陷入两线作战的不利境地。对此，李光弼采取的策略是，以嫡系部队留驻河南讨伐史朝义，其本人更是坐镇徐州。而委任其幕

---

① 参见［日］日野开三郎：《安史之乱引起唐朝东北政策的后撤与渤海占领小高句丽国》，《史渊》91；孙慧庆：《唐代治理东北边疆的重要机构平卢节度使》，《北方文物》，1991年第4期；孙慧庆：《唐代平卢节度使南迁之后琐议》，《北方文物》，1992年第4期。

② 《资治通鉴》卷222"上元二年建丑月"条。

③ 孙慧庆：《唐代平卢节度使南迁之后琐议》，《北方文物》，1992年第4期，第74页。

④ 如《资治通鉴》卷222"宝应元年建卯月"条："戊辰，淮西节度使王仲升（昇）与史朝义将谢钦让战于申州城下，为贼所虏，淮西震骇。会侯希逸、田神功、能元皓攻汴州，朝义召钦让兵救之。"又"宝应元年五月"条："史朝义自围宋州数月，城中食尽，将陷，刺史李岑不知所为……（李光弼）遂径趣徐州，使兖郓节度使田神功进击朝义，大破之。"

僚、时为河南副元帅行军司马的袁傪率领偏师南下，中央方面则派以宦官马日新为监军随军前往。① 李的嫡系将领据史料可考的有薛兼训、郝廷玉、论惟贞三人。薛兼训时任河南副元帅都知兵马使。② 据出土的薛兼训残志来看，薛氏出身簪缨门第，安史叛乱伊始，即已从事于李光弼。③ 乾元元年九月，在九节度围攻安庆绪于相州时，薛氏已任河东兵马使，奉命讨伐安庆绪④，此后一直跟随李光弼四处征战，乃是其手下最重要的将领之一。郝廷玉"骁勇善格斗，为光弼爱将。及保河阳，禽徐璜玉，功为多"⑤。时从光弼镇徐州⑥，破贼于宋州等地⑦，亦为其兵马使。⑧ 论惟贞出身吐蕃贵族，武后朝时其曾祖、祖父两人率部众归附唐朝，此后其家族成员历任朔方节度（总管）副使之职，是朔方军所统蕃部中的重要力量。⑨ 史称惟

---

① 《全唐文》卷315李华《登头陁寺东楼诗序》有"太尉公分麾下之旅，付帷幄之宾，与前相张洪州夹攻海寇，方收东越"之语。太尉公指李光弼，而所谓"帷幄之宾"当指袁傪（参见宁可：《唐代宗初年的江南农民起义》，《历史研究》，1961年第3期，第52页注）。黄永年先生在论及此事时也称："案安史乱后财赋所入颇赖于江淮地区，袁晁在浙东反抗赋敛，当然会给政府打击，但斗争只持续一两年，虽'聚众近二十万'，占领过若干州县，而派去平乱的仅是李光弼的部将所率的偏师，李光弼本人仍在徐州防御安史余孽，足见对政府的打击并不太大，决不会达到'震撼唐皇朝的统治基础'的程度。"（《两税法的实施》，《六至九世纪中国政治史》，第389页）此论允当。

② 《旧唐书》卷121《仆固怀恩传》。《资治通鉴》卷222"宝应元年十一月"条或据《新唐书》卷224上《叛臣上·仆固怀恩传》称"怀恩都知兵马使薛兼训、兵马使郝庭玉"，误。

③ 赵振华：《唐薛兼训残志考索》，《唐研究》第九卷，北京，北京大学出版社，2003年，第477～490页。

④ 《资治通鉴》卷220"乾元元年十月"条。

⑤ 《新唐书》卷136《李光弼附郝廷玉传》。

⑥ 《旧唐书》卷152《郝廷玉传》。

⑦ 《全唐文》卷342颜真卿《唐故开府仪同三司太尉兼侍中河南副元帅都督河南淮南淮西荆南山南东道五节度行营事东都留守上柱国赠太保临淮武穆王李公神道碑铭》。

⑧ 《旧唐书》卷121《仆固怀恩传》。《资治通鉴》卷222"宝应元年十一月"条或据《新唐书》卷224上《叛臣上·仆固怀恩传》称"怀恩都知兵马使薛兼训、兵马使郝庭玉"，误。

⑨ 关于论氏家族的事迹，可参见《全唐文》卷413常衮《授论惟清朔方节度副使制》、卷479吕元膺《骠骑大将军论公（惟贤）神道碑铭并序》；（唐）陆贽撰，王素点校：《陆贽集》卷9《唐朝臣振武节度论惟明鄜坊观察使制》，北京，中华书局，2006年，第272～274页；《新唐书》卷110《诸夷蕃将·论弓仁传》等。又《唐故（转下页）

贞在肃宗即位灵武时，曾于绥、银间募兵数万。①后从李光弼转战河阳等地，屡立战功。李光弼赴镇河南后，"贼将谢钦让据陈，乃假惟贞颍州刺史，斩贼将，降者万人"②。可见这些将领不仅是叛乱之初即随李光弼征战者，而且出身、地位、战功均颇显赫。

与这些李光弼的嫡系将领不同，据考，当时由袁傪率领的南下部将有张伯仪、柏良器、李自良、王栖曜、李长荣、陆渭、辛孜等人。③史载张伯仪，魏州人，以战功隶光弼军，随袁傪讨袁晁。④柏良器，魏州人，其父为叛军所杀，遂弃文从武，依从事于李光弼之父友王奂，奂荐于光弼，遂授以兵，使平山越。⑤史料均不载他们之前随李光弼征讨之事。李自良，兖州人，安禄山叛乱，其往从兖郓节度使能元皓，多立战功，后从袁傪讨袁晁、陈庄。⑥李自良既出于能元皓麾下，可见也不是李光弼的嫡系。王栖曜为濮州人，安禄山叛，与兄及义军首领尚衡等共起兵于濮州，尚衡以栖曜为牙将，征战兖、郓诸州。李光弼至河南后，其随尚衡入朝。⑦李长荣，陇西敦煌人。⑧宝应元年袁晁陷山越，节度使杜鸿渐罢守，王玙出镇

（接上页）金紫光禄大夫试太子詹事兼晋州刺史上柱国陇西郡开国公李公墓志铭并序》中有"时朔方节度副使论公遇公而置之幕下"之语（《唐代墓志汇编》"大历010"，第1767页），此处之论公当指弓仁之孙惟贞。据《论惟贤神道碑》载，其祖论躬（弓）仁于高宗朝时以所统部落七千余帐归降唐朝，而《新唐书·论弓仁传》则明言归唐时间为武后圣历二年（699），此处从新传。

① 《新唐书》卷110《诸夷蕃将·论弓仁附论惟贞传》。
② 《新唐书》卷110《诸夷蕃将·论弓仁附论惟贞传》。
③ 参见宁可：《唐代宗初年的江南农民起义》，《历史研究》，1961年第3期，第52页。
④ 《新唐书》卷136《李光弼附张伯仪传》。
⑤ 《全唐文》卷638李翱《唐故特进左领军卫上将军兼御史大夫平原郡王赠司空柏公神道碑》。周绍良、赵超主编：《唐代墓志汇编续集》"大和038"郭捐之《唐故中散大夫卫尉卿上柱国赐紫金鱼袋赠左散骑常侍魏郡柏公墓志铭》，上海，上海古籍出版社，2001年，第910页；"大中054"张台《唐故青州司户参军韦君夫人柏氏墓铭并序》，第1007页。
⑥ 《旧唐书》卷146《李自良传》。
⑦ 《旧唐书》卷152《王栖曜传》；（唐）权德舆撰，郭广伟校点《权德舆诗文集》卷16《唐故郦州伏陆县令赠左散骑常侍王府君神道碑铭并序》，上海，上海古籍出版社，2008年，第252页。"征战兖、郓诸州"疑当作"征战淄、青诸州"。
⑧ 潘孟阳：《祁连郡王李公墓志》，引自《唐方镇年表》卷4《河阳》所引《孟县志》，第358页。

浙东，署王栖曜与李长荣为将相随，后应袁傪之奏，均随之讨"贼"。① 可见他们多为讨伐安史之乱的义军将领，与李光弼本无多大关系。另从有关他们的史料记载推测，这批将领其时颇为年轻，如柏良器还不满二十岁。因此，论地位与资历，他们均不能与李氏的嫡系将领相比。

正因为这种差异，使得这两批同出李光弼麾下的将领，在宝应、广德年间，在南北两个战场各自进行着不同的征伐。当宝应元年冬，唐廷以新任朔方节度使仆固怀恩为诸军统帅，联合回纥，兵发陕州大举进讨史朝义时，作为东部统帅的李光弼亦以论惟贞留守徐州②，而以薛兼训、郝廷玉、田神功、侯希逸等人会合诸军进收河南、河北诸州。③ 广德元年（763）春，史朝义走投无路，穷蹙自缢，持续八年的安史之乱终告结束。而在南方，因袁晁起义而聚于袁傪麾下的将领，也与当地官员一起迅速镇压了江东的起义。广德元年四月，李光弼奏擒袁晁，浙东悉平。

经过以上分析，我们对身为河南副元帅、都统五道的李光弼实际统辖的军队可以展示如下：

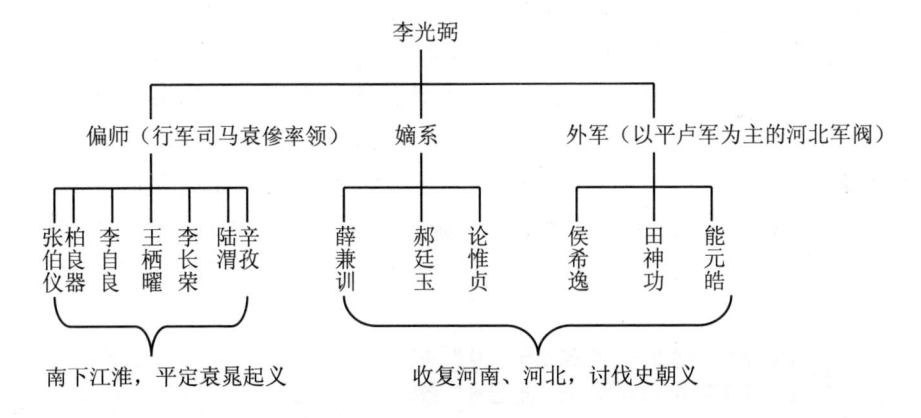

```
                          李光弼
         ┌──────────────────┼──────────────────┐
    偏师（行军司马袁傪率领）   嫡系           外军（以平卢军为主的河北军阀）
   ┌──┬──┬──┬──┬──┐      ┌──┬──┬──┐        ┌──┬──┬──┐
   张  柏  李  王  李  陆  辛    薛  郝  论        侯  田  能
   伯  良  自  栖  长  渭  云    兼  廷  惟        希  神  元
   仪  器  良  曜  荣      孜    训  玉  贞        逸  功  皓
   └──────┬──────┘        └─────┬─────┘        └─────┬─────┘
   南下江淮，平定袁晁起义       收复河南、河北，讨伐史朝义
```

---

① 《册府元龟》卷359《将帅部·立功十二》。《旧唐书》卷152《王栖曜传》作"（袁傪）奏栖曜与李长为偏将"，"李长"当为"李长荣"之误。

② 《新唐书》卷110《诸夷蕃将·论弓仁附论惟贞传》："光弼讨史朝义，以惟贞守徐州。"

③ 《资治通鉴》卷222"宝应元年十二月"条："（仆固）怀恩都知兵马使薛兼训、兵马使郝庭玉与田神功、辛云京会于下博，进围朝义于莫州，青淄节度使侯希逸继至。"又"广德元年正月"条："于是仆固场、侯希逸、薛兼训等帅众三万追之，及于归义，与战，朝义败走。"

五、李光弼元帅时代的终结

广德元年春，安史之乱终于结束，但新即位的代宗却遇到了新的麻烦。这年秋天，吐蕃大举入寇京畿，这迫使代宗不得不逃往陕州。而由于惧怕宦官程元振、鱼朝恩的加害，此时的李光弼拥兵徐州，不肯勤王。待吐蕃退后，代宗"除光弼东都留守以察其去就，光弼辞以就江、淮粮运，引兵归徐州"①，其在河南的威信就此不复存在。史称"诸将田神功等不复禀畏"②。按田氏实力本就强大，且又不属于李光弼之嫡系，其在此前之所以受李光弼的节度为中央效命，与李氏"御军严肃，天下服其威名"③ 多有关系。此时李的威信既已不存，田等不受其节度自然可以想见。李光弼也因此愧恨成疾，遂于广德二年（764）秋病逝于徐州。

据《新唐书·论惟贞传》的记载："光弼病，表以自代"，李光弼在病逝前，很可能是想以同出朔方军的论惟贞为其继任者。但代宗显然不想在河南再留下李光弼的影响了，所以新书关于论惟贞此后的命运记载是："擢左领军卫大将军，为英武军使，卒。"论惟贞当是被调往京师担任宿卫。李光弼死后，中央任命宰臣王缙都统河南、淮西、山南东道诸行营④，并加东都留守⑤，故而王缙实际是在东都任职。而据《旧唐书·郝廷玉传》，光弼死后，"代宗用为神策将军"。永泰元年（765），郝廷玉率军参与平定了"仆固怀恩之乱"，其时所领可能仍为李光弼此前在河南的军队。⑥ 王缙在永泰元年八月被加为河南副元帅⑦，史称："诏以廷玉为其都知兵马使。"⑧ 不过郝廷玉并未因此再回河南，其最终的归宿应当是"入备

---

① 《资治通鉴》卷 223 "广德二年二月"条。
② 《资治通鉴》卷 223 "广德二年七月"条。
③ 《旧唐书》卷 110《李光弼传》。
④ 《资治通鉴》卷 223 "广德二年八月丙寅"条。《新唐书》卷 6《代宗纪》同。《旧唐书》卷 11《代宗纪》作"八月丁卯，宰臣王缙为侍中，持节都统河南、淮西、淮南、山南东道节度行营事"。时间与都统道名略有不同。又《新唐书》卷 62《宰相表中》广德二年条："八月丙寅，缙为侍中，持节都统河南、淮南、淮西、山南东道行营节度事。"所统诸道名同旧纪。
⑤ 《资治通鉴》卷 223 "广德二年"条、《新唐书》卷 62《宰相表中》均载加王缙东都留守时为"八月甲午"，而《旧唐书》卷 11《代宗纪》则作"八月癸巳"。
⑥ 《资治通鉴》卷 223 "永泰元年九月"条称"河南郝廷玉"。
⑦ 《新唐书》卷 6《代宗纪》。
⑧ 《旧唐书》卷 152《郝廷玉传》。

宿卫，出镇河陇"①，并于大历八年（773）卒于秦州刺史任上。② 至于李光弼的另外一位大将薛兼训，则在讨伐史朝义的战事结束后，就被委任为越州刺史、浙东节度使③，以应付"东越仍师旅饥馑之后，三分其人，兵盗半之"④ 的局面。而在大历四年（769），已领河东节度使的王缙表让副元帅、都统、行营使。⑤ 同年底，中央又以宰臣裴冕担任是职，裴冕拜职未盈月即去世⑥，中央遂于第二年（770）停设河南等道副元帅之职，并以其所管军隶东都留守。⑦ 随着李光弼嫡系将领的调任、军队的调属，以及河南副元帅的最终停设，李光弼的势力至此在河南被彻底抹去了。

虽然对于副元帅之职的停废，代宗在制文中称：

> 以天下征伐之重，方镇之大，宜有总一，则以元老抚和之。乃者国家平定之后，□理之始，与其休息，则以诸侯训缉之……何必更有

---

① 《全唐文》卷785穆员《汝州刺史陈公墓志铭》。

② 《旧唐书》卷152《郝廷玉传》。

③ 赵振华：《唐薛兼训残志考索》，《唐研究》第九卷，2003年，第477～490页。《唐刺史考全编》卷142《江南东道·越州》考薛兼训于宝应元年至大历五年任越州刺史、浙东节度使（郁贤皓著，合肥，安徽大学出版社，2000年，第2004页）。按宝应元年薛兼训尚在河南讨伐史朝义，其至早亦要到广德元年归义之战败史朝义后才任职浙东。

④ 《全唐文》卷783穆员《鲍防碑》。

⑤ 《资治通鉴》卷224"大历四年六月"条："戊申，王缙表让副元帅、都统、行营使，许之。"按王缙表让副元帅等事可能前后发生过两次。据《旧唐书》卷108《杜鸿渐传》载："（大历）三年八月，代王缙为东都留守，充河南、淮西、山南东道副元帅，平章事如故。以疾上表乞骸骨，从之，竟不之任。四年十一月卒。"（《新唐书》卷126《杜暹附杜鸿渐传》略同，《全唐文》卷369元载《故相国杜鸿渐神道碑》亦有关于此事的记载）按大历三年（768）八月正是唐廷因河东节度使辛云京薨而以王缙领河东节度使时，故王缙可能于此时表让东都留守、副元帅等职，代宗遂以杜鸿渐代王。但据《旧唐书·杜鸿渐传》和《新唐书·杜鸿渐传》来看，杜氏实际上并未赴任，所以《资治通鉴》卷224"大历三年八月"条会作"以王缙领河东节度使，余如故"。也就是说，王缙其实并未正式解职。所以到大历四年六月才会有王缙第二次表让副元帅等事的发生。又（宋）王谠《唐语林》卷5《补遗》曾载："杜鸿渐为都统并副元帅，王缙代之。"（周勋初校证，北京，中华书局，1987年，第496页）这可能就是指王缙第一次"解职"后，因杜鸿渐实际并未任职，所以唐廷还是不得不以原都统、副元帅王缙代之一事。

⑥ 《旧唐书》卷11《代宗纪》、《全唐文》卷369元载《冀国公赠太尉裴冕碑》。

⑦ 《旧唐书》卷11《代宗纪》。

□属，适重其烦，军书取决，又失要会。息人罢镇，□亦便之。①

但其实，李光弼之死与副元帅之职的停废却使中央很大程度丧失了对河南的直接控制。大历年间，这一地区已基本成为河北将领的辖所，其中三股出自平卢系的势力尤为强大，他们分别是淄青节度李正己（李怀玉）、汴宋节度田神功、淮西节度李忠臣（董秦）（参见图3）。同时，实力稍弱的其他军阀势力也充斥其间，比如同出平卢系的许杲的军队就是其中一支。大历三年（768）左右，身为平卢行军司马的许杲将卒三千驻濠州（属淮南），窥视江淮，后在淮南大将张万福与浙西都团练观察使李栖筠的压力下东溃。②虽然这支来自河南的军队实力并不强，但仍对江淮一带构成了

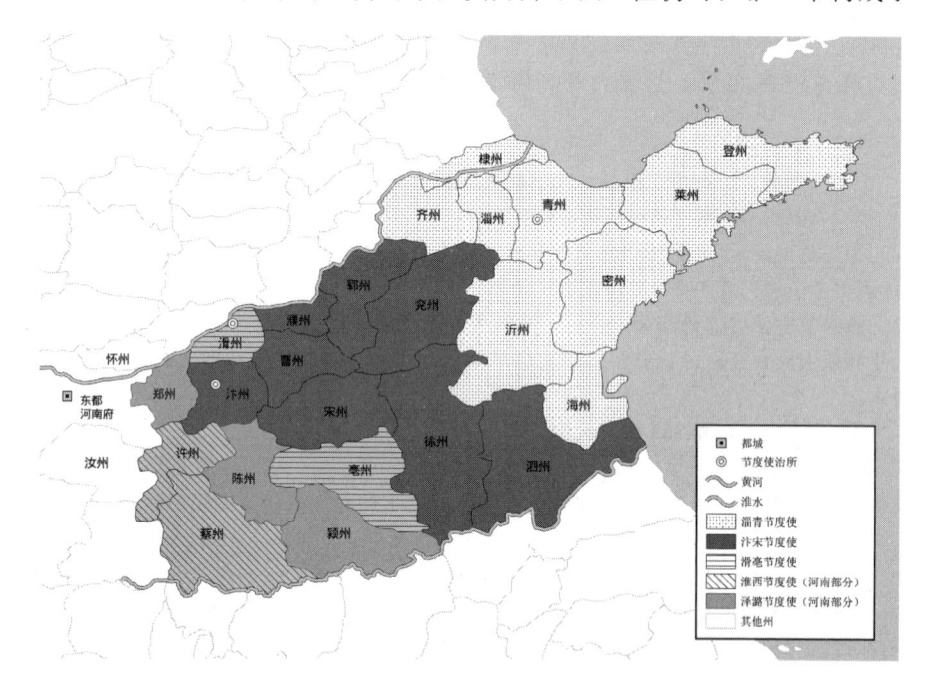

图3 李光弼去世后的河南藩镇图

---

① 《全唐文》卷410常衮《停河南等道副元帅制》。
② 许杲一事，见《韩昌黎文集校注》文外集下卷《顺宗实录》卷4（第711～712页）、《旧唐书·张万福传》、《新唐书·张万福传》、《新唐书》卷146《李栖筠传》、《资治通鉴》卷224"大历三年十二月"条。又《全唐文》卷514殷亮《颜鲁公行状》："然自肃宗已来，河南及诸道立功大将，如王元忠、田神功、董泰（秦）、侯希逸、李正己（己）、许杲卿等，初皆是公（指颜真卿）自北海迎致之者，终无私谒焉。"许杲卿当即为许杲。殷亮既然将许氏与田、董、侯、李之辈并列，则许氏当亦为（转下页）

一定的威胁，也迫使代宗召见淮南守将张万福，除以其和州刺史以追讨许杲。这支游走在河南边缘地带的平卢军队尚且已经给代宗造成了一定的压力，那么到大历晚期，当河南的这些平卢系军阀开始变得倔强难治时，中央又将以怎样的策略来应对这一危机呢？显然，这些河朔军人不比当年河南的地方军将那么容易对付，以李光弼的威望尚且不足以弹压，况且此时，河南已无李光弼。不过我们不要忘记，李光弼曾经派遣了一批年轻的将领南下江淮，虽然在李光弼的时代，他们再没有回到河南，也没有参与对叛军的讨伐，但他们中的不少人此后一直留在江东，并且一直参与对这一地区农民起义等的征讨。在经历了整整一个大历时期，这一批原本不显山露水的将领已成长为一支重要的力量，他们将在德宗的时代迎来重回河南的契机，并成为帝国应对平卢系危机的重要砝码。或许，这正是李光弼留给未来河南和帝国最大的遗产。

第三节　永平军的成长与蜕变

随着安史之乱与李光弼时代的结束，河南的政治版图将面临一轮大的调整。在这次调整中，我们将看到新的政治势力是如何在河南一步步站稳脚跟并发展壮大的。河南藩镇的这种发展壮大在旧史中常被归因为代宗的"宽柔无怨，一切从之"①。但如果考虑到唐廷此时面临的来自西部异族的恐惧性威胁，以及在代宗初年关中与宫廷的一系列不稳定情形，同时还有长期战争对唐代社会与唐人心灵所产生的持久性影响，以及军事布局制衡方面等的考虑，那么我们或许可以理解代宗对包括河南在内的诸多藩镇所采取的所谓"姑息"政策。②事实上，代宗的"姑息"政策是有前提、弹

（接上页）南下平卢军之重要将领，况且许氏职为平卢军行军司马，可见绝不是泛泛之辈。我们尚不知许氏是汴宋田神功还是淄青侯希逸的下属，不过从其剽掠路线上来看，主要是在沿淮与沿江的东部地带，尤其是淮南东北部。而与淮南东北部交接的河南南部一带正是原先李光弼直接统辖的地区，而这一地区对于汴宋与淄青来说，又相对因远离其治所而很可能控摄不宜，故许杲得以在这一地区专肆游弋。

① 《旧唐书》卷144《阳惠元传》。
② 关于代宗朝的对藩政策，可参见张国刚：《肃代之际的政治军事形势与藩镇割据局面形成的关系》，《唐代藩镇研究》，北京，中国人民大学出版社，2010年，第21～30页；樊文礼：《安史之乱以后的藩镇形势和唐代宗朝的藩镇政策》，《烟台师范学院学报》，1995年第4期。

性和底线的，在此后的河南政局变化中我们将看到这种政策的应用。同时，河南藩镇也不像我们所想象的铁板一块，随着时局的变化，我们将看到它们不同的走向与裂变。而利用藩镇间的这种差异，代宗也将以一种比较委婉的手段为重新争得河南的控制权以及应对河南的新危机进行努力。

一、平卢系藩镇的崛起

在安史之乱与李光弼时代结束后，河南政治格局出现了新的变化。在东部，平卢军由侯希逸率领于宝应元年来到青州，于是原淄青节度使田神功以州让希逸①，唐廷遂"以平卢节度使侯希逸为平卢、青、淄等六州节度使，由是青州节度有平卢之号"②。此后希逸为军将所逐，其内弟、同为南下的平卢军将李正己（李怀玉）被立为节度。大历前期，李正己已统有淄、青、齐、棣、登、莱、沂、密、海诸州，胶东半岛、胶莱平原以及鲁中山地的一部分现已成为其势力范围。

当田神功让出淄青等州后，原兖郓节度使能元皓可能也在这时去世，田神功很自然地移至兖郓间，被唐廷任命为兖郓节度使。③ 广德元年，代宗幸陕，史称：

> 公（指田神功）首来扈从，都知六军兵马。每食宿，公皆躬自省视。上（指代宗）感焉，方委以政事，公涕泣固辞而止。二年拜汴宋节度，迁兵部。④

田神功是平定安史之乱的平卢系功臣，此时的扈从更加深了代宗对其的好感。不过从上述史料来看，代宗很可能有意在乱后将其调离河南留在中央，颜真卿的《八关斋会报德记》很委婉地将其称为"方委以政事"。但田氏显然更喜欢留在地方，因为那是他的权力所源。代宗当然也不便于勉强，并且因为田的扈从更诏加其为汴宋节度。而投降唐廷的原叛军汴州刺史张献诚则被调任为山南西道节度。

田神功当时的治所在汴州，统辖汴、宋、曹、徐、兖、郓、濮、泗八

---

① 《全唐文》卷338颜真卿《有唐宋州官吏八关斋会报德记》。
② 《资治通鉴》卷222"宝应元年五月"条。
③ 参见《全唐文》卷338颜真卿《有唐宋州官吏八关斋会报德记》、《新唐书》卷144《田神功传》。
④ 《全唐文》卷338颜真卿《有唐宋州官吏八关斋会报德记》。

州之地①，这一地区包括黄河冲积平原的一部分，以及平原东侧与鲁中山地间一片海拔较高的过渡地带。虽然这一地区在乱中也频遭战火冲击，但仍不失为河南最富庶的地区。更为重要的是，安史之乱以来堙废的汴水漕运在此时经由刘晏重开②，而田神功所辖的汴、宋、徐、泗诸州正在漕运一线。换言之，唐廷的生命线汴水此时正经过田氏的辖区，这一重要地位显然是他镇无法比拟的。

与东部和中部相比，河南西部的局面则要复杂得多。原陈郑颍亳节度使李抱玉在邙山之败后退至泽州，专在泽州一带与史朝义军队对抗，目的应当是扼守天井关，防止叛军沿太行山麓北上，并且重振再次南下的力量。代宗即位后，李抱玉被任命为泽潞节度使，治所也移至更北的潞州。泽潞位属原河东道南部，换言之，李抱玉辖镇的军政中心现已移至河东，与河南的联系已大打折扣。但其仍旧领有陈、郑诸州，其节度之衔亦以陈郑、泽潞并称。③

安史之乱结束后，河北诸州被分授予叛军降将，泽潞也因此成为控扼河北诸镇的重要藩镇，其战略重心已完全转向经营河北④，这也成为此后泽潞、昭义（河北藩镇）二镇能合并的地缘政治原因所在。李抱玉的泽潞势力退出河南的主要标志，就是其逐渐让出所领之河南诸州。最早让出的可能是亳州，亳州在安史之乱结束后，当即被割属于滑州刺史令狐彰。陈州据考在大历五年（770）时已经不属泽潞所管⑤，其很可能在脱离泽潞

---

① 《旧唐书·田神功传》和《新唐书·田神功传》均载神功时统汴宋八州。《新唐书》卷65《方镇表二·河南》宝应元年："复置河南节度使，治汴州，领州八：汴、宋、曹、徐、颍、兖、郓、濮。"《资治通鉴》卷225"大历十一年五月"条："癸巳，以永平节度使李勉兼汴、宋等八州留后。"胡注："汴、宋、曹、濮、兖、郓、徐、泗八州。"按颍州当属泽潞节度，故此处从《资治通鉴》胡注八州说。另，泗州的归属在《方镇表》中也显得比较紊乱，似乎是先隶淄青后隶汴宋，但据《旧唐书》卷12《德宗纪上》、卷144《阳惠元传》等相关记载看，泗州当不属淄青。

② 参见《资治通鉴》卷223"广德二年二月、三月"条。

③ 如《全唐文》卷413常衮《授李抱玉开府仪同三司制》称其为"陈郑泽潞观察处置等使"。

④ 如《旧唐书》卷132《李抱真传》言："抱真密揣山东当有变，上党且当兵冲。"

⑤ 《全唐文》卷413收有常衮所作《授李抱玉河西等道副元帅制》《授李抱玉开府仪同三司制》二文，其先后顺序已有颠倒。《授李抱玉开府仪同三司制》一文当在前，此文称李抱玉职衔为"陈郑泽潞观察处置等使"，而《授李抱玉河西等道副元帅制》一文则称"怀郑泽潞观察处置等使"。考诸史料，后文所作时间当在大历（转下页）

后，也被划归为滑亳节度使。①至于郑、颍二州则有明文记载在大历五年由泽潞让出，遥归京西泾原军所管。②郑、颍二州虽属泾原军所管，但主要是为其提供军粮廪食，因此在行政上与泾原军的联系是很薄弱的。其实，郑、颍二州在割属泾原前，其对泽潞的意义也主要是经济上而非行政上，因为泽潞节度李抱玉当时还身兼凤翔节度使，长期率领防秋兵在凤翔屯驻，而军食来源就是本道所领的郑、颍二州。③由此可见，河南诸州虽遭战火洗劫，但在经济上，尤其对于贫困的京西地区而言，仍旧具有相当的意义。而也正由于郑、颍二州对京西诸镇的意义只是经济上而不是行政上，因此它们与后者的关系实际上不可能维持太长时间，最终还是将隶属于临近诸镇。而河南藩镇因其地缘优势，当然也就成为此二镇改隶的首选对象。

事实上，安史之乱结束后在东都、河南附近由泽潞所管辖的地区，在大历时期都经历了一个逐渐脱离泽潞的过程，这在日野开三郎教授论述河阳三城的问题时已有提及。④但这种行为并不是中央要有意削弱泽潞的实力，而是泽潞辖州这种极不自然的情形本身就是因战争而造成的一种临时

（接上页）五年。（《旧唐书》卷11《代宗纪》大历五年正月辛卯，"凤翔节度使李抱玉判梁州事，充山南西道节度使"。而《授李抱玉河西等道副元帅制》即称："可兼充山南西道观察处置支度营田等使，判梁州事，陇右怀郑泽潞等使如故，充山南西道河西陇右等道副元帅。"）虽然不排除唐代制文在叙述节度职衔时有省略等情况，但也很可能说明陈州在大历五年时却已不属泽潞所辖。

① 按《新唐书》卷65《方镇表二·滑卫》载，大历四年"滑亳节度增领陈州"。若新表此载属实，那么陈州在大历四年就当割属滑亳节度使。

② 参见常衮：《大唐故四镇北庭行营节度兼泾原颍郑等节度观察使尚书左仆射扶风郡王赠司徒马府君（璘）墓志铭并序》（吴钢主编《全唐文补遗》第六辑，西安，三秦出版社，1999年，第98页）、《全唐文》卷419常衮《故四镇北庭行营节度使扶风郡王赠司徒马公神道碑铭》、《新唐书》卷138《马璘传》、《旧唐书·段秀实传》、《新唐书·段秀实传》、《新唐书》卷64《方镇表一·泾原》。《旧唐书》卷152《马璘传》误作"郑、滑"。

③ 《全唐文》卷682牛僧孺《崔相国群家庙碑》："公以辟三府，由试大理寺直摄监察御史，四迁检校仓部郎中兼侍御史，知郑、颍两州节度使观察留后录刺史事。时副元帅梁国公抱玉以全师军岐下，饩馈廪食，悉责于公，急须草草，一呼三索，应卒尤翔，了辨绰绰。"

④ 参见［日］日野开三郎：《唐河阳三城镇遏使考》，《日野开三郎东洋史学论集》第一卷《唐代藩镇の支配体制》，东京，三一书房，1980年，第256～297页。

性状态，本就具有调整的意义。而李抱玉的忠于唐廷则是中央得以对泽潞辖州进行调整的一个前提条件。到了李抱玉之弟李抱真的时代，泽潞因为其长期效忠唐廷的表现以及对抗河北藩镇的需要，它的北部领地获得了新的扩展。这不仅弥补了它此前在河南的损失，而且也使它与河南彻底断绝了行政上的关系。①

与泽潞势力逐渐退出河南不同，来自南方的淮西势力则开始进入河南。河南西南部与淮西的渊源可以追溯到安史之乱爆发初期的来瑱时代。②在王仲昇担任淮西节度使时，其就领有河南的许、豫（蔡）二州。但由于许、豫（蔡）周近是朝叛对峙的地区，所以王仲昇的驻地与实际统辖地区可能主要还是在淮河以南。宝应元年，王仲昇战败被掳，李忠臣代之为淮西节度。此后李忠臣不仅会同诸军成功收复东都，而且在吐蕃侵犯西陲之际因扈从及时深得代宗信赖，史称：

> 永泰元年，吐蕃犯西陲，京师戒严。代宗命中使追兵，诸道多不时赴难。使至淮西，忠臣方会鞠，即令整师饰驾。监军大将固请曰："军行须择吉日。"忠臣奋臂于众曰："焉有父母遇寇难，待拣好日，方救患乎！"即日进发。自此方隅有警，忠臣必先期而至。由是代宗嘉其忠节，加本道观察使，宠赐颇厚。③

关于李忠臣当时的领州和治所，史料没有给出一个统一明确的说法，且淮西一镇自设立以来行政建置变化就颇为频繁。我们在这里比较关心的是治所问题，据《旧唐书·李忠臣传》载："宝应元年七月，拜忠臣太常卿同正、兼御史中丞、淮西十一州节度。寻加安州刺史，仍镇蔡州……（大历）五年，加蔡州刺史。"新书本传则曰："淮西节度使王仲升（昇）为贼执，以忠臣为汝、仙、蔡六州节度使，兼安州。"又《新唐书·方镇

---

① 有关泽潞辖区沿革的考证，有赖青寿《唐后期方镇建置沿革研究》（复旦大学1999年博士学位论文，第99~102页）、陈翔《唐代后期泽潞镇军事地位的变化》（《中国历史地理论丛》，2008年第3辑，第86~91页）诸文。然而，由于以上有关泽潞辖区沿革的考证均以《新唐书·方镇表》为核心资料，而后者普遍存在大量错误；同时，由于学者在进行泽潞镇的辖区考证时，忽略了当时具体的政治语境，因此导致其考证存在不少错漏之处。而在此基础上考察泽潞军事地位的变化，也就不免会产生某些与事实不符的偏差。

② 有关此问题，可以参见本书第四章第一节的相关论述。

③ 《旧唐书》卷145《李忠臣传》。

表二》:"(大历八年)淮西节度使徙至蔡州。"常衮《授李忠臣右仆射制》则称李忠臣之衔为:"淮西节度观察处置等使、开府仪同三司、检校工部尚书,兼安州蔡州刺史,御史大夫、上柱国、西平郡王。"① 此制文所作时间在大历七年(772)。② 身为淮西节度使的李忠臣一人身兼安、蔡二州刺史,这在当时是一个极特殊的现象。它或许提醒我们,淮西镇的政治中心有两个,一个是淮河以南的安州,一个则是河南的蔡州。虽然上引《旧唐书》和《新唐书》对于李忠臣究竟是镇安州还是蔡州提供的信息互相抵触又模棱两可,且信息的准确与否我们也不能完全确定,但它至少能反映这样一个趋势,即位于河南的蔡州逐渐成为或更重要地代表着淮西的政治中心。淮西治所偏移河南的这一趋势,显然应该与安史之乱结束后,全国军政局势由战争转向和平这一大的背景有关。从区位上来讲,蔡州无疑比安州更具有作为治所的优势,那么如果淮西的治所原来因为安史叛军控制河南西部而被安排在安州的话③,现在确实当是移至蔡州的时候了。而学者也或许正是在这个意义上将淮西看作与淄青、汴宋并列的河南三大节镇之一。

有关河南三镇的军团构成情况,辻正博等学者很早便进行了考察,无论节帅、军将还是士兵,淄青、汴宋、淮西三大镇核心的军队构成都是来自乱前河北的平卢节度使麾下。④ 换言之,河南现在已经成为平卢系军人的天下,三大平卢系军阀分别占据了河南东、中、西部的主要版图。随之而来的,则是这些新兴的河南藩镇开始逐渐显露出一种自立化的倾向。最突出的表现便是节帅的废立由本镇内部产生或决定,而不由中央主导。永泰元年淄青军人驱逐侯希逸,拥立前兵马使李正己为帅;大历八年汴宋防秋兵因田神功薨逝盗归本道,神功弟神玉被委以权知汴州留后;大历十四年(779)淮西将领李希烈胁逐李忠臣,被唐廷任为淮西留后。代宗对这

---

① 《全唐文》卷410常衮《授李忠臣右仆射制》。
② 《旧唐书》卷145《李忠臣传》。
③ 宝应元年淮西王仲昇战败,肃宗欲除襄阳节度使来瑱,遂以瑱为"安州刺史,充淮西申、安、蕲、黄、光、沔节度观察"(《旧唐书》卷114《来瑱传》),虽然此举后未实现,但该记载或可说明淮西的治所时在安州。
④ 参见[日]辻正博:《唐朝の对藩镇政策について——河南"顺地"化のプロセス》,《东洋史研究》46:2,1987,第101~103页。另可参见樊文礼:《唐代平卢淄青节度使略论》,《烟台师范学院学报》,1993年第2期;樊文礼:《唐淮西节度使略论》,《烟台师范学院学报》,1994年第2期。

三起事件都采取了默认或保守的应对态度，因而也就被认为是"姑息"藩镇的表现之一。但正如德宗在贞元元年（785）的《宣慰平卢军陷淮西将士敕》中所称的：

> 淮宁军（淮西此后的军号）将士等，顷自平卢，来赴国难，涉溟海不测之险，灭凶贼作乱之徒。其后分镇淮西，防秋陇上，奉我王事，久著勋劳。或耆老见存，子弟相继，举其诚效，并是勋臣。①

对于这种"久著勋劳"，举族并为"勋臣"的功臣藩镇，如果唐廷果真采取一种强硬立场，则势必会对安史之乱后一大拨因平叛之勋而崛起的藩镇产生连锁效应，这在舆论上显然是不得不考虑的一个问题。况且这些河南藩镇在大历前期屡有防秋之功于唐廷，从这个意义上来讲，代宗之特别优待河南藩镇未尝不是其努力树立新型朝藩关系的一种表现。只是代宗的这种优待确实日益助长了淄青、汴宋、淮西三大镇的自立化趋势。但是，河南的另一藩镇——滑亳，却着实在大历时期走上了一条与淄青、汴宋、淮西完全不同的道路。

二、令狐彰与滑亳的特殊性

滑亳镇也是在安史之乱平定后设立的河南藩镇，首任节度使是令狐彰。令狐彰原是出于安史军队的将领，不过其在随史思明南下被任命为博滑二州刺史、引兵数千戍滑台后，便潜谋归顺唐廷。旧书本传称：

> 会中官杨万定监滑州军，彰遂募勇士善于水者，俾乘夜涉河，达表奏于万定，请以所管贼一将兵马及州县归顺，万定以闻。自禄山构逆，为贼守者，未有举州向化，肃宗得彰表，大悦，赐书慰劳。时彰移镇杏园渡，遂为思明所疑，思明乃遣所亲薛岌统精卒围杏园攻之。彰乃明示三军，晓以逆顺，众心感附，咸悉力为用。与贼兵战，大破之，溃围而出，遂以麾下将士数百人随万定入朝。

令狐彰的归顺之举在当时具有两方面的意义，其一就是本传所称的"自禄山构逆，为贼守者，未有举州向化"。而令狐彰就是"举州向化"的第一

---

① 《全唐文》卷54德宗《宣慰平卢军陷淮西将士敕》。《唐大诏令集》卷116作《贞元元年慰抚平卢军先陷在淮西将士敕》，可见此敕文作于贞元元年，第608页。

人。其二，据《资治通鉴》等相关记载判断，令狐彰的归朝很可能是在唐军邙山之败后，或至少是叛军方面并不占劣势的时候①，这样一来，他的归顺对于唐廷就有雪中送炭的意味。因此肃宗对于令狐彰也特予厚赏，并诏拜其为滑州刺史、滑亳魏博等六州节度，令镇滑州，委平残寇。不过对于仅携麾下将士数百人入朝的令狐彰来说，"委平残寇"显然是一个过高的要求。令狐彰此后应当是从元帅诸军参与了对叛军的讨伐，但其在此中所担负的任务应该相当有限，因为史料并未就其讨叛之事留下任何记载。而令狐彰的滑亳魏博等六州节度在当时也显然只是个虚衔。

安史之乱平定后，令狐彰正式移镇滑州，由于魏、博等河北诸州现已割属给叛军其他将领，所以令狐彰其时所领只有河南的滑、亳二州。滑、亳二州在地域上并不相连，令狐彰的经营中心其实主要是在滑州，亳州对其意义很可能类似于郑、颍二州对泽潞的意义一样，为自叛乱发生以来，频"当寇冲，城邑墟榛"② 的滑州提供经济方面的支持。虽然史料显示，令狐彰对当时河南中西部的影响可能并不局限于滑、亳二州，颍州、陈州在不久后应该也受其节制③，但两唐书本传却只是对其经营滑州的情况进

---

① 《资治通鉴》卷222 "上元二年五月"条载令狐彰于其时归朝。
② 《新唐书》卷148《令狐彰传》。
③ 如《新唐书》卷148《令狐彰传》就言："（令狐彰）怒颍州刺史李岵，遣姚奭代之，戒曰：'不时代，杀之。'岵知其谋，因杀奭，死者百余人，奔汴州，上书自言，彰亦劾之。河南尹张延赏畏彰，留岵使，故彰书先闻，斥岵夷州，杀之。"《全唐文》卷47代宗《赐李岵自尽诏》中留有"御史姚奭，巡至所部"的记载，明言颍州是令狐彰的"所部"。又按上言，陈州在大历四五年间可能也划归滑亳所管。另据令狐棠《唐故棣州刺史兼侍御史敦煌令狐公（梅）墓志铭并序》载墓主令狐梅之祖令狐彰的官职为"义成军节度使、开府仪同三司、滑亳颍等七州观察处置使、检校尚书右仆射，封霍国公，赠太傅，又赠太师"（《全唐文补遗》第六辑，第168页）。据我们的判断，令狐彰所领不至有七州之多，况墓志言令狐彰职为"义成军节度"，实义成军的建立要晚到贞元时代，所以墓志所言亦未必可靠。但滑、亳、颍三州为彰所领的记载应该还是可信的。墓志夸大安史之乱时河南地区节帅领州数目之事不仅反映在令狐梅表述其祖令狐彰的官职中，在能元皓孙女能去尘的墓志中，我们也看到其称祖父的官衔为"淄青兖郓等八州节度使"（吴钢主编《全唐文补遗》第四辑严轲《唐故女道士前永穆观主能师（去尘）铭志并序》，西安，三秦出版社，1997年，第127页）。其实能元皓在当时统辖的也不至于有八州之多。安史之乱时河南本身就为战场，故而即使中央对节镇有所规划，与实际的情况也不尽相同，况且因战争发展也必然导致所领之州的不稳定。这些都为子孙凸显祖父地位、夸虚其职衔提供了很好的条件。

行了颇为详细的描写,如旧书本传称:

> 彰在职,风化大行。滑州疮痍未复,城邑为墟,彰以身励下,一志农战,内检军戎,外牧黎庶,法令严酷,人不敢犯。数年间,田畴大辟,库藏充积,岁奉王税及修贡献,未尝暂阙。时犬戎犯边,征兵防秋。彰遣属吏部统营伍,自滑至京之西郊,向二千余里,甲士三千人,率自赍粮,所过州县,路次供拟,皆让而不受,经闾里不犯秋毫,识者称之。

从上述描写来看,与此前潜谋归顺时的表现一样,令狐彰在大历时期的行事也颇与其他出任节帅的安史降将有所不同,其内行治理、外修贡奉、征兵防秋且不犯秋毫,因此颇得中央之识。虽然在当时的河南,滑亳的军事、经济地位相较其他三镇还略有差距,但在政治认可上,令狐彰的地位却并不在其他三镇的节帅之下。

令狐彰颇异其他两河藩帅的行事风格,在大历七年其临终之时以更加明显的方式显示出来。史称其临终,手疏辞表,诫子以忠孝守节,又举能自代。其遗表曰:

> 臣自事陛下,得备藩守,受恩则重,效节未终,长辞圣朝,痛入心骨。臣诚哀恳顿首顿首,臣受性刚拙,亦能包含。顷因鱼朝恩将掠亳州,遂与臣结怨,当其纵暴,臣不敢入朝,专听天诛,即欲奔谒。及鱼朝恩死,即臣属疾苦,又遭家艰,力微眼暗,行动须人,拜舞不能。数月有阙,欲请替辞退,即日望稍瘳,冀得康强,荣归朝觐。自冬末旧疾益重,疮肿又生,气息奄奄,遂期殒殁,不遂一朝天阙、一拜龙颜。臣礼不终,忠诚莫展,臣之大罪,下惭先代,仰愧圣朝。臣竭诚事上,誓立大节,天地神明,实知臣心,心不遂行,言发自痛。当使仓粮钱绢、羊马牛畜,一切已上,并先有部署。三军兵士、州县官吏等,各恭旧职,祗待圣恩。臣伏见吏部尚书刘晏及工部尚书李勉,知识忠贞,堪委大事,伏愿陛下速令检校,上副圣心。臣男建等,性不为非,行亦近道,今勒归东都私第,使他年为臣报国,下慰幽魂。临殁昏乱,伏表哀咽。①

---

① 《全唐文》卷394令狐彰《遗表》。

这份以情自疏的上表不仅将令狐彰始终未及入朝的原委及愧疚之情一一道来，读之令人动容。更重要的是，令狐彰决意以土地兵甲籍上朝廷，并将节帅之任命彻底还归中央，显示了与其他两河藩镇决然不同的态度。据说代宗览此表后"嗟悼久之"①，又以此表宣示百僚，"当时在位者闻之，无不感叹"②。自安史之乱爆发十多年来，还没有一个出自安史集团的将领会对唐廷再次表现出如此的忠直。因此令狐彰的上表请代即使从情感上而言，对帝国的君主及其官僚也是一种深刻的慰藉。

令狐彰于大历八年二月去世，而史称在上一年十二月辛未"滑州置永平军"③。所谓"置永平军"，其实就是中央赐滑亳节镇"永平军"之号，所以令狐彰在去世时，实际上的名义是"永平军节度使"。虽说一个名号对藩镇实质并无影响，但它在政治上却是有意义的，这是唐廷在安史之乱后第一次赐以河南藩镇军号，这无疑在政治上更突出了滑亳与令狐彰的特殊地位。三月，代宗选择了令狐彰推荐的工部尚书李勉出任永平军节度使。虽然李勉在赴任之前，滑亳镇也出现了"三军逼夺情礼"④、令令狐彰之子建继任节度的骚动，但由于令狐建的"誓死不从、举家西归"⑤，骚动也就很快平息了。

总之，令狐彰特殊的举动现在为藩镇的权力交接树立了一个很好的榜样，而代宗的赐滑亳为永平更显示了唐廷对于这种举措的赞扬与鼓励。不过滑亳镇在政治地位提高的同时，也将面临一个更为严峻的现实问题，那就是现在的永平军将是河南藩镇中唯一一个以文臣出任节帅的藩镇。在平卢系军阀掌控大局的河南，新任永平军节帅李勉不得不考虑其与淄青、汴宋、淮西三大藩镇间的关系。因为作为中央任命的节帅，他的一举一动很可能被这些藩镇当作中央意向的反映而理解。

从史料记载来看，身为宗室大臣的李勉为人清廉中正，史书对其此前任职经历有比较详细的记载，但对其任职永平军后的情况，却只云："在镇八年，以旧德清重，不严而理。"而后又提到一句："东诸侯虽暴骜者，

---

① 《旧唐书》卷 124《令狐彰传》。
② 《全唐文》卷 512 李吉甫《请录用令狐通奏》。
③ 《旧唐书》卷 11《代宗纪》。
④ 《旧唐书》卷 124《令狐彰传》。
⑤ 《资治通鉴》卷 224"大历八年二月"条。

亦宗敬之。"① 这种关于任职描述的详略差异显然不是史书编纂者有意为之的结果，它其实反映了李勉担任永平军后施政策略的一个主旨，即维持滑亳镇与河南既有的稳定状况，尤其是与邻镇相安无事的关系。而这，显然也是代宗所愿意看到的。

三、李灵曜之乱及其影响

对于大历后期的唐廷来说，滑亳镇的权力更迭并不是一件影响当时河南政治格局的大事。河南真正的危机，或者说将对整个河南政治地理版图产生重要影响的事件是大历十一年（776）汴宋留后李灵曜的叛乱。有关李灵曜叛乱的原委，各书记载略有不同，然以《资治通鉴》及《旧唐书·代宗纪》最为翔实可靠，据《资治通鉴》载：

> （大历十一年）五月，汴宋留后田神玉卒。都虞候李灵曜杀兵马使、濮州刺史孟鉴，北结田承嗣为援。癸巳，以永平节度使李勉兼汴、宋等八州留后。乙未，以灵曜为濮州刺史，灵曜不受诏。六月，戊午，以灵曜为汴宋留后，遣使宣慰。秋七月，田承嗣遣兵寇滑州，败李勉……（八月，）李灵曜既为留后，益骄慢，悉以其党为管内八州刺史、县令，欲效河北诸镇。甲申，诏淮西节度使李忠臣、永平节度使李勉、河阳三城使马燧讨之。淮南节度使陈少游、淄青节度使李正己皆进兵击灵曜。②

我们发现，仅在短短的四个月里，中央对待汴宋的态度就发生了数次戏剧性的变化。

在八月中央征讨李灵曜的军事行动前，围绕李灵曜事件出现了这样几个重要人物，一个是被李灵曜所杀的濮州刺史孟鉴，他的被杀随后成为整起事件的导火线；一个是李灵曜结援的魏博节度田承嗣；另一个则是永平军节度使李勉。我们首先需要关注的是田承嗣，身为魏博节度的田承嗣是安史叛乱结束后令唐廷最为头痛的叛军降将。一年多前他盗据相卫，致使代宗发河北、河东、河南等诸道兵对其进行讨伐。田氏为人狡黠多谋，虽一度因部将叛惧，遣使归降，但实际并未放弃攻城略地的计划。到大历十

---

① 《旧唐书》卷131《李勉传》。
② 《资治通鉴》卷225"大历十一年五月—八月"条。

一年春天的时候，田氏第二次上表请降，代宗亦一如既往宽赦其罪，令其入朝，但史载"承嗣逗留不至"①，似乎仍存观望之姿。果然不久后，田氏再一次找到了出兵骚扰邻镇的绝佳口实，只是这一次其出兵的对象已经不再是同属河北的昭义（即相卫），而是河南的汴宋。因为在这年夏天，由于汴宋留后田神玉的去世，当镇内部出现了节帅继任的矛盾。

李灵曜可能因"都虞候"②的身份在田神玉死后获得了节帅继任的主动权，但他或许并未赢得当镇所有将领的支持，身为兵马使的濮州刺史孟鉴应当就是其反对者之一。濮州的地理位置在当时的汴宋镇具有一定的特殊性，它紧邻黄河，越过黄河，对岸便是魏博的会府魏州。河上的濮阳津是连接汴宋、魏博二镇的重要据点，自古为津渡之要。因此如同在安史之乱中一样，此时的濮州也是河南藩镇与魏博对峙的前沿阵地。自田承嗣在一年多前挑起战乱，身为讨叛藩镇之一的汴宋镇，在它的支郡濮州应当是安排了为数不少的兵马。而这或许也就成了田神玉死后，孟鉴得以与李灵曜叫板的资本所在。孟鉴身为濮州刺史，其职责理所当然应该是防范和控扼魏博。而李灵曜既然想要除掉孟鉴，拉拢魏博作为其后盾则显然是一个很好的策略，这可能才是所谓"北结田承嗣为援"的实质。而李灵曜应付唐廷的理由也很容易找到，他完全可以向代宗解释，由于孟鉴的强硬，可能导致当时心存观望的田承嗣再一次发动叛乱。这无疑是极具说服力的一个理由，因为唐廷在当时最盼望的就是田承嗣尽早入朝。所以我们看到，在李灵曜杀死孟鉴后，唐廷并没有立即授予其汴宋留后之衔，而首先想到的是授予其濮州刺史之衔。原因就在于唐廷很自然地认为，李灵曜能够代替强硬的孟鉴处理好与田承嗣的关系，而这无疑就是李灵曜向中央所表达的理由。至于以永平军节度使李勉为汴宋留后，则显然不仅是因为永平军在地域上临近汴宋的原因，更主要的也是考虑到李勉所具有的中央背景。

但是很快，代宗发现李灵曜想要的不仅仅是一个濮州刺史的职位，但孟鉴已死，而前者又表示出能与田承嗣相安无事的意向，于是面对李灵曜的强硬态度，代宗还是遵从其即位以来对待东部藩镇的惯例加以妥协了。不过有趣的是，事态并未就此平息，反而在此后又发生了急剧的变化。首

---

① 《新唐书》卷210《藩镇魏博·田承嗣传》。

② 有关"都虞候"的基本情况，可参见严耕望：《唐代方镇使府僚佐考》，《唐史研究丛稿》，香港，新亚研究所，1969年，第220~228页；张国刚：《唐代藩镇军将职级》，《唐代藩镇研究》，第99~100页。

先是一个月后田承嗣的兵寇滑州。对于田氏来说，他当然也可以借口朝廷任命李勉而不是李灵曜为汴宋留后而对前者进行征伐，但唐廷实际上在六月已经任命后者为汴宋留后了，因此若田氏以"未知此命"而冒然出兵滑州，虽然也可说得通，但总不免有牵强之嫌。而且若果真如此的话，在获得留后之衔后已与田承嗣无甚瓜葛的李灵曜，纵然不对前者的兵临河南采取征讨的姿态，也绝不至于像后来史料中记载的那样，与田氏形成密切呼应，并在田氏兵败河南后，也企图脱身北走，逃归田氏。

因此更可能的情况是，田承嗣是再一次得到李灵曜的请求而南下施援的。而后者此次结援田氏的原因就是《资治通鉴》所说的，其试图以其党为管内八州刺史、县令，欲效河北诸镇的举措可能遭到了中央的拒绝。尽管李灵曜此举未必在一开始就是针对中央，其很可能是想在汴宋立即建立起个人权威，这不仅是因为汴宋毕竟曾经是一个由田氏长期经营的地区，而且可能考虑到既然有一个反对他的濮州刺史孟鉴在先，就不免会让人担心出现第二个或第三个。李灵曜很可能是想故伎重演，利用田承嗣的威胁为自己经营汴宋寻找借口。当然，也可能像《资治通鉴》所透露的信息那样，李灵曜的这种使汴宋完全效法河北的举措引起了代宗的反感。[1] 或者说，他的这种举措至少遭到了为代宗所信赖的前汴宋留后李勉的不满或抵触。所以，正如其之前借田承嗣之机除掉孟鉴一样，其可能想再次依赖田氏的力量给李勉制造压力，从而巩固其在汴宋的地位。

然而，李灵曜可能忽略了两个更重要的问题。首先，与其他两河藩帅，即使是此前对抗唐廷的田承嗣相比，他的资历还不足以帮助他与代宗讨价还价。此外更重要的是，不久前刚刚结束与唐廷对抗的田承嗣，因李灵曜的"结援"而重生事端，并将矛头伸向了河南，这可能是代宗决意讨

---

[1] 《新唐书》卷212《藩镇卢龙传》言："属怀恩反，边羌挚战不解，朝廷方勤西师，故（李）怀仙与田承嗣、薛嵩、张忠志等得拊还散亡，治城邑甲兵，自署文武将吏，私贡赋，天子不能制。"其实这种"自署文武将吏"的行为可能并不仅限于河北藩镇，《旧唐书》卷118《杨炎传》就载："河南、山东、荆襄、剑南有重兵处，皆厚自奉养，王赋所入无几。吏职之名，随人署置；俸给厚薄，由其增损。"但我们认为，在田氏的时代，汴宋的官员任命权力可能很大程度上还是由中央所主导，郑叔规《唐故银青光禄大夫兵部尚书上柱国汉阳郡公赠太子少保马公（炫）墓志铭并序》中就言："广德中，仆射田神功镇大梁，朝论以田武臣，宜得良佐，除公（即马炫）检校兵部郎中，倅其戎政。转郓州刺史、理有异绩。"（《全唐文补遗》第六辑，第105页）它的自立倾向较之河北藩镇可能还比较有限。

伐后者更为根本的原因。如果我们联系李灵曜事件前后，河南的另两大藩镇——淄青与淮西，尤其是晚于李灵曜事件不久的淮西镇内部节帅交替的事件来看，同样作为藩镇内部的实力军将，李正己与李希烈得以成功胁逐节帅，并获得中央认可获得旌节的前提条件，不仅是他们都获得了当镇内部大多数军将的支持，而且也是因为他们都将当镇的矛盾消化于藩镇内部。这样一来，他们既对稳定当镇的形势做出了贡献，并且也未对邻镇的局势造成影响。然而，李灵曜的策略却是适得其反，身为"都虞候"，他当然也有资格尝试成为节帅的努力①，况且田神玉已死，其所面对的境况似乎还要好于之前的李正己与之后的李希烈。但是他赢得当镇同仁的支持可能还不够，孟鉴的挑战就是个警讯。更重要的是，他错误地将汴宋镇内部的矛盾扩大到了邻镇的永平军，并且还引来了河北的田承嗣，而后者又恰恰是唐廷在当时极力要压制的对象。于是，李灵曜的这种突破代宗姑息河南藩镇底线的行为，不仅给自己带来了杀身之祸，也给汴宋带来了毁灭性的打击。

而对于田承嗣来说，不管具体理由是什么，其均可以像之前出兵相州那样，以"他州骚扰，邻境救灾"②为名出兵干涉。即使最终师出不利，至少还可以退还本镇，并将出师之名转扣在李灵曜头上。而与李灵曜最大的差别在于，田氏深谙邻镇矛盾与中央对其的态度，即使对其盗据相、卫的行为，中央都可以一而再地赦免他，那么再而三地宽宥他侵扰河南的举措也未尝不是没有可能。而且，出兵河南给中央制造压力，也未尝不是为自己寻找逗留不朝的一次绝好机会。事实证明，到李灵曜之乱平定后的大历十二年（777）三月，田承嗣第三次上表请降，"上亦无如之何，庚午，悉复承嗣官爵，仍令不必入朝"③。田氏显然成了此次事件中最大的受益者。

以上的推断当然未必完全正确，但我们认为，将李灵曜的叛乱置于这样一种地缘关系中来进行解读，或许也不失为理解李灵曜事件，以及重新认识唐廷与两河藩镇关系的一条有效途径。在接下去的论述中，我们也将

---

① 我们看到，不久后驱逐李忠臣而被唐廷任命为淮西留后的李希烈，其职务也是"都虞候"。（《旧唐书》卷145《李希烈传》载李希烈其时之职务为"左厢都虞候"。）

② 《全唐文》卷47代宗《贬田承嗣永州刺史诏》中有"既云相州骚扰，邻境救灾，旋即更并磁州，重行威虐。此实自相矛盾，不究始终"之语。

③ 《资治通鉴》卷225"大历十二年三月"条。

以同样的思路来考察平定李灵曜叛乱的过程，因为平乱的过程也将对此后河南的地缘关系产生重要的影响。

从相关记载来看，平定李灵曜叛乱的时间不长。河阳三城镇遏使马燧与淮西节度李忠臣应该是此次征讨中出力最多也是最得力的，因为他们主攻的是李灵曜的军政中心——汴州。不过史称在征讨之初，两军也稍遇不顺，李忠臣甚至想引归淮西，幸赖马燧固执不可，军势复振。此后两军破李灵曜于汴州，亦是马燧不入汴州，成忠臣之功。河阳三城是唐廷在大历中期扶植起来的新藩镇，马燧原是泽潞李抱玉手下的将领，因此在泽潞势力退出河南后，河阳三城便成为一支重要的力量。史载其时"河阳兵冠诸军"①，其崛起之势可见一斑。② 马燧在平定李灵曜后，便很快回镇，没有涉入此后的河南事务。而李忠臣在进入汴州城后，则果然专断其功，并在十二月，被唐廷加以"同平章事，仍领汴州刺史，徙治汴州"③。于是淮西的势力现在渗透到了河南中部。

永平军在此次平乱中的表现亦深得中央赏识。虽然其与淄青在匡城（滑州属县）败于田承嗣派救李灵曜的援兵，致使后者得以进军汴州，但受府主李勉之命经营陈、亳二州的李芃，则不仅"练达军事，兵备甚肃"，而且在"李灵曜据汴州，公私财赋，一皆遏绝"④ 之时，"又开陈、颍运路，以通漕挽"⑤。此后李灵曜逃至韦城（滑州属县），又为永平军将杜如江所擒，史称代宗"褒赏甚厚"⑥。与此同时，永平军衙将刘洽也趁宋州刺史李僧惠为李忠臣所杀之际，成功占领了宋州。⑦ 既而李忠臣代镇汴州，原本诏为汴宋留后的李勉也就还归本镇。不过宋州和泗州现在诏隶永平

---

① 《旧唐书》卷134《马燧传》。
② 有关河阳三城镇遏使的发展，可参见［日］日野开三郎：《唐河阳三城镇遏使考》，《日野开三郎东洋史学论集》第一卷《唐代藩镇の支配体制》，第279~293页。
③ 《资治通鉴》卷225"大历十一年十二月"条。
④ 《全唐文》卷616裴垍《郭子仪传论》。
⑤ 《旧唐书》卷132《李芃传》。
⑥ 《旧唐书》卷131《李勉传》。
⑦ 《旧唐书·刘玄佐传》和《新唐书·刘玄佐传》皆言，李灵曜据汴州，刘洽将兵乘其无备，径入宋州。《资治通鉴》卷225"大历十二年十月"条《考异》已驳曰："按刘昌以宋州牙门将说李僧惠归顺，则是僧惠先已为灵曜守宋州，朝廷因授宋州刺史耳。若僧惠未降，则洽不能得宋州；已降，则不敢取宋州。盖僧惠已为李忠臣所杀，洽因引兵据宋州耳。旧传欲以为洽功，故云然，其实非也。"

军,刘洽也被李勉奏署为宋州刺史。①

至于此次平乱中淄青镇的表现,时人王行先评论为:"小有逗留,未肯戮力。"② 不过李正己的"未肯戮力"恐怕并非针对李灵曜,而是针对田承嗣。田承嗣最为忌惮的河南节帅就是淄青的李正己,因此在上一年河南诸军大破田悦于汴州之际,承嗣便已向正己示好。后者也因此暂时放弃了对田氏的讨伐,按兵不进。而因李氏的观望,望其项背的河南诸道兵也皆逡巡不敢前。此后李正己屡为田氏的入朝之请上表陈述,许其自新,因而对于此次与魏博重启战端,李正己显然是有所保留的。而其在此后于匡城败于魏博援兵之手,不知是否也与此有关。但李正己征讨李灵曜的态度却似乎很积极,并且由于李灵曜的军事部署主要集中在西部,尤其是汴州周围,因此李正己乘此次平乱,一举拿下来了汴宋东部的曹、濮、徐、兖、郓五州之地。淄青也成为此次平乱中斩获实地最多的藩镇。并且与李忠臣一样,李正己也在乱后被加以"同平章事"一衔。

总之,由于李灵曜的叛乱,河南的政治格局现在发生了大的变动。三大平卢系藩镇之一的汴宋镇在乱后彻底瓦解,取而代之的是新三大节镇——淄青、永平与淮西。到代宗的最后一年,即大历十四年三月,唐廷乘淮西发生内乱、李忠臣为养子李希烈所逐之际,以任命李希烈淮西留后为条件,"以永平节度使李勉兼汴州刺史,增领汴、颍二州,徙镇汴州"③。而淮西则仍治蔡州。

至此,代宗为不久即位的德宗留下了这样一幅河南版图:在东边,李正己占领了"淄、青、齐、海、登、莱、沂、密、德、棣、曹、濮、徐、兖、郓十五州之地,养兵十万"④;并"自青州徙治郓州,使其子前淄州刺史纳守青州"⑤。(见图4)对于李正己来说,借李灵曜之乱,其势力现已越过了鲁中山地,到达河南中部。并且很重要的是,李正己现在控制了徐州,足以对江淮漕运造成影响。其又因"押新罗、渤海两蕃使"之职,"货市渤海名马,岁岁不绝。法令齐一,赋税均轻,最称强大"⑥。史称其

---

① 《资治通鉴》卷225"大历十二年十月"条。
② 《全唐文》卷445王行先《为赵侍郎论兵表》。
③ 《资治通鉴》卷225"大历十四年三月"条。
④ 《旧唐书》卷144《阳惠元传》。
⑤ 《资治通鉴》卷225"大历十二年十二月"条。
⑥ 《旧唐书》卷124《李正己传》。

"雄据东方,邻藩皆畏之"①。这支曾经从河北举镇南逃的平卢军现在已成为帝国最强大的藩镇之一。

与李正己中分河南的是永平军,同样因受惠于李灵曜之乱,永平军现在增领了汴、宋、泗三州,治所也移至了河南的中心汴州。而原来遥隶京西泾原军的颍州,以及河南西部的陈州也已正式划归永平军所有。②(见图4)对于永平军来说,因辖有汴、宋二州,使得它得以控制汴河漕运,而辖有陈、颍二州,则又使它的辖区内多了一条陈、颍水路。当汴河漕运受到阻碍时,这条水路的作用就将体现出来。

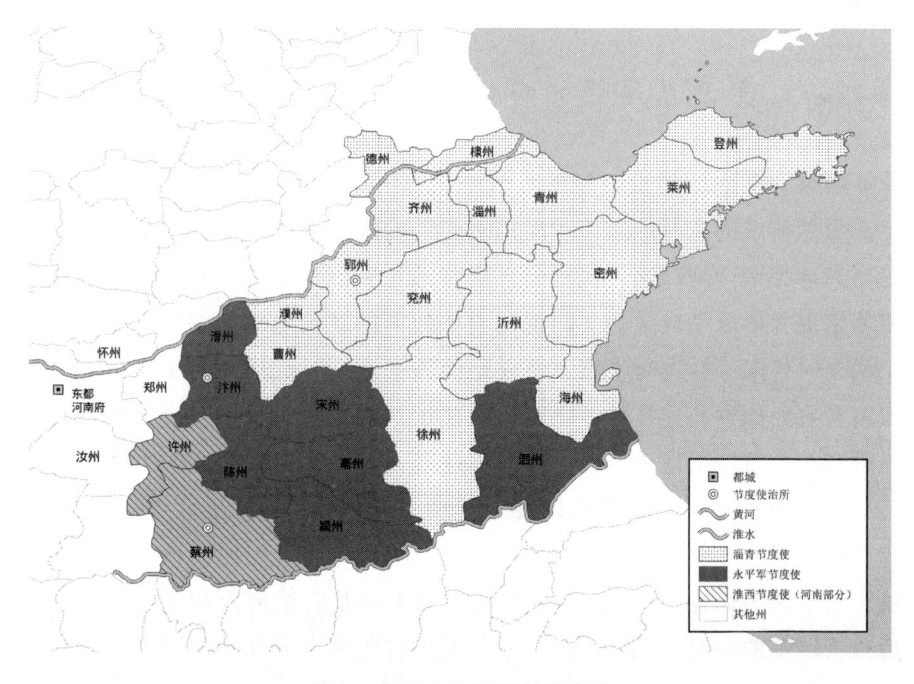

图4 大历十四年河南藩镇图

虽然淄青、永平两大藩镇的成长主要都是得益于李灵曜之乱,但是两者的成长道路从本质上来说还是不同的。淄青的成长依靠的是平卢军旧有

---

① 《资治通鉴》卷225"大历十二年十二月"条。
② 《资治通鉴》卷226"建中二年正月"条称"永平军旧领汴、宋、滑、亳、陈、颍、泗七州"。《旧唐书》卷132《李芃传》:"永平军节度李勉署奏检校工部郎中、兼侍御史,为判官,寻摄陈州刺史。岁中,即值李灵曜反于汴州。"以此来看,陈州在李灵曜之乱前就已经正式归属永平节度使了。

的功勋，其成长途经依循安史之乱以来代宗姑息两河藩镇的惯例。而永平军的成长则不再是依靠当日的勤王之劳，更主要地则是大历时期其为诸镇所营造的奉国忘家的典范作用。于是其成长途经就已不再是旧有的朝藩惯例，而是新型的朝藩模式。而当大历十四年帝国的新君主德宗即位之后，这种新型的朝藩模式就已经不再只是唐廷渴求的榜样，而是必须要实现的目标。于是到这个时候，永平军作为唐廷在河南代言人的身份也真正被确立了。当然，因循惯例并借此大获发展的平卢军，也将把自己推到与唐廷对峙的风口浪尖。

第四节　平卢系藩镇的解体

唐德宗李适的即位，标志着安史之乱后唐廷重振其威望与权力的开始。虽然德宗的意愿最后因"泾师之变"的爆发而中道受挫，但二十多年后，其孙宪宗李纯却又一次将中兴唐室的意愿付诸实施，并取得了远较其祖德宗更为显著的成绩。我们现在要将河南的政治地理问题放在德宗、宪宗两个时代来一并进行考察，不仅是因为这两个时代唐廷对于河南藩镇的政策具有相似性与连贯性，也因为经过了这样两个时代，安史之乱留给河南的影响也将逐渐淡去，而河南也将迎来一个属于自己的新的时代。

河南的所有这些改变都以德宗建中二年（781）爆发的"四镇之乱"为契机展开。"四镇之乱"是安史之乱后唐廷与藩镇间规模最大的一次对抗。对于河南而言，"四镇之乱"的意义不仅是它给河南带来了安史之乱后最为严重的一波危机，同时，如果我们将宪宗在元和年间对淮西与淄青的征讨看作德宗之未尽战伐的延续（事实上，从讨伐的初衷与对象上来看，两者确实是一致的），那么我们就将发现，这波战乱也将彻底改变安史之乱后所形成的河南地缘政治结构。当然，在颠覆旧有地缘关系的过程中，一场新的地缘政治构建的序幕也将被拉开，并导致新的政治范式与政治关系的产生。

一、三镇的决裂

虽然河南藩镇与唐廷的关系在大历时期已经呈现出不同的政治取向，但彻底地分道扬镳则是在德宗即位之后。只要我们稍微翻阅一下《旧唐书·德宗纪》和《新唐书·德宗纪》或《资治通鉴》的记载，我们就会发现德宗在即位之初在财政、军事等领域进行的一连串改革所透露出来的颠覆唐廷"宽仁"形象的显著意味，这无疑也给藩镇造成了强硬的印象。然而从史书的记载来看，对于这种强硬印象所造成的震慑，淄青镇的反应相较于其他藩镇似乎来得更为强烈。比如在德宗即位的第二个月，即大历十四年（779）闰五月，史称德宗诏罢四方贡献及大量宫人，"于是中外皆悦，淄青军士，至投兵相顾曰'明主出矣，吾属犹反乎！'"① 到了六月，淄青节度李正己又身先他镇，上表献钱三十万缗，史又称：

> 上欲受之，恐见欺，却之则无辞。崔祐甫请遣使慰劳淄青将士，因以正己所献钱赐之，使将士人人戴上恩；又诸道闻之，知朝廷不重货财。上悦，从之。正己大惭服。天下以为太平之治，庶几可望焉。②

淄青的敏感可能源于它已经首先意识到了，在德宗强硬政策背后是"欲致太平，深不欲诸侯子孙专地"③ 这一更深刻的意图。所以当建中元年（780）五月，德宗成功讨伐了"欲自邀旌节"④ 的泾州大将刘文喜，并使时入朝奏事的李正己参佐"观文喜之首而归"后，"正己益惧"⑤。而当不久后，为唐廷在战后恢复财政立下大功的刘晏被德宗赐死后，"正己等益惧，相谓曰：'我辈罪恶，岂得与刘晏比乎！'"⑥

不过，以上这些应该还都不是导致德宗不久后与包括淄青在内的两河藩镇开战最直接的原因。如果我们仔细检视一下德宗在建中二年以前所实施的一系列改革措施，虽然其中所透露出来的重振中央威望、打压藩镇的

---

① 《资治通鉴》卷225 "大历十四年闰五月" 条。
② 《资治通鉴》卷225 "大历十四年六月" 条。
③ 《资治通鉴》卷226 "建中二年正月" 条。
④ 《资治通鉴》卷226 "建中元年三月" 条。
⑤ 《资治通鉴》卷226 "建中元年五月" 条。
⑥ 《资治通鉴》卷226 "建中二年正月" 条。刘晏或许是一个为关东诸侯器重的人物。滑亳节度令狐彰在临终之际，就曾以刘晏自代的表请。而当刘晏遭杨炎构陷被德宗缢杀后，"李正己累表请晏罪，讥斥朝廷"（《资治通鉴》卷226 "建中二年二月" 条）。如果确是这样的话，这可能得因于刘晏在掌理漕运的事务中与河南诸侯结下了不错的关系。我们认为，刘晏之死与其说对李正己等两河藩帅产生了震慑，倒不如说激起了他们对唐廷的不满更为合适。

意图相当强烈，但实际上直接针对两河藩镇的却并不多。① 我们认为，真正刺激两河藩镇神经的应该是建中二年正月成德节度使李宝臣去世，德宗坚决不许宝臣之子惟岳袭位之事：

> 及（李宝臣）薨，孔目官胡震，家僮王它奴劝惟岳匿丧二十余日，诈为宝臣表，求令惟岳继袭，上不许。遣给事中汲人班宏往问宝臣疾，且谕之。惟岳厚赂宏，宏不受，还报。惟岳乃发丧，自为留后，使将佐共奏求旌节，上又不许。初，宝臣与李正己、田承嗣、梁崇义相结，期以土地传之子孙。故承嗣之死，宝臣力为之请于朝，使以节授田悦，代宗从之。悦初袭位，事朝廷礼甚恭，河东节度使马燧表其必反，请先为备。至是悦屡为惟岳请继袭，上欲革前弊，不许。或谏曰："惟岳已据父业，不因而命之，必为乱。"上曰："贼本无资以为乱，皆借我土地，假我位号，以聚其众耳。向日因其所欲而命之多矣，而乱益滋。是爵命不足以已乱而适足以长乱也。然则惟岳必为乱，命与不命等耳。"竟不许。悦乃与李正己各遣使诣惟岳，潜谋勒兵拒命。②

《资治通鉴》在这里相当形象地连用了四个"不许"，足见德宗"不欲诸侯子孙专地"的决心之坚。而在《资治通鉴》的作者看来，德宗对成德事件的强硬态度，正是此后三镇"潜谋勒兵拒命"的根源。事实上，也正是在这一事件后，德宗开始了一连串针对两河藩镇的强硬举措：

> （正月）丙子，分宋、亳、颍（颖）别为节度使，以宋州刺史刘洽为之；以泗州隶淮南；又以东都留守路嗣恭为怀、郑、汝、陕四

---

① 我们唯一看到的德宗直接针对两河藩镇的措施只有《旧唐书》卷144《阳惠元传》中所载的："（代宗时）凡河朔诸道健步奏计者，必获赐贲。及德宗即位……奏计者空还，无所赏赐，归者多怨。"不过这显然还不是一项强硬的举措。又据《资治通鉴》卷226"建中元年二月"条载："丙申朔，命黜陟使十一人分巡天下。先是，魏博节度使田悦事朝廷犹恭顺，河北黜陟使洪经纶，不晓时务，闻悦军七万人，符下，罢其四万，令还农。悦阳顺命，如符罢之。既而集应罢者，激怒之曰：'汝曹久在军中，有父母妻子，今一旦为黜陟使所罢，将何资以自衣食乎！'众大哭。悦乃出家财以赐之，使各还部伍。于是军士皆德悦而怨朝廷。"洪经纶的罢兵之举固然针对魏博，但德宗派遣的黜陟使并不止河北一地，而且史料也显示，针对魏博的罢兵是洪氏"不晓时务"的行为。

② 《资治通鉴》卷226"建中二年正月"条。

州、河阳三城节度使。旬日，又以永平节度使李勉都统汴、嗣恭二道，仍割郑州隶之，选尝为将者为诸州刺史，以备正己等。①

二月，德宗发京西防秋兵一万二千人戍关东②，并亲御望春楼宴劳将士。"三月庚申朔，筑汴州城"③。史称：

> （代宗时，）凡河朔诸道健步奏计者，必获赐赍。及德宗即位……奏计者空还，无所赏赐，归者多怨。或传说飞语，云帝欲东封，汴州奏以城隘狭，增筑城郭。李正己闻之，移兵万人屯于曹州，田悦亦加兵河上；河南大扰，羽书警急。④

从李正己移军毗邻汴州的曹州来看，借由成德事件引起的朝叛对抗现在正式将河南的两大藩镇淄青与永平推上了对峙的前线。虽然因为战争的需要，永平军内部分出了宋亳颍这一新镇（一个月后它被赐名为宣武）⑤，但李勉也获得了都统宣武与河阳三城两节度的权力，其在河南的势力现在臻于极盛。而在淄青一边，虽然李正己不久后的去世对其应是个打击，但早已被正己培养为继任者的李纳则顺利取得了淄青的军政大权，并追随其父的意愿，继续联合其他三镇与唐廷对抗。

在审视了淄青与永平的情况后，我们紧接着要来看一下另一个重要的河南藩镇淮西在德宗初年的走向。如果说，德宗的即位对于淄青节度使李正己的威慑，乃在于它使后者意识到了期以土地、名位传于其子李纳的意愿可能遭到来自前者严厉的阻遏。那么对于在德宗即位前两个月方因驱逐节度使李忠臣而被代宗委以淮西留后的原淮西都虞候李希烈而言，德宗的即位却使他得以名正言顺地获得淮西藩帅的资格。史料记载在德宗即位的当月，李希烈便由淮西留后被唐廷正式任命为淮西节度使。⑥ 当年九月，

---

① 《资治通鉴》卷226"建中二年正月"条。
② 《资治通鉴》卷226"建中二年二月"条作"万二千人"。《旧唐书》卷12《德宗纪上》则作"移京西防秋兵九万二千人以镇关东"。据《旧唐书》卷144《阳惠元传》"乃诏移京西戎兵万二千人以备关东"（《新唐书》卷156《阳惠元传》同）的记载来看，当以"万二千人"的记载为确。
③ 《旧唐书》卷12《德宗纪上》。
④ 《旧唐书》卷144《阳惠元传》。
⑤ 《旧唐书》卷12《德宗纪上》。
⑥ 《资治通鉴》卷225"大历十四年五月"条："戊子，以淮西留后李希烈为节度使。"

唐廷又赐淮西"淮宁军"之号。① 旧史认为这正是德宗宠信李希烈的表现。② 德宗对于淮西的这种优待可能基于以下几个方面的原因。首先最重要的是，淮西并没有参与到淄青、魏博、成德、山南东道四镇相结"期以土地传之子孙"的联盟中，这显然是德宗区别藩镇顺逆与否最根本的一个标志。其次，淮西镇在德宗即位的当口正处于内部权力交接的关键时期，逃难至京师的前淮西节度李忠臣当然不可能被再委以节度之职，而拉拢已经掌握淮西实权的淮西留后李希烈则不失为稳定淮西局势的可行途径。并且，淮西的邻镇正是长期倔强不朝的山南东道，对于后者而言，淮西是其周近军事实力最强的藩镇。这样说来，德宗之宠信李希烈，正有借其遏制山南东道节度使梁崇义的作用。

当然，无论是出于维持淮西的稳定、威慑山南东道，还是昭示唐廷对于顺命藩镇的优待，前提条件都必须是确保新任节帅李希烈对唐廷的效忠。总体而言，现有史料都反映了德宗对于李希烈的效忠唐室还是比较有信心的。这可能源于李希烈不久前曾经主动退出已占有的汴州，这或许给德宗留下了好感。不过，朝野对任命李希烈之事所透露出来的气氛却并没有像德宗那样乐观。当李希烈数请兴师讨伐梁崇义时，史称"上对朝士亟称其忠"③，李希烈讨伐梁崇义的积极态度无疑加深了德宗对其忠诚的肯定。所以当"黜陟使李承自淮西还，言于上曰：'希烈必立微功；但恐有功之后，偃蹇不臣，更烦朝廷用兵耳。'上不以为然"④。不过前引史料也暗示，德宗也需要借由李希烈的积极态度来不断打消朝臣们的顾虑。

建中二年（781）六月，鉴于数次敦促梁崇义入朝的举措均没有成功，德宗决意对山南东道进行讨伐⑤：

---

① 《资治通鉴》卷226"大历十四年九月"条。
② 《旧唐书》卷145《李希烈传》。
③ 《资治通鉴》卷227"建中二年九月"条。
④ 《资治通鉴》卷227"建中二年九月"条。
⑤ "四镇之乱"中的四镇指河北的成德、魏博，河南的淄青，以及山南东道，由于它们是德宗建中二年起兵讨伐的对象，故而旧史中"四镇"并提。"四镇"成为德宗讨伐的对象，乃在于它们均有"期以土地传之子孙"的政治意愿，并且"相与根据蟠结，虽奉事朝廷而不用其法令，官爵、甲兵、租赋、刑杀皆自为之"（《资治通鉴》卷225"大历十二年十二月"条）。"四镇"对待唐廷的政治态度具有一致性，并且彼此相互依托、互为表里。不过《旧唐书》卷121《梁崇义传》已经指出，山南东道较之其他三镇"地最褊，兵最少，法令最理，礼貌最恭。其地跨东南之冲，数有王命（转下页）

癸巳，进李希烈爵南平郡王，加汉南、汉北兵马招讨使，督诸道兵讨之。①杨炎谏曰："希烈为董秦养子，亲任无比，卒逐秦而夺其位。为人狼戾无亲，无功犹屈强不法，使平崇义，何以制之！"上不听。炎固争之，上益不平。②

这可能是围绕李希烈的任命，德宗与朝臣间最激烈的一次争论。③不过考

（接上页）之所宣洽，故其人知化"。除了在地理上远离其他三镇外，山南东道自创立伊始就与安史集团没有关系，这也是它有别于两河三镇的地方。因此，德宗对待梁崇义的态度与其他三镇其实有所不同。从《旧唐书·梁崇义传》和《新唐书·梁崇义传》及《资治通鉴》的记载来看，德宗对待梁崇义的基本态度是招其入朝，而且在前者准备用兵两河之际，还"加崇义同平章事，妻子悉加封赏，赐以铁券"。史称这是德宗"欲示恩信以安之"。以上这些显示出，尽管"四镇"对待唐廷的态度基本一致，但德宗对待"四镇"的策略则有所不同，其视山南东道仍旧是可以招抚的对象，而于两河三镇则没有回旋的余地。德宗对待梁崇义的这种态度，让人联想到不久前刚入朝的剑南西川节度使崔宁。与梁崇义一样，崔宁担任西川节度也有十余年之久，史称其"恃地险兵强，恣为淫侈，朝廷患之而不能易"（《资治通鉴》卷226"大历十四年九月"条）。崔宁在德宗即位后的大历十四年九月入朝，虽然史料没有透露出关于崔宁这次入朝的细节，但我们认为，它必然与德宗即位后的强硬态度有关。唐廷对于西川、襄邓态度的相似性或许表明，德宗对待藩镇的态度在南北两地是有所不同的，尽管南方的藩镇也存在与北方结托甚厚的情况。

① 关于任命李希烈的时间，《新唐书》卷7《德宗纪》的记载与《资治通鉴》相同，《旧唐书》卷12《德宗纪上》则略有不同："（五月）己巳，以淮宁军节度使李希烈充汉南北诸道都知兵马招抚处置等使，封南平王。"

② 《资治通鉴》卷227"建中二年六月"条。

③ 在招抚梁崇义的朝士中，史料提到李舟是一个重要的官员，身为金部员外郎的他曾经两次到襄州劝招梁崇义。不过李舟的另一重身份更值得我们注意，他是当时的宰相杨炎的亲信。《旧唐书》卷118《杨炎传》载："初，炎之南来，途经襄、汉，固劝崇义入朝，崇义不能从，已怀反侧。寻又使其党李舟使驰说，崇义固而拒命，遂图叛逆，皆炎迫而成之。"杨炎的政治立场一直是劝招梁崇义入朝，这与德宗起初的招抚政策并不违背，因此李舟作为杨炎之党驰说梁崇义也就是一件完全可以理解的事情。事实上，李舟最初因流人郭昔告梁崇义为变而入境安抚梁崇义的诏文就是由杨炎所作（见《全唐文》卷421《谕梁崇义诏》）。至于梁崇义对于李舟的厌恶，以及此后的叛命，《旧唐书·梁崇义传》和《新唐书·梁崇义传》及《资治通鉴》已有交代，与杨炎本无直接关系，《旧唐书·杨炎传》所谓"炎迫而成之"的说法显然源于一份诋毁杨炎的记录而成。关于这一点，司马光在《资治通鉴》卷227"建中二年七月"条《考异》中也说："旧传云'梁崇义之反，炎迫而成之'，亦近诬也。"可能是《新唐书》的编撰者已经意识到了这一诬陷，所以在《新唐书·杨炎传》中，同样的内容被以"及（转下页）

虑到此时的德宗对杨炎已生隙憾，后者言辞激烈的谏诤未被采纳也在情理之中，并且可能因为这次谏言，杨炎被其政敌卢杞抓住由头而在随后被德宗免去宰相一职。①

至此，河南三镇与唐廷的关系已经完全明朗。淄青作为德宗此次讨伐的对象，已由平叛之勋的功臣转向了唐廷的对立面；永平军则一如既往地作为唐室在河南的代言人与依赖者；至于淮西，则是德宗为此次与四镇开战极力拉拢的对象。

二、运路危机

建中二年夏天，"四镇之乱"爆发。这场战争从爆发伊始，就体现出波及面广的特质，因为德宗为与"四镇"作战，几乎调动了全国的勤王军队。同时，一个不祥的征兆也伴随着战争的爆发而出现，史称：

> 时内自关中，西暨蜀、汉，南尽江、淮、闽、越，北至太原，所在出兵，而李正己遣兵扼徐州甬（埇）桥、涡口，梁崇义阻兵襄阳，运路皆绝，人心震恐。②

《新唐书》的一段相似记载为这种不祥的征兆作了注解：

> 及田悦、李惟岳、李纳、梁崇义拒命，举天下兵讨之，诸军仰给京师。

（接上页）其（指梁崇义）叛，议者归咎炎，以为趣成之"这种作者主观意愿相对晦涩的笔调加以处理。旧书本传又言"德宗欲假希烈兵势以讨崇义，然后别图希烈"（值得注意的是，相似的论述并未出现在《新唐书·杨炎传》中）。"德宗欲假希烈兵势以讨崇义"应该是真，不过这也当是在招抚政策不成之后。尽管我们认为德宗对李希烈的宠信部分是因为需要借其军事力量镇遏梁崇义，而应该是出于扩张势力的考虑，李希烈主张讨伐梁崇义的态度也一直很积极，不过我们也并不认为德宗在一开始就有必定要兵临襄阳的决心。至于所谓"然后别图希烈"的说法，则更是本传作者为了贬低杨炎而为德宗宠任李希烈之失误寻找的一个开脱之词。因为其他史料都没有反映出德宗在讨伐梁崇义之前就已经谋划好要在随后征讨李希烈了。我们可以想见杨炎对于德宗此次任命李希烈为汉南北招讨使的激烈态度，因为德宗不仅放弃了前者一贯主张并试图努力促成的令梁崇义入朝的目标，而且还将讨伐的重任寄予在前者看来深具狼子野心的李希烈身上。

① 此事参见《资治通鉴》卷227"建中二年七月"条。至于杨炎被罢知政事的表面由应该是《旧唐书·杨炎传》和《新唐书·杨炎传》所载的德宗"以炎论议疏阔"。
② 《资治通鉴》卷227"建中二年六月"条。

而李纳、田悦兵守涡口,梁崇义扼襄、邓,南北漕引皆绝,京师大恐。①

支持一场规模巨大的战争,后勤保障是必须首先考虑的,但这似乎在战争爆发伊始就出现了问题,因为南北运路的重要据点徐州、襄州、邓州分别被"四镇"中的淄青与山南东道所控制。好在唐廷对山南东道的讨伐,在不到两个月的时间里就以李希烈攻克襄州而大获成功,襄邓线的运路就此恢复。②不过在东面的永平军一边,李勉都统的军队与淄青的战役则进行得稍显困难,而两者争夺的焦点就是扼守漕运要冲的徐州。

当唐廷与淄青的战端尚未正式挑起前,李正己就已于徐州增兵,以扼江淮,"于是运输为之改道"③。运河改道的原因乃在于李正己占据了位于徐州境内作为"江、淮计口"④的埇桥。⑤这样一来,江淮漕运不得不改经淮水西运,沿涡水北上,再承蔡水进入汴州的涡蔡水路。于是,淮涡交汇的涡口便自然成为另一个漕运转输的重地。然而涡口左近仍是徐州的辖境,所以"江淮进奉船千余只,泊涡口不敢进"⑥的困窘局面依然会出现。好在涡口右侧、位于淮水之南的濠州是淮南的属郡,而且德宗特别任命了在江淮一带早有威名的张万福出任濠州刺史,史称:"万福驰至涡口,立马岸上,发进奉船,淄青将士停岸睥睨不敢动,诸道(船)继进。"⑦而为缓解漕运危机,时任江淮水陆转运使的杜佑还提出了另一个方案,就是开辟秦汉故运路:

> 江淮水陆转运使杜佑以秦、汉运路出浚仪十里入琵琶沟,绝蔡

---

① 《新唐书》卷53《食货志三》。
② 据《旧唐书·梁崇义传》、《新唐书·梁崇义传》、《资治通鉴》卷227"建中二年八月"条等记载,梁崇义起兵之初,曾试图发兵攻江陵。两书本传称此举为"通黔、岭",但更可能地则是为了阻断荆襄道这一帝国中部沟通南北交通的大动脉。不过据史载,崇义才至四望(指襄州境内的四望山)便大败而归,所以讨伐山南东道的战事其实并未出襄州一境。
③ 《旧唐书》卷124《李正己传》。
④ 《新唐书》卷158《张建封传》。
⑤ 据《元和郡县图志》卷9《河南道五·宿州》载:"埇桥为舳舻之会,运漕所历,防虞是资。"[(唐)李吉甫撰,贺次君点校,北京,中华书局,1983年,第228页]因此李正己的屯兵埇桥就必然迫使汴河受阻。
⑥ 《韩昌黎文集校注》文外集下卷《顺宗实录》卷4,第712页。
⑦ 《韩昌黎文集校注》文外集下卷《顺宗实录》卷4,第712页。

河，至陈州而合，自隋凿汴河，官漕不通，若导流培岸，功用甚寡；疏鸡鸣冈首尾，可以通舟，陆行才四十里，则江、湖、黔中、岭南、蜀、汉之粟可方舟而下，繇白沙趣东关，历颍、蔡，涉汴抵东都，无浊河溯淮之阻，减故道二千余里。①

这条运路其实是走长江沿线，经宣州北上和州，由东关（位于和、庐二州交接处的濡须水沿岸）入濡须水，再经巢湖入淝水，陆行四十里，于庐、寿间的鸡鸣冈行舟，最终由寿州上承颍、蔡二水。②

总之，由于汴渠南端受阻，漕运只能改走淮涡道或淮颍道，最终由蔡水北上。然而，以上这些都只是被动和临时的举措，徐州掌握在淄青手中终究是唐廷的一大隐患。而以唐廷当时的实力来说，重新夺回徐州似乎还不是一件容易的事情。这不仅是因为淄青已经在徐州增派了军队，而且还因为此时担任徐州刺史的正是李纳的从叔父李洧。而从史书中的一些细节来看，在唐廷与淄青开战后，淄青确实也略占上风。建中二年十月"李纳寇宋州"的记载暗示了李纳所处的相对主动的位置，因为宋州不是李纳的属郡，而是永平军都统下的宣武军的治所。

不过局势也正在此时发生变化，因为趁李纳对宋州展开攻势之际，其从叔父、徐州刺史李洧举州投降了唐廷，而以此事为转折，唐廷与淄青展开了争夺徐州的激烈战役。唐廷方面，除了李勉所都统的宣武军节度使刘洽、神策都知兵马使曲环、滑州刺史李澄率兵投入战斗外，德宗特"为之发朔方兵五千人，以（唐）朝臣将之，与洽、环、澄共救之（指李洧）"③。此后的战况表明，这五千朔方军在解围徐州的战役中发挥了相当重要的作用。而在淄青这边，李纳不仅两次发兵围夺徐州，并且还借用魏博之兵共同参战，投入作战的总兵力约在两万左右。④ 到建中二年十一月，淄青、魏博二军最终解围退去，徐州一郡七邑及埇口等三城重归唐廷，而汴河漕运至此也重新恢复。⑤

---

① 《新唐书》卷 53《食货志三》。

② 参见陈勇、李华锋：《关于淮西之役的几个问题》，《军事历史研究》，2004 年第 1 期，第 105～106 页。

③ 《资治通鉴》卷 227"建中二年十一月"条。

④ 参见《全唐文》卷 680 白居易《襄州别驾府君事状》。

⑤ 据《新唐书》卷 53《食货志三》载，由于徐州之战的胜利，杜佑提出的开辟秦汉故运路的方案最终没有实行。

随着襄邓路与汴河水路的复通，原本笼罩在朝野中的不祥氛围似乎已经褪去。不仅如此，讨伐"四镇"的战役也很快呈现出有利于唐廷的局面。建中三年春天，李惟岳为部将王武俊所杀，传首京师，史称："时河北略定，惟魏州未下。河南诸军攻李纳于濮州，纳势日蹙。朝廷谓天下不日可平。"①

但是，局势很快发生了重大转折，由于唐廷对有功之臣的封赏失当，已受重创的田悦、李纳，得以联合成德降将王武俊，并拉拢原本站在勤王一线的幽州朱滔重新发起叛乱。到建中三年七月，鉴于李纳的复振之势，"（德宗）以淮宁节度使李希烈兼平卢、淄青、兖郓、登莱、齐州节度使，讨李纳"②。当年十一月，"李希烈帅所部兵三万徙镇许州"③。对于或许早就萌生不臣之心的李希烈来说，这次徙镇不仅未能实现德宗借其讨伐淄青的目标，而且也将成为其不久后加入反叛行列的开始。十二月，"李希烈自称天下都元帅、太尉、建兴王，与朱滔等四盗胶固为逆"④。至此，两河战事全面升级。

史料记载李希烈徙镇许州后的第一项举措是：

> 遣所亲诣李纳，与谋共袭汴州……纳亦数遣游兵渡汴以迎希烈。由是东南转输者皆不敢由汴渠，自蔡水而上。⑤

汴河水路在复通了仅仅一年后，于此再次中断。次年（783）正月，"李希烈遣其将李克诚袭陷汝州，执别驾李元平……（又）取尉氏（汴州属县），围郑州"⑥。发生在汝州的这次战役是唐廷与李希烈之间的第一次交锋，关于这次战役的具体情况，上述材料无法提供更多的细节，我们只知道李希烈攻陷汝州的进程相对比较轻松，并在袭陷汝州之际，又对尉氏、郑州采取了一些军事行动。但值得注意的是，李希烈并未乘胜进攻东都，或者

---

① 《资治通鉴》卷227"建中三年二月"条。
② 《资治通鉴》卷227"建中三年七月"条。
③ 《资治通鉴》卷227"建中三年十一月"条。
④ 《旧唐书》卷12《德宗纪上》。
⑤ 《资治通鉴》卷227"建中三年十一月"条。《旧唐书》卷123《王绍传》亦称："时李希烈阻兵，江淮租输，所在艰阻，特移运路自颍入汴。"
⑥ 《资治通鉴》卷228"建中四年正月"条。

说，他可能本来就没有这方面的意向①，因为他真正的目标其实在南方：

> （当月，）希烈使其将封有麟据邓州，南路遂绝，贡献、商旅皆不通。壬寅，诏治上津山路，置邮驿。②

《新唐书·李希烈传》的记载与此有所不同：

> 初，希烈自襄阳还，留姚詹戍邓州，贼又得汝，则武关梗绝。帝使陕虢观察使姚明敫治上津道，置馆通南方贡货。

两段记载的差别在于，李希烈占据邓州的时间究竟是此时在攻陷汝州后才占据邓州，还是建中三年（782）从山南东道的治所襄州撤离后就已派兵屯戍在本属山南的支郡邓州。我的结论更倾向于前者，首先因为邓州原本就是山南的属郡。此外，武关道的梗阻关键不在汝州，而在邓州，如果李希烈在此前就已占领邓州的话，那么唐廷就不会到建中四年（783）正月壬寅才诏治上津山路了。③ 当然，如果那时占领邓州的李希烈未尝妨碍武

---

① 《资治通鉴》卷228"建中四年正月"条称李希烈在攻陷汝州后，"以判官周晃为汝州刺史，又遣别将董待名等四出抄掠，取尉氏，围郑州，官军数为所败。逻骑西至彭婆（东都馆），东都士民震骇，窜匿山谷。留守郑叔则入保西苑"。似乎李希烈在攻克汝州后，又对东都造成了骚扰。但据德宗作于建中四年三月的《讨李希烈诏》的记载"而乃负德弃身，去忠效逆，攻劫道路，擅固邓州，而又图陷汴州。攘夺尉氏，攻围郑邑，暴犯汝坟"（《全唐文》卷50，诏文时间据《册府元龟》卷122《帝王部·征讨第二》）来看，李希烈在三月前仅对汝、邓、汴、郑四州有过攻势，并未对东都采取行动。实际上，《资治通鉴》关于"逻骑西至彭婆，东都士民震骇，窜匿山谷。留守郑叔则入保西苑"的这段记载，我猜测应该是错将半年多后李希烈大败唐军后对东都造成的影响的记录倒置于建中四年初了。关于这一点，可以参见（唐）赵元一《奉天录》卷1的记载（《续修四库全书》本，上海，上海古籍出版社，2002年）。又《新唐书》卷225中《逆臣中·李希烈传》称："建中四年正月，诏诸节度以兵掎角攻讨，唐汉臣、高秉哲以兵万人屯汝州。未至，贼将乘雾进，王师还，贼取汝州，执李元平，兵西首，东都大震，士皆走河阳、崤、渑。留守郑叔则壁西苑，贼按兵不进。帝听卢杞计，诏太子太师颜真卿谕贼，已行，又遣左龙武大将军哥舒曜讨之。"这段记载的错误则更多，除了有关东都的错误外，据《讨李希烈诏》看，"诏诸节度以兵掎角攻讨"当为三月之事。而唐、高二人是后来援助襄城的将领，绝无此时屯驻汝州之理，将他们与正月李希烈取汝州、执李元平事系与一起，完全是风马牛不相及。

② 《资治通鉴》卷228"建中四年正月"条。

③ 《唐会要》卷61《御史台中·馆驿》亦载："建中四年正月十一日，馆驿置五等使料及人马数，其月，诏商州度上津路馆置舍。"

关道通畅的话，则就另当别论了，但这种可能性几乎不存在。① 现在，邓州已落入李希烈之手，这使得唐廷不仅丧失了南阳盆地，而且还丧失了一条重要的运路——武关道。于是，正如以上两段记载所揭示的，运路不得不改走另一条道路——由襄阳溯汉水而上，取道上津（商州属县），北出商州至长安的上津道。

鉴于李希烈已经出兵汝州的事实，同样在建中四年正月，德宗决意对李希烈实施征伐：

> 戊戌，以左龙武大将军哥舒曜为东都、汝州节度使，将凤翔、邠宁、泾原、奉天、好畤行营兵万余人讨希烈。②

二月，哥舒曜克复汝州。于是，唐廷开始了与李希烈在许、汝交接处的襄城（汝州属县）的对峙。而此时，李希烈对南方的攻势也已展开，史称：

> 三月辛卯，李希烈寇鄂州，刺史李兼败之。③

《资治通鉴》的记载是：

> 李希烈以夏口（即鄂州治所江夏县）上流要地，使其骁将董侍（董侍名）募死士七千人袭鄂州，刺史李兼偃旗卧鼓闭门以待之。侍（待名）撤屋材以焚门，兼帅士卒出战，大破之。上以兼为鄂、岳、沔都团练使。④

《资治通鉴》误把这条记载系于兴元元年（784）正月，其实这一事件发生的时间应该更早，也就是《新唐书·德宗纪》所说的建中四年三月左右。⑤

---

① 《全唐文》卷689符载《邓州刺史厅壁记》中记载："（梁）崇义以受命之际，状不明白，蒙秽跋扈二十余年，晚节谋叛，无臣子道，天子命淮西节度李希烈诛之。希烈无妄生衅，复以怒取，使宿贼封有麟主张焉。"虽然不能肯定李希烈使封有麟"主张"邓州的时间，但从"希烈无妄生衅，复以怒取"以及以封有麟主张邓州等描述来看，也证明《资治通鉴》的记载似乎更为准确。
② 《资治通鉴》卷228"建中四年正月"条。
③ 《新唐书》卷7《德宗纪》。
④ 《资治通鉴》卷229"兴元元年正月"条。
⑤ 据《册府元龟》卷398《将帅部·冥助》载："李兼德宗贞元四年为江西都团练使，奏：'建中四年臣任鄂州刺史，逆贼李希烈之将童侍召（董待名）率众袭鄂州，顺风纵火，邑屋将焚。臣乃祷于城隍神，仆忽风回，火烈贼溃，遂击破之，（转下页）

处于江、汉交汇处的夏口控扼着汉水运路，同时它正位于鄂、沔、安、黄四州交接的中心，也就是淮西与曾经的鄂岳沔都团练使的交界处。早在代宗朝初期，淮西与鄂岳就已经围绕汉水运路展开过暗战，而鄂岳团练使的设置很大程度上就是为了保障夏口、防遏淮西。据当时担任鄂岳团练使的穆宁的传记记载：

> 是时河运不通，漕挽由汉、沔自商山达京师。选镇夏口者，诏以宁为鄂州刺史、鄂岳沔都团练使，及淮西鄂岳租庸盐铁沿江转运使，赐金紫。时淮西节度使李忠臣贪暴不奉法，设防戍以税商贾，又纵兵士剽劫，行人殆绝。与宁夹淮为理，惮宁威名，寇盗辄止。①

而李忠臣则因控制着夏口西南四百里西塞山下的一处重要军镇——土洑镇，得以对来往的行旅施以影响。②而这种影响当然也很自然地延续到他的后任李希烈这里。

李希烈对鄂州的攻势不仅遭到了鄂州刺史李兼的抵抗，同时还遭到了时辖鄂州的江西节度使曹王皋的反击③：

（接上页）连拔黄、沔二州，请付史馆以答神意。'从之。"将董侍名袭鄂州之事系于建中四年。而从有关董侍名的一些记载，如《资治通鉴》卷228 "建中四年正月"条，称李希烈在攻陷汝州后 "又遣别将董侍名等四出抄掠"，同样的记载也见于《旧唐书·李希烈传》和《新唐书·李希烈传》中，可见董侍名抄掠的时间应该就是在李希烈攻陷汝州后的建中四年春天。另据《新唐书》卷68《方镇表五·鄂岳沔》，将唐廷 "复置鄂州都团练观察使" 的时间系于建中四年，这应该就是《资治通鉴》所说的 "上以兼为鄂、岳、沔都团练使"。同样在建中四年，《方镇表五·洪吉》亦载："升江南西道都防御团练观察使为节度使。"这两项措施显然都是针对李希烈的此次遣兵南下。所以我认为《资治通鉴》所说的李希烈遣董侍名南袭夏口，并败于李兼之手一事，应该就是《新唐书·德宗纪》记载的 "三月辛卯，李希烈寇鄂州，刺史李兼败之"。该事发生的时间应该在建中四年三月。而李兼也凭借着这次胜利，被唐廷任命为鄂岳沔都团练使。

①　《旧唐书》卷155《穆宁传》。"夹淮为理" 疑为 "夹江为理" 之误。《全唐文》卷455赵憬《鄂州新厅记》载："戎狄乱华，宇县沸腾，屯兵阻险，斯称巨防，朝廷寻州陟列，将寄勋贤之重。广德二年（764），遂联岳沔事置三州都团练使。"而据《全唐文》卷440阎伯瑾作于永泰元年（765）的《黄鹤楼记》中的记载 "刺史兼侍御史淮西租庸使鄂岳沔等州都团练使河南穆公名宁"，首任鄂岳沔都团练使应该就是穆宁。有关穆宁镇守夏口、防遏李忠臣事亦可参见《全唐文》卷784穆员《秘书监致仕穆元堂志》。

②　参见《全唐文》卷689符载《土洑镇保宁记》。

③　鄂州当时是江西的属郡，李兼也是曹王皋的下属，见《全唐文》卷455赵憬《鄂州新厅记》。此后李兼升任鄂岳沔都团练使后，当仍受曹王皋的领导。因（转下页）

> （李希烈）即北侵汴州，南略鄂州。有诏江西节度使嗣曹王皋击之，拔蕲、黄两州，击贼将李良、韩霜露于白岩（即白岩河），二将走。①

《资治通鉴》系此事为建中四年三月：

> 戊寅，江西节度使曹王皋败李希烈将韩霜露于黄梅（蕲州属县），斩之。辛卯，拔黄州。时希烈兵栅蔡山，险不可攻。皋声言西取蕲州，引舟师溯江而上，希烈之将引兵循江随战。去蔡山三百余里，皋乃复放舟顺流而下，急攻蔡山，拔之。希烈兵还救之，不及而败。皋遂进拔蕲州，表伊慎为蕲州刺史，王锷为江州刺史。

李皋与李希烈之将的战斗集中在蕲、黄二州。我们认为，曹王皋的使命除了是要力保鄂州不失外，还要扼守住另外两个重要的地点：一个是蕲水入江之地蕲口，另一个则是江州的治所浔阳。②因为这两个地点不仅比邻淮西的属郡蕲州，而且也是沿江运路上的两个重要孔道。

另一个可能对鄂州给予支援的是位于其北部的安州，唐廷在这时诏以荆南节度使张伯仪与山南东道的贾耽、张献甫收复安州。但这一线的战事进行得相当不利：

（接上页）为其时江汉地区的战事就是由曹王皋负责的，这由唐廷任命曹王皋为淮西应援招讨副使可以看出。从《册府元龟》卷398《将帅部·冥助》的记载来看，李兼此后协助曹王皋收复了黄、沔二州。而在兴元元年二月，鄂州的重镇土洑镇则是由曹王皋派兵收复的。

① 《新唐书》卷225中《逆臣中·李希烈传》。

② 据《全唐文》卷389独孤及《江州刺史厅壁记》载："至德以来，戎马生而楚氛恶，犹以是邦咽喉秦吴、跨蹑荆徐，而提封万井，歧路五裂，每使臣计郡县之财入，调军府之储峙，玺节旁午，羽书络绎，走闽禺而驰于越，必出此路。"《旧唐书》卷151《王锷传》称："及（李）皋改江西节度使，李希烈南侵，皋请（王）锷以劲兵三千镇寻（浔）阳（江州理所）。后皋自以全军临九江（即江州），既袭得蕲州，尽以众渡，乃表锷为江州刺史、兼中丞，充都虞候，因以锷从。"《韩昌黎文集校注》卷6《曹成王碑》亦云："明年，李希烈反，迁御史大夫，授节帅江西以讨希烈。命至，王出止外舍，禁无以家事关我。哀兵大选江州，群能著职。"（第427页）注云："'江'，方（崧卿）作'洪'。'州'或作'南'。方云：考新旧史皆作'洪'。今按：洪州即江西帅治所，若只大选洪州，乃是未曾出门一步，无足书者。选兵江州，盖为北向进讨之势，故其下文遂攻蕲州，道里亦便。史承集误，不足据。当从诸本作'江'为是。不然，则以'州'为'南'，犹胜作'洪州'也。"（第428页）此说确。

（三月）丁酉，荆南节度使张伯仪与淮宁兵战于安州，官军大败，伯仪仅以身免，亡其所持节。①

以上的这一系列发生在建中四年春天的战事，应该就是史料中所说的李希烈在攻陷汝州后"又遣逆党董侍名、韩霜露、刘敬宗、陈质、翟晖等四人伺外，侵抄州县"②。其中除了刘敬宗的情况并不清楚外，董、韩、陈、翟四人的活动则无疑都在南方的江汉运路一带。③ 从上述的分析来看，勤王军队与李希烈的战况似乎喜忧参半，不过《旧唐书·李希烈传》则将这一时期的战事概括为"官军皆为其所败"。其实李兼与曹王皋的胜利也只是暂时缓解了李希烈南侵的势头，远没有真正解除江汉的危机。

所以到四月的时候，德宗"加永平、宣武、河阳都统李免（勉）淮西招讨使，东都、汝州节度使哥舒曜为之副，以荆南节度使张伯仪为淮西应援招讨使，山南东道节度使贾耽、江西节度使曹王皋为之副"④，并督哥舒曜进兵。这是德宗在李希烈叛乱后第一次对战局作系统的规划，其设想是在襄城以李勉、哥舒曜所部击溃李希烈主力，而以荆南、山南、江西的军队抵御南下的叛军。五月，德宗又"以宣武节度使刘洽兼淄青招讨使"⑤。河南的情况现在已经很明了，由于李希烈的叛乱，永平军的下属宣武军现在不得不单独承担起对抗淄青的重任。而在朝叛战争初期并未涉足战场的位于汴州的永平军主力，这支由李勉直接统率的军队，也在此时被正式投入到襄城之役中。

整个夏季，襄城的唐军都没有占到什么上风，并且逐渐显露出疲态。

---

① 《资治通鉴》卷228"建中四年三月"条。《旧唐书·德宗纪》、《新唐书·德宗纪》、《旧唐书》卷145《李希烈传》略同。《新唐书》卷225中《逆臣中·李希烈传》亦载"（希烈）覆伯仪军"。新书本传将此事系于唐廷任命张伯仪为淮西应援招讨使之后。有关张伯仪全军覆没之事，《新唐书》卷136《李光弼附张伯仪传》有较为详细的记载，伯仪军溃之事当只发生过一次，因此新书本传的记载可能存在时间上的错置。

② 《旧唐书》卷145《李希烈传》。《旧唐书》记此处为四人，实际当为五人。

③ 关于陈质，《旧唐书》卷12《德宗纪上》："（建中四年三月）辛卯，嗣曹王皋击李希烈将陈质之众，败之，收复黄州。"而翟晖则是在安州与张伯仪作战的将领，据《册府元龟》卷443《将帅部·败衄第三》载："建中四年诏伯仪与贾耽、张献甫收安州。伯仪率其锐卒营于城下，令裨将史神福、邓国清御希烈将翟晖，才交锋贼众伪遁，神福等追贼，伏兵发，官军大失利。"

④ 《资治通鉴》卷228"建中四年四月"条。

⑤ 《资治通鉴》卷228"建中四年五月"条。

大约在这个时候，翰林学士陆贽向德宗上达了一份重要的奏文《论两河及淮西利害状》，他告诉德宗，帝国真正的威胁并不来自河北的幽燕、恒、魏，而是处于汝、洛、荥、汴间的淮西，他说道：

> 希烈忍于伤残，果于吞噬，据蔡、许富全之地，益邓、襄卤获之资，意殊无厌，兵且未衄，东寇则转输将阻，北窥则都城或惊。此臣所谓汝、洛、荥、汴之虞，势急而祸重……李勉以文吏之材，当浚郊奔突之会；哥舒曜以乌合之众，捍襄野豺狼之群。陛下虽连发禁军，以为继援，累敕诸镇，务使协同，睿旨殷忧，人思自效，但恐本非素习，令不适从，奔鲸触罗，仓卒难制，首鼠应敌，因循莫前。①

陆贽的建议是减缓对河北的攻势，而将投入到河北的朔方军调至河南以解襄城之围。同时，撤回在河北的河阳三城节度使李芃，令其援助东都，而稳固了汝洛，东面的梁宋自然也就安全了。但德宗并没采纳这一建议，不久后，李勉大败于李希烈之手，其结果是"汴军由是不振，襄城益危"②。随后，德宗再一次诏发关中的军队赴援襄城，只是这支来自泾原的军队很快就发动了著名的"泾师之变"，迫使德宗逃离长安，战局至此发生了关键性的转折。而也就在这时，李希烈攻破了襄城，并乘胜在当年年底攻陷了汴州，陆贽的担忧不幸变成了现实，因为汴州的沦陷，河南的运路彻底地瘫痪了。

显然，以上的论述已经揭示出，发生在河南及其周近地区的战役从一开始就透露出一个明显的主题，即围绕争夺运路而展开。在山南东道与淄青叛乱的时期，运路对唐廷的威胁还不是致命的，但当淮西的李希烈叛乱后，在一年的时间里，李的兵锋所及就已经到达长江，连接帝国东西部的数条交通命脉全部受其干扰。这是安史之乱时期都没有出现的糟糕情况。更糟糕的是，帝国的心脏——长安，此时也已经不在德宗的控制下了。而就李希烈来说，他并没有犯当年安、史的错误，无论在襄城之役前还是后，李希烈的兴趣都不在东都洛阳，他最关心的是南方。现在，李希烈最大的对手李勉已经逃到了宋州；而后者的部将、滑州刺史李澄则投降了李

---

① 《陆贽集》卷11《论两河及淮西利害状》，第327~329页。《资治通鉴》卷228将陆贽的一系列奏议系于"建中四年八月"条，因此《论两河及淮西利害状》可能也上于此时。

② 《资治通鉴》卷228"建中四年九月"条。

希烈；至于哥舒曜，也已经退保到东都。李希烈终于可以放手对南方实施攻击了。现在，阻扰运路或许已经不是他的主要目的，他的主要目的是直指江淮。

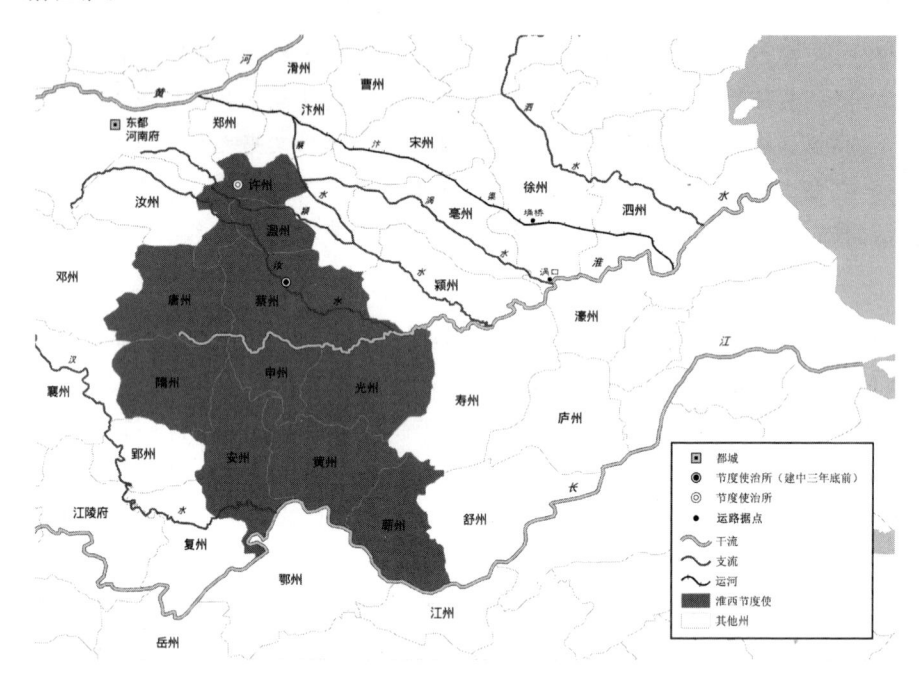

图5 李希烈叛乱时期淮西节度使辖境①

（说明：溵州辖境据《新唐书》卷38《地理志二》许州条载"以郾城[时属蔡州]、临颍、陈州之溵水置"绘。）

史称李希烈攻陷汴州后，声言欲袭江淮：

---

① 《全唐文》卷514殷亮《颜鲁公行状》载："（建中）四年，淮宁节度使李希烈以十四州叛。"据考，淮西所领当无十四州之多。淮西其时所领许、蔡、溵、唐、隋、申、光、安、黄、蕲十州当无疑问。其中溵州乃新置。据《旧唐书》卷12《德宗纪》、《资治通鉴》卷226"建中二年三月"条载，溵州置于建中二年三月。废溵州的时间则据《旧唐书·地理志》和《新唐书·地理志》有兴元元年、贞元元年（即兴元二年）、贞元二年三说，此处采贞元二年说，盖李希烈败于是年。另，《旧唐书》卷12《德宗纪上》载："（大历十四年六月）罢宣歙池、鄂岳沔二都团练观察使、陕虢都防御使，以其地分隶诸道。"[《唐会要》卷78《诸使中·诸使杂录上》将此事系于"（贞元）十四年六月"，误]"（建中二年）夏四月己酉朔，省沔州。"又据此后鄂州刺史李兼收复黄、沔二州的记载看，沔州在建中二年四月后可能是省并入淮西的。

> （淮南节度使陈）少游惧，乃使参谋温述由寿州送款于希烈曰："濠、寿、舒、庐，寻令罢垒，韬戈卷甲，伫候指挥。"少游又遣巡官赵诜于郓州结李纳。其年，希烈僭号，遣其将杨丰赍伪赦书赴扬州，至寿州，为刺史张建封候骑所得，建封对中使二人及少游判官许子瑞廷责丰而斩之。希烈闻之大怒，即署其大将杜少诚为伪仆射、淮南节度，令先平寿州，后取广陵。建封于霍丘坚栅，严加守禁，少诚竟不能进。①

时为淮南属州的寿州北连陈颍水路，南连庐州，构成唐人所称的"中路"。如上所说，这是另一条沟通中原与江淮的重要枢纽。或许早在李希烈叛乱之初，中路的通畅就已受到了影响。② 而杜少诚的此次南下，则更是以直取江淮为目标。好在时任寿州刺史的张建封已在霍丘（寿州属县）一带进行了部署，南下的杜少诚部遂转由桐柏山诸关道出击，实施对江路的进攻。

江路在当时的意义更在"中路"之上，因为其时负责转输江淮财赋的两税盐铁使包佶正由江路督押财货急赴行在，史称：

> 时上命包佶自督江、淮财赋，溯江诣行在。至蕲口，遇少诚入寇。曹王皋遣蕲州刺史伊慎将兵七千拒之，战于永安戍，大破之，少诚脱身走，斩首万级，包佶乃得前。③

永安之战当月，鄂州重镇土洑也为曹王皋收复。④ 并且到兴元元年七月的时候：

---

① 《旧唐书》卷126《陈少游传》。《资治通鉴》卷229系此事于建中四年十二月，这一时间应该是可信的。但云陈少游送款之举是在李希烈乘汴州之捷往攻襄邑、宁陵时则可能有误，因为襄邑尤其是宁陵之战是汴州失陷三四个月后的事情。

② 据《全唐文》卷612陈鸿《庐州同食馆记》称："东南自会稽、朱方、宣城、扬州，西达蔡汝，陆行抵京师。江淮牧守，三台郎吏，出入多游郡道……开元中，江淮间人走崤函，合肥寿春为中路。大历末，蔡人为贼，是道中废。"此处之"大历末，蔡人为贼，是道中废"指的就是李希烈叛乱对中路的影响。不过推测其时的影响主要应该在此路北段，即寿州以北地区。

③ 《资治通鉴》卷229"兴元元年正月"条。关于杜少诚南下后的情况，可参见时任曹王幕僚的符载于贞元元年七月所作的《保安镇阵图记》（《全唐文》卷689），符将此事系于兴元元年二月，当比《资治通鉴》的时间更为精确。另，符文所说的"保安镇"，疑即为《资治通鉴》《旧唐书·曹王皋传》《新唐书·曹王皋传》《伊慎传》等所说的"永安戍"，亦即《奉天录》卷2所说的"永安栅"。

④ 《全唐文》卷689符载《土洑镇保宁记》。

曹王皋遣其将伊慎、王锷围安州，李希烈遣其甥刘戒虚将步骑八千救之。皋遣别将李伯潜逆击之于应山，斩首千余级。生擒戒虚，徇于城下，安州遂降。①

这样一来，江汉运路的危机总算得到缓解了。

不过最大的问题还是在河南的汴渠一边。在李希烈攻克汴州未久，他就乘势攻拔了位于汴渠沿线的襄邑（宋州属县）。② 兴元元年四月，已在汴州失陷后接替李勉都统汴滑宋亳兵马事宜的宣武军节度使刘洽，会同神策都知兵马使曲环、淄青兵马使李克信，以及永平、同华等军与李希烈军战于白塔。白塔之役原是唐廷试图遏制李希烈的一次大会战，故其时位于河南的几支主要军队全部参加了这次战役。只是此役最终以唐军的大败告终，都统刘洽也不得不在此役后东保宋州。③ 位于汴河沿岸的白塔可能处在两个漕运沿线的县城——襄邑与宁陵之间。因为乘白塔之胜，李希烈径趣宁陵，开始了对宁陵的攻势。发生在兴元元年夏季的这场宁陵之役持续了约三个月的时间，是李希烈攻克汴州后最为重要也是史书描述最详尽的一次战役。④ 据说其时李希烈亲自率领了五万人马对宁陵的三千士卒实施

---

① 《资治通鉴》卷231"兴元元年七月"条。有关安州之役，亦可参见《权德舆诗文集》卷17《唐故光禄大夫检校尚书右仆射兼右卫上将军南充郡王赠太子太保伊公神道碑铭并序》（第271页）、《新唐书》卷7《德宗纪》，及两唐书的《曹王皋传》《伊慎传》《王锷传》等。

② 《资治通鉴》卷229系此事为建中四年十二月，而据《奉天录》卷3的撰述时序，估计此事当发生在兴元元年春季。

③ 关于白塔之役，可参见《奉天录》卷3、《新唐书》卷225中《逆臣中·李希烈传》。

④ 现今有关宁陵之战的记述以《奉天录》卷3最详细，其事围绕宁陵两城都知镇遏使高彦昭展开，因此史料来源当是与高氏相关的传记。《新唐书》卷225中《逆臣中·李希烈传》中宁陵之役的叙述即采自《奉天录》。此外，有关其时守城的另一将领刘昌的事迹则保存在两唐书的《刘昌传》中，当是参考了权德舆《大唐四镇北庭行军兼泾原等州节度支度营田等使开府仪同三司检校尚书右仆射使持节泾州诸军事泾州刺史兼御史大夫上柱国南川郡王刘公纪功碑铭并序》一文（《权德舆诗文集》卷12，第190~191页），故所载较略。《资治通鉴》所采纳的也是两唐书的记述。此外，杜牧撰《宋州宁陵县记》亦载刘昌事，而不及高彦昭。关于宁陵之役的时间，杜牧《宋州宁陵县记》称历时"三月"（《樊川文集》卷10，上海，上海古籍出版社，1978年，第158页），《资治通鉴》系此役于建中四年十二月至兴元元年二月，但据《奉天录》卷3"孟夏之月，蔡人有白塔之捷，纵兵攻宁陵"的说法，则位于白塔之役后的宁陵 （转下页）

围攻①，而守城的将领刘昌已经四十五日没有解甲了，这很容易让人联想起当年的张巡。事实上，著名的诗人杜牧后来就是将两者进行对比的。然而与张巡命运截然不同的是，刘昌总算等到了援兵，诗人在《宋州宁陵县记》中记载：

> 韩晋公（指镇海军节度使韩滉）以三千强弩，涉水夜入宁陵，弩矢至希烈帐前。希烈曰："复益吴弩，宁陵不可取也。"②

夜入宁陵的江东士兵鼓舞了宁陵将卒的气势，次日凌晨，宁陵将士夺城而出，"希烈大败，（唐军）取其斾，斩首万计，追北至襄邑，收贼赀粮而还。"③

杜牧的《宋州宁陵县记》相当推崇刘昌的功绩。当时正在研读《孙子》的杜牧在比较了刘昌与张巡的事迹后得出了这样的结论："昌之守宁陵，近比之于睢阳，故良臣之名不如忠臣。孙武曰，'善用兵者，无赫赫之功'，斯是也。"④杜牧以这样的对比注解《孙子》恐怕未必恰当，张巡绝非不善用兵之辈，否则何以凭借区区几千人马就抵住了十几万叛军对睢阳长达十月的围攻。其实杜牧自己也承认，江东军队在收复宁陵中所扮演的关键角色。而在另一份资料——李翱的《柏良器神道碑》中，则也记载说："将（刘）昌集城中人哭曰：'向非浙西救至，则此城已屠矣。'"⑤从这个意义上说，我们或许只能感叹张巡的时运不济，而刘昌的确是幸运的，他不仅等到了援军，而且施以他援助的是一个强大的南方。

李希烈叛乱给唐廷造成的最严重的一段危机时期，是建中四年初到兴元元年底这两年，由于运路大面积受阻，物资转运很多情况下可能只能走

（接上页）之役当发生在兴元元年夏季左右。本文采用《奉天录》的说法，因为此役中，镇海军将领曾遣士卒夜游汴水入宁陵城，从夜游的行为看，夏季的气候更适合此举。

① 《旧唐书·刘昌传》、《新唐书·刘昌传》、《资治通鉴》卷230 "兴元元年二月"条均载时李希烈引兵五万围宁陵，刘昌以三千人守之。杜牧《宋州宁陵县记》的兵力记载有所不同："宁陵守将刘昌以兵二千拒之。希烈众且十倍。"（《樊川文集》卷10，第158页）

② 《樊川文集》卷10，第158页。

③ 《新唐书》卷225中《逆臣中·李希烈传》。

④ 《樊川文集》卷10，第159页。

⑤ 《全唐文》卷638李翱《唐故特进左领军卫上将军兼御史大夫平原郡王赠司空柏公神道碑》。尽管碑文有凸显当时援救宁陵的浙西大将柏良器功勋的目的，但宁陵之围的解除，浙西援兵确实在其间发挥了至关重要的作用。

"宣、池、洪、饶、荆、襄,趣上津"① 这条颇为迂回的道路。(参见图 6)此间,江西节度使曹王皋"治邮驿,平道路,由是往来之使,通行无阻"②。同时,江汉运路的最终恢复也得赖李皋的努力。而在更为紧张的河南一边,以宁陵之战为转折,刘洽都统的唐军终于在兴元元年底成功收复了陈州和汴州。此后退至蔡州的李希烈唯将其用兵主线转向西方,然其虽有出兵襄、邓的举措③,但毕竟已是强弩之末,并在贞元二年(786)四月

---

① 《奉天录》卷 1 载泾师兵变后:"南方朝贡使,皆自宣、池、洪、饶、荆、襄,抵武关而入。"《资治通鉴》卷 229"建中四年十一月"条亦采此说。不过严耕望先生已经指出:"此时南阳武关道是否通畅甚可疑,笔记书事有疏,通鉴误取之耳。"(《唐代交通图考》第三卷《秦岭仇池区》篇二一《上津道》,上海,上海古籍出版社,2007 年,第 804 页)虽然《资治通鉴》卷 229"建中四年十一月"条亦载:"神策兵马使尚可孤讨李希烈,将三千人在襄阳,自武关入援,军于七盘,败(朱)泚将仇敬,遂取蓝田。"军队或许还可从武关通过,但普通的贡使当不敢再由武关道而上。况且不久后德宗南幸梁州,漕运更该取道上津,西经金、洋至行在。《旧唐书》卷 123《王绍传》就言:"绍奉(包)佶表诣阙,属德宗西幸,绍乃督缘路轻货,趣金、商路,倍程出洋州以赴行在。"在时任均州刺史的陈皆墓志中亦载:"其后希烈以蔡人叛命,邓郊不开。公自均部抵商颜,开火炬山以通运路,梁深栈绝者七百里,帝用休之。"(《全唐文补遗》第一辑崔芃《唐故中散大夫使持节台州诸军事守台州刺史上柱国赐紫金鱼袋颍川陈公(皆)墓志铭并序》,第 248 页)故此处取"上津"之说。
② 《资治通鉴》卷 229"建中四年十一月"条。
③ 关于襄州,《资治通鉴》卷 232"贞元二年"条称:"(正月)李希烈将杜文朝寇襄州,二月,癸亥,山南东道节度使樊泽击擒之。"其实这次战役只是发生在襄州北界,《全唐文》卷 51 德宗《加恩被擒将士诏》称:"今月三日,遗伪署申随唐邓四州都知兵马使杜文朝率马步五千人入襄州北界。山南东道节度使樊泽勒兵马与战,大破其徒,斩级擒生,荡除略尽。又于阵上生擒杜文朝及大将马坦然等。"据《册府元龟》卷 165《帝王部·招怀第三》,此诏文作于贞元二年二月。《册府元龟》卷 359《将帅部·立功第十二》亦称:"(樊泽)贞元二年于襄州东北界泌河口破李希烈贼众马步五千人。"关于邓州,《新唐书》卷 7《德宗纪》载贞元元年三月"丁未,李希烈陷邓州,杀唐邓隋(随)招讨使黄金岳"。邓州在建中四年正月已为希烈将封有麟所据。据《全唐文》卷 689 符载《邓州刺史厅壁记》载:"建中四年,希烈僭逆于梁,诸侯之师荷戟四会,(封)有麟亦婴城自守,连攻不拔。景(丙)寅岁(即贞元二年),皇帝厌乱,淮西始定,连帅陈仙奇裨将李季汶来讨之。季汶雅有胆略,以机擒敌,以诚誓众,遂枭有麟以闻。"如此看来,则封有麟自建中四年至贞元二年一直占据着邓州,直到李希烈被大将陈仙奇所杀,后者被唐廷任命为淮西节度使,邓州才由后者收复。从唐廷以黄金岳为唐邓随讨使的举措来看,唐廷曾有收复邓州的意愿,不过最终没有成功,邓州还是为希烈将封有麟保据。所以所谓"李希烈陷邓州"不当理解为李希烈攻陷了邓州,而应该理解为李希烈击退了唐军对邓州的争夺。

死于其将之手,淮西平。如果我们有意对参加宁陵之战的将领名单进行一次细致的爬梳,那我们必然会在其中看到一些熟悉的名字:王栖曜、李长荣、柏良器。这正是当年来自河南元帅李光弼麾下的一批将领,不过现在,他们隶属于另一个强大而不为人熟悉的藩镇——江东的镇海军。①

对于李希烈来说,虽然没能及时联合李纳,并使得宣武军得以一心西顾是个不小的失策②,但他对永平、宣武的打击总体上来说还是相当成功的。只是他可能并未料到,在他成功遏制了河南的势力后,竟然会遭到这些南方藩镇的沉重打击。这一点,可能也出乎当时逃难在外的德宗的意料。甚至对于研究这段历史的当代学者来说,他们似乎也未曾措意此一时期南方的强势崛起。③ 因为在帝国三百年的历史中,南军北上,并如此之大地影响中原的局势也仅有此一次。

不过有一点却是大家都意识到的,在经历了建中、兴元年间"四镇之乱"的这波冲击后,保障运路现在已经成为帝国考虑其未来生存策略的关键理念,这一理念将明显地体现在德宗、宪宗二帝此后对河南政治版图的重新规划中。同样体现这一理念的还有宪宗在元和年间最终决定以惩平淮西为其讨伐两河叛镇的首选。学者的研究大多都认为这除了是因为"淮西四旁,皆国家州县,不与贼通"④ 这一相对有利的条件外,淮西"持南北

---

① 有关镇海军的始末,我将在第四章中详细考述。

② 李希烈叛乱后河南局势的重大改变就在于永平军都统下的军队不得不两线作战,由李勉统率的永平军本部在西线抵抗李希烈,宣武军则继续在东线与李纳对峙。但当李勉溃败汴州、永平军瓦解后,宣武军实际上就已不得不承担起两线作战的重任,这对后者来说其实是相当困难的。幸好在这个时候,逃难在外的德宗已经"使人说田悦、王武俊、李纳,赦其罪"(《资治通鉴》卷229"建中四年十二月"条),并在汴州沦陷后又"以给事中孔巢父为淄青宣慰使"(《资治通鉴》卷229"建中四年十二月"条)。到兴元元年正月,更是颁文大赦天下,而李纳等人确也顺势归降了唐廷。《全唐文》卷691符载《贺州刺史武府君墓志铭》中亦提及时任宣武军刘洽幕僚的武充诏谕淄青一事。正因为如此,宣武军现在得以一心西顾。实际上,投降唐廷的李纳等人随后也派兵帮助唐廷讨伐李希烈,虽然学者已经指出:"齐、魏两军参战时,淮蔡的颓势已成,败局早定,故二镇在军事上的贡献实在不多。朝廷的表扬之话,大概只是讨好淄青的谀辞,未可尽信;魏博的自诩之言,更不足论。"(伍伯常:《唐德宗的建藩政策——论中唐以来制御藩镇战略格局的形成》,《东吴历史学报》第六期,2000年,第9页注)

③ 比如伍伯常《唐德宗的建藩政策——论中唐以来制御藩镇战略格局的形成》一文在论及讨平李希烈叛乱的军队组成时,就没有提及江东和江西的军队。

④ 《全唐文》卷646李绛《论河北三镇及淮西事宜状》。

之吭"① 的地理位置而对邻州所造成的骚扰，以及潜在的对运路的重大威胁，应该是宪宗最终决定首先制平淮西的重要原因。② 其时为淮西谋主的宿将董重质就曾说其节帅吴元济曰：

> 请以精兵三千由寿之间道取扬州，东约（淄青）李师道以舟师袭润州，据之。遣奇兵掩商、邓，取（山南东道）严绶，进守襄阳，以摇东南，则荆、衡、黔、巫传一矢可定，五岭非朝廷所有。又请轻兵五百，自崿领三日袭东都，则天下骚动，可以横行。③

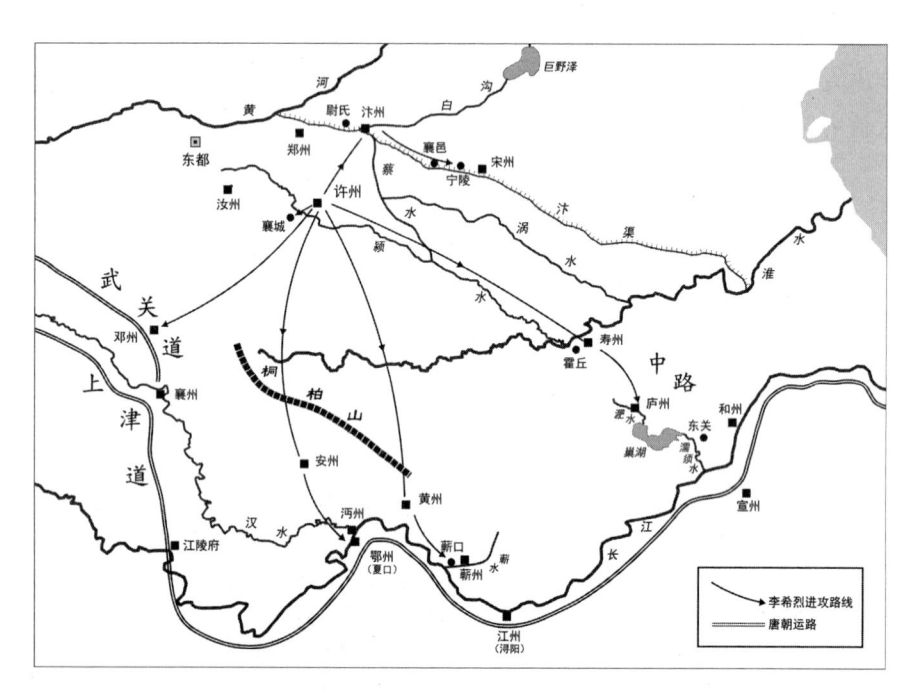

图 6　李希烈攻扰运路及唐朝运路图

董重质的这一战略企图与当年的李希烈极为相似，唯一不同的是，以汴河

---

① （清）王夫之：《读通鉴论》卷 25《宪宗八》，北京，中华书局，1975 年，第 886 页。

② 参见曾代伟：《元和削平藩镇淮西述论》，《重庆师院学报》，1983 年第 1 期；陈勇、李华锋：《关于淮西之役的几个问题》，《军事历史研究》，2004 年第 1 期。这可能就是裴度说淮西是"腹心之疾，不得不除"（《资治通鉴》卷 239"元和十年六月"条）的原因。

③ 《新唐书》卷 214《藩镇彰义·吴少诚附吴元济传》。

为主的河南运路现在由几个支持唐廷的强藩保护，所以无法取道河南再南下江淮。只是"元济犹豫不能用"①，故而也使得淮西错失了最后一次翻身的机会。而凭借着从元和九年（814）到十二年（817），历时整整三年终于取得的收复淮西的胜利，宪宗不仅在帝国的政治地理版图上彻底抹去了淮西——这个自安史之乱初期既已创建的藩镇，而且也为帝国运路的通畅开创了一个较为长期而稳定的局面。尽管我们知道，它并没有最终解决问题。

总的来说，"四镇之乱"爆发后战局的一系列改变，使得帝国的君主们开始以更为现实的地缘政治视角来考量他们与两河藩镇间的关系，而不再仅凭诸如"借我土地，假我位号"而"欲革前弊"的意气之情为其理解朝藩关系的圭臬。或许从这个意义上我们说，安史之乱对河南的影响正在逐渐褪去。

三、去平卢化的历程

"四镇之乱"不仅改变了唐廷处理其与河南藩镇关系的理念，同时也改变了由三大镇主导河南政治版图的局面。支持唐廷的永平军在战争尚未结束时就已经瓦解，取代其职责与位置的是原属其下的宣武军。或者从某种意义上来说，也正是由于永平军的瓦解，宣武军获得了独立的地位。乱前已辖有宋、亳、颖三州的宣武军，乱后又增领了关键的汴州，并徙治所于此。宣武军增领汴州，部分也是因为汴州的克复是在宣武军节度使刘洽手中完成的。而刘洽也因为在战时收复徐州、陈州、汴州等的功绩，被德宗赐名刘玄佐。

在永平军曾经的治所滑州这边，一度投降李希烈的滑州刺史李澄在前者受困于汴州之际再次明智地投降了唐廷。兴元元年底，李希烈郑州守将孙液降于李澄，李澄引兵屯驻郑州。唐廷遂以李澄为郑滑节度使，后赐郑滑节度名义成军。

"四镇之乱"初的讨伐对象淄青镇在战争期间并没有遭到致命的打击。乱后，淄青在河南只丧失了徐州一地。不过鉴于徐州特殊的地理位置，它的丢失仍使淄青耿耿于怀。考虑到淄青对徐州的觊觎，德宗在贞元四年（788）任命讨伐李希烈有殊勋的濠寿庐团练使张建封移镇徐州，并特贴泗州及位于淮南的濠州以增加其实力。永贞元年（805），徐州军赐名武宁。

---

① 《新唐书》卷214《藩镇彰义·吴少诚附吴元济传》。

淮西一镇经过李希烈的此次叛乱，辖地已由十州变为只剩申、光、蔡三州。被唐廷收复的淮西南部属州在乱后分隶临近诸镇，而在其北部，也就是河南西部地区，乱后新建了陈许一镇。其节度使由乱时驻守陈州的神策将领曲环担任。贞元二十年（804），陈许赐名忠武军。而在贞元十四年（798），淮西也被赐名为彰义军。

总之，德宗致力于结构的河南新政治格局到贞元四年全部完成，这种新政治格局是通过建藩政策得以实现的。（见图 7）学者的研究已经指出，造就这一新政治格局的种种措施并非德宗偶尔感性的产物，其背后实有保障运路、孤立叛藩、打击逆命等战略目标。而也正是得益于德宗创立的这一战略格局，此后的宪宗才得以实现其"乃覆淮蔡之妖巢，大芟河朔之余孽"的"中兴"功业。①

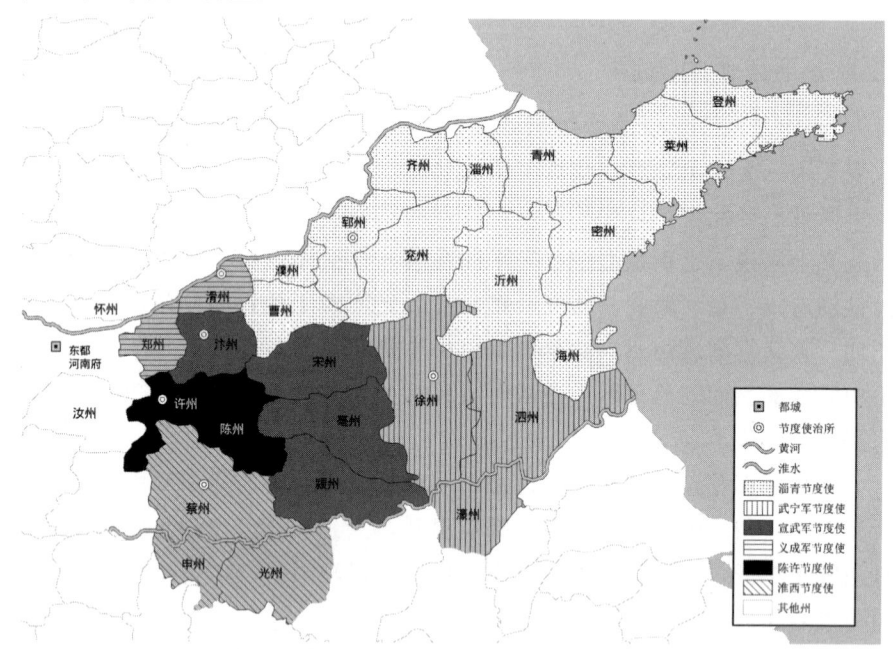

图 7　贞元四年河南藩镇图

淮西的最终殄灭在元和十二年底，尽管此前的淮西只辖有三州之地，且时人认为"申光褊小，惟有蔡州"②，但宪宗并没有采取保留淮西的策

---

① 参见伍伯常：《唐德宗的建藩政策——论中唐以来制御藩镇战略格局的形成》，《东吴历史学报》第六期，2000 年，第 1～32 页。

② 《权德舆诗文集》卷 47《淮西招讨事宜状》，第 743 页。

略。在讨伐淮西的宣慰副使马总于战争结束之初临时性地担任了一段时间的彰义军节帅后，宪宗最终还是采取了对淮西诸州实施分隶的措施。元和十三年（818）五月，申州、光州割隶鄂岳、淮南二镇。申、光二州原以桐柏山与鄂岳的安、黄二州分界，虽然申、光的经济地位不高，但因为申、安间的义阳三关（平靖、礼山、百雁），光、黄间的白沙、穆陵、阴山诸关是联系中原与江汉地区的交通要道，因此淮西占据申、光二州，就潜藏着经由桐柏山脉诸关道南下江汉的威胁。① 现在，申、光二州分隶南方的鄂岳、淮南二镇，则河南藩镇对桐柏山脉诸关道的威胁就此可以解除了。此外，淮南增领光州，就能为东面的寿州添置一道屏障，能使位于唐代"中路"关键节点且具有茶税收入的寿州不至于成为淮南的边鄙。② 而原淮西治所、经济军事重地蔡州，以及不久前由蔡州分出的溵州③，则在此时归于河南的忠武军节度使麾下。至此，淮河成为河南西部藩镇与南方藩镇的天然分界线，自安史之乱以来，河南西部与汉东淮上诸州隶属于一个藩镇旗下的时代终于结束了。（见图8）

自淮西殄灭、河朔三镇又尽归朝廷约束后，淄青也终于感受到了来自唐廷的直接压力。元和十三年正月，淄青节度使李师道"遣使奉表，请使长子入侍，并献沂、密、海三州"④。实际上，李师道此举本不失为一个明智的策略，就献地之举来看，在淄青所领的十二州中，沂、密、海三州无论在经济还是军事方面，相较其他诸州都不具有太高的价值。而且，宪宗也很快接受了师道的请求，并遣左常侍李逊诣郓州宣慰。但惑于部将与妻妾奴婢的反对，李师道还是放弃了纳质割地的初衷，此举也最终招致了宪宗对淄青的用兵。与征伐淮西历时整整三年的艰难处境不同，元和十三年讨平拥有十二州之地的淄青却只耗时八个月。元和十四年（819）二月，

---

① 所以在李希烈叛乱结束后，安州刺史一职一直由原江西节度使曹王皋麾下的大将伊慎担任。贞元十五年彰义军节度使吴少诚侵扰邻州，唐廷遂以伊慎为安黄节度使，后又赐安黄节度为奉义军。直到宪宗即位之初，伊慎入朝，安、黄才隶属鄂岳。

② 寿州在吴氏节镇淮西时期经常成为其攻扰的对象。如贞元十四年九月，吴少诚"遣兵掠寿州霍山，杀镇遏使谢详，侵地二十余里，置兵镇守"（《资治通鉴》卷235"贞元十四年九月"条）。又吴少阳"时夺掠寿州茶山之利"（《旧唐书》卷145《吴少阳传》）。

③ 据《新唐书》卷38《地理志二》许州条载，溵州的置废前后有过两次，"建中二年以郾城、临颍，陈州之溵水置溵州。贞元二年州废，县还故属。元和十二年复以郾城、上蔡、西平、遂平置溵州。长庆元年州废，县还隶蔡州，是年，以郾城来属"。

④ 《资治通鉴》卷240"元和十三年正月"条。

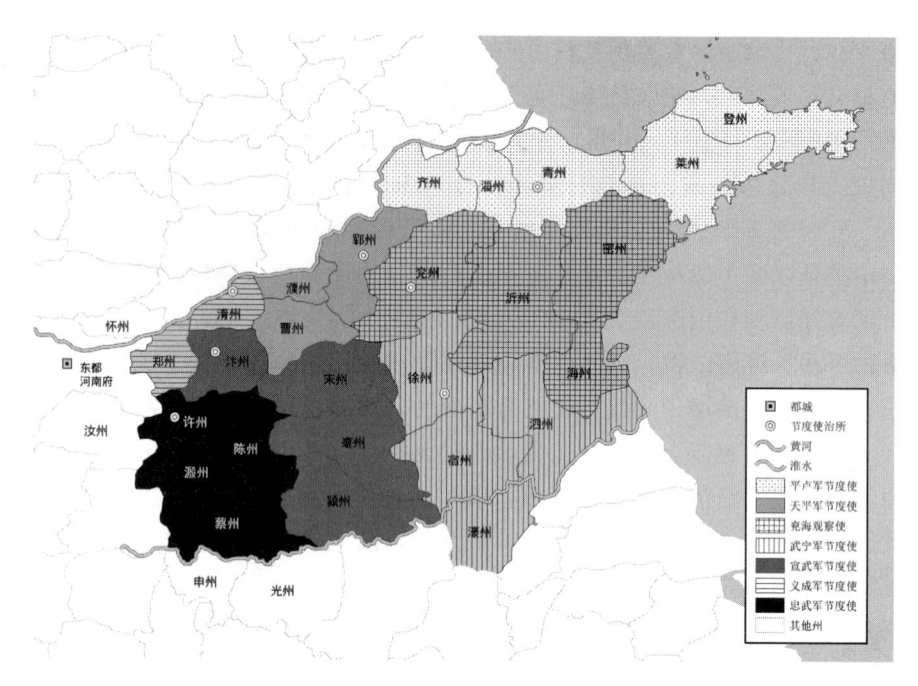

图 8　元和十五年河南藩镇图

（说明：溵州辖境据《新唐书》卷38《地理志二》许州条载"以［蔡州之］郾城、上蔡、西平、遂平置"绘。又据《旧唐书·地理志》和《新唐书·地理志》载，元和年间新置宿州，辖符离、蕲、虹、临涣、永城、山桑六县。）

淄、青十二州平，宪宗遂以户部侍郎杨於陵为淄青宣抚使，并命后者分李师道地：

> 於陵按图籍，视土地远迩，计士马众寡，校仓库虚实，分为三道，使之适均：以郓、曹、濮为一道，淄、清（青）、齐、登、莱为一道，兖、海、沂、密为一道，上从之。①
>
> （三月，宪宗）以华州刺史马总为郓、曹、濮等州节度使……以义成节度使薛平为平卢节度，淄、青、齐、登、莱等州观察使。以淄青四面行营供军使王遂为沂、海、兖、密等州观察使。②

现在，胶东半岛与胶莱平原的大部为一镇，仍挂以平卢之号；鲁中山地及山地西北与东南两翼的部分地区为一镇，以观察使领之；而地处黄河冲积

---

① 《资治通鉴》卷241"元和十四年二月"条。
② 《资治通鉴》卷241"元和十四年三月"条。

平原东部的郓、曹、濮为一镇，元和十五年（820）穆宗即位后，该镇被赐名为天平军。（见图8）

总体而言，建立在战争胜利基础上的元和建藩策略，较贞元时代更为强硬与彻底。对淮西与淄青的分析，应该已经比较明显地透露出宪宗对哪怕是恭顺藩镇的猜防之心。同时我们也看到，不管是唐廷的对藩战争，还是此后的政治行为，地理环境都在其中扮演了一个颇为重要的角色。

在大多数学者将宪宗重新控制河南的成功归结于其割裂淮西与淄青版图这一显见的政治手段时，辻正博的研究却另辟蹊径地指出，在离析藩镇的过程中，割裂版图只是其中的一个方面，而瓦解作为藩镇军队基础的牙军则具有更为实质的意义。辻氏的研究已经指出，在处理牙军这一问题时，唐廷对待淮西与淄青的策略有所不同。淮西的牙军集中于蔡州，所以随着战后蔡州割属忠武军，淮西的主要军事力量也被忠武军收编。但淄青不同，原淄青镇在战后一分为三，郓州牙军也就此被分隶三镇。除了郓州所在地郓曹濮一镇外，其余二镇的牙军因在战争结束后不久的元和十四年与长庆元年（821）发生叛乱，遭到了由中央派遣的节帅曹华与薛平的肃清。同时，倒戈李师道的原淄青都知兵马使刘悟在乱后被调往义成和泽潞任节帅，随之一起移镇的还有一批郓州旧将校子孙约两千人。他们将在武宗会昌年间讨伐泽潞的战争中遭到重大打击（彼时武宗征讨泽潞节帅刘稹，其是刘悟之孙）。除此之外，据《旧唐书·李愬传》"淄青平，将有事燕、赵"的记载，一部分淄青将领则在战后依附于与淄青颇有渊源的幽州、成德二镇。辻正博认为，正是有效收编与离析了叛镇原有的军事基础，淮西与淄青的"顺地化"目标才得以实现。①

如果我们站在唐廷的立场看，河南藩镇的"顺地化"过程，或许也可以称为一个"去平卢化"的历程。通过分割平卢系藩镇的政治版图与瓦解其军事支柱，磨灭河南的河朔因子，从而使河南重新接受王朝的控制。此外，除了以上这些集中在军政领域的硬性措施外，"去平卢化"的举措同样实施在一些软性的文教层面。譬如马总在担任彰义军节帅时，以"蔡人习伪恶，相掉讦，犷戾有夷貊风。总为设教令，明赏罚，磨治洗汰，其俗一变"②。曹华出任兖海沂密观察使，以沂州地褊，移理于兖州。史称："初，李正

---

① 参见［日］辻正博：《唐朝の対藩鎮政策について——河南"順地"化のプロセス》，《東洋史研究》46：2，1987，第113~118页。

② 《新唐书》卷163《马总传》。

己盗有青、郓十二州，传袭四世，垂五十年，人俗顽鸷，不知礼教。华令将吏曰：'邹、鲁儒者之乡，不宜忘于礼义。'乃躬礼儒士，习俎豆之容，春秋释奠于孔子庙，立学讲经，儒冠四集。出家财赡给，俾成名入仕，其往者如归。"①

总之，宪宗"元和中兴"功业的完成，正是在成功征剿淮西与淄青，并辅之以以上这些措施的基础上实现的。如果说李师道的覆亡意味着"自广德以来，垂六十年，藩镇跋扈河南、北三十余州，自除官吏，不供贡赋，至是尽遵朝廷约束"②，那么元和时期一系列"去平卢化"举措在河南的成功实施，则保证了河南这种"尽遵朝廷约束"的局面，在宪宗于元和十五年去世后，不至于像河北那样只是昙花一现。

对于宪宗来说，其成功铲平了淮西与淄青，实现了德宗当年未尽的志愿，重振了帝国在河南的权威与控制力。而对于河南来说，淮西与淄青的覆亡则标志着河南政治版图大动荡的时期已经结束，在此后相当长的一段时间里，河南的藩镇版图将不再有大的调整。当然，一同结束的还有平卢系藩镇对河南的长久统治。平卢军，这支曾经在河北无法找到其容身之地的安禄山集团中的偏师，却经由其勤王将士们的不懈努力，成为帝国抵抗叛军的中坚力量，并最终在河南找到了新的生存基点与发展空间。帝国凭借平卢军的力量瓦解了由安史叛乱带给河南的危机，而又在应对平卢系危机的斗争中重构了河南的地缘政治。我们关于河南的论述实际上是以平卢系藩镇的盛衰为主线展开的。现在，我们的论述将告一段落，因为伴随着唐宪宗"元和中兴"的实现，平卢系时代的大幕也随之落下了。

五、平卢系时代结束后的问题

如果我们有心检视一下唐代中后期的藩镇称谓，那我们将发现，在德宗、宪宗削平平卢系藩镇后，新兴的河南藩镇大多被赐以军号，故而与其他多以地域为名的藩镇相比，河南藩镇不仅普遍具有较强的军事实力，而

---

① 《旧唐书》卷162《曹华传》。诗人刘禹锡在宪宗平定淄青后曾作《平齐行》诗曰："胡尘昔起蓟北门，河南地属平卢军。貂裘代马绕东岳，峄阳孤桐削为角。地形十二房意骄，恩泽含容历四朝。鲁人皆科带弓箭，齐人不复闻箫韶。"[（唐）刘禹锡著，瞿蜕园笺证：《刘禹锡集笺证》卷25，上海，上海古籍出版社，1989年，第768页] 当然，此诗也不免有夸大平卢军对齐鲁风俗影响的意味。

② 《资治通鉴》卷241"元和十四年二月"条。

且在与唐廷的政治关系中，似乎带有更强烈的为唐廷所信任与仰赖的意味。河南藩镇称谓中的这种军事和政治隐喻，从另一个角度显示了河南地缘政治重构的完成，以及唐廷对河南藩镇所实现的有效控制。应该说，自宪宗时代以后相当长的一段时间里，挑战中央权威或者谋夺藩镇军权的变乱在河南藩镇中并不多见。凭借德、宪二帝成功打击河南藩镇以及所采取的有效制约这些藩镇的措施，中央在大多数情况下（虽然不是全部）可以按照自己的意愿来任命或者调任藩镇节帅，并保证他们不久驻一镇。当收回了藩镇帅位私相授受的特权后，文臣出任河南藩帅也成为可能。在中晚唐的时代，河南藩镇的不少节帅就是由中央派遣的文官担任的。因此，与平卢系时代的河南相比，唐廷对河南的控制显然是得到加强了。

不过，这并不意味着河南藩镇从此就风平浪静了。事实上，早在德宗贞元年间，在淮西与淄青二镇还尚未被唐廷完全制平的时候，新成立的宣武军就已经显露出了不稳定的倾向。宣武军的政治波动从贞元八年（792）刘玄佐死后开始，到贞元十五年（799）其甥韩弘任帅才基本稳定。韩弘担任宣武军节帅长达二十一年，于元和十四年入朝。此后宣武军一度又起变乱，直到长庆二年（822）韩弘之弟韩充被任命为节帅后，局势才最终稳定。紧接着宣武军变乱的是东面的武宁军，武宁军的变乱除了贞元十六年（800）当镇军士推举前帅张建封之子张愔继任一事发生在宪宗时代以前，其余所有的变乱都发生在长庆二年武宁节度副使王智兴驱逐节度使崔群、自专军务之后。

在平卢系藩镇解体后，位于河南中部且处于运河据点的宣武、武宁，一直是河南实力最强的藩镇之一，同时，其内部的变乱也相对频繁。但如果我们仔细考察这两镇的变乱就会发现，其变乱的主体和性质，与平卢系时代河南藩镇的政治波动已经很不一样了。概言之，变乱的主体已由上层军校转为下级士卒，变乱的性质也逐渐由军校谋夺军权向士卒争取自身利益尤其是经济利益的方向转变。随之一同改变的，就是变乱的对象已经不再是军校针对中央要求旌节，而主要是士卒针对藩帅要求赏赐。换言之，一种特殊的藩镇变乱形态在这一时期的河南逐渐成为主流，这就是旧史所谓藩镇"骄兵"。①

---

① 参见（清）赵翼著，王树民校证：《廿二史札记校证》卷20《方镇骄兵》，北京，中华书局，1984年，第431~432页。其中特别提到了河南的宣武、武宁两镇骄兵的情况。

有关藩镇"骄兵"的问题，学界已积累了不少的研究。较早注意这一问题的是胡如雷先生，他认为"骄兵"产生的根源乃在于当时的士兵虽然全家随军，但国家却只供给士兵本人的衣粮，家口不入军籍，其全家的生活在制度上没有得到合法的保障。故而作为亡命之徒的骄兵在饥寒威胁之下，就会不顾一切地起来斗争，迫使节度使多加赏赐，以争取家族的生存权。而据史料记载，绝大多数兵变引起的原因就是节度使对士兵的"刻薄衣粮"和"赏赐不时"。① 胡氏定义的"骄兵"问题颇为宽泛，与旧史所谓"骄兵"还略有不同。但他对唐后期兵乱原因的这一解释却引起了不少学者的共鸣。不过对于兵士军饷是否果真不足以维持士兵本人甚至家庭生活的温饱，目前还难下确凿的结论。② 而且史料也反映了不同地区的军士待遇之间也有很大的差别。③

在赞成胡氏论断，即唐后期兵士叛乱具有一定被动性的同时，王赛时

---

① 胡如雷：《唐五代时期的"骄兵"与藩镇》，《隋唐五代社会经济史论稿》，北京，中国社会科学出版社，1996年，第181页。

② 在役官健的家口粮问题，是大历十二年五月的诏令中就有的。对这条诏令，有学者赞同，也有学者否认。上引胡如雷先生的观点就是否认的。方积六先生也以为，诏令中有关发放兵士家属粮饷的规定其实只是未曾实行的一纸空文（见方积六：《关于唐代募兵制度的探讨》，《中国史研究》，1988年第3期，第113页）。王赛时、贾志刚等学者也以为军饷难以支撑本人及家庭生活的最低限额，或仅够维系军人自身生活（可见王赛时：《唐朝军队结构的变化与骄兵悍将的形成》，《齐鲁学刊》，1988年第5期；王赛时：《唐代中后期的军乱》，《中国史研究》，1989年第3期；王赛时：《唐代职业军人的谋生途径》，《西南师范大学学报》，1990年第3期；贾志刚：《唐代中后期地方赋税与本道供军》，《唐代军费问题研究》，北京，中国社会科学出版社，2006年，第228～236页）。但张国刚先生却以为官健既然成为雇佣兵，而不是义务兵，官健的雇佣待遇就不可能是身粮，而必须能养家糊口（张国刚：《唐代的健儿制》，《中国史研究》，1990年第4期，第107页）。但不管争论如何，有一点学者的观点基本是一致的，即赏赐在当时已成为官健收入的重要来源之一。

③ 目前认为军士兵饷无以维持家庭温饱的学者多引用德宗时期陆贽《论缘边守备事宜状》中"衣粮所给，唯止当身，例为妻子所分，常有冻馁之色"（《陆贽集》卷19，第622页）一说。其实陆贽此说仅是针对边上诸镇。而且他还将边上诸镇的这种情况与关东防秋兵、神策行营进行了对比。他认为关东戍卒与边上诸军是"丰约相形，县绝斯甚"（第622页）。另外引用的史料则是上元元年元结就山南东道的情况向节度使来瑱所上的《请给将士父母粮状》"今军中有父母者，皆共分衣食，先其父母，寒馁日甚"〔（唐）元结著，孙望校：《元次山集》卷7，北京，中华书局，1960年，第101页〕，以及有关河朔藩镇的史料。

先生对唐后期的兵乱还提出了另外一种解释，即兵士叛乱也可能是主动性的。在藩镇体制下，作为"食粮官健"的藩镇军人，属于脱离社会生产的寄生阶层。由于长期坐仰衣食和朝廷的优给姑息，养成了骄怠暴戾的习性，动辄提出赏赐等要求。而一旦这些要求得不到满足，他们往往就会哗变骚动，甚至逐杀主帅。① 旧史惯称的"骄兵"其实指的正是这一现象。而从河南的情况来看，平卢系时代后的河南兵乱也似乎更与后者的描述相契合。

如果"骄兵"产生的原因诚如上述的分析，那么有一个颇为矛盾的问题就不得不需要我们正视。即，如果"骄兵"是这个时期河南藩镇变乱的主流，那么为什么这个问题在此前的平卢系时代却并不突出？如果"骄兵"是平卢系时代结束后河南藩镇的一大特色，那么它究竟喻示着河南藩镇在什么问题上出现了与平卢系时代的差别，而这种差别又将对河南藩镇未来的走向有着怎样的影响？

在我们看来，"骄兵"问题实际上牵涉河南藩镇军事结构的一个重大转变。以宣武军来说，该镇的"骄兵"主要肇成于刘玄佐之手，《旧唐书·刘玄佐传》称：

> 玄佐性豪侈，轻财重义，厚赏军士，故百姓益困。是以汴之卒，始于李忠臣，讫于玄佐，而日益骄恣，多逐杀将帅，以利剽劫。

玄佐死后，当镇便出现了变乱不断的局面。贞元十五年，韩弘担任宣武节帅，其上任的首要任务便是惩灭长期为乱的"骄兵"魁首，史称：

> 汴州自刘士宁（玄佐之子）之后，军益骄恣，及陆长源遇害，颇轻主帅。其为乱魁党数十百人。弘视事数月，皆知其人。有部将刘锷者，凶卒之魁也。弘欲大振威望。一日，引短兵于衙门，召锷与其党三百，数其罪，尽斩之以徇，血流道中。弘对宾僚言笑自若。自是讫弘入朝，二十余年，军众十万，无敢怙乱者。②

长庆二年，韩弘之弟韩充任镇宣武，亦以铲除"骄兵"为己任：

---

① 参见王赛时：《论唐朝藩镇军队的三级构成》，《人文杂志》，1986年第4期；《唐朝军队结构的变化与骄兵悍将的形成》，《齐鲁学刊》，1988年第5期；《唐代中后期的军乱》，《中国史研究》，1989年第3期诸文。

② 《旧唐书》卷156《韩弘传》。

> 充既安堵，密籍部伍间，得尝构恶者千余人。一日下令，并父母妻子立出之，敢逸巡境内者斩！自是军政大理，汴人无不爱戴。①

其实从上述两段惩灭"骄兵"的记载中不难看出，当宣武军在刘玄佐死后，唐廷频繁换任节帅的同时，当镇的"骄兵"却是长期在镇的，故而有所谓"为乱魁党"、"尝构恶者"之说。

和宣武军一样，武宁军的变乱也主要始于王智兴担任节帅并努力扩充武宁军的规模之后，史称：

> 初，王智兴得徐州，召募凶豪之卒二千人，号曰银刀、雕旗、门枪、挟马等军，番宿衙城。自后浸骄，节度使姑息不暇。田牟镇徐日，每与骄卒杂坐，酒酣抚背，时把板为之唱歌。其徒日费万计。每有宾宴，必先厌食饫酒，祁寒暑雨，卮酒盈前，然犹喧噪邀求，动谋逐帅。②

其中，"有银刀都尤甚，屡逐主帅"③，其都"父子相承，每日三百人守卫，皆露刃坐于两廊夹幕下，稍不如意，相顾笑议于饮食间，一夫号呼，众卒相和。节度多懦怯，闻乱则后门逃去。如是且久"④。这支"银刀"骄兵从此便成为搅扰武宁军军政的祸首，历任武宁军节帅对"银刀兵"都很头疼。

武宁"银刀兵"与宣武牙军的性质颇为相似，并且作为当镇的军事核心，这些军队的主体都来自河南当地。而创建它们的刘玄佐和王智兴，其实也是长期任职本军的河南当地人。⑤ 所以我们认为，较之上述学者从士兵的经济生活和经济利益出发讨论"骄兵"产生的原因，孟彦弘先生从军政体制角度入手对"骄兵"出现所作的解释或许更为合理，即军队地方化与地方军人集团的形成才是"骄兵"产生真正的根源。他认为：

---

① 《旧唐书》卷156《韩弘附韩充传》。
② 《旧唐书》卷19上《懿宗纪》。
③ 《资治通鉴》卷248"大中三年五月"条。
④ 《唐语林校证》卷2《政事下》，第103页。
⑤ 刘玄佐是滑州匡城人，起家为永平军牙将，后来成为第一任宣武军节度使。王智兴是怀州温县人，少从徐州军为牙卒，在其被任命为武宁军节度使之前已经在徐州担任军将长达二十余年。

军队的地方化，使当地人成为军队的主要甚至唯一的兵源；他们终身为兵，甚至"父子相袭"，不可避免地会在当地形成一种盘根错节的势力，这股势力就是所谓的"地方军人集团"；表现在政治上，就是所谓的"骄兵"问题。①

无论是贞元时代的宣武军，还是长庆以后的武宁军，真正掌控地方政治实权的其实就是这样一个地方军人集团。自这个集团确立之初，他们在地方上的政治、经济利益也随之一同产生了。而由此导致的变乱其实正是他们为维护自身利益尤其是经济利益所采取的一种非常手段。

而在节帅一边，宣武与武宁"骄兵"的始作俑者，大力发展当镇军事力量的刘玄佐与王智兴均是在特殊情况下出任汴、徐二镇节帅，并长期担任是职。他们当然都是有能力扩充并稳定军队的地方实力派军将，但在他们卒镇或被中央调任后，藩镇的军队却是不可能简单缩编或随之一起调任的。于是，这样一个不好收拾的"骄兵"摊子便摆在了其后的历任节帅面前。而正如上文所指出的，新兴的河南藩镇，尤其是元和以后，节帅任命多出于中央。武将出身或者为政严猛的节帅或许还有能力对这些跋扈的士卒进行镇压②，但大多数文臣却只能姑息了事。③况且，这些节帅也大多自知他们的任期不会过长，所以因循守旧也未尝不是于己于人都有利的一

---

① 孟彦弘：《论唐代军队的地方化》，《中国社会科学院历史研究所学刊》（第一集），北京，社会科学文献出版社，2001年，第285～286页。

② 比如上文所说的宣武军的韩氏兄弟。又如大中三年（849）五月，徐州军乱，逐节度使李廓。宣宗以义成节度使卢弘止为武宁节度使，"弘止至镇，都虞候胡庆方复谋作乱，弘止诛之，抚循其余，训以忠义，军府由是获安"（《资治通鉴》卷248"大中三年五月"条）。又如咸通三年（862）徐州军乱，逐节度使温璋，朝廷诏以此前已平定浙东裘甫起义的王式赴镇徐州。王式至镇，"既擐甲执兵，命围骄兵，尽杀之，银刀都将邵泽等数千人皆死"（《资治通鉴》卷250"咸通三年八月"条）。

③ 比如上引史料所说的田牟镇徐州之事。又比如贞元年间董晋担任宣武军节度使，"谦恭简俭，每事因循多可，故乱兵粗安"（《旧唐书》卷145《董晋传》）。元和十四年张弘靖代韩弘为宣武节帅，"屡赏以悦军士，以至'府库虚竭'"（《资治通鉴》卷242"长庆二年六月"条）。咸通二年（861）杨汉公出任宣武军节度使，其墓志中亦称："汴州频易主帅，府库空□。公至之日，苦志□壁，阜安军伍。"（《全唐文补遗》第六辑郑薰《唐故银青光禄大夫检校户部尚书使持节郓州诸军事守郓州刺史充天平军节度郓曹濮等州观察处置等使御史大夫上柱国弘农郡开国公食邑二千户弘农杨公〔汉公〕墓志铭并序》，第180页）

种策略。

于是我们发现，一方面，河南藩帅的任命权现在大多掌握在中央手中，这样一来，这些节帅的利益所系当然取决于他们对中央以及中央对他们的态度；而另一方面，藩镇的军队，尤其是以牙军为主的藩镇亲卫军此时却由地方军人集团控制，他们的利益却完完全全在地方。所以我们看到，在平卢系时代结束后，中央与藩帅的关系其实变得比之前更为紧密，但他们与地方军士的关系实际却是愈益疏远了。而在藩帅的调任变得相对容易和频繁时，藩镇的武力基础却是由地方军人长期把持着的。换言之，平卢系时代后河南变乱的根源用一句话来概括，或许可以称为"铁打的士卒，流水的帅"。

回过头来看一下平卢系藩镇的情况，首先，作为由河北南来的军事集团，其军队地方化进程在这些藩镇中进行得相对较慢。更重要的是，在平卢系藩镇中，尚未形成成熟的地方军人集团，这牵涉平卢系藩镇的军事构造问题，我将在第三章中详细讨论，这里暂不展开。同时，由于节帅本身就是藩镇集团中的一员，其政治利益系于藩镇，当然也就要努力争取镇内将卒的支持。所以说，他们可以与中央对抗，但与藩镇将卒的关系却要始终保持相对紧密。因为离开了藩镇，他们无法从中央处获得政治筹码。

地方军人集团从无到有，军政集团从一体化到军队的地方化与节帅的中央化，这种藩镇权力构造的改变，正是平卢系时代与其后时代的根本差别，也正是"骄兵"问题得以长期存在的根本原因。所以学者说："即使国家付出的养兵费再高出许多，他们（指地方军人）仍然会尽可能地干预乃至控制地方政治。"[①] 也正因为如此，从表面上看，在平卢系时代结束后，中央通过掌握河南藩镇节帅的任命权似乎有效控制了河南的藩镇，但实际上，对于作为藩镇真正基础的中下层士卒，尤其是藩镇亲卫军的控制根本不牢固。

这一趋势最终延续到了晚唐，并引起了晚唐河南的政治变局。当晚唐的王仙芝、黄巢起义从河南爆发后，中央官员尤其是文官担任河南藩帅的弱点，正如其时胡曾在《谢赐钱启》中所感叹的：

> 又以山东藩镇，江表节廉，悉用竖儒，皆除迂吏。胸襟龌龊，情

---

① 孟彦弘：《论唐代军队的地方化》，《中国社会科学院历史研究所学刊》（第一集），2001年，第286页。

志荒唐。入则粉黛绕身，出则歌钟盈耳。但自诛求白璧，安能分减黄金。虽设朱门，何殊亡国。徒开玉帐，无异荒墟。①

这样一批"竖儒"显然不足以为中央抵御起义的军队，但代之而起的却并非另一批朝命的官员，甚至不是朝命的武将，史称：

> 自（黄）巢、（尚）让之乱，关东方镇牙将，皆逐主帅，自号藩臣。时溥据徐州，朱瑄据郓州，朱瑾据兖州，王敬武据青州，周岌据许州，王重荣据河中，诸葛爽据河阳，皆自擅一藩，职贡不入，赏罚由己。②

实际上，走在晚唐河南政局前台的这批"牙将"正是出身河南地方军人集团的人物。时溥，彭城人，徐州牙将。中和元年（881）逐感化军（即原武宁军）节度使支详，称留后。③ 朱瑄，宋州人，为青州王敬武牙卒。后与牙将曹全晸袭杀郓将崔君裕，据有郓州。全晸死后，被朝廷授为天平节度。其弟朱瑾，逐将军齐克让于兖州，朝廷以泰宁军（即兖海）节钺授之，兄弟雄张山东。④ 王敬武，青州人，平卢牙将。中和中，盗发齐、棣间，节度使安师儒遣敬武击定，已还，即逐师儒，自为留后。死后其子师范袭平卢帅位。⑤ 而在忠武军一边，唐末争霸中原的忠武牙将秦宗权及其集团中人多来自蔡州；著名的忠武"八都"则多为许州人；而世为忠武牙将的陈州三兄弟赵犨、赵昶、赵珝则在忠武军历史的末期担任该镇节帅。⑥ 这就是平卢系时代结束后河南藩镇走向的一个大体趋势。

日本学者辻正博曾将代宗朝至宪宗朝河南政局的发展主线概括为河南的"顺地化"进程，其论述视角以唐朝的对藩镇政策为主，其实暗指朝藩矛盾乃是此一时期河南的主要矛盾。这篇发表于 20 世纪 80 年代的论文，

---

① 《全唐文》卷811。
② 《旧唐书》卷164《王播附王铎传》。
③ 时溥逐支详的时间，《资治通鉴》卷254、《新唐书》卷9《僖宗纪》作中和元年八月，《旧唐书》卷19下《僖宗纪》作广明元年（880）九月，《旧唐书》卷182《时溥传》作中和二年（882），现从《资治通鉴》及新纪的记载。
④ 《新唐书·朱瑄、朱瑾传》《新五代史·朱瑄、朱瑾传》。
⑤ 《册府元龟》卷360《将帅部·立功第十三》、《新唐书》卷187《王敬武传》。
⑥ 参见黄清连：《忠武军：唐代藩镇个案研究》，《"中研院"历史语言研究所集刊》1993年，第64本第1分，第123～131页。

是为数不多的能以一种全局性眼光来看待安史之乱后河南政局变迁的研究，至今看来，其立意仍有高屋建瓴的特点。同时，秉承日本学者擅长的从藩镇内部，尤其是军事构造入手研究藩镇的传统，辻正博将宣武"骄兵"的解体看作与淮西、淄青牙军的殄灭具有相似意味的重要事件。他认为，正是对于藩镇牙军（藩镇的中核部队）的肃清，藩镇反抗中央的基础被切断了，于是在这一基础上，宪宗实现了他的"元和中兴"，而河南也完成了它的"顺地化"进程。①

笔者也赞同"元和中兴"是以河南"顺地化"的完成为其主要标志的结论，但在我看来，河南的"顺地化"却并不是以宣武"骄兵"的解体为结点的，相反，后者正暗示着河南新一轮政治波动的开始。因此，我更愿意将"元和中兴"对河南的意义定为帝国"去平卢化"的成功，同时将其视为平卢系时代结束的标志。而帝国在去平卢化的同时，实际上也正在加速河南藩镇的地著化，尤其是军队地方化的进程。而以"骄兵"问题为表征的地方化运动，也正可以成为我们理解帝国后期，即平卢系时代结束后河南藩镇问题的一条线索。

时至唐末，随着黄巢起义的爆发，中央控制河南的纽带终于被彻底切断了，而地方军人集团则受其激励，真正走上了历史前台。出身河南的地方军人率领着当地的军队投身到唐末军阀混战的时局中，成为这个动乱期中的主角。而暂时结束这一动乱局面的则是另一个出身河南的人物——宋州人朱温。他成功剿灭了以上这些河南牙校主导的割据势力，统一了宣武、宣义（即原义成）、忠武、奉国（即蔡州）、感化、天平、泰宁、平卢八个河南藩镇。当然，更为后人熟知的是，他迁移并颠覆了持续了三百年的唐祚。于是，河南这个曾经的帝国与叛军对峙开始的地方，现在也终于成为倾覆帝国命运的地方。不过，当唐帝国的时代在河南画上休止符的时候，未来的赵宋王朝却将在河南找到它的起点。

小　结

作为朝叛对峙开始的地方，河南凸显与交汇着安禄山叛乱时期帝国的

---

① 参见［日］辻正博：《唐朝の对藩镇政策について——河南"顺地"化のプロセス》，《东洋史研究》46：2，1987，第120页。

多重矛盾。传统的历史叙述多只着眼对这一时期张、许等人死守睢阳事迹的描绘,但是,张、许与叛军对抗的历史意义,其实却是建立在一个充满着中央政策的变动、玄肃二帝的权力争夺、地方势力与中央的较量,以及前者彼此暗战的矛盾基础之上的。这使得张、许不得不承担起一个本来不应该由他们这样的地方官员来承担的历史责任。而他们在历史上的"忠臣"形象,以及死守睢阳的"英雄"事迹,与其说是由他们个人的忠贞气节所塑造出来的一项功业,还不如说是由复杂的政治矛盾与利益冲突所酿成的一场悲剧。

与为帝国化解第一波河南危机的张、许最终取代河南节度使的位置,成为安史之乱前期河南的主角不同,安史之乱后期与叛军在河南舞台上上演对手戏的,却当仁不让地属于朝命的元帅及其属下部将。肃宗时代河南军政版图的重构与军政要员的调整,以元帅的更替为线索呈现出不同的面貌,其实质乃是为应对不断变化的战争局势。而随着这些变化与调整,河南未来发展的两条基本走势也渐趋明了。一条是在安史之乱中发展壮大的地方军将势力逐渐退出河南。另一条则是以平卢系军阀为主体的河朔军人集团即将成为河南新的主人。随着肃宗朝在河南发挥领导作用的元帅势力在代宗初年的最终瓦解,河南也正式迎来了由平卢系军阀主导大局的时代。

淄青、汴宋、淮西这三个平卢系藩镇在大历前期的发展壮大,以其自立化倾向的不断加强为最堪注意的特点。不过,同样出自河北叛军集团的滑亳节度令狐彰,却在临终前决意彻底改变当镇的这种半独立状态。于是以令狐彰的上表请代为契机,代宗现在在河南找到了一个得以贯彻中央意愿的代言人——永平军。随着大历末期对汴宋李灵曜叛乱的用兵,代宗在瓦解三大平卢系藩镇之一的汴宋镇的同时,也进一步将永平军培植成为一支得与淄青、淮西并列于河南的强势力量。并且,也为未来河南藩镇的分道扬镳埋下了种子。

重树唐廷威望的德宗的即位,以及随后爆发的"四镇之乱",正式标志着河南藩镇的决裂,同时也为帝国迎来了安史之乱后河南最严重的一波危机。这波危机以运路的大面积受阻与瘫痪为表现。危机的平定影响并改变了唐廷处理与河南藩镇关系的政治理念,一种更为现实的地缘政治考量开始成为唐廷处理河南藩镇问题的指导原则。河南也成为此后的宪宗实现其抑藩振朝事业最后也是最重要的场合。随着"元和中兴"在河南的实现，以平卢系藩镇瓦解为标志的河南"顺地化"过程就此完成。但在实现了河南政治地理版图的重构后，一波新的政治对抗与社会矛盾也正在河南悄然酝酿。

这一以"骄兵"问题为表征的藩镇军乱，见证了平卢系时代结束后，河南军政集团从一体化到军队的地方化与节帅的中央化趋势，也预示着地方军人集团的强势崛起。这两条线索的交织与发展，最终将把一个地方军人集团推上晚唐河南政治舞台的前沿。而对于未来的赵宋王朝来说，它在继承河南运路优势，并正式将河南升任为它的政治中心的同时，也将把一个在唐代后期才崭露头角的职业军人集团塑造成为它的一个活泼泼的社会阶层。

第二章 关中：有关空间的命题

唐帝国的中心位于陕西中部的渭河谷地。早在帝国建立之前，渭河谷地就已经是中国多个统一与分裂政权的心脏地带。作为唐国家的前身，北周和隋的统治中心就在这里，并且从这里开始，完成了再次统一中国的历史伟业。这个不算短的过程见证并确立了一个新的地缘政治框架的诞生，这就是陈寅恪氏所提出的，肇成于关中，并倚关中而制天下的"关中本位政策"。① 在这里，"关中"是一个较渭河谷地更为宽泛的概念。实际上，我们对"关中"的讨论也是以这样一个更宽泛的"关中"为对象的。这个"关中"大致是东拒黄河、西抵陇坂、南据终南之山、北边沙漠的这样一个地理单元。虽然有关"关中"范围的具体所指，不同历史时期的解释略有不同，但是就关立论的说法却是符合实情并被长期沿用的。② 关中既然很早便得名于它四面的险要关隘，就势必会给人留下一种印象深刻的空间意味。而当我们进入对帝国后期关中政治课题的讨论中时就会发现，"空间"，也将成为这些政治主题共有的命题。

第一节 异族威胁与空间的重构

对安史之乱爆发后关中政治课题的讨论，与其始于长安，不如始于灵武（灵州）。当长安在天宝十五载（756）六月因叛军攻破潼关而被玄宗放弃时，灵武则成为一个月后新任君主肃宗的龙翔之地。长安与灵武的这一空间转换，不仅意味着帝国新旧权力更迭的开始，也标志着一个以灵武为

---

① 参见陈寅恪：《唐代政治史述论稿》上篇《统治阶级之氏族及其升降》，北京，生活·读书·新知三联书店，2009年，第183~235页。
② 参见史念海：《河山集》（四集），西安，陕西师范大学出版社，1991年，第145~147页。

根据地的政治势力——朔方军，即将登上帝国政治舞台的中心位置。虽然朔方军是开元天宝十节度中最晚设立的一个，也是乱前夹在边境的东西两大集团间的边缘者，不过它在关内地区的主导地位却是无须质疑的。据严耕望先生说，乱前的朔方军辖境已经是"东据黄河，西抵贺兰，西南兼河曲至六盘，南有渭水盆地之北缘，北有河套至碛口，关内之地除京兆府及同华岐陇四州，皆统属之"①。而当来自河西、陇右的西部军团在天宝十五载的灵宝一役中惨遭打击后，朔方军便因缘际会但也无可争辩地代替了前者，成为帝国此后对抗叛军的擎柱。基于其在上述安史叛乱中的特殊地位，我们不难想象为什么在迄今有关关中藩镇的研究中，朔方军几乎吸引了学者所有的关注目光，且侧重的时间段又多集中在肃、代、德三朝。②

不过这种有关唐后期关中藩镇研究极不平衡的倾向，在近年来已有所改变。比如黄利平对于中晚唐京西北八镇的整体考察，就在一定程度上摆正了这种失衡局面，同时也填补了中晚唐时代京西北藩镇研究的空白。③所谓京西北八镇，指凤翔、泾原、邠宁、鄜坊、灵盐、夏绥、振武及天德军。黄氏对八镇的整体考察，一定程度上暗示着，八镇在关中这一空间上的意义是以整体的面貌呈现出来的。事实上，即就现今对于朔方军研究最周详的著作《唐朝朔方军研究——兼论唐廷与西北诸族的关系及其演变》来看，著者在关于德宗时代以后朔方军的论述中，也不得不采用将朔方军的问题置于京西北八镇这一大环境中来考察的取径。④ 实际上，唐长孺先生早在《唐书兵志笺正》中笺注《穆宗即位赦》中"京西、京北及振武、天德八道节度及都防御使"之条时就已说道：

---

① 严耕望：《唐代交通图考》第一卷《京都关内区》篇六《长安西北通灵州驿道及灵州四达交通线》，第175～176页。

② 迄今有关朔方军的研究颇多，如邱国鋆：《唐代藩镇中之朔方节度使》，香港大学1971年硕士学位论文；吴继芬：《唐代朔方军之研究》，台湾政治大学1986年硕士学位论文；樊文礼：《朔方节度使略论》，《内蒙古大学学报》，1988年第3期；王吉林：《唐代的朔方军与神策军》，《第一届国际唐代学术会议论文集》，1989年；安彩凤：《试论唐代朔方军的历史作用》，《唐都学刊》，1998年第2期；安彩凤：《唐代朔方军何以未割据自立》，《人文杂志》，1999年第5期等。

③ 黄利平：《唐京西北藩镇述略》，《陕西师大学报》，1991年第1期；黄利平：《中晚唐京西北八镇考》，《中国历史地理论丛》，2004年第2辑。

④ 李鸿宾：《唐朝朔方军研究——兼论唐廷与西北诸族的关系及其演变》，长春，吉林人民出版社，2005年，第257、259页。

振武、天德加以凤翔、邠宁、泾原、鄜坊、夏绥、灵盐并关内朔方所分，所谓八道节度也。①

显然，唐氏早已注意到京西北八镇与安史之乱前的关内、朔方，尤其是后者的延续关系，因为京西北八镇除了凤翔外，其余七镇均由原朔方辖区分出。虽然唐氏笺注的此条资料出于唐穆宗的即位赦文，但京西北八镇的格局其实在德宗时代就已奠定了。而朔方军无论作为一个地理单元，还是一个政治军事实体，它的瓦解并演变为八镇之一的灵盐镇，其实也正发生在德宗朝。这样看来，学者在讨论关中的空间重构问题时，很自然地将京西北八镇作为朔方军的后续对象来进行研究，似乎并没有什么可指摘的地方。

对于旨在研究帝国后期关中地缘政治的学者来说，将京西北八镇作为一个整体来进行考察诚然是一个正确的取径。但是，当他们在对京西北八镇进行整体考察时，一个有关这些藩镇发展的历史性回顾却消失了。在黄利平《中晚唐京西北八镇考》一文中，作者对这八个藩镇逐一进行了考察，并在此基础上得出了京西北地区是以北线的天德、振武（排成横向防御回纥），西线的凤翔、泾原、邠宁、灵盐（形成纵向防御吐蕃），以及作为其后方及第二道防线的夏绥、鄜坊构成的这样一个空间体系的结论。②尽管作者也指出，这一体系是在德宗时代才形成的，但这仍旧给人留下一个京西北八镇是一个具有完整形式的（或者退一步来说，至少是经过德宗）"规划过的空间"的意味。

但实际上，京西北八镇却绝不属于这种"规划过的空间"，而是一个在原有的关内、朔方军基础上通过逐渐裂变而形成的格局。最明显的例证就是凤翔、泾原、邠宁、振武这四镇在德宗时代以前就已经存在了。因此，如果黄氏上述的结论是针对德宗时代以后的情况，那么它并没有办法表现出德宗以前京西北的空间情形。而如果我们对德宗以前的情况不甚明了，那么关于德宗时代的立论可靠性也就会降低了。

因此，当现今学者对于关中藩镇的考察只集中于朔方军与作为整体的京西北八镇时，他们其实忽略了"京西北八镇"实际上是由一系列历史事

---

① 唐长孺：《唐书兵志笺正》卷3，北京，中华书局，1962年，第104页。
② 黄利平：《中晚唐京西北八镇考》，《中国历史地理论丛》，2004年第2辑，第83页。

件组成的"动态过程"这一事实。这并不是说他们的研究是完全缺乏"历史性"的①,但也仅仅是将每个藩镇的形成时间与其他历史信息作为第二级内容添置在这种综合性考察的各个藩镇类目之下。而对京西北藩镇成长过程的忽略,不仅无形中造成了对特定时间内这一关中空间体系存在意义的误读,而且也使得我们错过了一个在考察京西北藩镇实际发展历史的基础上,揭示其构建和演进背后所隐藏的政治逻辑的绝好机会。下文的论述,正是我们对京西北藩镇的这种完整化形象进行逐级解构,并在解构中重新赋予其历史意义的一种尝试。

一、肃宗朝:扇形空间的奠定

虽然从名义上讲,安史之乱爆发后的关中大部仍是以灵武为治所的朔方军辖所,但由于朔方军整军东调平叛,因此无论是灵武还是其他地区,留驻当地的唐军都不多。所以,当我们着手讨论关中的空间问题时,就不得不将另外几个藩镇的建立看作安史之乱后关中空间重构真正的开始。它们分别是乾元元年(758)设置的振武军节度使、乾元二年(759)设置的邠宁节度使,以及上元元年(760)设置的鄜坊丹延节度使和凤翔节度使。

关于这几个藩镇设置的目的,学者已经指出,主要是为了平定肃宗朝末期出现在关中的党项骚乱。② 党项部落早在安史之乱前就已经广泛分布在关中各地。安史之乱后,党项乘关中空虚,开始向渭河平原一带逼进,其与唐军的军事冲突也愈演愈烈。

振武军节度使设置于乾元元年,《资治通鉴》称:

> 是岁,置振武节度使,领镇北大都护府、麟、胜二州。③

《新唐书·方镇表》"朔方"条记载为:

> (乾元元年)置振武节度押蕃落使,领镇北大都护府、麟胜二州。

史称当年九月,"招讨党项使王仲升(昇)斩党项酋长拓跋戎德,传首"④。

---

① 比如黄利平在对每个藩镇的具体论述中,也考察了它们的形成与发展过程。
② 参见黄利平:《中晚唐京西北八镇考》,《中国历史地理论丛》,2004年第2辑,第72页。
③ 《资治通鉴》卷220"乾元元年"条。
④ 《资治通鉴》卷220"乾元元年九月"条。

因此上引史料的"蕃落"可能主要就是指党项，而振武军节度使的设置也可能是针对后者。但是振武军节度毕竟远在北方的黄河岸边，而党项却以南下为其进军路线，因此唐廷不在其南下的路线上设置屏障，反而想从后方借振武军之力来控扼党项，看来终究有点儿不太现实。所以我更倾向于认为，振武军节度使在此时的设置，应该与其在唐后期主要面对的目标一样，还是针对北面的回纥。

回纥此前已帮助肃宗收复两京，就在振武节度设置的当年七月，肃宗以宁国公主嫁回纥可汗，而回纥更有意帮助唐廷进讨河北的安庆绪。虽然唐回之间并非没有芥蒂，但是唐廷因平叛之需，不得不在此时与回纥发生密切联系则是必然的，所以振武军节度使恐怕就是因此而设。这倒未必是唐廷想要借振武军防遏回纥，而或许只是方便两者的交通而已。总之，我们对于此时设置振武军节度使的目的还不是十分清楚，而且关于振武军在此时的表现，甚至首任振武军节度使是何人，史料都几乎没有留下任何记载。又据《新唐书·方镇表》载，广德二年（764）罢振武节度。若果真如此，则初设的振武军节度使实际只存在了七年，到代宗初年就被废置了。① 也就是说，振武军节度使在肃宗朝的设置意义并不大。

与振武军不同，同样设置于肃宗朝的邠宁、鄜坊、凤翔三镇则有明确记载，是为了对付南下的党项。据《新唐书·方镇表》"邠宁"条载：

> （乾元二年）置邠宁节度使，领州九：邠、宁、庆、泾、原、鄜、坊、丹、延。

上引《资治通鉴》乾元元年九月丙子史料称："招讨党项使王仲升（昇）斩党项酋长拓跋戎德，传首。"胡注此条曰：

> 贞观以后，吐蕃浸盛，党项拓跋诸部畏逼，请内徙，诏庆州置静边军州处之。又置芳池都督府于庆州怀安县界，管小州十，以处党项野利氏部落。至德以来，中国乱，党项因寇邠、宁二州。

从两唐书的《党项传》来看，庆州是拓跋党项的聚居地，因此它们的入寇

---

① 《新唐书》卷64《方镇表一·朔方》。不过新书《方镇表》关于肃代之际振武节度置废、领州的记载相当混乱，所以也不免让人怀疑广德二年罢振武节度这一记载的可信性。

应该就是由庆州沿宁、邠一线推进,而王仲昇讨伐党项的此次战役可能就发生于此,所以唐廷在第二年就诏置了邠宁节度。

又据《资治通鉴》载:

> (上元元年正月,)党项等羌吞噬边鄙,将逼京畿,乃分邠宁等州节度为鄜坊丹延节度,亦谓之渭北节度。以邠州刺史桑如珪领邠宁,鄜州刺史杜冕领鄜坊节度副使,分道招讨。戊子,以郭子仪领两道节度使,留京师,假其威名以镇之。①

党项对京畿的威胁到上元元年有所扩大,散居灵、夏等界的西北部落(可能主要是白狗、春桑、白兰等诸羌)在安史之乱后受吐蕃驱使开始侵袭关中,所以《新唐书·党项传》在言及此事时称:

> 乾元间,中国数乱,因寇邠、宁二州,肃宗诏郭子仪都统朔方、邠宁、鄜坊节度事,以鄜州刺史杜冕、邠州刺史桑如圭(珪)分二队出讨。子仪至,党项溃去。

很可能随着侵袭关中的党项部落的增多,党项在进逼京畿的路线中,也不仅选择了此前采取的沿邠宁一线南下的道路,还取道鄜坊丹延一线,由此促使了唐廷在上元元年分邠宁置鄜坊。②

同样在上元元年设置的还有凤翔节度使。③ 史称上元元年二月,"以太子少保崔光远为凤翔尹、秦陇节度使"④。是年"六月乙丑,凤翔节度使崔光远及羌、浑、党项战于泾、陇,败之。乙酉,又败之于普润(凤翔属县)"⑤。上元元年冬:

---

① 《资治通鉴》卷221"上元元年正月"条。
② 《新唐书》卷64《方镇表一·邠宁》上元元年:"罢领鄜、坊、丹、延。"《方镇表一·渭北鄜坊》上元元年:"置渭北鄜坊节度使,治坊州,并领丹、延二州。"遗漏鄜州。
③ 《新唐书》卷64《方镇表一·兴凤陇》上元元年:"置兴凤陇节度使。"
④ 《旧唐书》卷10《肃宗纪》。
⑤ 《新唐书》卷6《肃宗纪》。《旧唐书》卷198《西戎·党项羌传》称:"其在泾、陇州界者,上元元年率其众十余万,诣凤翔节度使崔光远请降。"指的应当就是当年六月崔光远败党项等事。因为《资治通鉴》卷221"上元元年六月乙丑"条亦称:"凤翔节度使崔光远奏破泾、陇羌、浑十余万众。"

(岐、陇吏人郭) 愔等潜连党项及奴剌、突厥败 (秦州刺史) 韦伦于秦、陇, 杀监军使, 击黄戍。肃宗追还, 以李鼎代之。①

党项对唐廷的威胁自上元元年底有增烈之势。在当年十二月, 正当秦陇遭到泾、陇党项重创之时,

丙子, 党项寇美原、华原、同官, 大掠而去。②

美原、华原、同官都是位于坊州以南的京畿属县, 所以上述史料反映的应该是沿鄜坊丹延一线南下的陕北党项。很可能是因为当年九月郭子仪出镇邠州, 十一月泾州又破党项③, 所以南下的陕北党项选择从东面的鄜坊进寇京师。

上元二年 (761) 二月:

奴剌、党项寇宝鸡 (凤翔府属县), 烧大散关, 南侵凤州, 杀刺史萧愱, 大掠而西; 凤翔节度使李鼎追击破之。④

此后的五月和六月, 党项又分别攻扰了宝鸡和好畤 (京畿属县)。⑤ 到了元年 (762) 建卯月, 先是奴剌寇成 (城) 固 (梁州属县)⑥, 一个月后又寇梁州, 导致观察使李勉弃城走, 肃宗不得不以邠州刺史臧希让为山南西道节度使。⑦ 而党项也在奴剌进寇梁州三天后侵扰奉天 (京畿属县)。⑧ 不久后, 党项又侵袭位于京畿的同官和华原。⑨ 虽然《新唐书·党项传》连贯地概述了这一系列事件, 不过进寇同官、华原的是陕北党项, 它们与此前联合奴剌一同侵扰岐、凤、梁等州的西南党项其实不是同一拨人。

西南的奴剌、党项部众对唐廷的攻势到宝应元年既已南达梁州, 换言

---

① 《旧唐书》卷 111《崔光远传》。此处之"奴剌突厥"似不应断开, 可参见下引《册府元龟》卷 977《外臣部·降附》。奴剌疑为突厥种落。
② 《资治通鉴》卷 221 "上元元年十二月"条。
③ 《资治通鉴》卷 221 "上元元年九月、十一月"条。
④ 《资治通鉴》卷 222 "上元二年二月"条。
⑤ 《资治通鉴》卷 222 "上元二年五月、六月"条。
⑥ 《资治通鉴》卷 222 "宝应元年建卯月"条。
⑦ 《资治通鉴》卷 222 "宝应元年建辰月"条。
⑧ 《资治通鉴》卷 222 "宝应元年建辰月"条。
⑨ 《资治通鉴》卷 222 "宝应元年五月"条。

之，实际已经越出了关中的范围。不过也就在这时，西南方面的羌浑部落开始大批投降唐廷：

> 代宗宝应元年六月，突厥奴剌部落千余人内属，请讨贼自效。丁巳，宴奴剌大首领于内殿，赐物有差。十二月己未，投降羌浑归顺州部落、乾封州部落、归义州部落、顺化州部落、和宁州部落、和义州部落、保善州部落、宁定州部落、罗云州部落、朝凤州部落并诣山南西道都防御使臧希让请州印，希让以闻，许之。①

这些部落在看似实力最为鼎盛的时候与唐廷和解，很可能是因为他们在此时已经感受到了来自西面的吐蕃的压力。

在西南党项降附唐廷后不久，实力更胜一筹的陕北党项似乎也表现出了与唐廷和解的意向：

> 永泰元年（765）二月，河西党项永定等一十二州部落内属，请置公劳等一十五州，许之。②

虽然陕北党项在广德、永泰间的异族大入侵之际，仍旧给唐廷造成了不小的威胁，但随着帝国在乱后关中军事力量的恢复，逐渐走向式微的党项部落，也将把他们作为帝国关中主要对手的位置拱手相让于西面的吐蕃。并且根据郭子仪提出的将散处盐、庆等州的党项、吐谷浑部落进行东迁，以避免它们与西面的吐蕃互为表里的政策，陕北的夏、绥、银、延、麟诸州，甚至黄河以东的石州将逐渐成为党项部落新的主要聚居地。③

党项对关中的威胁虽已过去，但是它对奠定关中空间格局的作用却是需要肯定的。因为党项的入侵，关中新设了邠宁、鄜坊、凤翔三镇，而不久后设立的泾原镇的雏形也可以在此时得以窥见。④ 而唐廷设立这几镇的用意也很明显，因为它们控制了西北异族南下渭河谷地的四条最主要的交

---

① 《册府元龟》卷977《外臣部·降附》。

② 《册府元龟》卷977《外臣部·降附》。"河西"无疑指黄河以西，因此我推测此处的"河西党项"当指陕北一带的党项部落。

③ 参见《新唐书》卷221上《西域上·党项传》。

④ 《册府元龟》卷122《帝王部·征讨第二》上元元年九月诏中就有"泾原防御官健二千人，马军五百人、步军一千五百人，以大将军阎英奇充使"之语，泾、原二州其时已经并称。

通干线。(见图 9)

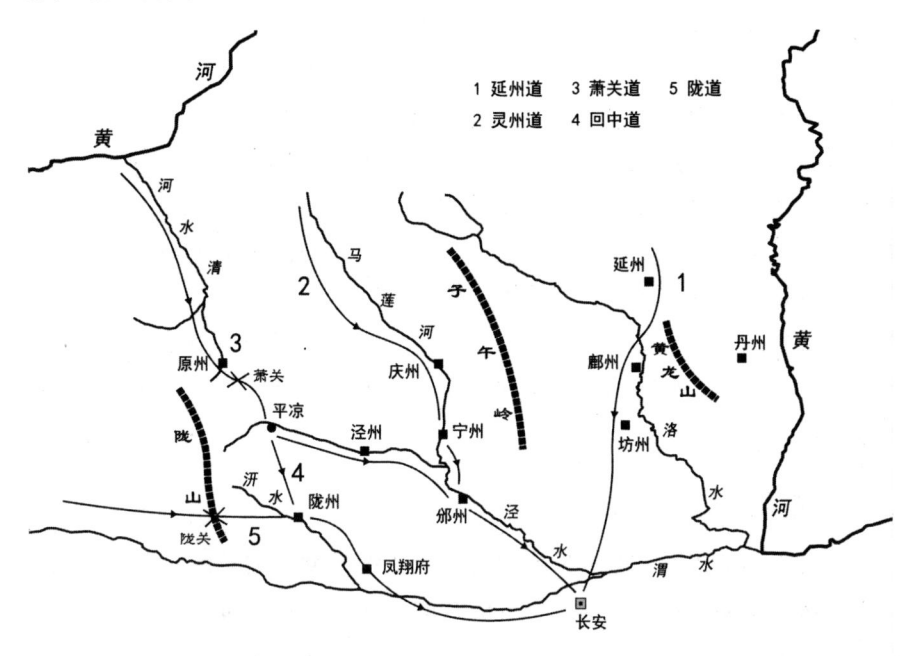

图 9　关中的五条主要交通线

关中北部并列着子午岭和黄龙山两条山脉，洛水穿过两山之间，其河谷形成了一条南北通道，通道北端是延州，由延州南下经鄜、坊两州直达长安正北，这条通道就是延州道。因此坊、鄜、延与位于黄龙山以东的丹州构成了一个特定的地理单元，早在唐初贞观年间即置鄜州都督府、大都督府，管鄜、坊、丹、延四州。①

子午岭与西面的六盘山之间有一条南北方向的黄土高原，山原间相隔形成了两条川道，子午岭西为马莲河，南流入泾水，六盘山东为清水河，北流入黄河。位于马莲河一线的正是邠、宁、庆三州，所以唐置邠宁庆节度使，既为一军区，亦以其为一交通路线也。②

清水河河谷南端六盘山下是萧关的所在地，因此这条通过萧关的通道

---

① 严耕望：《唐代交通图考》第一卷《京都关内区》篇七《长安北通丰州天德军驿道》，第 235 页。

② 严耕望：《唐代交通图考》第一卷《京都关内区》篇六《长安西北通灵州驿道及灵州四达交通线》，第 180 页。

就是萧关道。由萧关所在地原州到关中有两条通道，一条走子午岭西南与岐山之间的泾河河谷。泾河上游早在先秦时代便已是一条重要的通道，而泾原节度就位于这一线，随后由泾州过邠州便可到达长安。

另一条由原州平凉县到陇州，由于陇州之北是西汉回中宫的所在地，所以这条通道就称回中道。渭河上游河谷狭窄，不如泾河易于通行，自来不是交通要道，因此东西往来只好取道于陇山（六盘山南段），这就是所谓陇道。而无论是回中道还是陇道，向东到达长安都将走陇山与岍山之间的汧水河谷。凤翔节度领有的岐陇二州就在这一线。①

于是我们看到，一个扇形空间在肃代之际正沿着关中平原西北部被构建起来，而促使它形成的并不是帝国后期的主要对手吐蕃，而是此时不太被关注的党项的入侵。

二、代宗朝：由西向东的威胁

肃代之际是帝国外部矛盾转变的一个关键时期。关东的安史叛乱行将结束，而关中却将面临一波不下于前者的致命威胁，给帝国带来这波威胁的就是吐蕃。

如同党项在安史之乱时期侵扰关中一样，西面的吐蕃则乘西北边军内调之际蚕食河西、陇右的帝国领土。所以广德元年（763）四月，也就是安史叛乱刚结束的时候：

> 郭子仪数上言："吐蕃、党项不可忽，宜早为之备。"②

果然在七月，吐蕃入寇大震关，其对帝国后期关中的漫长侵扰也就此拉开帷幕。而这初次的入侵便已给帝国带来了几乎是致命的威胁。吐蕃这次由大震关向东进攻长安的行动，纠合了吐谷浑、党项等部二十余万众，迫使新即位的代宗东幸陕州。③ 而就在当年底吐蕃退出长安后，河中的朔方军统帅仆固怀恩已现"叛乱"之萌。永泰元年，仆固怀恩携吐蕃、回纥、吐谷浑、党项等二十万发动叛乱。④ 吐蕃和回纥由北道的邠州趣奉天，吐

---

① 以上有关关中交通干线的讨论，参见史念海：《河山集》（四集），第84、156~159页。

② 《资治通鉴》卷222"广德元年四月"条。

③ 《旧唐书》卷196上《吐蕃传上》。

④ 《旧唐书》卷196上《吐蕃传上》。

谷浑、奴剌由西道的岐陇趣盩厔（京畿属县），党项则由陕北的夏州自东道趣同州。其钳形攻势对长安的威胁甚是恐怖，幸赖回纥与唐军约合才扭转危局。①

正是在这样的情况下，唐廷决意加强京西北的布防：

> （广德二年九月）辛亥，河东副元帅、中书令、汾阳郡王郭子仪加太尉，充北道邠宁、泾原、河西已东通和吐蕃及朔方招抚使；陈郑、泽潞节度使李抱玉进位司徒，充南道通和吐蕃使、凤翔秦陇临洮已东观察使。②

由于凤翔与邠宁二镇在吐蕃入侵之际所受威胁最重，并且其直接控制着后者进入长安的门户，所以代宗对此二镇特予重视。在南道方面，原在河南与安史叛军作战的著名将领李抱玉此时调镇岐陇、坐镇凤翔。北道的局面则稍有不同，为了孤立仆固怀恩，郭子仪此时被调往河中重领那里的朔方军，因此实际坐镇邠宁的是来自马璘所率的四镇北庭的军队。而吐蕃入寇，郭子仪每每要从河中领兵西入关中，未免迂回。

并且，到代宗大历以后，吐蕃开始经由朔方军原本的基地灵州南下。位于鄂尔多斯黄土高原边缘的灵州控扼着由贺兰山渡过黄河经萧关道和马莲河河谷南下的两条通道，灵州是这两条道路的枢纽。而由灵州经马莲河南下的道路在唐代就被称为灵州道。灵州在代宗初年曾因仆固怀恩叛乱受到冲击，所以在叛乱结束后的永泰元年闰十月，入朝的朔方军统帅郭子仪"以灵武初复，百姓雕弊，戎落未安，请以朔方军粮使三原路嗣恭镇之"，而嗣恭出镇灵州后亦以"披荆棘，立军府"③为主要任务。进入大历时代后，吐蕃又频频向灵州发动攻势。比如在大历三年（768）八月，吐蕃以其众十万寇灵州。④从当时的史料看，吐蕃寇灵州后多由邠宁南侵，所以在大历三年十一月郭子仪还河中后，

> （宰臣）元载以吐蕃连岁入寇，马璘以四镇兵屯邠宁，力不能拒，而郭子仪以朔方重兵镇河中，深居腹中无事之地，乃与子仪及诸将

---

① 参见史念海《河山集》（四集），第215页。
② 《旧唐书》卷11《代宗纪》。
③ 《资治通鉴》卷224"永泰元年闰十月"条。
④ 《旧唐书》卷196下《吐蕃传下》。

议，徙璘镇泾州，而使子仪以朔方兵镇邠州……十二月，己酉，徙马璘为泾原节度使，以邠、宁、庆三州隶朔方……（大历四年六月）辛酉，郭子仪自河中迁于邠州，其精兵皆自随，余兵使神将将之，分守河中、灵州……秋，九月，吐蕃寇灵州；丁丑，朔方留后常谦光击破之……冬，十月，常谦光奏吐蕃寇鸣沙，首尾四十里。郭子仪遣兵马使浑瑊将锐兵五千救灵州，子仪自将进至庆州，闻吐蕃退，乃还。①

至此，由凤翔、泾原、邠宁，以及此前的鄜坊共同构筑的关中四镇格局正式奠定。而灵州的朔方留后在经过安史之乱时期的沉寂后，此时又重现出它的重要性。

在以上四镇中，凤翔、邠宁无疑承受着更为严峻的来自异族的压力。这不仅是因为凤翔府与邠州直接濒邻京畿，也是因为凤翔的陇县千阳地区与邠宁的长武彬县地区汇聚着吐蕃入侵的多条路线。② 至于东面的鄜坊丹延一镇，自广德元年吐蕃入寇，鄜坊节度使白孝德赴邠州救援，随后被任命为邠宁节度使后，鄜坊的防御实力有所下降，这当然是因为吐蕃此时的入侵不由鄜坊一线所致。但是鄜坊的地位也并非不重要，因为在仆固怀恩叛乱之时，支持怀恩的陕北党项依然还是以鄜坊一线为其南下途径。只是党项此时走的不是由延州经鄜、坊两州的延州道，而是由延州经稍东的丹州、再南下同州的宜川道。史念海先生已经指出，经宜川道南下是要越过梁山山脉的，以前梁山山脉也曾发生过战争，但由北而南越过这个山区的进攻见于记载的，党项还是第一次。③ 不过党项的这次进攻对唐廷的威胁显然要小于来自邠宁一线的吐蕃，而且在经过此次由仆固怀恩叛乱引发的进攻后，陕北的党项势力趋于衰弱，大历以后既不见其有军事行动，因此鄜坊节度使的压力势必也会因此减轻一些。

这就是代宗大历初期形成的关中四镇格局。（见图10）总体而言，这一格局继承肃宗时期的扇形空间结构，没有太大改变，只是因为吐蕃在西面的强势崛起与党项在东面的衰退，扇形空间西部的压力就要较东部更大一些。

---

① 《资治通鉴》卷224"大历三年十一月、十二月"条，"大历四年六月、九月、十月"条。
② 参见史念海：《河山集》（四集），第194页。
③ 参见史念海：《河山集》（四集），第25页。

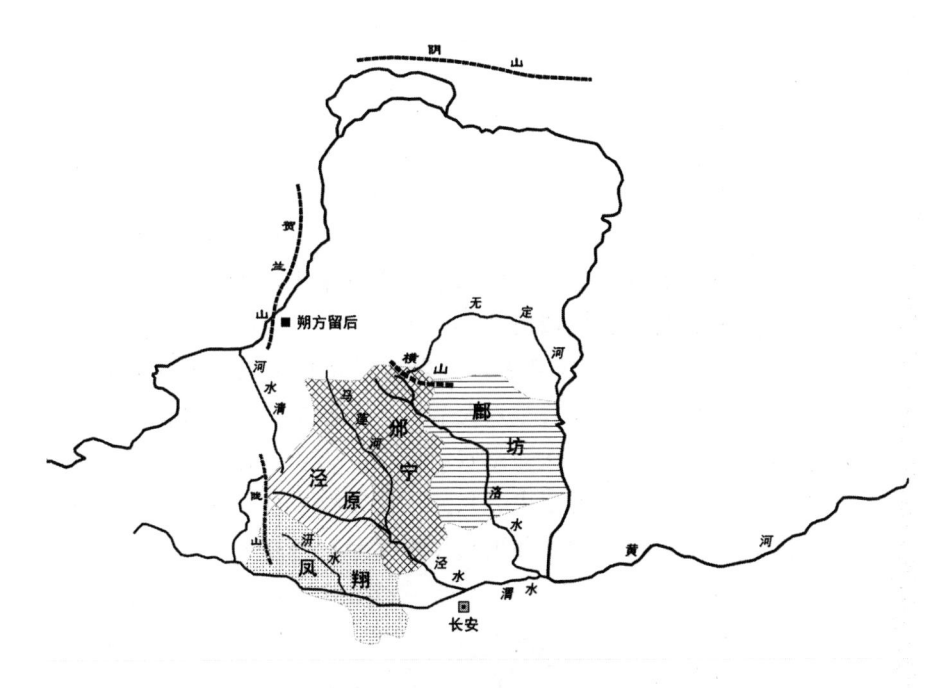

图 10　大历初期的关中四镇

到代宗朝晚期，即大历十一年（776），"回纥袭振武使，攻东陉，越代及忻至于太原，大杀掠以还"①。十三年（778）正月，回纥又寇太原，大败唐军，且纵兵大掠。② 于是在当年七月，

> 郭子仪奏以回纥犹在塞上，边人恐惧，请遣邠州刺史浑瑊将兵镇振武军，从之。回纥始去。③

这是代宗基于回纥的威胁，在关内北部增置军力的一次措施。相较肃宗末年振武军节度使的设立，浑瑊的这次将兵镇振武才是振武军防御体系真正形成的标志。

到大历十四年（779），新即位的德宗又对关内的空间结构进行了一次调整：

> 以其（指郭子仪）裨将河东、朔方都虞候李怀光为河中尹，邠、宁、庆、晋、绛、慈、隰节度使，以朔方留后兼灵州长史常谦光为灵

---

① 《册府元龟》卷 367《将帅部·机略第七》。
② 《资治通鉴》卷 225 "大历十三年正月" 条。
③ 《资治通鉴》卷 225 "大历十三年七月" 条。

州大都督，西受降城、定远、天德、盐、夏、丰等军州节度使，振武军使浑瑊为单于大都护，东中二受降城、振武、镇北、绥、银、麟、胜等军州节度使。①

这次调整实乃分割朔方军辖所，意在削夺郭子仪权力与削弱朔方军势力，因此从空间布局上来看，意义并不大。因为邠宁、灵盐、振武三镇在空间上的分立，其实在德宗即位之前就已基本确立下来了，此次划分只是进一步明确了三镇各自的疆界与领域而已。

经过德宗即位之初的这次部署，关内地区现在正式形成了凤翔、泾原、灵盐、邠宁、鄜坊以及振武军六大节镇。（见图11）不过无论是就当时的实际作用，还是对人们的认知影响，关中五镇仍旧是更为重要同时也是更强势的一个空间概念。当建中、兴元年间京师发生变乱，德宗出逃奉天、梁州时，在时人赵元一记录此事的《奉天录》一书中，关中五镇就常被作者并提。譬如：

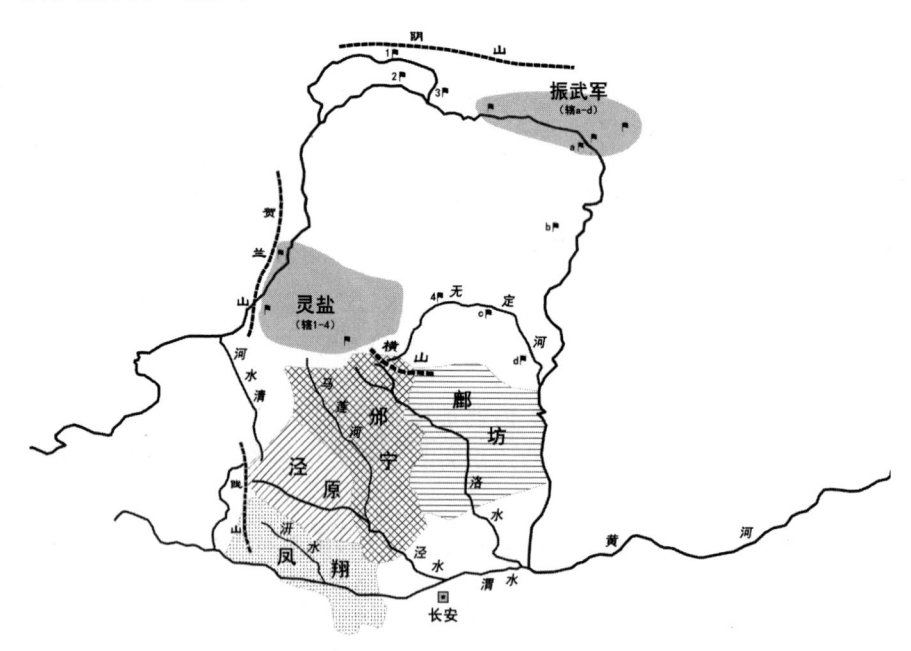

图11　大历十四年的关中六镇

---

① 《资治通鉴》卷225"大历十四年闰五月"条。

朱泚围我奉天四十余日，用我金帛，食我牛酒，劳我百姓，三辅两畿，转无投义者。惟李楚琳，先事朱泚，独为外应。余四镇将帅，尽是王臣。（卷二）

（兴元元年）春三月，（李怀光）拔咸阳城，掠三原等十二县，鸡犬无遗，老少步骑百余万。时上幸梁洋，关中四镇各屯兵戒严，自固封境，更相疑阻，莫知适从……李（晟）招集叛亡之士，收募豪杰，军容日盛。关中四镇知忠义而归附也。（卷三）

其时朱泚盗据长安，凤翔节度使李楚琳为朱泚外应，故而凤翔一镇与"尽是王臣"的"关中四镇"有所不同。① 而此处之关中四镇理应当指泾原、邠宁、灵盐和鄜坊。虽然上引史料显示，凤翔在乱中与其他四镇的政治立场不同，但显然，若不是此原因，凤翔实际上当是与其他"四镇"并称的。这不仅在上引卷二的史料中能明显看出，《奉天录》他处中的记载其实也印证了这一点。据其书卷四记载，浑瑊自汉中引师东上，于武功（京畿属县）破朱泚军，

然后引军入奉天城，移牒诸道。渭北、灵盐、邠宁、泾原、凤翔等诸道继至，中原克复，自此而始。

在这里，渭北（即鄜坊）、灵盐、邠宁、泾原、凤翔五镇被视为具有相类性质的一组藩镇，而关内的另一藩镇——振武军，则不在此列。

振武一镇远在北方，较之长安所在地渭河平原周近的五镇，其在地理上过于遥远，因而当京畿发生叛乱之时，振武军无法远调。事实上我们在德宗出逃之际，也确实没有看到时任振武节帅的杜从政有何表现。唯一关于杜氏的记载，出自时为邠宁将领的韩游瓌在李怀光叛乱之初向德宗的一番进言中：

怀光总诸道兵，故敢恃众为乱。今邠宁有张昕，灵武有宁景璿，河中有吕鸣岳，振武有杜从政，潼关有唐朝臣，渭北有窦觎，皆守将

---

① 按凤翔在李怀光率兵讨朱泚之际曾一度投降唐廷，但李怀光叛乱后又再次倒向朱泚一边，故而上引史料之"归附"者，显然不包括凤翔。又按兴元元年（784）二月李怀光叛乱之初，泾原尚为效忠唐室的藩镇。到兴元元年四月，泾原大将田希鉴密与朱泚通，杀节帅冯河清，以军府附于泚，遂被后者任命为泾原节度使，泾原才成了彻底站在朱泚一边的藩镇。故而卷三所谓"关中四镇"当仍包括泾原。

也。陛下各以其众及地授之，尊怀光之官，罢其权，则行营诸将各受本府指麾矣。怀光独立，安能为乱！①

游瓌所提诸人多为当时的节度留后，其职责主要是留守本镇，而不是率兵出战，故而游瓌以"守将"称之。而身为振武节度的杜从政则同样被游瓌置于"守将"之列。

所以我们说，德宗初年的关内六镇虽同为防遏异族而设，但振武却不像其余五镇那样在防遏异族的同时，还具有拱卫关中平原的作用。所以当德宗在建中四年（783）正月与吐蕃缔结"清水之盟"，保证了后者不至于在德宗"奉天之难"时趁火打劫，而回纥在此时也没有侵扰唐廷的活动时，振武军无法像其余五镇那样迅速转变角色，成为护驾的力量。而这也成为人们视呈扇形分布拱卫长安的关中五镇为一个整体的原因。

三、德宗朝：横山以北的较量

在经历了德宗朝初期，也就是建中、兴元年间，唐蕃因"清水之盟"的缔结而相安无事的时期后，到了贞元二年（786）秋天，吐蕃背盟，重新开始其侵扰唐境的攻势。如果我们仔细翻阅一下两唐书的《吐蕃传》和《资治通鉴》的相关记载，我们就会发现，在"清水之盟"前，吐蕃对唐的侵扰最东一般只推进到灵州道一线。大历时期，吐蕃对灵州的攻势是相当频繁的，但是灵州以东、横山以北的盐州却很少遭到吐蕃的攻扰。虽然在大历末，吐蕃的军队已经在盐、夏一带出现，但规模不大，而且都遭到了郭子仪所领朔方军的成功阻击。②

但当贞元二年吐蕃背盟后，其对京西北的攻势却发生了一个显著的改变，这就是它的进军矛头现在已经指向了横山以北的盐州，并且东推到夏、银，甚至更东的麟州一带。只就贞元二年底的攻势来看，吐蕃就一举攻陷了盐、夏二州，并派军驻守，直到次年（787）六月才因粮运及疫病的问题毁城而归。③ 此后，经由盐州向夏州等地的攻势在吐蕃的入侵中显得相当频繁。

---

① 《资治通鉴》卷230"兴元元年二月"条。
② 参见《资治通鉴》卷225"大历十二年、十三年"条相关记载。
③ 参见《旧唐书·吐蕃传》和《新唐书·吐蕃传》及《资治通鉴》卷232"贞元二年、三年"条相关记载。

吐蕃这一战略情势的改变很可能与"清水之盟"的缔结有关。史念海先生在论及"清水之盟"对吐蕃此后军事行动的影响时曾言：

> 在清水之盟以前，吐蕃已占据了秦州，但还未完全控制住六盘山东。这时吐蕃向东进攻，主力就是由秦州出发的。清水会盟以后，吐蕃东界到了弹筝峡，它完全控制了六盘山。又过了十多年（笔者按：几年而已），吐蕃修复了故原州城，更使它向东进攻有了基地，于是长武、彬县地区受攻击的次数也就增多起来。长武、彬县地区的多事也由于唐朝的防御重点在凤翔。①

史氏的此段论述是为对比长武、彬县地区与陇县、千阳地区而作。事实上，这段论述倒更有助于理解吐蕃在"清水之盟"后势力直达横山以北的状况。

邠州的长武、彬县地区是灵州道与泾水上游两条道路的汇合地点，而陇州的陇县、千阳地区则是回中道与陇关道的交接处，地位当然是相当重要的。所以在德宗以前，唐廷于这两个地区所在的凤翔、邠宁二镇布防最紧，尤其是前者，代宗朝的防秋力量很大程度上集中在凤翔。其实在贞元二年八月吐蕃背盟之初，史称其"寇泾、陇、邠、宁数道，掠人畜，取禾稼，西境骚然"②，走的仍旧是凤翔、泾原、邠宁这几路传统的线路。但吐蕃这次几乎又要迫使帝国君主出逃的进攻，却就在千阳地区遭到了凤翔节度使李晟的成功阻击。③ 所以这也可能确实使吐蕃意识到，当唐军在这几路加强布防后，要突破也并不是很简单的。而迂回至横山以北的盐州后，吐蕃就可以避开这几路的唐军，再经盐、夏，随后沿着防御力量稍弱的鄜坊镇南下。而对于吐蕃来说，唐廷在大历、建中年间两次修复原州城未果④，则不仅帮助了它在贞元三年（787）底获得了重修此城、屯兵于此的机会，而且也确如史念海先生说的，使它有了东向进攻的基地。而这东向进攻应该不仅可以沿萧关道及灵州道，更可以迂回至沿盐、夏，再经延州道南下。且其时又当平凉劫盟之后，故而严耕望先生亦说："自此西北边

---

① 史念海：《河山集》（四集），第213页。
② 《旧唐书》卷196下《吐蕃传下》。
③ 参见史念海：《河山集》（四集），第214页。
④ 一次是大历八年（773）元载请修原州，一次是建中二年（781）继承元载遗志的杨炎请发泾州兵修原州，但两次都无果。

境遂益不可为。"①

吐蕃沿此道东侵，灵盐管辖的盐州就必然吃紧，其军事地位也因此凸显。史称：

> 盐州既陷，塞外无复保障。吐蕃常阻绝灵武，侵扰鄜坊。（贞元九年二月）辛酉，诏发兵三万五千人城盐州，又诏泾原、山南、剑南各发兵深入吐蕃以分其势，城之二旬而毕。命盐州节度使杜彦光戍之，朔方都虞候杨朝晟戍木波堡，由是灵武、银、夏、河西获安。②

在诗人白居易看来，盐州城的修筑是一件得与唐前期创置三受降城相媲美的事情。③ 但前者抵御吐蕃的功用，似乎并没有像后者镇遏突厥那样突出。到贞元十七年（801），吐蕃不仅再次进寇盐州，迫使盐州刺史杜彦光弃城逃奔庆州。而且还顺势攻陷了东面的麟州，杀刺史郭锋，夷其城郭，掠居人及党项部落而去。④

盐州的重要性不仅体现在唐廷修筑盐州城的工事上，也体现在唐廷派遣作为禁军的神策军与边镇军队共同屯戍盐州的举措中。到贞元十九年（803）十一月，因戍守盐州的左神策兵马使李兴幹平定了盐州将领李庭俊的叛乱，德宗特"以李兴幹为盐州刺史，得专奏事，自是盐州不隶夏州"⑤。盐州直隶中央的局面，直到宪宗元和二年（807）四月重归灵州时才告结束。⑥

吐蕃沿盐州东侵的下一个目标就是夏州，所以我们看到贞元三年七月，在吐蕃刚刚撤出戍守的盐、夏二州军队后，唐廷立即"割振武之绥、银二州，以右羽林将军韩潭为夏、绥、银节度使，帅神策之士五千，朔方、河东之士三千镇夏州"⑦。"夏、绥、银三州皆隶无定河，故为一节度

---

① 严耕望：《唐代交通图考》第二卷《河陇碛西区》篇十一《长安西通安西驿道上：长安西通凉州两驿道》，第405页。
② 《资治通鉴》卷234"贞元九年二月"条。
③ 参见（唐）白居易著，朱金城笺校：《白居易集笺校》卷3《城盐州·美圣谟而消边将也》，上海，上海古籍出版社，1988年，第179～180页。
④ 参见《资治通鉴》卷236"贞元十七年七月、九月"条。
⑤ 《资治通鉴》卷236"贞元十九年十一月"条。
⑥ 《资治通鉴》卷237"元和二年四月"条及胡注。
⑦ 《资治通鉴》卷232"贞元三年七月"条。

区……亦即一通道也。"① 吐蕃东侵夏州，就不仅能对延州道及宜川道上的重镇延州造成威胁，而且也可以联合夏州一带的党项部落。又史称：

> （贞元十四年）闰五月，庚申，以神策行营节度使韩全义为夏、绥、银、宥（盐）节度使。全义时屯长武城，诏帅其众赴镇……（十月）庚子，夏州节度使韩全义奏破吐蕃于盐州西北。②

正因为夏州此时地位之重，故而亦诏神策军出镇。③ 而盐州由灵州改隶夏州可能也就在此时。④ 这不仅因为此时吐蕃的攻势集中在盐、夏一带，在贺兰山下的灵州无法分兵顾及盐州，也是因为夏州此时挂有"神策行营"之名⑤，而由出于禁军的韩全义兼领盐州恐怕比外镇将领兼管盐州更让唐廷感到放心。

---

① 严耕望：《唐代交通图考》第一卷《京都关内区》篇十《关内河东间河上诸关津及其东西交通线》，第300页。

② 《资治通鉴》卷235"贞元十四年闰五月、十月"条。《旧唐书》卷162《韩全义传》记韩全义任夏州节度时为贞元十三年，现据《旧唐书》卷13《德宗纪下》及《资治通鉴》此条改。

③ 唐廷此时虽诏神策军赴镇夏州，但神策军是否成行却还是个问题，因为《资治通鉴》此条称："（韩）全义时屯长武城，诏帅其众赴镇。士卒以夏州碛卤，又盛夏，不乐徙居。（五月）辛酉，军乱，杀大将王栖岩等，全义逾城走。都虞候高崇文诛首乱者，众然后定……丙子，以崇文为长武城都知兵马使，不降敕，令中使口宣授之。"

④ 上引《资治通鉴》资料及两唐书《韩全义传》称韩全义时任"夏绥银宥节度"。按宥州的设置在元和九年，而两唐书《德宗纪》则称韩全义任"夏州刺史，兼盐夏绥银节度"，因此韩全义所任节度之名当以《德宗纪》所载的"盐夏绥银"为确。在韩全义担任夏绥节度的贞元十九年，盐州发生将领李庭俊的叛乱。叛乱缘由据《资治通鉴》载，乃是盐夏节度判官崔文先权知盐州，为政苛刻所致，由此亦见盐州此时当属夏绥银节度所管。而据《旧唐书》卷12《德宗纪上》记载，韩全义的前任韩潭所任之职为"夏州刺史、夏绥银等州节度使"，未及盐州。故而我们认为盐州的由灵州改隶夏州当发生在韩全义任使之时。不过关于韩潭任职时盐州归属一事，《新唐书》卷64《方镇表一·朔方》贞元三年载："置夏州节度观察处置押蕃落使，领绥、盐二州，其后罢领盐州。"此处漏载银州无疑，同卷当年"渭北鄜坊"栏就载："复置渭北节度使，以绥州隶银夏节度。"但按"朔方"栏看，盐州的归属比较模糊，它可能先隶夏绥银，后又被罢领。而被夏绥银罢领后，盐州只可能重隶灵州。所以我们仍认为盐州的再次归属夏绥银节度使很可能是贞元十四年（798）韩全义代替韩潭任使之时。

⑤ 参见何永成：《唐代神策军研究——兼论神策军与中晚唐政局》，台北，"台湾商务印书馆"，1990年，第49页。

于是我们看到，当德宗末年，唐廷的军事布防推进到了横山山脉东西两麓的夏、盐二州，夏绥银节度与一个直隶于唐廷的盐州已经出现，但这并不是帝国开疆扩土的象征，而是帝国最强大的敌人吐蕃已经进逼到了这里。（见图12）

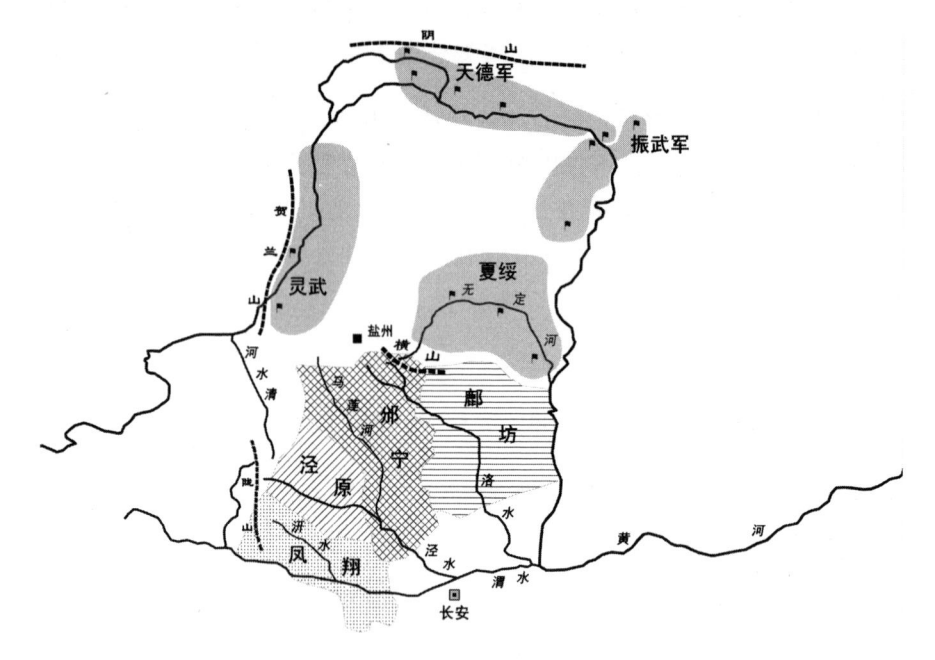

图 12　贞元十九年底的京西北八镇及盐州

四、宪宗朝：遥望阴山

京西北八镇的格局最终形成于贞元十二年（796），当年九月：

> （德宗）以河东节度行军司马、兼御史中丞李景略兼御史大夫，充天德军、丰州、西受降城都防御等使。丰州本隶灵州，至是始析之。①

《新唐书·方镇表》"朔方"条又载：

> （贞元十二年）朔方节度罢领丰州及西受降城、天德军，以振武之东、中二受降城隶天德军，以天德军置都团练防御使，领丰、会二

---

① 《唐会要》卷 73《灵州都督府》。

州（会州疑系衍文）、三受降城。

据说天德军的建镇是因为此时"风言回纥将南下阴山，丰州宜得其人"①。至此，在关内地区的最北端形成了以振武与天德军平行防御回纥的格局。但是，防御格局虽已形成，防御力量却未见多大提高。当元和八年（813），旧籍四百人的西受降城士兵转赴天德军时，史称："止有五十人，器械止有一弓。"天德防御力量之弱当然与回纥自安史之乱以来鲜对关内造成大的威胁有关，但是如此衰颓的局面却也令当时的宪宗都不得不惊叹："边兵乃如是其虚邪！"②

但即便如此，宪宗也没有决心改变这一状况，虽然其对当时报告这一局面的宰相李绛言："卿曹当加按阅。"但史料也载："会绛罢相而止。"③而此事的起因，即前不久西受降城因为黄河所毁，宰臣间因修城还是徙城曾发生过争论：

> 李绛及户部侍郎卢坦以为："受降城，张仁愿所筑，当碛口，据虏要冲，美水草，守边之利也。今避河患，退二三里可矣，奈何舍万代永安之策，徇一时省费之便乎！况天德故城僻处确瘠，去河绝远，烽候警急不相应接，虏忽唐突，势无由知，是无故而蹙国二百里也。"及城使周怀义奏利害，与绛、坦同。④

但李吉甫却请徙天德故城（即中受降城），其言：

> 伏以西城是开元十年张说所筑，今河水来侵，已毁其半。臣量其事势，不堪重修，若别筑新城，所费殊广，计其人功粮食及改屋宇，比及事毕，不下三十万贯钱，此但计费，犹未知出入之处。城南面即为水所坏，其子城犹坚牢，量留一千人，足得住居。天德军士，合抽居旧城，岂可更劳版筑，虚弃钱物。若三城是国家盛制，（张）仁愿旧规，亦须得天德添兵，然后有人修筑。⑤

---

① 《旧唐书》卷152《李景略传》。
② 《资治通鉴》卷239"元和八年七月"条。
③ 《资治通鉴》卷239"元和八年七月"条。
④ 《资治通鉴》卷239"元和八年七月"条。
⑤ 《元和郡县图志》卷4《关内道四·天德军》，第113～114页。

宪宗最后采纳了李吉甫的意见，这不仅是因为徙城较修城花费更少，而且正如李吉甫所说的，如果无意增加天德军的军事实力，那么修城又有什么用呢？

在对待回鹘的问题上，李绛与李吉甫的观点常常针锋相对，但后者似乎更能得到宪宗的支持。同样在元和八年：

> 十月，回鹘发兵度（渡）碛南，自柳谷西击吐蕃。壬寅，振武、天德军奏回鹘数千骑至鸊鹈泉，边军戒严。①

对于回鹘的此次攻势，宪宗在次年（814）采纳了李吉甫的建议，即于灵、盐之境重置宥州，属夏绥银节度使，治原隶灵州的经略军（参见图13），并取鄜城神策屯兵九千人实之。又复夏州至天德军废馆，以通急驿。② 而对于此前李绛因回鹘请婚而建议公主出降的主张，宪宗却并没有采纳。③ 其中的原因，史书记载为："宪宗使有司计之，礼费约五百万贯，方内有诛讨，未任其亲。"④ 对于宪宗来说，李吉甫重置宥州的建议则不仅可以防备回鹘，而且还能安抚党项，甚或对于防备吐蕃亦有意义⑤，并且不需要花费唐廷太多的费用。

对于李绛来说，其得被宪宗采纳的有关经营回鹘的策略，或许只有元和七年（812）的以下这条：

> （其时李绛）奏振武、天德左右良田可万顷，请择能吏开置营田，可以省费足食，上从之。绛命度支使卢坦经度用度，四年之间，开田四千八百顷，收谷四千余万斛，岁省度支钱二十余万缗，边防赖之。⑥

宪宗作为唐后期最为振作的一位君主，未尝没有收复失地、积极进取的意愿，且吐蕃自贞元末以来亦已显出疲弱之势，故而史称："是时，（宪

---

① 《资治通鉴》卷239"元和八年十月"条。按回纥已于元和四年改名回鹘。
② 参见《元和郡县图志》卷4《关内道四·新宥州》，第106～107页；《资治通鉴》卷239"元和九年五月"条。
③ 参见《资治通鉴》卷239"元和九年五月"条。
④ 《旧唐书》卷195《回纥传》。虽然史书其后载："至元和末，其请弥切，宪宗以北房有勋劳于王室，又西戎比岁为边患，遂许以妻之。"
⑤ 如《旧唐书》卷196下《吐蕃传下》就言："（元和）十三年十月，吐蕃围我宥州、凤翔，上言遣使修好。"
⑥ 《资治通鉴》卷239"元和七年十一月"条。

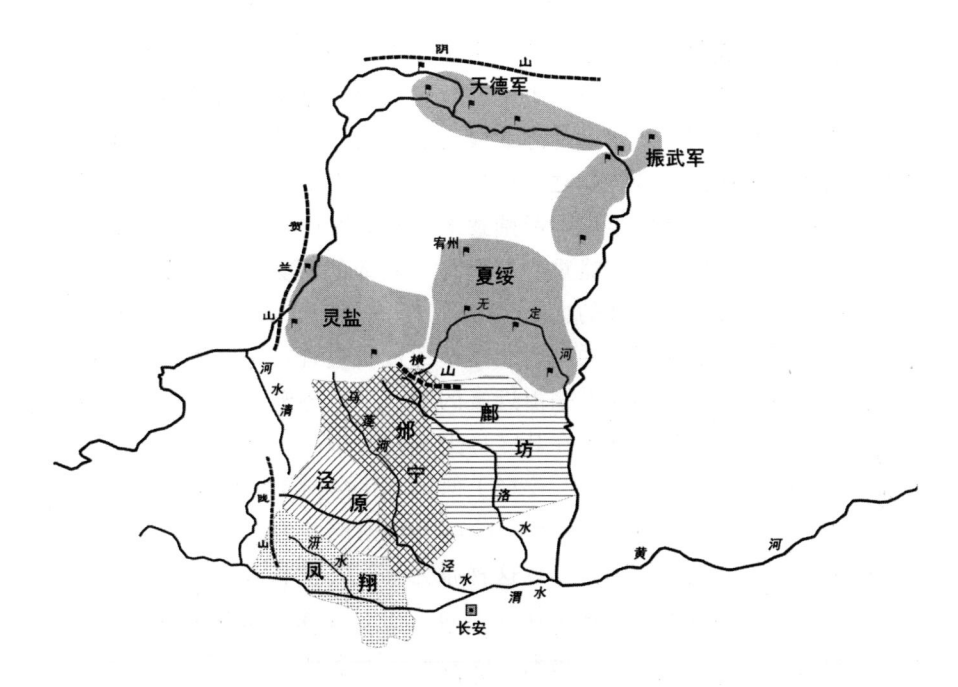

图 13　元和九年的京西北八镇

宗）内积财，图复河湟。"① 然而，纵然回鹘与唐的关系及其对后者的威胁与吐蕃还有所不同，但就宪宗上述少花钱、不添兵的举措来看，帝国君主想要收复河湟的决心恐怕也要打上不小的折扣。

黄永年先生曾经在对比安史之乱前后关中的军事形势时说：

> 这凤翔、泾原、邠宁、鄜坊连成一线，是安史之乱后京西北防御吐蕃的屏障。但是安史乱前，这京西北地区除设置若干监牧以蕃蓄军马……并无重兵屯驻。因为在这个地区的北边有朔方，西边有河西、陇右，更西在西域还有安西、北庭，这几个节度使管区都已配备重兵，用不着在内线的京西北再设第二道屏障。②

张仁愿在中宗时代修筑三受降城一事，一直被认为是乱前关中边防格局的一个新起点。③ 而在张仁愿之后，朔方军的统辖区域（尤其是开元九年朔

---

① 《新唐书》卷 177《钱徽传》。
② 黄永年：《泾师之变》，《六至九世纪中国政治史》，第 402 页。
③ 因为它是朔方军由"行军"向"镇军"转变的一次标志性事件。（参见李鸿宾：《唐朝朔方军研究——兼论唐廷与西北诸族的关系及其演变》，第 76～86 页）

方军节度使正式成立后）便呈现出一个由北部的阴山，逐渐向南部的渭河谷地扩展的过程。① 并最终在安史乱前，形成"东据黄河，西抵贺兰，西南兼河曲至六盘，南有渭水盆地之北缘，北有河套至碛口，关内之地除京兆府及同华岐陇四州，皆统属之"这样一个几乎囊括了整个关内地区的空间格局。但正如黄永年先生以上所阐述的，朔方军的空间体系虽然是由北向南逐渐演进的，但它的战略重心却始终在北部的河套南北一带，而在近畿地区反倒是不设重兵屯驻的。

然而，我们本节所讨论的京西北藩镇的成长过程，却恰恰与乱前的朔方军相反。因为它的空间体系是由近畿的渭河平原逐渐向北部的阴山推进的。到元和末年的时候，刘轲在其《再上崔相公书》中用"缘边八镇"一词来称呼当时的京西北八镇。② 较之于德宗时代内向于渭河平原的关中五镇之称，"缘边八镇"似乎更带有一种向外辐射的张力。但是当我们一步步解构出这八镇的成长历程，发现这种张力其实并没有多少底气可言。此外，与乱前关中军事重心偏重于外围不同，在下文有关神策军的分析中我们会看到，近畿地区在乱后却越来越成为帝国防务的焦点所在。

总之，无论乱前还是乱后，尽管关中空间重构的诱因都与异族威胁有关，但截然相反的重构过程，以及军事侧重点的倒置，显然已经无法令人将构筑京西北八镇的唐帝国，与昔日那个由朔方军独主关中情势的帝国相提并论了。所以我们看到陈寅恪先生以这样的口吻来评价大中三年（849）河湟失地的收复：

> 宣宗初虽欲以兵力平定党项，而终不得不遣白敏中施招抚之策，含混了之。则河湟之恢复实因吐蕃内部之衰乱，非中国自身武力所能致，抑又可见矣。③

第二节　派系危机与空间的崩溃

在上一节中，我分析了唐政权与其外部世界的关系，我们看到异族的

---

① 参见李鸿宾：《唐朝朔方军研究——兼论唐廷与西北诸族的关系及其演变》，第122~130页。
② 《全唐文》卷742。
③ 陈寅恪：《唐代政治史述论稿》下篇《外族盛衰之连环性及外患与内政之关系》，第328页。

威胁促使安史之乱后空虚的关中一步步重新构建起它的空间体系。现在，我将转向这些空间体系的内部，来检视一下构成这些空间体系的政治实体的动向。如果说异族的威胁是左右安史之乱后关中地缘政治重组的一极重要力量的话，那么，关中政治实体与唐廷间的角逐将成为影响关中地缘政治的另一极力量。而它与前者构成的合力，共同决定了唐代后半期关中政治形势的走向。所以在这一节中，我的关注点依旧是因异族威胁而逐渐建立起来的京西北藩镇，只是我的视角将不再是朝向外部，而是转而审视京西北藩镇的内部。而当我们转变研究视角的时候，我们也将发现，安史之乱后关中所面临的地缘政治危机不仅仅是来自外部异族的，一股来自内部的政治力量同样深深困扰着唐廷和它的统治者。

一、南北两道通和吐蕃使的设立

上文说过，邠宁、鄜坊、凤翔是因党项威胁京西北地区最早建立起来并在此后一直长存的三大藩镇，因此考察安史之乱后关中政治势力的重组就不得不从这三大藩镇说起。

（一）凤翔：南道通和吐蕃使的设立

我们首先来谈一下三镇中位于最西边的凤翔。凤翔镇建于上元元年，首任节度使是曾在河南、河北与安史叛军作战的崔光远。初建时的凤翔辖境与此后的凤翔不同，它不仅包括凤翔府与陇州，秦州也归其管辖，故而崔光远的职名又称"秦陇节度使"[1]。

到当年底李鼎出任凤翔节度使的时候，凤翔的辖境又有所扩大，凤翔府西南面的成州以及此后属于山南西道的兴、凤等州也归其管辖，因此李鼎的职名又称"兴凤陇等州节度使"[2]。凤翔辖境的这种扩大当与奴剌、党项的侵扰范围此时已经扩大至山南西道的兴、凤等地有关。不过在李鼎任职凤翔期间，凤翔节度使最大的改变不是其西南辖区的扩大，而是上元二年六月，已任凤翔节度使的李鼎兼任陇右节度使。[3] 由凤翔节度兼领陇右，其实也就意味着吐蕃的攻势已经对陇右造成了大的压迫，安史之乱前设立的陇右一镇已经丧失了独立存在的位置。《新唐书·方镇表》称，"初，陇

---

[1] 《旧唐书》卷10《肃宗纪》。
[2] 《旧唐书》卷10《肃宗纪》。
[3] 参见《旧唐书》卷10《肃宗纪》，《全唐文》卷42肃宗《授李鼎陇右节度使制》、卷429于邵《田司马传》。

右节度兵入屯秦州"①，就是陇右军队因吐蕃压迫不得不从其治所鄯州退屯秦州的写照。到宝应元年，吐蕃攻陷临、洮、成、渭等州。②《资治通鉴》"广德元年七月"条亦称：

> 吐蕃入大震关，陷兰、廓、河、鄯、洮、岷、秦、成、渭等州，尽取河西、陇右之地。③

河陇尽陷吐蕃后，原在秦州的河陇残军也不得不撤至凤翔。④ 于是正如学者所指出的，因河陇的陷没，凤翔、陇右二镇至此合为一镇，凤翔节度例兼陇右之衔的局面也正式形成了。⑤

如上所说，凤翔节度兼领陇右的另一重内涵，即河陇军队部分地归入凤翔。事实上，不仅是河陇军队，更远的安西、北庭的一部分军队也因此时吐蕃的内逼关中而被远调进凤翔。如继李鼎、高昇后担任凤翔陇右节度使的孙志直就是来自安西北庭的将领。而随着孙志直的任职凤翔，部分安西北庭兵也被带到了该镇。⑥ 但是，虽然西方军队此时进驻凤翔，但他们的人数却是比较有限的。⑦ 此外，凤翔当地在乱前本身也没有什么军事基础，并且凤翔又当吐蕃入侵的南道，因此面临吐蕃、党项的进攻，其局势自然吃紧。于是在广德二年九月，基于吐蕃在上年底一度攻陷长安的严峻现实，代宗进行了以下这项重要任命：

---

① 《新唐书》卷64《方镇表一·泾原》"贞元三年"条。按此条当在"兴凤陇"下，新表误系于"泾原"下。

② 《旧唐书》卷11《代宗纪》。

③ 《资治通鉴》卷223。

④ 《新唐书》卷64《方镇表一·泾原》贞元三年："初，陇右节度兵入屯秦州，寻徙岐州。"

⑤ 参见黄利平：《中晚唐京西北八镇考》，《中国历史地理论丛》，2004年第2辑，第73~74页。

⑥ 参见黄利平：《中晚唐京西北八镇考》，《中国历史地理论丛》，2004年第2辑，第74页。作者认为《唐大诏令集》卷107大历九年《令郭子仪等出师制》中的"河湟义徒"指的就是孙志直的这支安西北庭兵。不过我认为这里的"河湟义徒"当是泛指河西陇右、安西北庭这些入调进凤翔的西部军队，而不仅仅只是孙志直的这支安西北庭兵。

⑦ 参见黄利平：《中晚唐京西北八镇考》，《中国历史地理论丛》，2004年第2辑，第74页。

> 陈郑、泽潞节度使李抱玉进位司徒，充南道通和吐蕃使、凤翔秦陇临洮已东观察使。①

李抱玉是曾在河南等地与叛军作战"屡建勋绩"②的将领。邙山之败后，李抱玉退守泽州，扼守天井关，代宗即位后被任命为泽潞节度使。以广德二年九月关东的政治形势来看，河北地区已被授予投降唐廷的安史将领，河南在李光弼死后，也已由平卢系为首的河朔军人主掌大局。于是一方面，唐廷与安史集团的对抗已暂告一段落，这使得调遣李抱玉入关中成为可能；另一方面，李抱玉是当时关东地区唯一的非河朔集团出身又有相当资历与功勋，同时颇为代宗所信赖的人物。此外，李抱玉是武德功臣安兴贵的后裔，史称其：

> 代居河西，善养名马，为时所称……抱玉少长西州，好骑射，常从军幕，沉毅有谋，小心忠谨。③

早在天宝时代，李抱玉就已因在河西作战有功而被玄宗赐名④，换言之，他曾经也是河西集团的人物。这样看来，由李抱玉出任新任凤翔陇右节度使，主持京西南道吐蕃问题，自然是最佳的人选。史载：

> 时吐蕃每岁犯境，上（指代宗）以岐阳国之西门，寄在抱玉，恩宠无比，迁同中书门下平章事，又兼山南西道节度使、河西陇右山南西道副元帅、判梁州事，连统三道节制，兼领凤翔、潞、梁三大府，秩处三公。抱玉以任位崇重，抗疏恳让司空及山南西道节度、判梁州事，乞退授兵部尚书。上嘉其谦让，许之。抱玉凡镇凤翔十余年，虽无破虏之功，而禁暴安人，颇为当时所称。大历十二年（777）卒，上甚悼之，辍朝三日，赠太保。⑤

李抱玉以泽潞节度使的身份出镇凤翔，因地缘因素一度被委任兼领山南西道，同时又兼领河西、陇右、山南西道副元帅，是大历时代权重一时的人物。然而从上述记载看，李抱玉地位虽崇，但其在凤翔制约吐蕃的功绩却

---

① 《旧唐书》卷11《代宗纪》。
② 《旧唐书》卷132《李抱玉传》。
③ 《旧唐书》卷132《李抱玉传》。
④ 《新唐书》卷138《李抱玉传》。
⑤ 《旧唐书》卷132《李抱玉传》。

并不特别显著，史料更多的是记载其在当地征讨"盗贼"的事迹。① 实际上，我们不会忘记李抱玉曾是跟随李光弼征战河南"差功第一"② 的将领。固然，吐蕃与当年的安史叛军未必有可比之处，征讨叛军有杰出的战绩也未必能证明李抱玉在征剿吐蕃时也有同样出色的能力，不过我在这里想指出的是，李抱玉在凤翔十余年未有"破虏之功"的原因，倒未必关乎其能力，或许更主要的还是在李抱玉统辖凤翔期间，凤翔的军事实力仍旧是比较有限的。

大历九年（774）四月代宗的敕文，提供了李抱玉镇领凤翔时的军队构成情况：

> 抱玉以晋之高都，韩之上党，河湟义从，汧陇少年，凡三万众，横绝高壁，斜界连营。③

凤翔的军队构成以李抱玉统率的泽潞防秋兵，原河西、陇右、安西、北庭退屯凤翔的义从兵，以及凤翔当地的汧陇少年三者构成。实际上，我们将在下文的研究中谈到，除了这三支由李抱玉直接统率的军队外，关东防秋兵与禁军的很大部分当时也屯驻在凤翔，由于后者并不由李抱玉直接统辖，因此凤翔镇很早便形成了一种多级统属的体系。而这种局面的产生，除了因为凤翔在防御吐蕃时的地位与压力颇重外，也未尝不是因为李抱玉直接统率的军队实力有限。

我们在上文中已经说过，这"河湟义从"与"汧陇少年"的人数本是不多的，而作为李抱玉嫡系的泽潞兵来自关东，且泽潞兵的历史不长，它主要是上元二年邙山之败后李抱玉退守泽潞后的产物。按泽潞作为一支重要力量在大历时期的崛起，其实主要并不与李抱玉有关，更重要的是与在抱玉出镇凤翔时担任泽潞留后以及在其死后接替他出任泽潞节度使的从父弟抱真有关。在李抱真的经营下，泽潞诞生了一支此后雄张山东的步兵。李抱真培植泽潞步兵始于何时，两唐书本传没有明确交代④，但似乎即使

---

① 参见《旧唐书·李抱玉传》和《新唐书·李抱玉传》。
② 《新唐书》卷138《李抱玉传》。
③ 《全唐文》卷48代宗《命郭子仪等备边敕》。
④ 虽然《资治通鉴》卷223将此事系于永泰元年正月抱玉、抱真兄弟初被任命为凤翔节度与泽潞节度副使时，但这看来只是司马光为了更好地交代抱真培植泽潞步兵的背景所采取的叙述策略，并不说明抱真此举就必然始于其兄弟二人初被任命之时。

在李抱玉出镇凤翔时抱真就已着手其军事规划，新兴的泽潞步兵也未见得对凤翔的本镇防秋力量有多大支持。旧书本传认为，李抱真之所以发展泽潞的军事力量，乃是因为：

> 抱真密揣山东当有变，上党且当兵冲，是时乘战余之地，土瘠赋重，人益困，无以养军士。

换言之，泽潞军事力量的崛起主要是为了防备河北藩镇，而且此段资料似乎也表明，李抱真此举的用意恰恰还在于泽潞原先的军事力量并不强。

因此我们认为，代宗虽然在大历时期委任此前平定安史之乱有殊勋的李抱玉出镇凤翔，但抱玉直接统辖的军队力量实际仍比较有限，而凤翔的军队构成也因此相对比较多元。当然，这或许也就是在吐蕃的强大压力下，曾经与叛军作战"差功第一"的李抱玉却无法取得显著的"破虏之功"的原因吧。

（二）邠宁：北道通和吐蕃使的设立

与凤翔镇同年建立的是鄜坊镇，它是由上一年成立的邠宁镇分析而置的：

> （上元元年正月，）党项等羌吞噬边鄙，将逼京畿，乃分邠宁等州节度为鄜坊丹延节度，亦谓之渭北节度。以邠州刺史桑如珪领邠宁，鄜州刺史杜冕领鄜坊节度副使，分道招讨。戊子，以郭子仪领两道节度使，留京师，假其威名以镇之。①

罢职在京的郭子仪以前朔方军统帅的身份虚领两道，实际负责两道事宜的分别是邠州刺史桑如珪和鄜州刺史杜冕。桑、杜二人可能直接由当地刺史被提拔为新任节帅，两镇的军事力量估计也主要由本地军队重新编组。换言之，新建的邠宁、鄜坊两镇军事实力并不强。

从现存为数不多的有关杜冕的史料来看，杜氏任职鄜坊的时间似乎并不短，到代宗初年其仍是鄜坊一带的重要人物，虽然鄜坊节度之职其间可能一度由他人担任。② 而在代替杜冕一度出为鄜坊节度使的人中，引起我们注意的是史料记载可能在广德年间出任鄜坊节度使的白孝德。

---

① 《资治通鉴》卷221"上元元年正月"条。
② 参见吴廷燮：《唐方镇年表》卷1《鄜坊》，第81页；《全唐文》卷413常衮《授杜冕开府仪同三司制》、卷425于邵《贺破渭北党项状》。后两文所作时间当在代宗初年。

白孝德是出身安西、北庭集团的高级将领。我们在上一章中说过，在安史之乱爆发前不久，安西节度使封常清正好入朝，且在随后被投入与叛军在东部的较量，并最终死于玄宗的冤杀。至德元载（756）七月，玄、肃二帝分道扬镳后，初至灵武（灵州）的肃宗立即诏追安西、北庭军赴援。于是一支由时任安西节度副使李嗣业率领的安西、北庭军便被带到了行在。这支军队不是安西、北庭军的全部，但却是其精英和主干，同时也是唐廷此后与叛军作战的先锋力量。在随后唐廷与安庆绪对决的相州之役中，就有作为九节度之一的李嗣业与这支军队的身影。而李嗣业当时的身份就是镇西（即安西）[1]、北庭行营节度使。

李嗣业死于乾元二年的相州之役，死后其军队由部将荔非元礼统领，并受时任天下兵马副元帅的李光弼节制而随之征战河阳等地。上元二年邙山之败后，河阳一带的唐军全线退缩至太行、王屋、中条山一线以北的原河东地区。李抱玉可能因陈郑颍亳节度使的身份退屯至与之临近的泽州，李光弼所率的朔方军主力则退屯至稍西的绛州闻喜县，而由荔非元礼统率的安西、北庭军队则退屯至绛州的另一属县翼城。但很快，退守绛州的两支军队就由于当地"素无储蓄，民间饥，不可赋敛，将士粮赐不充"[2] 的原因发生兵变，两军统帅李国贞和荔非元礼也相继遇害。而继荔非元礼后被推为镇西、北庭行营节度的就是同军出身的白孝德。

相当奇怪的是，这支曾在李嗣业与荔非元礼时代颇有战功的安西、北庭军，在此后诸路大军同讨史朝义的决战中却突然不见了踪影。而当它再次引起我们的注意时，已经是广德元年底吐蕃入寇长安时的事了。而此时作为这支军队统帅的白孝德，除了仍旧身为镇西、北庭行营节度使外，还多了另一重身份，即鄜坊节度使。换言之，这支军队现在已经由河中转移到了京西北的鄜坊。两唐书的《白孝德传》关于安西、北庭军的这一变化没有作任何交代。推测这一变化可能与荔非元礼被害时"将佐亦多遇害"[3]

---

[1] 出于对安禄山的憎恶，唐朝在至德二载"更安西为镇西"（《资治通鉴》卷220"至德二载"条），但这种一时冲动的举措毕竟没有持续太久，到大历二年的时候又"复以镇西为安西"（《资治通鉴》卷224"大历二年"条）了。（参看荣新江：《安史之乱后粟特胡人的动向》，《暨南史学》第二辑，广州，暨南大学出版社，2003年，第103页）

[2] 《资治通鉴》卷222"宝应元年建卯月"条。

[3] 《旧唐书》卷128《段秀实传》。

这一点有关。也就是说，安西、北庭军队在荔非元礼事件中遭受了重创，因此似乎已不能再为唐廷所信赖和重用。而这支军队也因为在绛州得不到军需保障，被顺势调离至经济状况稍好一些的邠坊。①

不过广德元年秋吐蕃的大举入寇，却再一次为这支军队带来了重新被重用的契机。吐蕃的这次入寇主要由秦州入大震关，再攻泾州、邠州、奉天、武功，然后渡过渭水，由盩屋攻入长安。②（见图14）而其时的唐廷刚结束与叛军的作战，主要军队全部在东方，因此吐蕃入寇之初，即迫使代宗东幸陕州。史称：

> （时）邠坊节度判官段秀实说节度使白孝德引兵赴难，孝德即日大举，南趣京畿，与蒲、陕、商、华合势进击。③

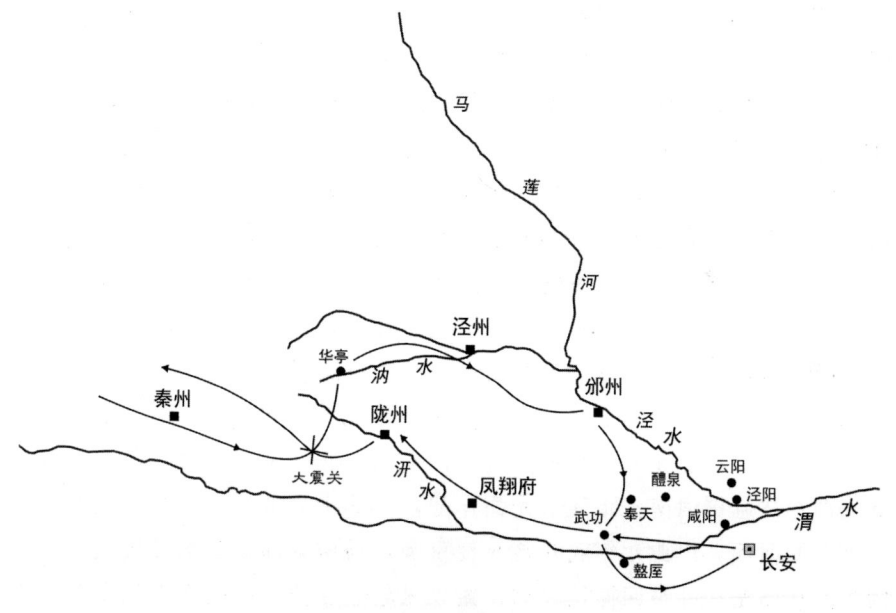

图14 代宗初年吐蕃进攻长安路线图

（此图参考史念海：《河山集》[四集]，第216页"唐代吐蕃进攻关中及长安图"绘。）

---

① 《资治通鉴》卷222"宝应元年建卯月"条就称："绛州诸军剽掠不已……辛未，以郭子仪为汾阳王，知朔方、河中、北庭、潞泽节度行营，兼兴平、定国等军副元帅，发京师绢四万匹、布五万端、米六万石以给绛军。"很可能安西、北庭军队就在此后索性被调至了离京师较近的邠坊食粮，避免了衣粮的转输之烦。

② 参见史念海《河山集》（四集），第213页。

③ 《资治通鉴》卷223"广德元年十月"条。

虽然吐蕃此次入居长安仅半月即告撤退，但众所周知，这并非因为遭到唐军强有力的反击所致。事实上，郭子仪率领收复长安的京东军队是极有限的，以至于吐蕃撤离后，子仪部下都要为子仪入城可能遭到王甫集聚的长安暴民的威胁而担心。不过我们看到，当郭子仪进入长安并成功遣散了王甫的军队后，其所做的第一件事便是：

（因）白孝德与邠宁节度使张蕴琦将兵屯畿县，子仪召之入城，京畿遂安。①

显然，在当时关中军事力量有限的情况下，鄜坊与邠宁这两支军队仍旧是郭子仪最需倚赖的。张蕴琦的情况史料几乎没有留下记载，据《通鉴考异》引《段公家传》的记载看，吐蕃在这次入寇长安的途中，曾攻陷过邠州，导致"节度使张蕴琦弃城遁"②。那么张蕴琦此后的退守长安，多半也就是一种无奈的自保之举。而如果邠宁此前还有过一定的军事力量，遭受此次打击，损失也断然不小。如此来看的话，被上述史料称为"引兵赴难"的白孝德的举动显然就与张蕴琦有所不同了。而白孝德率领的鄜坊军队实际上也并没有在吐蕃这次来去匆匆的入侵中遭受什么损失。正因为如此，在长安形势稳定后，唐廷立即任命白孝德代替张蕴琦出为新任邠宁节度使，而他的安西、北庭军队自然也就又由鄜坊被带到了邠宁。

不久后接替因"家难"③去职的白孝德担任邠宁节度，并依旧带有四镇北庭行营节度之衔的是同样出身安西、北庭系统的马璘。不过马璘并不出于李嗣业、荔非元礼、白孝德这一系安西、北庭军。他此前也曾率领一支安西军队赴援河南，跟随李光弼作战，但邙山之败后，因吐蕃寇边，他又被调回河西。广德元年底吐蕃入侵京畿，马璘旋即又率军救援关中。他的主要功绩是在吐蕃回撤至凤翔、猛攻凤翔节度使，即同样出身安西北庭军的孙志直时，成功打击了前者。马璘因收复凤翔之功而"雄名益振"④，不久后被任命为副南道通和吐蕃使⑤，辅佐李抱玉。很快，因为白孝德的

----

① 《资治通鉴》卷223"广德元年十一月"条。
② 《资治通鉴》卷223"广德元年十月"条《考异》。
③ 《旧唐书》卷109《白孝德传》。
④ 《旧唐书》卷102《马璘传》。
⑤ 《旧唐书》卷11《代宗纪》。《旧唐书·马璘传》和《新唐书·马璘传》作"南道和蕃使"，略误。

丁忧，马璘又接替了白的职务。永泰二年（766），马璘被正式任命为四镇北庭邠宁等节度使。① 至此，两支独立的安西、北庭军队正式合为一军，屯驻邠州。

我们知道，代宗曾在广德二年九月任命李抱玉为南道通和吐蕃使的同时，在北道方面亦有重要任命，即：

> 河东副元帅、中书令、汾阳郡王郭子仪加太尉，充北道邠宁、泾原、河西已东通和吐蕃及朔方招抚使。②

但郭子仪实际上是在河中镇领那里的朔方军，他仅仅是派了其子郭晞率领一支军队与白孝德一起防守邠州③，以应付其时因仆固怀恩之乱、吐蕃频繁入侵邠州一带的局面。郭晞的军队在仆固怀恩之乱结束后就应当撤走了，所以此后真正负责北道事宜的是不久后接替白孝德的马璘，虽然名义上的统帅仍是郭子仪。

因此到永泰二年的时候，京西北地区形成了以凤翔李抱玉为核心的南道，以及邠宁马璘为核心的北道两路防御吐蕃的格局。（见图 15）但与李抱玉面临的情况一样，北道的马璘在面对其时势头颇盛的吐蕃威胁时，也常常显出力不从心的态势。这就是史料所说的："吐蕃连岁入寇，马璘以四镇兵屯邠宁，力不能拒。"④ 但在有一点上，马璘与李抱玉的情况却是不同的，那就是比起李抱玉所统率的来源不一的凤翔军队，马璘的邠宁军队结构要单一得多，因为邠宁军队的主干是以四镇北庭军构成的。同时，在凤翔所出现的多级统辖体系，在邠宁也是看不到的。换言之，唐廷可以通过在凤翔配置体系不同的军队来增加凤翔防御吐蕃的力量，但在邠宁，当马璘所率领的四镇北庭兵也无法有效抵抗吐蕃的攻势时，唐廷则采取了完全不同的策略。它并没有为邠宁添注新的军事力量，而是调遣了实力更在四镇北庭军之上的河中朔方军入驻邠宁。而对于四镇北庭军来说，它的归宿则只能是撤离邠宁，为朔方军腾出空间，自己则在新建的泾原一镇重新

---

① 《全唐文补遗》第六辑常衮《大唐故四镇北庭行营节度兼泾原颍郑等节度观察使尚书左仆射扶风郡王赠司徒马府君（璘）墓志铭并序》（以下简称《马璘墓志》），第 98 页。

② 《旧唐书》卷 11《代宗纪》。

③ 参见《柳宗元集》卷 8《段太尉逸事状》，第 175 页。

④ 《资治通鉴》卷 224 "大历三年十一月" 条。

寻找位置。比起凤翔，唐廷对待邠宁的这一举措，未尝不是考虑到邠宁的军队结构相对单一，而实力更强的河中朔方军同样也是具有此一特点的强势军团的缘故。

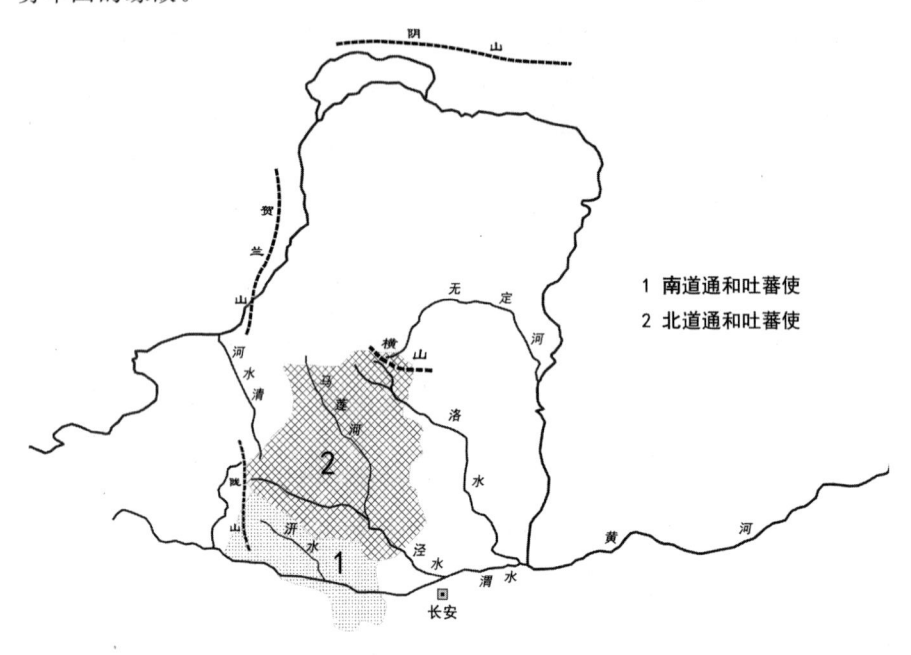

图 15　广德二年九月所设南、北二道通和吐蕃使

二、三足鼎立局面的出现

以凤翔军队与邠宁的四镇北庭军队为京西北两道核心的局面，到大历三年有所改变。考虑到马璘军队在抵抗吐蕃时的劣势，宰相元载建议，将处于无事之地的京东朔方军调至邠州。而分邠宁节度之泾、原二州，设立泾原一镇，令四镇北庭军移驻于此。四镇北庭军队在大历三年的这次移镇，意味着其自安史之乱以来颠沛流离的行军生涯彻底结束。而其统帅马璘坐镇泾州长达九年的执政生涯[①]，也保证了这支军队在新开辟的根据地中可以有一个较为稳定的长期发展，于是泾原一镇正式成为四镇北庭军的势力范围。

[①] 《马璘墓志》与新书本传、《旧唐书·代宗纪》均载马璘卒于大历十一年底，旧传误作十二年。

继四镇北庭军后入主邠宁的是帝国的老牌劲旅，同时也是原本就以关内道为势力范围的朔方军。朔方军的主力此前一直在关东与叛军作战，战后则一直屯驻在河中，而剩余的朔方军则主要留守在原治所灵州。虽然作为唐廷平定安史之乱的主力，朔方一军在乱中损失惨重，诚如郭子仪在大历九年入朝时所言："朔方，国之北门，中间战士耗散，什才有一。"① 但其仍不失为帝国当时最强大，也是帝国最需倚重的力量。于是在大历四年（769）六月，

> 郭子仪自河中迁于邠州，其精兵皆自随，余兵使裨将将之，分守河中、灵州。②

和四镇北庭军不同，鉴于郭子仪与朔方军的特殊地位，后者不仅在邠州建立了新的基地，河中与灵州也同样是其势力范围。尤其是灵州，由于大历时期吐蕃入寇多由灵州道南下，因此灵州的军事力量也随之有所增强，而在邠宁的朔方军也往往会北出庆州，赴援灵武。

总之，由于四镇北庭军与朔方军的移镇，京西北地区的政治集团现在进行了改组。不过，即便两军不移镇，北道的形势此前也一直受朔方与四镇北庭两股政治力量的影响，因此从这一点上来看，唐廷的这一举措其实并未让人感到太多的惊讶。相对而言，大历十二年南道方面的改变却有点出人意料，因为原本与关中并无关碍的幽州兵正式入驻凤翔，并代替此前李抱玉的军队，成为凤翔新的主人。

幽州兵进驻关中始于大历八年（773）新任幽州节度使朱泚遣弟滔率领五千防秋兵入朝觐见。③ 九年九月，朱泚又亲率五千防秋兵远道来朝京师。④ 朱氏兄弟的相继来朝，不仅结束了幽州兵自安史叛乱以来"未尝为用"⑤

---

① 《资治通鉴》卷225"大历九年二月"条。
② 《资治通鉴》卷224"大历四年六月"条。
③ 《旧唐书》卷11《代宗纪》及《资治通鉴》卷224"大历八年八月"条皆载此时朱滔率领五千骑赴京防秋，而《旧唐书》卷200下《朱泚传》作"二千五百人"，《旧唐书·朱滔传》和《新唐书·朱滔传》则作"三千"，现从"五千"之说。
④ 《旧唐书》卷11《代宗纪》及《资治通鉴》卷225"大历九年六月"条皆载此时朱泚亲率五千骑防秋，而《旧唐书·朱泚传》和《新唐书·朱泚传》则作"三千"，现从"五千"之说。
⑤ 《资治通鉴》卷224"大历八年八月"条。

的局面，同时也为"外虽示顺，实皆倔强不庭"① 的河朔藩镇开创了"首效臣节"②的典范。因而两者的先后入朝都受到了代宗极高规格的礼遇。而在大历九年九月的一份备边诏令中，我们看到入朝伊始的朱泚俨然已获得了与郭子仪、马璘、李抱玉三大节帅并肩统领关东防秋兵的权力：

> 九月甲辰，诏诸军分统防秋将士，其淮西、凤翔防秋兵士马璘统之，汴宋、淄青、成德军兵士朱泚统之，河阳、永平兵士子仪统之，扬楚兵士抱玉统之。③

不过当时的幽州兵还没有在关中找到固定的地盘，朱滔率兵来京时，他的军队被派往泾州④，也就是和四镇北庭兵一起担任防御吐蕃的任务。到朱泚率兵来京后，幽州兵很长时间是被安排在畿内的重镇奉天驻防。⑤ 不过当李抱玉于大历十二年去世后，朱泚正式接替前者出任凤翔陇右节度使，幽州兵也随之移屯凤翔。

幽州兵之所以能顺理成章地移镇凤翔，很大程度上是因为凤翔的军事结构是比较多元的。⑥ 而且很可能正如黄永年先生所说，曾经在凤翔占有一定比重的泽潞军，在抱玉死后已经被重新撤归泽潞。⑦ 或者也可以说，

---

① 《旧唐书》卷143《朱滔传》。
② 《旧唐书》卷143《朱滔传》。
③ 《册府元龟》卷992《外臣部·备御第五》原文作"八月"，现据《资治通鉴》卷225改为"九月"。《旧唐书·朱泚传》和《新唐书·朱泚传》所载有所不同，其皆称李抱玉所统为"决胜军、杨猷兵"，按"杨猷兵"当指时为陇右节度兵马使杨猷所领之兵，后者不久前刚由澧朗镇遏使调至凤翔，则其归李抱玉所统当也自然，或也可归于防秋兵之列。"决胜军"的情况则不清楚。两处记载何以不同现在还不得而知。其时凤翔兵为何由马璘所统而不归李抱玉所统，且被归于防秋兵之列也是个问题。
④ 《旧唐书》卷11《代宗纪》。
⑤ 《新唐书》卷225中《逆臣中·朱泚传》。
⑥ 其实就在李抱玉去世的前几个月，也就是大历十一年底，泾原节度使马璘也刚刚去世。但新任泾原节度使却只可能从本镇中寻找合适的人选，于是泾原节度副使、四镇北庭军队的元老段秀实理所当然地被任命为新任泾原节度使。唐廷可以以朱泚代替李抱玉，而不能以前者代替马璘，更不可能将幽州兵投入泾原，这未尝不是因为四镇北庭系统历史悠久、结构单一的原因。
⑦ 黄永年：《泾师之变》，《六至九世纪中国政治史》，第405页。不过我并不认为黄先生说的河西军队也被撤归了泽潞。不过无论怎么说，河西军队在凤翔的比重当是不大的，故而其对此后凤翔军队结构的影响也并不显著。

泽潞兵因幽州兵的介入而不需要被唐廷继续配置在凤翔防秋。当然，这两种解释的前提都必须是幽州兵的实力足以填补泽潞兵留下的空缺，因为唐廷断然不会无视吐蕃的强大压力而有意减弱凤翔一镇的防御力量。然而正如黄永年先生所指出的，对于凤翔这样一个防御吐蕃的前沿阵地来说，朱泚率领的千把幽州兵能否担负起这一重任是很让人怀疑的。黄先生从此后的一些事件中推测，当时从幽州应该还曾增调过部队，或者增补过一些其他系统的军队入驻凤翔。① 不过由于无法找到直接的史料，这一问题似乎仍处在悬而未决的位置上。而且从事后的情况来看，我们很明显发现，朱泚的幽州兵不仅完全填补了泽潞兵离开后的军事空缺，而且与李抱玉时代的凤翔结构有所不同，幽州兵现在已经成为凤翔的主导力量。

这一无法通过传世文献解答的疑惑，由于一份《唐故开府仪同三司使持节陇州诸军事行陇州刺史上柱国南阳县开国伯张府君墓志铭并序》（以下简称《张道昇墓志》）的发现，似乎可以得到有效解决了。墓主张道昇曾是幽州的高级将领，墓志介绍其经历为：

> 释褐充（幽州）节度副将，转左金吾卫大将军，旋充左厢步军大将兼节度押衙。节制朱公（指朱泚）首议归朝，公演成其意，遂率精骑二万，西赴阙庭，署公为行营都知兵马使。帝（指代宗）嘉之，拜朱公为丞相，旋除太尉兼陇右节度。圣朝以公有辅佐之勋，特赐车马金银缯彩万数……积功劳迁特进、开府仪同三司、持节陇州诸军事陇州刺史、上柱国、南阳县开国伯。②

据史料记载，大历九年朱泚的率兵赴朝，乃是因其弟朱滔于大历九年戍还幽州后，

> 谋夺泚兵，诡说曰："天下诸侯未有朝者，先至，可以得天子意，子孙安矣。"泚信之，因入朝。稍不相平，泚遂乞留，西讨吐蕃。以滔权知留后，兼御史大夫。③

《新唐书·朱泚传》亦称：

---

① 黄永年：《泾师之变》，《六至九世纪中国政治史》，第 406 页。
② 《唐代墓志汇编》永贞 007 李伯良，第 1945~1946 页。
③ 《新唐书》卷 212《藩镇卢龙·朱滔传》。

泚之来，滔摄后务，稍稍翦落泚牙角。泚自知失权，为滔所卖，不得志，乃请留京师。

按史载，朱泚"表请留阙下，以弟滔知幽州、卢龙留后"①乃是大历十年（775）正月之事，换言之，朱滔清理朱泚党羽、致使后者自知失权，也就是区区数月间之事。虽然上引张道昇墓志并未言及朱氏兄弟间的这一矛盾，但很明显，张氏是朱泚一方的人物。而且，他应该是跟随朱泚一同来京，而非由于朱滔的清洗步朱泚之后尘者。因为倘若幽州的朱滔谋夺其兄的兵权，他是绝不可能再纵容张道昇率兵逃离幽州投奔前者的。②此外，从道昇充任的"左厢步军大将兼节度押衙"的职务来看，他应该是幽州的实力派军将，并且应极为朱泚亲信。正因为如此，他可以"率精骑二万，西赴阙庭"，而且在入京后同样被奏署为"行营都知兵马使"这一显职。并在朱泚出任凤翔陇右节度使后，被安排担任凤翔唯一的属州——陇州的刺史。③而我们从这则墓志也可以看出，朱泚带至关中的人马绝非只有千把，而是一支由张道昇作为统帅的两万人的队伍。

不过这两万人马绝非只是士兵的人数，它应该包括士兵及其随军家属。这一点是我们从唐代后期的军事制度，以及墓志、碑文等私人撰述的写作惯例中可以判断出来的。④也就是说，这时由朱泚率领的幽州兵，与

---

① 《资治通鉴》卷225"大历十年正月"条。
② 此据牟发松先生提示，特表感谢。
③ 《唐刺史考全编》卷15《关内道·陇州》可能因墓志中"（永）贞元年十一月廿五日庚寅，窆于幽州良乡县阎沟山原"（《张道昇墓志》，第1946页）的记载，系张道昇任陇州刺史时间为"贞元末"，于郝通、韦皋等人之后。（第305页）但参校诸史书，张道昇任职陇州的时间必在郝通、韦皋之前。作为在德宗初年叛乱的朱泚亲信，道昇即便当时还在世，也绝不可能在叛乱平定后出任幽州军曾经的据点陇州的刺史。而墓志中也未提及道昇在朱泚叛乱时及叛乱后的情况，这倒不是避讳的原因（一则墓志前文就称朱泚为"朱公"，二则墓主的葬地在不受唐廷控制的幽州，墓志撰文不需要考虑唐廷的态度），而是在朱泚叛乱前，道昇已经不再担任陇州刺史，甚至已经去世了。
④ 募兵制时代下的职业军人家属大多随营，这是唐代后期军制的一个重要特点。然而，官方史料与私人碑志在记录军队人数方面存在一个很大的差异，即官方史料往往只记载实际的士兵人数，而碑志等私人史料在记载人数时则会将士兵家属一并包括在内。本书第四章第四节讨论徐州将领张子良引兵归浙的人数时就会涉及这一问题。而在这里，朱泚所领防秋兵人数在正史和墓志中的差异也同样反映了这一现象。可以说，官方与个人基于各自不同的撰述习惯记录军队人数，并且在各自的范畴内形成了一种普遍共识。

其他关东防秋兵的性质并不相同。虽然官方记录幽州兵的人数与其他关东藩镇防秋兵相似，都在千把左右①，但后者的千把是当镇派往关中的全部人数，当然，他们都是官健了。也就是说，所谓关东防秋兵是不可能有家属随军的，也因此，防秋兵是要换任的，而这换任的周期应该是三年。② 实际上，朱泚在大历七年所率的五千幽州防秋兵也属于这种性质，所以到大历九年这支幽州兵就回镇了。但此时朱泚所率的幽州兵却是携带家属的，并且由于与朱滔存在矛盾，这些作为朱泚牙角的幽州兵已经不可能再回河北了。③ 所以后来陆贽在提及这批幽州兵中由曲环所领的一支时就有"其家属则陷于匪人"④之语。而朱泚也因为这个道理，才会"抗表乞留京师"⑤，这倒并不是他果真想要"西征吐蕃"⑥，而是如果不留京师，这支军队就会陷入无处立身的尴尬境地。

对于唐廷来说，朱泚的率兵防秋，以及此后其因与朱滔反目而不得不乞留阙下，纯属意料外之事。幽州兵的到来固然在政治上，以及在对抗吐蕃方面有积极的意义，但要养活这样一支携带家属的庞大部队毕竟是要大开销的。唐廷当然不能指望他们像其他关东防秋兵那样，由本镇提供防秋兵的衣粮供应⑦，而以当时京西北地区的经济状况来说，突然多了这样一

---

① 大历九年五月定诸道防秋兵马数的诏文称："每道岁有防秋兵马，其淮南四千人，浙西三千人，魏博四千人，昭义二千人，成德三千人，山南东道三千人，荆南二千人，湖南三千人，山南西道二千人，剑南西川三千人。东川二千人、鄂岳一千五百人，宣歙三千人，福建一千五百人。其岭南、江南、浙东，亦合准例。"（《全唐文》卷47代宗《命诸道入钱备和籴诏》）

② 参见齐勇锋：《中晚唐防秋制度探索》，《青海社会科学》，1983年第4期，第103页。

③ 朱泚的情况很容易让我们联想到贞元年间同出于幽州系、同样在节帅位置竞争中处于不利地位的刘澭。史称："澭为瀛州刺史，（澭兄济）亦许以澭代己任（指幽州节度使）；其后济乃以其子为副大使。澭既怒济，遂请以所部西捍陇塞，拔其所部兵一千五百人、男女万余口直趋京师。"（《旧唐书》卷143《刘怦附刘澭传》）《新唐书》卷148《刘澭传》即只言"悉发其兵千五百驰归京师"，省略了对家属随军及其人数的记录。若朱泚来京本是一般的防秋，而不是已与朱滔存在矛盾，那为什么在离镇伊始就要携带军士家属一起赴任呢？这一问题笔者目前还无法作出很好的解释。

④ 《陆贽集》卷15《兴元论请优奖曲环所领将士状》，第465页。

⑤ 《旧唐书》卷11《代宗纪》。

⑥ 《旧唐书》卷11《代宗纪》。

⑦ 参见齐勇锋：《中晚唐防秋制度探索》，《青海社会科学》，1983年第4期，第104页。

支军队，压力陡增是不言而喻的。① 这样看来，利用李抱玉去世的机会，让幽州兵整体移屯凤翔，就显然是最经济的一种策略。而且一方面，如前文所说，凤翔的军事结构有助于幽州兵迁入。再者，在当时的京西北藩镇中，只有李抱玉率领的泽潞兵是在关东还有基地的。不管在李抱玉出任凤翔节度使的这十多年来，凤翔的泽潞兵是不是与此时的幽州兵一样也以家属随军，但至少当实力足够弥补泽潞兵空缺、代替前者执行防御吐蕃任务的幽州兵入主凤翔后，泽潞兵不仅可以顺理成章地被撤出凤翔，而且可以重回它在关东的基地，不存在无家可归的问题。此外撤出泽潞兵可能也像上文所分析的，部分也是考虑到粮饷的问题。况且吐蕃在大历后期的攻势比起前期已略有削弱②，而且主攻的方向更偏重于北道，那么当幽州兵迁入凤翔后，泽潞兵的回镇也就比较好理解了。

于是随着大历十二年朱泚接替李抱玉出任凤翔陇右节度使，凤翔一镇开始成为幽州兵的天下。而京西北地区由邠宁的朔方军、泾原的四镇北庭军、凤翔的幽州军所构成的三大派系格局也正式形成。

最后，我们稍微来谈一下京西北的另一藩镇鄜坊的问题。鄜坊自白孝德率领四镇北庭军移镇后，似乎继续由原节度杜冕任使。③ 继杜冕后任职鄜坊的是李光弼之弟李光进。光进曾是自至德以来就与宦官李辅国同掌禁军的帝室心膂。据两唐书本传判断，李光进在代宗躲避吐蕃之祸还京后被委任为渭北（即鄜坊）节度使，只是代宗为消弭对其兄光弼的谗言、笼络后者的一种手段。并且从《新唐书·方镇表》的记载看，在李光进任职鄜坊时，丹、延二州已别立都团练使一职④，因此光进节镇鄜坊的权力实际并不大。

大历四年接替李光进的河西将领臧希让出身"世以材雄朔陲"⑤ 的臧氏家族。安史之乱后臧希让先后任职京畿附近的邠宁、山南西两道，后以

---

① 大历九年五月定诸道防秋兵马数的诏文中就称："虽属人和，近于家给，而边谷未实，戎备犹虚。因其天时，思致丰积，将设平粜，以之馈军。然以中都所供，内府不足，粗充常入之数，岂齐倍余之收。其在方面荩臣，成兹大计，共佐公家之急，以资塞下之储。"（《全唐文》卷47代宗《命诸道入钱备和粜诏》）

② 《旧唐书》卷129《韩滉传》："又属大历五年已后，蕃戎罕侵。"

③ 参见吴廷燮：《唐方镇年表》卷1《鄜坊》，第81页。

④ 《新唐书》卷64《方镇表一·渭北鄜坊》永泰元年："渭北鄜坊节度使罢领丹、延二州，增领绥州，以丹、延二州别置都团练使，治延州。"

⑤ 《全唐文》卷342颜真卿《唐故右武卫将军赠工部尚书上柱国上蔡县开国侯臧公神道碑铭》。神道碑铭的主人是臧希让的父亲臧怀恪。

为数不多的部曲协助郭子仪在吐蕃入侵时收复京师。① 功业与经验均颇著可能是代宗选择其出任渭北节度使的原因。臧希让出任渭北节度后不久，丹、延二州又复归其管。② 不过鄜坊一镇的军事实力在关中四镇中仍是偏弱的。这可能与白孝德移镇后鄜坊一直没有什么重要的军事势力介入有关。当然，党项在大历以后已不构成对关中的威胁，也使得唐廷在鄜坊不需要配置过多的军队。

吴廷燮据《新唐书·宰相世系表》"（郭）子晸，渭北节度使，检校右仆射"的记载推测，臧希让死后担任渭北节度使的是郭子仪之弟郭子晸，并系其任使时间为大历九年至十四年。③ 如果这一考证正确的话④，那么它显示出鄜坊在大历九年以后与郭子仪及朔方军将有较为密切的关系。大历九年唐廷为防备吐蕃曾采取了一系列备边措施⑤，而史载促使代宗做出以上举动的就是朔方军的统帅郭子仪。⑥ 那么很可能当秋季臧希让去世后，代宗就任命了子仪弟子晸为渭北节度使，以表示对郭子仪的首肯和赏赞。

实际上我们从一份常衮作于大历前期的制文《授辛德谦丹延团练使制》中看到，在鄜坊与丹延分立的时期，一度担任丹延都团练使的辛德谦，其任前职务就是"前朔方留后左厢兵马使同节度副使"⑦。换言之，他也是朔方军集团的人物。

而在丹延以北的银、夏、绥、麟等州，早已归顺唐朝的吐蕃论氏家族，亦因长期协助唐廷作战而世任朔方军的高级将领。我们在上一章中提到的李光弼将领论惟贞，就曾在安史之乱期间担任朔方节度副使。而当大历前期，在常衮所作的《授论惟清朔方节度副使制》中，我们又看到，惟贞兄弟、时已任"银夏绥麟等四州兵马使同朔方节度副使"⑧ 的论惟清又

---

① 参见《旧唐书》卷196上《吐蕃传上》。
② 《新唐书》卷64《方镇表一·渭北鄜坊》大历六年："渭北鄜坊节度使更名渭北节度使，复领丹、延二州，废丹延观察使。"
③ 《唐方镇年表》卷1《鄜坊》，第83页。《唐刺史考全编》卷8《关内道·坊州》（第232页）从此说。
④ 这一考证很可能是正确的，因为鄜坊节度称"渭北"之名主要在大历时代。贞元以后尤其在官方文书中"渭北"之名就几乎不再使用了。
⑤ 参见《册府元龟》卷992《外臣部·备御第五》。
⑥ 《资治通鉴》卷225"大历九年二月、四月"条。
⑦ 《全唐文》卷413。
⑧ 《全唐文》卷413。常衮的这份制文很可能是与上引《授辛德谦丹延团练使制》差不多时间作的。

被代宗正式授予朔方节度副使一职。银、夏等地的诸蕃部落早在安史乱前即已受朔方军节制，而在乱后，身为当地豪强的论氏家族亦在左右本地政局的同时，始终兼领着朔方节度副使的头衔，显示了其与朔方军之间不同一般的密切关系。

到大历十三年，因回纥的威胁，郭子仪委派其手下大将浑瑊将兵镇振武，朔方军的势力又推进到了黄河北岸。因此至大历末，虽然经过平叛战事与本军的数次兵乱，朔方军的军事实力确实已不能与安史乱前同日而语，但它作为"国之北门"与关中第一大镇的地位却始终如故。大历末期的朔方军已形成了以邠宁为主干，以河中、灵州、振武为侧翼，又以鄜坊为近脉、银夏为故知的庞大政治体。京东的一部分以及京北的广大地区都直接受其影响。而担任这一政治体首脑的就是"再造王室，勋高一代"①的朔方统帅郭子仪。而与郭子仪统帅的朔方军势力共同参与京西北地区政治构建的，分别是时任泾原节度使，也是自安史之乱以来一直在四镇北庭行营中出任要职的该军元老重臣段秀实统领的四镇北庭军，以及由凤翔陇右节度使朱泚统领的幽州军。（见图16）

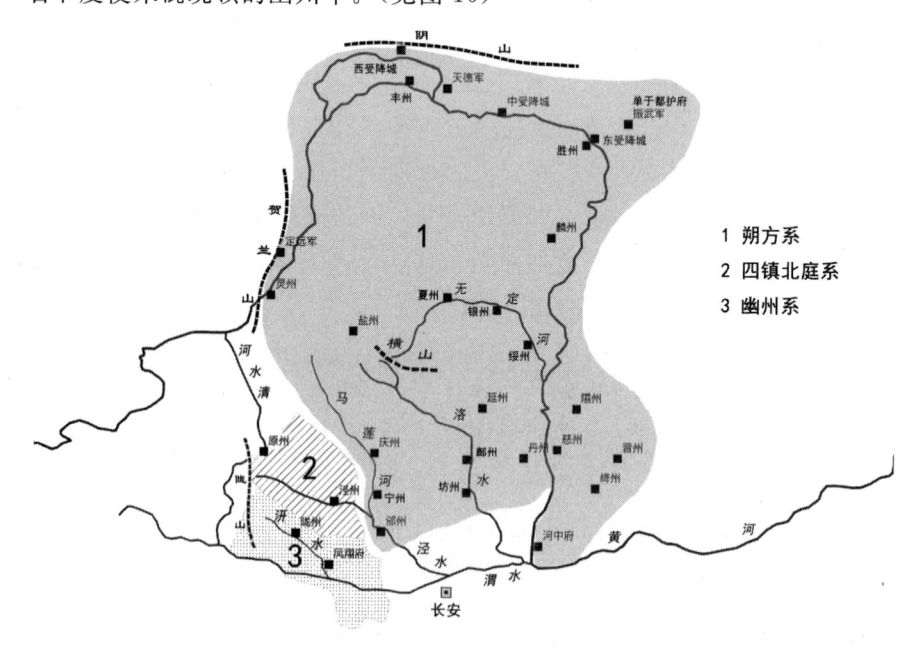

图16 大历末期关中的三大派系

---

① 《旧唐书》卷120《郭子仪传》。

如果说大历末期，代宗为未来的德宗在河南留下的，是一幅原由平卢系藩镇填充，但此时业已植入永平军这样一支基本属于中央嫡系军队的版图的话，那么在京西北，则完完全全是外系军阀主导的格局。这并不说这些外系军阀与中央的关系不够紧密，事实上，朔方军在安史之乱中就一直是作为中央的嫡系军队四处征战的。但它的不被信任，也诚如黄永年先生所说，早在其被投入与安史叛军作战之初就开始了。① 而到大历末期，史称：

> 郭子仪以司徒、中书令领河中尹、灵州大都督、单于镇北大都护、关内河东副元帅、朔方节度、关内支度、盐池六城水运大使、押蕃部并营田及河阳道观察等使，权任既重，功名复大，性宽大，政令颇不肃，代宗欲分其权而难之，久不决。②

对于功高权重的郭子仪与关中第一大藩镇朔方军，其实代宗亦早有分而治之的想法，只是碍于郭子仪的为人与权势，难于下决心采取措施而已。朔方军是如此，同样作为功臣系的四镇北庭军亦可等同视之。况且黄永年先生早已指出："泾原的安西北庭兵本来就是极不安稳惯于闹事作乱的部队……像这样以作乱为茶饭常事的部队，在当时节镇中还是罕见的，中央不会不清楚。"③ 这样的军队恐怕想要为中央信任亦不容易。至于朱泚的幽州兵，虽然作为关中的新来者，其处境亦颇有可怜之处，因此反倒较易获得唐廷的优待。但这支军队毕竟出于安史巢穴，这重身份对于饱受战争创伤的唐廷来说，恐怕多少是要受到忌讳的。

因此虽然"四镇之乱"一直被视为德宗初年朝藩对峙的一场重要波动，而引起这场波动的直接原因，也是德宗采取了打压关东藩镇的强硬措施。但正如上一章中我们提到的，德宗即位之初制约藩镇的强硬举措，其实并不是首先或直接针对较为倔强的两河藩镇。恰恰相反，他首先施予制压的是长期匡扶唐室的朔方、西川、泾原这几个京畿圈周围的藩镇。而随后的凤翔也因为幽州镇的叛乱，自动加入了这份被清洗的名单中。因此，如果说德宗初年的关东存在着即将受到制裁的"四镇"的话，那么在

---

① 参见黄永年：《泾师之变》，《六至九世纪中国政治史》，第412~418页。
② 《资治通鉴》卷225"大历十四年闰五月"条。
③ 黄永年：《泾师之变》，《六至九世纪中国政治史》，第408、409页。

制裁成德、魏博、淄青、山南东道之前或同时，关中周近的"四镇"——朔方、西川、泾原、凤翔也将面临德宗的制裁。而与打压前者的艰辛相比，对后者的制裁似乎显得得心应手。也或许，正是由于这种手到擒来的轻松，让德宗在自信心大获提升的同时，却忽略了一些更为重要的问题。

三、四镇的重新洗牌

德宗即位后削弱朔方军势力是众所周知的，朔方军也成了德宗朝第一个被打压的藩镇。史称德宗即位次月，

> 甲申，诏尊（郭）子仪为尚父，加太尉兼中书令，增实封满二千户，月给千五百人粮、二百马食，子弟、诸婿迁官者十余人，所领副元帅诸使悉罢之；以其裨将河东、朔方都虞候李怀光为河中尹、邠、宁、庆、晋、绛、慈、隰节度使，以朔方留后兼灵州长史常谦光为灵州大都督，西受降城、定远、天德、盐、夏、丰等军州节度使，振武军使浑瑊为单于大都护，东中二受降城、振武、镇北、绥、银、麟、胜等军州节度使。①

郭子仪罢职后，朔方军一分为三，不过考虑到朔方军的特殊地位，新任三镇节帅还必得从本军系统中加以拣选。李、常、浑三人都是朔方军的高级将领。其中有关常谦光的史料记载不多，但他几乎在整个大历时期一直担任灵州的朔方留后，应该是朔方军中比较有资历的人物。浑瑊与李怀光都是郭子仪的亲信将领，两人均身任朔方军要职，地位在伯仲间。实际上，大历年间与吐蕃等作战的朔方军队大都由此三者率领。

人们通常只注意到当月甲申日德宗对朔方军的这一制裁，却忽略了仅过了几天，也就是当月己丑日的另一项人事任命：

> 以右羽林大将军吴希光检校散骑常侍、兼御史中丞，充渭北鄜坊丹延都团练观察使。②

吴希光是**魏博**降将，如果他确如吴廷燮所考证的，是代替郭子仪之弟郭子晤出镇鄜坊的话，那么鄜坊的这次节帅换任很可能是几天前罢免郭子仪及

---

① 《资治通鉴》卷225"大历十四年闰五月"条。
② 《旧唐书》卷12《德宗纪上》。

削弱朔方军势力的一种政策延续。而也确如上述史料及《新唐书·方镇表》所显示的，鄜坊一镇在节帅换任的同时亦已由节度使额藩镇降为观察使额。①

另一个为人们所忽略的问题是，到当年十一月的时候，上述这些新任节帅除了邠宁、河中一方的李怀光依旧身任是职外，其余诸人所任之职已全为他人代替。《旧唐书·浑瑊传》曾曰：

> 其年，复以崔宁为朔方节度使，领子仪旧管，征瑊为左金吾卫大将军，兼左街使。

常谦光与吴希光的情况史料失载，但推测他们罢职的时间与浑瑊同时，而罢职的原因也应该与后者一样，就是为崔宁担任朔方节度使腾出位置。

对崔宁的移镇也是德宗即位之初的一项重要人事调整。崔宁在大历时代一直担任京畿后院剑南西川节度使，史称：

> 在蜀十余年，恃地险兵强，恣为淫侈，朝廷患之而不能易。至是，入朝，加司空，兼山陵使。②

因此，如果说德宗罢免郭子仪之职，是其着眼于京北地区的一项重要举措，那么他调崔宁入朝，则明显是为了加强对京南的控制。大历十四年十一月，德宗任命荆南节度使张延赏出任西川节度使，并从宰相杨炎之策，"以北边须大臣镇抚"③，以崔宁为"灵州大都督、单于镇北大都护、朔方节度等使、出镇坊州"④。同时，

> 又以灵盐节度都虞候醴泉杜希全知灵、盐州留后；代州刺史张光晟知单于、振武等城、绥、银、麟、胜州留后；延州刺史李建徽知鄜、坊、丹州留后。⑤

----

① 《新唐书》卷64《方镇表一·渭北鄜坊》大历十四年："罢渭北节度，置都团练观察使。"
② 《资治通鉴》卷226"大历十四年九月"条。
③ 《资治通鉴》卷226"大历十四年十一月"条。
④ 《旧唐书》卷12《德宗纪上》。
⑤ 《资治通鉴》卷226"大历十四年十一月"条。《旧唐书》卷12《德宗纪上》记载略误，现从《资治通鉴》。

这是我们首次看到继常谦光、浑瑊、吴希光后出任三镇的新节帅名单。但与前三者不同，他们现在的职衔都是本镇"留后"，而不是"节度使"或"观察使"，因为此时的节度使一职已由崔宁担任。关于这次安排，史称：

> 杨炎既留崔宁，二人由是交恶……时宁既出镇，不当更置留后，炎欲夺宁权，且窥其所为，令三人皆得自奏事，仍讽之使伺宁过失。①

对崔宁的这一安排，涉及杨、崔二者的矛盾，以及中央对待剑南西川的态度，这里暂不展开。但唐廷在处理崔宁的问题时，大规模地牵涉了与朔方军有关的高层调整，这是一个值得注意的现象。正如有学者所指出的："杨削减崔职并牵连朔方军一事没有受到德宗的阻止，显然杨将崔安排在缩减之后的朔方并进一步限定其权，有意无意地适应了唐廷控制裁缩朔方军的政策。"②

吴希光是魏博降将，与朔方军尚无关系。接替他的李建徽是以延州刺史转任鄜坊留后的。李氏与朔方军是否有关我们并不清楚，但李氏既然曾是延州刺史，对鄜坊一镇的情况自是比较熟悉的。继常谦光后出任灵州方面统帅的是同出朔方军的杜希全，但其地位和功绩却不能与前者相比。最需关注的是浑瑊。浑瑊曾因回纥侵扰唐境，于上一年被郭子仪派往振武戍边，并在半年前被正式任命为重建的振武一镇统帅。而在出镇振武前，浑瑊已任至邠州刺史，并在郭子仪入朝之时，被委以邠宁一镇的兵马留后。这一职务显示出，浑瑊很可能原本是被郭子仪作为接班人培养的。但就是这样一位朔方军的高级将领，此时却被征为左金吾卫大将军，担任毫无权力的京城"左街使"。接替他的前代州刺史张光晟虽然亦是曾在河东地区与回纥交战颇有经验的将领③，但他的地位显然也不能和浑瑊相提并论。

因此我们看到，虽然杨炎此时仍旧起用了熟悉当地情势的将领出任三镇统帅，但这些新帅的资历无疑都比前三者低了不少。事实上，不光是三镇统帅，《旧唐书·崔宁传》称：

> 杜希全为灵州，王翃为振武，李建徽为鄜州，及戴休颜、杜从

---

① 《资治通鉴》卷226"大历十四年十一月"条。
② 李鸿宾：《唐朝朔方军研究——兼论唐廷与西北诸族的关系及其演变》，第201页。
③ 参见《旧唐书》卷127《张光晟传》、《旧唐书》卷12《德宗纪上》。

政、吕希倩等，皆炎署置也。

京北地区的不少刺史职位此时都受到了杨炎的左右。虽然这些措施首要的目的可能是为了压制崔宁，而罢除和朔方军有关的三镇节度，只设留后，表面上看也是为了替崔宁的这一任职腾出空间，同时避免浑瑊等人因由节度降为留后并身处崔宁之下而过于委屈。但实际上，如果杨炎没有同时打压朔方军将领的用意，他大可安排浑瑊等人去他镇任职，也断不会只给浑瑊一个"左街使"的莫名职务。而杨炎的这一系列人事安排，若不是在背后有德宗的支持和首肯，他一个人是断然不敢这样做的。

不过，虽然唐廷对与朔方军有关的不少职位都进行了大的调整，但却始终未涉及邠宁一镇。邠宁屯驻着朔方军的主力，改换外系将领或资历较浅者都会产生兵士不受管辖的问题。换言之，朔方军的名号或许还可以给予他人，但朔方军的统治权却还得由本镇主导。事实上，即使唐廷任命朔方军都虞候、在郭子仪时代主掌当军纲纪以致"军中畏之"[1] 的李怀光出任邠宁节度使，"邠府宿将史抗、温儒雅、庞仙鹤、张献明、李光逸（尚因）功名素出怀光右，皆怏怏不服"[2]。不过李怀光到底是"勇鸷敢诛杀"[3] 的人物，史称：

> 怀光发兵防秋，屯长武城，军期进退，（上述将领）不时应令。监军翟文秀劝怀光奏令宿卫，怀光遣之，既离营，使人追捕，诬以它罪，且曰："黄黄之败，职尔之由！"尽杀之。[4]

史、温等人固然有可恨之处，但既然监军已劝怀光按惯例奏令这些与节帅不协的将领入宿京师，怀光却依旧尽杀其人，可见其为人的"粗厉疏愎"[5] 了。有学者认为，唐廷之选中李怀光任使，很可能就是看中了他的"粗厉疏愎"与"勇而无谋"。[6] 实际上，这样的将领唐廷未必喜欢，也必然不"易制"，选择李怀光是考虑到他在朔方军中的地位、资历、功绩，以及在

---

[1] 《新唐书》卷224上《叛臣上·李怀光传》。
[2] 《资治通鉴》卷226"大历十四年八月"条。
[3] 《新唐书》卷224上《叛臣上·李怀光传》。
[4] 《资治通鉴》卷226"大历十四年八月"条。
[5] 《旧唐书》卷121《李怀光传》。
[6] 李鸿宾：《唐朝朔方军研究——兼论唐廷与西北诸族的关系及其演变》，第202页。

抵御吐蕃方面的能力和经验等诸多因素的。① 所以当建中二年（781）七月，杨炎罢相为左仆射，崔宁亦在此时改任右仆射时，德宗还是仍旧以李怀光"兼灵州大都督、单于镇北大都护、朔方节度使"②。只不过此时的鄜坊观察使一职由原留后李建徽出任，和朔方军正式撇清了关系。

虽然朔方三镇在郭子仪罢职后，经过这一系列调整最终又全部归于朔方将领李怀光麾下，但曾由杨炎署置担任灵盐等镇留后的杜希全等人，此时也还实际负责着当地的具体事务。或者说，经过这番波折，朔方军这一庞大的政治体多少已不能像过去那样紧密了。而也正在此时，前任朔方军统帅郭子仪病逝。作为朔方军的精神领袖，郭子仪的去世或许使这原本已显现出疏离倾向的朔方军集团变得更加松散了。而当灵盐、振武、鄜坊等镇逐渐脱离朔方军的控制时，它们与中央的关系实际上也就变得更加贴近了。

继对朔方、西川两大政治体的统帅进行改任后，德宗上台后处理的第

---

① 《旧唐书》卷147《杜黄裳传》关于李怀光得以代郭子仪出任邠宁节度，及怀光诛杀邠府宿将一事称："（杜黄裳）为郭子仪朔方从事，子仪入朝，令黄裳主留务于朔方。邠将李怀光与监军阴谋代子仪，乃为伪诏书，欲诛大将温儒雅等。黄裳立辨其伪，以告怀光，怀光流汗伏罪。诸将有难制者，黄裳矫子仪命尽出之，数月而乱不作。"《资治通鉴》卷225系此事于"大历十三年十二月"条。而卷226"大历十四年八月"条又言上引李怀光代郭子仪后，杀邠府诸将事。推测杜黄裳保诸将与李怀光杀诸将实为前后相继之一事；而《资治通鉴》所据《杜黄裳传》言李怀光"阴谋代子仪"之语，则属"李怀光叛乱"后士人诬枉怀光之辞；至于监军在此中的表现亦并非前后矛盾。此事之经过，如下解释或许比较妥帖：以怀光代子仪乃是德宗即位后之事，而此事又必出于受德宗信任的监军之首肯，此处的监军当即翟文秀。但后者并非如《新唐书》卷169《杜黄裳传》所说的，与李怀光"阴谋矫诏诛大将等，以动众心，欲代子仪"。"矫诏诛大将"之举或许只是李怀光的个人所为，因此在被杜黄裳识破此事后，怀光亦颇为紧张。按此事若有翟文秀共同参与，纵然有杜黄裳的揭穿和反对，怀光也大可不必过于担心（实际上，《资治通鉴》卷225在转引此事时就没有涉及监军的文字。当然，"怀光流汗伏罪"之语不排除是《杜黄裳传》作者为抬高黄裳之绩而贬抑前者）。事实上，翟文秀在此事中的态度和杜黄裳是一致的，他们都要求怀光将这些与之不协的朔方高级将领调离邠府。当然，最后的结果，李怀光还是在半途诛杀了这些将领，只是此举没有引起朔方军的动乱。不过没有引起动乱并不是杜黄裳的功劳，而且我认为，杜黄裳"后入为台省官"也正是因为经历此事后已经无法在怀光任帅的朔方军中继续任职了。至于翟文秀，可能也正是因为诛邠府宿将一事与怀光结下梁子，并在此后德宗出逃奉天时，因德宗意欲安抚其时救驾的李怀光而为德宗所杀。

② 《旧唐书》卷12《德宗纪上》。

三个京畿圈周近的藩镇是泾原。据说当时杨炎因奏用元载遗策城原州，

> 上遣中使诣泾原节度使段秀实，访以利害，秀实以为："今边备尚虚，未宜兴事以召寇。"炎怒，以为沮己，征秀实为司农卿。①

而泾原兵也又因城原州与段秀实罢职两事再起变乱。虽然此事不久后的迅即平息倒是为德宗树立权威起到了一定的作用，不过原州既未筑成，泾原在无端丧失了老帅段秀实，又经历了李怀光、朱泚的短暂兼领，及留后刘文喜的叛乱后，最后还是不得不从本镇中选出兵马使姚令言来担任节帅。

到建中三年（782）四月，由于幽州朱滔叛唐，德宗留朱泚于京，以中书侍郎、平章事张镒为凤翔陇右节度使。至此，京西南北地区最重要的四镇节帅全部进行了更易。

不难发现，这些被更易的节帅既是本镇的元老重臣，又多是抵抗吐蕃的知名将领。我们当然不应该忘记，关中周近政治地理的变化始终是要考虑到周边异族的动向的。《新唐书·吐蕃传》称：

> 德宗即位，先内靖方镇，顾岁与虏确，其亡获相偿，欲以德绥怀之。

实际上，新书《吐蕃传》的叙述有凸显中原王朝在与周边异族政权的关系中始终处于主导地位之嫌。真实的情况应该是进入大历中后期时，吐蕃的侵扰势头已有所减弱。② 正是这一有利的形势才为德宗的"内靖方镇"创造了一个先决条件，而不是相反。同样的道理，吐蕃此时的"方睦于唐"③亦是考虑到连年战争对其自身的损耗。学者均认识到德宗初年唐蕃间的和解，尤其是建中四年"清水之盟"的奠立，解决了德宗此后与关东藩镇开战的后顾之忧。事实上，这一和解同样有利于德宗处理与关中周近藩镇的关系，即它为德宗削弱关中周近藩镇的势力创造了条件。④

我们同时还发现，在德宗上述的削藩过程中，宰相杨炎扮演了一个重

---

① 《资治通鉴》卷226"建中元年二月"条。
② 《旧唐书》卷129《韩滉传》称："又属大历五年已后，蕃戎罕侵。"
③ 《资治通鉴》卷226"建中元年五月"条。
④ 之所以说吐蕃势力的起伏将影响到京西南北地区的形势，是因为其实在大历十四年十月吐蕃与南诏联兵十万进寇西川时，对于是否要恢复崔宁的西川节帅、重新派遣其入蜀，德宗是有过很大犹豫的。

要的角色。正是由于他的协助,德宗实现了其父所未能完成的对关中周近重要藩镇的重新控制。如此说来,德宗初年唐廷权威的重新确立,既是德宗本人"励精求治"①的结果,亦未尝不是杨炎主持策划的成功。而德宗能在随后毅然决定与关东"四镇"开战,自然也是受了此前这一系列成功的鼓舞。然而,或许正如帮助德宗完成此一系列成绩的杨炎,随后就将面临"赐死"的结局一样,满怀信心开始与关东诸侯较量的德宗,等待他的也是迅即而至的"奉天之窘"②的尴尬。也许,上述的这一系列成功本来就是一个巨大的泡沫,而当关东的"四镇之乱"作为诱因刺穿了这一泡沫后,德宗除了方才意识到危机近在咫尺外,恐怕也只能作"罪己之言,补之何益"③的一声愁叹了。

四、"奉天之难"与派系危机

以上所有这些分析,最终都将引导我们的视线聚焦于德宗建中、兴元年间的"奉天之难"上。所谓"奉天之难",是指建中四年十月,受诏赴关东平叛的泾原兵途经长安时发生哗变,拥立朱泚为主,德宗不得不出奔奉天。随后,率兵勤王的朔方节度使李怀光也起兵反唐,致使德宗于兴元元年再逃梁州。

"奉天之难"一般被认为由"泾师之变"和"李怀光叛乱"两事构成,因此历来对它的研究自然围绕着这两起变乱展开。在这些研究中,最为人称道的莫过于黄永年先生的《"泾师之变"发微》一文。④ 黄氏的研究特色在于,其能够在一个宏观的关中地缘政治传统与背景下,对两起变乱和与之相关的地缘政治图景进行整体性而非孤立性的解读。通盘的视野以及缜密的梳理,使得他的研究无论在广度还是深度上都高出其他学者一筹。因此继黄氏此文发表后,学界对"奉天之难"的讨论大多未再出其框架。

不过,尽管黄氏对"泾师之变"与"李怀光叛乱"的解读已足够充实丰厚,但似乎仍未能完全跳出以此二事为"奉天之难"研究对象的桎梏。

---

① 《资治通鉴》卷226"大历十四年八月"条。
② 《旧唐书》卷13《德宗纪下》。
③ 《旧唐书》卷13《德宗纪下》。
④ 黄永年:《"泾师之变"发微》,《唐史论丛》第二辑,西安,陕西人民出版社,1987年,第163~201页。后收入《六至九世纪中国政治史》,第401~431页。

我的意思是，除了"泾师之变"与李怀光两事外，是否还有另外一些不太为人注意的事件也可能在"奉天之难"中扮演重要角色？此外，这些看似独立的各事件是否具有相关性和共同性？我们能否在对这些事件进行单独释读的基础上找出这些关联，并提炼出德宗朝前期关中政治发展的主导原则，甚而勾勒出一条安史之乱后关中地缘政治走向的脉络？这些，尽管黄永年先生的研究并没有解决，但他洞烛先机的论述，尤其是其论述中所展现出的独特视角，已经为我们进一步探索这些问题提供了可能。

（一）关中军队的调遣问题

我们对"奉天之难"的再探讨，将以考察建中二年六月"四镇之乱"爆发后德宗对关中军队的调遣为起点展开。

最早调遣出去的是这样两支军队，投入北战场的是由神策先锋都知兵马使李晟率领的军队。这支军队的任务主要是与河东节度使马燧、泽潞节度使李抱真、幽州节度使朱滔同讨魏博田悦与成德李惟岳。关于李晟的这支军队，黄永年先生已经指出，虽然其"所统率的兵数史无明文，但可肯定是神策军的精锐，因为当时不会预计到南战场（指淮西李希烈叛乱后的南战场）的开辟"①。从此后的史料推测，李晟军队的人数可能在四千左右。② 总之，德宗最早从关中派遣出去的是禁军中的精锐部队。

另一支是由神策都知兵马使曲环率领的军队。③ 虽然这支军队的统帅曲环与李晟一样也出于神策军，不过这支军队的兵员却并不来自神策，而是来自凤翔的幽陇兵，因为后来陆贽在提及此军时就说：

> 曲环所领一军，悉是朱泚部曲，或顷在凤翔所管，或本从河朔同来，后因汴、宋用兵，权抽赴彼应援，所以行营将士，犹举幽、陇为名。④

---

① 黄永年：《泾师之变》，《六至九世纪中国政治史》，第423页。
② 《资治通鉴》卷229称建中四年十一月李晟自河北率兵奔赴关中救援时，有言："李晟行且收兵，亦自蒲津济，军于东渭桥。其始有卒四千，晟善于抚御，与士卒同甘苦，人乐从之，旬月间至万余人。"估计李晟两年前率领投身到北战场的士卒约在四千。《资治通鉴》此条中的"四千"当还包括张孝忠借于李晟的"锐兵六百"。
③ 有关曲环的身份，《资治通鉴》卷227"建中二年十一月"条称"神策都知兵马使"，《旧唐书》卷12《德宗纪上》称"神策将"。
④ 《陆贽集》卷15《兴元论请优奖曲环所领将士状》，第465页。

因此曲环在当时又身任"幽、陇行营节度使"① 一职。这支军队的任务主要是与永平军节度使李勉都统下的河南部众一起对抗淄青李纳。关于这支军队的人数史料也没有记载,不过从与李纳交战的过程中,史料更多地提到刘洽的宣武军,而不太涉及曲环一军的情况来看,它在河南战场的作用当在宣武军之下。

总之,朝藩战争之初,由关中派出了李晟与曲环率领的两支军队。前者是纯粹的禁军,且有相当的实力,所以被投入战况更激烈的河北。曲环的军队实际上是朱泚旗下的一部分幽陇兵,实力可能并不太强,所以被投入河南东部协助当地藩镇一起对抗淄青。德宗在战争之初之所以最早派出这两支关中军队,是因为它们在两年前,也就是德宗即位当年的十月,曾经成功阻遏了吐蕃与南诏连兵十万对剑南西川的入侵。此事据《资治通鉴》记载称:

> (大历十四年)十月,丁酉朔,吐蕃与南诏合兵十万,三道入寇,一出茂州,一出扶、文,一出黎、雅,曰:"吾欲取蜀以为东府。"崔宁在京师,所留诸将不能御,虏连陷州、县,刺史弃城走,士民窜匿山谷。上忧之,趣宁归镇。宁已辞,杨炎言于上曰:"蜀地富饶,宁据有之,朝廷失其外府,十四年矣。宁虽入朝,全师尚守其后,贡赋不入,与无蜀同。且宁本与诸将等夷,因乱得位,威令不行。今虽遣之,必恐无功;若其有功,则义不可夺。是蜀地败固失之,胜亦不得也。愿陛下熟察。"上曰:"然则奈何?"对曰:"请留宁,发朱泚所领范阳戍兵数千人,杂禁兵往击之,何忧不克!因而得内亲兵于其腹中,蜀将必不敢动,然后更授他帅,使千里沃壤复为国有,是因小害而收大利也。"上曰:"善。"遂留宁。初,马璘忌泾原都知兵马使李晟功名,遣入宿卫,为右神策都将。上发禁兵四千人,使晟将之,发邠(幽)、陇、范阳兵五千,使金吾大将军安邑曲环将之,以救蜀。东川出军,自江油趣白坝,与山南兵合击吐蕃、南诏,破之。范阳兵追及于七盘,又破之,遂克维、茂二州。李晟追击于大度(渡)河外,又破之。吐蕃、南诏饥寒陨于崖谷死者八九万人。吐蕃悔怒,杀

---

① 《旧唐书·曲环传》、《新唐书·曲环传》、《新唐书》卷7《德宗纪》误作"邠、陇行营节度使",当从《资治通鉴》卷231"兴元元年闰十月"条作"陇右、幽州行营节度使",或《旧唐书》卷12《德宗纪上》、《资治通鉴》卷232"贞元二年七月"条简称的"陇右行营节度使"。

诱导使之来者。异年寻惧，筑盉咩城，延袤十五里，徙居之。吐蕃封之为日东王。①

吐蕃的这次入寇是德宗即位之初遇到的第一波严重危机。不过从上述史料看，由于德宗与杨炎的合理决策，这波危机实际上解决得相当漂亮。不仅如此，由于唐廷对吐蕃的这次用兵大胜，同时辅以之前遣还吐蕃降俘的举措，使得德宗在与此时略显颓势的吐蕃关系中处于一个比较主动的位置。此后吐蕃与唐廷的盟和可以说未尝不是受了此次失败的影响。而造就唐军此次军事胜利的最大功臣，除了杨炎外，就是李晟和曲环。实际上，李、曲二人在德宗朝政治舞台上崭露头角，就是由这次战役开始的。而从上述史料推测，李、曲二人此后被投入关东作战的部队，与两年前他们和吐蕃作战的部队很可能是同一批人。这样来分析的话，我们或许就能够理解德宗为何在"四镇之乱"之初首先调遣这两支关中军队了。

在德宗派遣曲环赴河南后不久，由于"徐州之役"爆发，徐州刺史李洧诣阙告急，

（德宗遂）为之发朔方兵五千人，以（唐）朝臣将之，与（刘）洽、（曲）环、（李）澄共救之。②

这是德宗投入河南战场的第二支关中军队，由朔方大将唐朝臣率领。虽然这支军队只是朔方军的偏师，但它对徐州之围的解除却起到了关键作用。③

以上这三支军队是在朝藩战争初期被投入关东的。到建中三年（782）五月，由于幽州朱滔加入叛军一方，

（德宗遂）诏朔方节度使李怀光将朔方及神策步骑万五千人东讨田悦，且拒滔等。④

朔方军主力至此被派遣去河北。而与朔方军一同派遣的还有神策京西兵马使阳惠元率领的三千神策军⑤，其时也归李怀光统辖。

建中四年正月，淮西李希烈叛乱，南战场的局势陡然升温，

---

① 《资治通鉴》卷226"大历十四年十月"条。
② 《资治通鉴》卷227"建中二年十一月"条。
③ 参见《资治通鉴》卷227"建中二年十一月"条。
④ 《资治通鉴》卷227"建中三年五月"条。
⑤ 参见《旧唐书·阳惠元传》和《新唐书·阳惠元传》。

（德宗遂）以左龙武大将军哥舒曜为东都、汝州节度使，将凤翔、邠宁、泾原、奉天、好畤行营兵万余人讨希烈。①

到了七月，又以神策大将尚可孤为荆襄应援淮西使，以所统之众三千赴山南。② 可能在此期间，德宗还派遣了一支驻扎在同华的神策军，连同同华当地的藩镇军队一起开赴河南，支援李勉与李希烈的交战。③

我们看到，当关东的朝藩战争进入第二个阶段，也就是幽州和淮西相继加入叛乱行列后，德宗又分别往南北两个战场投入了数支关中军队。其中阳惠元与尚可孤的两支三千人的军队都是神策军，神策同华行营连同同华本镇军队人数不详，不过他们与阳、尚二军一样，都不是此次征调的主要军队。此次征调的主要军队在北战场方面是朔方军，而且是由节度使李怀光率领的朔方军主力。关于这支军队，由于后来发生了"李怀光叛乱"，学者对其已有较多的论述。在这里，我则主要想来谈一下此次被派往南战场的主力哥舒曜的军队。

有关哥舒曜所领之军的人数，《奉天录》记载为"五万"④，但《资治通鉴》等只是笼统地作"万余人"讲，考虑到《奉天录》一书关于当时军将统军的人数记载有不少存在夸大之嫌⑤，因此哥舒曜统领的这支行营军队或许并没有五万之多。至于这支军队的性质，虽然确如黄永年先生考证

---

① 《资治通鉴》卷228"建中四年正月"条。

② 参见《旧唐书·尚可孤传》和《新唐书·尚可孤传》。《新唐书·尚可孤传》与《资治通鉴》卷229"建中四年十一月"条皆作尚可孤时率兵"三千"，《奉天录》卷2则作率兵"五千"，此处从"三千"之说。

③ 《全唐文补遗》第二辑收有冯越所作的一份《唐故左神策先锋突将兵马使开府仪同三司试太子宾客兼御史中丞洋川郡王权君（秀）墓志铭》，墓主曾是扈从过肃宗的禁军将领，此后当一直在禁军中任职。墓志记载："属西楚逆臣恃勇称乱，凭阻荒服，毒痛下人。彼疆列侯，未尽诛荡。朝廷议以精禁之兵，乘威指灭。以君有勤旧干略过人之勇，领本军蓬头拔巨之伦，与同华镇国军合势，鼓行河南。又与副元帅、司徒李公计应。寻充宣武节度、神策同华行营右厢兵马使，加位骠骑大将军，封洋川郡王，食邑三千户。"（吴钢主编，1995年，第31页）此处之"西楚逆臣"当为李希烈，"副元帅、司徒李公"当为李勉。唯此军赴援河南的具体时间墓志没有明言，姑置于此。

④ 《奉天录》卷1。

⑤ 如《旧唐书·李怀光传》《新唐书·李怀光传》《资治通鉴》均记载其时李怀光率领的东征军队为一万五千人，而《奉天录》卷2称"五万"。又《奉天录》卷3载其时刘洽都统的河南军队与李希烈战于白塔的人数为"十五万"。这些记载恐怕均有夸大之嫌。不过《奉天录》关于当时军队人数的记载也有比较可靠的。

的，它主要是来自当时屯驻在奉天、好畤两个畿县，以及凤翔、邠宁、泾原三境中的神策军。而且哥舒曜本人就是左龙武大将军，也就是禁军的将领。① 但这支军队的性质恐怕还不能完全被定义为是禁军，因为来自凤翔的幽州兵也在其中占据不小的比重。

贞元年间穆员所作的《汝州刺史陈公墓志铭》（以下简称《陈利贞墓志》）为我们提供了了解这支军队结构的一份重要资料。墓主陈利贞原是安史之乱前河北平卢军的一名将领，叛乱发生后，他南下投归其时的河南副元帅李光弼。改变陈利贞命运的一个重要转折，是他很快受到了李光弼之将郝廷玉的器重，并成为郝氏之婿，从而得以"列为重将"。我们在上一章中说过，李光弼死后，郝廷玉被代宗用为神策将军入备宿卫，不久又出镇河陇，并最终在大历八年卒于秦州刺史任上。但我们知道，秦州其实早在广德元年就已经陷于吐蕃了，因此这里的秦州只可能是"行秦州"的简称，而行秦州的治所就在凤翔府的普润县。② 而普润县在大历时代又恰恰是神策军的屯驻地。③ 这样我们也就可以理解何以郝廷玉会以神策将领的身份出为秦州刺史了。

墓志称，陈利贞在当时就是跟随郝廷玉一起来京的。虽然墓志并没有提及他是否也是神策军的将领，不过很可能是的。而且我们也能断定，当郝廷玉入镇普润后，陈利贞仍旧跟随着他，并且在前者死后，依旧没有调离普润。墓志记载陈利贞在李希烈叛乱前已任至"陇右都知兵马使"，而这个职务，与我们在上文谈到的曲环的本职是很相似的。④ 同样与曲环相似的是，陈也是经历过李抱玉、朱泚两个时代长期在凤翔担任要职的。虽然曲曾是李抱玉系统的将领，而陈是郝廷玉系统的将领，但他们后来都成

---

① 黄永年：《泾师之变》，《六至九世纪中国政治史》，第 423 页注 1。

② 《新唐书》卷 64《方镇表一·泾原》建中三年："及吐蕃陷陇右，德宗置行秦州，以刺史兼陇右经略使，治普润。"若照郝廷玉的情况来看，行秦州的设置不当在德宗朝，代宗年间就应该设置了。

③ 普润县为神策军之屯驻地，参见本章第四节的论述。又《旧唐书》卷 155《朱忠亮传》载："（忠亮）初事（相卫节度使）薛嵩为将。大历中，诏镇普润县，掌屯田。"虽然朱忠亮传中没有明言其是否也为神策军将领，但就有学者将其归入神策军将领名单中（见何永成：《唐代神策军研究——兼论神策军与中晚唐政局》，第 75 页），这兴许是有道理的。

④ 《奉天录》卷 3 及《新唐书》卷 147《曲环传》均称曲环赴调河南前的本职为"幽陇兵马使"，《旧唐书》卷 122《曲环传》则作"邠（幽）、陇两军都知兵马使"。

了禁军的将领。同时，他们虽然一直在凤翔任职，但本身与朱泚的幽州系是没有关系的。我们曾在上文说过，凤翔一镇的军事结构自李抱玉时代起就比较多元，这种多元最重要地就体现在，屯驻在凤翔的神策军比重相较于其他京西北藩镇要大。其实，这种情况也延续到了朱泚时代，虽然局面已稍有改观。这种改观一则体现在幽州兵现在已明显成了凤翔的军事主体，二则是出屯凤翔的神策军比重可能已有所下降。因此，虽然在朱泚时代，中央仍旧在凤翔安插了神策将领，但我们从《陈利贞墓志》中可以发现，与曲环一样，陈本人虽是禁军的将领，但他所统辖的却也是幽州兵。当然，反过来看，由神策将领统辖幽州兵也未尝不是中央制约幽州兵的一种手段。①

据墓志记载，陈利贞统辖的幽州兵在李希烈叛乱后就被归入哥舒曜麾下，投入了淮西战场：

> 希烈之乱，诏以哥舒曜为汝洛节制，俾公（指陈利贞）之前队佐之。军次汝坟，不终日城拔。又以次襄郏，寇军大至，公以马步五百当强寇万人，立为奇兵，横击其右，凶党退却，数月不前。② 襄城守拒有备，由此效也。希烈自统豺狼之众，至而围合，矢石雨下，昼夜不息，外筑埇道，与城相属。公登陴捍敌，身均士卒，劳则先之，逸则后之。凡不栉不沐，非以我事当见戎帅（指哥舒曜），不下城者七十余日。戎帅苍皇自拔，乱不能遏。③

---

① 陈利贞是跟随郝廷玉一起来凤翔的，因此即便其不是神策将领，也应该是来自中央的军队，与凤翔当地的藩镇军并不存在隶属关系，这一点，无论在李抱玉还是朱泚时代都是如此。至于曲环，他是追随李抱玉由泽潞来到凤翔的，因此在李抱玉时代他或许还只是作为外系的藩镇军将，与神策军尚没有关系。他的隶籍神策很可能是"四镇之乱"爆发之后的事情。按曲环因自安史之乱以来长期作战有功，至晚在德宗即位之初已经任至金吾卫大将军。唐后期的金吾卫将军虽不是北衙禁军将领，但不同于其他南衙将领，其不但地位甚高，而且常可转为禁军将领或统率禁军，以及成为一方藩帅。曲环在德宗即位伊始已经凭借此身份率领幽陇兵和李晟的神策军一同抵抗吐蕃对西川的侵扰，可见已甚得德宗信任。因此其在"四镇之乱"爆发后被正式任命为神策将领也是可以想见的。

② 《资治通鉴》卷 228 "建中四年正月"条曰："（哥舒）曜行至郑城，遇希烈前锋将陈利贞，击破之；希烈势小沮。"参照墓志，此处句读有误，正确之句读当为"遇希烈前锋将，陈利贞击破之。"

③ 《全唐文》卷 785。

墓志此段记载了哥舒曜与李希烈在襄城一带对峙的情形。我们知道，哥舒曜在建中四年夏秋之际，与李希烈作战愈显不利，于是德宗在八月的时候又往襄城投入了一支关中军队，这就是《奉天录》卷一所说的：

> 诏神策制将行营兵马使御史大夫刘德信、御史大夫高秉哲，各马步共一十万，来救襄城。①

其实刘、高二人真正所率领的关中军队只有"三千"，所谓"一万"，其主力是来自李勉的永平军。《资治通鉴》称："时李勉遣（唐）汉臣将兵万人救襄城，上遣德信帅诸将家应募者三千人助之。"② 既然刘德信等统帅的已是"诸将家子弟"，那就表明关中在当时已经派不出禁军了。所以正如黄永年先生指出的，在刘德信的这支军队派出前，京畿已经出现了"神策诸军皆临贼境"的空虚局面。③

但我们知道，刘德信的这支军队并没有帮助解除"襄城之围"，相反，它与哥舒曜、李勉的联军在随后大败于李希烈之手，只能退守汝州。也正是在这一背景下，德宗在九月底无奈地诏发关中唯一一支没有被调动的军队奔赴前线，这就是泾原的四镇北庭兵。德宗最后才征发泾原兵，当然是知道这支军队向来不太稳定也不叫人放心。果然，十月的时候就发生了著名的"泾师之变"，将德宗逼离了长安。而李希烈的攻破襄城，也在十月，

---

① 黄永年先生曾考证此处之"十"字当为衍文，否则与《资治通鉴》卷228"建中四年九月丙戌"条所记刘德信兵止"三千"相差过远。（见《泾师之变》，《六至九世纪中国政治史》，第423页注2）黄先生以"十"字当为衍文的结论是正确的，因为《奉天录》此句下文接着记载道："救大梁节度司徒李公勉发师，掎角而攻之。军书往来，同会于汝州之薛店。军令不严，为伏兵所败，三将之师望旗大溃，戎器委数百里，铁马一万蹄没焉。"据其文意，刘、高二人外加李勉的永平军才"一万"左右，所以不可能有"一十万"之多。

② 《资治通鉴》卷228"建中四年九月"条。此句上文载："九月，丙戌，神策将刘德言、宣武将唐汉臣与淮宁将李克诚战，败于沪涧。"《考异》引徐岱《奉天记》曰："大将唐汉臣、刘德信、高秉哲自大梁合统兵一万，屯于汝州。三师各领本军，城小卒众，致饮不一。"据此来看，唐、刘、高三人合统兵为"一万"左右。《新唐书》卷225中《逆臣中·李希烈传》亦载："唐汉臣、高秉哲以兵万人屯汝州。"这其中，唐汉臣是李勉属下的将领（不过估计不是"宣武将"，而更可能是直接来自汴州的永平军将领），而刘、高二人则是由关中派遣来的神策军将领。这也就是为何在此役失败后，唐汉臣会逃奔大梁，而刘德信、高秉哲则逃奔汝州。

③ 黄永年：《泾师之变》，《六至九世纪中国政治史》，第423～424页。

就在"泾师之变"后不久。墓志所说的"戎帅苍皇自拔"就是指哥舒曜"弃襄城奔洛阳"[①]一事。

至此,我们可以将德宗初年朝藩战争时期关中军队的调遣情况通过表2展示出来:

表2 德宗初年朝藩战争时期关中军队调遣表

	战场	派遣时间	派遣军队	军队性质	军队人数	统军将领身份
第一阶段	北战场	约建中二年六月	神策军李晟部	神策军	约四千	神策先锋都知兵马使
	南战场	建中二年十一月前 约建中二年十一月	曲环所领幽陇军 朔方军唐朝臣部	幽陇军 朔方军	不详 五千	神策都知兵马使 朔方军将领
第二阶段	北战场	建中三年五月	李怀光所领朔方军主力 神策军阳惠元部	朔方军 神策军	约一万五千 三千	朔方军节度使 神策京西兵马使
第二阶段	南战场	建中四年正月	哥舒曜所领行营兵	神策军为主的禁军及幽陇军	万余	左龙武大将军
		建中四年	神策同华行营及同华军	神策军及同华军	不详	神策同华行营将领及同华军将领
		建中四年七月	神策军尚可孤部	神策军	三千	神策行营兵马使
		建中四年八月	刘德信等所领节将子弟	诸将家应募者	三千	神策制将行营兵马使
		约建中四年九月	幽陇军戴兰、段诚谏部	幽陇军	五千	幽陇军将领
		建中四年九月	姚令言所领泾原军	泾原军	五千	泾原节度使

---

① 《资治通鉴》卷228"建中四年十月癸丑(九日)"条。

（二）幽陇兵叛乱的问题

现在我们所要讨论的是这样几个问题，首先我们将要考察哥舒曜军队逃往洛阳后的情形。据《陈利贞墓志》后段称：

> 戎帅苍皇自拔，乱不能遏。叛将庭芝谋害之者数四，阴为之制，使不得发。俄而朱泚以关中僭逆，凡幽蓟河陇之卒尝隶于泚，千里之外应之。公与庭芝所统，皆泚之旧也，庭芝果以其众作乱。公之麾下亦带甲而从之，中宵难作，公仗剑当辕门而立，呼曰："如有过此门者，当杀我而后过。"由是其众定，而庭芝逸。①

据此记载看，哥舒曜麾下的士卒在由襄城逃往洛阳后（或逃往洛阳时）发生了叛乱，叛乱的主谋墓志称为"庭芝"，而叛乱的部众是庭芝与陈利贞统率的幽陇兵。

墓志所称的"庭芝"，当为两唐书《朱泚传》中的"张廷芝"。关于后者的叛乱，《旧唐书·朱泚传》载：

> 凤翔、泾原（系衍文）大将张廷芝、段诚谏以溃卒三千余自襄城而至（京）。②

旧传显示，张廷芝叛乱的时间并非如《陈利贞墓志》所云，是军队由襄城逃往洛阳后（或逃往洛阳时），而就是在襄城。在张廷芝于襄城叛乱后，他便与另一将领段诚谏率领在河南叛乱不成的"溃卒三千"逃还了关中，投靠了长安的原幽州军统帅朱泚。

不过关于此事，《奉天录》和《资治通鉴》的记载却与两唐书《朱泚传》有所不同。《奉天录》卷一的记载是：

> 朱泚既纳源休僭伪之说，又得幽陇三千人与哥舒曜。救援者行至渑池县（河南府属县），闻朱泚僭伪，返斾投泚。泚自谓众望所集，于是以源休为京兆尹，判度支李忠臣为皇城留后。

这里的"幽陇三千人"当然就是上文的"溃卒三千余"，而且确如《奉天

---

① 《全唐文》卷785。

② 黄永年先生已指出，此处之"泾原"二字当为衍文。（见《泾师之变》，《六至九世纪中国政治史》，第408页注1）

录》所显示的，他们正来自哥舒曜处。但是《奉天录》后半句"救援者行至渑池县，闻朱泚僭伪，返旆投泚"的记载却着实让人奇怪。既然三千幽陇兵是由襄城的哥舒曜处逃归长安的，怎么又会有"救援者行至渑池县"的说法呢？按渑池是河南府的属县，且位于河南府与西面的陕州交接处，而襄城则是河南府东南面的汝州属县。这河南府一西一东的两地相距颇远，如此来说的话，若"幽陇三千人"是得自襄城的哥舒曜处，那么他们与所谓"救援者"就必然不是同一批人。

事实上，《资治通鉴》就是将其视为两批人处理的。《资治通鉴》卷228"建中四年十月庚戌（六日）"条载：

> 凤翔、泾原（系衍文）将张廷芝、段诚谏将数千人救襄城，未出潼关，闻朱泚据长安，杀其大将陇右兵马使戴兰，溃归于泚。泚于是自谓众心所归，反谋遂定，以源休为京兆尹、判度支，李忠臣为皇城使。

同卷"十月丁巳（十三日）"条又载：

> 幽州兵救襄城者闻泚反，突入潼关，归泚于奉天，普润戍卒亦归之，有众数万。

值得注意的是，尽管我们很容易发现，首先，《资治通鉴》庚戌条关于幽陇溃兵的统帅为张廷芝和段诚谏两人的记载，明显是承袭自两唐书《朱泚传》，但其关于这支军队逃归过程的记载却与《朱泚传》完全相反。而参照《陈利贞墓志》，则《资治通鉴》所谓张廷芝"将数千人救襄城，未出潼关，闻朱泚据长安……溃归于泚"的记载显然是错误的。其次，尽管《资治通鉴》采纳了《奉天录》关于有两批不同的幽陇兵逃归关中的看法，但其编撰两事的时空关系要远比《奉天录》来得清晰。

既然《资治通鉴》的文本依据是《朱泚传》和《奉天录》①，那么为什

---

① 据《考异》，司马光在撰述"奉天之难"这段历史时，似乎并没有直接利用赵元一的《奉天录》一书，而是参考了徐岱的《奉天记》和崔光庭的《（德宗）幸奉天录》。此二书虽与《奉天录》均见著于《新唐书》卷58《艺文志二》，不过现已不存。但笔者比勘《考异》所引《奉天记》及《幸奉天录》的文字与赵元一《奉天录》中的相关内容，可以发现三者的文字叙述极为接近，部分文字甚至完全雷同。不过有两处《考异》所引《幸奉天录》的内容并不见于《奉天录》中，因此《幸奉天（转下页）

么《资治通鉴》要对其进行截然相反的改写？既然《资治通鉴》有关陈利贞的记述是错误的，那么我们是否就可以完全否定《资治通鉴》的撰述？《资治通鉴》的这两条记载是否就像黄永年先生所认为的那样，是将"溃归于泚"一事错成了两起。①《朱泚传》的记载是否就可信？《奉天录》中关于幽陇兵逃归事件模棱两可的记载，其真相究竟如何？

我想，要揭示出幽陇兵溃归朱泚的真相，并解答上述的种种困惑，唯一的方法或许是从并非作为《资治通鉴》史料来源的其他史料入手。幸运的是，有关时任华阴尉李夷简的史料，就为我们解决上述问题提供了一些重要线索。《册府元龟·令长部·明察》卷705：

> 李夷简建中末为华阴尉。德宗发䶖（幽）陇戴兰、段成（诚）谏等数将兵东讨李希烈，逦迤进发，相次出关。朱泚既僭位，乃使以伪诏追令，却回至华阴县。夷简见泚使非常人也，言于知驿官李翼，令捕斩之。翼初未许，夷简再三言，乃令追及于潼关，即泚所使腹心刘忠孝赍书牒也。遂与关使骆元光立杀之，故泚所召兵不得时入关，骆元光得以整齐师旅，华州竟免陷贼。

又《新唐书·李夷简传》：

> 德宗幸奉天，朱泚外示迎天子，遣使东出关至华（笔者按：疑为东出华至关），候吏李翼不敢问。夷简谓曰："泚必反。向发幽、陇兵五千救襄城，乃贼旧部，是将追还耳。上越在外，召天下兵未至，若凶狡还西，助泚送死，危祸也。请验之。"翼驰及潼关，东得召符，白于关大将骆元光，乃斩贼使，收伪符，献行在。诏即拜元光华州刺史。元光掠功，故无知者。

又《新唐书·李元谅传》：

> 先是，诏发䶖（幽）、陇兵东讨李希烈。师方出关，泚使刘忠孝召还；至华阴，华阴尉李夷简说驿官捕之，追及关，（李）元谅（即

（接上页）录》所载的事迹可能要比《奉天录》更多一些。所以，尽管《资治通鉴》的撰述可能并没有直接利用过《奉天录》，但《奉天录》所依据的原始材料经由可能基于同一批材料撰述的《奉天记》和《幸奉天录》，已经为《资治通鉴》所采纳了。

① 黄永年：《泾师之变》，《六至九世纪中国政治史》，第408页注1。

骆元光)斩以徇,所召兵不得入,由是华州独完。

　　结合上述有关李夷简的史料,我们推测,当时逃归朱泚的幽陇兵确切地说应该有两批。十月六日左右逃归长安的是由戴兰、段诚谏率领的人马。李夷简的史料所记录的就是这批人马的情况。如果《新唐书·李夷简传》的记载正确,那么这批幽陇兵的人数当在五千。① 从上述记载看,这批幽陇兵东行的目的与张廷芝部一样,也是为了救援襄城。我们知道,在哥舒曜、刘德信、李勉三帅于襄城大败于李希烈后,德宗不得不为之发五千泾原兵。在上文中,我们曾认为泾原兵是德宗征调的最后一批关中军队。不过在这里,史料隐约告诉我们,德宗很可能在征发泾原兵的同时或稍前,还征发过一支来自凤翔的幽陇兵。泾原兵在途经长安时发生哗变,拥立前凤翔统帅朱泚为主。而这支幽陇兵却已经顺利东行,并出了潼关。就在此时,朱泚派遣其心腹刘忠孝诏追这支幽陇兵回关,但已行至华州属县华阴的刘忠孝却被华阴县尉李夷简、驿官李翼、潼关关使骆元光成功截获,所以刘忠孝并没有出潼关(潼关位于华阴县东)。《资治通鉴》十月六日条是误把刘忠孝未出潼关错成了段诚谏部未出潼关。事实上,后者不仅出了潼关,并且如《奉天录》所显示的,已经过了陕州到了河南府的渑池县。不过,渑池或许是这支军队东行的最后一站,因为很可能也就在这里,这支军队听说了朱泚为泾原兵推戴的消息,并开始返回长安。在返回长安的过程中,这支幽陇军内部又发生了一起事件,这就是《资治通鉴》十月六日条说的"杀其大将陇右兵马使戴兰"。幽陇兵之所以要杀戴兰,很可能是因为后者与襄城的陈利贞一样,既不属于幽州系,也反对他们逃归朱泚。

　　我们知道,朱泚为泾原兵所推任并不是事先预计好的行为。而从《奉天录》《资治通鉴》等记载看,在德宗因泾原兵哗变出逃奉天、朱泚为泾原兵推任(事在十月四日)后,对于迎驾还是自立,朱泚一开始并没有下定明确的决心。即使在源休劝朱泚僭伪后,《奉天录》仍称:"泚甚悦之,犹尚未决。"② 那么,究竟是什么原因促使朱泚在几天后最终下决心僭伪呢?《奉天录》卷一的这条"朱泚既纳源休僭伪之说,又得幽陇三千人与哥舒曜。救援者行至渑池县,闻朱泚僭伪,返旆投泚。泚自谓众望所集,

---

① 但也可能如两《朱泚传》、《奉天录》卷1所记载的为三千。具体原因见下文的分析。

② 《奉天录》卷1。

于是以源休为京兆尹，判度支李忠臣为皇城留后"的记载，暗示了正是得因于幽陇兵的回师相助，才促使原本"犹尚未决"的朱泚最终下定僭伪的决心。但此时回师相助朱泚的幽陇兵，只是此前刚刚离开长安、正在赶赴襄城途中的戴兰、段诚谏部众，并不包括早已在襄城作战的张廷芝、陈利贞部众。

我们知道，朱泚是"失权废居"① 的前幽陇统帅，虽然其因"昔在泾有恩"② 的缘故，被当时群龙无首的泾原兵推戴为主，但对于前者来说，泾原兵毕竟不是他的嫡系。而且正如黄永年先生所指出的，当时除了泾原兵外，围绕在朱泚身边的"不是手无寸铁的朝官，就是久已失去兵柄的光杆军人，并不能给朱泚补充什么实力"，所以这也正是为什么朱泚在此时急于罗致党羽，尤其首先要罗致其时亦废权在京的前泾原统帅段秀实的原因。③ 这样来说，我们也就同样可以想见，为什么直到获得本系的数千幽陇兵支持后，朱泚才最终觉得是"众望所集"，并随即以"奉迎乘舆"④ 为名，"遣其将韩旻领马步三千疾趋奉天"⑤ 谋袭德宗（事在十月六日或七日），并于八日正式称帝，放心大胆地反叛唐廷了。因此，上引《册府元龟·令长部·明察》称朱泚在僭位后，才"使以伪诏追令"的时间顺序并不正确。不过，史料关于朱泚欲追还旧部的记述倒是可信的。也就是说，朱泚的"犹尚未决"可能并不是在犹豫是否该僭伪，而是在观察和等待他的嫡系幽陇兵的动向。而对于幽陇兵来说，它的回归不是朱泚僭伪后锦上添花的一笔，相反，正是促成后者僭伪的关键砝码。

到了十月十三日左右，也就是朱泚自称大秦皇帝的数天后，他又得到了第二批幽陇兵的支持，这就是由张廷芝从襄城带来的幽陇士卒。据《陈利贞墓志》记载，哥舒曜麾下的张廷芝部与同属前者的陈利贞部（也就是

---

① 《旧唐书》卷 200 下《朱泚传》。
② 《新唐书》卷 225 中《逆臣中·朱泚传》。
③ 参见黄永年：《泾师之变》，《六至九世纪中国政治史》，第 409~410 页。
④ 《奉天录》卷 1。
⑤ 《旧唐书》卷 128《段秀实传》。《奉天录》卷 1 只言："（朱泚）发锐卒三千奉迎乘舆，阴起逆谋。"《资治通鉴》卷 228 "建中四年十月辛亥（七日）"条称："遣泾原兵马使韩旻将锐兵三千"，似乎韩旻是泾原军中的将领。但《旧唐书》卷 12《德宗纪上》则称韩旻为"幽州军士"。旧纪的记载应该更为准确，因为朱泚将袭谋奉天的任务交由本系将领领导，更为可信。而据唐末人苏鹗《杜阳杂编》卷上记载，韩旻亦为此后随朱泚败逃的"心腹卫士"（北京，中华书局，1958 年，第 26 页）。

《资治通鉴》十月十三日条所说的"普润戍卒")在河南发动了叛乱。虽然墓志称张、陈所率领的幽陇兵叛乱很快就被陈利贞平定了下来,但"庭芝逸"三字还是显示了张廷芝在乱后逃离了河南。至于他逃离时是否带走了叛乱的幽陇兵,带走的幽陇兵人数多少,我们已经无法知道了。① 但可能不至于像《资治通鉴》描述的"有众数万",两唐书《朱泚传》或《奉天录》卷一所说的"三千"也许是更为可信的数字。②

从墓志所谓"俄而朱泚以关中僭逆,凡幽蓟河陇之卒尝隶于泚,千里之外应之"与《资治通鉴》十月十三日条所谓"幽州兵救襄城者闻泚反,突入潼关,归泚于奉天"的记载看,河南的幽陇兵应该是在得知朱泚僭位的消息后才在河南发动叛乱,并企图逃回关中投奔原主的。诚然,朱泚的僭位应该是引发襄城部众逃归的导火线,但是,我们也不要忽视了墓志此前的一句话:"戎帅(指哥舒曜)苍皇自拔,乱不能遏。叛将庭芝谋害之者数四,(陈利贞)阴为之制,使不得发。"尽管现存史料没有提供任何有关张廷芝欲数度谋害哥舒曜的记录,因此墓志的这条记载很可能只是墓志作者为凸显陈利贞功绩而对张廷芝所作的欲加之罪。但它也可能正表明,作为朱泚嫡系的幽陇兵,它与禁军统帅哥舒曜之间确实存在着严重矛盾。而这种矛盾又很可能在幽陇兵得知朱泚僭位之前就已经存在了。至于两者矛盾的原因,虽然史料没有明载,不过我们从《新唐书·哥舒曜传》的下述记载中或许还可以找出一些线索:

> 襄城陷,曜走洛阳。会母丧,夺为东都畿、汝节度使。迁河南尹。曜拙于统御,而锐杀戮,士畏而不怀。贞元元年,部将叛,夜焚河南门,曜挺身免。帝以汴州刺史薛珏代之,召入为鸿胪卿。

哥舒曜在建中四年十月九日由襄城逃往洛阳后不久,就被免去了"东都畿、汝节度使"一职。不过德宗在当时并没有另行任命他人担任该职,而且哥舒曜在被罢免是职后,又被任命为"河南尹",也就是说,其与部众仍旧驻扎在洛阳。直到贞元元年其部众发生叛乱,德宗才正式征调其入

---

① 我们无法推知陈利贞墓志中"由是其众定"的"其"是单指陈利贞所部,还是包括张廷芝所部。同样也无法推知所谓"其众定"仅仅是指利贞在河南平息了幽陇兵骚乱,还是包括他在随后又成功阻止了幽陇兵跟随张廷芝一起逃还关中。

② 但这里的"三千"溃卒也可能是《旧唐书·朱泚传》和《新唐书·朱泚传》及《奉天录》卷1误把第一批逃归关中的段诚谏部众人数算作襄城士卒的结果。

朝,同时"以工部尚书贾耽兼御史大夫、东都留守、都畿汝州防御使,以汴州刺史薛珏为河南尹"①。从上述史料看,哥舒曜并不是一个得军心的统帅。而且如果说张廷芝的幽陇兵在建中四年的叛乱是哥舒曜所部的第一次叛乱的话,那么贞元元年的这次"部将叛"就应该是哥舒曜所部的第二次叛乱了。而倘若在此前的叛乱中,哥舒曜尚因得到陈利贞等的协助逃过数劫的话,那么贞元元年在洛阳,他唯有"挺身以免"的一条出路了。② 这样说来,在建中四年的张廷芝事件中,哥舒曜的"拙于统御,而锐杀戮"是不是也可能成为一部分诱因呢?

如果沿着这一思路继续考察史料的话,我们就会发现,哥舒曜军队中存在的问题其实还不少。从上文的分析中我们已经注意到,在所有这些被德宗派遣出去的关中军队中,哥舒曜率领的这支行营军队的构成是最复杂的。它其实是由屯驻在关中不同地区的禁军,并夹杂着外系藩镇军共同构成,而它的统帅"左龙武大将军"哥舒曜也是临时被德宗任命指挥这支军队的。所以陆贽在不久后会向德宗提出警告说,哥舒曜是"以乌合之众,捍裹野豺狼之群"③。这样的杂牌军较其他整齐划一的军队显然更可能出现不稳定的情况。

此外,虽然《奉天录》一书关于此军的论述有限,然而在为数不多的两处记载中都提到了以下这一问题:

> 时哥舒曜孤军无援,粮储不继。贼得其便,重围数周,甲士日惟半菽,马淘墙皮而刍焉。潜表请济师。

> 初,公(指哥舒曜)驻军于襄城也,希烈莫不慑惧焉,有枝梧之象……但国军多故,粮尽援绝,三将败绩于薛店,城中战士中矢者十有八九焉。城外凶众中,飞矢抛木者,壕堑俱满。公坚守孤城,粮竭于内,援绝于外,军志曰:"设有金城汤池,带甲百万,无粟者不可守也。"公遂拔城而遁焉。④

所以正如《资治通鉴》所说的:"哥舒曜食尽,弃襄城奔洛阳。李希烈陷

---

① 《旧唐书》卷12《德宗纪上》。
② 据《陈利贞墓志》看,陈利贞在平息幽陇兵叛乱后被任命为汝州刺史,换言之,他并没有在随后与哥舒曜一起驻扎洛阳。
③ 《陆贽集》卷11《论两河及淮西利害状》,第329页。
④ 《奉天录》卷1。

襄城。"① 襄城其实不是被李希烈攻破的，而是哥舒曜食尽粮绝主动放弃的，而后者逃奔洛阳的主要目的就是食粮。

以上的分析为我们重新检视建中四年十月的张廷芝逃归事件提供了一个可资参考的背景。尽管引发襄城幽陇兵叛乱的导火线应该是其众"闻泚反"而欲"归泚于长安"，但军队的作战失利、主将的为帅不仁，尤其是粮饷的耗竭却都可能对幽陇兵的叛乱起到火上浇油的作用。而且如果像《陈利贞墓志》所说的，幽陇兵果真想要谋害哥舒曜的话，后述的几个理由或许对解释其谋害动机更具说服力。德宗的谋士陆贽在不久后所作的《兴元论请优奖曲环所领将士状》，为我们上述的分析提供了进一步的依据。状文称：

> 曲环所领一军，悉是朱泚部曲，或顷在凤翔所管，或本从河朔同来，后因汴、宋用兵，权抽赴彼应援，所以行营将士，犹举幽、陇为名，今之元凶，乃其旧帅。岐下则楚琳助乱，蓟门则朱滔党奸，独此偏师，漂然河上，其营幕则寄于他土，其家属则陷于匪人。又属汴路奸（艰）虞，浚城陷覆，粮饷屡绝，资装久殚，士卒常情，固难安处。是宜溃归旧管，否则散适乐郊……愿陛下不以常人遇之，不以常事遣之。方今势可相资，唯有江左完实，恐须密敕韩滉，切令赡恤此军，器甲衣粮，咸使周足。因赐刘洽手诏，亦委加意保持，若得自存，必有成绩。

陆贽的这篇状文是在得到曲环因其军"穷匮转甚"而"告急朝廷"的奏章后，向德宗递呈的。状文明确指出了，"粮饷屡绝，资装久殚"是士卒"溃归旧管"的一个重要诱因。或许陆贽的此番言论已暗示了与曲环部众同出一系的襄城士卒，当时就是因为军资出现问题而发生叛乱的。当然，我们也不能否认曲环的上奏有借此前的幽陇兵叛乱来为己军谋福利的用意，但一则资粮紧缺确是当时勤王军队普遍存在的问题；二则曲环奏章中的"穷匮转甚"即便只是一个借口，也必然有其成为借口的事实依据；三则，若器甲衣粮不是大问题的话，在曲环上奏后，陆贽也不会有复上状文之举，并急谏德宗要"密敕（两浙观察使）韩滉，切令赡恤此军，器甲衣粮，咸使周足"。

---

① 《资治通鉴》卷228 "建中四年十月"条。

分析至此，我想我们可以解答上文提出的一些问题了。尽管《资治通鉴》关于幽陇兵"溃归于泚"的记载也存在一些错误，但大体而言，它的撰述仍是最完备和可信的。① 在建中四年十月三日"泾师之变"发生后，先后有两批幽陇兵逃归朱泚。十月六日左右逃归长安的段诚谏部众对促成朱泚反唐起了关键的作用。而十三日左右来到关中的张廷芝部众则再一次为朱泚攻打奉天注入了强有力的兵源。② 这正是为什么本已丧失兵权、身边亦无嫡系军队支持的朱泚，不仅能够在短短几天内就对奉天的唐廷展开几乎是致命的打击，还有余力派其部下仇敬忠、李日月、何望之等人四处出击，试图控扼蓝田关、潼关等京东关隘的原因。③

综上，我想我们可以对德宗朝前期的关中政治走向，以及"奉天之难"发生的原委等问题进行一下总结了。我的结论有三点：第一，从关中军队的构成情况，及其在"四镇之乱"中的调遣顺序来看，以神策军为主的禁军的崛起，已经成为德宗朝初期关中军事发展的一个显著动向。经过代宗一朝逐渐发展壮大的神策军，到德宗初年正式成为帝国应对内外危机的首要支柱，并且成功取代了朔方军成为唐廷新的嫡系部队。朔方军虽然丧失了它的嫡系位置，但鉴于其实力与传统地位，仍不失为关中三大派系中最受德宗重视的一支力量。而神策将领与凤翔的幽陇军队之间微妙的统属关系，则显示了我们在上文中多次提及的凤翔一镇军事结构多元化的特质。凤翔也因此成为仅次于朔方的可以为德宗所利用的外系力量。至于泾

---

① 两唐书《朱泚传》的记载错误最大。《奉天录》的记载尽管提供了一些不见于他书的细节，但也许是由于赵元一本身也没有完全弄清楚两次幽陇兵逃归关中事件的始末原委，所以他的记述也很模糊。有关李夷简的三条史料其实也有错误，不过主要集中在史料最后关于骆元光的记载上，与本文的论述暂无关系。

② 《奉天录》卷1称："初，十日，朱泚自统众攻奉天。"《资治通鉴》卷228"建中四年十月"条则系此事于"丁巳日（十三日）"下。《奉天录》卷1十月十三日则称："十三日辰时，贼军大合城下交战。"两唐书《德宗纪》的记载也显示，奉天唐军与朱泚军队的正式交战始于十三日。而《资治通鉴》系"幽州兵救襄城者闻泚反，突入潼关，归泚于奉天，普润戍卒亦归之"一事亦于十三日下，并且明言"归泚于奉天"，看来张廷芝部众在来到京师后，可能直接被朱泚用于攻打奉天了。

③ 参见《奉天录》卷1、《资治通鉴》卷228"建中四年十月丁巳"条、杜确《唐故华州潼关镇国军陇右节度支度营田观察处置临洮军等使开府仪同三司检校尚书左仆射兼华州刺史御史大夫武康郡王赠司空李公（元谅）墓志铭并序》（吴钢主编：《全唐文补遗》第三辑，西安，三秦出版社，1996年，第128页）。

原，则是关中三大派系中最不为德宗所信任的，所以也是最晚派往关东的。当然，这支最不为德宗信任的泾原军果然在此后发生了变乱，并将德宗赶出了长安。

第二，在"奉天之难"中，向来的研究多集中在"泾师之变"与"李怀光叛乱"两事上。我们的研究却指出，在这两起事件之间，其实还发生过两起"幽陇兵叛乱"的事件。尽管后者的发生地可能都在河南，但它的影响却在关中。正是由于幽陇兵的逃归，最终促使了朱泚的僭伪。因此，朱泚的僭伪是泾原的四镇北庭兵与凤翔的幽陇兵合力促成的结果。有趣的是，这三起叛乱的发动者分别来自关中的三大派系。"泾师之变"是由泾原的四镇北庭兵挑起的，"幽陇兵叛乱"则是由凤翔的幽陇兵挑起的，至于李怀光事件，则是来自邠宁的朔方军集团的一次"叛乱"。

第三，黄永年先生的论述已经指出，"泾师之变"与"李怀光叛乱"的原因主要是唐廷对于外系藩镇的不信任。① 至于这种不信任的表征，既体现在德宗对于泾原与朔方两镇元老重臣的罢职，也体现在唐廷对于外系藩镇的犒赏不济或禀赐不均。② 京西北地区差强人意的经济环境，以及"四镇之乱"爆发后关中的财政困窘，当然是导致上述犒赏不济或禀赐不均的最终根源。但在这种局面下，唐廷首先想到的是保证它的嫡系神策军

---

① 参见黄永年：《泾师之变》，《六至九世纪中国政治史》，第 401～431 页。

② 关于后一点，除了黄永年先生的论述外，陈寅恪先生在《论李怀光之叛》一文中也曾经指出，"禀赐不均"是导致李怀光统率的朔方军叛乱的主要原因，其时的"禀赐不均"具体体现在朔方军与李晟所率领的神策军的对比上。（见《金明馆丛稿二编》，北京，生活·读书·新知三联书店，2009 年，第 317～319 页）其实，唐廷对于朔方军的禀赐不均不仅体现在朔方军与神策军的对比上，也同样体现在朔方军与关东藩镇的对比上。《资治通鉴》卷 227 "建中二年十一月"条就载，其时赴援徐州的朔方军唐朝臣部就曾因"资装不至，旗服弊恶"而为宣武军所嗤。至于因犒赏不济而引起的泾原兵叛乱，虽然黄永年先生说"泾原的安西北庭兵本来就是极不安稳惯于闹事作乱的部队"，但如果我们对四镇北庭兵自安史之乱以来历次的"闹事"作一下分析，我们就不难发现，它的"极不安稳惯于闹事"多半是与军实不济和生存状况恶劣相关的。上文说的宝应元年四镇北庭旧帅荔非元礼在翼城被害事件即由"将士粮赐不充"而致。白孝德由鄜坊移镇邠宁、奉天之时，四镇北庭军亦因"乏食"、"公廪亦竭"等原因，发生"所过掠夺"、"群行剽盗"等行径。大历三年，马璘徙镇泾州，刀斧将王童之亦因当军"侨居骤移，颇积劳怨，人心动摇"之故欲导以为乱而未成。建中元年宰相杨炎请筑原州城一事，亦招致"坐席未暖，又投之塞外"的泾原将士不满，并最终引发刘文喜的叛乱。

的军饷供应，而不太在意外镇的生存状况。而这些外镇，又恰恰曾是安史之乱时代唐廷的股肱。这种际遇落差难免会使外镇将士的心理产生波动，并最终诱发其做出不利于唐廷的过激行为。

至于"幽陇兵的叛乱"，其实也导源于唐廷对于外系藩镇的不信任这一点。幽陇兵的首领朱泚在建中三年因失去德宗信任而被罢免兵权。他的"失意"无论对于德宗君臣、泾原兵①、幽陇兵，还是朱泚本人来说都是心知肚明的。② 所以朱泚的僭伪与这层心理因素应该有关。而赴援襄城的幽陇士卒，其叛乱动机虽未必与泾原、朔方两军完全相似，但得不到禁军将领哥舒曜的善待，以及更为严重的粮饷耗竭因素，也可能在促成襄城的幽陇兵叛乱中扮演重要角色。如此来看的话，这三起叛乱背后的原委，以及所反映出的关中政治、经济的矛盾或许具有一致性，并且都可以找到其历史根源。

（三）德宗出幸奉天后关中军队的新动向

得泾原与凤翔两军的支持，朱泚随即向奉天的行在发起攻击。我们现在所要考察的是德宗逃往奉天后关中军队的新动向。史称德宗仓促巡幸奉天，所带部卒极为有限：

> 上料近藩兵马可以赴难者，颁下手诏谕之，皆如期至。③

最先赶来的是邠宁留后兵马使韩游瓌与庆州刺史论惟明，他们约带了三千人马在十月十二三日左右赶到奉天。④ 不久后，灵盐节度留后杜希全、盐州刺史戴休颜、夏州刺史时常春，会同鄜坊节度李建徽也率兵奔赴奉天。不过他们在由邠州去往奉天的漠谷道中遭到朱泚部众的伏击，不得不暂时退还邠州。⑤

---

① 《奉天录》卷1称："上（指德宗）乃出白苑北门，六军羽卫才数十骑。或曰：'朱泚是失意之臣，恐怀侥幸，不如遣十骑捕之，使陪銮辂。若脱于泉，为害滋甚。不然，以卒诛之。养兽招祸，立可俟矣。'"又，"既而群盗（指泾原兵）与（姚）令言谋议，虑难持久，或曰：'太尉朱泚久囚，必生异志，若迎而为主，事可捷矣。'"

② 《全唐文》卷526朱泚《遗弟滔书》中称："吾顷典郡四镇，蕃夷战慑；唐主不察，信谄谀之说。吾罹奸臣之祸，便夺兵权，虽位列上公，诏书继至，情怀恍忽，百虑攒心。"

③ 《奉天录》卷1。

④ 参见《奉天录》卷1、《资治通鉴》卷228"建中四年十月丁巳"条。

⑤ 参见《奉天录》卷1、《资治通鉴》卷229"建中四年十一月"条。

对于唐廷来说，由于为应付两河叛镇，关中的精锐部队已经全部抽空，且其时凤翔已站在朱泚一边，留守泾州的泾原军实力有限，唯有在军资上提供唐廷支持，因此唐廷所能依仗的，除了为数有限的行营人马，只有邠宁留后、灵盐以及鄜坊三镇的军队。然而这三者都是朔方军的别支，力量不强，在与朱泚的对抗中始终未占上风。这也正是四十余日的奉天保卫战之所以激烈的原因。

奉天之围的最终解除，仰赖的是李怀光所率朔方军主力的及时回归。李怀光于十一月中旬回军泾阳（京畿属县），并败朱泚于醴泉（京畿属县），迫使后者不得不抽兵却收长安，所以时议以为："怀光复三日不至，则（奉天）城不守矣。"①

作为"功无与议"的解围奉天第一功臣，李怀光因无法得到唐廷的信任，在随后带领朔方军发动了变乱，迫使德宗再迁梁州。值得注意的是，邠宁留后、灵盐、鄜坊虽然都是曾属朔方军系统的势力，但在此后的"李怀光叛乱"中，他们却都没有参与到朔方军主力的这起叛乱里。即使在邠宁和灵盐一方曾有过短暂的徘徊和骚乱，但很快就都被支持唐廷的将领镇压了下去。② 所以在兴元元年秋护送德宗还驾长安的"麟阁功臣"名单里，我们依旧会看到杜希全、李建徽、韩游瓌、论惟明、戴休颜等人的名字。

在得知德宗身陷奉天的窘境后，关东的四支禁军也在第一时间回撤长安。最早回到长安的是刘德信、高秉哲部，他们在十月十日就已拔离汝

---

① 《资治通鉴》卷229 "建中四年十一月"条。《奉天录》卷2亦称："李怀光返斾，解奉天重围，实救雁门之急，功无与议也。"

② 《资治通鉴》卷230 "兴元元年三月"条："上（指德宗）之发奉天也，韩游瓌帅其麾下八百余人还邠州……都虞候阎晏等劝怀光东保河中，徐图去就，怀光乃说其众曰：'今且屯泾阳，召妻孥于邠，俟春，与之俱往河中。春装既办，还攻长安，未晚也。东方诸县皆富实，军发之日，听尔曹俘掠。'众许之……怀光遣使诣邠州，令留后张昕悉发所留兵万余人及行营将士家属会泾阳，仍遣其将刘礼等将三千余骑胁迁之。韩游瓌说昕曰：'李太尉功高自弃，已蹈祸机。中丞今日可以自求富贵，游瓌请帅麾下以从。'昕曰：'昕微贱，赖李太尉得至此，不忍负也！'游瓌乃谢病不出，阴与诸将高固、杨怀宾等相结。时崔汉衡以吐蕃兵营于邠南，高固曰：'昕以众去，则邠城空矣。'乃诈为浑瑊书，召吐蕃使稍逼邠城。昕等惧，竟不敢出。昕等谋杀诸将之不从者，游瓌知之，先与高固等举兵杀昕，遣杨怀宾奉表以闻，且遣人告崔汉衡。汉衡矫诏以游瓌知军府事，军中大喜……四月，壬寅，以邠宁兵马使韩游瓌为邠宁节度使……灵武守将宁景璿为李怀光治第，另将李如暹曰：'李太尉逐天子，而景璿为之治第，是亦反也！'攻而杀之。"

州，星夜奔赴沙苑监（属同州），并因天下转输食粮在东渭桥之故，于十月中旬成功收复此地，并就昭应（京畿属县）移军于此。① 阳惠元部很可能是在十一月中旬与李怀光的朔方军一同回到长安的，并且或许同朔方军一起先驻扎在泾阳，后移镇咸阳（京畿属县）。十一月下旬，神策军李晟部自赵州回师，军次栎阳（京畿属县）。不久李晟斩刘德信，合并其军，移师东渭桥。② 与此同时，襄阳的尚可孤亦"自武关入援，军于七盘，败泚将仇敬（忠），遂取蓝田（京畿属县）"③。

由于这些禁军的及时回撤，成功遏制了朱泚向京东的发展。虽然他们对于奉天之围的解除没有起到直接作用，但由于他们与其他一些藩镇军队及时占据了长安东、北面诸县（包括东、中、西三渭桥），尤其是掌握了对潼关与蓝田关的控制，孤立在奉天的唐廷至少可以获得东部的军事与物资援助，不至于困死关中。尽管这些禁军及其统帅的命运在此后不尽相同，但他们在关中乱前与乱后始终忠奉王室的表现，无疑都证明了作为唐室嫡系，他们与外系藩镇的迥然不同。更为重要的是，当李怀光叛乱后，京东与京西北的勤王军队便由听命于李怀光转向受李晟节制。至此，李晟与神策军正式奠定了他们作为"奉天定难"第一功臣的地位。

最后我们来谈一下关中的三大派系在乱中的表现。无疑，德宗初年关中的三起变乱就是由泾原、凤翔、朔方三镇的军队发动的，变乱几乎颠覆了唐祚，将帝国推到了崩溃的边缘。但是，三镇中的任何一方，都没有举镇投入反叛的行列中。不仅如此，三镇内部还形成了互相对立的不同集团。比如在泾原一边，赴援关东的姚令言部虽然在长安发生哗变，将德宗赶出了京师，但留守泾州的冯河清、姚况却"集将士大哭，激以忠义，发甲兵、器械百余车，通夕输行在"④。凤翔方面，虽然救援襄城的幽州兵返旆以助朱泚，岐、陇两州的幽州将领也在袭杀张镒后投降了前者。但是，幽州兵中仍有曲环这样的部众，后者在德宗初年的整个战事中一直恪守其职，帮助唐廷对抗淄青和淮西。朔方的情况则更为明显，且不论上述几个朔方支系的藩镇，就在李怀光直接统率的军队里，他的将领、幕僚，甚至其子都曾否定和抵制过他的决定。而那些普通士卒，即便拥护怀光撤归河

---

① 参见《奉天录》卷1。
② 参见《奉天录》卷2。
③ 《资治通鉴》卷229"建中四年十一月"条。
④ 《资治通鉴》卷228"建中四年十月"条。

中的抉择，但也大多不赞成他与勤王军队对抗的想法。况且我们知道，朔方军唐朝臣部在战乱始终一直坚定地站在唐廷一边。

同时，只就三镇叛乱一方的表现来看，三镇也始终没有联起手来一致对付唐廷。史称当朱泚受李怀光攻击退守长安后，

> 所用者惟范阳、神策团练兵。泾原卒骄，皆不为用，但守其所掠资货，不肯出战。又密谋杀泚，不果而止。①

而黄永年先生也早已指出，在朱泚叛乱中，相继倒向朱泚的凤翔、泾原二镇，看似应该全力支持前者，但伪凤翔节度使李楚琳、泾原节度使田希鉴不但没有实际发兵援助朱泚的军事行动，更是在叛乱始终都表现出举棋不定、首鼠两端的特质。② 最为学者所注意的，当然就是李怀光在叛乱中的表现了。实际上，李怀光最终选择了"既不与朱泚联军，更没有进逼奉天、梁州，而只是退守河中这个朔方军根据地以自保"③。这自然也就成为不少学者质疑怀光是否"叛乱"的关键所在。

众所周知，朔方军是平定安史之乱与抗击吐蕃的第一大功臣，但其不为唐廷信任的命运，也早在其平乱伊始就奠定了。对于朔方将士来说，他们自乱起就一直面临着被重用与被怀疑的双重考量，这是这支军队始终徘徊在自傲与自卑双重性格中的根本原因。他们很自然地认为他们曾经是帝国的股肱，也必然永远是帝国的股肱；他们有责任为帝国的前途拼命，但也应该享有相应的待遇和地位。但是他们没有搞清楚，或许在一开始，帝国就没有想将他们作为股肱来对待的意思。对于一支过于强大而又不属嫡系的勤王军队来说，"狡兔死，走狗烹"或许是其必然的归宿。贞元元年八月，在勤王军队的围逼下，

> 怀光不知所为，乃缢而死……及怀光死，（其子）璀先刃其二弟，乃自杀。④

---

① 《资治通鉴》卷229"建中四年十一月"条。
② 参见黄永年：《泾师之变》，《六至九世纪中国政治史》，第410~411页。
③ 黄永年：《泾师之变》，《六至九世纪中国政治史》，第429页。
④ 《资治通鉴》卷232"贞元元年八月"条。（唐）李冗《独异志》卷下称："（怀光）有子七人，其长曰钴。谓诸弟曰：'我兄弟不可死于兵卒之手，曾不自裁！'于是执剑俱斩弟首，堆积叠之，立剑于中，以心淬剑，乃洞于胸。闻者伤之。"（张永钦、

李怀光的悲剧命运,也许只是为这支曾经强势的军团跌宕起伏的经历再加一重哀乐与挽歌而已。

四镇北庭军的身份与朔方军相似,虽然其实力与地位要逊于后者。诗人杜甫曾经这样描述当年四镇、北庭军千里迢迢赶赴关中待命赴援的情景:

> 四镇富精锐,摧锋皆绝伦。还闻献士卒,足以静风尘。老马夜知道,苍鹰饥著人。临危经久战,用急始如神。
>
> 奇兵不在众,万马救中原。谈笑无河北,心肝奉至尊。孤云随杀气,飞鸟避辕门。竟日留欢乐,城池未觉喧。①
>
> 北庭送壮士,貔虎数尤多。精锐旧无敌,边隅今若何。妖氛拥白马,元帅待琱戈。莫守邺城下,斩鲸辽海波。②

正史关于此军的军纪,也曾记载说:"安禄山反,肃宗追之,诏至,即引道,(李嗣业)与诸将割臂盟曰:'所过郡县,秋毫不可犯。'"③就是这样一支军资充实、军容光鲜、军纪整肃的军队,到大历三年十二月移镇泾州时,史料已称:

> 初,四镇、北庭兵远赴中原之难,久羁旅,数迁徙,四镇历汴、虢、凤翔,北庭历怀、绛、邠然后至邠,颇积劳弊。及徙泾州,众皆怨诽。④

四镇北庭军的变乱频繁,在安史之乱后的节镇中可谓罕见,而这又与其生存状况的恶劣极有关系。不能不说,唐廷的漠视对导致四镇北庭军性格的转变有决定作用。四镇北庭军没有朔方军那样的军政实力和资本,他们作为唐室匡扶之臣的荣誉感也没有后者强烈。同时由于得不到唐廷的善待,

---

侯志明点校,北京,中华书局,1983年,第64页)李怀光之子名及人数与《资治通鉴》记载有所不同,但这则出于唐末士人之手的记载较之正史,却更为形象地为我们描绘了一幅怀光之子弑弟及自裁的惨烈状况。

① (唐)杜甫著,(清)仇兆鳌注:《杜诗详注》卷6《观安西兵过赴关中待命二首》,北京,中华书局,1979年,第488~489页。

② 《杜诗详注》卷6《观兵》,第507页。

③ 《新唐书》卷138《李嗣业传》。

④ 《资治通鉴》卷224"大历三年十二月"条。

四镇北庭军较早便显现出了自私与自利的性格。勤王与反叛已经不再是泾原士卒关心的重点,维护与固守自身利益才是他们价值观的核心。

《旧唐书·冯河清传》称德宗驾幸梁州后,泾原将"田希鉴潜通泚,使结凶党害河清"。但新书本传却说:

> 兴元元年,浑瑊以吐蕃兵败贼韩旻等,泾人妄传吐蕃有功,将以叛卒孥与赀归之,众大恐,且言:"不杀冯公,吾等无类矣。"田希鉴遂害河清,(姚)况挺身还乡里。

据新书的记载看,田希鉴是否主动"潜通朱泚,以结凶党害河清"倒是值得推敲的。《资治通鉴》卷231"兴元元年五月"条称:

> 吐蕃既破韩旻等,大掠而去。朱泚使田希鉴厚以金帛赂之,吐蕃受之。韩游瓌以闻。

除了受朱泚指使外,田希鉴厚以金帛赂吐蕃的举动会不会也有从本镇利益出发的考虑呢?田希鉴节镇泾原时,既没有公开出兵支持朱泚,也没有威胁在逃的德宗①,他最终在乱后为巡边的行营副元帅李晟处死。史称:

> 李晟以泾州倚边,屡害军帅,常为乱根,奏请往理不用命者,力田积粟以攘吐蕃……(兴元元年闰十月,晟托巡边诣泾州)……晟置宴,希鉴与将佐俱诣晟营。晟伏甲于外庑,既食而饮,(晟将)彭令英引泾州诸将下堂。晟曰:"我与汝曹久别,各宜自言姓名。"于是得为乱者石奇等三十余人,让之曰:"汝曹屡为逆乱,残害忠良,固天地所不容!"悉引出,斩之。希鉴尚在座,晟顾曰:"田郎亦不得无过,以亲知之故,当使身首得完。"希鉴曰:"唯。"遂引出,缢杀之,并其子萼。②

也许,仅就代言与维护本镇将卒的权利与意志,就已经决定了田希鉴必死的归宿。

凤翔的幽州军身份当然无法与前两者相提并论,但当年朱氏兄弟首开

---

① 这诚然如黄永年先生所推测的,可能是对朱泚能否成功没有太大的把握(见《泾师之变》,《六至九世纪中国政治史》,第411页),但也可能是因为泾原本镇当时实力已有限。

② 《资治通鉴》卷231"兴元元年八月"条。

河朔藩镇朝谒先河而为代宗所激赏的胜景也是近时未有的。不过，深烙于渔阳将卒身上的叛军印记，恐怕终究无法轻易抹去，也无法真正让唐廷释怀。史称建中三年四月，当幽州朱滔意欲拉拢时为凤翔节度使的朱泚合力反唐的蜡书被唐廷截获时，德宗立即召朱泚于凤翔，"命还私第，但绝朝谒，日给酒肉而已。以内侍一人监之"①。所以当一年多后，时已僭位的朱泚在写给朱滔的家信中就说：

> 吾顷典郡四镇，藩夷战慑。唐王不察，信谄谀之说，吾罹奸臣之祸，便夺兵权，虽位列上公，诏书继至，情怀恍忽，百虑攒心。②

这其中固然有为协谋反唐夸大自身不幸境遇的一面，但"情怀恍忽，百虑攒心"八字，也未尝不在一定程度上反映了朱泚当时真实的生存状况。史又称当德宗受泾原乱兵所迫仓促离宫时，翰林学士姜公辅就曾叩马谏曰：

> "朱泚尝为泾原帅，得士心。昨以朱滔叛，坐夺兵权，泚常忧愤不得志。不如使人捕之，使陪銮驾，忽群凶立之，必贻国患。臣顷曾陈奏，陛下苟不能坦怀待之，则杀之，养兽自贻其患，悔且无益。"③

而如果朱泚也在当时奔赴行在、谒见德宗，他的命运会不会就比僭位后的结局更好一点呢？如果我们联系一下与朱泚境况类似的原西川节度使崔宁奔赴行在后的遭遇：

> 上至奉天数日，右仆射、同平章事崔宁始至，上喜甚，抚劳有加。宁退，谓所亲曰："主上聪明英武，从善如流，但为卢杞所惑，以至于此！"因潸然出涕。杞闻之，与王翃谋陷之……（十月）乙卯，上遣中使引宁就幕下，云宣密旨，二力士自后缢杀之，中外皆称其冤。上闻之，乃赦其家。④

就不免让人对朱泚的命运也捏一把冷汗了。对于朱泚及幽州军来说，孤注一掷地消灭奉天的行在，也许是作为出身叛军集团的范阳将士们所能进行的为数不多的选择之一。因为唯有这样，他们身上不被信任的烙印才能被一劳永逸地彻底抹去。

---

① 《资治通鉴》卷227"建中三年四月"条《考异》引《幸奉天录》。
② 《奉天录》卷2。
③ 《旧唐书》138《姜公辅传》。
④ 《资治通鉴》卷228"建中四年十月"条。

总的来看，虽然都是强藩，朔方、泾原、凤翔这关中三镇所体现出来的矛盾性是两河藩镇所没有的。这种矛盾既体现在本镇内部对于勤王还是反叛存在差异，也体现在对自我认同为功臣还是叛贼存在犹豫。归根结底，这种矛盾性是它们无法在唐廷的重用与怀疑间摆正自己的位置。身处关中，又过于在意和受到唐廷的影响与制约，使得它们无法像两河藩镇那样早早确立自己的独立性格。因此在与唐廷的关系中，关中三镇其实始终处于被动的位置。此外，由于不像两河藩镇那样同出于安史集团，因此三镇彼此间没有过多的牵连。基于各自独立的系统，它们没能像两河藩镇，尤其是河朔藩镇那样深根蟠结、肱髀相依，也使得它们最终能为唐廷所各个击破。

对于德宗来说，两度出逃的尴尬以及爱女唐安公主的病逝，已经让他为自己对功臣的不信任付出了代价。① 不过我们也不能就此否认德宗初年对关中藩镇进行改革的意义，因为及时赴援的杜希全、李建徽、戴休颜等人就是在当年的改革中被杨炎提拔的。而神策军在乱中的表现，更是肯定了德宗极力培植此军的重要价值。而正是经由"奉天之难"一事，关中的三大派系正式瓦解。因此从长远来看，这反倒是帮助帝国彻底解决了关中的派系危机，为关中此后的权力重构铺平了道路。

（四）派系的瓦解

兴元元年七月，朱泚败亡，德宗还驾长安，随即"以（李）晟兼凤翔、陇右节度等使及四镇、北庭、泾原行营副元帅"②，着手处理朱泚乱后的京西北事宜。李晟上任伊始，即"治杀张镒之罪，斩裨将王斌等十余人"③。自李晟料理凤翔事宜后，凤翔的幽州因素基本上被彻底清除掉了。不仅如此，由于李晟是以神策将领的身份出镇凤翔，而且吐蕃不久后的再度侵袭又以凤翔为进攻主线，因此李晟统率的部分神策军实际上已要常驻当镇。贞元三年，李晟以太尉、中书令归朝，其将邢君牙"代为凤翔尹、凤翔陇州都防御观察使，寻迁右神策行营节度、凤翔陇州观察使"④。凤翔

---

① 这正是为什么德宗在听闻不为朱泚所用，又施计及时阻止朱泚军队攻击奉天的泾原旧帅段秀实在长安被朱泚手下杀死的消息后，"恨委用不至，涕泗久之"（《资治通鉴》卷228"建中四年十月"条）了。

② 《资治通鉴》卷231"兴元元年八月"条。

③ 《资治通鉴》卷231"兴元元年八月"条。

④ 《旧唐书》卷144《邢君牙传》。《新唐书》卷64《方镇表一·泾原》贞元三年："罢保义节度，置都团练观察防御使。未几，复置节度，兼右神策军行营节度使。"

一镇正式成为神策行营节镇。贞元十四年（798）邢君牙死后，德宗又"以右神策将军张昌为凤翔尹、右神策行营节度、凤翔陇右节度使，仍改名敬则"①。因此直到元和二年（807）张敬则死前，凤翔始终是以神策行营节镇的身份存在的。神策因素影响凤翔的状况虽然早在代宗初年就已出现，但直到"奉天之难"后，它才真正成为凤翔的主导力量。

和凤翔一样，泾原的军事力量因"泾师之变"也大为削弱。兴元元年闰十月，李晟又以巡边之名至泾州，"诛节度使田希鉴，罪其杀冯河清也"②，并斩泾州"为乱者石奇等三十余人"③。同时表以元从功臣、右龙武大将军李观为泾原节度使。④ 贞元四年（788）正月，德宗"以宣武军行营节度使刘昌为泾州刺史、四镇北庭行军泾原等州节度使"⑤。刘昌在上一年曾率八千宣武兵于泾州防秋⑥，这可能是其在李观死后被委以此职的原因。不过当刘昌任职泾州后，防秋的宣武兵已大多撤归汴州。⑦ 防秋兵的加入虽然一定程度上弥补了泾原的军事缺损，但其特质决定了防秋兵必然不可能在关中的军事格局中扮演主要角色。⑧ 因此刘昌镇边十六年"军储

---

① 《旧唐书》卷13《德宗纪下》。
② 《旧唐书》卷12《德宗纪上》。
③ 《资治通鉴》卷231"兴元元年闰十月"条。
④ 《旧唐书·李晟传》和《新唐书·李晟传》将表李观为泾原节度使事系于李晟诛田希鉴等人后，而《旧唐书·德宗纪》则系李观为泾原节帅事于李晟诛田希鉴前。
⑤ 《旧唐书》卷13《德宗纪下》。
⑥ 《权德舆诗文集》卷15《唐故四镇北庭行军兼泾原等州节度支度营田等使开府仪同三司检校尚书右仆射使持节泾原诸军事泾州刺史兼御史大夫上柱国南川郡王赠司空刘公神道碑铭并序》称："贞元三年，以偏师八千承诏护塞。"（第241页）不过对"护塞"的地点神道碑没有明言。两唐书《刘昌传》皆言宣武士众是"北出五原"。按"五原"是盐州属县或其郡名。《册府元龟》卷445《将帅部·军不整》则言："刘昌为宣武军兵马使，德宗贞元三年，昌率其众自坊州赴灵台。"按"灵台"则是泾州属县。我们更倾向于认为宣武兵是在泾州防秋。
⑦ 《资治通鉴》卷233"贞元三年十一月"条："刘昌分其众五千归汴州，自余防秋兵退屯凤翔、京兆诸县以就食。"
⑧ 贞元三年刘昌以宣武兵防秋时，史料已称："军中有前却沮事，昌继斩三百人，遂行。"（《旧唐书》卷152《刘昌传》）《册府元龟》卷445《将帅部·军不整》的记载倒是为我们揭示了这次军乱的真实情况："德宗贞元三年，昌率其众自坊州赴灵台，既次三原，遂纵掠一夕。时淮西散兵百余人隶于昌，及是，昌归罪淮西兵，尽杀之。"刘昌诛杀的其实不是本镇的宣武兵，来自叛镇的淮西兵成了此次事件的替罪羊。而刘昌严惩军士的原因恐怕也不是他们的"逗留沮事"（《新唐书》卷170　（转下页）

丰羡"①、"兵械锐新，边障妥宁"②的功业，多半还是依靠泾原本镇的军事力量完成的。在刘昌死后，"四镇北庭行军"的职名还是一直为泾原节帅所兼领，直至武、宣之世似乎都是如此。③但是作为一支曾经相当活跃的政治力量，四镇北庭军的这种性格在"奉天之难"后却着实冷淡下来了。其在此后仅仅是作为京西北边镇中的普通一员。即使最可让人铭记的事迹，亦无非如刘昌在镇时所做的丰羡军储、锐新兵械、妥宁边障而已。

受"奉天之难"影响最大的莫过于朔方军。贞元元年九月平定"李怀光叛乱"后，德宗任命朔方旧将、元从奉天定难功臣浑瑊出镇河中，统辖怀光之众，"朔方军自是分居邠、蒲"④两地。浑瑊统辖的河中之众无疑集中了朔方军的主力与精锐，史称怀光死后，"河中兵犹万六千人"⑤，实力尚不弱。贞元三年的"平凉劫盟"可能又使朔方军受到了一些冲击，但损失还不至于太大。⑥不过重要的是，经过这一系列的事件，"朔方军"作为一支在关中极具影响力的军政实体，由其左右关中政治走向的时代彻底结束了。浑瑊理蒲十六年，因其在世，朔方军或许还保留着名义上的光环。但在贞元十五年（799）浑瑊死后，"朔方军"这一名号既没有为河中的节镇所保留，也没有重新落在邠宁的军队身上，而是再次回到了朔方的起始地灵州，为灵盐镇所继承。显然，这一回归并非意味着朔方军的"王者归来"，恰恰是其政治地位没落的象征。因为正如学者所言，其已"从一个控幅一方的节度大镇，蜕变成一个管辖若干州县的普通节镇；由一个地区

（接上页）《刘昌传》，"纵掠"可能才是他们受到制裁的原因。关东防秋兵原本的经济条件就要好于边军，因此其远离本镇赴京防秋的时间不可能太长，否则"纵掠"等不稳定的情况就很可能经常发生。

① 《旧唐书》卷152《刘昌传》。
② 《新唐书》卷170《刘昌传》。
③ 参见《唐方镇年表》卷1《泾原》，第61~71页。
④ 《资治通鉴》卷232"贞元元年八月"条。
⑤ 《资治通鉴》卷232"贞元元年八月"条。
⑥ 平凉之盟以浑瑊为唐一方的主盟者，史称"瑊将二万余人赴盟所"（《资治通鉴》卷232"贞元三年五月"条）。因此朔方军的成员，尤其是护盟的士卒将在其中占较大比重。《唐代墓志汇编》贞元121《大唐故朔方节度掌书记殿中侍御史昌黎韩君夫人京兆韦氏墓志铭》言："贞元三年，吐蕃乞盟，诏朔方节度使（指浑瑊）即塞上与之盟，宾客皆从。"（第1925页）平凉之盟的结局是吐蕃劫盟，浑瑊"狼狈仅免，陷将吏六十余员"（《旧唐书》卷134《马燧传》），"余将士及夫役死者四五百人，驱掠者千余人"（《旧唐书》卷196下《吐蕃传下》）。

性的军事集团缩小为防区集团当中的一个分子"①。

如果我们说,在河南,安史之乱影响的消退是以平卢系藩镇的瓦解为表征,而这一转变要到宪宗朝后期才正式完成的话,那么在关中,安史之乱影响的消退则是以三大派系的瓦解为表征,并且这一转变在德宗朝初期,随着"奉天之难"这波危机的最终顺利平息,就已经基本宣告完成了。同样与河南有所区别的是,在消除了旧有的关中势力后,帝国重构关中地缘政治的进程也比河南来得更早。这种重构的趋势学者将其概括为:"在西北边地形成了以京西北八镇为核心、神策军进行统御和控制、长安东部各节镇组建的防秋兵支援三者相互配合的防边新体系。"② 其实,这种重构的趋势不仅限于西北边地,整个关中都可以囊括在内。我的言下之意是,京东地区的发展同样也可以纳入这一趋势中。而"神策军的统御和控制"自然将成为这一发展趋势的关键。不过在开始神策军的话题前,我想我们还是先来谈谈京东的问题,谈谈这一连接关中与关东的枢纽地带。

第三节 东大门的空间塑造

以"关中本位"为立国宗旨的唐帝国,确立了渭河平原在整个帝国中的心脏位置,而位于豫西的洛河谷地,则成为帝国影响与制约东部地区的另一个政治平台。诚然,渭河平原与洛河谷地间的交通联系,并非沟通帝国东、西部的唯一纽带,但两京间的这条"中轴线",无疑是这些纽带中最为重要的一条。③

---

① 李鸿宾:《唐朝朔方军研究——兼论唐廷与西北诸族的关系及其演变》,第256页。

② 李鸿宾:《唐朝朔方军研究——兼论唐廷与西北诸族的关系及其演变》,第256页。

③ 另一条沟通帝国东、西部的重要纽带是由渭河平原直接通向南方地区的交通线。它主要是围绕长安东南的蓝田关,以及商、金二州展开的。商、金二州控扼长安东出的蓝田武关道与上津道,形成与我们将要讨论的由潼、蒲二关控扼的京东北道对应的局面。不过正如严耕望先生曾经指出的,有唐一代,"长安东南甚少军事行动,(故)此(二)道在唐史上之重要性,不在军事之形势,而在政治经济文化之沟通"(《唐代交通图考》第三卷《秦岭仇池区》篇十六《蓝田武关驿道》,第637页。此句原只言武关道,其实上津道亦如是)。尤其当唐代中叶,以汴河交通为中心的京东北道困滞时,如玄肃之际的安史之乱、德宗时期的李希烈与朱泚之乱,特别是当关 (转下页)

一、三据点与三节镇

两京间的中轴线地带矗立着我们将要讨论的河阳、陕虢、同华等几个节镇。和帝国的其他节镇相比，它们不仅统辖着较小的区域，而且在大多数时间里，都不属于"节度使"额藩镇。不过我们这样说，并不意味着它们不重要，事实上，当安史之乱爆发后，关系帝国生死存亡的战役几乎都发生在上述藩镇所在的这一中轴地带（尽管当时还没有成立上述这些藩镇）。它的重要性诚如日野开三郎教授所总结的，它在渭河平原东部构筑了拱卫帝国心脏的两层防线。①不过，日野教授的这一结论是在探讨河阳的问题时顺便提及的，尽管他的总结极具战略眼光，但由于他的注意力主要集中在河阳的地位上，因此没有继续讨论这个更具宏观地缘政治视野的问题。不过这却为我们的进一步探讨提供了空间。

中轴线的两端是帝国的两京长安和洛阳。长安的屏障是潼关，洛阳的屏障是河阳桥。日野教授所称的京东的两层防线就是以潼关和河阳为核心构筑的。

有关安史叛乱后洛阳的防备及其与河阳的关系，日野教授已有详论。河阳作为黄河天堑上离洛阳最近的据点，经由河阳桥南下，是河北叛军直取洛阳距离最短的通道。因而在安禄山叛乱之初，初至东京的封常清即"断河阳桥，为守御之备"②。而因河阳桥的阻断，安禄山便只能从滑州方面渡河，由滑、汴、郑等州迂回至东京，这也正是玄宗在封常清断河阳桥后任命张介然出镇汴州的原因。封常清的"断河阳桥"没能阻止安禄山突

（接上页）中的唐廷转移到三川时，武关道及上津道在物资转运方面的意义就凸显出来了。（参见严耕望《唐代交通图考》第三卷《秦岭仇池区》篇十六《蓝田武关驿道》，第637～667页；篇二十一《上津道》，第801～809页）因此虽然商金山区地瘠民贫，但在安史之乱尚未结束之际，唐廷就将其从以富庶的襄、邓为政治中心的山南东道分析出来，直隶京畿［《资治通鉴》卷222"宝应元年建辰月"条："上（指肃宗）乃割商、金、均、房别置观察使，令（来）瑱止领六州。"《新唐书》卷64《方镇表一·京畿》宝应元年："京畿节度使复领金、商。"卷67《方镇表四·南阳》宝应元年："金、商二州隶京畿。"］，并在德宗兴元元年正式设立金商都防御使一镇（见《新唐书》卷67《方镇表四·南阳》"兴元元年"条），使其成为沟通关中与襄邓的中枢孔道。

① 参见［日］日野开三郎：《唐河阳三城镇遏使考》，《日野开三郎东洋史学论集》第一卷《唐代藩镇の支配体制》，第264～270页。

② 《资治通鉴》卷217"天宝十四载十一月"条。

破唐军的这第一道防线，而当乾元二年史思明南下后，原本亦欲"断河阳保东京"①的郭子仪却最终决定力守河阳。所以当九月史思明在休整后再度南下时，便只能如当年安禄山一样，走滑、濮等州渡河的路线，再由汴州西向袭击东京。②而这次，继郭子仪后出任唐军指挥的李光弼，宁愿主动放空东京，也要力保河阳。至于原因，李光弼的想法很清楚：

> 光弼惧贼势西犯河、潼，极力保孟津（即河阳）以掎其后，昼夜婴城，血战不解，将士夷伤。③

一年多的河阳保卫战之所以激烈，正是李光弼深知河阳的作用已经不光是屏蔽东京，只要河阳掌握在唐军手中，即使叛军夺得洛阳，它的西进必然要受到洛阳背后的河阳的掣肘。对于史思明来说，这一点他也很明白，因为不拿下河阳，是不可能安稳地踏进第二道防线的。④

上元二年春，在鱼朝恩等人催促下被迫进取洛阳的李光弼遭遇邙山大败，河阳等地再次没于叛军。对于叛军来说，河阳的攻克为他们第二次踏进潼关层的防线铺平了道路。这条由洛阳去往潼关的道路途经豫西的多山地带，其中，当道路经过三门峡所在的陕州后，便算进入了渭河谷地。陕州也因此成为这第二道防线的前哨。尽管陕州的地形也并非不利于防守，古函谷关就位于陕州的属县灵宝以南。但无疑，在唐代，它的重要性已让位于西面的潼关。⑤所以当天宝十四载（755）封常清兵败洛阳后，他会对其时屯兵陕州的高仙芝说：

> "常清连日血战，贼锋不可当。且潼关无兵，若贼豕突入关，则长安危矣。陕不可守，不如引兵先据潼关以拒之。"仙芝乃帅见兵西趣潼关。⑥

---

① 《资治通鉴》卷221"乾元元年三月"条。

② 《资治通鉴》卷221"乾元元年九月"条："史思明使其子朝清守范阳，命诸郡太守各将兵三千从己向河南，分为四道，使其将令狐彰将兵五千自黎阳济河取滑州，思明自濮阳，史朝义自白皋，周挚自胡良济河，会于汴州。"

③ 《旧唐书》卷152《郝廷玉传》。

④ 参见［日］日野开三郎：《唐河阳三城镇遏使考》，《日野开三郎东洋史学论集》第一卷《唐代藩镇の支配体制》，第262~270页。

⑤ 参见史念海：《河山集》（四集），第165~168页。

⑥ 《资治通鉴》卷217"天宝十四载十二月"条。

而当乾元二年史思明再度进逼洛阳时，东京留守韦陟也曾请李光弼"留兵于陕，退守潼关，据险以挫其锐"①。只是当时唐军尚可在河阳与叛军周旋，所以李光弼不愿放弃第一防线，而韦陟的言语也暗示，第二防线的重点在潼而不在陕。

虽然谙熟军情的将领都倾向于在潼关布防，但对于帝国的统治者来说，潼关是长安的最后一道堡垒，因此，尽管陕的防御难度要大于潼，但他们仍旧会要求将领们将军队推进到陕州。如若不然，则将领就有"桡败"之嫌，封常清与高仙芝二人被玄宗冤杀的主要原因，就是玄宗听信监军边令诚所言：

> 常清以贼摇众，而仙芝弃陕地数百里。②

而当天宝十五载（756）哥舒翰拒保潼关时，

> 会有告（禄山将）崔乾祐在陕，兵不满四千，皆羸弱无备，上（指玄宗）遣使趣哥舒翰进兵复陕、洛。③

尽管哥舒翰、郭子仪、李光弼等人相继上奏，言潼关大军利在据险扼守，不可轻出，但玄宗最终还是听信杨国忠之言，以将失机会为名，遣使趣之。据说哥舒翰在得知此命后，"抚膺恸哭"，而后"引兵出关"。数万唐军最后在灵宝之役中损失殆尽，结果不但陕、洛未复，潼关亦就此为叛军攻克。

到了肃宗时代，邙山大败后的唐军亦以"益兵屯陕"④为其防御策略，而不愿轻易退守潼关。幸而此时向陕州挺进的叛军内部发生内讧，弑父后的史朝义返回洛阳即帝位，叛军的西进受到了阻碍，这就为唐廷在陕州集聚反击力量提供了时间。尤其当代宗即位后，决定联合回纥收复关东，双方约定以陕州为反击起点。

陕州以西的潼关毋庸置疑是第二道防线的核心，同时也是守卫长安的最后一关。上述的哥舒翰事件显示了潼关对于关中防守方的重要性。而就进攻方来说亦莫不如此。比如在此后的朱泚叛乱中，由于时任潼关关使的

---

① 《资治通鉴》卷221"乾元元年九月"条。
② 《资治通鉴》卷217"天宝十四载十二月"条。
③ 《资治通鉴》卷218"至德元载六月"条。
④ 《资治通鉴》卷222"上元二年二月"条。

骆元光及时控扼住了潼关所在地华州，不仅粉碎了朱泚将何望之欲"聚兵以绝东道"的企图，而且也为李晟等人随后的进驻长安开辟了畅道，所以史称："贼东不能逾渭南，（李）元谅（即骆元光）功居多。"①

总之，两京中轴线上的河阳、陕、潼关三据点早在安史叛乱之初即已显示出它们极高的战略价值，而不久后建立的河阳三城、陕虢、同华三节镇就是因这三个据点而扩大成型的。

二、鱼朝恩与京东的空间塑造

在由三据点向三节镇转变的过程中，宦官鱼朝恩起到了一个可能多少有点出人意料但却是至关重要的作用。

河阳一镇成立的确凿时间史无明文，至于其规制的确定，《旧唐书·地理志》言：

> 及雍王（即后来的德宗）平贼，留观军容使鱼朝恩守河阳，乃以河南府之河阳、河清、济源、温四县租税入河阳三城使。河南尹但总领其县额。寻又以汜水军赋隶之。

鱼朝恩在相州之役时便以"观军容使"的身份出任监军，其后历郭子仪、李光弼、仆固怀恩时代，均以此身份监临讨叛的唐军行营。可以说，鱼朝恩是当时外军系统中权势最著的宦官，而唐军行营统帅的换任其实也一直受其影响。当邙山战败后，李光弼率朔方军退居绛州，鱼朝恩则与神策军节度使卫伯玉一起退保陕州。宝应元年冬，唐回联军开始与叛军最终决战，关于其时的战略部署，史称：

> 诸军发陕州，（朔方军新统帅）仆固怀恩与回纥左杀为前锋，陕西节度使郭英乂、神策观军容使鱼朝恩为殿，自渑池入；潞泽节度使李抱玉自河阳入；河南等道副元帅李光弼自陈留入；雍王留陕州。②

唐回联军很快就收复了东都和河阳，但也随即对河南西部一带实行了抄掠：

> 回纥入东京，肆行杀略，死者万计，火累旬不灭。朔方、神策军

---

① 《旧唐书》卷144《李元谅传》。
② 《资治通鉴》卷222"宝应元年十月"条。

> 亦以东京、郑、汴、汝州皆为贼境，所过虏掠，三月乃已，比屋荡尽，士民皆衣纸。回纥悉置所掠宝货于河阳，留其将安恪守之。①

《旧唐书·回纥传》亦言：

> 以陕州节度使郭英义权知东都留守。时东都再经贼乱，朔方军及郭英义、鱼朝恩等军不能禁暴，与回纥纵掠坊市及汝、郑等州，比屋荡尽，人悉以纸为衣，或有衣经者。

郭英义的权知东都与鱼朝恩的留守河阳，可能原先是想一定程度地遏制回纥的纵掠行径，殊不知唐军最后也加入了劫掠的行列。我们尚不能肯定河南府五县租税划归河阳三城一事，是否正如旧书《地理志》所言，就在鱼朝恩留守河阳之时②，也不清楚此举是否为了一定程度地解决当时的军需供给问题。推测鱼朝恩受命留镇河阳应该只是一种过渡政策，唐廷此举的目的可能是为了在叛乱行将结束之际，在初复的关东政治中心洛阳任命一个能够代表唐廷的人物，一来继续监视讨叛的东部各军队，二来稍许给回纥制造一些压力。

事实上，鱼朝恩在乱后留守河阳的时间确实不长，因为他很快回到了陕州，并在那里迎来了人生的一次重要际遇。这就是史料所说的：

> 广德元年，西蕃入犯京畿，代宗幸陕。时禁军不集，征召离散，比至华阴（华州属县），朝恩大军遽至迎奉，六师方振。由是深加宠异，改为天下观军容宣慰处置使。时四方未宁，万务事殷，上方注意勋臣，朝恩专典神策军，出入禁中，赏赐无算。③

按《资治通鉴》的时间记载，鱼朝恩因吐蕃入侵长安之时的迎驾有功，在广德元年十二月，即代宗刚回长安之际，就被任命为"天下观军容宣慰处

---

① 《资治通鉴》卷222"宝应元年十月"条。当年二月（即元年建卯月）唐廷已诏复"东京"为"东都"，故此条史料中的"东京"当为"东都"之误。

② 比如日野开三郎教授就认为不是，参见其《唐河阳三城镇遏使考》，《日野开三郎东洋史学论集》第一卷《唐代藩镇の支配体制》，第288页。而《资治通鉴》卷227"建中二年六月"条也载："壬子，以怀、郑、河阳节度副使李芃（艽）为河阳、怀州节度使，割东畿五县隶焉。"胡注："五县，河阳、河清、济源、温、王屋。"

③ 《旧唐书》卷184《宦官·鱼朝恩传》。

置使"。史称其"总禁兵，权宠无比"①，从此代替程元振成为新一代的唐廷权宦。而也就在鱼朝恩由陕入京的前一个多月，即吐蕃撤退长安之初，鱼氏的部将皇甫温、周智光也已经分别被任命为陕州刺史和华州刺史。很明显，借此次吐蕃入侵，鱼氏的势力开始主导京畿与京东的局势了。

实际上，鱼朝恩对京东局势的主导，一定程度上也是肃代时期宦官势力影响京东局势的一个反映。关于这一问题，我在附录中已有探讨，可以参见。② 所不同的，只是鱼氏的势力更大，其影响辐射面更广而已。现在，鱼氏的部将担任了京东的同华与陕虢两镇的节帅；鱼氏本人则因掌握着神策军而控制着长安的形势；此外，由于京西北地区也有部分神策军镇，所以这些地区也是鱼氏的势力范围。我们在上节曾谈到安史之乱后关中的派系问题，这些派系主要集中在京西北。而现在我们则看到，一个以宦官鱼朝恩为首的军事派系也已形成，而它占据的关中地理空间，则主要在长安及其以东地区。

不过，鱼朝恩与这些军队间的紧密程度似乎要略逊于我们之前谈到的那些关中派系。尽管《新唐书·鱼朝恩传》有言：

> 郭子仪密白（代宗）："朝恩尝结周智光为外应，久领内兵，不早图，变且大。"

《资治通鉴》卷224"大历元年十二月"条亦作：

> 郭子仪屡请讨智光，上不许。

不过郭子仪因鱼、周相结而请讨伐后者的内容却并没有出现在《旧唐书·鱼朝恩传》中。而且有趣的是，史料显示周智光对宦官似乎根本没有好感，并且，其与同出鱼朝恩麾下的皇甫温关系也不佳。实际上，周智光是一个四面树敌的人物，而当大历二年初，代宗对前者阻兵跋扈的行径实在忍无可忍、决意讨伐时，我们在其中也未看到鱼朝恩有什么阻扰之举。更为重要的还有两点，第一点是史料称周智光阻兵时，"（代宗）诏（淮西节度李）忠臣与神策将李太清等讨平之"③。我们当然不会忘记，当时的神策

---

① 《资治通鉴》卷223"广德元年十二月"条。
② 附录着重探讨的是宦官对华州的影响，因为陕州早前就已为鱼朝恩所控制。
③ 《旧唐书》卷145《李忠臣传》。

军统帅正是鱼朝恩。第二点则是当不久后，郭子仪成功平定了鱼朝恩这位旧部的叛乱后，鱼氏在长安的权势未见有丝毫受影响的迹象。

与周智光不同，皇甫温则一直是鱼朝恩的得力亲信。但他在后来也站到了欲诛朝恩的元载一边，并协助后者在大历五年成功诛杀了朝恩。而在朝恩倒台后，皇甫温依旧在陕虢节度的位置上又待了五年，并在此后转任浙东观察使。

因此，如果真要将鱼朝恩的军事集团也算作一大派系的话，那它存在的时间也不长久。此外，比较同为鱼氏势力所及的京东与京畿，不难发现，鱼朝恩对京东的控制远没有他对京畿的控制来得牢固。不过，他对京东的影响还是不得不提一句的。虽然我们无法肯定河阳一镇的建置雏形是不是由其奠定，但陕、虢合镇与同、华分镇的规制却是在他的部下皇甫温任使期间①，以及周智光死后基本确立下来的。② 尽管这些节镇规划未必真与鱼朝恩有直接关联，但至少在鱼氏掌权的时代，我们目睹了京东空间的重新塑造。而对于帝国来说，京东空间重塑最重要的意义，就在于它标志着帝国完成了由动乱年代向和平时期的转型。

三、京东与河东

前文中，我们分析了京东与两京的关系。人们或许会认为，京东地区的意义仅仅体现在它屏蔽与沟通两京的作用上。事实上，打开一张唐代地图，我们不难发现，除了"抗雄都，临大道"的地理特征外，京东地区还处在一个被河南、河北、河东、关中包围着的地理位置中。因此，倘若我们想要全面地揭示京东及其邻近区域的地缘政治构架，仅仅讨论京东与两京的关系恐怕是不够的。

在围绕京东的四大区域中，河东与京东的关系最为密切。这不仅是因为京东诸镇——河阳、陕虢、同华在地理位置上都与河东接壤，而且更重

---

① 《新唐书》卷64《方镇表一·东畿》载广德元年，即皇甫温出任陕州刺史的同年，"陕西观察使增领虢州"，因此这很可能是一项与任命皇甫温同时进行的政区改置。皇甫温也就此成为首任陕虢节度使，同时陕虢一镇的领州格局也就此奠定。

② 《旧唐书》卷11《代宗纪》称："（大历二年正月）甲子，以兵部侍郎张仲光为华州刺史、潼关防御使，大理卿敬括为同州刺史、长春宫等使。"张仲光，《全唐文》卷411常衮《授张重光尚书左丞制》作"张重光"，称其职为华州刺史、镇国军及潼关防御等使。

要的是，只有依托河东的支持，京东所具有的那种"抗雄都，临大道"的作用才能真正得以实现。

如果说河阳是京东第一道防线的核心，那么以此组建的河阳三城一镇，就将以太行山西之高地的泽潞镇为其依托。经河阳、怀州直北上，是著名的太行径和天井关。位于丹水河谷的太行径道与白水河谷的天井关道是河南、河东间的交通巨险，此山道的控制权向来是南北用兵必争之地。①而河阳的价值与作用，也正是依傍位于此道上的泽、潞才得以体现并稳定的。

河阳与泽潞的这一密切关系其实早在安史之乱时期就已奠定。当乾元二年九月史思明率叛军南下时，意欲力保河阳的李光弼就曾对试图退守陕州的东京留守韦陟说：

"不若移军河阳，北连泽潞，利则进取，不利则退守，表里相应，使贼不敢西侵，此猿臂之势也。"②

因此当战争结束后，河阳所领一州（怀州）、五县最早就隶属于泽潞镇，并且其镇遏使的人选也与泽潞有所渊源。正如日野教授所描绘的，河阳及其所领怀州，并与天井关地区的泽州现在构成了一个颇为有趣的三角形。③（见图17）

潼关是京东第二道防线的核心，它所在的同华地区，自古以来便与位于晋南的汾河下游盆地与更南的涑水盆地关系密切。在唐代，汾河下游地区的政治中心无疑是河中府（蒲州）。④ 以河中为治所的节镇建立于安史之乱爆发初期，虽然初置时期河中的领州也不稳定，但在上元二年前（应该是唐军邙山之败前）河中一直都辖有同州，并且其节帅还要兼领位于同州、同时紧邻河中府的蒲关防御使，可见蒲、同二地关系之密切。⑤ 唐军邙山之败后，河中及其周近的绛州等地一直是朔方军的势力范围，此后朔

---

① 参见严耕望：《唐代交通图考》第一卷《京都关内区》篇四《洛阳太原驿道》，第137~144页。
② 《资治通鉴》卷221"乾元二年九月"条。
③ 有关河阳与泽潞的关系，参见［日］日野开三郎：《唐河阳三城镇遏使考》，《日野开三郎东洋史学论集》第一卷《唐代藩镇の支配体制》，第279~293页。
④ 《资治通鉴》卷221"上元元年三月"条："甲申，改蒲州为河中府。"
⑤ 参见《唐方镇年表》卷4《河中》，第441~442页。

方军由此南下，会同在陕诸军东讨史朝义。尤其在大历四年前，朔方军主力一直屯驻河中，因此河中不仅将对同华，并且对京西北地区都有直接的制约和保障作用。所以我们看到，当大历二年周智光阻兵不臣时，代宗就是密诏河中的郭子仪率兵征讨前者的。而同华将士听闻朔方军南下的消息也纷纷离心，不是举众投降子仪，就是斩杀智光以邀功。因此和第一道防线一样，我们在这第二道防线处也能找出一个有趣的三角形，它分别由位于华州的潼关、河中与邻近的位于同州的蒲津关，以及陕州灵宝县的旧函谷关三者构成。（见图17）

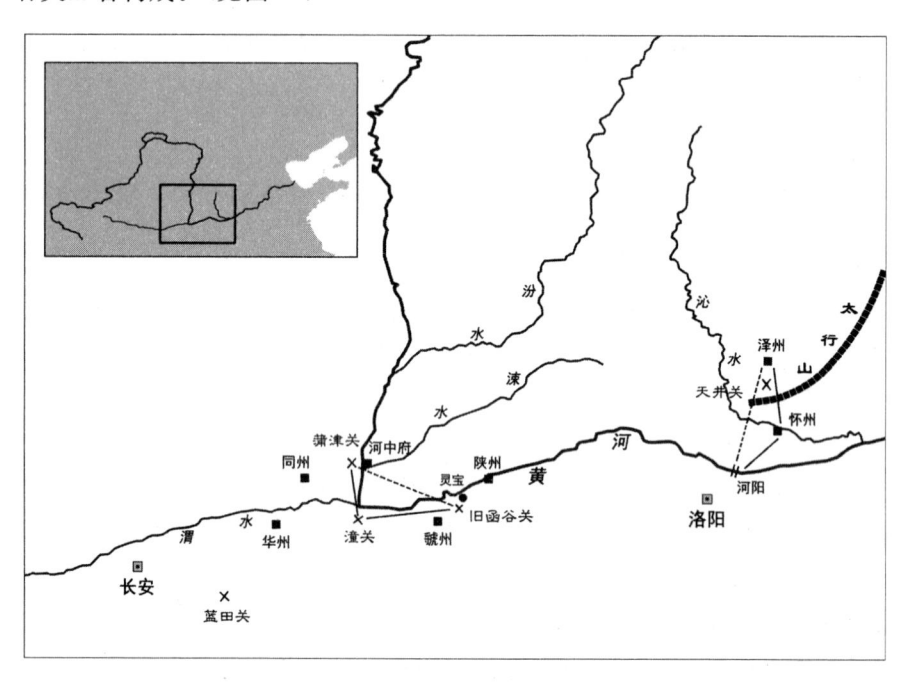

图17 京东与河东的地缘模式

（参考日野开三郎：《唐河阳三城镇遏使考》，《日野开三郎东洋史学论集》第一卷《唐代藩镇の支配体制》，第263页绘。）

我想，这种建构于京东与河东南部地区的有趣地缘模式，不仅是战争环境下的产物，也与这一地区独特的地表形态有直接的关联。

四、京东诸镇性格的转变

京东诸镇虽然由安史之乱时期的据点发展而来，但是和其他很多藩镇不同，它们在乱中形成的性格并没有随着节镇的设立而被保留。恰恰相反，在叛乱结束后很短的时间里，京东诸镇就实现了其性格和地位的转变，其变化之大与之速，是任何其他藩镇都无法比拟的。

河阳作为洛阳的屏障，在乱中主要扮演着控遏河北叛军西进的作用，但这种控遏作用是被动而不是主动的。叛乱结束后，河阳三城隶属泽潞，其性格便开始随同泽潞而发生转向，河阳逐渐成为主动控遏河北藩镇之一的魏博镇的重要堡垒。尤其是建中二年正月，德宗为对付叛乱四镇中的魏博，创设河阳三城节度使，从此，河阳宿兵以制魏博的局面正式形成了。

不过有意思的是，河阳钳制魏博的职能并不是固定的，或者说，河阳在中晚唐时代，实际上并没有固定的职能可言。日野开三郎教授相当细致地梳理了安史之乱后河阳三城节镇规格的升降与巡属的变更，并在此基础上讨论了其与邻藩的关系。河阳地处河北、河南、河东三大区域的交接地带，其周近的魏博、淮西、泽潞都是当地的强藩。河阳可以在贞元时代因德宗对魏博态度的改变而变更其巡属和规格，也可以在宪宗讨伐淮西的战役中增领临近淮西的汝州，甚至在武宗会昌年间因泽潞叛乱而在乱后获得原属泽潞的泽州。同时，在唐廷讨伐上述藩镇的过程中，我们都可以看到河阳在其中不俗的表现。日野教授早已指出，河阳三城节度使的沿革，与唐廷的藩镇统御政策密切相关。简言之，唐廷在安史之乱后致力于将河阳培养成制约周边藩镇的一支重要军事力量。事实上，这种培养很可能在代宗大历中期，即河阳尚属泽潞时就已经开始了。所谓"尚属泽潞"，就是名义上隶属泽潞，而实际上已经直属唐廷。在上一章中，我们已经说过泽潞在大历中期逐渐放弃所领河南诸州的走势，而河阳的直属中央，其实也就是在那个时候奠定的。①

正因为如此，我们不必诧异会昌三年（843）武宗讨伐泽潞时，宰相李德裕上奏所说的：

> "河阳节度先领怀州刺史，常以判官摄事，割河南五县租赋隶河阳，不若遂以五县置孟州，其怀州别置刺史。俟昭义（即泽潞）平日，仍割泽州隶河阳节度，则太行之险不在昭义，而河阳遂为重镇，东都无复忧矣！"上采其言。②

----

① 以上论述，参见［日］日野开三郎：《唐河阳三城镇遏使考》，《日野开三郎东洋史学论集》第一卷《唐代藩镇の支配体制》，第 279～336 页。
② 《资治通鉴》卷 247 "会昌三年九月"条。

河阳五县在会昌三年正式升为孟州，意味着河阳现在同帝国的其他藩镇一样，获得了至少领有两州的完整形态。而泽州在次年（844）武宗讨平泽潞后划归河阳，则意味着京东第一道防线的三角形空间现在完全由河阳控制。

至此，河阳终于由一受制于泽潞的据点，蜕变成一方制约泽潞的重镇。而河阳性格多面性特点的背后，正可折射出唐廷对其周边强藩的态度。

陕虢一镇的规制基本是在安史之乱后确立下来的。尽管从地图上看，陕、虢二州邻近，但在乱前，它们分隶河南道和河东道。虽然从地理环境与战略角度而言，陕虢的形势还是更侧重于西面的第二道防线处，但在行政建置方面，乱前介乎两道的特征，仍在此后的陕虢身上留有遗影。① 也许，我们可以把陕虢的这种特征归结于其"藩垣二京"②的作用中。"藩垣二京"之语出于贞元四年穆员为其时卒于陕虢防御使任上的卢岳所作的墓志铭中。到宪、穆之际，元稹在《授卫中行陕州观察使制》中，又将陕虢"表率方夏，张皇京律"的作用具体描述为"尽置为轺车臣所理"③。而在文宗开成年间，李商隐的《上河中郑尚书状》则明确地以"控二京舟车之会"④ 来形容其时陕虢的价值。在这些不同时期描述陕虢的语句里，我们隐约感到一种陕虢功用明确化的趋势。安史之乱中的陕州地处两京之间，对于唐廷来说，陕州的得失常常也是京、洛两地得失与否的政治风向标。因此从这个角度而言，我用穆员的"藩垣二京"之语来形容当时的陕虢，以证其时陕虢在军事尤其是政治上的意义。

陕虢性格的转变主要是从代宗大历晚期开始的。首先是在大历九年皇甫温调任后，陕虢一镇开始只设"观察使"而不太再设"节度使"了。更重要的转变则是，陕州"陆运使"一职又开始重新设立，并由陕虢廉帅兼

---

① 虢州在乱前隶属河东道，叛乱初期也还隶属河中（参见《唐方镇年表》卷4《河中》，第441页），此后与陕、华等州合镇（参见《唐方镇年表》卷4《陕虢》，第379~380页）。陕州在乱前隶属河南道，此后基本与虢、华等州合镇。不过在德宗建中二年讨伐关东四镇时，又一度被割属河阳。（《资治通鉴》卷226"建中二年正月丙子"条："又以东都留守路嗣恭为怀、郑、汝、陕四州、河阳三城节度使。"）

② 《全唐文》卷784。

③ （唐）元稹撰，冀勤点校：《元稹集》外集卷5，北京，中华书局，1982年，第666页。

④ 《全唐文》卷775。

任。陕州"陆运使"或称"水陆运使"等，始置于安史之乱前的玄宗时代。① 其运使之名之所以多以"陆"称，主要是位于陕州的黄河三门峡险段很多时候是要靠陆运而不是水运转输粮饷的。安史之乱爆发后，河淮地区遭叛乱冲击，汴渠航运陷入停滞，河运当然也不可能为继了。直到叛乱平定后的代宗广德二年，漕运才由刘晏着手重新整顿。史料有关陕州运使在乱后的复置始见于德宗大历十四年五月，"（甲午）以江西观察使杜亚为陕州长史，充转运使"②。不过考虑到刘晏的漕运整顿是代宗初年的事情，所以陕州运使的复设，以及陕州廉帅兼任运使的时间，可能应该更早些。③

陕州本来就当两京驿道，在叛乱结束后，其漕运转输的地位又得到恢复，因此我们看到，陕虢在军政上的价值，现在逐渐被其在经济上的价值取代了。这一变化最明显地体现在德宗处理贞元元年七月陕虢都知兵马使达奚抱晖鸩杀节度使张劝的事件中。其时德宗刚由梁州返驾长安，而河中李怀光叛乱又尚未平定，德宗于是语其谋臣李泌曰：

> "若蒲、陕连横，则猝不可制。且抱晖据陕，则水陆之运皆绝矣。"④

李泌在此时临危受命，被任命为陕虢都防御观察水陆运使。但李泌受命后最重要的贡献还不止于他成功消除了陕州内部的军事威胁，史料称贞元二年二月，

> 陕州水陆运使李泌奏："自集津至三门，凿山开车道十八里，以避底（砥）柱之险。"是月道成。⑤

李泌凿山开路并非没有理由，因为此时的关中已经是仓廪耗竭、禁军不乐了。四月的时候，李泌上奏江淮粮运已经至陕。此时，德宗又说了一番

---

① 《唐会要》卷87《陕州水陆运使》："先天二年（713）十月，李杰为刺史，充水陆运使，自此始也，已后刺史常带使。"
② 《旧唐书》卷12《德宗纪上》。
③ 吴廷燮考证杜亚的前任陕虢节帅分别是皇甫温和李国清（《唐方镇年表》卷4《陕虢》，第380～382页），不过我们在此二人的史料中尚未发现他们在任时兼领运使一职。不过运使复置于此时，并由他们兼任的可能性也是不能排除的。
④ 《资治通鉴》卷231"贞元元年七月"条。
⑤ 《资治通鉴》卷232"贞元二年二月"条。

话，只是此番话不是对李泌而是对太子说的：

> 上喜，遽至东宫，谓太子曰："米已至陕，吾父子得生矣！"时禁中不酿，命于坊市取酒为乐。又遣中使谕神策六军，军士皆呼万岁。①

我们看到，陕州此时仍旧具有风向标的作用，但其风向标的意义已经不再体现在军政层面，而是体现在经济活动中了。

在李泌之后，作为陕虢观察使的官员应该还是继续兼领运使一职②，直到元和六年（811）十月，宪宗因要减少财政开支，敕："陕州水陆运使宜停。"③ 但是，陕虢在漕运转输上的功用却并没有因运使的停罢而告终，这就是为什么李商隐在文宗时期仍旧会用"控二京舟车之会"来形容陕虢，并且我认为，用这样的语汇来形容陕虢的功用是再恰切不过的了。

总之，陕虢性格转变最重要的地方，不仅是它由分隶不同地区的据点，组合成了一个具有独立地位的藩镇。同时还在于，它的性格也由据点时的"藩垣两京"，变成了作为枢纽的"舟车之会"。

最后我们来谈谈同华的问题。与河阳在武宗时期最终升格为统辖三州的完整节镇相反，同华则在大历初期就已降格并被拆分为只领有一州的"非完全节镇"。同华置镇的时间本来就不长，在安史之乱爆发之初，同、华两州原本是分隶河中和陕州两镇的。④ 同、华归并为一镇，是上元二年（可能是邙山之败后）京东节镇区划调整的产物。⑤ 其合并后的初任节帅是禁军将领李怀让。而到了第二任节帅周智光死后，同、华就分镇了。同华合镇的原因与同华将帅由禁军出任的原因相似，应该是唐廷为了加强对长安门户的保障，其初衷本是针对关东叛军的。而同华在设镇后很快就分镇，则是唐廷受了不久后周智光阻兵的影响。史称周智光暴横于华州时：

> 举选之士竦骇，或窃同州路以过，智光使部将邀斩于乾坑店，横

---

① 《资治通鉴》卷232"贞元二年四月"条。
② 虽然史料未必在叙述其官职或历官经历时都记载得很全面。
③ 《唐会要》卷87《陕州水陆运使》。诏令全文见《全唐文》卷60宪宗《停河南陕府水陆运及润州等使额诏》。
④ 参见《唐方镇年表》卷4《河中》，第441~442页；《陕虢》，第379~380页。
⑤ 《新唐书》卷64《方镇表一·京畿》上元二年："以华州置镇国节度，亦曰关东节度。"同卷《东畿》上元二年："陕西节度罢领华州。"卷66《方镇表三·河中》上元二年："以同州隶镇国军节度。"

死者众。①

周智光事件使唐廷意识到，华州和同州都掌握在一个藩镇手里是一件相当危险的事情。因为尽管潼关位于华州，但同州同样拥有一处重要的关隘——蒲津关。潼关固然是出入两京的首选，但蒲津关则是沟通关中与河东的桥梁。实际上，当代宗欲诏河中的郭子仪讨伐周智光时，正是因为华、同两路皆绝，所以代宗不得不"召子仪女婿工部侍郎赵纵受口诏付子仪，纵裂帛写诏置蜡丸中，遣家童间道达焉"②。并且，当潼关受阻时，经由蒲津关沟通渭河平原的汾河谷地，就成了连接关中与关东地区的一条备用路线。换言之，若潼、蒲都不由唐廷控制，那么长安东出的重要关隘只剩下稍南的蓝田一关，而出入蓝田的道路主要是通往南方而不是北方的。

所以说，在周智光事件后，代宗分析同华一镇，意欲使紧邻长安的东部藩镇都只控制长安东出的一处重要关隘，这就是由同州控制蒲津关，华州控制潼关，而京畿直接控制蓝田关。随着京东最内层藩镇的细化，其藩镇职能单一化的趋势也就此确定。此举是唐廷保障其心脏地区的一项重要措施，也是同华分镇及其性格转变的秘密所在。③

总之，随着战争的结束，京东三镇的职能也随之发生转变。并且因为身处周边强藩之中，它们在军事方面的重要性也已不如战时那样突出。这就是京东地区的战时性格与此后的和平时期最为戏剧性的不同。

第四节　神策军镇的空间演变

正如我们之前已经提过的，外系藩镇的逐渐没落构成了唐代后期关中地缘政治的基本走势；而另一方面，唐廷则通过培植其嫡系的神策军，力图重新获得对关中的主导权。本节致力于讨论神策军在关中地缘政治框架中的地位及其意义。一直以来，神策军都是唐代后期军事制度与政治史研

---

① 《旧唐书》卷114《周智光传》。
② 《旧唐书》卷114《周智光传》。
③ 事实上，在周智光跋扈时，其曾经说过："同、华地狭，不足申（伸）脚，若加陕、虢、商、鄜、坊五州，差可。"（《新唐书》卷224上《叛臣上·周智光传》）这样的话，就等于是完全封堵了关中的东大门。

究领域的重要话题,关于它的研究也取得了不错的成果。① 但是正如京西北藩镇的研究一样,我们对神策军发展(主要是其成为禁军后)的历史性回顾也是不够的,而这种不够最明显的方面,也体现在对神策军(尤其是城外神策)屯驻空间变迁的忽略。这种研究局限进一步制约了下述问题的展开,即如果我们确实认为唐代后期关中地缘政治的发展是呈现出神策军对关中藩镇实施"统御和控制"的话,那我们又如何将神策军的这种"控制"过程,与关中藩镇"被控制"的演变路径契合起来?此外我们不应忽视的是,尽管两者之间存在这样的矛盾,但它们毕竟还是统一在一个宏观的关中地缘环境下,都是唐廷保障关中安全,尤其是对抗异族危机的重要支柱。那么,它们又将如何在共同的目标下化解彼此的矛盾?这些问题,尽管从制度史的角度我们已经获得了一定程度的解答,但诚如上言,由于缺乏将这些问题放在特定时空界限内来理解的视域,我们对神策军的发展,以及由此导致的关中地缘政治走向的图景,仍是模糊和笼统的。然而,相较于京西北藩镇,我们对神策军的研究可能会遇到更多的困难,因为史书没有为我们留下有关其空间情态变化系统且确凿的资料。不过我认为,通过对零散史料的爬梳整理②,以及重点文献的深入释读,这些困难

---

① 如[日]日野开三郎:《支那中世の军阀——唐代藩镇の成立と兴衰》,《日野开三郎东洋史学论集》第一卷《唐代藩镇の支配体制》,第129～135页;[日]小畑龙雄:《神策军の建立》,《东洋史研究》18:2,1959;[日]小畑龙雄:《神策军の发展》,《田村博士颂寿纪念东洋史论丛》,京都,1968年;[日]西川恭司:《神策军的两面性》,《东洋史苑》16,1980;齐勇锋:《说神策军》,《陕西师大学报》,1983年第2期;何永成:《唐代神策军研究——兼论神策军与中晚唐政局》,台北,"台湾商务印书馆",1990年;唐长孺:《魏晋南北朝隋唐史三论》,武汉,武汉大学出版社,1993年,第447～457页;张国刚:《唐代的神策军》,《唐代政治制度研究论集》,台北,文津出版社,1994年等。

② 在这方面,我们要感谢日野开三郎和张国刚两位学者,他们在各自的相关论著中已经为我们详细整理了相当数量的有关神策军镇的资料。(见[日]日野开三郎:《唐代藩镇の跋扈と镇将》,《日野开三郎东洋史学论集》第一卷《唐代藩镇の支配体制》,第367～415页;张国刚:《唐代的神策军》,《唐代政治制度研究论集》,第123～126页)在笔者的博士论文完成后,读到了黄楼先生发表于《魏晋南北朝隋唐史资料》(第二十七辑)上的《唐代京西北神策诸城镇研究》(武汉大学中国三至九世纪研究所编,武汉大学人文社会科学学报编辑部编辑出版,2011年,第346～380页)一文。此文是迄今考证唐代京西北神策诸城镇之分布最为翔实的论文,此外亦论及了"神策京西北诸城镇之缘起"、"京西北神策诸城镇之构造"、"神策外镇的意义及其衰落"等问题。其中相当部分的内容与本文的内容相关,读者可以一并参看。另外,有关(转下页)

都是可以克服的。

一、神策军的早期布置

神策军由一支戍边军队转变为帝国最重要的禁军，肇成于代宗初年护驾有功的鱼朝恩之手。鱼氏凭借代宗幸陕，以及永泰元年仆固怀恩引蕃军入寇之机，将这支原以陇右边军与在陕兵为主干的神策军带入禁中，并且将其培养成位在北军之上的禁军之首。①

神策军在鱼朝恩时代的发展之所以受人瞩目，不仅是因为在禁中，其已经获得了"天子禁军，非它军比"②的地位。更重要的是，在获得禁中主导权的同时，神策军的防区也已经由京城向京畿甚至畿外展开，这成为神策军发展史上极具意义的事件。③关于它的这一发展情形，史料提供给了我们两条资料：

> （大历四年）二月，壬寅，以京兆之好畤、凤翔之麟游、普润隶神策军，从鱼朝恩之请也。④

> （大历五年正月）辛卯，（元）载为上（指代宗）谋，徙李抱玉为山南西道节度使，以（皇甫）温为凤翔节度使，外重其权，实内温以自助也。载又请割鄜、虢、宝鸡、鄠、盩厔隶抱玉，兴平、武功、天兴、扶风隶神策军，朝恩喜于得地，殊不以载为虞，骄横如故。⑤

（接上页）神策军镇的资料也正随着唐代墓志的陆续刊布日趋丰富，比如在新近出版的《大唐西市博物馆藏墓志》（胡戟、荣新江主编，北京，北京大学出版社，2012年）中就有若干有关神策军镇的资料。

① 参见［日］小畑龙雄：《神策军の建立》，《东洋史研究》18：2，1959，第35~56页；齐勇锋：《说神策军》，《陕西师大学报》，1983年第2期，第94~95页；何永成：《唐代神策军研究——兼论神策军与中晚唐政局》，第6~14页。

② 《新唐书》卷50《兵志》。

③ 何永成：《唐代神策军研究——兼论神策军与中晚唐政局》，第16页。

④ 《资治通鉴》卷224"大历四年二月"条。

⑤ 《资治通鉴》卷224"大历五年正月"条。《新唐书》卷207《宦者上·鱼朝恩传》作："（元）载又议析凤翔之鄜与京兆，以鄠、盩厔及凤翔之虢、宝鸡与抱玉，而以兴平、武功、凤翔之扶风、天兴与神策军，朝恩利其土地，自封殖，不知为虞也。""（元）载又议析凤翔之鄜与京兆"之句误，当从《资治通鉴》的记载，具体原因参见下文的分析。又，《新唐书》卷50《兵志》作："明年（即大历五年），复以兴平、武功、扶风、天兴隶之，朝廷不能遏。"唐长孺先生《唐书兵志笺正》卷3已辨《兵志》此条有误："然则其地之隶神策，乃元载之谋，非出朝恩奏请。其意乃用以安朝恩而乘间诛之，安得云朝廷不能遏耶。"（第98页）

这是现今我们所能获得的有关神策军在大历初期发展最为系统的两条资料。除了上面提到的这些神策军驻地外，我们当然不能否认可能还有其他的神策驻地，并且也不能否认神策军的驻地就始终一成不变。但以上这些神策军驻地既然出现在同一份名单里，这就说明它们可能处在一个彼此有关联的系统中，或者说具有同等的重要性。此外，这两条关于神策军驻地的记载又都与当时的神策首领鱼朝恩有关，它们或是由"朝恩之请"，或是为"朝恩所喜"，这样看来，即便神策军在当时还有其他的屯防驻点，其价值似乎都无法与上述驻点相比。

既然我们承认了上述名单具有这样一种独立而完整的特点，那么，它究竟反映了什么秘密呢？我想，只有当我们在地图上标示出上述驻点的位置，它的秘密才得以呈现出来。（见图18）

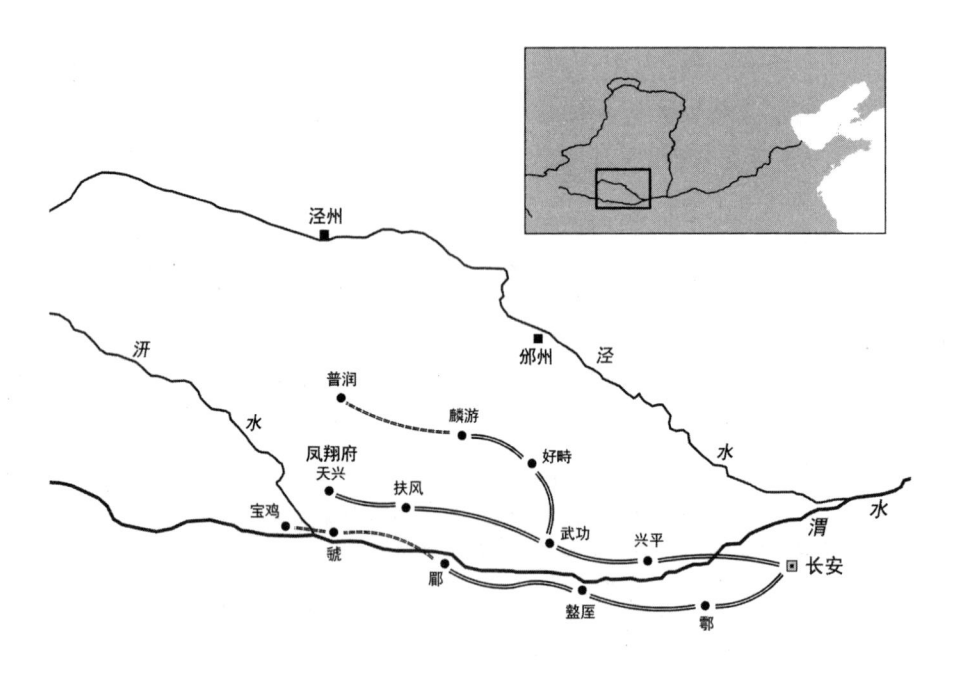

图 18　大历初期京西神策军镇屯驻地

（图中实线为据严耕望《唐代交通图考》第二卷《河陇碛西区》篇十一《长安西通安西驿道上：长安西通凉州两驿道》第354～358页考证及图八确定之路线，虚线为暂拟之路线。）

首先，这些神策驻地都集中在京兆府西部诸县及凤翔府。其次，两条史料提及的神策驻地实际上可以分为三组：大历四年的好畤、麟游、普润为一组；大历五年隶于朝恩的兴平、武功、扶风、天兴为一组；割属给李抱玉的鄠、盩厔、郿、虢、宝鸡为一组。而我们在地图上不难发现，每一组的据点基本上都位于一条东西向的直线上，而由这三组据点构成的三条直线则由北向南互相平行。

神策军在大历初年防区形态的这种有趣模式，如果结合我们第一节讨论代宗朝异族威胁的问题时是不难解释的。因为代宗初年以吐蕃为首的异族入侵不仅来势凶猛，而且位于长安西面的诸县，以及凤翔一镇都是它们必经的道路。[1] 而我们在第二节的论述则指出，即使是当广德二年代宗任命李抱玉为南道通和吐蕃使后，凤翔的军队也还是兵源不一，且实力有限。那么，为保障"国之西门"的安全，进一步增强这一地区的军事力量就是可以想见的。所以我们看到，鱼朝恩试图扩展神策军的地盘，以及元载企图制约前者的努力，为什么都会选择在这一地区进行。这种反复较量的背后，其实正显示出在长安西面驻扎神策军的必要性和紧迫性。史料记载，在广德元年十二月，亦即代宗由陕州返驾长安的当月：

> 筑城于鄠县及中渭桥，屯兵以备吐蕃，以骆奉仙为鄠县筑城使，遂将其兵。[2]

正如毗邻中渭桥的咸阳是紧邻长安西北的首县一样，鄠县则是长安西南的第一县。代宗在还驾之初就于鄠县匆忙筑城，个中的原因其实也是与西面局势紧张相一致的。

至于图中的三条平行线，则无疑代表着凤翔至京师的三条通路。因此，无论是大历四年鱼朝恩的请求，还是大历五年元载的改置，神策军据点的隶属模式都是经过系统规划的产物，而不是一个仅仅为满足朝宦较量的草率决定。

同样能够在上述背景中获得解释的，还有代宗初年关东防秋兵屯驻地点的问题。防秋体制和神策军的崛起一样，都确立于代宗初年。[3] 在我们

---

[1] 广德元年的吐蕃入侵虽由北道南下，但进入京畿地区后则折由西部诸县攻入长安。半月后吐蕃由长安西面的凤翔一线撤退，并对凤翔进行了围攻。永泰元年（765）吐谷浑、奴剌的进攻则是直接由西道的凤翔趣京畿。

[2] 《资治通鉴》卷223"广德元年十二月"条。

[3] 参见齐勇锋：《中晚唐防秋制度探索》，《青海社会科学》，1983年第4期，第102页。

现在所能看到的为数不多的关于此一时期防秋兵屯驻地点的资料中，我们发现，大多数关东防秋兵的屯驻地与神策军都是一致的。① 比如其时由李良率领的淮西防秋兵就驻扎在普润②，由邢君牙率领的兖郓防秋兵则在代宗出幸陕州前就已入镇好畤，此后因扈从转隶为神策军。③ 其实已有学者指出，"防秋兵有蜕变为神策军之情形"④。而这种情形最主要地就发生在代宗初年的这段时间里。与之相关的另一个情形则是，这一时期关东的防秋军将构成了神策军将的重要来源之一。⑤ 防秋兵与神策军的这种转换特点，以及防秋兵与神策军屯驻地点的一致性，都说明了这些军队在当时的主要任务就是"防秋"，并且，长安西部确是"防秋"的重镇所在。

总的来看，将代宗前期，即鱼朝恩主政神策军的时代，视为神策军成为禁军后第一次进行较大规模扩编时期的说法，大致是可以成立的。⑥ 除了之前引用的大历四年、五年的两份资料外，散见于其他史书中的材料也显示，代宗一朝吸纳进神策军的军将多为经历过安史之乱的地方高级将领⑦，因此他们很可能就是在代宗朝前期被编入神策军队伍的。而随着他们的编入神策，他们所率领的藩镇军队也成为此次扩编的主要对象。虽然我们不能肯定这一扩编过程是否都与鱼朝恩有直接关系，但史料显示，这些将领和军队的驻地基本上都不在京城内，而是分布在京西北地区。其中

---

① 这里的一致并非一定是指它们同时屯驻在一个据点，更主要的是说明它们屯驻地点的雷同。

② 《唐代墓志汇编》贞元 101 杜黄裳《唐故兴元元从云麾将军右神威军将军知军事兼御史中丞上柱国顺政郡王食邑三千户实封五十户赠夔州都督李公墓志铭并序》："后为淮西节度李忠臣补十将……属西戎犯边，征戍关右，选师命将，必俟全材，擢授淮西行营兵马使，拜右金吾卫大将军，兼太常卿，移屯普润。"（第 1910 页）

③ 《旧唐书》卷 144《邢君牙传》。

④ 何永成：《唐代神策军研究——兼论神策军与中晚唐政局》，第 72 页。

⑤ 如《旧唐书》卷 144《阳惠元传》所说："阳惠元，平州人。以材力从军，隶平卢节度刘正臣。后与田神功、李忠臣等相继泛海至青、齐间，忠勇多权略，称为名将。又以兵隶神策，充神策京西兵马使，镇奉天。"阳惠元和邢君牙一样，可能也是在大历初期以防秋将领的身份转变为神策军将，并将其所率领的军队编入神策军中的。

⑥ 齐勇锋《说神策军》一文将神策军成为禁军后的第一次规模较大的扩编时间定在代宗大历初年。（见《陕西师大学报》，1983 年第 2 期，第 95 页）我认为时间上可能再稍许提前一些较好，因为尚可孤、邢君牙、郝廷玉、侯仲庄等人的编入神策很可能是在大历以前的广德、永泰时期。

⑦ 如邢君牙、郝廷玉、侯仲庄、阳惠元、尚可孤等都是如此。

不少就是驻扎在上引史料所提到的普润、扶风、武功等西部诸县。① 显然，唐廷吸纳他们的目的不在于护卫宫苑的安全，而是要利用他们出镇长安以外的地区以控扼蕃兵的入侵。而当大历五年鱼朝恩被代宗诛杀后，这些神策将领没有受到任何牵连。实际上，对于权宦鱼朝恩来说，奠定其势力根基的毕竟主要还是京城神策，而唐朝君臣最关心的其实也是后者。所以在朝恩死后，唯一受到制裁的神策将领就是"典司禁戎"② 的朝恩心腹、神策军兵马都虞候刘希暹。外神策军在京城变故中受到的影响其实并不大。

总之，在完成了入归禁中的身份转变后，代宗初年的神策军开始向京城以外的地区扩展势力。这种扩展系统地实施于京畿西部诸县与凤翔府，贯彻着帝国应对异族威胁、保障"国之西门"的宗旨。同时，凤翔一镇也因此呈现出了军政体系多元化的特点。

不过我们不要忘记，代宗初年吐蕃等的入侵，不光给南道带来了巨大压力，北道的压力也不小。那么北道方面是否也有如南道这样的神策军布防呢？其实并不如此。因为代宗初年北道方面的军事布防始终是由外系藩镇尤其是朔方军来承担的。京畿以外的邠州一带自不用说，在那里丝毫看不到神策军的影子。就是京畿内的北部诸县，在很多情况下也是由朔方军来驻防。

京城西北第一要县首推奉天。肃代之际党项、吐蕃的入侵多由奉天南下，尤其是代宗广德、永泰年间吐蕃的数次大规模入寇，奉天都是其必经之路。奉天地位之重，不仅是因为其当西北大道之要，而且其北面是险隘的漠谷和梁山，对于屏蔽京师有极重要的军事价值。故而"唐代中叶，西北有事，常置重兵于此"③。而这个驻防奉天的重任，在大历初期就是由朔方军来承担的，这也延续了朔方军自广德、永泰以来吐蕃南下必由此军屯驻奉天的传统。如：

（大历二年）九月，吐蕃众数万围灵州，游骑至潘原（泾州属县）、宜禄（邠州属县）；郭子仪自河中帅甲士三万镇泾阳，京师戒

---

① 如郝廷玉以行秦州刺史的身份驻扎普润，尚可孤则是率领禁军先后镇守扶风和武功。

② 《全唐文》卷46代宗《赐刘希暹自尽制》。

③ 严耕望：《唐代交通图考》第二卷《河陇碛西区》篇十一《长安西通安西驿道上：长安西通凉州两驿道》，第387页。

严。甲子,子仪移镇奉天。

> (大历三年)八月,壬戌,吐蕃十万众寇灵武。丁卯,吐蕃尚赞摩二万众寇邠州,京师戒严;邠宁节度使马璘击破之……九月,壬申,命郭子仪将兵五万屯奉天以备吐蕃。①

可见,只要北面一有风吹草动,位于河中的朔方军就得调往奉天屯防,而且屯防人数不在少数。"与奉天并为京师西北两道之路口"② 的是泾阳。和奉天一样,泾阳的防守在代宗初年也由朔方军来执行。

因此我们看到,和南道的形势不同,北道方面在大历初期并没有神策军的痕迹。

大历四年,鉴于北道局势吃紧,朔方军主力由河中徙屯邠州。自朔方军徙屯邠州后,京畿北部的驻防似乎就不再由朔方军担任了。这当然是因为现在坐镇邠宁的朔方军已可将吐蕃的威胁化解于京畿以外,所以不用再以大军屯驻京畿的缘故。不过,京畿内的防守也并非就此可以撤除,只是担当防守的人选换了他者而已。比如:

> (大历六年)八月,丁卯,淮西节度使李忠臣将兵二千屯奉天防秋。③

到了大历十年九月,又"命卢龙节度使朱泚出镇奉天行营"④。朱泚的出镇奉天比较特殊,其所带来的幽州兵自然是此次出镇奉天的主力,因为其部下、率精骑二万西赴阙廷的张道昇在来京后就被任命为"行营都知兵马使"⑤,这里的"行营"显然当指"奉天行营"。但《新唐书·朱泚传》也说:

> 进(朱泚)同中书门下平章事,出屯奉天,赐禁中兵以为宠。

这样看来,朱泚统领的奉天行营其实包括了幽州兵和禁军两套系统。

此后朱泚调镇凤翔,幽州兵随行。而到了建中二年,德宗发京西北军

---

① 《资治通鉴》卷224"大历二年、三年"条。
② 严耕望:《唐代交通图考》第一卷《京都关内区》篇六《长安西北通灵州驿道及灵州四达交通线》,第183页。
③ 《资治通鉴》卷224"大历六年八月"条。
④ 《资治通鉴》卷225"大历十年九月"条。
⑤ 《唐代墓志汇编》永贞007李伯良《张道昇墓志》,第1945页。

队讨伐关东藩镇时,史又称:

> 上御望春楼宴劳将士,神策将士独不饮,上使诘之,其将杨(阳)惠元对曰:"臣等发奉天,军帅张巨济戒之曰:'此行大建功名,凯旋之日,相与为欢。苟未捷,勿饮酒。'故不敢奉诏。"①

在这里,我们发现一个颇为有趣的变化,即作为拱卫长安的重镇,奉天在大历一朝,其驻防军队经历了由朔方军变为防秋兵,又由防秋兵逐渐变为禁军,最终在德宗初年,正式成为神策军屯防驻地的趋势。换言之,如果说南道在大历初期就已经系统地规划了神策军的屯驻体系的话,那么在北道,这个趋势在大历后期也开始显现出来了。

在一份有关和州(淮南属县)刺史张万福的资料中,我们也看到了相似的痕迹,虽然并不确定和显著:

> 代宗诏以本州兵千五百人防秋京西,遂带和州刺史镇咸阳,因留宿卫。李正己反,将断江淮路,令兵守埇桥涡口……德宗以万福为濠州刺史。②

《旧唐书·张万福传》的记载则是:

> 久之,诏以本镇(指淮南)之兵千五百人防秋西京。万福诣扬州交所领兵,会(淮南节度使韦)元甫死,诸将皆愿得万福为帅,监军使米重耀亦请万福知节度事。万福曰:"某非幸人,勿以此相待。"遂去之。带利(和)州刺史镇咸阳,因留宿卫。李正己反,将断江、淮路,令兵守埇桥、涡口……德宗以万福为濠州刺史。

推测可能的情况是,此前以和州刺史身份讨平南下平卢军许杲部众的张万福在诣扬州交兵及前帅去世之际拒绝了诸将和监军愿其为帅的请求③,于是乘代宗征召淮南兵防秋之机入镇咸阳,并因此留备宿卫。张万福事迹中的不少细节现在还无法确知。比如虽然我们推测淮南防秋兵最初应该是由万福率领镇守咸阳,但当他们经过三年的防秋生涯还镇后,万福是否还

---

① 《资治通鉴》卷226"建中二年二月"条。
② 《韩昌黎文集校注》文外集下卷《顺宗实录》卷4,第712页。
③ 据《旧唐书》卷11《代宗纪》载,韦元甫卒于大历六年八月。

驻守咸阳，驻守多久？所谓"因留宿卫"是指万福后来调入了京城，还是只是表明他取得了禁军将领的身份？如果是后者的话，是否可指他以禁军将领的身份仍驻扎在咸阳？那么咸阳此时的屯驻部队是否也有禁军呢？咸阳濒临渭河，其东南、西南分别为中、西二渭桥，作为长安西北的门户，咸阳的地位由广德元年吐蕃入侵时，代宗立即任命哪怕当时没有什么兵权的郭子仪出镇当地已可看出。那么它像奉天一样，由防秋兵驻防逐渐转为由禁军驻防或许也不难想象。

在另一份《唐故元从定难功臣金紫光禄大夫行左金吾卫大将军兼试殿中监上柱国彭城县开国侯刘府君墓志铭并序》的墓志资料中，我们则看到，墓主刘昇朝虽然不是神策军的将领，但他是肃、代两朝的元从禁军，曾先后担任过"射生"和"宝应衙前将"等宫苑禁军职务。墓志称：

> 大历十四年，上（指德宗）分御苑之师，镇守畿甸，特授十将，镇云阳县。①

这份资料显示，德宗在即位之初，曾有将宫苑内的禁军派往畿内诸县屯驻的情形。德宗此举的原因墓志没有交代，但这一措施在削弱禁中守卫的同时，无疑增强了京畿属县的禁军力量。云阳县在泾阳县西北，其西北的甘泉山是长安北塞，当西北军道之要。② 永泰元年九月，吐蕃、吐谷浑、党项等受仆固怀恩之诱入寇京师时，除了朔方将领浑瑊、白元光先于奉天驻兵外，代宗后又召郭子仪于河中，使屯泾阳，

> （并）命李忠臣屯东渭桥，李光进屯云阳，马璘、郝庭玉屯便桥，李抱玉屯凤翔，内侍骆奉仙、将军李日越屯盩厔，同华节度使周智光屯同州，鄜坊节度使杜冕屯坊州。③

可见其时的京畿布防中，云阳也是一重点地区。而奉天、云阳、泾阳、咸阳四县似乎就构成了大历时代京畿北部的一个重要军事防区。（参见图14）并且，自大历中晚期开始，它们也逐渐呈现出一种由禁军出守的趋势。

综上所述，代宗一朝在实现了长安卫军神策化的基础上，将神策军扩

---

① 《唐代墓志汇编》贞元080，第1894页。
② 参见严耕望：《唐代交通图考》第一卷《京都关内区》篇六《长安西北通灵州驿道及灵州四达交通线》，第183页。
③ 《资治通鉴》卷223"永泰元年九月"条。

展到了京畿以及京畿以外的某些地区。其中,京畿西部以及凤翔府是神策军此次扩展的重点方向,而鱼朝恩任神策军统帅的大历前期应该是神策军在代宗朝扩编最为重要的时期。不过到了大历中晚期,京北,尤其是京畿北部的奉天等县也逐渐增加了包括神策军在内的禁军屯驻力度。因此到了这一时期,整个京畿地区就已基本上看不到外系藩镇的身影了。此外,神策军在大历时代的屯驻点与关东防秋兵、关中藩镇的屯驻点有不少重叠。并且,无论是京城神策,还是城外神策,其将领和军队多半是久经沙场的藩镇军将和部众。

总之,神策军在大历年间的发展除了有加强宫禁宿卫的目的,应对吐蕃威胁亦应是其主要宗旨之一。而代宗一朝神策军的这种发展,不仅奠定了德宗初年神策军的大致规模,也为其后神策军在"四镇之乱"与"奉天之难"中的大显身手奠定了基础。不过我们也不要过高估计了大历时代神策军扩编的成效,因为可能在大历末或建中初,泾原老帅段秀实因见禁兵寡少,不足以备非常,就曾上疏言:

> 臣闻天子曰万乘,诸侯曰千乘,大夫曰百乘,此盖以大制小,以十制一也。尊君卑臣、强干弱枝之义,在于此矣。今外有不庭之虏,内有梗命之臣,窃观禁兵不精,其数全少,卒有患难,将何待之!且猛虎所以百兽畏者,为爪牙也。若去其爪牙,则犬彘马牛悉能为敌。伏愿少留圣虑,冀裨万一。①

而我们在此后的奉天一役中也看到,当李晟率领的神策军主力②、镇守奉

---

① 《旧唐书》卷128《段秀实传》。
② 有关李晟所率神策军的来源及屯驻地,《全唐文》卷538裴度《唐故太尉兼中书令西平郡王赠太师李公神道碑铭并序》、《旧唐书·李晟传》和《新唐书·李晟传》均未提及。李晟本人则可能是京城的神策将领,因为《旧唐书》卷133《李晟传》中称其由泾原朝京师后,"代宗留居宿卫,为右神策都将"。并且不见其像尚可孤、阳惠元等人一样,有出屯京畿或近畿诸县的记载。另据《唐会要》卷72《京城诸军》神策军条载:"兴元克复,晟出镇凤翔,始分神策为左右厢,令内官窦文场、王希迁分知两厢兵马。"按李晟出镇凤翔的时间据《旧唐书·德宗纪》《资治通鉴》等记载为兴元元年八月,令窦文场、王希迁分知两厢兵马时为当年十月。如果后者监知神策军的原因部分地是因为李晟出镇凤翔的话,那么很可能说明李晟原先统帅的神策军是屯驻在京城的。李晟此次出镇凤翔应该带领一部分神策军随行,而仍旧留驻京城的神策军则由窦、王二人监掌。

天的阳惠元、屯驻武功的尚可孤，以及哥舒曜统领下的凤翔、邠宁、泾原、奉天、好畤行营中的禁军相继被德宗征调去关东后，关中甚至可能宫苑内剩下的禁军都已寥寥无几了。所以陆贽在建中四年八月，在德宗连"诸将家子弟"都征发后，向德宗上了著名的《论关中事宜状》，提及此时的情形为："关辅之间，征发已甚，宫苑之内，备卫不全。"① 而正是因为连"环卫"之众都已抽调，难怪此后的泾原兵轻而易举地就赶走了德宗。而这一不利情形想要得到彻底更革，只有等到德宗经历奉天一役后的贞元时代才能实现。而且，正如有些学者所指出的，德宗的贞元时代也将见证神策军的又一次大规模发展。②

二、多维度空间的奠立

在开始对德宗时代的讨论前，我们先来看一份宪宗初年的神策军资料，这是一份现今我们所能看到的有关京城外神策军布防格局最为系统的资料。说它是宪宗初年的资料，直观的原因是它出现在《资治通鉴》卷237"元和二年"条的胡注中：

> 夏四月，甲子，以右金吾大将军范希朝为朔方、灵、盐节度使，以右神策、盐州、定远兵隶焉，定远军本属灵州。灵、盐接境，相距三百里，定远军在黄河北岸，盖分戍盐州也。又按宋白《续通典》：左神策，京西北八镇，普润镇、崇信城、定平镇、□□□、归化城、定远城、永安城、邠阳县也；右神策五镇，奉天镇、麟游镇、良原镇、庆州、怀远城也。今日右神策，岂怀远兵欤？盐州前上得专奏事朝廷，今复属朔方。以革旧弊，任边将也。

胡注所引《续通典》成书于北宋初，现已亡佚，是书所记起唐至德初迄周显德末③，因此关于是书此条资料所反映的神策军镇的确切年代，我们已经无法确知。唯一可以肯定的是，上述军镇必定是德宗于兴元元年还驾长安后对神策军进行改革，即分左右神策厢后的结果。更可能的，则是贞元二年九月"神策左右厢宜改为左右神策军"④ 后的产物。当年也是德宗对

---

① 《陆贽集》卷11，第348~349页。
② 参见齐勇锋：《说神策军》，《陕西师大学报》，1983年第2期，第95~96页。
③ （宋）王应麟辑：《玉海》卷51《艺文·典故》"咸平续修通典"条，南京，江苏古籍出版社，上海，上海书店，1990年，第974页。
④ 《唐会要》卷72《京城诸军》。

神策军建置进行重要改革的一年。

尽管如此，我们仍旧可以在上列神策军镇与其历史的比较中为确定这份名单的时间找寻一些线索。《唐会要》卷72《京城诸军》条云：

> （元和）三年正月，诏普润镇兵马使隶左神策军，良原镇兵马使隶右神策军。

这和上述史料是吻合的。又史载：

> 郝玼为临泾（泾州属县）镇将，以临泾地居险要，当虏要冲……元和三年，（泾原节帅段）佐请筑临泾城，朝廷从之，仍以为行凉州，诏玼为刺史以戍之，自是西蕃入寇不过临泾。初，佐请城临泾，诏麟游、灵台、良原、崇信、归化等五镇并修整士马，掎角相应。①

除了灵台，麟游、良原、崇信、归化四镇名字均出现在《续通典》中。虽然这条史料没有明言它们是否为神策军镇，但极可能是的。因为在元和二年韩逢所作的一篇《故内侍省内给事假延信故夫人渤海郡骆氏墓志铭并序》中就提到，骆氏之子假文政当时就担任"左神策军行营归化、崇（信）城等镇监军使"②。显然，归化、崇信其时都属于左神策麾下。如此来看的话，《续通典》的资料就极可能反映了元和三年后不久的情形。而《新唐书·地理志》叙述定平镇时也称："（元和）四年隶左神策军。"但据《资治通鉴》正文的记载来看，元和二年定远军已归属灵盐节度使了，而《续通典》的资料中却还有定远城。不过我们不能否认定远城在此后又改隶神策军的可能。考虑到神策军镇并非一成不变的存在，所以我想暂时把《续通典》的这份名单时间定在元和初期。

此外，倘若我们没有确凿的证据来证明这份名单时间的话，那么唯一的途径就是将它放在一个与之相关的政治环境中来进行分析。而这种方法的好处在于，它同时又可以为我们理解关中的地缘政治结构，尤其是神策军在这一结构中的位置提供很好的解说。

在开始我们的分析前，我们先来看一下《续通典》这份资料的特点，尤其是它和大历初期神策军屯驻地的区别：首先，除了普润、奉天、麟游

---

① 《册府元龟》卷410《将帅部·壁垒》。
② 吴钢主编：《全唐文补遗》第三辑，西安，三秦出版社，1996年，第145页。

三者外，这份资料与大历初期的神策军镇几乎没有雷同；其次，除了奉天外，其余全为畿外军镇；再次，这些畿外军镇广布在凤翔、邠宁、泾原、灵州、同州，甚至河东诸镇中，而不是像大历初期那样，全集中在凤翔一镇。（见图19）以上是一个概观，接下来我们就来具体分析一下这每个军镇的特点。

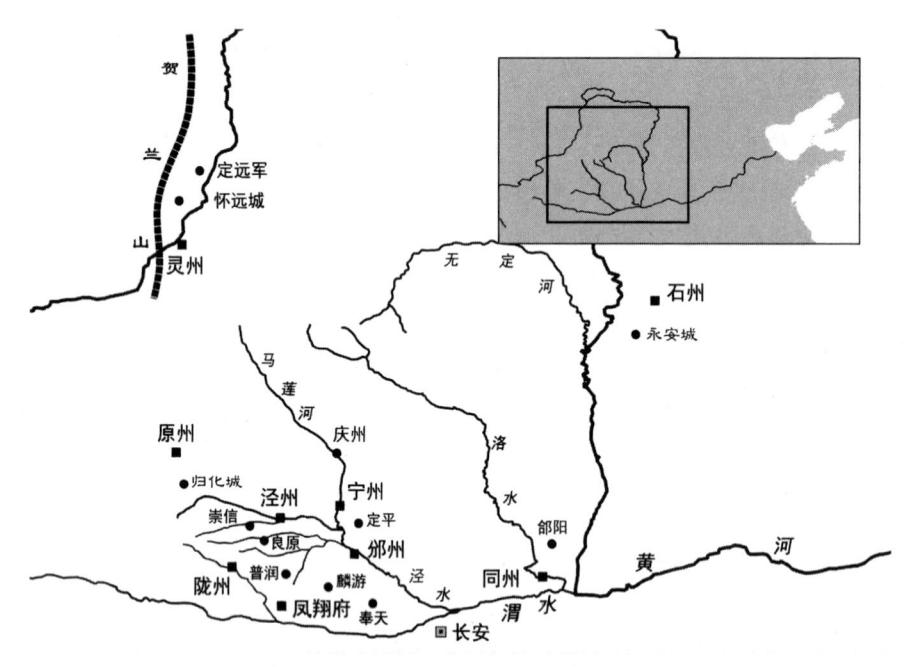

图19 《续通典》所载左右神策军镇屯驻地

（说明：归化、永安二城地望不确定，系暂拟。）

（一）京东的郃阳

郃阳为同州属县。同州境内南有蒲津，北有龙门，故其地"当河中之冲途，为通太原之主线"①。由同州治所冯翊县东经朝邑，过蒲津可达河中；或北上郃阳、韩城，过龙门，循汾河至绛州。郃阳的位置虽既不临蒲津，也不控龙门，但它正处于濒临此二关的朝邑与韩城两县之间，因此可对两地都产生制约作用。《旧唐书·窦觎传》言：

---

① 严耕望：《唐代交通图考》第一卷《京都关内区》篇三《长安太原驿道》，第99页。

兴元元年，讨李怀光于河中，诏（坊州刺史窦）觎以坊州兵七百人屯郃阳。贼平，以功兼御史中丞。迁同州刺史。

推测郃阳镇的设立应该就是讨平李怀光之初之事。其时潼关所在的华州有骆元光的军队，但蒲津和龙门所在的同州军事力量则不强。而怀光平后，河中依旧是朔方军故地，所以德宗为加强同州军力，直接安置神策军于此。

（二）泾陇间的崇信、良原、普润、麟游、归化

接下来我们来看一下位于凤翔府的普润、麟游以及位于泾原的良原、崇信、归化五镇。其中，除崇信、归化为城堡外，其余三者均为县。史念海先生在论及关中西北的形势时曾经指出，汧水河谷经过的陇县、千阳地区，与泾水、马莲河交汇的长武、彬县地区是关中西北的两大门户。前者位于陇州，后者位于邠州，两者之间横峙着岍山。由西北方面向关中的进攻，就是要在这两个门户中任选其一，或同时并进。不过由于这两个地区之间距离并不远，并且其中也有道路联系，所以这些道路在军事上也具有重要的意义。岍山以北联系这两个地区的道路，主要是由西向东的三条泾水支流：最北的是流经华亭、崇信的汭水；中间的是流经良原的黑水；最南的一条是流经百里城及灵台的古细川水。① 而这三条河流其实都流经泾州境内。

在史先生的分析中，我们已经看到了崇信和良原的名字。关于崇信，《太平寰宇记》卷30《关西道六·凤翔府》载：

崇信县……本唐神策军之地，后改为崇信军。皇朝建隆四年（963），以崇信暨赤城东、西两镇及永信镇等四处，于此合为崇信县。②

显然，宋代的崇信县就是由唐代的崇信城发展而来的。③

---

① 参见史念海：《河山集》（四集），第194~195页。
② （宋）乐史撰，王文楚等点校：《太平寰宇记》，北京，中华书局，2007年，第647~648页。
③ 崇信城估计直到晚唐乾符初年一直为左神策军镇。据张思让《唐故左神策军崇信城镇遏都知兵马使银青光禄大夫检校太子宾客守右卫将军兼御史大夫上柱国扶风郡开国伯食邑七百户马公墓志铭并序》载，墓主马国诚于乾符三年（876）终于崇信城镇遏都知兵马使任上。（收入赵力光等编著：《西安碑林博物馆新藏墓志汇编》，北京，线装书局，2007年，第886页）

良原县，原属泾州，"兴元二年没吐蕃，贞元四年复置"①。其复置一事，史称为：

> （贞元四年春，）以华州潼关节度使李元谅（即骆元光）兼陇右节度使、临洮军使……陇右李元谅筑良原城。②

值得注意的是，此时的李元谅是以"陇右节度支度营田观察处置临洮军等使"③的身份驻扎在属于泾州的良原县。这或许正可说明，良原具有控联凤翔与泾原两镇的意义。而史料在称述李元谅屯戍良原的功绩时也说："泾、陇由是乂安，虏深惮之。"④ 贞元九年（793）十一月，李元谅卒于良原，部将阿史那叙统元谅之众，继戍其地。⑤ 史又称："元光卒，军入神策。"⑥ 因此良原可能在贞元九年以后正式成为神策军镇，元和三年再次诏归右神策。

其实，除了崇信、良原外，上述华亭、百里、灵台也是大历及贞元初期吐蕃屡屡攻击的地区。不过大历时代在这些地区反击吐蕃的是李抱玉、马璘、郭子仪麾下的藩镇军队，我们尚未看到禁军的身影。因此，与其具有相似地位的崇信和良原归入神策军，意味着与大历时代凤翔一镇神策军全集中在临近京畿的凤翔府不同，神策军的势力现在已经向西延伸到了陇州，其防御积极性较大历时代明显增加。⑦

---

① 《新唐书》卷37《地理志一》。
② 《旧唐书》卷13《德宗纪下》。旧纪作元谅筑城时为丁未日，但无月份，《资治通鉴》卷233"贞元四年"条作"四月乙未"。按陈垣先生《二十史朔闰表》，贞元四年四月既有"乙未"也有"丁未"，所以筑城的确切时间无法确定。
③ 《全唐文补遗》第三辑杜撰《唐故华州潼关镇国军陇右节度支度营田观察处置临洮军等使开府仪同三司检校尚书左仆射兼华州刺史御史大夫武康郡王赠司空李公（元谅）墓志铭并序》，第129页。
④ 《旧唐书》卷144《李元谅传》。
⑤ 参见《旧唐书》卷13《德宗纪下》。
⑥ 《新唐书》卷165《高郢传》称："顺宗立……而郢以刑部尚书罢。明年（即元和元年），为华州刺史，政尚仁静。初，骆元光自华引军戍良原。元光卒，军入神策，而州仍岁饷其粮，民困输入，累刺史惮不敢白，郢奏罢之。"可见在高郢出为华州刺史的元和元年以前，良原的华州部众已经归为神策军了。
⑦ 《太平寰宇记》卷150《陇右道一·仪州》载："仪州，理华亭县。本西戎之界，秦、陇之地，凤翔之边镇，后魏普泰二年筑城置镇，以扼蕃戎之路。唐为神策军。"（第2908页）不过我们尚不能确定华亭县为神策军镇的时间。另，《旧 （转下页）

位于凤翔府的普润、麟游都是大历旧镇，它们能出现在两份名单中，显然具有比较重要的地位。如果说崇信和良原是岍山以北沟通凤翔、泾原两镇的重要据点，那么麟游则是岍山以南，沟通陇县千阳地区以东的凤翔府与长武彬县地区道路上的重镇。①据墓志记载，兴元年间左右，出镇凤翔的神策大将李晟曾以"奉天之难"中被冤杀的崔宁之侄崔时用为"神策散大将"、"麟游镇遏使"。②元和元年（806）春，宪宗亦以神策将领高崇文"兼统左右神策、奉天麟游诸镇兵以讨（西川刘）辟"③，其时麟游即在神策军镇名单中。

至于普润，也许是凤翔一镇中最重要的据点，《新唐书·地理志》言普润：

> 有陇右军，贞元十年（794）置，十一年（795）以县隶陇右经略使，元和元年更名保义军。

普润设军始末，史称：

> （贞元十年，）瀛州刺史刘澭为兄（幽州节度使刘）济所逼，请西捍陇坻，遂将部兵千五百人、男女万余口诣京师，号令严整，在道无一人敢取人鸡犬者。上嘉之，二月，丙午，以为秦州刺史、陇右经略军使，理普润。④

（接上页）唐书》卷11《代宗纪》："（大历八年）六月，陇州华亭县置义宁军。"《新唐书》卷37《地理志一》亦云："华亭有义宁军，大历八年置。"《新唐书》卷7《德宗纪》："（贞元十三年五月）庚戌，义宁军乱，杀其将常楚客。"从以上这些记载来看，华亭必是一处重要的军事据点。同样，灵台也是贞元时代防御吐蕃的一处要塞，在王俪所作《唐故开府仪同三司行左监门卫大将军知内侍省事上柱国弘农郡开国公食邑三千户赠扬州大都督府君（志廉）墓志铭并序》中曾记载墓主杨志廉："兴元初，迁内给事，进阶朝散大夫。幽泾古郡，迫近西戎。每夏麦方歧，秋稼垂颖，则躁践我封略，凭凌我边人。诏公（指杨志廉）领千夫长，率精锐捍其冲要，是有灵台监军之任。公奋威武，设奇谋，居一周星，亭障无耸。贞元四年六月，加中散大夫。"（《全唐文补遗》第二辑，第35～36页）

① 参见史念海：《河山集》（四集），第194～195页。
② 《大唐西市博物馆藏墓志》312苏澄《唐故金紫光禄大夫雅王傅崔君墓志铭并序》，第677页。
③ 《旧唐书》卷151《高崇文传》。
④ 《资治通鉴》卷234"贞元十年正月、二月"条。

元和元年四月，因有功于宪宗顺利即位，"加陇右经略使、秦州刺史刘澭保义军节度使"①。刘澭率幽州兵屯驻普润，于防御吐蕃意义不小，史料有言："其军蕃戎畏之，不敢为寇，常有复河湟之志，议者壮之。"② 刘澭卒于元和二年十二月③，而我们看到，元和三年正月，宪宗就"诏普润镇兵马使隶左神策军"了。④ 如果这并非巧合的话，那么说明，普润在贞元十年到元和二年这段刘澭管辖的时间里可能还不属于神策军。约在元和六年或七年，宰相李吉甫因"刘澭旧军屯普润，数暴掠近县"⑤，"又请归普润军于泾原"⑥。于是在元和八年（813）十月戊戌，宪宗以"左神策军普润镇使苏光荣为泾州刺史兼御史大夫充四镇北庭行军兼泾原等州观察使"⑦。"辛丑，以普润镇兵四千人割属泾原节度使。"⑧ 刘澭的事例再一次证明了普润地位的重要性。而史念海先生认为，普润的重要性乃是因为它位于连接汧川水与凤翔府，亦即连接泾、岐二州的麻夫川旁。⑨

因此，如果我们将以上这些位于凤翔、泾原两镇内的神策军镇落实在地图上，我们不难发现，它们虽然都不位于泾水和汧水河谷，但全部位于连接这两个河谷所在的道路上，对于凤翔和泾原两镇都能实施保障或控制。（参见图20）而地望不可考的归化城可能也与它们有相似的地理特点，或至少说，与它们临近，因为在元和三年诏佐城临泾的麟游、灵台、良

---

① 《资治通鉴》卷237"元和元年四月"条。
② 《旧唐书》卷143《刘怦附刘澭传》。
③ 《旧唐书》卷14《宪宗纪上》。
④ 《新唐书》卷64《方镇表一·兴凤陇》"元和元年"条有一段颇为有趣的记载："升陇右经略使为保义节度，寻罢保义，复旧名。是年，增领灵台、良原、崇信三镇。"所谓"升陇右经略使为保义节度"无疑指上述刘澭因功升任一事。而"寻罢保义，复旧名"恐怕不应当发生在元和元年，而应是元和二年十二月刘澭死后之事。至于"是年，增领灵台、良原、崇信三镇"倒可能是真的，因为这极可能是宪宗为奖赏刘澭的举措，并且也与刘澭此时由陇右经略使升任保义节度使的背景吻合。不过在次年底刘澭死后，这三镇恐怕就不一定继续由陇右经略使领属了，灵台与崇信的情况还不清楚，但良原镇很可能就像《唐会要》卷72《京城诸军》说的，在元和三年正月诏归右神策。
⑤ 《新唐书》卷146《李栖筠附李吉甫传》。
⑥ 《旧唐书》卷148《李吉甫传》。新书本传作"奏还泾原，畿民赖之"。普润属凤翔府，故不当作"还泾原"。
⑦ 《册府元龟》卷553《词臣部·谬误》。
⑧ 《册府元龟》卷993《外臣部·备御第六》。
⑨ 参见史念海：《河山集》（四集），第195页。

原、崇信四镇名单后面，我们就看到了归化的名字。而以其罗列顺序来看，归化城很可能是这五镇中最西面的一个。事实上，我们确实在贞元十四年的史料中看到了归化堡的名字：

> 六月丙申，归化堡军乱，逐其将张国诚，泾原节度使刘昌败之。①

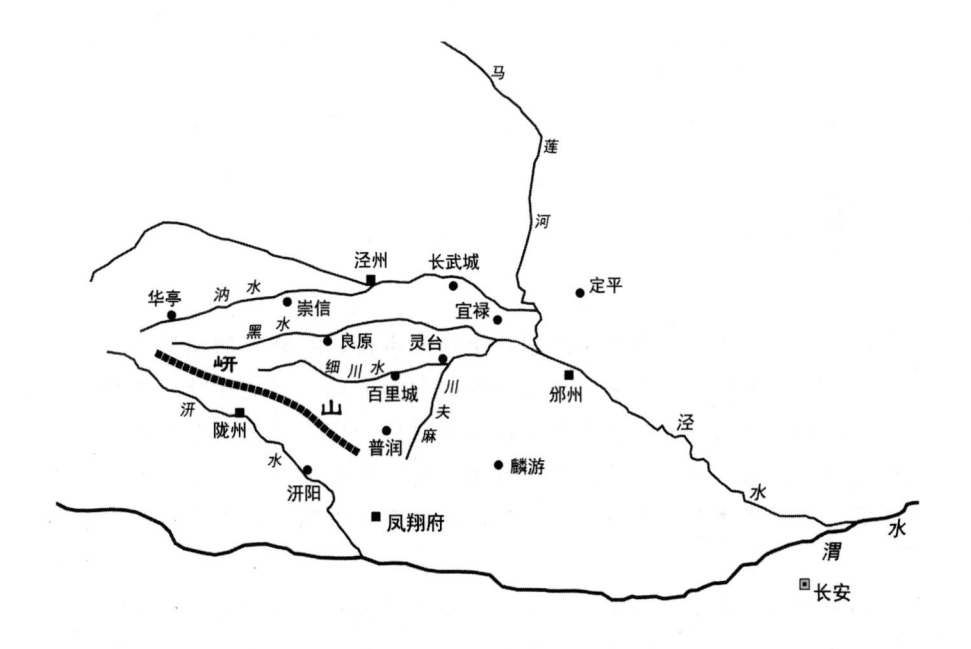

图 20　陇县千阳地区和长武彬县地区形势图

（参考史念海《河山集》[四集]，第 197 页"长武彬县地区和陇县汧阳地区形势图"绘。）

而我们相信，它就是《续通典》中的归化城，而且正如我们所料，其地望就在泾原，只是贞元十四年的时候，它可能还不是神策军镇。

既然在贞元四年前良原镇没于吐蕃，四年至九年良原尚未隶属神策，而十年至元和二年普润又不归神策，那么良原和普润都出现在《续通典》中的这份名单，至早不就应该是元和三年以后的事了吗？这是不是离我们先前的推断很接近？不过我想，在下结论前，我们还是继续尚未结束的考察，先来看看位于邠宁的定平镇和庆州镇。

---

① 《新唐书》卷 7《德宗纪》。

(三) 邠宁的定平和庆州

定平县,《新唐书·地理志》宁州条载:

> 武德二年（619）析定安（宁州属县）置,后隶邠州。元和三年复来属,四年隶左神策军。有高摭城。

定平县地处邠、宁二州交界处,位于史念海先生所说的关中北大门长武彬县地区,重要的长武城与浅水原正处于离定平西面不远的宜禄县境。① 而定平城南正当马莲河与泾水交汇处,因此为一军道要冲。② (见图21) 关于定平与神策军的关系,史称:

> 初,浑瑊遣兵马使李朝寀将兵戍定平。瑊薨,朝寀请以其众隶神策军;诏许之。③

定平所在的邠宁镇原是朔方军驻地,李怀光事件后,邠宁的朔方军实力大减,而时为河中统帅的浑瑊所率领的亦为朔方旧部,因此在吐蕃攻势颇盛的贞元时代,浑瑊遣兵马使李朝寀将河中兵戍守定平,以增强当地抗击吐蕃的力量。又由于两者本就同为朔方军,所以驻扎在一地并不会产生太大的矛盾。浑瑊卒于贞元十五年十二月,因此定平由朔方归于神策应当就在此时。贞元十七年（801）,当邠宁节帅杨朝晟卒于宁州后,唐廷曾有意任命李朝寀为新任邠宁节度使,并让这两支军队合并。不过此事后因宁州军不愿意而没有成功,唐廷最终接受了宁军推任的本军将领高固为新任邠宁统帅。④ 而在定平这边,李朝寀死后,唐廷任命本镇都虞候、奉天定难功臣朱仕明为镇使。⑤ 元和三年三月,因泾州兵乱⑥,宪宗以朱士明为"四镇、北庭、泾原等州节度使"⑦,赐名忠亮。朱忠亮此行,当以定平兵自随。那么此后定平镇很可能就重归邠宁了。在元和二年十二月的时候,宪

---

① 有关长武城与浅水原的军事地理价值,可参见史念海:《河山集》（四集）,第202~203页。
② 参见严耕望:《唐代交通图考》第一卷《京都关内区》篇六《长安西通灵州驿道及灵州四达交通线》,第184页。
③ 《资治通鉴》卷236"贞元十七年五月"条。
④ 此事详见《资治通鉴》卷236"贞元十七年五月、六月"条。
⑤ 《旧唐书》卷155《朱忠亮传》。
⑥ 参见《新唐书》卷170《朱忠亮传》。
⑦ 《旧唐书》卷14《宪宗纪上》。

宗曾以神策将领、此前平蜀的功臣高崇文代高固为邠宁节度，并"充京西诸军都统"①。四年九月崇文卒，定平镇很可能就在这时，像新志说的那样，又重新划归神策军了。

和凤翔镇一样，邠宁在贞元时代的屯防体系也是向外扩展，而非仅集中在临近京畿的邠州一带。我们看到，"奉天之难"后的三任邠宁节帅——韩游瓌、张献甫、杨朝晟，他们为防备吐蕃的入侵，或是离开治所邠州，防秋于宁州等地②，或是在更北的庆州大力开展城防修筑工作。③宁州境内的彭原、丰义，尤其是庆州境内的马岭、方渠、合道、木波、怀安、洛源诸县、城，多当吐蕃入侵要道，因此庆州划归神策军也是很具军事意义的事件。（见图21）它的具体划归时间，史书阙载，不过极有可能是在杨朝晟时代后，因为在张、杨等人筑城时，史料没有提到神策军。

如果我们拿大历时代邠宁的驻军形态与《续通典》的资料相比的话，我们就会发现，大历时代，作为关中北大门的邠宁镇是没有神策军屯驻的，其时屯驻此地或与吐蕃作战的，基本上都是朔方军。比如重要的长武城就是在大历初年由郭子仪重筑以备吐蕃④，而相继驻防长武的就是朔方军的两位重要将领——浑瑊和李怀光。⑤ 但到了贞元时代，长武城⑥以及附近的定平镇都开始成为神策军的驻地，而邠宁的朔方军反倒成

---

①　《旧唐书》卷14《宪宗纪上》。

②　参见《旧唐书》卷144《韩游瓌传》《杨朝晟传》。

③　参见《旧唐书》卷122《张献诚附张献甫传》、《旧唐书》卷144《韩游瓌传》《杨朝晟传》。

④　参见《元和郡县图志》卷3《关内道三·邠州》，第64页。

⑤　《旧唐书》卷134《浑瑊传》："大历七年，吐蕃大寇边，瑊与泾原节度使马璘会兵，大破蕃贼于盐菩原。自是，每年常戍于长武城，临盛秋。"《旧唐书》卷121《李怀光传》："先是，怀光频岁率师城长武以处军士，城据原首，临泾水，俯瞰通道，吐蕃自是不敢南侵，为西边要防矣。"

⑥　长武城很可能在贞元初期就成为神策军据点，并且此后一直归神策军。《旧唐书》卷13《德宗纪下》："（贞元四年七月）陈许防御兵马使韩全义检校工部尚书，充长武城及诸军行营节度使。"旧纪言韩全义为"陈许防御兵马使"，而我们知道，在贞元年间出任首任陈许节度使的曲环就是神策军将领。曲环出镇陈许后，陈许的一部分士兵仍旧还归关中，并被归并或协同禁军一起屯防长武。所以《旧唐书》卷162《韩全义传》会说："韩全义，出自行间，少从禁军，事窦文场。及文场为中尉，用全义为帐中偏将，典禁兵在长武城。"贞元十四年闰五月，长武城军乱，逐其使韩全义。唐廷以长武都虞候、原本投降曲环后从韩全义镇长武的原淮西降将高崇文为长武城（转225页）

图 21　邠宁庆地区军镇分布图

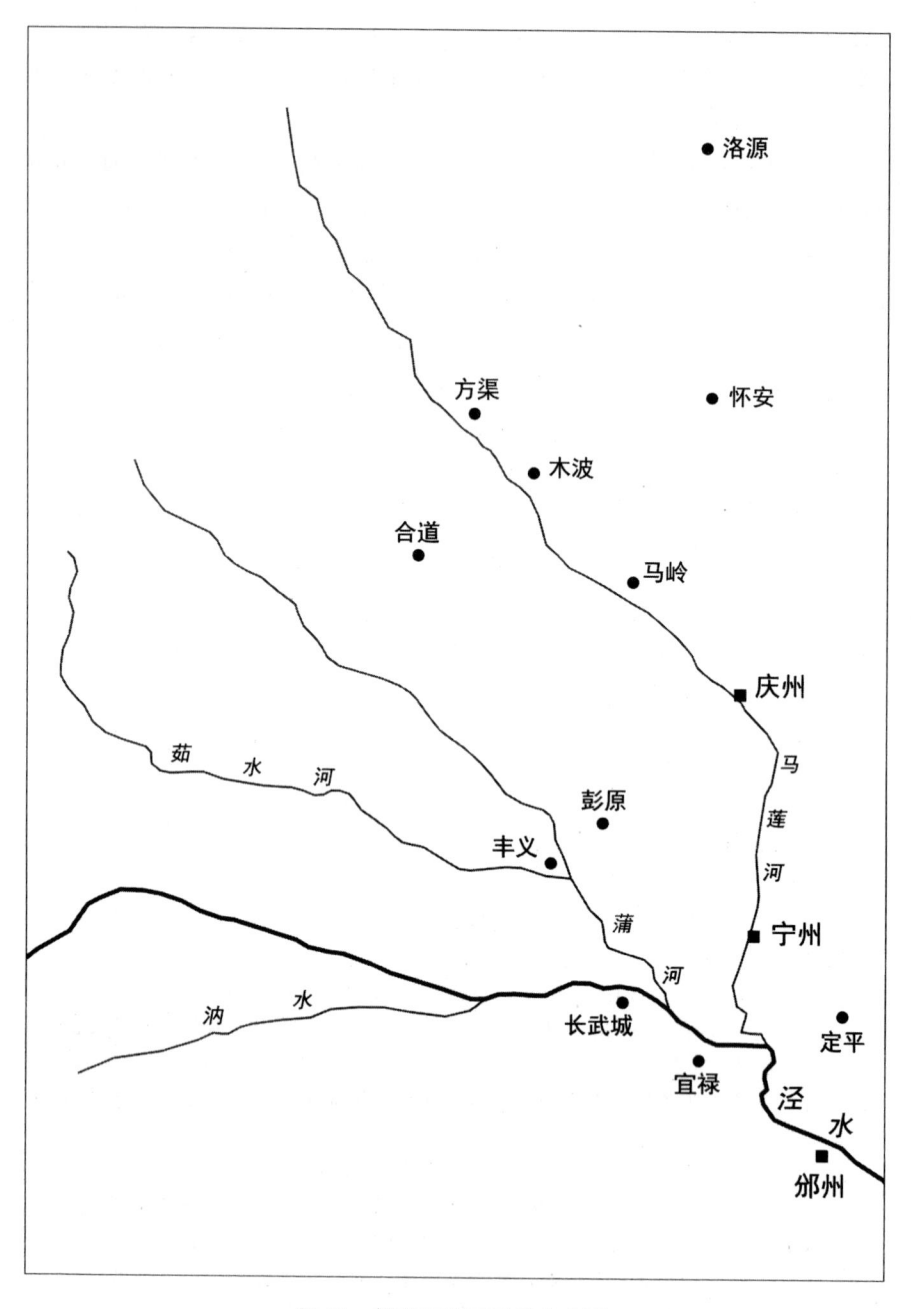

了协助防守的次要角色。①同时我也推测，《续通典》中的佚名者，很可能就是"长武城"。

此外，《续通典》这份资料中长武地区的军镇，以及庆州划归神策军，还有一个重要的意味。定平镇介于邠、宁二州之间，而庆州则位于宁州以北，邠、宁二州无疑属于邠宁节度使管辖，而定平、庆州则属于神策军管辖，这样一来，双方的辖区就形成了一种犬牙交错的格局。而这种形态所反映出的，除了要加强应对吐蕃的军事力量外，恐怕也有以神策军来监临邠宁的意图。

（四）灵州的定远、怀远

接下来我们来看一下位于灵州的定远、怀远两城。定远城早在唐前期就是一重要的军事据点。景龙年间，张仁愿始置定远城，管兵七千人，马三千匹。先天中，郭元振复筑此城，置兵五千五百人。定远城位于黄河外，是沟通宁夏平原和河套平原的中枢。怀远县在定远城南、黄河西岸，地沃有盐池之饶，西北有长城外护，亦当灵州至定远大道所经。②地处灵州的定远、怀远两城无疑原本都属朔方军所管，比如李光弼麾下的大将白元光就在安史之乱后担任"灵武留后，定远城使"③。两城由灵州的朔方军转隶神策军可能在贞元八年（792），史称：

四月，吐蕃寇灵州，掠人畜，攻陷水口城，进围州城，塞水口及

（接223页）使。高崇文的身份此时亦应为神策军将。其神道碑中称："贞元初始授陈许节度都候，及领所部随韩全义镇长武城，神策淮南陈许浙右四军同戍。公总其候奄之任，临下简肃，士众悦而归之……十四年遂为长武城大使……元年正月拜工部尚书右（左）神策行营节度，总护诸将，便道南征。"（《全唐文》卷531武元衡《南平郡王高崇文神道碑》、《旧唐书·宪宗纪》、《新唐书·宪宗纪》均称高崇文为"左神策行营节度使"）高崇文在长武城治军有声，后在元和元年平定西川刘辟的战事中立下大功。而继崇文后为长武城使的是其麾下的将领高霞寓。有关长武城的情况，可参见张国刚：《唐代的神策军》，《唐代政治制度研究论集》，第123页。

① 《旧唐书》卷196下《吐蕃传下》："（贞元三年）十月，吐蕃数千骑复至长武城，韩全义率众御之。韩游瓌之将请以众助，游瓌不许……四年五月，吐蕃三万余骑犯塞，分入泾、邠、宁、庆、麟等州……陈许行营将韩全义自长武城率众抗之，无功而还。游瓌素无军政，且疾不能兴，闭自自守，莫敢御也。"

② 参见严耕望：《唐代交通图考》第一卷《京都关内区》篇六《长安西北通灵州驿道及灵州四达交通线》，第211~212页。

③ 《新唐书》卷136《李光弼附白元光传》。

支渠以营田。诏河东、振武分兵为援,又分神策六军之卒三千余人戍于定远、怀远二城,上(指德宗)御神武楼劳遣之。①

直到元和二年,定远才重归灵州:

> 夏四月,甲子,以右金吾大将军范希朝为朔方、灵、盐节度使,以右神策、盐州、定远兵隶焉,定远军本属灵州。灵、盐接境,相距三百里,定远军在黄河北岸,盖分戍盐州也。又按宋白《续通典》……右神策五镇,奉天镇、麟游镇、良原镇、庆州镇、怀远城也。今曰右神策,岂怀远兵欤?盐州前上得专奏事朝廷,今复属朔方。以革旧弊,任边将也。

至于此处的"右神策"是否如胡三省所言指"怀远镇",恐怕还难以确定,但似乎亦无更好的解释。定远城元和二年重隶灵州的事实可能会与我们上述的推断,即将《续通典》的名单时间定在元和三四年不相契合。不过我们亦无法排除定远城在此后重隶神策名下的可能。②

(五)河东的永安城

《续通典》名单中的神策军镇并非全集中在关中,比如永安城就极可能是一处位于河东的军镇,《旧唐书·党项羌传》云:

> (贞元)十五年二月,六州党项自石州奔过河西。党项有六府部落,曰野利越诗、野利龙儿、野利厥律、儿黄、野海、野窣等。居庆州者号为东山部落,居夏州者号为平夏部落。永泰、大历已后,居石州,依水草。至是永安城镇将阿史那思昧扰其部落,求取驼马无厌,中使又赞成其事,党项不堪其弊,遂率部落奔过河。

如此看来,永安城当位于河东的石州,设镇的初意可能是为了镇抚当地的党项部落。

关中以外的神策军镇或许还不止永安城一处,《太平寰宇记》卷46《河东道七·解州》"闻喜县"条就载:

---

① 《旧唐书》卷196下《吐蕃传下》。
② 当范希朝于元和四年调任河东后,此后的灵盐节度使职衔中均兼有定远城名。不过这一点不足以说明定远城驻军的实际归属情况。因为当贞元八年神策军驻戍定远、怀远二城后,贞元十年任职灵州的新节度李栾的职衔中亦有定远之名。(参见《唐方镇年表》卷1《朔方》)

元和三年，河中节度使杜黄裳奏移神策军于县宇，官吏权止桐乡佛寺；至十年，刺史李宪奏复置县于桐乡故城，即今理也。

不过我们在《续通典》名单中并未看到这一位于绛州闻喜县处的神策军镇。而如果它在元和三年尚存的话，那我们关于《续通典》名单为元和初期的推测就有可能并不正确。

总之，以上的一系列分析也许会令《续通典》名单的时间推测问题显得更加棘手。不过暂时搁置这一问题，我们来看上文的这些分析，有一点应该是可以肯定的，那就是《续通典》名单中的军镇大多数是贞元时代，尤其是贞元中后期陆续归入神策军名下的。而我相信，这种变化趋势正是德宗针对其时严峻的吐蕃威胁而采取的防御措施的一种真实写照。

不难发现，和大历初期的名单不同，贞元时代的畿外神策除了凤翔外，已经扩展到泾原、邠宁、灵州等其他京西北地区。事实上，在稍东的鄜坊丹延和盐夏地区，贞元时代也有神策军镇的设立，只是它们没有出现在《续通典》的这份名单中。比如《太平寰宇记》卷37《关西道十三·保安军》条就载：

> 保安军，本延州之古栲栳城，唐咸亨中曾驻泊禁军于此。至贞元十四年建为神策军，寻改为永康镇，属延州，扼截蕃贼。至皇朝太平兴国二年（977）升为保安军。

而我们在第一节中也已提到，当贞元中盐州筑城后，这里就有神策军屯驻，并在贞元十九年底直隶中央，其刺史由原戍盐州的左神策兵马使李兴幹担任。直到上引史料的元和二年四月盐州才重归灵州。至于夏州，早在贞元初期，初设的夏绥银一镇就有神策军士驻防，并在此后，又一度成为"神策行营"。

贞元时代神策军镇的这种广布于京西北地区的格局，当然首先与其时吐蕃入侵频繁且其进攻路线多样有关。但另一个更重要的原因恐怕是，京西北藩镇在经历了"奉天之难"后实力均大为下降，以至于单纯依靠它们已经难以有效应对吐蕃威胁。陆贽在贞元九年的《论缘边守备事宜状》中说：

> 开元、天宝之间，控御西北两蕃，唯朔方、河西、陇右三节度而已，犹虑权分势散，或使兼而领之。中兴已来，未遑外讨，侨隶四镇

于安定，权附陇右于扶风。所当西北两蕃，亦朔方、泾原、陇右、河东四节度而已，关东戍卒，至则属焉。虽委任未尽得人，而措置尚存典制。自顷逆泚诱泾原之众，叛怀光污朔方之军，割裂诛锄，所余无几。而又分朔方之地，建牙拥节者凡三使焉，其余镇军，数且四十，皆承特诏委寄，各降中贵监临，人得抗衡，莫相禀属。每俟边书告急，方令计会用兵，既无军法下临，唯以客礼相待。是乃从容拯溺，揖逊救焚，冀无阽危，固亦难矣。①

"奉天之难"使原本实力已不可与安史之乱前相提并论的关中大军团彻底解体，取而代之的是一种"节镇"与"镇军"交错，双方实力均有限，且互不统属又互相掣肘的新型关中地缘模式。从陆贽的状文来看，当时的关中"镇军"不下四十个，而我们上文分析的神策军镇恐怕还只是其中的一部分。不过，这一部分已经足以让我们体察到它们与关中藩镇间犬牙交错的空间情态。贞元时期形成的这种关中空间情态，当然有基于利用神策军出屯要地来弥补边军实力不济的缘由。从这方面看，它的效用与大历初期的神策军是一致的。但是，大历时期神策军的发展并没有以刻意削弱边军为代价。而贞元时代，当神策军的数量、待遇、地位均在不断上升时，边军则完全向着另一个方向在发展。② 并且，可能已经出现了以神策监临藩镇的情况。我想，在京东的邰阳设立神策军，或许就有防控河中朔方军的意图。

总之，如果不考虑作用相对有限的关东防秋兵，仅对比神策军与边军的话，那么贞元时代出现的以神策军为主导，并逐渐凌驾边军，并使边军遥隶其名下的政治结构确实是大历时代所未见的。不过和大历时代一样，神策军和边军依旧都要面对吐蕃等异族的挑战，而且，正如上文的分析所看到的，那些在应对吐蕃威胁时发挥不错效用的神策军，如良原、普润、定平等，它们往往是由此前具有战斗力的重要藩镇军队转变而来的，这一点和神策军的早期发展也很相似。当然，在对比大历、贞元两个时代的神策军发展情形时，我想我们必须考虑到畿内和畿外两个不同的层次。但有趣的是，《续通典》资料中仅有奉天一镇在畿内。不过这反倒提醒我们，畿内的问题也许也是神策军在贞元时代值得注意的一个焦点。

---

① 《陆贽集》卷19，第619～622页。
② 可参见《陆贽集》卷19《论缘边守备事宜状》。

（六）畿内的奉天

我们知道，德宗在"四镇之乱"时因大力征调神策军东讨，以至于宫卫不备而被泾原兵赶出长安。贞元二年秋天，当关东的叛乱刚刚平息，西边的吐蕃又重启侵扰攻势：

> （八月）丙戌，吐蕃尚结赞大举寇泾、陇、邠、宁，掠人畜，芟禾稼，西鄙骚然，州县各城守，诏浑（瑊）将万人，骆元光将八千人屯咸阳以备之……（九月）吐蕃游骑及好畤。乙巳，京城戒严，复遣左金吾将军张献甫屯咸阳。①

到贞元三年，吐蕃平凉劫盟后复寇京畿，其时德宗又使浑瑊等出镇奉天等地，直到年底吐蕃罢军，浑瑊等才各还本镇。②

德宗初年环卫不备的教训，以及吐蕃背盟后京畿驻防依旧得部分仰赖外系藩镇的经历，应当促使德宗在大力发展畿外神策的同时，对京畿内的禁军建设也有所措意。据《唐会要》卷72《京城诸军》神策军条载：

> （贞元）六年八月，铸蓝田渭桥等镇遏使印，凡二十三颗。

日野开三郎教授曾据此条认为蓝田县当有神策军镇。③ 如此的话，那与蓝田共授镇遏使印的其他二十二个地区应当也有神策军镇。遗憾的是，除了渭桥外，我们无法确知其他二十一个地点的名称。不过，贞元时代京兆府共有二十三县的事实也许暗示我们，二十三位神策镇遏使可能就是驻扎在京兆府诸县中的。当然，此处的"渭桥"并非京兆府县。不过无论是东、中、西渭桥中的何者，渭桥特殊的转输及军事地位，都可以使它获得驻扎神策军的资格。④ 此外，作为附郭的万年、长安二县也可能并不在此二十三者之中。不过在这里，我仍想提出这样一种假设，即二十三镇遏使即便

---

① 《资治通鉴》卷232"贞元二年八月"条。从两唐书的《吐蕃传》《张献甫传》等记载看，张献甫当时应是与神策将领李升昙、苏清沔等一起率领禁军驻扎咸阳的。

② 参见《旧唐书·浑瑊传》、《新唐书·浑瑊传》、《资治通鉴》卷233"贞元三年十一月"条。

③ ［日］日野开三郎：《唐代藩镇の跋扈と镇将》，《日野开三郎东洋史学论集》第一卷《唐代藩镇の支配体制》，第375页。

④ 《全唐文补遗》第三辑郭琼《大唐故骆府君（明珣）墓志铭并序》载："宪宗以统领禁戎，畿甸称最，精选名望，公其当焉。改东渭桥监军。抚士有卧辙之爱，训戎无覆𫗧之忧。"（第193页）东渭桥监军所监临的应当就是驻屯于此的禁军。

不与京兆府二十三县一一对应，但也应该全在京兆府内。并且，这些京畿内的"镇遏使"应当全指神策军。①

这一假设也许可以帮助我们理解为什么在《续通典》的名单中，除了奉天外，其余全为畿外神策。《续通典》的名单无疑反映了贞元时代以后的神策军镇情况，但如果其时唐廷无法保证畿内的安全，或者说，它没有在畿内构筑足够而系统的禁军力量的话，我相信，它不会先行考虑畿外的问题。当然，畿内和畿外神策军的性质并不完全相同，唐廷可以将外系藩镇收编成畿外神策，但很难说这样的藩镇军队会转变成卫军驻扎宫苑或者

---

① 日野教授在确定这些镇将是否为禁军的过程中，还是采取相对谨慎的态度。如果没有史料指示它们是禁军的话，日野教授只是以普通县镇加以对待。（参见《唐代藩镇の跋扈と镇将》，《日野开三郎东洋史学论集》第一卷《唐代藩镇の支配体制》，第375～376页）相对而言，张国刚先生的态度要更宽泛一些，对于一些史料没有明言是否为神策军镇的畿内县镇，也会将其作为神策军镇来处理。（参见《唐代的神策军》，《唐代政治制度研究论集》，第125～126页）我的意见也更倾向于后者。这里再补充几条两位先生没有涉及的资料：1.《大唐故节度押衙充监军衙马步都知兵马使并知衙事银青（光禄）大夫检校太子宾客兼侍御史上柱国颍川郡陈府君（审）墓志铭并序》中提到，生于兴元元年的墓主陈审，其父陈后的结衔为"左神策军醴泉镇军判官"（吴钢主编：《全唐文补遗》第八辑，西安，三秦出版社，2005年，第419页）。陈后担任醴泉镇军判官的时间不会早于贞元初，或者，他可能就是在贞元时代担任此职的。而我们看到，醴泉镇军就是籍名于神策旗下的一处畿内军镇。2.《唐故左神策军华原镇马步都虞候儒林郎司农丞上柱国王府君墓志铭并序》记载了去世于长庆二年的墓主王遂在元和年间的军职转迁情况。（《大唐西市博物馆藏墓志》，第807页）墓志称其一生"竭节于镇"，其去世时的职任即是志名所揭示的左神策军华原镇马步都虞候。因此推测华原镇几乎在元和时代一直就是神策军旗下的畿内军镇。3. 张模《唐故朝议大夫内侍省内附局丞员外置同正员上柱国武府君（自和）墓志铭并序》中提及武自和在文宗大和年间曾出任"左神策军美原镇监军使"（《全唐文补遗》第二辑，第53页）。可见美原镇也是一处畿内神策军镇。4. 陈上美《唐故忠武军监军使正议大夫内给事赐紫金鱼袋赠内侍仇公（文义）夫人王氏墓志铭并序》中提及去世于大中二年的墓主，其长子时任"左神策军云阳镇监军"（《全唐文补遗》第二辑，第61页）。云阳镇同样是畿内的神策军镇。5. 王枧《唐故左神策军前任南山镇遏都兵马使兼押衙云麾将军行左卫翊壹府左郎将兼监察御史上柱国上党郡开国男食邑三百户包府君（筠）墓志铭并序》记载了身为左神策将领的墓主在宣宗大中十一年（857）出任"南山镇遏使"（《全唐文补遗》第三辑，第265页）。南山镇遏使应当也是一处京畿内的神策军镇。以上所列都是明确记载为神策军镇（且都为左神策军镇）的畿内军镇，从时间上来看，都在贞元时代以后。

畿内。①

现在我们来谈谈奉天的问题。奉天虽然地处京畿，但它是京畿内极为特殊的一个据点。这不仅是因为它重要的军事地位，同时还与它特殊的政治身份有关。《新唐书·范希朝传》称：

> 王叔文用事，谓其（指范希朝）易制，用为右神策统军，充左右神策京西诸城镇行营节度使，屯奉天，以韩泰为副，因欲使泰代之。会不能得神策军而罢。②

奉天的重要政治地位就在于，它还是京西神策诸城镇行营节度使的屯驻地。或者说，它的作用更多的是与京西诸神策军镇相似或互为表里，而不类其他畿内军镇。③

综上所述，我认为反映贞元时代以后的《续通典》记载是一份不包括

---

① 在一份由王叔简所作的《大唐故吴府君墓志铭》中，我们看到贞元初年德宗增强禁中神策军力量的一项举措。墓主吴卓是郭子仪婿吴仲孺的次子。李希烈叛乱时，吴仲孺因家财巨万，以国家召募有急，惧不自安，乃上表请以子弟率奴客从军。后德宗遂令节度、观察、团练等使并尝为是官者，皆令家出子弟甲马从军，并从仲孺例，亦与其男官。（参见《旧唐书》卷135《白志贞传》、《新唐书》卷50《兵志》）这支"诸将家子弟"后来就神策将领刘德信统率赴援襄城。墓志记载了其时被署为"行营节度副使"的吴卓率领"家僮"赴襄城作战的经历。泾师之变后，吴卓随刘德信急返长安，后因此军为李晟合并，吴卓遂成为李晟的部将。乱后李晟出镇凤翔，吴卓亦随之"摧锋岐下"。贞元三年李晟入朝，墓志载："逮西平（即李晟）入觐。公隶属神策，宿卫中禁，垂二十年。"直到元和初年调镇云州。（《唐代墓志汇编续集》元和055，第839页）我们并不清楚德宗对吴卓的此次任命是否意味着原属吴卓的军队（或者主要就是"诸将家子弟"）也一并纳入禁中。但如果考虑到吴卓的特殊身份以及"诸将家子弟"的特殊性质，德宗若有此举当也不难想象，因为他们更值得德宗信赖。

② 《旧唐书》卷151《范希朝传》作："乃命（希朝）为左神策、京西诸城镇行营节度使，镇奉天。"与新传略有不同。据《旧唐书》卷14《顺宗纪》"（永贞元年）五月己巳，以右金吾卫大将军范希朝为右神策统军，充左神策、京西诸城镇行营兵马节度使"及《唐会要》卷72《京城诸军》神策军条"（贞元）二十一年三月，以检校尚书右仆射、右金吾大将军范希朝为兼右神策统军，充左神策京西诸城镇行营节度使，驻于奉天"的记载，新传的表述更为确切。至于任命范希朝的时间，《资治通鉴》卷236"永贞元年"条作"五月辛未"，与旧纪、会要均略有不同。

③ 能证明这一推断的，还有《册府元龟》卷135《帝王部·愍征役》中的这条资料："（贞元）十五年四月诏，应在城诸州军及畿内诸县镇兼京西步驿并奉天行营杂职掌所由兼长行官健共五万八千二百七十二人，宜令所司每人赐粟一石。"

畿内神策的神策军镇名单，但这并不意味着畿内没有神策军镇。① 恰恰相反，正如经历"奉天之难"后的德宗在贞元时代对神策军的军制结构进行重要调整一样②，他对神策军的空间结构也进行了系统的规划。而这种规划可能首先就是从京畿地区展开，并在以畿内为保障的基础上逐渐向畿外扩展。畿外神策的扩展贯彻着唐廷应对异族威胁与控临边军的双重意图。与大历时代相比，贞元时代的神策军镇已经推进到关中各地，甚至还涉及关中以外的地区，显示出一种积极而普遍的发展态势。

不过我们也不要以为随着边军的弱化，日趋壮大的神策军正在以一种不受制约的状态发展。如果回头再看一下《续通典》的这份资料，必须要指出其中还有一个重要特点，这就是位于同一藩镇下的神策据点是不会完全隶属于两军神策中的单独一个的。无论是地处凤翔的普润和麟游，泾原的崇信、归化和良原，还是邠宁的定平、庆州，以及灵州的定远和怀远，它们全都分隶左、右二神策。而我相信，这种安排所蕴含的制约左、右二神策的用意，必是唐廷刻意为之的结果。

最后，我们还是不得不回到关于《续通典》这份名单年代的问题上来。我想，我们之所以会把这份名单确定在宪宗元和初期是基于以下几个考虑：首先，这份名单中的不少军镇是在贞元中后期归入神策军名下的；其次，名单所体现出来的空间布局延续了德宗时代积极防御吐蕃的态势。吐蕃的侵扰势头虽从贞元末起渐趋疲弱，元和一朝唐蕃双方基本无甚大的冲突，但是小规模的战斗还时有发生。而以元和初期宪宗防备吐蕃的一些措施，及其本人"图复河湟"的心意来说，继承德宗时代的神策军布防结构，应该是符合宪宗本人及元和朝政治性格的。此外，元和时代边军继续弱化的趋势，也要求这种多维度空间的结构必须存在。事实上，由于宪宗和德宗一样，并不热心发展关中藩镇的军事力量，所以他几乎是完全继承

---

① 《唐会要》卷72《京城诸军》神策军条载："元和二年正月，京兆尹李鄘奏：'三原、高陵、泾阳、兴平等四县兵，管烽二十八所，每年差烽子计九百七十五人。远近无虞，畿内烽燧请停。'从之。"日野开三郎教授据此条认为三原、高陵、泾阳、兴平四县均为神策军镇。但此四县的名字均未出现在《续通典》的名单中。（参见《唐代藩镇の跋扈と镇将》，《日野开三郎东洋史学论集》第一卷《唐代藩镇の支配体制》，第375~376页）

② 参见《唐会要》卷72《京城诸军》；何永成：《唐代神策军研究——兼论神策军与中晚唐政局》，第17页。

了贞元时代边军与神策军之间的矛盾。这就是元和七年李绛在《延英论兵制》中向宪宗陈述的：

> 今边上空虚，兵非实数……今京西、京北，并有神策军镇兵。本置此者，祇防蕃寇侵轶，俾其御难战斗也，不使其鲜衣美食，坐费衣粮尔。今寇贼为患，来如飘风，去如骤雨，两京节度使本兵既少，须与镇兵合势，掎角驱逐。镇军须倍道急趋，同力蒴扑，而牵属左右神策，须申状取处分。夫兵不内御，须应机合变，失之毫厘，差以千里。

和当年陆贽的意见相似，李绛也要求"今须便据所在境兵马及衣粮器械，割属当道节度，使法令画一，丰约齐同"①。不过，正如发展边军的要求因次年李绛的罢相无疾而终，李绛意欲神策还隶边军的努力也因"神策军骄恣日久，不乐隶节度使，竟为宦者所沮而止"②。

我想，德、宪二朝政策的这种相似性和延续性，恐怕是促使我们将宋白《续通典》名单的时间确定在元和初期的最重要原因。此外，这些军镇的名字在史书中出现的频率也以贞元、元和两个时代为多，这或许也可作为一个补充的因素。如果我们再谨慎一点的话，那就将这份名单的时间放宽到元和一朝。因为在元和十五年（820）穆宗的《登极德音》中，我们就看到其中有：

> 京西京北及振武天德八道节度都防御使，下及神策一十二镇将士等，共一十八万六千七百余人，都赐物一百八万一千八百余匹。③

这里的"神策一十二镇"正是从《续通典》的一十三镇发展而来，并且，它同样不包括畿内神策。④

---

① 《全唐文》卷645。
② 《资治通鉴》卷239"元和七年"条。
③ 《全唐文》卷66。《册府元龟》卷81《帝王部·庆赐第三》同，唯"都赐物"作"一万八千八百余匹"，当从《全唐文》所载为是。
④ 李锦绣女士认为此条记载中的十八万余将士是神策军畿内及在外军镇人数。（见《唐代财政史稿》[下卷]，北京，北京大学出版社，2001年，第768页注②）其所据《唐大诏令集》卷2《穆宗即位赦》此条记载作："京西京北及振武天德八道节度及都防御使下神策一十二镇将士等，共一十八万六千七百余人，都赐物一百八 （转下页）

三、走向终结的神策军

现在我们来看一下最后一份有关神策军镇的系统资料,这份资料同样出现在《资治通鉴》胡注中:

> (穆宗元和十五年十月)癸未,泾州奏吐蕃进营距州三十里,告急求救;以右军中尉梁守谦为左、右神策京西、北行营都监,将兵四千人,并发八镇全军救之;左、右神策军分屯近畿,凡八镇,长武、兴平、好畤、普闰(润)、邠阳、良原、定平、奉天也。宋白所记与此稍异。赐将士装钱二万缗。①

首先需要指出的是,《资治通鉴》原文的"八镇"当指京西北八镇,而非胡注所言的神策八镇。在当年正月穆宗的《登极德音》中,神策尚有一十二镇,因此到十月吐蕃入寇泾州时,不当锐减为八镇。②

正如胡注所言,这份名单与宋白《续通典》的名单"稍异"。不过与《续通典》的名单一样,这份名单应该也是有所凭据而可靠的。因为《新唐书·百官志》上"左右神策军"条就有"掌卫兵及内外八镇兵"一说。与《续通典》的资料相比,胡注此条的神策军镇不仅数量锐减,而且其屯驻据点全面内缩,并且八镇中有三镇来自畿内。(见图22)这种情态,用胡三省的话概括,就是"近畿"八镇,而用《百官志》的话来说,就是"内外"八镇。

至于这份名单所反映的时代,虽然我们同样无法确知,但它应该是反映了《续通典》时代后的情况。我甚而推测,这可能是一份反映帝国灭亡前夕的神策军镇空间布局资料。因为在僖、昭二朝的史料中,我们多次看到神策"八镇"的提及。比如广明元年(880)十一月,黄巢军队将及长安时,

> (僖宗以田)令孜为左右神策军内外八镇及诸道兵马都指挥制置招讨等使。③

(接上页)万一千八百余匹。"(第12页)与《册府元龟》及《全唐文》的文本有所不同,我采用的是后两者的文本。并且我认为,这里的十八万余将士可能是指京西北八镇边军及神策一十二镇将士人数。至于这神策一十二镇,可能不包括畿内神策。

① 《资治通鉴》卷241。
② 参见张国刚:《唐代的神策军》,《唐代政治制度研究论集》,第121~122页。
③ 《资治通鉴》卷254。

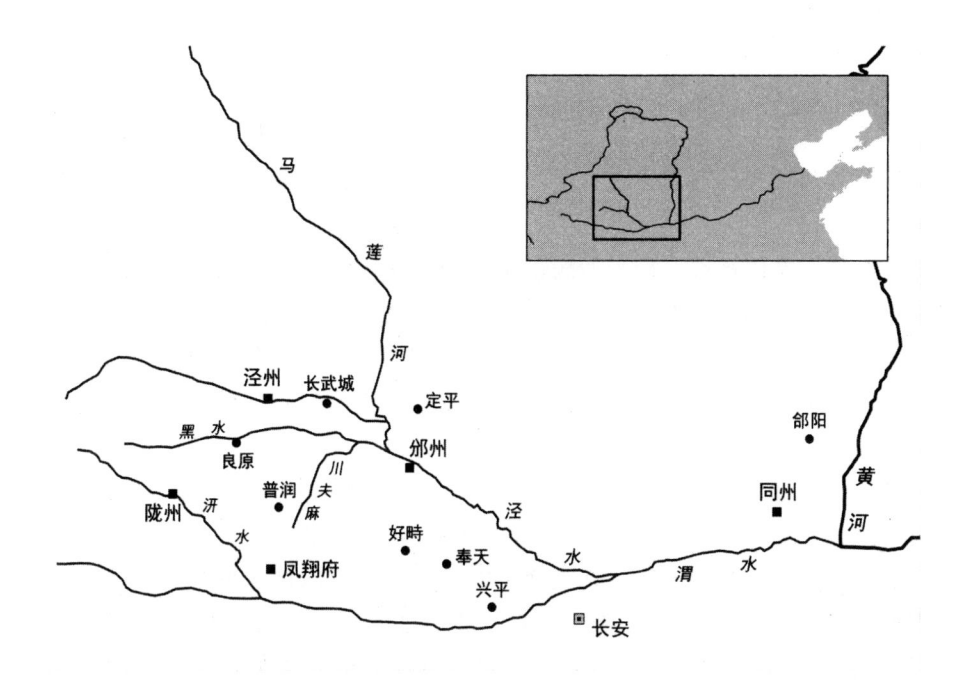

图 22　唐末的神策军近畿八镇

（中和二年三月，）以右神策将军齐克俭为左右神策军内外八镇兼博野、奉天节度使。①

到昭宗即位后，史料亦有"畿内有八镇兵，隶左右军"② 之说。并且，在为数不多的有关唐末神策军镇的零散资料中，我们就发现有胡注名单中所提及的长武、郃阳、良原、奉天四镇的名字。③ 我相信，神策军的这种空间结构的变化，正是关中地缘构造在德、宪时代后发生重要转变的一个标志。这个重要转变就是，关中的强力藩镇与异族势力现在已经不再构成对帝国心脏的威胁。而当昔日的这些威胁性力量终于得因唐廷的努力或自

---

①　《资治通鉴》卷 254。
②　《资治通鉴》卷 260 "乾宁二年五月"条。
③　长武，见下文。良原，《新唐书》卷 186《周宝传》："会昌时，选方镇才校入宿卫，与高骈皆隶右神策军，历良原镇使。"又，《资治通鉴》卷 260 "乾宁二年四月"条："畿内有八镇兵，隶左右军。郃阳镇近华州，韩建求之；良原镇近邠州，王行瑜求之。宦官曰：'此天子禁军，何可得也！'"奉天，见上引《资治通鉴》卷 254 "中和二年三月"条及下文。

身的衰颓告别关中的历史舞台时,它也意味着,神策军制约边镇与打击外族的功用现在也可以得到舒缓了。

不过,这并不表示神策军在晚唐的政治功用也随着前两者的没落而一并湮灭无闻。我们都知道,身任两军中尉的宦官因掌握神策军之兵柄,对帝国后期君主的废立存亡有着至关重要的影响。宦官把持神策军的控制权成为人们对晚唐神策军最为诟病也是最记忆深刻的地方。然而,晚唐神策军最大的问题其实并不出在这里,因为宫廷政局无论多么跌宕不稳,却终究无碍,甚至一定程度上保证了唐祚的延续。① 而神策军性质的改变,才是这支原本被期望培养成帝国倚靠的军事力量最终走向湮灭的根本原因。

学者的研究已经指出,神策军的数量自德宗贞元以后便呈现出逐渐膨胀的趋势,德宗末年达到十五万,宪宗时代当不低于这个数字,而到武宗时可能已达到二十万左右。② 不过这其中,畿外、畿内、在城神策人数之间的比例如何,我们无法得到明确答案。但有一点应该是肯定的,就是三者的数量在贞元时代后都应该有明显的增加。畿外神策的扩展从上文对《续通典》军镇的分析中已可看出,它们也成为畿外神策数量增长的重要来源之一。在这里,我则要指出畿外神策数量增长的另一个重要来源,这就是"遥隶"神策的大规模发展。

所谓遥隶神策,指本非禁旅的边上诸军为获取禀赐厚于边军的神策军待遇,往往诡辞请托,要求遥隶神策军,其实是"不离旧所,唯改虚名"③

---

① 正如唐长孺先生所说的:"唐皇室和宦官存在着相互依赖又相互矛盾的特殊关系。皇室必须依靠军队支持,而迫在肘腋的最亲近的禁军却掌握在宦官手中。宦官是以唐朝皇帝的名义掌握政权的,它代表的是皇权,凭仗兵权宦官可以发动宫廷政变,操纵皇位继承,但却不能脱离皇室。皇帝曾经不止一次地设法摆脱宦官的控制,然而都失败了,因为皇帝不实际掌握兵权。最后,宦官掌握的神策军已十分衰弱,但还必须借助于方镇兵才能铲除宦官,而宦官既除,与之相互依赖的唐皇朝也丧失了哪怕十分衰弱的一点军事力量,终至于灭亡。"(《魏晋南北朝隋唐史三论》,武汉,武汉大学出版社,1993年,第457页)

② 有关神策军人数的推定,参见李锦绣:《唐代财政史稿》(下卷),第768页。从《新唐书》卷50《兵志》及《资治通鉴》卷235"贞元十四年八月"条来看,神策军总人数在贞元末年应该已达到十五万。元和末年神策军的人数,史料没有提供明确记载,但估计不会低于十五万。有关武宗朝,学者皆据圆仁《入唐求法巡礼行记》的记载,称总共约有二十万。

③ 《陆贽集》卷19,第622页。

而已。边军遥隶神策的情形出现在贞元时代，并在此后继续发展。新书《兵志》和《资治通鉴》都认为，贞元中后期神策军总人数能飙涨至十五万，主要就是拜遥隶所赐。① 边军因遥隶神策而内统于宦官，无疑增强了唐廷对边军的控制，故为唐廷所乐见。但其所导致的政府财匮、边地力分、号令不一而难求有效打击吐蕃的弊病，也已由学者指出。② 不过我在这里想指出的是，这种遥隶神策能否真正听命于唐室，或者说，唐廷通过这样一种方式就真能控制它们吗？

在这里，我们有一份由文宗时代鄜坊观察支使卢谏卿为鄜坊属州、延州刺史李良仅所作的墓志铭。③ 墓主先人是西蕃酋豪，有可能是沙陀。④ 代宗时，墓主之父李如暹率蕃部千余帐归顺唐朝，并在贞元年间被授予延州刺史、兼安塞军等使。⑤ 在李如暹于元和二年临终前，其奏授其子李良仅充"左神策军行营先锋兵马使、延州安塞军蕃落等副使"。元和六年（811），李良仅被正式任命为延州刺史，并继承了其父的一切军政权力。李良仅担任延州刺史长达十八年，于大和二年（828）薨于本州。⑥ 墓志署其长子李拱职为"左神策安塞军押衙、兼衙前副兵马使"，嫡长子李据职为"左神策安塞军押衙、兼押诸蕃府部落兵马使"。显然，李氏作为延州当地一支重要军政势力的情形将依旧延续下去。从墓志的记载看，延州至晚在元和初期就已经遥隶左神策了。但其控制权实际上一直掌握在李氏家族手里。很难想象唐廷能对延州的蕃部军队实施随心所欲的调动。所以说，唐廷给予延州左神策行营的名号，或许正是因其洞晓鄜坊观察使实际上无法控制蕃部集聚的延州，因此反不如将延州由鄜坊直隶神策，至少可以通过"神策行营"的名号来笼络和制约以李氏为首的延州蕃部。至于说

---

① 参见《资治通鉴》卷235"贞元十四年八月"条。

② 参见何永成：《唐代神策军研究——兼论神策军与中晚唐政局》，第49～50页。

③ 吴钢主编：《全唐文补遗》第五辑《唐故特进检校工部尚书使持节都督延州诸军事行延州刺史充本州防御左神策行营先锋安塞军等使兼御史大夫上柱国陇西李府君（良仅）志铭并序》，西安，三秦出版社，1998年，第36～37页。

④ 可参见《全唐文》卷646李绛《论延州事宜状》、《新唐书》卷155《浑瑊附浑镐传》。

⑤ 《旧唐书》卷13《德宗纪下》："（贞元十年三月）辛丑，以延州刺史李如暹所部蕃落赐名曰安塞军，以如暹为军使。"

⑥ 郁贤皓先生《唐刺史考全编》卷10《关内道·延州》由于没有使用到这份李良仅墓志，所以贞元至大和时期延州刺史的考证存在错误（第251～252页）。

其实，这种自德、宪时代发展而来的边军遥隶神策的情况一直延续到了唐末。① 而无疑，它的存在肯定为神策军人数的膨胀注入了不少水分。并且，这种本质上为边兵的神策军除了消耗帝国的财税外，也无法提供给帝国，尤其是当帝国陷入危机时真正嫡系军队所应有的那种有效帮助。其实正如有些学者所怀疑的，如果将神策军分为两大类的话，那么京城驻军和近畿诸镇作为神策军的主体部分始终由宦官统领，但包括遥隶在内的边上神策行营②实际上是以关中藩镇军队构成的神策外围组织，它的统辖权是否一直由宦官掌控看来是不稳定的。③ 这也正是为什么《新唐书·百官志》中只说左右神策军是"掌卫兵及内外八镇兵"而没有涉及遥隶等情况的原因。

和遥隶的情况不同，唐末史料中的神策近畿八镇，以及在城神策无疑都受唐廷的直接控制。至于它们的数量，毫无疑问当远高于当时各边镇的平均人数。若以黄巢攻入长安时的情形来看，这两部分神策军的总和可能不下七万④，所以依旧是关中地区的军事中坚。我们当然可以说，凭借拥有这样一支占据压倒性优势的嫡系军队，唐廷可以坐稳它在关中的位置，甚至可以依靠神策军对帝国的其他地区造成影响。我们已经在德宗初年的战争中看到过神策军至为重要的表现，而其时的神策军人数总共也只有两三万左右。到了神策军规模大增的宪宗时代，无论征蜀、征淮西，还是讨

---

① 同样是延州安塞军，《全唐文补遗》第八辑《故延州安塞军防御使检校左仆射南阳白公府君（敬立）墓志并序》载，去世于景福二年（893）的墓主白敬立结衔中有"使持节都督延州诸军事、守延州刺史、充本州防御左神策军行营先锋兵马安塞军等使"（第233页）。

② 何永成先生将边上行营分为两类，一类是"中央因欲加强控制与边防有密切关系之凤翔节度与夏绥银节度，往往令其节度使带神策行营之名"。这种情况其实只存在于德宗一朝。并且，凤翔与夏绥银的军队虽然原本都属于经过战争磨炼的神策军，不过随着屯驻时间的变长，可能就逐渐转变成了边军。因为据齐勇锋先生引《旧唐书·李鄘传》的资料看，当凤翔在元和二年因新帅李鄘之请，诏去"神策行营"之号时，似乎并未见护军中尉与当镇将士有什么反应。（见齐勇锋：《说神策军》，《陕西师大学报》，1983年第2期，第99页）另一类则是上文所说的遥隶神策了。（参见《唐代神策军研究——兼论神策军与中晚唐政局》，第49～50页）

③ 参见齐勇锋：《说神策军》，《陕西师大学报》，1983年第2期，第99页。

④ 参见《册府元龟》卷336《宰辅部·识暗》。

伐成德，我们也都可以看到神策军的身影，只是它们在这些战争中的作用依次递减了而已。① 而到了帝国晚期，神策军的作用可能更多地只限于关中的空间范畴。② 不过得益于关中政治情势在宪宗以后的好转，神策军在控遏边镇和防范异族方面不用像过去那样奔忙似乎也没有太大的问题。

然而，这种持续了半个多世纪的美好光景，终于在广明元年底黄巢军队进攻长安时，以神策军的一溃千里而彻底粉碎了。神策军的崩溃来得很

---

① 神策军在宪宗元和元年（806）征蜀的战役中是主力。在元和十二年淮西平后韩愈、段文昌两人所作的《平淮西碑》中，也都提到了"邠阳"。(见《韩昌黎文集校注》卷7，第478页；《全唐文》卷617）不过此役征军芜杂，神策军已不是主力。而此前讨伐成德的战事，神策军确是居中为主力的，但并没有起到什么积极的作用。所以宋人尹源在《叙兵》一文中会说："（唐）讨淮西、青、冀、沧德、泽潞之叛，以至四征夷狄，大率假外兵以集事，朝廷所出神策禁军，不过为声援而已。"〔(元)脱脱等撰：《宋史》卷442《文苑四·尹源传》，北京，中华书局，1977年〕

② 晚唐神策军的作用可能更多地只是防御关中的党项。〔如《旧唐书》卷182《高骈传》就说："会党项羌叛，令（骈）率禁兵万人戍长武城。时诸将御羌无功，唯骈伺隙用兵，出无不捷。懿宗深嘉之。"〕至于在更为严峻的南诏一边，尽管帝国也有动用禁军戍防南边的举措，(如《资治通鉴》卷250"咸通五年正月"条："丙午，西川奏，南诏寇巂州，刺史喻士珍破之，获千余人。诏发右神策兵五千及诸道兵戍之。"）但从当时的记载看，更多的可能还是动用关东防冬兵来实施其军事反击。(比如《资治通鉴》卷252"乾符二年正月"条称，唐廷以高骈为西川节度使制置南诏事，其麾下所统即有"本管及天平、昭义、义成等军共六万人"。）并且当时赴镇西川的高骈也向中央提出："伏以西川新军旧军差到已众，况蛮蜑小丑，必可枝梧。今以道路崎岖，馆驿穷困。更有军顿，立见流移……其左右神策长武镇、鄜州、河东所抽甲马兵士，人数不少，况备办军食，费损尤多。又缘三道藩镇，尽扼羌戎，边鄙未宁，望不差发。如已在道路，并请降敕勒回。"(《全唐文》卷802高骈《请勒回长武鄜州河东兵士赴剑南奏》）不过此后唐廷只是敕止河东兵而已，而其时高骈"捍蛮已退，长武兵士竟至蜀而还，议者惜其劳费而虚邀出入之赏也"(《旧唐书》卷19下《僖宗纪》）。另，蒋伸作于大中十年（856）的《唐故天平军节度郓曹濮等州观察处置等使朝请大夫检校礼部尚书使持节郓州军事兼郓州刺史御史大夫上柱国赐紫金鱼袋赠兵部尚书孙府君（景商）墓志铭并序》中亦有"郓自七八年亟发戍边士"的说法（《全唐文补遗》第六辑，第173页），可见天平军是唐末提供防冬兵源的重要藩镇之一。关东防冬兵的作用及影响在帝国晚期有很大的提升，其中最让人印象深刻的，莫过于来自武宁的桂州防冬兵庞勋的叛乱。而在随后唐廷大举征讨庞勋的战役中，我们也没有看到有派出神策军的迹象。至于到了王仙芝、黄巢起义的时候，我们也只是在起义之初，僖宗以平卢节度使宋威为诸道行营招讨草贼使时，看到"给禁兵三千、甲骑五百"（《资治通鉴》卷252"乾符二年十二月"条）的举措，但这支军队在战役中究竟有何表现，史料没有提及。

突然,但并非没有预兆。连向来被史家指责为年少无知的僖宗,在听说观军容使田令孜欲请选左右神策军弓弩手把守潼关时,都曾相当清醒地表示:"侍卫将士,不习征战,恐未足用。"① 关于这种"侍卫将士,不习征战"的原委,《册府元龟》给出了很好的解释:

> 初,田令孜之起神策军也,众号七万,皆长安豪民以货赂求隶六军,不能负矛戟甲铠之重,乃祈于官执事者,厚以直(值)佣两市之负贩者,以备其行,其实不过三万人,但饰其旌旄钲鼓而已,及守潼关,贼已他道而入,一时狼狈回至辇下。②

《资治通鉴》的记载则更为形象生动:

> 神策军士皆长安富家子,赂宦官窜名军籍,厚得禀赐,但华衣怒马,凭势使气,未尝更战陈。闻当出征,父子聚泣,多以金帛雇病坊贫人代行,往往不能操兵。③

并且认为,最初防守潼关的只有来自长安的两千八百余人与依托关外的汝郑饥卒万余人。三天后,来自奉天的两千军队赶来赴援。不过此时,不仅潼关已为黄巢攻破,而且可能以河北博野军为主体的奉天军队也因还至渭桥时,"见所募新军衣裘温鲜,怒曰:'此辈何功而然,我曹反冻馁!'遂掠之,更为贼乡导,以趣长安"④。

博野军是穆宗长庆元年(821)成立的神策河北军镇。它在成立之后

---

① 《资治通鉴》卷254"广明元年十一月"条。
② 《册府元龟》卷336《宰辅部·识暗》。
③ 《资治通鉴》卷254"广明元年十一月"条。
④ 《资治通鉴》卷254"广明元年十二月"条载:"壬午旦,贼夹攻潼关,关上兵皆溃,(王)师会自杀,(张)承范变服,帅余众脱走。至野狐泉,遇奉天援兵二千继至,承范曰:'汝来晚矣!'博野、凤翔军还至渭桥,见所募新军衣裘温鲜,怒曰:'此辈何功而然,我曹反冻馁!'遂掠之,更为贼乡导,以趣长安。"《新唐书》卷225下《逆臣下·黄巢传》的记载有所不同:"始,博野、凤翔军过渭桥,见募军服鲜燠,怒曰:'是等何功,遽然至是!'更为贼乡导,前贼归,焚西市。"本文采用《资治通鉴》的说法。另,此处之博野军很可能就是"奉天援兵",因为博野军的驻地就在奉天。至于"凤翔",推测可能是衍文,因为《旧唐书》卷200下《黄巢传》并没有提到"凤翔军"。至于致误的原因,很可能是因为此后博野军被归入了凤翔镇。(详细分析均见下文)

的发展史料记载不多，但在唐末对抗南诏、宿卫京师，以及此后反击黄巢的战斗中，此军都表现出一定的实力。①博野军是一种具有防秋兵特性的神策军队，它来自河北，体制上可能属于神策军，但在史料中又往往与神策军并提。②又据史载，乾符中，博野军"宿卫京师，屯于奉天"③，实质上已经担负了禁军的职责。黄巢攻打长安时，它被令于潼关防御，但还未至潼关，就因黄巢已经入关而返城。《资治通鉴》所谓博野军因不满城中所募新军衣裘温鲜而主动引导黄巢进入长安的记载应该是正确的。因为《册府元龟》也说，当黄巢军队以及溃归的潼关守军将至长安：

> 时百官欲散，（宰相卢）携在中书省止之曰："此必博野军私自还也。"博野军有七千人，成六军之数，时以后发，故谓其自还。④

此条资料不仅暗合了《资治通鉴》关于博野军为巢军"乡导"的说法，而且也显示出时人仍将博野军与神策军区别对待的观念。并且它还告诉我们，当时在关中的博野军人数并不少。当僖宗逃至凤翔，凤翔节度使前宰相郑畋欲纠合邻道共讨黄巢时，《资治通鉴》又称：

> 时禁兵分镇关中兵尚数万，闻天子幸蜀，无所归，畋使人招之，皆往从畋，畋分财以结其心，军势大振。⑤

胡注曰："禁兵分镇关中，即神策八镇兵也。"可见郑畋招纳的禁军主要不是指以"长安豪民"为主体的在城神策，而应该是屯驻着类似博野军性质的神策近畿诸镇军队。事实上，无处可去的博野军后来确受郑畋招抚留镇

---

① 有关博野军的论述，可参见黄寿成：《唐代河北地区神策行营城镇考》，《中国历史地理论丛》，2004年第2辑。
② 比如《旧唐书》卷200下《黄巢传》就称："（时）朝廷以田令孜率神策、博野等军十万守潼关。"《新唐书》卷225下《逆臣下·黄巢传》亦称此后："帝（指僖宗）诏陈许、延州、凤翔、博野军合东西神策二万人屯京师。"
③ （宋）薛居正等撰：《旧五代史》卷132《李茂贞传》，北京，中华书局，1976年。《新五代史》卷40《李茂贞传》作"为博野军卒，戍凤翔"［（宋）欧阳修撰，（宋）徐无党注，北京，中华书局，1974年］，误。
④ 《册府元龟》卷336《宰辅部·识暗》。《旧唐书》卷200下《黄巢传》亦曰："官军大溃，博野都径还京师，燔掠西市。"
⑤ 《资治通鉴》卷254"广明元年十二月"条。

凤翔①，并在此后反击黄巢的战斗中发挥了作用。②

以上就是我们对唐末神策军性质的一个粗略印象了。《新唐书·兵志》曾在论及德宗初年的神策军时说：

> 是时，神策兵虽处内，而多以裨将将兵征伐，往往有功。及李希烈反，河北盗且起，数出禁军征伐，神策之士多斗死者。

德宗初期的神策军因以关东藩镇军队为核心改编，因此尽管数量有限，但仍旧体现出相当高的战斗力。这一点仍旧一定程度地延续到了神策军镇大为扩张的贞元时代，也造就了宪宗朝初期神策军仍能在关中和关中以外的战场上发挥重要作用的特点。但也同样从贞元时代开始，边军为得禀赐厚赏，诡辞遥隶神策的情形大规模绵延开来了。而以卫军与近畿八镇为核心的神策军虽然仍在关中占有数量上的优势，并且与边军相比，它们仍是唐廷必须依靠的中坚力量。但其中，在城神策已因屠沽商贩的挂名窜籍而落至百无一堪的地步。③ 而在最后尚能发挥一定作用的神策军，其实主要是由博野军这样的藩镇军队构成的一部分近畿诸镇。④ 神策军就是在这样的背景下，一步步退出了征讨叛藩、控扼异族，甚至守卫长安的舞台。而这，本是帝国培养它的初衷所在。

随着朱温在10世纪初对以河东南部地区为依托的京东地带的完全掌握，他在封杀岐、晋两方东出势力，奠定五代初年汴、晋、岐三足分立的北方格局的同时，也终于在天祐元年（904）彻底结束了帝国在关中的历史。不过我想，纵然这个曾经以"关中本位"为立国基旨的帝国，没能为后来的中国延续这份空间传统，但它却经由自身的教训，将它对空间的种种理解，以及与之相关的种种困惑，像其他一些重要的理念一样，作为一

---

① 《旧唐书》卷178《郑畋传》称："畋会兵时，（李）茂贞为博野军小校在奉天，畋尽召其军至岐下。"

② 《旧唐书》卷132《李茂贞传》："黄巢犯阙，博野军留于凤翔，时郑畋理兵于岐下，畋遣（宋）文通（即李茂贞）以本军败尚让之众于龙尾坡。"

③ 有关此问题的讨论，可参见薛平拴：《试论开元天宝以后的长安商人与禁军》，《唐都学刊》，1992年第3期。

④ 有关中晚唐神策军性质和作用等问题的讨论，可参看唐长孺：《魏晋南北朝隋唐史三论》，第447～456页。

份宝贵的遗赠，一并留给未来的赵宋王朝。①

小　结

　　和唐代前期一样，西北的异族势力一直是威胁关中安全的主要力量。在安史叛乱期间以及叛乱结束后，因为河西、陇右的丧失，帝国的心脏地带现在直接暴露在强大的异族，尤其是吐蕃的面前。于是，一个为防御异族入侵的空间体系逐渐在关中被建构起来。这个空间体系的基础就是定型于德宗中期的京西北八镇。

　　构成京西北藩镇政治实体的，最初是来自安史乱前东、西两大军事集团中的几支重要力量。它们是帮助帝国挺过安史危机，于关中重新找到安身立命之基的朔方军；远自西部而来的四镇北庭军；以及出自安史巢穴的幽州军。在叛乱结束而异族威胁愈演愈烈的时代，关中的这几支新旧军团又构成了帝国抵御异族的主力。不过，在帝国抑制关中藩镇的政治心态下，这几支其实早因频繁征战而实力大损的军团，最终也在导致"奉天之难"的全线抗争失败后被"割裂诛锄，所余无几"了。而苦心构筑的京西北空间格局，也无法弥补边镇此后战斗力下滑的事实，因为帝国实质上并无意在加强边镇实力方面花费多大心思。而丧失了主动性的关中藩镇，也就此成为整个帝国后期最没有活力的地区。

　　这种因畏惧关中外系军团而有意制约边镇的心态，同样体现在帝国培植其嫡系军队尤其是神策军的努力中。到德、宪时代，神策军已由集中屯驻于京畿西部向更宽广的关中空间扩展，并已发展出卫军、关内诸镇、遥隶等多种形式，不仅人数大为增加，由其抵御吐蕃和制约边镇的多维度空间结构也已奠定。唐代末年，神策军的防御收缩至近畿，但其人数恐怕还保持在一个足以控制关中大局的水平上。基于吐蕃与边镇都不再构成对关中的大威胁，唐廷无疑可以采取这样一种略带保守的屯防策略。只不过颠覆了外重内轻理念的帝国，面对河湟失地的收复，只能算是捡了个其实对

---

①　正如有学者所指出的，边上的神策行营"这种收编地方军为中央军的办法为解决为患已久的藩镇问题提供了一条可行的道路。这是北宋全国军队禁军化的滥觞。但它所带来的指挥不灵便、作战力低下等问题也由此开始长久地困扰着封建中央王朝"。（黄利平：《唐京西北藩镇述略》，《陕西师大学报》，1991年第1期，第91页）而实际上，宋朝面临的异族威胁又远远大于唐朝，这使得问题变得更加棘手。

自己并无多大意义的额外便宜。而神策军本身，也就在其大为发展的贞元时代，开始出现了边军为得禀赐厚赏而诡辞遥隶神策，以及三辅豪强为求取特权而托名神策的情形。因此当黄巢的大军最终挺进长安时，充斥着市井屠沽甚至纳课户的京师神策，仅仅在听闻了科集出征的命令后，就被震慑得土崩瓦解了。

对关中政治地理的讨论，同样不应该忘记京东的问题。那些看似实力弱小的京东藩镇，其实却是安史之乱时期帝国最为重要的战略地点。它们的重要性，取决于它们，以及与它们相关的地缘实体的地理环境，也显示在它们与特定政治势力——宦官与禁军的关系之中。而京东藩镇在乱时与乱后功能与地位的转变，除了展现出其性格可塑性强的一面外，也标志着帝国实现了由动乱年代向和平时期的转型。

本章关于关中政治地理结构的阐述主要围绕着关中藩镇性格的转变，尤其是京西北边镇的式微，与神策军的起落两条线索展开。如果说前者的式微伴随着后者的崛起，并寓意着帝国解决关中危机、重构关中安全体系取得暂时性胜利的话，那么后者悄无声息地堕落所带来的结果，则恐怕正如罗伯特·萨默斯（Robert M. Somers）说的，关中，这个"许多世纪以来一直是中国政治权力和权威的无可争辩的所在地，它此后再也不能恢复其中心地位了"[1]。

---

[1] ［英］崔瑞德编：《剑桥中国隋唐史》，第 774 页。

第三章　河北："化外之地"的异同

作为改变唐史走向的关键性事件安史之乱的发源地，以及唐代后期最为独立的河朔藩镇的所在地，河北不仅是帝国版图内唯一一个无法长期按照帝国意愿行事的地方，而且也以其独特的政治、军事、文化、种族特质一直吸引着学者最为关注的目光。对河北的研究将给予我们一次与已有研究对话的机会，这种机会不仅是对过往研究成果与取径的一种借鉴，也是对传统上有关河北"一体论"，以及河北与唐朝的简单"二元对立"这两种解释框架的一种反思。当我们引入"差异"与"变易"的观念后，这个东并于海、南迫于河、西距太行、北逾燕山的帝国东北地区将会以另一种不同的面貌呈现在我们面前。而这也正为我们重新审视安史之乱的性质、河朔藩镇的性格，以及河北与帝国的关系提供了可能。

第一节　安禄山叛乱与河北

如果我们要在帝国内部选出一个安史之乱初期最富有戏剧性的地区，那这个地区肯定不是朝叛对峙开始的河南，也不是攻守焦点的关中，而是安禄山的根据地河北。司马光曾将安禄山起兵首月"所过（河北）州县，望风瓦解"的局面归结为是"河北皆禄山统内"[①]。但其实，安禄山在他叛乱的一年左右时间里从没有完全控制过他的这个"统内"。不过我们这样说，并不意味着在安禄山丧失河北控制权的同时，唐朝就长久并有效地控制过它。事实上，河北在这一年时间里始终反覆于朝、叛两方之间。

河北的这种戏剧性性格在安史之乱时期的帝国独树一帜，然而遗憾的是，有关它在安史之乱时期表现的实证性研究至今看来仍是相当单薄的。人们当然已经注意到颜真卿等河北地方官员在安史之乱初期领导河北义军

[①]　《资治通鉴》卷217"天宝十四载十一月"条。

抵御叛军,并给安禄山造成极大威慑的事实。对于唐廷来说,颜氏等人的努力不仅昭示了在安禄山的根据地仍旧存在着忠于唐廷的势力,而且唐廷也确实利用了这一有利条件,及时派遣朔方军联合河北的勤王力量试图从背后直捣安禄山的老巢范阳(尽管由于潼关的失陷,这一有效的战略计划最终没能实现)。从唐廷的角度来审视颜氏等人抵御叛军的意义,确实是学者通常会采用的一种视角。不过我关心的却是,颜真卿等人的努力之于河北的意义究竟何在?在我看来,安、颜的河北较量不单是体现了朝、叛对峙这样一组易视的矛盾,它其实还牵涉到一个复杂的河北地缘政治结构的问题。而对这一结构的探索则不仅将有助于我们重新检讨安禄山叛乱的性质,也将为我们进一步讨论叛乱结束后河朔藩镇的性格提供重要的线索。当然,我们的工作首先还是将从梳理颜真卿等人与安禄山较量的过程开始。

一、河北的反覆

河北的反安禄山力量是以颜杲卿、颜真卿兄弟为核心形成的。虽然安禄山在天宝十四载(755)十一月由范阳起兵南下后相当顺利,其所过河北州县"守令或开门出迎,或弃城窜匿,或为所擒戮,无敢拒之者"①。但史料仍称:

> 初,平原太守颜真卿知禄山且反,因霖雨,完城浚壕,料丁壮,实仓廪。禄山以其书生,易之。及禄山反……真卿使亲客密怀购贼牒诣诸郡,由是诸郡多应者。②

平原郡(德州)位于濒临黄河的河北东南部,是最早反对安禄山的河北州郡之一。几乎与平原起义同时,饶阳(深州)、河间(瀛州)、景城(沧州)、乐安(棣州)、博平(博州)、清河(贝州)六郡也相继倒戈安禄山,并共推首唱义旗的颜真卿为盟主,相与拒贼。于是一个以颜真卿为核心的"并海诸郡"③勤王联盟在安禄山刚刚离开河北后就建立起来了。(见图23-1浅色部分)这一情形在姚汝能的《安禄山事迹》中又被称为:"燕南豪杰

---

① 《资治通鉴》卷217"天宝十四载十一月"条。
② 《资治通鉴》卷217"天宝十四载十二月"条。
③ 《全唐文》卷341颜真卿《摄常山郡太守卫尉卿兼御史中丞赠太子太保谥忠节京兆颜公神道碑铭》(以下简称《颜杲卿神道碑铭》)。

杀贼以地归顺者凡七郡。"①

安禄山在十二月中旬成功攻克东京后,已经听闻了颜真卿等人起事的消息,遂派其党段子光赍东京留守李憕、御史中丞卢奕、判官蒋清三人之首徇河北。安禄山也许并没有把颜真卿特别放在心上,他可能认为靠着段子光的威胁就能让颜真卿就范,这部分也是因为他此时在河南的战役进行得顺风顺水。但颜真卿很果断地就腰斩了段子光,并且,他已将此举报知了其从兄、常山(恒州)太守颜杲卿,并邀后者同举义兵。其实,不待颜真卿送书于杲卿,后者已有计划归顺唐廷。而随着倒安集团中常山郡的加入,河北的朝叛形势也将发生重大改变。

和位于并海地区的平原郡不同,常山郡位于紧邻太行山的河北中西部。之所以说常山郡的起事将对河北的形势影响至大,最重要的一点就在于常山控扼着一处对河北而言犹如命门的重要关隘——井陉关。井陉关又称"土门",是"太行八陉"中最重要的一陉。② 由常山所在的井陉西出便是河东节度使的治所太原府。虽然早在天宝十载(751),安禄山就以范阳、平卢两节度的身份又兼领了河东节度一职,但河东的中、南部,尤其是治所太原府其实始终不在其控制之下。③ 因此井陉失守,经太原而来的唐军便能直插河北腹地。其实,正当安禄山的主力成功拿下东京时,他在河东北部的守将高秀岩却大败于朔方军之手。并且随着朔方军由西向东节节击退安禄山在河东的军队,原本防御高秀岩的东陉关——这一位于太原以北雁门郡(代州)的重要关隘很快也打开了。④

除了拥有井陉之险外,常山郡的另一个军事价值就在于它正处于"地控燕、蓟,路通河、洛"⑤的河北驿路上。其实安禄山在起兵当月的南下

---

① 《安禄山事迹》卷中,第97页。

② 严耕望先生在论述此陉的重要性时曾说:"此陉道虽艰险难行,然此一带太行山脉南北数百里地段中,仍仅此处断陉为唯一可行之大孔道,故见史二千年来,山西河北之中部之交通一直以此道为主线。"(《唐代交通图考》第五卷《河东河北区》篇四二《太行井陉承天军道》,第1455页)此地即当东西交通之要,故"一军守此,即断东西之路也"(第1453页)。

③ 史称在安禄山叛乱之初担任太原尹(北京副留守)的杨光翙是杨国忠的亲信,他在安禄山起事伊始,即天宝十四载十一月为安禄山劫杀。(参见《资治通鉴》卷217"天宝十四载十一月"条)

④ 参见《资治通鉴》卷217"天宝十四载十二月"条正文及《考异》。

⑤ 《资治通鉴》卷218"至德元载七月"条。

就是沿着途经常山的这一条河北西部的驿路行进的。因此和平原不同，安禄山大军的南下其实并没有经过平原郡，但常山郡却是其必经之地。这也正是忠于唐廷的颜杲卿不得不在禄山大军南下之初先伪降于后者的原因。而对于已南下的安禄山来说，常山的丢失必然会影响到两河驿路的畅通，甚至令其陷入归路被截的危险境地。

安禄山当然不会不知道常山郡的重要性，其实他在此前提拔颜杲卿为常山太守，并在此时依旧令后者镇守该地，看中的正是颜杲卿的才干。①虽说由于安禄山的器重，当常山以南的诸郡相继被安禄山替换太守时②，颜杲卿还是依旧保留了他的职位，但即便如此，南下之初的安禄山还是对这一关键地区进行了重要的部署，这也是史书中唯一记载的南下后的安禄山对河北所作的军事安排：

> 禄山至博陵（定州）南……又以张献诚摄博陵太守。献诚，守珪之子也。

> 禄山至藁城（常山郡属县）……赐杲卿金紫，质其子弟，使仍守常山；又使其将李钦凑将兵数千人守井陉口，以备西来诸军。③

安禄山一方面在常山安插了大将李钦凑镇守井陉关；一方面又委任其手下的另一员将领，也是安禄山的前任幽州节度使，一手提拔安禄山登上河北政治舞台的前府主张守珪之子张献诚权摄紧邻常山的博陵太守。对张献诚的任命，应该不仅是为了加强对博陵的控制，也有借其控临博陵附近诸郡，比如颜杲卿所在的常山郡的意图。事实上，由于此后南邻博陵的饶阳太守卢全诚据城不受代，安禄山就是派遣张献诚"将上谷（易州）、博陵、

---

① 《安禄山事迹》卷中称："杲卿本以才干，禄山奏为常山太守。"（第97页）
② 参见《资治通鉴》卷217"天宝十四载十二月"条《考异》引《河洛春秋》。
③ 《资治通鉴》卷217"天宝十四载十一月"条。《资治通鉴》此条在"以张献诚摄博陵太守"前还记载："使其将安（张）忠志将精兵军土门。忠志，奚人，禄山养为假子。"安禄山此时以安忠志守土门之事只见于《资治通鉴》中。不过《资治通鉴》此说恐怕并不正确，因为安忠志是安禄山此后攻打河南的前锋。[《资治通鉴》卷217"天宝十四载十二月"条："癸巳，禄山陷荥阳，杀（太守崔）无诐，以其将武令珣守之。禄山声势益张，以其将田承嗣、安忠志、张孝忠为前锋。"] 实际上，安忠志守土门差不多应该是一年以后的事请，《资治通鉴》此条应该是误把一年后之事系于此处。如果安忠志是守土门的将领，那么与下文说的以李钦凑守井陉口的记载就矛盾了。即使以李替安，那发生的时间也太紧凑，可能性不大。

常山、赵郡（赵州）、文安（莫州）五郡团结兵万人围饶阳"① 的。此外，安禄山以杲卿子弟为人质随行，也是其控制常山的一项重要举措。

但是安禄山的这些控制常山的措施并没有取得效果。到十二月下旬，颜杲卿不仅已经计斩了李钦凑，部分合并了井陉之众②，还设计生擒了时诣幽州征兵还至藁城，以及自东京来至赵郡的禄山心腹高邈与何千年。并从千年之计，声云朔方军将东出井陉，并使人说张献诚云："足下所将多团练之人，无坚甲利兵，难以当山西劲兵。"③ 史称张献诚听闻此语，果然解饶阳之围遁去，其团练兵皆溃。

> 杲卿乃使人入饶阳城，慰劳将士。命（幕僚）崔安石等徇诸郡云："大军已下井陉，朝夕当至，先平河北诸郡。先下者赏，后至者

---

① 《资治通鉴》卷217"天宝十四载十二月"条。

② 《资治通鉴》卷217"天宝十四载十二月"条据《颜杲卿传》作"放散土门兵"，《安禄山事迹》卷中则作"以并其兵"（第97页）。本文采《安禄山事迹》一说。《通鉴考异》已辨："盖禄山留精兵百人以为钦凑腹心爪牙，其余皆团练民兵胁从者耳。"故颜杲卿在诛杀李钦凑及其党后，得以合并井陉之众。

③ 《资治通鉴》卷217"天宝十四载十二月"条。《资治通鉴》此段文本的史料来源尚不清楚，其称何千年向颜杲卿建言"俟朔方军至，并力齐进……今且宜声云'李光弼引步骑一万出井陉'，因使人说张献诚……"云云。按其时朔方军的统帅是郭子仪，而玄宗"命郭子仪罢围云中，还朔方，益发兵进取东京；选良将一人分兵先出井陉，定河北。子仪荐李光弼"事在天宝十五载正月（见《资治通鉴》卷217"至德元载正月"条）。何以何千年在上月就会提出"宜声云'李光弼引步骑一万出井陉'"之说。也正因这一矛盾，我们对何千年建言的真实与否就要打个问号了。而与之相关的另一个疑问就是，颜杲卿是否以朔方军将东出井陉的舆论来影响其时的河北诸郡。据《全唐文》卷341颜真卿《颜杲卿神道碑铭》的记载："（颜杲卿）遂给以荣王琬、歌（哥）舒翰官军二十万入土门告于列郡，遂使郭仲邕诈为先锋，以中官领御骑六十，徇以南诸郡。"这一记载与《通鉴考异》引《肃宗实录》的记述，即"杲卿之斩钦凑等，因使徇诸郡，曰：'今上使荣王为元帅，哥舒翰为副，征天下兵四十万，东向讨逆。'"大致是相同的。当然，即使有何千年建言一事，这两份资料也不可能提及。但它提醒我们，颜杲卿可能并不是以朔方军，而是以荣王琬和哥舒翰的军队将出井陉来宣告列郡的。虽然《考异》以为："按实录，癸卯（19日），始命翰为副元帅，计丙午（22日，即《资治通鉴》所定颜杲卿斩李钦凑日），常山亦未知。今不取。"《考异》之说当然有一定道理，但姑且不论丙午日常山是否知此消息，但丙午日后的数日，常山还是有可能知此消息的。也就是说，颜杲卿向列郡发布此消息的时间也并非一定要在丙午日，晚几天也说得通。由于此一问题目前尚难定论，本文在这里暂从《资治通鉴》的记载，但也保留疑问。

诛！"于是河北诸郡响应，凡十七郡皆归朝廷，兵合二十余万；其附禄山者，惟范阳（幽州）、卢龙（平州）、密云（檀州）、渔阳（蓟州）、汲（卫州）、邺（相州）六郡而已。①

常山郡的归顺与传檄极大地改变了河北的形势，除了临近河南的汲郡尚在安禄山的直接控制内，位于河北中、南部的常山、博陵、上谷、文安、信都（冀州）、巨鹿（邢州）、广平（洺州）、魏（魏州）、赵、邺十郡，连同此前与颜真卿相约据贼的并海七郡，此时都回到了唐朝一边。②（见图23-2浅色部分）于是我们看到，安禄山现在所能实施其有效控制的河北地区，其实只剩下了北边诸郡，而这离他的起兵才只有两个月。

常山的起兵以及它与平原的连横真正给安禄山带来了震慑，《旧唐书·颜杲卿传》称："禄山方自率众而西，已至陕，闻河北有变而还，乃命史思明、蔡希德率众渡河。"而据《资治通鉴》的记载看，本欲趁东京之捷顺势直趋潼关的安禄山可能连陕州都未到达，就不得不因常山之变而撤回洛阳：

> 初，禄山自将欲攻潼关，至新安（河南府属县），闻河北有变而还。蔡希德将兵万人自河内（怀州）北击常山。③

与《颜杲卿传》的记载略有不同，《资治通鉴》将史思明与蔡希德的事迹分作两条史料加以叙述，尽管他们攻击的对象都是常山。就在上述蔡希德的史料前，《资治通鉴》记载说：

> 杲卿又密使人入范阳招（节度副使）贾循，郏城人马燧说循曰："禄山负恩悖逆，虽得洛阳，终归夷灭。公若诛诸将之不从命者，以范阳归国，倾其根柢，此不世之功也。"循然之，犹豫不时发。别将

---

① 《资治通鉴》卷217"天宝十四载十二月"条。《资治通鉴》"六郡"之说当据《新唐书》卷225上《逆臣上·安禄山传》。但据《颜杲卿神道碑铭》的记载，邺郡已归顺唐廷。此外，北边的妫川（妫州）、柳城（营州）二郡此时也应在安禄山的控制之下。《安禄山事迹》卷中称："是时，河北十五郡皆杀贼官吏以归国。"（第97页）《旧唐书》卷187下《忠义下·颜杲卿传》亦言："时十五郡皆为国家所守。"与《资治通鉴》等十七郡之说略有不同。

② 《全唐文》卷341颜真卿《颜杲卿神道碑铭》。虽然这些州郡重新回到唐朝一边的性质和表现有所不同，但它们至少不再完全听命于安禄山了。（参见《新唐书》卷192《忠义中·颜杲卿传》）

③ 《资治通鉴》卷217"天宝十四载十二月"条。

牛润容（向润客）知之，以告禄山，禄山使其党韩朝阳召循。朝阳至范阳，引循屏语，使壮士缢杀之，灭其族；以别将牛廷玠知范阳军事。史思明、李立节将蕃、汉步骑万人击博陵、常山。马燧亡入西山；隐者徐遇匿之，得免。①

范阳的归国无疑对安禄山的威胁较常山等郡更大，安禄山绝不会坐视不管。《旧唐书·史思明传》称：

> 初，禄山以贾循为范阳留后，谋归顺，为副留守向润客所杀，以思明代之。又以征战在外，令向润客代其任。

新书本传则称：

> 禄山反，使思明略定河北，会贾循死，留思明守范阳，而常山颜杲卿等传檄拒贼，禄山使向润客等代，遣思明攻常山。

新传的记述可能并不完全正确。推测前往潼关方向的安禄山几乎同时收到了范阳与常山兵变的消息，或者范阳的消息来得更早一点。于是安禄山立即任命其亲信、平卢将领史思明去经营范阳，但很快常山传檄的消息使得安禄山不得不再往河北派出蔡希德，并要求后者会同史思明一同攻打常山，《新唐书·颜杲卿传》就说："使史思明等率平卢兵度（渡）河攻常山，蔡希德自怀会师。"

平卢步骑的迅速南来是常山无法抵御的，《资治通鉴》称：

> 杲卿起兵才八日，守备未完，史思明、蔡希德引兵皆至城下。杲卿告急于（太原尹王）承业。承业既窃其功，利于城陷，遂拥兵不救。杲卿昼夜拒战，粮尽矢竭；（天宝十五载正月）壬戌，城陷。②

各书关于常山失陷的具体时间记载略有不同，但至少在天宝十五载（756）正月上旬常山已经被史思明、蔡希德攻克了。③ 在解决了常山的问题后，

---

① 《资治通鉴》卷217"天宝十四载十二月"条。
② 《资治通鉴》卷217"至德元载正月"条。
③ 参见《资治通鉴》卷217"至德元载正月"条《考异》。虽然在上年十二月已有动向，但颜杲卿正式宣布起兵当在这年正月一日（乙卯），因为安禄山就是在这一天称帝改元的。而在颜杲卿正式宣布起兵后的八日（壬戌）、九日（癸亥），或《颜杲卿神道碑铭》所载的六日，常山就被攻陷了。

史思明可能顺势回到范阳稳定后方，而且还在那里补充了军队，并很快协同李立节一起南下，会合其时还在常山的蔡希德引兵攻击河北州郡之不从者。① 所以《资治通鉴》在常山失陷后接着记载道：

> 史思明、李立节、蔡希德既克常山，引兵击诸郡之不从者，所过残灭，于是邺、广平、巨鹿、赵、上谷、博陵、文安、魏、信都等郡复为贼守。饶阳太守卢全诚独不从，思明等围之。河间司法李奂将七千人、景城长史李暐遣其子祀将八千人救之，皆为思明所败。②

史、李二人连同此前的蔡希德确实完成了安禄山布置的任务，不仅范阳、常山的兵变已被消除，而且由于常山的陷落，河北一十郡在天宝十五载（756）正月的时候再次"复为贼守"③。（见图 23-3，深色部分为复归叛军及原支持安禄山诸郡）

不过唐廷方面由井陉东出的军队此时也已到来，虽然离颜杲卿的兵败被害仅仅晚了一个月：

> （天宝十五载二月）李光弼将蕃、汉步骑万余人，太原弩手三千

---

① 常山失陷于史思明、蔡希德两人之手，但在人物传记、碑志以外的《实录》文献，如《旧唐书·玄宗纪》中，只是将此事归于蔡希德的名下。由于史思明是此后取代安氏父子的叛军首领，所以人物传记的作者可能更倾向于将此事归结为是史思明所为。不过《实录》系统的资料应该是更为可靠的，而就中只提及蔡希德一人，可能正说明了史思明此行的目标主要还是范阳，因此叛军在常山方面的负责人其实主要是蔡希德。不过正如《旧唐书·史思明传》所揭示的，史思明在此后因要不断征战河北，所以代其留镇范阳的是安禄山的其他将领，不过可能不是向润客，而是《资治通鉴》所说的牛廷玠。但史思明可能回过范阳，而且还在那里补充了军队，并协同李立节一起南下，会合其时还在常山的蔡希德引兵攻击河北州郡之不从者。因为《安禄山事迹》卷中在记载史、蔡二人攻常山时只说："（禄山）乃遣其党史思明、蔡希德以平卢步骑五千攻常山。"（第98页）其中不仅没有提及李立节，而且攻常山的兵员也只称"平卢步骑五千"，与《资治通鉴》所说的"蕃、汉步骑万人"相差甚大。[《资治通鉴》卷217"天宝十四载十二月"条还云："（安禄山使）蔡希德将兵万人自河内北击常山。"就中人数可能也有夸大] 我推测后者当是史思明征兵范阳后的结果，而且《资治通鉴》确实将史思明、李立节攻常山一事系于范阳兵变事后，并且在攻击常山之前，又有"击博陵"一说。

② 《资治通鉴》卷217"至德元载正月"条。

③ 《旧唐书》卷187下《忠义下·颜杲卿传》。《安禄山事迹》卷中漏载"赵郡"（第98页）。

人出井陉。①

这支由井陉东出的军队由朔方将领李光弼率领，目的不仅是要收复常山，而且计划平定河北。三月，唐廷正式任命"李光弼为范阳长史、河北节度使，加颜真卿河北采访使"②。至此，以常山、平原二郡为中心的河北抗贼联盟再次形成。

在此后的三个月时间里，河北成为整个帝国朝叛对抗最激烈的地区，而且其形势开始变得愈有利于唐廷。南部，以颜真卿为首的平原、清河、博平军队联手攻克了叛军占领的魏郡，并召河南的北海太守贺兰进明北上收复信都郡。更为幸运的是，在安禄山平息范阳事宜后不久，他的另一个北方重镇柳城郡（营州）的将领们已经谋诛安禄山的平卢节度副使吕知诲，并"遣使逾海与颜真卿相闻，请取范阳以自效"③。而在常山一边，李光弼得从井陉东出的郭子仪，及争出自效的河朔之民增援，蕃、汉步骑已达十余万众。安禄山则力遣蔡希德与牛廷玠由洛阳和范阳等郡发兵五万支援史思明。到五月的时候，据说由于范阳城内发兵殆尽，当奚、契丹来至范阳城下时，守城的向润客等人只能以"乐人戴竿索者"应战，结果为奚等大败。④ 而随后的"嘉山一役"则成为改变整个河北形势发展的分水岭：

（五月）壬午，（郭子仪、李光弼与思明）战于嘉山（位于博陵郡恒阳县），大破之，斩首四万级，捕虏千余人。思明坠马，露髻跣足步走，至暮，杖折枪归营，奔于博陵；光弼就围之，军声大振。于是河北十余郡皆杀贼守将而降。渔阳路再绝，贼往来者皆轻骑窃过，多为官军所获，将士家在渔阳者无不摇心。⑤

---

① 《资治通鉴》卷217"至德元载二月"条。有关李光弼此次所率军队人数，《考异》已引《玄宗实录》和《河洛春秋》有所辨析。《全唐文》卷342颜真卿《唐故开府仪同三司太尉兼侍中河南副元帅都督河南淮南淮西荆南山南东道五节度行营事东都留守上柱国赠太保临淮武穆王李公神道碑铭》的军队人数记载亦与两者略有不同，其曰："初公以朔方马步八千人出土门。"此处采《资治通鉴》之说。

② 《资治通鉴》卷217"至德元载三月"条。

③ 《资治通鉴》卷217"至德元载四月"条。

④ 参见《安禄山事迹》卷下，第102页。

⑤ 《资治通鉴》卷218"至德元载五月"条。有关"嘉山之役"的时间各书记载略有不同，参见《资治通鉴考异》该条及《旧唐书·玄宗纪》、《新唐书·玄宗纪》、《安禄山事迹》卷中（第98页）等。《全唐文》卷342颜真卿《唐故开府仪同（转下页）

正是在这一情形下,《资治通鉴》记载道:

> 禄山大惧,召(幕僚)高尚、严庄诟之曰:"汝数年教我反,以为万全。今守潼关,数月不能进,北路已绝,诸军四合,吾所有者止汴、郑数州而已,万全何在?汝自今勿来见我!"……禄山议弃洛阳,走归范阳,计未决。①

据称,"嘉山之役"后河北十三郡归顺唐廷。②(见图23-4浅色部分)

但遗憾的是,嘉山一役其实也是唐军在河北最后的绝唱,因为几天后潼关失守,趁嘉山之胜还未来得及继续推进的郭、李二人不得不由井陉还师③,河北形势至此大变。初归唐廷的平卢节度使刘正臣谋袭范阳不成,惨败于史思明之手。而继李光弼后区处河北事宜的颜真卿实际上无法抵御尹子奇、史思明的南下。到当年十月的时候,连最早归顺唐廷的并海七郡也相次失陷,颜真卿只得弃郡南走,河北州郡至此几乎全部沦丧。(见图23-5,浅色四郡为支持唐廷的平卢军所控制)《资治通鉴》在总结一年以来河北形势时说:

> 禄山初以卒三千人授思明,使定河北,至是,河北皆下之。④

(接上页)三司太尉兼侍中河南副元帅都督河南淮南淮西荆南山南东道五节度行营事东都留守上柱国赠太保临淮武穆王李公神道碑铭》亦作"六月"。此处从《资治通鉴》之说。

① 《资治通鉴》卷218"至德元载五月"条。《安禄山事迹》卷中将安禄山诟责高尚、严庄之事系颜杲卿传檄河北归顺后,但据其中所言"河北驿路再绝,河南诸郡防御固备。哥舒翰拥兵潼关"(第97页)等语看,此事恐怕应如《资治通鉴》《旧唐书·安禄山传》《新唐书·安禄山传》《旧唐书·高尚传》所记载的,在常山为李光弼收复后更恰当些。至于是否如《资治通鉴》《安禄山传》所说的,正发生在安禄山听闻嘉山一役后,还不好确定,因为嘉山一役与叛军攻陷潼关的时间相当接近。不过我在这里暂从《资治通鉴》的说法。

② 《安禄山事迹》卷中,第98页。但参见《全唐文》卷514殷亮《颜鲁公行状》的记载,除了并海七郡及之前已为唐军收复的魏、信都二郡外,现在只能补充平山[即常山,据《旧唐书》卷9《玄宗纪下》载:"(天宝十五载三月)己亥,改常山郡为平山郡。"《新唐书》卷39《地理志三》亦载:"十五载曰平山,寻复为恒(常)山。"平山复为常山的具体时间史书阙载,《颜鲁公行状》中称"平山"]、赵二郡。推测十三郡中的其余二郡可能指平卢军控制的柳城和北平。

③ 据《全唐文》卷336颜真卿《皇帝即位贺上皇表》中"臣真卿言:'六月二十七日,伏承贼陷潼关,驾幸蜀郡。李光弼、郭子仪等正围博陵郡,收兵入土门。'"郭、李撤出井陉的时间可能是六月二十七日。

④ 《资治通鉴》卷219"至德元载十月"条。

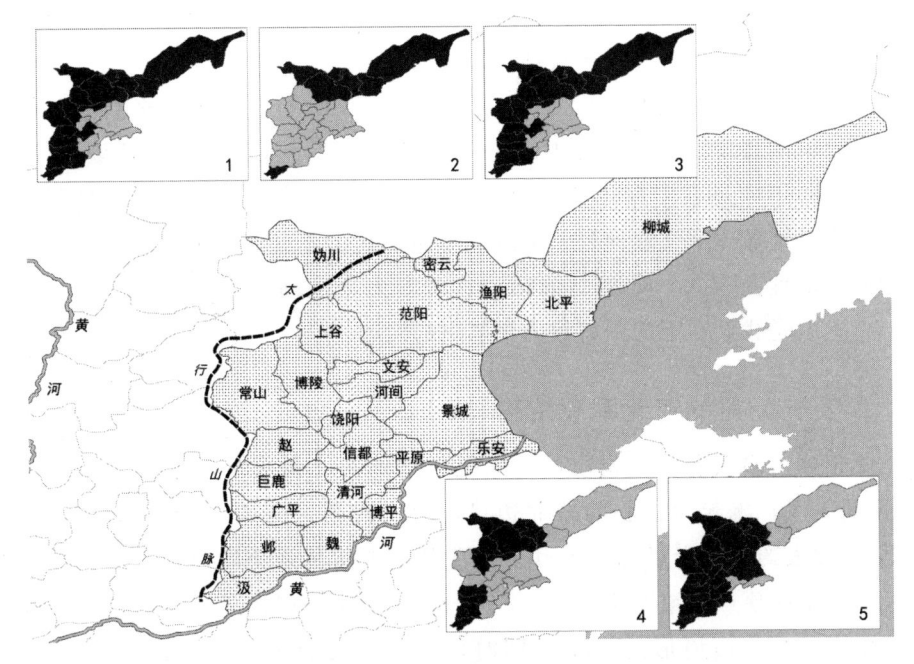

图 23　安史之乱前期河北朝叛对峙形势图

河北地区在叛乱发生的第一年里经历了两次大规模的反覆。但反覆的地区主要是燕南诸郡，并且，最早反抗安禄山的也是这一地区。也就是说，在燕南，朝叛矛盾表现得最为激烈。不难发现，燕南的反覆本质上受制于朔方军与叛军在河北的军事力量对比。换言之，它始终缺乏自身的军事独立性。因此，关乎朔方军与叛军在河北对峙可能性的常山郡，就一直是左右燕南形势的关键所在。不过尽管如此，燕南的反覆，以及安禄山在一年后才完全控制住这一地区的局势，仍旧证明了此地勤王势力所具有的韧性。与燕南不同，燕及燕北（即边州地区）①虽然在安史叛乱之初也不稳定，

---

① 这里有必要对本文涉及的地理概念作一界定。本文中的"燕南"地区主要指幽州以南的河北中南部地区。而相对"燕南"的河北北部地区则称为"燕"及"燕北"，大体而言，就是幽、蓟、妫、檀、营、平、安东都护府所在的"边州"。（有关唐代文献中"边州"所指，可参见孟宪实：《唐前期军镇研究》，北京大学 2001 年博士学位论文，第 148 页。虽然在《六典》与《会要》中，"边州"都没有包括幽州，不过这当是由于幽州的政治军事地位颇重，所以在"要州"而不在"边州"之列。不过从地理位置上讲，我还是同意孟宪实先生的看法，可以把幽州归入边州的范畴。这样划分，同样也是出于便于本文的分析考虑。）其中，"燕"与"燕北"的划分大致可 （转下页）

但它并不反覆。并且,当地的平卢军即便当朔方军撤出河北,以及自身遭受重创后,仍能单独与叛军抗衡比较长的时间。①

同样作为安禄山的"统内",河北中部、南部与北部为什么会有这样截然不同的表现?如果这种不同的表现正源于两个地区不同的地域特征,并且这种不同是在安禄山叛乱之前就已形成的,那么,它的形成过程如何?它的地域差异又在何处?更进一步说,这种不同的地域特征是否与安史之乱的性质有关?如果是的话,它对安史之乱的发展又将有怎样的影响?这就是我们在下文中将致力于解决的问题。

二、安史乱前的河北军政结构

正如很多学者已经指出的,安史之乱前河北最大的问题便是以两蕃(契丹、奚)崛起为核心的东北边境问题。武则天万岁通天年间(696—697)爆发的契丹李尽忠、孙万荣之乱是标志两蕃强势崛起,及将其与唐廷矛盾推向顶点的重要事件。②并且,这一事件在宣告了持续约三十年较为安定的东北边境形势结束的同时,也全面改变了至高宗在位(650—683)时所建立起的"自东向西,自北向南,分别设有安东都护府以镇抚高句丽旧地;营州都督府以押两蕃和靺鞨;幽州都督府则防御突厥及两蕃"③

(接上页)以燕山为分界。尽管在实际地理位置上,幽、蓟、平诸州是在燕山以南,因此从地理角度而言,也可称为"燕南",但考虑到唐人常直称幽州为"燕"或"燕地",所以我们姑且将这一地区称为"燕"。而燕山以北的妫、檀、营诸州称为"燕北"。同时,燕北地区与我们下文将要涉及的"山后"地区在地理概念上基本也是吻合的。(史念海先生以为蓟、檀二州在唐代的实际北界当都在燕山以北〔见《唐代河北道北部农牧地区的分布》,《唐代历史地理研究》,北京,中国社会科学出版社,1998年,第124页〕,我赞同这一看法。但考虑到蓟州原由幽州分出,而檀州在唐末文献中常被归入"山后"范畴,所以我将蓟州归入"燕",而"檀州"归入"燕北"。这样的划分,主要是基于相关概念的地理所指在整篇文章的分析中能够保持前后一致,不至于引起一些指涉上的出入。)

① 如日野开三郎教授所指出的,至德二载正月,寻求补给的平卢军前锋董秦、田神功浮海南下,攻克平原、乐安,他们也成为继颜真卿后继续在黄河流域与叛军较量的势力。(参见《安史之乱与唐朝东北政策的后撤》,《河北师院学报》,1990年第4期,第98页)

② 参见李松涛:《论契丹李尽忠、孙万荣之乱》,《盛唐时代与东北亚政局》,上海,上海辞书出版社,2003年,第94~95页。

③ 李松涛:《论契丹李尽忠、孙万荣之乱》,《盛唐时代与东北亚政局》,第96页。

的东北边防体系。

（一）河北的团结营

李尽忠、孙万荣叛乱的直接结果就是东北边防的前沿阵地营州以及安东都护府的失陷。这样一来，河北道北部诸州的安全就立刻受到了东北异族的直接威胁。到圣历元年（698）秋天的时候，突厥默啜大寇河北，其兵锋所及已达河北中部的赵、定诸州。学者的研究已经指出，在契丹和突厥的这两次攻击后，武则天对河北进行了两次重要的军事部署。这就是《唐会要》卷78《诸使中·诸使杂录上》中记载的：

> 万岁通天元年九月，令山东近境州置武骑团兵。至圣历元年腊月二十五日，河南、河北置武骑团，以备默啜。①

由于学者普遍认同武骑团与团结兵的关系，因此上述史料便是有关唐代团结兵设立的最早记录。河北既是最早设立团结兵的地区，也几乎是团结兵最为集中的地区。② 至于设立团结兵的目的，显然主要就是为了防备东北外族的入侵。武则天时代确立的团结兵措置为此后的唐玄宗所继承和发展。③ 开元十四年（726）为防备两蕃的入侵，玄宗在河北设立五军（见表3）。④

开元十四年在河北所置的五军，位于河北中部的次边州地区。如孟宪实先生所指出的，五军各以刺史为使的特点，与先天二年（713）河北诸州团练兵令本州刺史押当的情况吻合。《六典》中称其"十月已后募，分为三番教习。五千人置总管一人，以折冲充；一千人置子将一人，以果毅

---

① 关于此二事的论述，可参见［日］日野开三郎：《唐府兵制时代における团结兵の称呼とその普及地域》，《日野开三郎东洋史学论集》第一卷《唐代藩镇の支配体制》，第182～183页；孟宪实：《略论唐前期河北地区的军事问题》，《中国史研究》，2003年第3期，第104页；李松涛：《试论安史之乱前幽州防御形势的改变》，《盛唐时代与东北亚政局》，第118页。

② 参见孟宪实：《唐前期军镇研究》，第148页。

③ 参见［日］日野开三郎：《唐府兵制时代における团结兵の称呼とその普及地域》，《日野开三郎东洋史学论集》第一卷《唐代藩镇の支配体制》，第183～187页；孟宪实《略论唐前期河北地区的军事问题》，《中国史研究》，2003年第3期，第104～107页。

④ 孟宪实先生经分析指出，此五军不当如《资治通鉴》和《册府元龟》所说的是为防备突厥而设，更可能是如《邺侯家传》所说的防备两蕃（见《略论唐前期河北地区的军事问题》，《中国史研究》，2003年第3期，第105～107页）。

表 3　开元、天宝年间河北五军表

军名	所在地	同郡名	兵数《六典》兵数（开元二十五年[737]）	兵数《资治通鉴》胡注等兵数（天宝元年[742]）	备考
恒阳军	恒州城东（《会要·郭下》）	常山郡	10000	6500	定州有恒阳县，在恒州东
北平军	定州城西	博陵郡	10000	6000	定州有北平县
高阳军	易州城内（军本在瀛州，开元二十年[732]移至易州）	上谷郡（瀛州河间郡）	10000	6000	瀛州有高阳县
唐兴军	莫州城内	文安郡	10000	6000	莫州有唐兴县
横海军	沧州城内（《通典》《新志》西南）	景城郡	10000	6000	

（此表主要据日野开三郎：《唐府兵制时代における団结兵の称呼とその普及地域》，《日野开三郎东洋史学论集》第一卷《唐代藩镇の支配体制》，第186页表作。）

充；五百人置押官一人，以别将及镇戎官充"①。这些都显示了此五军具有比较浓厚的团结兵特质。并且，其与此前河北地区的团结兵应该也有渊源。②

---

① （唐）李林甫等撰，陈仲夫点校：《唐六典》卷5《尚书兵部》，北京，中华书局，1992年，第158页。

② 参见孟宪实：《唐前期军镇研究》，第148~150页。由于此五军具有团结兵的性质，因此孟宪实先生依据其所在的位置推测，上述于万岁通天元年设置武骑团兵的"山东近境州"就是五军所在河北中部的这一次边地带，而不是指"边州"（第148页）。不过我更倾向于认为初设武骑团兵的"近境州"仍是指"边州"，到圣历元年，团结兵的设置范围已由边州扩展到了河北其他地区。

不过和日野教授的观点不同①，孟氏并不认为此五军始终具有团结兵的性质。因为在《唐六典》中，五军已被置于幽州节度使条下加以说明，因此从隶属关系上看，可能已经是军镇了，只是仍旧具有团结兵的特征。②

（二）边州的军镇

军镇是除了团结兵以外另一种防备两蕃的军事部署。③河北地区的军镇，尽管并不完全设置在李尽忠、孙万荣叛乱后，但都是在武则天和玄宗时期建立起来的。④学者关于河北主要军镇的考察亦可通过表4展示出来：

表4 武后、玄宗时期河北地区主要军镇

军名	所在地	同郡名	《通典》兵数	《通典》马匹数	设置时间
经略军	幽州城内	范阳郡	30000	5400	延载元年（695）
静塞军	蓟州城内	渔阳郡	11000	500	开元十九年（731）改称
威武军	檀州城内	密云郡	10000	300	大足元年（701）
清夷军	妫州城内	妫川郡	10000	300	垂拱二年（686）
怀柔军	蔚州界	兴唐郡			先天元年（712）
平卢军	营州城内	柳城郡	16000	4200	开元五年（717）
卢龙军	平州城内	北平郡	10000	500	天宝二年（743）
怀远军	故辽城				天宝二年
恒阳军	恒州城东	常山郡	6500		开元十四年（726）
北平军	定州城西	博陵郡	6000		开元十四年
高阳军	易州城内	上谷郡	6000		开元十四年
唐兴军	莫州城内	文安郡	6000		开元十四年
横海军	沧州城内	景城郡	6000		开元十四年

（此表参考孟宪实《唐前期军镇研究》第94页表、第93~100页相关考释，及《唐会要》《通典》等作。另，怀柔军所在蔚州属河东道，但因其地临近妫州，《资治通鉴》称先天元年怀柔军置在妫、蔚州境，《会要》亦将其系于范阳节度使名下，故权置于此。）

---

① 日野开三郎教授的观点，可参见《唐府兵制时代における团结兵の称呼とその普及地域》，《日野开三郎东洋史学论集》第一卷《唐代藩镇の支配体制》，第186页。

② 孟宪实：《唐前期军镇研究》，第151页；《略论唐前期河北地区的军事问题》，《中国史研究》，2003年第3期，第106页。

③ 孟宪实：《略论唐前期河北地区的军事问题》，《中国史研究》，2003年第3期，第107页。

④ 参见孟宪实：《唐前期军镇研究》，第93页。

军镇的兵员并不单一，但它的核心应该不是具有地方民兵特质的团结兵，而正是与其相对的职业兵——健儿。① 开元八年（720）玄宗为防范两蕃曾有过一项针对幽州经略军的措置：

> 敕幽州刺史邵宠于幽、易两州选二万灼然骁勇者充幽州经略军健儿，不得杂使，租庸资课并放免。②

显然，经略军健儿的特质和权益与团结兵并不相同。③ 如果像日野开三郎和孟宪实所认为的，表4恒阳以下的五军是团结营或具有团结兵特质的军镇，那我们就将发现，首先，"军镇与团结兵协调防御，是从武则天时期开始在河北地区实施的一种防御战略，其基本原则是在前线地区（边州）设置军镇，在第二道防线上设置团结兵。"④ （见图24）其次，尽管《通典》所记载的兵马数未必是这些军镇初设时期的兵马数⑤，但如果我们因它们同时出现在《通典》范阳节度使和平卢节度使条下而判断它们可能为同一时期的数目的话，那我们就会看到，边州地区的兵数要高于恒阳五军的兵数。并且，后者没有马匹数的记载，这应该意味着前者将有为数不少的骑兵，而后者可能主要是步兵。而且总的来看，边州军镇的设置时间更早一些，显示了这一地区的军事压力更重。不过，如果我们将《通典》所记载的恒阳五军的兵数与时间早于它的《六典》兵数相比，那么五军在天宝年间的兵数是要少于开元末期的。日野教授认为，从开元天宝之交突厥内乱、平卢节度使由幽州节度使处独立出来等情形看，五军兵数的减少应该是唐朝边境势力加强，因而可以在次边地域相应减少其军事防御力量的政策所致。⑥

---

① 有关团结兵与健儿对应关系的论述，见张国刚：《唐代团结兵问题辨析》，《历史研究》，1996年第4期，第44~45页。
② 《册府元龟》卷124《帝王部·修武备》。
③ 参见孟宪实：《略论唐前期河北地区的军事问题》，《中国史研究》，2003年第3期，第107~108页。
④ 孟宪实：《略论唐前期河北地区的军事问题》，《中国史研究》，2003年第3期，第108页。
⑤ 参见孟宪实：《唐前期军镇研究》，第94~95页。
⑥ ［日］日野开三郎：《唐府兵制时代における団结兵の称呼とその普及地域》，《日野开三郎东洋史学论集》第一卷《唐代藩镇の支配体制》，第188页。

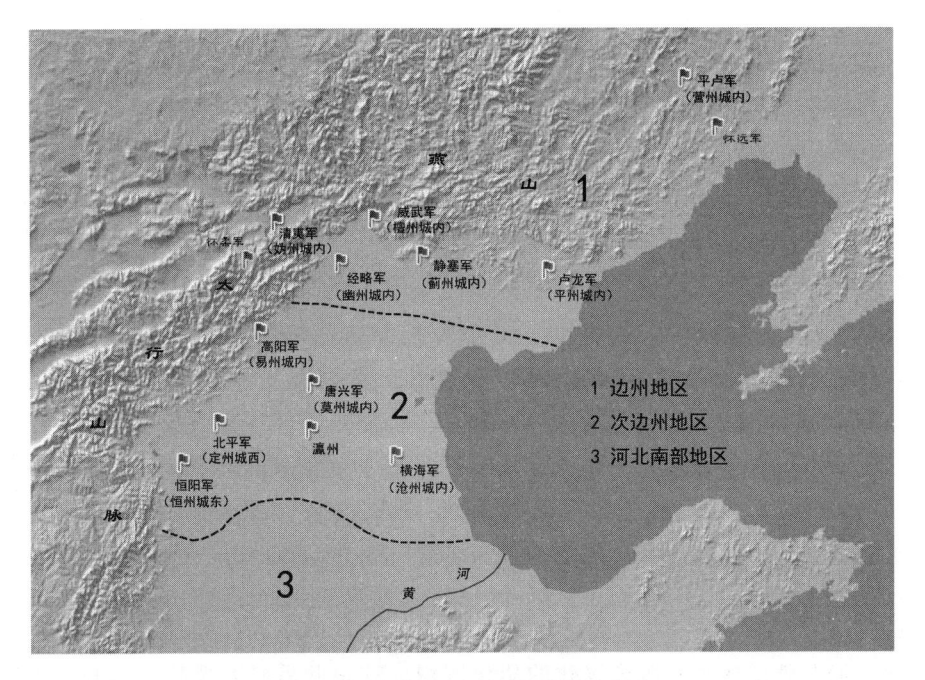

图 24 安史乱前河北主要军镇分布图

（说明：怀远、怀柔二军地望不确定，系暂拟。地形图来源：http://education.nationalgeographic.com/。）

（三）幽、营境内的羁縻州

李松涛先生的研究指出，由于李尽忠、孙万荣叛乱后营州与安东都护府失守，唐朝东北防线的重心不得不被迫转移到幽州一线，幽州至此成为东北边防的中心。为了直接应对东北外族对幽州以及河北腹地的威胁，自武后朝末期开始，唐朝逐渐加强了幽州的军事力量及地位。[1] 上述玄宗于开元八年增置幽州经略军健儿的行为即是这一政策的反映。黄永年先生的研究则具体阐述了幽州节度使的成长过程，即唐前期为对付东北外族的行军制度，经由李尽忠、孙万荣的叛乱而瓦解，并被一步步兼领各种军事、行政、经济等使职的边境征镇大员幽州节度使所取代。[2] 开元五年（717）玄宗收复营州，并增设平卢军于营州后，营州开始分担幽州在东北边境防

---

[1] 参见李松涛：《试论安史乱前幽州防御形势的改变》，《盛唐时代与东北亚政局》，第 116~130 页。

[2] 参见黄永年：《范阳节度与奚、契丹》，《六至九世纪中国政治史》，第289~308 页。

御中的重任。因此到天宝时代之前,以幽州节度使为中心,并携以平卢节度使的格局正式形成了。

玄宗开元时期(713—741)是唐朝在东北边境的军事形势逐渐走出低谷的时代。其中的标志性事件,即开元四年(716)自武后朝以来即为东北边患的突厥默啜去世,于是趁突厥丧乱之际,原本附属突厥的契丹、奚两蕃再次归顺唐朝。玄宗遂于第二年重置营州,以处内附的契丹、奚等部落:

> (开元五年)三月,庚戌,制复置营州都督于柳城,兼平卢军使,管内州县镇戍皆如其旧;以太子詹事姜师度为营田、支度使,与(宋)庆礼等筑之,三旬而毕。①
>
> 俄拜庆礼御史中丞,兼检校营州都督。开屯田八十余所,追拔幽州及渔阳、淄青等户,并招辑商胡,为立店肆。数年间,营州仓廪颇实,居人渐殷。②

陈寅恪先生很早便指出,随着突厥的衰乱,大批的东北外族迁移到河北境内,河北就此成为一脱离汉化的胡化区域。这是此后具有粟特种族特征的安禄山得以崛起,并被玄宗赋以东北诸镇重任的主要原因。③ 关于陈氏的论断,彼得森(Charles Peterson)提出了他的质疑,他认为,陈氏所列出的关于河北"胡化"的证据其实并不是整个河北,而只是边境地区而已。④ 现有的资料基本证实了这一看法,边境地区的幽、营二州才是当时河北蕃族聚居最集中,也才是"胡化"特质最明显的地区,因为此二州内设有大量处置内附蕃族的羁縻州。⑤

---

① 《资治通鉴》卷211"开元五年三月"条。
② 《旧唐书》卷185《宋庆礼传》。
③ 参见陈寅恪:《唐代政治史述论稿》上篇《统治阶级之氏族及其升降》,第209~234页。有关安禄山的种族问题,可参见荣新江:《安禄山的种族与宗教信仰》,《中古中国与外来文明》,北京,生活·读书·新知三联书店,2001年,第222~228页。
④ [英]崔瑞德主编:《剑桥中国隋唐史》,第469页。
⑤ 从荣新江与森部丰先生对安史之乱前河北粟特人的研究情况来看,现有资料并未发现河北道东部诸州有粟特人活动的迹象,而西部的卫、相、魏、邢、恒、定诸州则有粟特人活动的相关记载。但粟特人聚居最集中的无疑应是北面的幽、营二州。(参见荣新江《北朝隋唐粟特人之迁徙及其聚落》,《中古中国与外来文明》,第99~108页;[日]森部丰:《唐代河北地域におけるソグド系住民——开元寺三门楼石柱题名及び房山石经题记を中心に》,《史境》第45号,2002年,第23~28页)

学者的研究已经指出，在李尽忠、孙万荣叛乱前，河北地区处置内蕃的羁縻州主要设置在营州。但随着营州的陷落，原在营州界内的羁縻州多数暂迁至河南的淄、青、徐、宋一带，到中宗神龙年间（705—707）又悉数北还，寄置于幽州境，改隶幽州都督。此后幽州境内的羁縻州还有增加，直到天宝初。于是幽州成为河北设置羁縻州最多的地区。① 并且随着大量羁縻州的内迁幽州，蕃族在幽州当地的总人口中也已占相当高的比例。② 营州在开元五年复置后，亦有羁縻州的设置。③ 而且从其复置以后的人群族属与文化来看，内附的蕃族已成为主体④，并且，胡化的特质似较唐代初期更为明显。⑤ 蕃族内附最重要的形式便是以部落的形式归附唐朝，而羁縻州则成为接纳这些部落最重要的组织。为了更为直观地了解这一玄宗时代河北边境地区的移民形态，同时也为我们下文的论述作铺垫，兹举三例：

> 王武俊，契丹怒皆部落也。祖可讷干，父路俱。开元中，饶乐府都督李诗率其部落五千帐，与路俱南河袭冠带，有诏褒美，从居蓟。武俊初号没诺干，年十五，能骑射。上元中，为史思明恒州刺史李宝臣裨将。⑥

> 张孝忠，本奚之种类。曾祖靖，祖逊，代乙失活部落酋帅。父谧，开元中以众归国，授鸿胪卿同正，以孝忠贵，赠户部尚书。孝忠以勇闻于燕、赵。时号张阿劳、王没诺干，二人齐名。阿劳，孝忠本字；没诺干，王武俊本字……安禄山奏为偏将……禄山、史思明继陷河洛，孝忠皆为其前锋。史朝义败，入李宝臣帐下。⑦

---

① 参见［日］森部丰：《唐前半期河北地域における非汉族の分布と安史军渊源の一形态》，《唐代史研究》第5号，2002年，第23～32页。
② 参见马驰：《唐幽州境侨治羁縻州与河朔藩镇割据》，《唐研究》第四卷，1998年，第203～204页；［日］森部丰：《唐前半期河北地域における非汉族の分布と安史军渊源の一形态》，《唐代史研究》第5号，2002年，第32页。
③ 参见杨晓燕：《唐代平卢军与环渤海地域》，《盛唐时代与东北亚政局》，第173～176页。
④ 参见李松涛：《论契丹李尽忠、孙万荣之乱》，《盛唐时代与东北亚政局》，第97页。
⑤ 参见杨晓燕：《唐代平卢军与环渤海地域》，《盛唐时代与东北亚政局》，第168页。
⑥ 《旧唐书》卷142《王武俊传》。
⑦ 《旧唐书》卷141《张孝忠传》。

阿义屈达干，姓康氏，柳城人。其先世为北蕃十二姓之贵种。曾祖颉利，部落都督。祖染，可汗附马、都知兵马使。父颉利发，墨（默）啜可汗卫衡官，知部落都督。皆有功烈，称于北陲。公（即康阿义）即衡官之子也……天宝元年，公与四男及……等部落五千余帐，并驼马羊牛二十余万，款塞归朝……（安禄山）奏公充部落都督，仍为其先锋使。①

森部丰先生的研究已经指出，设置于开元二十年（732）幽州境内的羁縻州归义州应该就是为了安置王武俊所属的契丹怒皆部落，同时我推测可能还包括张孝忠所属的奚族部落。而天宝元年（742）设置的凛州，则是为了安置由突厥处归顺唐朝的粟特康氏部落。②

其实，安禄山本人也是在开元四年突厥势衰后逐渐迁入幽、营一带的，虽然他远没有上述诸人那样显赫的家世。而当其于张守珪时代（733—739），被身为幽州节度使的前者提拔为捉生将，开始在河北的政治舞台上崭露头角时，河北地区的这种以边州军镇为第一道防线，燕南团结营为第二道防线，以幽、营羁縻州为代表管辖着大量内附蕃部的军政构造其实已经形成了。它们同辖于经开元时代军事力量已大为提升的幽州节度使麾下，并携以平卢节度使的配合。

至于安禄山在天宝时代的崛起，以及天宝十四载能拥有如此大的声势发动叛乱，并不是唐朝对河北的军政结构在安禄山的时代又有了什么本质

---

① 《全唐文》卷342颜真卿《特进行左金吾卫大将军上柱国清河郡开国公赠开府仪同三司兼夏州都督康公神道碑铭》。

② ［日］森部丰：《唐前半期河北地域における非汉族の分布と安史军渊源の一形态》，《唐代史研究》第5号，2002年，第30～31、33页。按张孝忠之父张谧在开元年间率部落归唐，而开元年间幽州所设处置奚族的羁縻州似只有归义州一州。史载设于开元二十年（732）的归义州是为了安置奚族酋长李诗瑓高率领的奚族部落以及与李诗一同归唐的王武俊之父路俱统领的契丹怒皆部落。（参见《旧唐书》卷199下《北狄传》，《新唐书》卷43下《地理志七下》、卷219《北狄传》，《资治通鉴》卷213"开元二十年三月"条）又从史书记载张孝忠与王武俊齐名于燕、赵间的情况推测，孝忠之父张谧很可能是随李诗与路俱两人一同于开元二十年归唐的，而其所率之奚乙失活部落也同样被安置在归义州。关于张孝忠的族属等问题，王策《〈唐归义王李府君夫人清河张氏墓志〉考》一文有略微不同的解说，不过从其行文判断，看来同样是将张孝忠所属部落与归义州等联系在了一起（见《北京文物与考古》第6辑，北京，民族出版社，2004年，第174～175页）。

上的大改动。玄宗进行的改动其实是让安禄山在天宝三载（744）一人身兼此时已集多种使职于一体的范阳、平卢两道节度使；在天宝九载（750）又兼领河北道采访处置等使；同时在天宝十载又加安禄山河东节度采访使。① 而安禄山的聪明之处，正在于他能充分利用这些扩大的使职权力，并且充分发挥上述既定军政结构的潜力。而如果安禄山是继承和发展了这一自李尽忠、孙万荣叛乱以来逐渐形成的河北军政结构的话，那我们必然能在安禄山叛乱时期的河北，以及叛军集团中找出烙有这种军政结构印记的特征。并且我认为，这种从一开始就内植于安禄山集团中的特质，将不仅影响到安禄山叛乱时期河北的政治地理格局，也将从根本上左右着安禄山集团的命运。

三、安禄山军团的性格

现在让我们再次回到对安禄山叛乱，以及叛乱时期河北问题的讨论中来。我们的讨论将以分析安禄山叛乱时期的军团结构入手。

（一）蕃将与部落兵

据《安禄山事迹》记载，在安禄山叛乱当年的五月，也就是其正式起兵南下的半年前：

> 禄山遣副将何千年奏表陈事，请以蕃将三十二人以代汉将。（玄宗）遣中使袁思艺宣付中书门下，即日进画，便写告身付千年。②

据说安禄山的这一举措被杨国忠等朝野人士视为其反乱的一个重要信号。事实上，蕃将在安禄山半年后的叛乱中确实发挥了至为关键的作用。传世文献和出土的墓志等史料已给我们留下了大量有关安禄山叛乱时期其麾下蕃将的资料。③

大批的蕃将能集中在安禄山麾下并为其所用，既是玄宗时代蕃族内迁河北境内的结果，也是安禄山凭借其胡人资格，利用其种族与宗教信仰笼

---

① 《安禄山事迹》卷上，第74～82页。
② 《安禄山事迹》卷中，第91页。《资治通鉴》卷217将此事系于当年二月。
③ 对这些蕃将情况的收集整理研究，可参见陈寅恪：《唐代政治史述论稿》上篇《统治阶级之氏族及其升降》，第213～234页；荣新江：《安禄山的种族与宗教信仰》，《中古中国与外来文明》，第228～233页等。

络胡族的产物。① 正如陈寅恪先生所指出的，蕃将的意义并不仅在于其骑射之技，更在于蕃将多以其所领部落兵的形式出战，其部落兵有组织严整之长。② 因此，无论是玄宗在开元天宝年间的起用蕃将，还是安禄山致力于对这些将领的笼络，不光是他们对这些蕃将个人能力的看重，更重要的则是借机将蕃将所领的部落兵收归麾下为其所用。荣新江先生曾指出，唐朝为利用开元天宝以降逐渐迁入营州的粟特胡人来防御两蕃等的入侵，就未将其部落组织打散。③ 我们在关于安禄山手下最重要的将领——突厥人阿史那承庆的资料中也看到，当此后安庆绪失守两京时：

> 阿史那承庆部落及李立节、安守忠、李归仁等散投恒、赵、范阳。④

其实除了阿史那承庆外，下文将要讨论的李归仁、阿史那从礼等人莫不是率领各自的部落参与作战的。而王武俊、张孝忠、康阿义等人应该也是如此，只是他们在叛军中的地位与影响力稍逊于前者罢了。可以说，由蕃将统属的部落兵构成了安禄山军团的核心，至于它们的来源地，主要就是幽、营境内的羁縻州，所以《旧唐书·地理志》称河北地区的羁縻州为：

> 皆东北蕃降胡散诸处幽州、营州界内，以州名羁縻之，无所役

---

① 参见陈寅恪：《唐代政治史述论稿》上篇《统治阶级之氏族及其升降》，第213～234 页；荣新江《安禄山的种族与宗教信仰》，《中古中国与外来文明》，第222～237 页。

② 参见陈寅恪：《论唐代之蕃将与府兵》，《金明馆丛稿初编》，北京，生活·读书·新知三联书店，2009 年，第301～303 页。关于此问题，亦可参见张国刚：《唐代的蕃部与蕃兵》，《唐代政治制度研究论集》，第97～101 页。

③ 荣新江：《安禄山的种族与宗教信仰》，《中古中国与外来文明》，第231 页。

④ 《安禄山事迹》卷下，第108 页。按安禄山委以平定河北的将领中有李立节者，不过史载其已于天宝十四载四月在常山作战时为李光弼将领浑瑊所杀。（见《资治通鉴》卷217"至德元载四月"条、《权德舆诗文集》卷13《唐故朔方河中晋绛邠宁庆等州兵马副元帅河中绛邠节度营田观察处置等使元从奉天定难功臣开府仪同三司检校司徒兼中书令河中尹上柱国咸宁郡王赠太师忠武浑公神道碑铭并序》[第208 页]、《旧唐书·浑瑊传》、《新唐书·浑瑊传》、《新唐书》卷225 上《逆臣上·安禄山传》、《册府元龟》卷358《将帅部·立功第十一》）但史料亦载在此后的安庆绪麾下，亦有重要将领名李立节者，应与上引《安禄山事迹》中的"李立节"为同一人。（见《旧唐书·史思明传》和《新唐书·史思明传》）不过我们并不清楚两者究竟是同名异人，还是史书记载的讹误。

属。安禄山之乱,一切驱之为寇,遂扰中原。

(二)边州的叛军部队

部落兵构成了安禄山军团的核心,而安禄山军团的主体则是来自边州的军队。具体来说,就是范阳(幽州)、渔阳(蓟州)、柳城(营州)、北平(平州)、妫川(妫州)、密云(檀州)这几个边州的军队。

安禄山叛乱伊始,由范阳率十多万部众南下,因此幽蓟地区当是叛军最早也是最重要的军队来源地。①《资治通鉴》称一个月后被颜杲卿在常山擒获的安禄山大将高邈,就是此前刚被安禄山派往范阳执行征兵工作的。②而到至德元载春夏之际,安禄山为支援史思明在河北与朔方军的战斗,又使牛廷玠发范阳等郡兵万人于前者,以至于五月奚、契丹来袭时,"(范阳)城中唯留后羸兵数千"③。而到嘉山一役失败后,据说南下叛军"将士家在渔阳者无不摇心"。此处之渔阳通范阳④,可见无论南下还是北征,幽蓟将士都是安禄山军队的主干。

随安禄山叛乱的不仅有范阳方面的将士,还有来自平卢节度使麾下柳城、北平二郡的将士。比如史思明及其统辖的部众就来自柳城的平卢军。⑤田承嗣的部众则可能是来自北平的卢龙军。⑥ 不过平卢并没有像范阳那样抽空它的军事力量,而只是抽调了一部分军队,否则也不会在此后发生平卢军的倒戈,以及整军南迁之事。平卢之所以要在本镇保留大量士卒,很可能是为了要防止两蕃对边境的觊觎。同样的,设置在柳城境内的安东都护府看来也没有为安禄山的南下提供太多兵员,因为据《续日本纪》载,此后的安东都护王玄志曾率领精兵六千余人打破柳城,斩杀安禄山任命的平卢节度徐归道,进镇北平。⑦ 而据《通典》记载,安东都护府在天宝时

---

① 按《旧唐书·地理志》和《新唐书·地理志》,蓟州开元十八年始由幽州分出。
② 《资治通鉴》卷217"天宝十四载十一月"条。
③ 《安禄山事迹》卷中,第102页。
④ 《资治通鉴》卷218"至德元载五月"条及胡注。
⑤ 《旧唐书》卷200上《史思明传》:"思明将卒颇精锐,皆平卢战士。"
⑥ 《全唐文》卷444裴抗《魏博节度使田公神道碑》载田承嗣为北平(平州)人,其父田守义乱前曾任安东副都护,承嗣本人在乱前的军职则为平卢先锋使。《旧唐书·田承嗣传》和《新唐书·田承嗣传》亦称田承嗣为平州人,世事卢龙军。
⑦ 参见[日]日野开三郎:《安史之乱与唐朝东北政策的后撤》,《河北师院学报》,1990年第4期,第97~98页。

代的管兵人数为八千五百人。①

北边的妫川、密云两郡提供给安禄山叛乱的兵员也相当可观。从史料记载看，妫、檀将卒的活动区域主要在两河一带。至德元载五月，"牛介（牛廷玠）从幽州占归（妫）、檀、幽、易，兼大同、纥、蜡共万余人，帖思明"②。在安禄山增调支援史思明的军队中，妫、檀部众是其主干。而这批妫、檀将士可能在至德二载（757）正月，又被此前与史思明同在河北作战的另一名叛军将领尹子奇带往河南攻打睢阳。所以史料说："（正月）甲戌，子奇以归（妫）、檀及同罗、奚兵十三万趣睢阳。"③ 在此之前，也就是至德元载七月，《资治通鉴》又载，于雍丘抗贼的张巡在桃陵擒获了叛军将领令狐潮的部众四百余人后，"分别其众，妫、檀及胡兵，悉斩之；荥阳（郑州）、陈留（汴州）胁从兵，皆散令归业"④。

可以说，随安禄山叛乱的军队主要就是来自燕地和燕北的士卒，而我们不难发现，这正是乱前设置军镇的边州地区。

（三）燕南的团结兵

正如前文所讲，燕南诸郡在安禄山南下之初就出现了反水，并且在前者叛乱的一年左右时间里始终反覆于朝叛之间。安禄山对燕南的控制看来并不牢固，史料说他在由范阳南下的途中，一边行军一边更换燕南地区的太守。安禄山先以其将张献诚权摄博陵（定州）太守，又接受了常山（恒州）太守颜杲卿的伪降，随后成功替换了当其南下驿路上的赵（赵州）、巨鹿（邢州）、邺（相州）、汲（卫州）诸郡太守。至于东面的景城（沧州）、河间（瀛州）、饶阳（深州），由于不从安禄山的更换之令，则遭到了禄山将领张献诚的攻击。⑤ 史料说南下途中的这些河南守令或开门延敌，或走匿，或被擒杀，或自缢路旁，降者不可胜计⑥，因此所谓叛军"所过州县，望风瓦解"，其实并不如司马光所说，是这些州县处于"禄山统内"

---

① （唐）杜佑撰，王文锦、王永兴、刘俊文、徐庭云、谢方点校：《通典》卷192《州郡二》，北京，中华书局，1988年，第4482页。

② 《资治通鉴》卷218"至德元载五月"条《考异》引《河洛春秋》。

③ 《资治通鉴》卷219"至德二载正月"条。胡注曰："归，当作妫，妫州也。唐人杂史多有作归、檀者，盖误。"

④ 《资治通鉴》卷218"至德元载七月"条。

⑤ 参见《资治通鉴》卷217"天宝十四载十二月"条《考异》引《河洛春秋》。

⑥ 《安禄山事迹》卷中，第95~96页。

的结果。实际上我们从安禄山与这些守令的表现来看，很难说安禄山对其所谓"统内"的控制是牢固的。而河北州县的瓦解，其实只是由于它们根本无法抵挡边州大军的南下。

安禄山不仅并不完全信任他的这些燕南太守，也几乎没有调动燕南的军队随其南征。燕南军队在安禄山叛乱初期更多地是被他用来镇守或稳定河北本土局势的。比如他在南下之初牒平原（德州）太守颜真卿"以平原、博平兵七千人防河津"①。日野开三郎教授认为这里的平原、博平兵当为团结兵②，这可能是有道理的。因为安禄山在对平原作上述规划的同时，史料还称："禄山之发范阳也，时平原郡有静塞，屯平卢镇兵三千五百人，并已发赴镇，在路未达。公（指颜真卿）悉追回。"③ 这里的"静塞"不知是否指渔阳郡（蓟州）内的静塞军。不过显然，平原郡在乱前就已屯驻了两种性质的军队，"平卢镇兵"当为军镇健儿，他们在安禄山叛乱伊始就被要求调还平卢或调至范阳随安禄山南下，只是因为颜真卿的召还没有赴镇。这样看来，用于"防河津"的平原兵就极有可能是团结兵性质的军队。

燕南军队在安禄山叛乱中最为重要的表现，无疑体现在以下这条史料中：

> 禄山使张献诚将上谷（易州）、博陵、常山、赵郡、文安（莫州）五郡团结兵万人围饶阳。④

史料明言，这支由张献诚统帅，负责在安禄山南下后平定那些不服从禄山更换守令的河北郡县的军队，是地地道道的团结兵。其实，日野教授很早便已敏锐地发现，以上团结兵所来源的州郡，除了赵郡外，其余四郡正是开元十四年设立恒阳等军镇的地区。而史料称天宝十五载六月李光弼闻潼关失守，撤离河北后，"留常山太守王俌将景城、河间团练兵守常山"⑤。这景城、河间亦是开元十四年设立军镇的州郡。实际上，日野教授正是凭

---

① 《资治通鉴》卷217"天宝十四载十二月"条。
② ［日］日野开三郎：《唐府兵制时代における団結兵の称呼とその普及地域》，《日野开三郎东洋史学论集》第一卷《唐代藩镇の支配体制》，第187页。
③ 《全唐文》卷514殷亮《颜鲁公行状》。
④ 《资治通鉴》卷217"天宝十四载十二月"条。
⑤ 《资治通鉴》卷218"至德元载六月"条。

借这一点，认为当年设立的恒阳等五军属于团结营性质。①

我们从上面的论述中不难发现，无论在安禄山一方，还是勤王势力一方，他们最初在燕南地区较量的军队其实都是团结兵。因此，这很可能说明，团结兵本来就是燕南诸郡军队的主干，而这种军事特征当在安禄山叛乱之前就已形成了。

我们以叛乱前期朝叛争夺最为激烈的常山郡为例来看一下当时团结兵的情况。《河洛春秋》称，颜杲卿伪降安禄山时，

> （禄山）加杲卿章服，仍旧常山太守并五军团练使，镇井陉口。留同罗及曳落河一百人，首领各一人。②

这里的"五军"是指恒阳等五军，还是上述张献诚统帅的五郡兵，我们无法肯定。不过常山太守既然兼有五军团练使之职，则可说明团结兵在常山一带军队中的比例和地位均应不低。事实上，当至德二载二月，安庆绪任命张忠志为常山太守时，后者也兼有"团练使"一职。③《河洛春秋》说安禄山南下时留下其精锐同罗及曳落河一百人镇守井陉口。《考异》引《颜杲卿传》则说："崇郡（州）刺史蒋（李）钦凑以赵郡甲卒七千人守土门。"④ 引《肃宗实录》言："钦凑领步骑五千人先镇土门。"⑤ 后两者人数虽小有出入，但差别不大，不过它们与《河洛春秋》的区别则很明显。关于其间的差异，司马光在《考异》中已辨：

> 河洛春秋云："留同罗及曳落河百人"，彼镇井陉，遏山西之军，重任也，岂百人所能守乎！殷传（即颜杲卿传）云"七千人守土门"，此七千人又非（常山长史袁）履谦一夕所能缚也。盖禄山留精兵百人以为钦凑腹心爪牙，其余皆团练民兵胁从者耳，故履谦得醉之以酒，诛钦凑及百人而散其余耳。

---

① [日]日野开三郎：《唐府兵制时代における団結兵の称呼とその普及地域》，《日野开三郎东洋史学论集》第一卷《唐代藩镇の支配体制》，第185～187页。
② 《资治通鉴》卷217"天宝十四载十二月"条《考异》。
③ 《资治通鉴》卷219"至德二载二月"条。
④ 《资治通鉴》卷217"天宝十四载十二月"条《考异》引《颜杲卿传》。《全唐文》卷341颜真卿《颜杲卿神道碑铭》亦云："令崇州刺史李钦凑以兵七千人守土门。"
⑤ 《资治通鉴》卷217"天宝十四载十二月"条《考异》引《肃宗实录》。同《安禄山事迹》卷中，第97页。

司马光的推测当是正确的。不过与《资治通鉴》所说颜杲卿在成功斩杀李钦凑后"悉散井陉之众"①不同,《安禄山事迹》则作"以并其兵"②。后者的说法可能更为合理,因为这更符合当时广募士卒防御常山的颜杲卿的意愿。而常山团结兵也确实在此后针对叛军的行动中发挥了重要作用。史称天宝十五载二月,史思明刚刚攻克常山,兵围饶阳时:

> 李光弼将蕃、汉步骑万余人,太原弩手三千人出井陉。已亥,至常山,常山团练兵三千人杀胡兵,执安思义出降。③

事实上和常山一样,日野开三郎教授认为在安禄山叛乱后,燕南地区临时招募或组建的抗贼军队基本上都是团结兵。④而从史料中看,团结兵已经成为河北抗贼运动的主力。史称当朔方军出井陉口与史思明等大战河北时:

> 河朔之民苦贼残暴,所在屯结,多至二万人,少者万人,各为营以拒贼;及郭、李军至,争出自效。⑤

而当至德元载八月,郭子仪因潼关失守不得不率朔方军整军西撤时,留镇东方的李光弼亦携景城、河间五千团结兵至太原,开始其保卫北都的军事部署。⑥

燕南地区的团结兵能够在安禄山叛乱时期有如此活跃的表现,正如日野教授所指出的,这正得益于安史乱前就已在河北养成的团结兵传统。⑦而河北中、南部能够成为安禄山叛乱时期帝国统内地方勤王势力最强大的地区,其实也正是拜当地的团结兵所赐。另一方面,相较于河北南部,中部的团结兵势力似乎更强。而这一点,我们也可以在乱前河北的军事结构中找到根源。同时,安禄山在其南下时之所以派遣大将张献诚权摄博陵太

---

① 《资治通鉴》卷217"天宝十四载十二月"条。
② 《安禄山事迹》卷中,第97页。
③ 《资治通鉴》卷217"至德元载二月"条。
④ 参见[日]日野开三郎:《唐府兵制时代における団结兵の称呼とその普及地域》,《日野开三郎东洋史学论集》第一卷《唐代藩镇の支配体制》,第187~188页。
⑤ 《资治通鉴》卷217"至德元载四月"条。
⑥ 参见《资治通鉴》卷218"至德元载八月"条、卷219"至德二载正月"条。
⑦ [日]日野开三郎:《唐府兵制时代における団结兵の称呼とその普及地域》,《日野开三郎东洋史学论集》第一卷《唐代藩镇の支配体制》,第188页。

守，或许就是因为，博陵郡正处于燕南与燕的交接地带，由它划分着两个军事结构及安禄山的控制力都不尽相同的地区。

不过，尽管燕南的团结兵在安禄山叛乱中表现活跃且具有实力，但它终究无法抵御朔方军和来自河北边州的军队。当颜杲卿成功解除了安禄山的井陉守军，并擒获了安禄山大将何千年后，后者就曾对颜杲卿说：

> "今太守欲输力王室，既善其始，当慎其终。此郡应募乌合，难以临敌，宜深沟高垒，勿与争锋。俟朔方军至，并力齐进，传檄赵、魏，断燕、蓟要膂，彼则成擒矣。今且宜声云'李光弼引步骑一万出井陉'，因使人说张献诚云：'足下所将多团练之人，无坚甲利兵，难以当山西劲兵'，献诚必解围遁去。此亦一奇也。"杲卿悦，用其策，献诚果遁去，其团练兵皆溃。①

而当朔方军在天宝十五载六月退出井陉，史思明、尹子奇进行其全面收复河北的战役时，燕南地区的勤王势力最终也还是彻底瓦解了。尽管它们中的有些在朔方军退出河北后仍旧坚持抵抗了四五个月时间。燕南地区视朔方军与边州叛军势力起伏而反复徘徊的根本原因，其实正在于临时招募的具有民兵色彩的团结兵毕竟还是无法抵御训练精良的健儿。而另一个更为重要的原因则是，以步兵为主体的燕南团结兵，在与以骑兵为主干的边州军队较量中，天生就处于劣势的地位。

至此，我想我们可以来回答本文之前所提出的几个问题了。我认为，在安禄山叛乱时期，同样作为其"统内"的河北北部与中、南部之所以会有完全不同的表现，其实源于早在乱前就已经形成的河北军事结构。虽然安禄山在天宝九载获得了河北道采访处置使的身份，但与他的历届前任一样，幽州节度使的控制范围其实主要还是在边境地区。因为它的任务是防范自武后朝以来就一直威胁着帝国东北边境的突厥与两蕃。因此，安禄山并没有像他经营边境地区一样，对燕南实施过有效控制并产生太大的影响。

河北北部的边境诸州，在武后、玄宗时代设立了一系列的军镇。而自

---

① 《资治通鉴》卷217"至德元载十二月"条。尽管如上文的考述，我们对何千年建言的可信性仍存在疑问，但这段文字中关于常山及张献诚所率军队性质的论述应该还是可靠的。

李尽忠、孙万荣叛乱后，原本设于营州、处置蕃族的羁縻州开始逐渐迁入幽州。在玄宗收复营州，两蕃内附、突厥衰落的开元时代，大批的东北蕃族内迁至幽、营二州的羁縻州内。在与两蕃等作战中逐渐增强的边境军事力量，尤其是幽州、平卢二节度的设置，为安禄山的崛起打下了牢固的军事基础。而在开元初期迁入唐境的安禄山则利用他的种族文化优势，将大批的蕃族将领及其部落吸收到他的麾下。于是，以幽、营境内羁縻州的蕃族部落为核心，以边州军镇为基础的骑兵，成为安禄山此后南征北战的主要力量。

而同样自武后朝契丹叛乱以来就逐渐形成的，具有一定传统和相当实力的河北团结兵，则在安禄山叛乱初期的燕南地区表现出相当活跃的性格。尤其对于勤王一方来说，他们正是充分利用了这一具有民兵性质的兵员，在一年左右的时间里坚持着与叛军的对抗。这其中，河南中部团结兵的表现更为显著。燕南地区所具有的这种团结兵传统，正是其能与安禄山反复抗衡，并无法为后者彻底掌握的原因所在。不过，以步兵为主体的团结民兵终究无法抗御精锐的骑兵，这也正是不少燕南州郡始终徘徊在两支强大的骑兵部队——支持唐廷的朔方军与源于北边的安禄山叛军之间，缺乏自身独立立场的原因。

总之在河北，一种早在安禄山崛起之前就已形成的具有地域差异的军事构造，不仅直接为此后的安禄山军团所继承，影响着它们在安禄山叛乱中所扮演的不同角色和所担负的不同使命，也直接左右着河北地区在叛乱时代的政治地理走向。或许从这个角度而言，我会赞成彼得森先生的这个说法：

> （安禄山）叛乱产生于基本上是政治性质的若干牵涉面较小的环境，它们与中国文化的敌人的大规模渗透或长期的地方分离主义无本质的联系……在叛乱开始时，河北道除了提供基地外并未卷入。引起这场叛乱的解释要在边境形势中而不是在河北道内寻找。①

以下就是我们从地域差异的角度考察安禄山军团，以及它们在叛乱中所扮演角色的展示：

---

① ［英］崔瑞德主编：《剑桥中国隋唐史》，第470页。

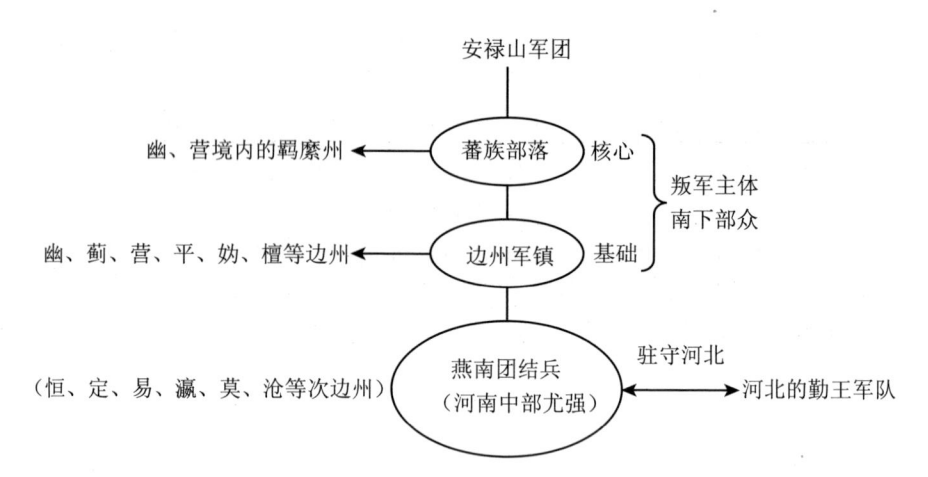

```
                               安禄山军团

                                              核心
  幽、营境内的羁縻州 ←——— 蕃族部落  ┐
                                              │ 叛军主体
                                              │ 南下部众
  幽、蓟、营、平、妫、檀等边州 ←—— 边州军镇  ┘ 基础

                                     驻守河北
  (恒、定、易、瀛、莫、沧等次边州) —— 燕南团结兵 ←———→ 河北的勤王军队
                                    (河南中部尤强)
```

至德元载十月，为安禄山成功平定燕南的史思明返回博陵，史称其："郡置防兵三千，杂以胡兵镇之。"① 史思明利用郡置防兵及胡汉杂驻的形势控制住了燕南，其本人也在此后继续留镇河北。至此，河北的勤王势力除了平卢军以外全部被安禄山清除了。而刚刚遭受重创的平卢军暂时还无法对史思明控制的河北造成威胁。安禄山现在总算结束了他在河北的危机，但是，他已经不可能亲眼看到河北收复的局面了。因为三个月后，在洛阳的安禄山就被其子安庆绪所弑。于是，伴随着勤王势力与团结兵时代在河北的终结，以河北为根据地的叛军也将进入后安禄山时代。

第二节　后安禄山时代的叛军

在后安禄山时代中，河北的政治地理依旧进行着大的变动，由于这些变动直接影响到未来河朔藩镇的形成，因此意义可能更大。不过导致这些变动的原因却依然来源于早已植根在叛军军团内部的矛盾之中。史思明固然解决了河北的勤王军队以及团结兵的问题，但他不得不面对威胁远较前者之上的叛军核心——蕃族将领及其部落的问题。不过在开始史思明的话题前，我们要先来看一下这个问题是如何在史思明的前任安庆绪时代呈现的。

---

① 《资治通鉴》卷 219 "至德元载十月"条。

一、部落的离散

至德二载九十月间，唐军在回纥军队的帮助下成功收服两京，安庆绪败逃邺郡。《安禄山事迹》记载安庆绪败逃时的情形：

> 庆绪之奔也，步军不满三千，马军才三四百，至新乡（汲郡属县），知严庄投国家，诸将当时心动。阿史那承庆部落及李立节、安守忠、李归仁等散投恒、赵、范阳，只有张通儒、崔乾祐等两三人，时来衙前参；至卫州（汲郡）则无人辄见，及至汤阴（邺郡属县），分散过半，纵未去者亦止泊相远。庆绪知人心移改，不敢询问。至相州（邺郡），离散略尽，疲卒才一千，骑士三百而已。至滏阳县（邺郡属县）界……（庆绪设计破河东李光弼、泽潞王思礼众。）庆绪遂分八道，曳露布称……其先溃将士于相州屯集，限此月二十六日前到取，来月八日再收洛阳。诸贼知河东丧师，逆心又固，受其招诱，以十月悉到相州……旬日之中，伪将蔡希德以其众自高平（泽州）至，田承嗣自颍川（许州）至，武令珣自唐（淮安郡）至，道途复及六万。①

上述的记载也许有所夸大，不过最初随安庆绪败逃的将士看来确实不多，而且若不是安庆绪急中生智地击破李光弼之众，已经投降唐廷的田承嗣诸人，也许不会那么快就重新回到他的麾下。② 从上述史料中不难看出，安庆绪手下的这些将领们具有相当自主的意识和独立的选择权。比如阿史那承庆，他似乎在叛军失败之初就离开了安庆绪，但当安庆绪重整旗帜后，又再次投靠了后者。③ 这种视安庆绪实力强弱而进行自我选择的独立性，使得安庆绪对之也无可奈何。所以虽然在十月底，大批叛军再次汇集在安庆绪身边，但心怀二意的气氛却似乎仍旧充溢在叛军集团中。《新唐书·安庆绪传》称：

---

① 《安禄山事迹》卷下，第108～109页。
② 《资治通鉴》卷220"至德二年十月"条："乙丑，郭子仪遣左兵马使张用济、右武锋使浑释之将兵取河阳及河内；严庄来降。陈留人杀尹子奇，举郡降。田承嗣围来瑱于颍川，亦遣使来降；郭子仪应之缓，承嗣复叛，与武令珣皆走河北。"
③ 参见《旧唐书·安禄山附安庆绪传》和《新唐书·安禄山附安庆绪传》。

然（阿史那）承庆等十余人送密款，有诏以承庆为太保、定襄郡王，（安）守忠左羽林军大将军、归德郡王，（阿史那）从礼太傅、顺义郡王，蔡希德德州刺史，李廷让邢州刺史，符敬超洺州刺史，杨宗太子左谕德，任瑗明州刺史，独孤允陈州刺史，杨日休洋州刺史，恭荣光岐阳令；自裨校等，数数为国间贼。

唐廷诏加阿史那承庆太保等官职，可能只是离间叛军的一项措施，因此承庆等人未必真有送款于唐廷的事实。不过也有一些将领是真的决意脱离安庆绪而投降唐廷了，如康阿义。其神道碑中说这位族属为粟特的突厥贵族，在家人被杀的情况下冒死与诸子南奔唐廷。① 这种潜在或显见的不稳定情形，应该就是促使安庆绪"设坛加载书、桦（拌）血与群臣盟"②的原因所在。

对于叛军将领而言，支持安庆绪还是投降唐廷，并不是其仅有的两种选择。事实上，他们选择的道路还是颇为多样的。比如《资治通鉴》记载说：

安庆绪之北走也，其大将北平王李归仁及精兵曳落河、同罗、六州胡数万人皆溃归范阳，所过俘掠，人物无遗。史思明厚为之备，且遣使逆招之范阳境，曳落河、六州胡皆降。同罗不从，思明纵兵击之，同罗大败，悉夺其所掠，余众走归其国。③

李归仁是镇守井陉的崇州刺史李钦凑之兄④，而崇州曾是营州境内处置奚族的羁縻州，后徙至幽州⑤，因此归仁兄弟有可能是安禄山旗下的奚族首领。从李归仁"北平王"的爵位来看，他的地位比史思明还要高，是叛军中数一数二的实力派人物。李归仁无疑是携带部落参与叛乱的，史书中多次记载到其麾下有铁骑五千⑥，这五千铁骑可能就是李归仁的部众。李归仁是至德二载唐军收复长安的香积寺之战中叛军方面的首领之一，而从其

---

① 参见《全唐文》卷342颜真卿《特进行左金吾卫大将军上柱国清河郡开国公赠开府仪同三司兼夏州都督康公神道碑铭》。
② 《新唐书》卷225上《逆臣上·安禄山传》。
③ 《资治通鉴》卷220"至德二载十二月"条。
④ 《安禄山事迹》卷中，第97页。
⑤ 参见《旧唐书·地理志》和《新唐书·地理志》。
⑥ 《资治通鉴》卷219"至德二载四月"条、卷221"乾元二年十二月"条。

与同罗、六州胡一起溃归范阳的记载看,他可能并不待安庆绪失守洛阳就直接从关中逃还河北,并就此投归到史思明麾下。

上述记载中有关同罗部的表现也很值得注意。史称:"(安禄山)养同罗及降奚、契丹曳落河八千余人为假子。"① 安禄山收养同罗应该是天宝十载其兼领河东节度使后的事情。据陈寅恪先生的说法,安禄山吞并突厥阿布思(即李献忠)之同罗部落,并蓄八千余人为假子,正是其利用胡人部落之制的一种表现。② 同罗是叛军的精锐,在叛乱时期,尤其是叛军攻克潼关的战役中曾有过相当积极的表现。③ 但是这支看似应为安禄山亲信的同罗军队,却在刚刚踏进长安后就反叛了安禄山:

> (至德元载七月,)同罗、突厥从安禄山反者屯长安苑中,甲戌,其酋长阿史那从礼帅五千骑,窃厩马二千匹逃归朔方,谋邀结诸胡,盗据边地。④

阿史那从礼是与同罗同反的突厥部落首领。这批反叛安禄山的部众,以及邀结的九姓府、六胡州后来半降于唐廷,半被朔方军和回纥联军击溃于河曲一带。散处关中的同罗余部可能在此后和李归仁部众一起逃还了范阳,不过他们并没有接受史思明的招降,和之前离开安禄山一样,他们既无意帮助唐廷,也无意继续支持叛军,而是因为"久客思归"⑤ 而逃还本国。这样看来,安禄山当年收降同罗部众其实也只是"劫其兵用之"⑥,而并没有真正控制过这支军队。有趣的是,和同罗一起反叛安禄山的突厥将士,从上引新书《安庆绪传》中出现阿史那从礼的名字来看,他们却似乎又在

---

① 《安禄山事迹》卷上,第82页。
② 陈寅恪:《论唐代之蕃将与府兵》,《金明馆丛稿初编》,第303页。
③ 天宝十五载五月,安禄山使牛廷玠发范阳等郡兵万余人助史思明攻常山,其中"同罗、曳落河居五分之一"(《资治通鉴》卷218"至德元载五月"条)。该条《考异》引《河洛春秋》亦云:"其中精骑万人,悉是同罗、曳落河,精于驰突。"而在安禄山的南下军队中,天宝十五载六月,禄山将崔乾祐在灵宝一役中"遣同罗精骑自南山过,出官军之后击之,官军首尾骇乱,不知所备,于是大败"(《资治通鉴》卷218"至德元载六月"条)。潼关遂被崔乾祐攻克。
④ 《资治通鉴》卷218"至德元载七月"条。《旧唐书》卷111《崔光远传》作"八月",现从《资治通鉴》。
⑤ 《资治通鉴》卷218"至德元载七月"条《考异》。
⑥ 《新唐书》卷217下《回鹘传下附同罗》。

此后重新回到了安庆绪的集团中。

因此，安庆绪在唐军收复两京后所面对的这种叛军集团迅速分裂，或者再次集合却仍旧各怀二心的情势，并不仅仅是因为安庆绪的资历与其弑父的举措为这些将领所不齿，更重要的乃是叛军集团本来就是一个相当松散的组织。因为构成叛军核心的蕃族部落来源于早在安禄山乱前就已形成的"长官世系、刑赏自专、赋税自私"① 的羁縻州。即便是安禄山这样有能力网罗各族裔部落为其叛乱前驱的统帅，终究还是只能依靠羁縻的手段来控制这些蕃族军队。而对于安庆绪来说，既没有其父这样的能力，又处于窘迫的情势之中，因此要控制住这些将领，尤其是那些与前线将领更为不同、已经取得实地的叛军要员，比如河东的高秀岩、北海的能元皓，尤其是河北的史思明，自然就更是难上加难了。所以当至德二载底，安庆绪派阿史那承庆等人往范阳向史思明征兵时，后者的裨将乌承玼就说思明曰：

> 今唐室再造，庆绪叶上露耳。大夫奈何与之俱亡！若归款朝廷，以自湔洗，易于反掌耳。②

思明遂以为然，于是"因承庆等，遣其将窦子昂奉表以所部十三郡及兵八万来降，并帅其河东节度使高秀岩亦以所部来降"③。至此，河北的叛军集团正式分裂④（见图 25），直到一年多后相州之役结束时才又重新统一。

---

① 马驰：《唐幽州境侨治羁縻州与河朔藩镇割据》，《唐研究》第四卷，1998 年，第 204 页。
② 《资治通鉴》卷 220 "至德二载十二月"条。
③ 《资治通鉴》卷 220 "至德二载十二月"条。
④ 《资治通鉴》卷 220 "乾元元年九月"条称："安庆绪之初至邺也，虽枝党离析，犹据七郡六十余城。"胡注称七郡为："汲、邺、赵、魏、平原、清河、博平。"安庆绪领有卫、相、魏、德、贝、博这六州没有问题。（可参见《全唐文》卷 360 杜甫《为华州郭使君进灭残寇形势图状》、《资治通鉴》卷 220 "乾元元年三月"条）但胡注中的赵州肯定不是，因为此时的邢、洺应该已经倒向史思明一方（《资治通鉴》称十月史思明派李归仁遥为庆绪声势时，就屯军于北临洺州的相州滏阳县），邢、洺既已在史思明的控制下，那么邢、洺以北的赵州就更不可能在安庆绪一方了。邢、洺在安庆绪北奔之初倒可能还是站在他这边的（《新唐书》卷 225 上《逆臣上·安禄山传》称："会蔡希德自上党、田承嗣自颍川、武令珣自南阳各以众来，邢、卫、洺、魏募兵稍稍集，众六万，贼复振。"），但此后可能就为史思明所控制了。所以我们目前只能确定六州。另暂补一棣州。

不过，其时统一河北的已经既不是安庆绪，也不是唐廷，而是宣布自立的史思明了。

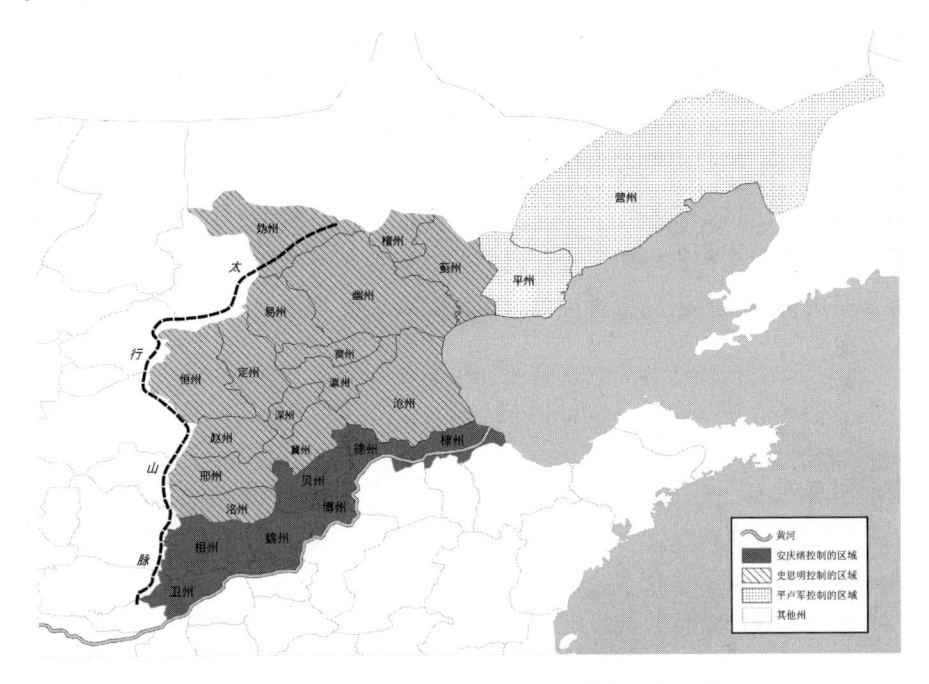

图 25　乾元元年十月相州之役爆发前的河北形势

二、史思明的改制

乾元二年（759）春天，背唐南下的史思明大败围剿安庆绪的九节度，并在成功统一河北的同时，杀安庆绪自立，叛军就此进入史氏的时代。和安禄山父子一样，史思明接手的也是一个以蕃族部落为核心的松散的叛军共同体。而从史思明的个人经历来看，虽然他是安禄山的同乡兼亲信，但安禄山手下的高级将领太多，地位在史思明之上者也不乏其人。因此，史思明最多也只能说是同辈中的佼佼者与幸运者。另一方面，虽然和安禄山一样起家于营州，但与后来移镇幽州的安禄山不同，史思明在乱前似乎一直活动在营、平一带。① 换言之，作为平卢军系统出身的高级将领，他对幽州方面的将领也许并不特别笼络，而幽州又是叛军将领与蕃族部落最集

---

① 参见《安禄山事迹》卷下，第110页；《旧唐书·史思明传》《新唐书·史思明传》。

中的地区。这样看来，虽然史思明乘借安氏父子令其平定河北、出镇幽蓟的机会，攫取了大量财富和军事资源①，但安氏父子留给他的问题却一点也不少，甚至更为棘手。《安禄山事迹》中就说，在史思明解除了九节度对安庆绪的相州之围时，

> 思明将士或谋杀思明而附庆绪，盖怀禄山旧恩。事临发，庆绪降，众人皆恨之。②

因此，对于现在的史思明而言，要紧的并不是乘胜南下攻打唐廷，稳定后方才是关键所在。所以史料说史思明杀安庆绪后，

> 遣安太清将兵五千取怀州，因留镇之。思明欲遂西略，虑根本未固，乃留其子朝义守相州，引兵还范阳。③

史思明自乾元二年三月由相州返回幽州，到九月率大军再次南下，花了整整半年的时间在幽州进行所谓巩固根本的工作，我们下面就来看一下史思明在幽州究竟做了些什么。

据《安禄山事迹》载：

> 思明复称大燕，以禄山为伪燕，令伪史官官稷一撰禄山、庆绪墓志，而禄山不得其尸，与妻康氏并招魂而葬，谥禄山曰光烈皇帝，降庆绪为进刺王。④
>
> （思明）乃立宗庙社稷，谥祖考为皇帝，以妻辛氏为皇后，次子朝兴（清）为皇太子，长子朝义为怀王，诸子皆为王。以礼招魂葬禄山。置侍中、尚书令等官，立台省，无曹局，递为检讨之所，识者笑之。以范阳为燕京，命洛阳为周京，长安为秦京，置日华等门，署衙门楼为听政楼，节度厅为紫微殿。又令其妻为亲蚕之礼于蓟城东郊，以官属妻为命妇，燕羯之地不闻此礼，看者填街塞路。燕蓟间军士都

---

① 《旧唐书》卷200上《史思明传》载："自禄山陷两京，常以骆驼运两京御府珍宝于范阳，不知纪极。由是恣其逆谋。思明转骄，不用庆绪之命。"
② 《安禄山事迹》卷下，第110页。
③ 《资治通鉴》卷221 "乾元二年三月"条。
④ 《安禄山事迹》卷下，第110页。

不识京官名品，见称黄门侍郎者曰："黄门何得有髭须？"皆此类也。①

《新唐书·史思明传》又载：

> 夏四月，更国号大燕，建元顺天，自称应天皇帝。妻辛为皇后，以朝义为怀王，周贽为相，李归仁为将；号范阳为燕京，洛阳周京，长安秦京。更以州为郡，铸"顺天得一"钱。欲郊及藉田，聘儒生讲制度。或上书言："北有两蕃，西有二都，胜负未可知，而为太平事，难矣。"思明不悦，遂祠祀上帝。是日大风，不能郊。

上述的记载没有涉及任何有关军事方面的动向，却全部围绕一整套礼仪制度的论述展开。看来，礼仪制度已经取代了军事部署成为乾元二年夏秋之际幽蓟地区政治生活的主题。虽然新书本传没有明言史思明"欲聘儒生讲制度"的举措最后有否施行，但无疑，上述礼制的规划者即便不是儒生，但也肯定是稍娴礼制的士人，而绝不可能是军士。实际上，《安禄山事迹》中已经明言，史思明的这套礼制对于燕蓟地区的军士与普通民众而言，是懵懂无知，甚至闻所未闻的。不过上述礼制的来源其实并不难辨析，因为它们几乎都是依据或仿照唐制而来。而且其涉及面虽广，但核心却很明确，就是要延续并进一步强化安禄山称帝以来的皇帝制度。于是以史思明自称"应天皇帝"为中心，宗庙社稷、郊祀典礼、百官僚属，甚至地方建置、田赋货币，这一整套仿唐制度应运而生了。

如果我们拿史思明的这一套举措与此前的安氏父子相比，就会发现有很大的不同。史书中记载安禄山起兵前数月："慰谕兵士，磨砺戈矛，稍甚于常，识者窃怪。"②只论军事而不涉其他。在起兵前，安禄山特以蕃将三十二人取代汉将，但史料从没有安禄山欲重用儒生讲习制度的记载。安禄山自称"雄武皇帝"是天宝十五载正月南下攻克洛阳后的事情，而史思明却在南下之前就早早地登上了"应天皇帝"的宝座。所有这些，都显示了史思明与安禄山的不同。当然，在下文的分析中我们还将看到，两者的差别还不止这些。

如果说，安禄山的价值观还是浸润着东北边境独有的种族文化特质的话，那么史思明仿照唐制而建立的一整套体制就真的是有所改变了。而这

---

① 《安禄山事迹》卷下，第111页。
② 《安禄山事迹》卷中，第95页。

种改变应该不是史思明出于一厢情愿的个人喜好的结果，恰恰隐含着他的某种政治心态。在亲身参与了颠覆安氏政权的过程中，史思明应该已经看到了叛军集团的矛盾所在，并且也意识到，凭借羁縻的手段来控制蕃族与蕃将云集的叛军殊为不易。而称帝以及围绕皇权的一整套制度的建立，则可以帮助他在众多叛军同仁中脱颖而出，并确立自己叛军首脑的权威地位。如此来看的话，那么这些礼仪制度恐怕不仅不是"胜负未可知"前的"太平之事"，反而是迫切之需了。并且，将展示这些礼仪的场所由封闭的宫廷扩大到更为开放的面向燕蓟士众的环境中，其所达到的敬诚以及树立威严的效果无疑会更加显著。

我想，努力整合具有分裂倾向的叛军，并使自己获得叛军新领袖的地位，应该就是史思明在半年里稳固根本的宗旨所在。所以说，史思明在幽州当然不会没有军事部署，实际上，下文的分析将指出，史思明已经在力图改变以蕃将与蕃族部落为核心的叛军军团性格了。只是这些军事领域的措置毕竟不如上述的礼制改革那样更具耸动视听的效果，所以难以引起史家太多的注意罢了。

但遗憾的是，史思明的上述努力并没有获得成功，和安禄山一样，南下后的史思明在一年多后也死于其子之手。思明死后，史称：

> 朝义所部节度使皆安禄山旧将，与思明等夷，朝义召之，多不至，略相羁縻而已，不能得其用。①

对于史思明来说，他虽然试图通过建立皇权，以及制约蕃将与禄山旧臣来实现整合部众的目的，但是他的突然被杀，以及随后的蓟门内乱，使得以上的努力不幸付诸东流。因为除了极少数一些为安氏父子亲信的将领及随从外②，安氏父子时代的大多数将领和军队都在安庆绪京陕西败和相州之役后被史思明招抚吸纳。而且更糟糕的是，吸取安禄山失败的教训，南下前的史思明已经对河北进行了重要的军事部署。除了以其子史朝清坐镇幽

---

① 《资治通鉴》卷222"上元二年三月"条。

② 比如作为安禄山养子兼亲信的安守忠，他在至德二载年底奉安庆绪之命往范阳向史思明征兵时为后者所杀。（见《安禄山事迹》卷上，第81页；《旧唐书·史思明传》和《新唐书·史思明传》）相州之役后被史思明所杀的除安庆绪及诸弟四人外，还有深受安氏父子宠信的孙孝哲、高尚、崔乾祐等大将九人，以及随从安庆绪的三千三百人。（见《安禄山事迹》卷下，第110页）

州外，一些安禄山时代的重要将领也被派往恒、相等地。这固然是避免再次出现安禄山时代后方反覆不稳的一项保障措施，但是，当史思明死后，这一保障措施却反而成了史朝义的障碍。因为这些兼具资历和实力的禄山旧将已经没有必要再听命于前者了。而史氏集团的覆亡与河北新政治地理格局在乱后的诞生其实也将由此而来。

三、蓟门内乱

史朝义对河北控制力的丧失始于幽州。本来，在史思明死后，史朝义只是密敕在幽州的张通儒等将领杀史朝清及朝清母辛氏等不附己者数十人。但在朝清诸党被顺利剿灭后，幽州却爆发了将领火拼的事件。其时留镇幽州的高级将领——张通儒、高鞫仁、高如震、辛万年、向润客、阿史那承庆、康孝忠等纷纷陷入其中。上元二年（761）春夏之际的这次蓟门内乱，不仅导致了这些幽州将领及其部曲的逃亡殆尽，而且还因阿史那承庆等与高鞫仁的相互攻杀，引发了著名的杀胡事件：

> 承庆、孝忠出城收散卒……径诣洛阳自陈其事，城中蕃军家口尽逾城相继而去。鞫仁令城中，杀胡者皆重赏。于是羯、胡俱歼，小儿皆掷于空中，以戈承之，高鼻类胡而滥死者甚众。①

幽州的内乱最终被史朝义派遣的大将李怀仙在两个月后平定，但是，一个由史思明所安排的幽州军政体系却至此不复存在了。

受蓟门内乱影响的不仅是幽州，它也直接影响到了河北中部的形势。上文已说过，河北中部的关键地区是控扼井陉的恒州。在安禄山南下之初，他除了任命颜杲卿为常山太守外，还曾派遣大将李钦凑镇守井陉口。李钦凑是北平王李归仁之弟，而《新唐书·颜杲卿传》则又称他是安禄山的假子。《河洛春秋》还说，安禄山"留同罗及曳落河一百人"于井陉，《考异》认为，这百人就是李钦凑所直接统帅的禄山"腹心爪牙"②。继颜、李二人后出镇常山的叛军将领是安思义，他应该是在史思明等攻克常山、颜杲卿被俘后镇守这里的。不过由于李光弼的迅速西来，安思义很快就被常山团练兵所执。安思义即便不是安禄山的假子，也应该是与安禄山有拟

---

① 《资治通鉴》卷222"上元二年三月"条《考异》引《蓟门纪乱》。
② 《资治通鉴》卷217"天宝十四载十二月"条《考异》。

血亲关系的亲信。而随着他的被执，他麾下的胡兵也被常山团练兵所杀。安禄山叛乱后的第三任常山守将是张忠志，他是在朔方军撤出河北，史思明再次攻陷常山后被安庆绪任命为常山太守、出镇井陉的。① 张忠志是安禄山的假子，他在叛乱之初是安禄山的前锋。② 因此总的来看，在安氏父子时代，出守井陉的将领及部众基本都是安氏的亲信。换言之，泛泛之辈是不会被授予常山军政大权的。

安庆绪在弑父后任命张忠志为常山太守，不知是否有遏制史思明的意图。但史思明却确实对张忠志心怀芥蒂。《资治通鉴》称在至德二载十二月史思明投降唐廷后，立即召张忠志还范阳，以其将薛萼摄恒州刺史，开井陉路。③ 不过这段记载与两唐书的《李宝臣传》及《李宝臣纪功碑》的记载有很大的不同，两唐书都认为，张忠志（即李宝臣）是在九节度围攻相州时，也就是在乾元元年秋冬之际投降唐廷，并继续被肃宗任命为恒州刺史的。《李宝臣纪功碑》在认同张忠志被肃宗任命为恒州刺史的同时，还记载称：

> 惟三年（即乾元二年）二月，上（指肃宗）以思明作藩于蓟，临长于恒。夏四月，思明笃叙不供，贼镇威众。俾公（指张忠志）如蓟，将贼公也。公执忠起信，罔得加害。殆六月，恒□□复公□□。④

上述记载均没有提及以薛代张一事，而从纪功碑的记载推测，张忠志在相州之役时应该还在恒州刺史任上。他是在史思明杀安庆绪后，亦即史思明由相州返回幽州时，被一并调离恒州、召还幽州的。碑中所谓"将贼公也。公执忠起信，罔得加害"云云，也许是确有其事，但也许只是此后再次投降唐朝的张忠志为划清与史思明的界限所作的一种托词。而从碑文记载看，张忠志也确实在两个月之后又重新被史思明任命为恒州刺史，并获

---

① 《资治通鉴》卷219"至德二载二月"条。参看张建宁：《从〈李宝臣纪功碑〉看成德军的早期发育》，《隋唐对河北地区的经营与双方的互动》，北京，中央民族大学出版社，2008年，第254～255页。
② 《资治通鉴》卷217"天宝十四载十一月、十二月"条。
③ 《资治通鉴》卷220"至德二载十二月"条。
④ 《全唐文》卷440王佑《成德军节度使开府仪同三司检校尚书右仆射兼御史大夫恒州刺史充管内度支营田使清河郡王李公纪功载政颂并序》（以下简称《李宝臣纪功碑》）。参看张建宁：《从〈李宝臣纪功碑〉看成德军的早期发育》，第257页。

得了统兵三万驻守恒州的权力。①

张忠志可能确是一个透迤功夫了得的人物，以至于身为安氏亲信的他可以在不久后又复被史思明委以恒州刺史的大任。但正如有学者所指出的，史思明并没有将恒州的军政大权如此轻易地就交付给前者。纪功碑称，史思明在上元元年（760）十一月的时候，派遣心腹大将辛万宝镇守土门，此举就是为了要在前者南下后对恒州的张忠志实施监督。②

吴光华先生曾有过这样一个看法，即和安禄山麾下许多蕃族将领拥有自己的部属不同，史思明却原本只是一寒素胡人，"（其）既无宗族又无党援，故与当地汉人势力结合，娶大豪辛氏之女。③ 观其遣辛万宝领恒州以制张忠志。以辛万年辅史朝清，均以妻族为其腹心。立辛氏为后，以朝清为皇太子，虽有感情成分④，但亦为客观形势使然。朝清之族实乃汉人势力之代表。故朝义弑父称王之后，即遣张通儒返幽州（笔者按：张通儒本就留守幽州）⑤诛朝清及其母辛氏，并不附己者数十人。及事成之后，通儒又嘱鞠仁、如震诛辛万年。此事件乃为从政治之事而转变成胡汉之争的关键，因鞠仁、如震，与辛万年同为汉人集团之代表，张通儒乃代表朝义集团，故不从通儒而立斩之。此事件自如震被杀而扩大，因此壁垒分明，即康孝忠与阿史那承庆为中心的蕃羯集团，与以鞠仁为中心的汉人集团对立，结果蕃羯大败，高鼻类胡而滥死者甚众"⑥。

吴氏认为辛万年、辛万宝是思明的妻族，并且是幽蓟当地的汉人豪强，这一推测应该有一定道理。《蓟门纪乱》中说："思明骁将辛万年特有

---

① 《旧唐书》卷142《李宝臣传》。
② 参见张建宁：《从〈李宝臣纪功碑〉看成德军的早期发育》，第258～260页。
③ 《新唐书》卷225上《逆臣上·史思明传》："思明少贱，乡里易之。大豪辛氏有女，方求婿，窥思明，告其亲曰：'必嫁我思明。'宗属不可，女固以归。思明亦负曰：'自我得妇，官不休，生男子多，殆且贵乎！'"
④ 《资治通鉴》卷222"上元二年三月"条《考异》引《河洛春秋》："思明混诸嫡庶，以少者为尊，唯爱所钟，即为继嗣，欲杀朝义，追朝清为伪太子。左右泄之，父子之隙自此始构。"
⑤ 《新唐书》卷225上《逆臣上·史思明传》："（思明）留子朝清守幽州，使阿史那玉（即阿史那承庆）、向贡（即向润客）、张通儒、高如震、高久仁（即高鞠仁）、王东武等辅之。"
⑥ 吴光华：《唐代幽州地域主义的形成》，淡江大学中文系主编：《晚唐的社会与文化》，台北，台湾学生书局，1990年，第233页。

宠于朝兴（清），又与鞠仁、如震等友善，为兄弟。"① 按高鞠仁所统为汉族的"城旁少年"没有问题，而高氏又是唐末五代燕蓟地区著名的汉人大族②，所以辛万年与鞠仁、如震约为兄弟可能与他们都是幽蓟一带的汉人豪强有关。而从《蓟门纪乱》的记载看，鞠仁、如震所担任的又正是"朝清衙将"③ 这一朝清心腹之职。并且，与辛万年、辛万宝一样，我们在安氏时代并没有看到有关他们的事迹记载。换言之，这一汉人集团应该是伴随着史思明的崛起才登上叛军集团核心位置的。

我在上文中曾说过，史思明与安禄山的不同之处就在于，他刻意利用唐朝的礼仪制度作为确立自己威信的手段。那么这种对唐朝制度的大规模采用，是否与他身边的这一汉人集团有关呢？虽然安、史两人都是以武将起家的粟特胡人④，但与安禄山明显的粟特种族特征相比，史思明的身上却显现出一定的汉化倾向。比如与安禄山娶同为粟特出身的康氏不一样，史思明则并没有与粟特人联姻。与安禄山利用祆教"光明之神"的身份号召胡众也不同⑤，史思明则似乎更对佛教情有独钟。⑥ 虽然《安禄山事迹》称，安、史两人都是"不识文字"⑦ 的武夫，但其中却载史思明攻陷洛阳后"忽然好吟诗，每就一章，必驿宣示"⑧。同时我们还知道，安禄山曾养

---

① 《资治通鉴》卷222"上元二年三月"条《考异》。

② 比如高崇文、高霞寓、高思继兄弟等都是如此。当然，也不能否认有高句丽高氏附会渤海高氏之嫌。(见杨晓燕：《唐代平卢军与环渤海地域》，《盛唐时代与东北亚政局》，第182页)

③ 《资治通鉴》卷222"上元二年三月"条《考异》。

④ 有关史思明的种族问题，可参见荣新江：《安禄山的种族与宗教信仰》，《中古中国与外来文明》，第229页。

⑤ 有关安禄山的宗教信仰及其凝聚力，参见荣新江：《安禄山的种族与宗教信仰》，《中古中国与外来文明》，第233~236页。

⑥ 《全唐文》卷363收录有史思明至德二载底投降唐廷后，由其掌书记张不矜所作的《范阳郡悯忠寺御史大夫史思明奉为大唐光天大圣文武孝感皇帝敬无垢净光宝塔颂》《唐悯忠寺无垢净光塔铭》二文。此二文当是史思明至德二载于悯忠寺内建塔时所作。载有前文的唐碑现仍存于北京法源寺内。碑文是当时书法名家苏灵芝的手笔。《安禄山事迹》卷下亦载："(乾元二年)九月，(史思明)又收大梁，陷我洛阳，东洛佛事皆送幽州，以旧宅为龙兴寺，而崇饰之。"(第111页)

⑦ 《安禄山事迹》卷中，第91页；卷下，第111页。

⑧ 《安禄山事迹》卷下，第111页。

有大批的假子，其以"父子军"① 的名义率领幽蓟之众反叛。在安庆绪谋杀安禄山后，前者为拉拢史思明亦有赐其安姓、改名荣国的举措。② 但在史思明这边，我们却从未看到他有豢养假子或赐姓大臣的行为。因此我想，史思明的汉化特质也许与其身边的汉人集团有关。他或许是受他们的影响，并在汉人的鼓动下推行各种礼仪制度或形成了某些文化倾向。当然，也可能是为笼络身边的汉人而采取了这些措施。

不过在当时的幽州，虽然作为史氏亲信的汉将把持着一些关键的军事职位，但蕃将与禄山旧臣，比如左散骑常侍张通儒、户部尚书康孝忠、侍中向润客、中书令阿史那承庆等的势力也不容小觑。③ 其实，正是基于他们的这种地位，在朝清死后，张通儒、向润客、阿史那承庆先后被幽蓟或洛阳方面任命为范阳留守。但从《蓟门纪乱》的描述看，这些因为禄山旧臣而享有极高官品的将领，实际上并无实质的军事执掌权。或者说，他们中的大多数人其实早被史思明解除了兵权。④ 所以，阿史那承庆和康孝忠此后因与两高反目而利用的军队其实已不是他们原先的部众，而是凭借他们在叛军中的资历，尤其是蕃族的身份召集来的汉军与诸蕃部落的联军。而据《河洛春秋》的描述，阿史那承庆的军队虽然有三万之多，但其中的万余汉军很快就被高鞫仁招降了。⑤ 至于其时所统领的诸蕃部落，也已经敌不过鞫仁"骁勇劲捷，驰射如飞"⑥ 的"城旁"汉军了。而高鞫仁之所以要在此后对幽州的胡人大开杀戒，其实也是意识到了阿史那承庆在蕃族

---

① 《安禄山事迹》卷中，第94页。

② 《安禄山事迹》卷下，第110页。

③ 参见《资治通鉴》卷222"上元二年三月"条《考异》引《蓟门纪乱》。《蓟门纪乱》载张通儒职为"左散骑常侍"，但后又称张通儒为"张尚书"，因此关于其在史思明集团中所担任的职务尚不好确定。

④ 比如阿史那承庆。阿史那承庆是安禄山时代最重要也是最为禄山亲信的将领之一。当安庆绪困守相州时，他就是派承庆和安守忠一起去幽州向史思明征兵的。此后史思明斩杀了安守忠，但对于承庆，只是拘留而已，并"别遣人收其甲兵，诸郡兵皆给粮纵遣之，愿留者厚赐，分隶诸营"（《资治通鉴》卷220"至德二载十二月"条、《旧唐书·史思明传》、《新唐书·史思明传》）。史思明之所以没有杀承庆，并且在称帝后授予承庆中书令这样的高官，应该是考虑到阿史那承庆在叛军中的极高地位及在蕃族中的重要影响的。

⑤ 《资治通鉴》卷222"上元二年三月"条《考异》。

⑥ 《资治通鉴》卷222"上元二年三月"条《考异》引《蓟门纪乱》。

中的地位和号召力实在太强。

现在我们要来谈谈恒州的辛万宝了。我们知道，史朝义弑史思明事在上元二年三月。据《李宝臣纪功碑》和学者的相关考证，张忠志于当年四月杀辛万宝于井陉。① 而四月又正是上述蓟门内乱发生的时间。因此，张忠志杀辛万宝是配合着蓟门内乱进行的一起事件。但是，这起事件并不是由史朝义指示施行的。当与辛万年关系甚好的高鞠仁、高如震因不满张通儒意杀前者的决定，反诛张氏后，史称其"函通儒等首，使万年送洛阳，诬其（指张通儒）欲以蓟城归顺（唐廷）"②。这样看来，若辛万年真是彻底维护朝清的党羽，他断不敢携通儒之首赴洛，而在到达洛阳后，史料也没有记载史朝义对其仍行诛杀之举。因此张忠志在恒州诛杀或为万年兄弟的万宝，更可能应该是张氏本人而非史朝义的意愿。对于拥兵三万的张忠志而言，仅仅是驻扎在土门的辛万宝是不会对他构成太大威胁的。其实张忠志真正担心的不是辛万宝，而是辛氏所代表的幽州集团。假若幽州的局势稳定，那么以史朝清为首的幽州就拥有足够的军事力量来制约恒州的张忠志。但是，当史朝清被杀，朝清集团瓦解，幽州的安、史大将因互相火拼而实力殆尽时，情况就完全不同了。所以说，由朝义、朝清兄弟互争而导致的幽州内乱，最大的受益者既不是接手了元气大伤的幽州的李怀仙，也不是斗争的胜利者洛阳方面的史朝义，而是恒州的张忠志。蓟门内乱使得张忠志可以在完全不被史朝义抓到把柄的前提下除去被其视为眼中钉的辛万宝。因为不管如何，他都可以向朝义解释，他为后者解决了一个朝清的党羽。同时，凭借辛万宝的被杀与幽州的大乱，制约恒州发展的最大阻力已经不复存在。对于张忠志来说，他总算可以摆脱史思明施加于其身上的桎梏了。至于史朝义，蓟门内乱后，后院的不稳与实力大损已是不争的事实，除非其与唐廷在前线的较量有大的斩获，否则尚难改变其对河北后方"略相羁縻"的尴尬处境。

但不幸的是，宝应元年（762）冬，原为史朝义所诱力图趁唐室丧主打劫后者的回纥转而支持唐廷，唐回联军再次对叛军实施反击。十月，唐军攻克东都、河阳，叛军陈留节度使张献诚以汴州降唐。十一月，唐军败史朝义及其睢阳节度使田承嗣于魏州，叛军邺郡节度使薛嵩以相、卫、

---

① 张建宁：《从〈李宝臣纪功碑〉看成德军的早期发育》，第 258～259 页。
② 《资治通鉴》卷 222 "上元二年三月"条《考异》引《蓟门纪乱》。

洺、邢四州，恒阳节度使张忠志以恒、赵、深、定、易五州降唐。广德元年（763）正月，为史朝义留守莫州的田承嗣降唐，并送朝义母、妻、子于官军。当月，叛军范阳节度使李怀仙降唐，于幽州乞援不得的史朝义率胡骑数百欲北投奚、契丹，最终为怀仙追兵所迫自缢于平州石城县温泉栅林中。

虽然回纥兵的支援再次成为扭转朝叛战局的决定性力量，而唐军此次也没有放弃一鼓作气长驱河北的机会，这些无疑都是促成史朝义迅速失败的关键因素，但是和四年前的安庆绪一样，史朝义其实也是死于他的河北将领之手。一个始终不稳定的后方，让安、史两人到最后连退守的后路都没有。而那些投降唐廷的安史降将，却在唐廷"厌苦兵革，敬冀无事"①的心态下，于叛乱结束伊始即被授予河朔方面大任。广德元年，一个以张忠志为成德军节度，领恒、赵、深、定、易、冀六州；薛嵩为相卫节度，领相、卫、邢、洺、贝五州；田承嗣为魏、博、德、沧、瀛五州都防御使；李怀仙仍故地为幽州、卢龙节度使的四节度分镇河北的局面正式形成了。②（见图 26）

河朔藩镇的诞生，标志着持续八年的安史之乱的结束，也宣告了一个统一的河北时代的终结。当然，它同样标志着一个唐后期最为活跃的藩镇集团至此将登上唐代的政治舞台，并且注定将吸引后代研究藩镇问题的学者最为集中的目光。不过，当我们以崭新的眼光来打量这些初生的河朔藩镇时，我们不应忘记，正如这些初代的河朔节帅都是安史旧臣一样，新型的河朔藩镇在本质上其实也仍是安史集团的后身。换言之，虽然他们是安

---

① 《资治通鉴》卷 222"广德元年闰正月"条。
② 《资治通鉴》卷 222"宝应元年十一月"条："丁酉，以张忠志为成德军节度使，统恒、赵、深、定、易五州。"《新唐书》卷 66《方镇表三·成德》广德元年："成德节度增领冀州。"《资治通鉴》卷 222"广德元年闰正月"条："癸亥，以史朝义降将薛嵩为相、卫、邢、洺、贝、磁六州节度使，田承嗣为魏、博、德、沧、瀛五州都防御使，李怀仙仍故地为幽州、卢龙节度使。"《旧唐书》卷 11《代宗纪》作"闰正月戊申"，略有不同。按《旧唐书·地理志》和《新唐书·地理志》等载，磁州置于永泰元年（765），故薛嵩其时所领当无磁州。另，《资治通鉴》卷 222"广德元年五月"条又载："丁卯，制分河北诸州：以幽、莫、妫、檀、平、蓟为幽州管；恒、定、赵、深、易为成德军管；相、贝、邢、洺为相州管；魏、博、德为魏州管；沧、棣、冀、瀛为青淄管；怀、卫、河阳为泽潞管。"此事不见于《旧唐书》卷 11《代宗纪》，疑此次制分河北诸州的措施或在闰正月条所载的措施之前，故不取。

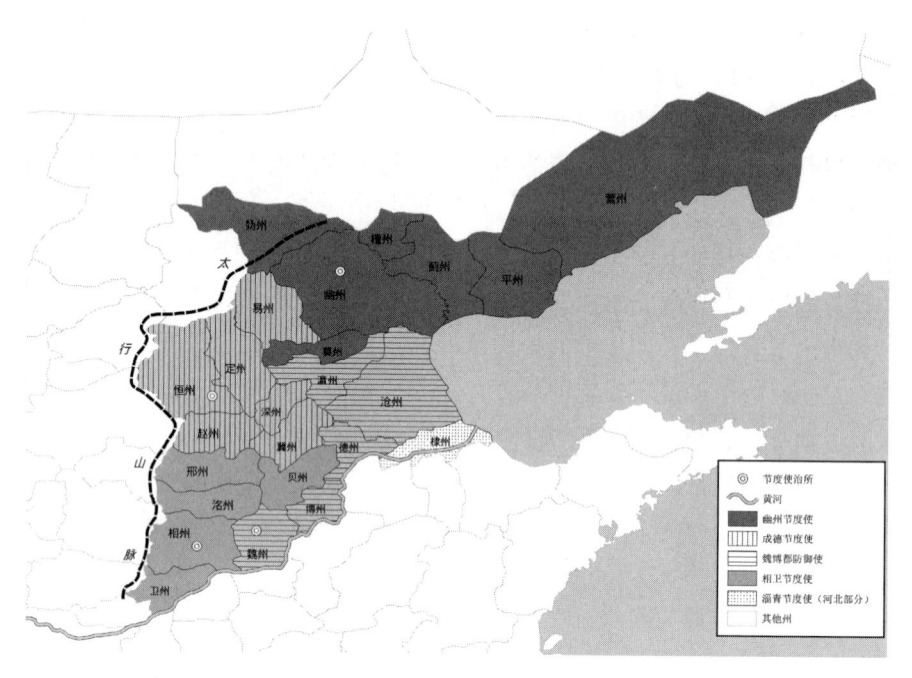

图 26　广德元年初设的河北四镇

史叛乱真正的受益者,但也同样是叛军内部矛盾的接手者。安禄山、史思明留给他们的问题一点也不少,并且正是在处理这些危机的过程中,他们奠定了未来河朔藩镇性格的基调。因此从这个意义上讲,本章前两节的论述既可说是对八年安史之乱时期的河北所作的一项研究,也未尝不可视为一项有关河朔藩镇形成史的研究。

第三节　河朔三镇性格的差异

代宗初年创设的河北四镇格局,经大历十年(775)魏博吞并相卫一役被改变,演变成由成德、魏博、幽州三镇分占河北的格局。尽管德宗以后,河北又诞生了义武、横海两镇,但始终占据河北主导地位的还是以上三镇。并且不待北宋①,就在唐代中晚期,三镇已被时人视为一个相似的

---

① 如宋人王谠就言:"至代宗广德元年,以田承嗣为魏博节度,李怀仙为卢龙节度,李宝臣为成德节度,是谓河北三镇。"(《唐语林校证》卷 8《补遗》,第 695 页)

整体，甚至直以"河朔"指代三镇，而义武、横海却不在此列①，这就是唐史上负有盛名的"河朔三镇"。基于三镇相似的长期割据状态，很长时间内，学者认为三镇在性格上（诸如军政构造、种族文化、对唐态度等方面）也具有一致性，甚至试图从中寻绎出其长期割据的根源。尽管有关河朔的性格，学者的讨论也存在争议，但多半仍是在一个河朔"一体化"的范式下来讨论这些问题。②虽然这种对河朔共性的探讨具有很大的价值，比如它有助于我们比较河朔与帝国其他地区藩镇的区别，深化从唐藩关系等角度来理解不同类型藩镇的认识，但是，它也在无形中忽略了河朔内部的巨大差异以及三镇独有的个性③，甚至也会因过分强调河朔的独特性而忽略其与帝国其他藩镇在很多特质上所具有的共通特点。

打破这种认识范式的是几位日本学者的研究。堀敏一先生在1958年发表《魏博天雄军的历史》一文，首开研究河朔藩镇个案的先河。④不过堀氏似有意将对魏博一镇军事构造的研究推衍至帝国的其他藩镇中，这从其在次年将其对魏博权力构造的研究纳入其重要的学术论文《藩镇亲卫军的权力结构》中就可看得很明显。⑤因此，真正开始注意到河朔三镇差异并对此进行细致分析的，是同年（1959）松井秀一先生发表的《卢龙藩镇考》一文。此文虽着重探讨河北北部的卢龙（幽州）镇，却已有意引发人们对卢龙与河北南部成德、魏博二镇在政治、军事、经济、文化等方面差异的思考。⑥继承松井先生这一思路，并真正以比较研究的方式讨论河朔藩镇问题的，是1995年渡边孝先生发表的《魏博与成德》一文。顾名思义，这篇论文就是旨在比较河北南部的魏博与成德两镇。当然，论述的重

---

① 参见下文涉及义武、横海的相关论述。
② 最明显的就是有关河北"胡化"问题的争论，相关讨论可参见［日］森部丰：《唐前半期河北地域における非汉族の分布と安史军渊源の一形态》，《唐代史研究》第5号，2002年，第22~23页。
③ 参看［日］渡边孝：《魏博と成德——河朔藩镇の权力构造についての再检讨》，《东洋史研究》54：2，1995，第96~97页。
④ ［日］堀敏一：《魏博天雄军的历史》，原载《历史教育》6：6，1958，后收入《中国古代史的视点——私の中国史学（一）》，东京，汲古书院，1994年。
⑤ ［日］堀敏一：《藩镇亲卫军的权力结构》，原载《东洋文化研究所纪要》20，1959，中译文收入刘俊文主编《日本学者研究中国史论著选译》第四卷《六朝隋唐》，北京，中华书局，1992年。
⑥ ［日］松井秀一：《卢龙藩镇考》，《史学杂志》68：12，1959。

点更侧重于之前不太为学者注意的成德一边。①

本文的研究将在继承上述三位日本学者研究理路的基础上进一步展开。② 一方面，我将深化对三镇性格差异的分析，并力图阐明这种差异的意义何在。这一探讨同时也将引导我们提出一个有别于传统的关于唐代藩镇类型的划分模式。③ 另一方面，我的研究也将指出，三镇的差异并非在其创立之初就已奠定，实际上直到元和时代，它们的性格还颇为相似。因此，探寻何以这三个同出于安史集团的藩镇，会随着时间的发展愈益呈现出不同的性格面貌，就将是我们论述的另一个重点。而在我看来，这种差异的形成，其实也正是三镇在安史之乱后处理各自内部危机的一种体现。不过，尽管三镇面对的危机不同，处理危机的手段也不同，但最终，却都还是走上了殊途同归的道路。

一、成德：诸将的传统

和较早就被学者关注的魏博、幽州两镇不同，位于河北中部的成德镇在很长时间里是河朔三镇中最不为人注意的一镇。成德的不被注意，可以归结为以下几个原因：第一，相较于魏、燕二镇，成德的军政实力偏弱，在大多数时间里它只辖有恒（镇）、赵、深、冀四州。④ 第二，成德对待唐廷的态度较魏、燕二镇恭顺⑤，它几乎从未主动挑起与唐廷的冲突。第三，

---

① ［日］渡边孝：《魏博と成德——河朔藩镇の权力构造についての再检讨》，《东洋史研究》54：2，1995。有关魏博镇，此前中日两国学者都已进行了比较深刻的讨论，除了上述堀敏一的研究外，国内方面则有韩国磐：《关于魏博镇影响唐末五代政权递嬗的社会经济分析》，《隋唐五代史论集》，北京，生活·读书·新知三联书店，1979年；李树桐：《论唐代的魏博镇》，《中国史新论——傅乐成教授纪念论文集》，台北，学生书局，1985年；方积六：《唐及五代的魏博镇》，《魏晋南北朝隋唐史资料》11，武汉，武汉大学出版社，1991年；毛汉光：《魏博二百年史论》，《中国中古政治史论》，上海，上海书店出版社，2002年。

② 与日本学者多擅长从藩镇权力构造的角度来研究河朔藩镇的取径不同，国内学者则多继承陈寅恪先生的研究思路，主要从种族文化的角度来考察河朔藩镇。不过，这两种研究取径也并非全然独立、不可交叉衔接。

③ 关于唐代藩镇类型的传统划分模式，可参见本书绪论部分的讨论。

④ 《新唐书》卷210《藩镇魏博》："成德更二姓，传五世，至王承元入朝明年，王廷（庭）凑反，传六世，有州四。"恒州，元和十五年（820）避穆宗名更名为镇州，见《新唐书》卷39《地理志三》。

⑤ 参见两唐书的《李宝臣传》《王士真传》，参看［日］渡边孝：《魏博と成德——河朔藩镇の权力构造についての再检讨》，《东洋史研究》54：2，1995，第113页。

成德是河朔三镇中最稳定的一镇，其内部变乱少，节帅交替也较为平易。①因此，在跋扈不宁的河朔三镇中，性格略显温和保守的成德镇显然无法像魏博、幽州那样，提供给学者更多可资讨论其跋扈不宁的事例。

不过，只要我们稍微浏览一下有关成德早期的历史记载，我们不难发现，其实成德原本并不是河朔三镇中最弱的一镇。恰恰相反，在成德建立之初，也就是初代节帅李宝臣的时代（762—783），无论政治地位、军事实力，还是经济力量，成德在两河的安史降将藩镇中都是最为突出和令人瞩目的。成立于宝应元年底的成德是最早被唐朝设置的河朔藩镇。首任节度使张忠志在投降之初即被代宗赐姓李氏，改名宝臣，显示了其在河朔藩镇中最为唐廷信任的政治地位。广德元年，初设的成德一镇领有恒、赵、深、定、易、冀六州，麾下已有"战卒五万人、马五千匹"②。大历十年，又趁田承嗣之乱，增领魏博之沧州。③（见图27）至建中二年（783）初李宝臣卒时，其已坐镇恒州长达二十五年。史称其时成德拥七州之地，"财用丰衍"④，"当时勇冠河朔诸帅"⑤。

成德的矛盾性格促使我们思考下述几个问题：第一，为什么成德是建立之初的河朔藩镇中实力最强者？第二，这个实力最强的成德为什么会在此后丧失其"雄冠山东"的地位？第三，为什么相较于魏博和幽州，实力较弱的成德镇反而能保持最为稳定和持续的割据局面？而这与它对唐廷的恭顺又有怎样的关系？正如渡边孝先生的研究所展示的，这些问题的答案都需要我们从成德镇的权力构造中去寻找。

（一）蕃将、旧臣与马军

渡边孝先生已利用传世文献及《李宝臣纪功碑》碑阴题记等石刻资料指出，李宝臣时代的成德军汇集了大批的安史旧将与蕃族。⑥而从荣新江先生对安史乱后河朔三镇的粟特胡人研究中来看，相较于魏博等镇，成德

---

① 参见《唐方镇年表》卷4《成德》，第576～598页；姜密：《唐代成德镇的割据特点》，《河北师范大学学报》，2000年第3期，第104～105页。
② 《韩昌黎文集校注》卷7《凤翔陇州节度使李公墓志铭》，第462页。
③ 《新唐书》卷66《方镇表三·成德》大历十年："成德节度增领沧州。"
④ 《新唐书》卷211《藩镇镇冀·李宝臣传》。
⑤ 《旧唐书》卷142《李宝臣传》。
⑥ 参见［日］渡边孝：《魏博と成德——河朔藩镇の权力构造についての再检讨》，《东洋史研究》54：2，1995，第109～111页。

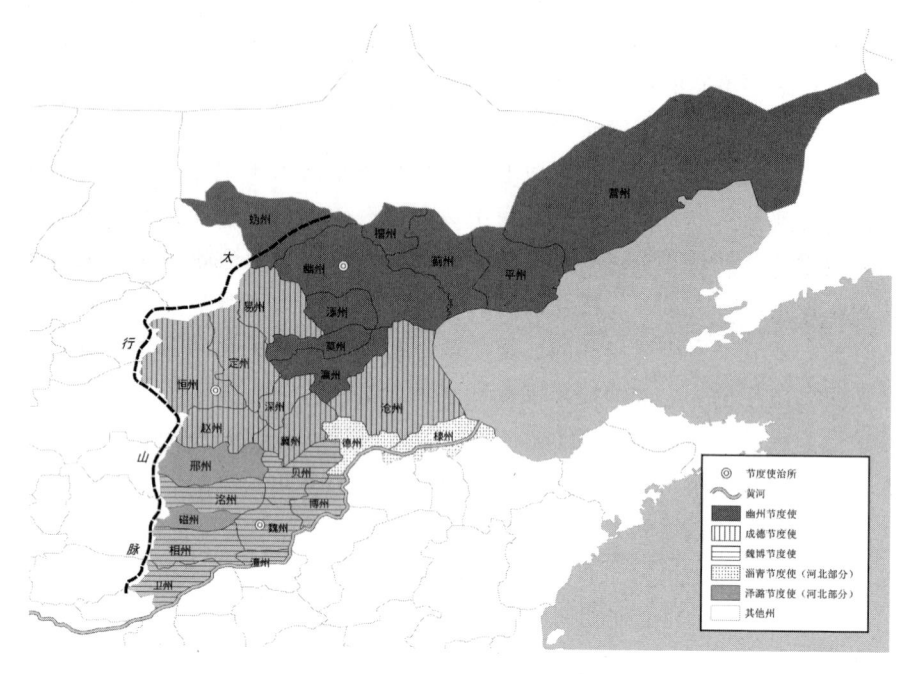

图 27　大历十一年的河北三镇

（此图以《中国历史地图集》第五册《隋·唐·五代十国时期》"开元二十九年政区图"为底图改绘。）

可能是安史乱后初设的河朔诸镇中拥有最多安史旧将与蕃族将领的地区。① 此外，在这些成德的安史旧将中，我们还发现其中不少人的身份、地位相当之高。比如在李宝臣时代始终担任成德属州深州刺史的李献诚，是在玄宗时代就被封为归义王的安禄山之婿，此人也正是开元二十年率部落归附唐朝的奚族酋长李诗之子。在永泰二年（766）的《李宝臣纪功碑》碑阴题记中，李献诚已享有"渔阳郡王"的爵位。② 在李宝臣时代初期担任定

---

① 就荣新江先生《安史之乱后粟特胡人的动向》一文所收集的魏博、成德、幽州三镇的粟特将领资料来看，幽州基本上没有有关胡人将领的资料。在魏博、成德两镇中，魏博的胡将信息并未显示他们曾在安史之乱中有何表现，实际上，这些资料中的将领多半是9世纪后，也就是宪宗时代以后活跃于魏博军中的。但与魏博的情况正相反，有关成德的胡将资料不仅集中在宪宗时代以前，而且部分将领的墓志明确记载了他们曾是安史之乱时的叛军将领。（《暨南史学》第二辑，2003年，第112～115页）

② 参见张建宁：《从〈李宝臣纪功碑〉看成德军的早期发育》一文中有关李献诚的考订，第318页；及董坤玉：《有关〈唐归义王李府君夫人清河张氏墓志〉的几点考证——李献诚其人及生卒事迹考》，《黑龙江史志》2014年第11期，第29页。

州刺史，后从此职位上隐退的宝臣妻舅谷从政可能也是蕃族。其父谷崇义，天宝末为幽州大将，从政本人后被封为"清江郡王"。①而在李宝臣死前被任命为定州刺史的范阳人杨政义，其曾祖曾为唐顺化郡王，祖父为托东王。②当然，在这些成德将领中，最著名的就是安史叛乱时期的叛军先锋，后以溃北将领身份投靠李宝臣，并在宝臣时代后期被任命为成德属下的易州刺史，后被封为"范阳郡王"③，同时又与宝臣结为连襟关系的奚族首领张孝忠。④

学者在对《李宝臣纪功碑》碑阴题记的研究中还发现，在位于会府恒州的成德军军团构成中，左右厢马军的将领人数要明显高于步军将领。⑤渡边孝先生并举传世文献指出，在李宝臣时代，成德确是拥有相当数量且精锐的骑兵部队。这一点在大历十年成德与魏博、幽州的交锋中体现得最为明显：

> （六月，田）承嗣自将围冀州，宝臣使高阳军使张孝忠将精骑四千御之，宝臣大军继至；承嗣烧辎重而遁……（十月，承嗣欲恒、燕交兵）令客说之（指李宝臣）曰："……公以精骑前驱，承嗣以步卒继之，蔑不克（幽州）矣。"……（时幽州朱）滔军于瓦桥（位于莫州），宝臣选精骑二千，通夜驰三百里袭之……宝臣既与朱滔有隙，以张孝忠为易州刺史，使将精骑七千以备之。⑥

作为成德的邻镇，魏博节帅田承嗣对成德与本镇军种差异的认识当是比较客观的。成德之所以拥有如此数量的精锐骑兵，如渡边孝所指出的，与当镇存在的大量蕃将有直接关系。因此，他总结成德初期的军事构造是，以

---

① 参见张建宁《从〈李宝臣纪功碑〉看成德军的早期发育》一文中有关谷从政的考订，第319页。
② 《全唐文补遗》第三辑于损《唐故奉天定难功臣骠骑大将军行右领军卫大将军兼御史大夫归义郡王赠代州都督杨公（万荣）墓志铭并序》，第126～127页。
③ 《新唐书》卷148《张孝忠传》作"封符阳郡王"，略有不同。
④ 有关张孝忠及其与李宝臣关系的研究，可参见张正田：《唐代成德军节度使之变动——安史乱后初期（781—789）河北中部军政形势研究》，《台湾政治大学历史学报》，第22期，2004年，第130～132页；张建宁：《从〈李宝臣纪功碑〉看成德军的早期发育》，第313～317页。
⑤ 张建宁：《从〈李宝臣纪功碑〉看成德军的早期发育》，第307页。
⑥ 《资治通鉴》卷225"大历十年六月、十月"条。

塞外民族出身的军将所率领的马军构成了成德军事力量的中核。而这也正是成德节度使李宝臣在"当时勇冠河朔诸帅"的原因所在。① 这样的骑兵部队，配上张孝忠这样惯能率兵作战，以勇猛闻于燕、赵间的安史旧将，故而连老谋深算的田承嗣以及实力颇强的朱滔都不得不对成德畏惧几分。

成德何以会在安史之乱结束初期就拥有如此精锐的骑兵部队？又何以相较魏博、幽州聚集着更为众多的蕃族将领与安史旧部？就地理环境而言，成德所处的燕南地区是河北平原地带，无论是安史乱前还是叛乱初期，这一地区并不以盛产马军著称，而马军的培养又恰恰是需要时间的。

在乱后新建的河北四镇中，作为安史旧巢、蕃族聚居的幽州，由于在叛乱结束前刚发生过严重的杀胡事件，因此对于胡族将领来说，幽州恐怕暂时难以再成为其安全的家园，这也正是我们在史料中难见有关幽州胡人将领记载的原因。② 而相卫与魏博两镇所处的河北南部地区，又正是安史叛乱期间朝叛交锋的主战场。尤其是田承嗣的魏博，更是投降唐廷后始被安置的新区。差强人意的环境恐怕也难对众多将领具有吸引力。但李宝臣的成德所在的河北中部则不同，除了在叛乱初期的安禄山时代外，这一地区在此后基本没有受到战争太大的影响。此外，李宝臣在安史之乱结束前，已经担任了六年的恒州刺史。不仅史思明曾为其驻守恒州配备了大量的兵力，宝臣本人也有相当宽裕的时间发展其经济和军事力量。因此一方面，李宝臣在安史之乱结束前，业已形成了颇具规模的军事集团，其麾下已经拥有像王武俊这样优秀的骑兵将领。③ 另一方面，成德优越而稳定的政治经济环境也是宝臣得以吸纳安史旧将投奔其麾下的绝佳资本。④ 除此之外，我还想补充一个渡边孝先生没有涉及的原因，那就是李宝臣个人的身份。李宝臣是奚族首领，其乡里是蕃族聚居的范阳，同时，他还曾是安

---

① ［日］渡边孝：《魏博と成德——河朔藩镇の权力构造についての再检讨》，《东洋史研究》54：2，1995，第111页。

② 荣新江：《安史之乱后粟特胡人的动向》，《暨南史学》第二辑，2003年，第115页。

③ 据《资治通鉴》卷231"兴元元年五月"条载，朱滔的幕僚马寔此后就曾对朱滔言："武俊善野战，不可当其锋。"事实上，"四镇之乱"期间，李怀光统帅的朔方、神策军，以及此后援助朱滔的回纥军队都曾先后败于王武俊的骑兵。

④ 参见［日］渡边孝：《魏博と成德——河朔藩镇の权力构造についての再检讨》，《东洋史研究》54：2，1995，第108~109页。

禄山的假子、亲信与前锋。① 因此，相较于其他河朔藩帅，李宝臣的这种身份对于此前受蓟门内乱冲击的幽州胡人，以及其时正面临着受唐廷排胡情绪压抑、努力在招纳安史旧部的河朔藩镇中寻找新的生存之地的蕃族以及安史旧将来说，或许更具有吸引力。② 而诸如李献诚、张孝忠这样地位甚高的安史旧臣能投靠到李宝臣麾下，对于其他安史将领而言，是具有相当重要的示范作用的。而这些蕃将与安史旧臣带给成德的，不仅是他们本人，更有他们所带领的部众。尽管经过八年的安史之乱，河北蕃族的力量大为削弱，原先的蕃部组织也基本被打散③，但蕃族特长的骑兵部队却仍应在这些将领的部众中占据很高比例。他们与李宝臣业已培植多年的部众一起，共同造就了成德在叛乱结束之初最令人生畏的骑兵力量。

（二）成德的动乱与将领

不过正如渡边孝所指出的，安史叛军中为数不少的高级军将聚集在成德军中，是对成德藩帅地位潜在的一个重大威胁。这就是为什么李宝臣在晚年，以其子李惟岳暗懦，诸将不服，即杀大将辛忠义、卢俶、许崇俊、深州刺史李献诚、定州刺史张南容、赵州刺史张彭老④，并拟杀易州刺史张孝忠不遂⑤，疑忌谷从政而迫使后者闭门谢客⑥的原因所在。⑦

相当不巧的是，惟岳继任成德节帅时，正值对藩镇态度强硬的帝国新君主德宗即位，于是因不许李惟岳的袭位要求，唐廷与两河藩镇再起战事，这就是德宗初年著名的"四镇之乱"。史称在李惟岳与唐廷对峙之初，其属下领有精骑的易州刺史张孝忠就已降唐。随后，深为宝臣父子信任的

---

① 参见《旧唐书·李宝臣传》、《新唐书·李宝臣传》、《资治通鉴》卷225"大历十年十月"条。
② 有关安史之乱后唐朝出现排斥胡人的情绪，以及在河朔藩帅招纳安史旧部的举措下粟特人纷纷向河朔三镇转移，寻求新的生存之地的论述，参见荣新江：《安史之乱后粟特胡人的动向》，《暨南史学》第二辑，2003年，第102~104、111~115页。
③ 《旧唐书》卷39《地理志二》称河北羁縻州："皆东北蕃降胡散诸处幽州、营州界内，以州名羁縻之，无所役属。安禄山之乱，一切驱之为寇，遂扰中原。至德之后，入据河朔，其部落之名无存者。"
④ 《旧唐书·李宝臣传》《新唐书·李宝臣传》。
⑤ 《旧唐书·张孝忠传》《新唐书·张孝忠传》。
⑥ 《新唐书》卷198《儒学上·谷那律附谷从政传》。
⑦ 参见［日］渡边孝：《魏博と成德——河朔藩镇の権力構造についての再検討》，《东洋史研究》54：2，1995，第112~113页。

康日知以赵州降，为惟岳疑忌的恒州大将王武俊杀惟岳及惟岳妻父冀州刺史郑诜后以恒、冀降。因惟岳被杀，其姊夫深州刺史杨荣国以深州降于幽州朱滔。最后，惟岳所署定州刺史杨政义亦降唐。至此，除了沧州刺史、惟岳妻兄李固烈尚据有沧州外，成德所领的六州在名义上已经全部投降唐廷。而李固烈实际上也未与唐廷或其他诸人发生冲突。① 换言之，在不足一年的李惟岳与唐廷的对抗中，这些多在宝臣时代之初即已担任成德高级将领的属州刺史们都倒向了唐廷一边。

值得注意的是，这些将领选择投降唐廷的举措，以及以何种方式降唐，多半是出于自身立场的考虑，并没有过多在意会府的立场。正因为成德缺乏这样一种向心力，所以在惟岳死后，成德实质上就已经分裂了。而德宗也正是看准了这一契机，将成德划分为以张孝忠为易定沧三州节度使，王武俊为恒冀都团练观察使，康日知为深赵都团练观察使的三镇。② 并且，易定与沧州、恒州与冀州，张、王二人各自统辖的属州在地域上还都不与会府接壤。至于划归康日知的深州，实际上也还被幽州节度使朱滔所控制着。德宗的上述举措当然是为了割裂和削弱成德，但成德会被割裂离析到如此程度，恐怕还是与当镇将领具有相当强的个人意识与实力有关。

渡边孝的研究还指出，成德内部豪杰众多、争立倾轧的状况不仅可以从上述李氏父子的统治中看出。又比如协助王武俊谋诛李惟岳的成德元老重臣、地位还在王武俊之上的大将卫常宁③，后就因谋杀武俊不成而被后者腰斩。④ 而在建中三年（784）闰正月，定州内部也发生过严重的将领倾轧。在李宝臣时代初期享有很高地位的右厢马军都使赵闻谏⑤，其婿张怀

---

① 有关"四镇之乱"时期成德政治走向的讨论，可参见张正田：《唐代成德军节度使之变动——安史乱后初期（781—789）河北中部军政形势研究》，《台湾政治大学历史学报》，第 22 期，2004 年，第 132～155 页。

② 《资治通鉴》卷 227 "建中三年二月"条。

③ 卫常宁在《李宝臣纪功碑》碑阴题记中的排位顺序是武将中的第 12 位，王武俊则在第 30 位。[（清）沈涛：《常山贞石志》卷 10《李宝臣碑》，《历代碑志丛书》第 12 册，南京，江苏古籍出版社，1998 年，第 616～617 页]

④ 《资治通鉴》卷 227 "建中三年十一月"条。

⑤ 在《李宝臣纪功碑》碑阴题记武职军将的排行中，赵闻谏处在第 4 位，可见地位甚高。（沈涛：《常山贞石志》卷 10《李宝臣碑》，第 616 页）

实就死于此次动乱。① 因此，数十日后定州刺史杨政义的归降唐廷，其实并不像传世文献所描绘的那样一帆风顺、颇无波澜。② 而这一切都证明，将领对于成德局势的走向拥有相当的主导权。③

因李惟岳死后，唐廷对河朔藩帅措置失当而导致的"四镇之乱"后期战事，虽然最后因遭受"泾师之变"的德宗下令赦免两河藩镇，以及王武俊等人亦不愿再与唐廷交战而宣告结束。但与同受战争影响的魏博、幽州、淄青相比，成德在战争中的损失无疑最大。乱后的成德被正式分裂为三镇，这就是以张孝忠为初代节帅，统辖易、定二州的义武军节度；以程日华为初代节帅，统辖沧州的横海军节度④；以及以王武俊为节帅，统辖恒、赵、深、冀、德、棣六州，承袭旧名的成德军节度。⑤（见图28）

渡边孝先生认为，李宝臣时代奠定了未来成德镇军政结构及其发展的一个基调，那就是成德镇的军政主导权掌握在大将手中。⑥ 实际上，成德的这种"权在将领"的格局正是一脉相传自安史集团。作为最具安史集团后身代表的成德镇，虽然继承了安史叛军精锐的骑兵、蕃族与战斗力，奠定了它在叛乱结束初期雄厚的实力基础。但是，它同样继承了安史集团长期未能解决的一个问题，那就是如何控制众多具有自主意识和强大实力的将领。其实李宝臣为解决这一问题已经花费了不少心思，他在晚年决意铲除二十多位骨鲠将领就是希望能较为彻底地解决这一问题。同时，正如学者注意到的，李宝臣拥有一个相当复杂的联姻集团。其不仅与魏博、淄

---

① 《全唐文补遗》第四辑《唐故成德军大将试太常卿张公（怀实）墓志铭并序》，第466页。

② 《资治通鉴》卷227"建中三年二月"条。

③ 参见［日］渡边孝：《魏博と成德——河朔藩镇の权力构造についての再检讨》，《东洋史研究》54：2，1995，第113页。

④ 《资治通鉴》卷231"兴元元年五月"条："上（指德宗）即以（程）华为沧州刺史、横海军副大使、知节度事，赐名日华，令日华岁供义武租钱十二万缗。"卷232"贞元二年四月"条："以横海军使程日华为节度使。"据《旧唐书·地理志》和《新唐书·地理志》载，贞元三年（787）由沧州分置景州，隶横海节度使。《新唐书》卷66《方镇表三·横海》贞元三年："置横海军节度使，领沧、景二州，治沧州。"其实贞元三年并不是始置横海军节度使的时间。

⑤ 《新唐书》卷66《方镇表三·成德》贞元元年："成德军节度增领德、棣二州。"

⑥ 参见［日］渡边孝：《魏博と成德——河朔藩镇の权力构造についての再检讨》，《东洋史研究》54：2，1995，第112~113页。

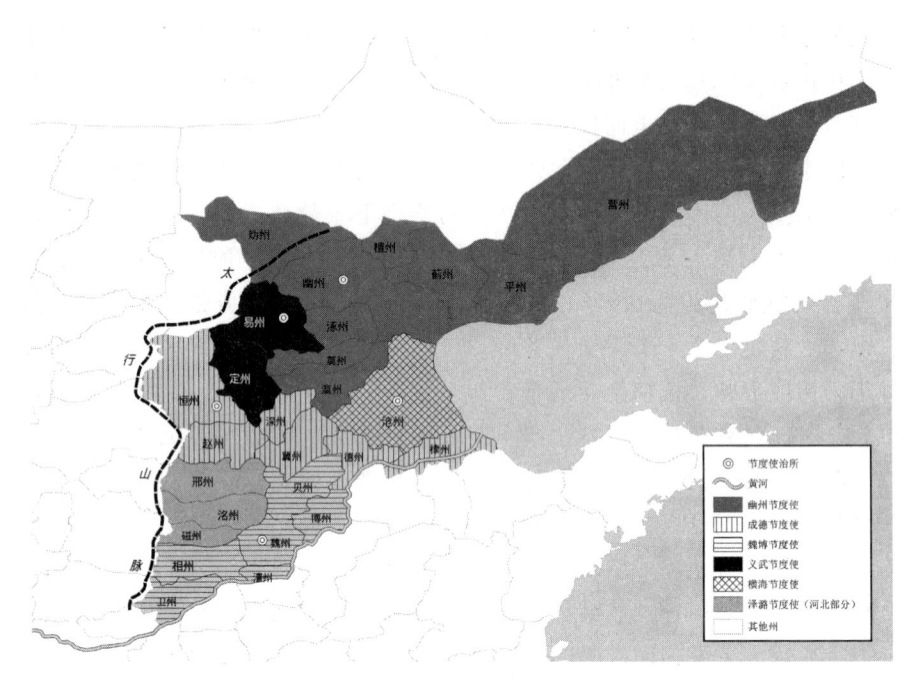

图 28　贞元二年的河北五镇

青、滑亳等安史降将出身的两河节帅连结姻娅，同时也与成德内部的重要将领，如谷从政、张孝忠、王武俊、李固烈等结有姻亲关系。① 但不难发现，在宝臣的这些姻亲中，不少人都是后来被其和其子李惟岳猜忌，甚至力图诛杀的对象。换言之，李宝臣与手下大将的联姻仅仅是笼络与控制后者的一种政治手段。但遗憾的是，和安禄山、史思明一样，李宝臣最终也还是没有化解这一危机，并在唐廷对成德的打压与离析下，最终导致了成德的分裂。

在成德百多年的割据历史中，除了李氏父子时代的这次动乱外，还有过两次大的动乱。一次是元和时代（809—810、815—818），力图中兴的宪宗不允许王武俊之孙、士真之子承宗的袭位要求，陆续进行了两次、总

---

① 可参见［日］渡边孝：《魏博と成德——河朔藩镇の权力构造についての再检讨》，《东洋史研究》54：2，1995，第 118～119 页所绘的李宝臣、李惟岳时代成德联姻关系图。关于李宝臣的联姻集团，我们还可以补充以下一条资料。《旧唐书》卷 124《令狐彰附子建传》："（令狐）建妻李氏，恒帅宝臣女也。"可见李宝臣与滑亳镇也有联姻关系。

计约五年左右的与成德的战争，此次战争的结果是成德再失德、棣二州。①（见图 29）一次是不久后的长庆初期（821—822），穆宗任命与成德有仇隙的前魏博节帅田弘正在王承宗死后移镇镇州。这次不明智的举措不仅导致了效忠唐廷的田弘正在不久后举族为成德军士所害，而且也促成了成德都知兵马使、其家族自李宝臣始就世为成德骑将的回鹘阿布思族的王庭凑在谋杀弘正后自立为成德节帅，从而引发了成德与唐廷的再次开战。从渡边孝先生对这两起动乱的分析中我们可以看到，与李惟岳时代的动乱相仿：其一，三起动乱都是因唐廷不承认成德内部的节帅继承而引起的。其二，三起动乱中都有数位成德高级将领站在唐廷一边，与节帅对立。尤其是李惟岳与王庭凑时期，都出现了属州与会府的军事对峙。因此可以说，以将领为权力层中枢的成德军事结构，自李氏时代以来就一直没有改变。同样没有改变的，还有在元和时代依旧堪称精锐的成德马军。②

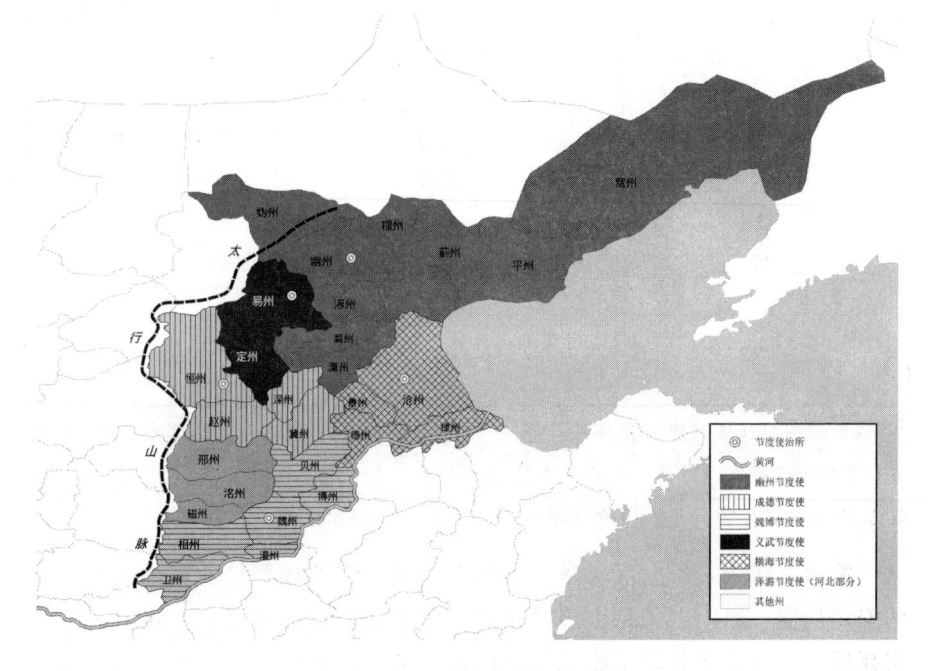

图 29　元和十五年的河北五镇

---

① 《新唐书》卷 66《方镇表三·成德》元和十三年："以德、棣二州隶横海节度。"
② 参见［日］渡边孝：《魏博と成德——河朔藩镇の权力构造についての再检讨》，《东洋史研究》54：2，1995，第 113～116 页。

（三）文治、家将与步军

和魏博、幽州不同，成德的动乱发生得相当少。实际上，除了上述的三次由于唐廷干涉成德节帅继任而引发的动荡和战争外，成德内部总体而言一直比较稳定。尤其是在王庭凑与唐廷交战结束后的一百年时间里，成德的节帅更替以平稳的方式一直在王氏子孙中延续。表5是有关成德藩帅的交替情况：

表 5　唐代成德藩帅交替表

族属等	藩帅	家族关系等	继任时间
奚	李宝臣 李惟岳	安史降将 宝臣子	宝应元年（762） 建中二年（781）
契丹	王武俊 王士真 王承宗	宝臣姻亲 武俊子、宝臣婿 士真子	建中三年（782） 贞元十七年（801） 元和四年（809）
平州人	*田弘正（田兴）	魏博节度使	元和十五年（820）
回鹘	王庭凑 王元逵 王绍鼎 王绍懿 王景崇 王镕	曾祖五哥之为武俊养子 庭凑子 元逵子 元逵子 绍鼎子 景崇子	长庆元年（821） 大和八年（834） 大中九年（855） 大中十一年（857） 咸通七年（866） 中和三年（883）
燕人	张文礼 张处瑾	幽州叛将，客成德，王镕养为子 文礼子	龙德元年（921） 龙德元年（921）

（此表据吴廷燮《唐方镇年表》卷4《成德》，第576～598页及两唐书、《资治通鉴》等相关文献作。除带*之田弘正为唐廷任命，其余均为本镇出身。宝臣父子历镇成德20年，武俊祖孙三人历镇成德38年，庭凑一族历镇成德100年。）

渡边孝认为，王庭凑以降，由王氏世袭支配的成德之所以能维持百年的安定局面，原因首先是李氏时代对大批安史旧将的肃清；其次是在王承宗死后，一部分将领因不愿承宗之弟承元的移镇而被杀，另有一部分将领则与承元随行或离镇①；最后则是王庭凑镇压了一批离反的将领及其部众。

---

①　将领被杀或离镇的情形渡边孝先生没有提及，现可补充：《旧唐书》卷142《王武俊附王承元传》："（王承元移镇义成，）牙将李寂等十数人固留承元，斩寂等，军中始定。"《旧唐书》卷143《李全略传》："李全略者，本姓王，名日简。为　（转下页）

经过这数次的打压，成德的宿将遭到了很大程度的清洗。① 不过，以将领为成德权力中枢的体制，其实一直到成德末期都没有改变过。尽管李宝臣晚年对手下的一些宿将大开杀戒，以及王庭凑为获得节帅地位而与一些成德旧将发生冲突并对其施行镇压，但总的来看，自王武俊时代以来，成德一直努力保持着与将领平和相处的关系。虽然从史料记载看，节帅与将领间的联姻已经不像李氏父子时代那样突出和重要了，但成德军将的世袭与彼此间的联姻，却是一直相当发达和稳定的。② 如果按照王赛时先生将唐代藩镇军队的阶层分为帅、将、兵三者的话③，那么渡边孝指出，由于高级军将间长期的世袭和联姻，使得成德的士兵阶层始终无法在当镇的权力结构中崭露头角。并且，与前者的世袭不同，成德的士兵阶层却可能不断经历着新陈代谢。军将与士兵之间地位的悬隔，以及士兵只有作为军将部众而体现其价值的情况，一直是成德军事构造的一个重要特色。④

世袭的状况不仅在将领中长期延续，成德的节帅继承也随着时间的推移，世袭的局面愈益稳定。李宝臣父子经营成德二十年；王武俊祖孙三人坐镇成德近四十年；至王庭凑，传六世，子孙享有成德帅位百年之久。并且，王氏子孙出任成德属州刺史的情况在成德后期也很突出。因此，就有学者将成德的统治模式喻为"家镇"。⑤

此外从史书的记载看，成德自李宝臣时代以来，一直奉行着"亲邻畏法，期自新之路"⑥的外交策略，相较于燕、魏二镇，对唐廷的态度也更为恭顺。并且，武俊本人、其子士平、庭凑之子元逵都尚唐朝宗女或公

（接上页）镇州小将，事王武俊。元和中，节度使王承宗没，军情不安，自拔归朝，授代州刺史。"《新唐书》卷213《藩镇横海·李全略传》所载略有不同："承宗时，虐用其军，故入朝，授代州刺史。"李全略后在王庭凑乱时被穆宗任命为横海军节度使。

① ［日］渡边孝：《魏博と成德——河朔藩镇の权力构造についての再检讨》，《东洋史研究》54：2，1995，第123页。

② 参见［日］渡边孝：《魏博と成德——河朔藩镇の权力构造についての再检讨》，《东洋史研究》54：2，1995，第116～118页。

③ 王赛时：《论唐朝藩镇军队的三级构成》，《人文杂志》，1986年第4期，第123～128页。

④ 参见［日］渡边孝：《魏博と成德——河朔藩镇の权力构造についての再检讨》，《东洋史研究》54：2，1995，第118～123页。

⑤ 姜密：《唐代成德镇的割据特点》，《河北师范大学学报》，2000年第3期，第105～106页。

⑥ 《旧唐书》卷142《王廷（庭）凑传》。

主。实际上,武俊之妻、后被穆宗封为晋国太夫人的李氏,以及元逵之妻寿安公主,此后都在成德节帅的更替事宜中扮演过相当重要的角色。① 渡边孝先生曾提出过这样一个看法,他认为,成德对唐朝的恭顺,可能正是为应对其内部节帅和诸将层之间潜在的紧张关系而采取的一项举措。② 不过这一解释可能更适用于我们下文将要讨论的幽州,但却并不完全适用于成德。我认为,成德对唐朝的恭顺,更本质上来说,仰赖于它特殊的军政体制,以及由此而逐渐培养出来的一种政治理念。

上文曾指出,除了李宝臣晚年以及王庭凑出任节帅之初外,成德节帅与当镇将领的关系,尤其在两个王氏家族统治成德的时期,其实还一直比较平和。这种平和的基础就在于,节帅认可并保证了当镇将领所享有的世袭等特权地位。而也正因为占据成德权力中枢的将领们的地位获得了保障,所以他们对于给予他们这种保障的成德节帅,也同样提供了有力的情感及军事支持。于是,一种类似于宗主与臣下的政治关系逐渐在成德形成了。所以早在元和初年,李绛就对意欲讨伐成德的宪宗说:"(成德)将士百姓,怀其累代煦妪之恩","镇州人心固结,难即改移"③。而这种在成德内部所形成的宗主与臣下的政治关系和理念,也正在被逐渐投射到成德与唐朝的关系中。并且,自李宝臣时代起,成德的节帅位置就一直由出于安史集团的高级将领家族把持,而这使他们在获得与唐室联姻资格的同时,也使得他们能够更加确立与确信他们与唐廷间的这样一种宗藩关系的模式。成德既视唐廷为其宗主,则自然对其较为恭顺,但同时,也要求唐室承认其世袭诸侯的地位。当然,由于成德节帅对唐廷的恭顺,甚至两者联姻关系的出现,自然也会反过来对成德将领形成一定的压力与制约,但这并不是成德节帅对唐廷恭顺的原因所在。

因此,尽管李宝臣的"亲邻畏法,期自新之路"也许还未必是受这一

---

① 有关前者事,可参见《全唐文补遗》第三辑李仍叔《唐故宗正少卿上柱国赐紫金鱼袋李公(济)墓铭并序》,第186~187页;《资治通鉴》卷241"元和十五年十月"条。《李济墓志》《旧唐书·穆宗纪》中记载的"晋国太夫人"李氏与《资治通鉴》所谓"凉国夫人"为同一人,都是武俊之妻,承宗、承元之祖母。有关后者事,可参见《旧唐书》卷19上《懿宗纪》及两唐书的《王元逵传》《王景崇传》等。

② [日]渡边孝:《魏博と成德——河朔藩镇の权力构造についての再检讨》,《东洋史研究》54:2,1995,第113页。

③ 《全唐文》卷646《论河北三镇及淮西事宜状》《论镇州事宜状》。

政治理念的影响，但随着时间的推移，此后的成德节帅在处理其与唐朝的关系时，这一政治理念在其中所产生的影响却恐怕是越来越大的。而我也认为，将成德将领层地位的稳固，节帅世袭地位的保证，以及成德节帅对唐廷的恭顺放在这一框架下来解释也许更为合理。换言之，成德与唐廷的关系，其实正是其内部将领与节帅关系的一种延伸。所以我们看到，当王承宗死后，其弟承元不肯继任节帅、执意离开成德时，成德"诸将号哭喧哗"①。而这种将帅之情到晚唐的王氏时代则更为突出，所谓"镇之三军，素忠于王氏"②。当成德客将张文礼于后梁龙德元年（921）弑王氏末代节帅王镕后，就不得不诛杀成德故将。而成德故将、时从晋王李存勖经略河朔的符习、乌震等人为报王氏累世之恩，甚至不惜己之母妻子女被诛，亦决意与文礼父子征战复仇。渡边孝先生曾经感叹，这种在五代乱离之世中鲜见的对故主的忠顺之情，正反映了由王氏累世传统支配下的成德镇近乎一个小家产制的王国。③ 而同样是在晚唐的王氏时期，当黄巢起义爆发、唐廷威望急剧衰落时，成德节帅王景崇竟致"每语及宗庙园陵，辄流涕"④。其对唐室的感情与其部下对其家族的感情何其相似与深刻。而这种对唐室的忠顺之情，也许不仅仅是因为王景崇是寿安公主嫡孙的缘故吧。

对成德的晚期历史，渡边孝先生曾有过相当精湛的分析。他认为，以节帅—军将为权力构造主体的成德在晚期，除了军将对节帅的忠顺之情愈益强烈外，还有一个更为重要的变化，就是文质倾向弥漫在整个成德，渗透到了作为成德主干的将帅阶层中。曾因拥有精锐马军而"善野战"⑤ 的成德镇，到晚期逐渐变成了"长于守城，列阵野战，素非便习"⑥ 的步兵主导型藩镇。而史化军职的出现也意味着诸将层逐渐显现出官僚性格的倾向。最引人注目的是，成德节帅与大批将领沉醉于佛、道信仰之中，并且当唐末动乱、诸镇相弊于战争之际，唯"赵独安，乐王氏之无事，都人士女褒衣博带，务夸侈为嬉游"⑦。正像渡边孝所概括的，这个浸染着如此成

---

① 《旧唐书》卷142《王武俊附王承元传》。
② 《旧唐书》卷180《李全忠附李匡威传》。
③ 参见［日］渡边孝：《魏博と成德——河朔藩镇の权力构造についての再检讨》，《东洋史研究》54：2，1995，第125~126页。
④ 《新唐书》卷211《藩镇镇冀·王景崇传》。
⑤ 《资治通鉴》卷231"兴元元年五月"条。
⑥ 《旧五代史》卷56《周德威传》。
⑦ 《新五代史》卷39《王镕传》。

熟文化风气的成德，的确很难与曾经的那个从李宝臣到王庭凑时代的成德相提并论了。①

成德气质的转变当然不是一朝一夕的事情，它的变化是时代风气影响整个河朔地区的一个缩影，只是与魏博、幽州相比，成德的文化气质无疑更高。因此我们很难再视这样的河朔为一个"风俗犷戾，过于蛮貊"② 的地区。不过，从军政结构的角度而言，成德的权力构造却一直是比较稳定而没有改变的，这就是渡边孝的研究所指出的，成德始终是一个以将校集团为中心的政权。而这种特点其实是自初代节帅李宝臣时代就已奠定，并且直接承袭自安史集团的。或许我们从另一个角度讲，自安史之乱结束后，最为充分地继承安史遗产的成德，从来就没有试图打破这一结构。纵然有李宝臣的杀将、联姻等举措，但体制本身并没有遭到破坏。因此，虽然将领的身份在变，气质也在变，甚至其所率领的军队特质也随着环境等因素发生变化，但诸将层在当镇的地位却始终没有动摇，其始终是成德的权力主干。对于李宝臣父子而言，虽然他们以联姻、杀将这些不同于安、史父子的举措来控制手下宿将并没有取得成功，但进入王氏时代以后，成德却通过与手下将领更为平易的相处，保证其世袭等重要地位，同时辅之以唐廷和邻镇方面的支持，换来了当镇长期稳定的局面与节帅位置的世袭继任。通过节帅与诸将层的长期合作，一种更为广义的"家镇"模式在成德得到了确立，并且也借此较为顺利地解决了将领对节帅的威胁这一危机。

当理清了成德的权力构造后，我想我们在上文提出的有关成德矛盾性格的三个问题也已经通过上述三目的论述得到解答了。当张文礼于龙德元年弑王镕自立后，其与其子张处瑾对成德的控制也仅维持了一年就随着晋人攻灭成德而结束了。张文礼诛杀王氏当然为晋人讨伐成德提供了一个绝佳口实，但实际上，成德委身于梁、晋二者之间已经持续了很长时间，其最终为晋人灭亡其实只是一个时间问题。换言之，半独立了160年之久的成德镇，最后在外来势力的打击下宣告了真正的终结。

二、魏博：牙军的历史

位于河北南部的魏博镇是河朔三镇中最著名，也是学者讨论得最早、

---

① 参见［日］渡边孝：《魏博と成德——河朔藩镇の权力构造についての再检讨》，《东洋史研究》54：2，1995，第124～128页。

② 《唐语林校证》卷8《补遗》，第695页。

最多的藩镇。清人王夫之即言：

> 藩镇之强，始于河北，而魏博为尤，魏博者，天下强悍之区也。①

魏博的强悍体现在：一则实力强，二则对唐廷跋扈，三则内部变乱的破坏性大。而这一切，很大程度上被归因于魏博拥有一支名震当时的牙军：

> 魏牙军，起田承嗣募军中子弟为之，父子世袭，姻党盘互，悍骄不顾法令，（史）宪诚等皆所立，有不慊，辄害之无噍类。厚给禀，姑息不能制。时语曰："长安天子，魏府牙军。"谓其势强也。②

"牙军"又作"衙军"。实际上，唐代的任何一个藩镇都有牙军，任何一个藩镇的军力也都是以牙军为核心组建的。有关唐代牙军的问题，以日本学者日野开三郎、矢野主税、堀敏一、渡边孝等人的研究最为全面精湛。③国内方面，则有齐勇锋、张国刚等先生的论述。④ 总体而言，我接受在重新考察诸位前辈研究基础上提出观点的渡边孝先生对"牙军"所下的定义：

> 牙军在作为一般藩镇的亲卫军、藩军中抽调出来的精锐、主战中核部队的同时，还担当着牙城、使牙的警备与宿卫。⑤

牙军"分布在藩镇的牙城内外、罗城内外，使府治所境内、管下各州县及

---

① 《读通鉴论》卷27《昭宣帝二》，第1006页。
② 《新唐书》卷210《藩镇魏博·罗绍威传》。
③ ［日］日野开三郎：《支那中世の军阀——唐代藩镇の成立と兴衰》，《日野开三郎东洋史学论集》第一卷《唐代藩镇の支配体制》，第50～52页；［日］矢野主税：《藩镇亲卫军的组织和性质》，《长崎大学学艺学部人文社会科学研究报告》1，1951；［日］堀敏一：《藩镇亲卫军的权力结构》，《日本学者研究中国史论著选译》第四卷《六朝隋唐》，第585～648页；［日］渡边孝：《魏博と成德——河朔藩镇の权力构造についての再检讨》，《东洋史研究》54：2，1995，第98～108页。
④ 齐勇锋：《中晚唐五代兵制探索》，《文献》，1988年第3期，第172～173页；张国刚：《唐代藩镇的军事体制》，《唐代藩镇研究》，第83～84页；张国刚：《略论唐代藩镇军事制度的几个问题》，《敦煌学与中国史研究论集——纪念孙修身先生逝世一周年》，兰州，甘肃人民出版社，2001年，第246～247页。
⑤ ［日］渡边孝：《魏博と成德——河朔藩镇の权力构造についての再检讨》，《东洋史研究》54：2，1995，第105页。尽管有关牙军面貌的整体性概述，本身也是学者在对个案研究的基础上总结的，因此难免会有以偏概全之嫌。但是，概观性的定义仍是有必要下的，以便给我们分析不同藩镇的牙军提供一个可资对比的参照。

险要之地皆有牙兵镇守"①。但会府与牙城无疑是牙军驻扎的主要地区。至于牙军的性质，则属于唐廷认可的官健。其实牙军之于藩镇，就类似于神策军等禁军之于唐廷，两者的情况极为相似。并且正如学者所指出的，与神策军一样，牙军本身也有层次性②，并且随着时间的发展，愈益显现出复杂化、重层化的趋势。③

魏博牙军与其他藩镇牙军相比，首先是规模大，其次是存在时间长。作为一个人数众多的势力集团，其长存于魏博一百五十年之久。正因为名声过大，"魏博牙军"在唐代已经成为一个固有的称呼。④ 本文所讨论的就是这样一个知名的牙军集团对于魏博镇的军事结构而言，究竟有着一种怎样的意义？它与魏博的强弱、跋扈、变乱有着怎样的关系？是否像人们认为的那样，魏博就始终是牙军的天下？由于魏博的牙军由初代节帅田承嗣创立，并且正如渡边孝指出的，直到唐末，魏博牙军都基本保持着田承嗣以来的初源形态⑤，因此我们对魏博牙军的讨论就从其奠基者田承嗣谈起。

（一）牙军的诞生

魏博设镇始于广德元年初，初代节帅田承嗣，为魏、博、德、沧、瀛五州都防御使。是年底，魏博升格为节度使额藩镇⑥，后又增领贝州。⑦ 史称：

---

① 张国刚：《唐代藩镇的军事体制》，《唐代藩镇研究》，第83页。

② 齐勇锋：《中晚唐五代兵制探索》，《文献》，1988年第3期，第173页；张国刚：《略论唐代藩镇军事制度的几个问题》，《敦煌学与中国史研究论集——纪念孙修身先生逝世一周年》，第246~247页。

③ ［日］渡边孝：《魏博と成德——河朔藩镇の权力构造についての再检讨》，《东洋史研究》54：2，1995，第106页。

④ ［日］渡边孝：《魏博と成德——河朔藩镇の权力构造についての再检讨》，《东洋史研究》54：2，1995，第104~105页；［日］堀敏一：《藩镇亲卫军的权力结构》，《日本学者研究中国史论著选译》第四卷《六朝隋唐》，第591~592页。

⑤ ［日］渡边孝：《魏博と成德——河朔藩镇の权力构造についての再检讨》，《东洋史研究》54：2，1995，第107页。

⑥ 《资治通鉴》卷222"广德元年六月"条。

⑦ 魏博增领贝州的时间史料没有明载，不过从《旧唐书·田承嗣传》《新唐书·田承嗣传》《资治通鉴》等关于大历十年田承嗣盗据相卫一事的战争过程描述来看，贝州其时已为魏博属州。实际上我推测贝州可能在田承嗣被任命为魏博节帅之初就已经归属魏博了，《全唐文》卷444裴抗《魏博节度使田公神道碑》中记载："时代宗在宥天下，降衷于人，载覃归款，特加诚顺。即用除户部尚书御史大夫莫州刺史，复以莫州地褊，不足安众，特迁魏州刺史贝博沧瀛等州防御使。"

承嗣不习教义，沉猜好勇，虽外受朝旨，而阴图自固。重加税率，修缮兵甲；计户口之众寡，而老弱事耕稼，丁壮从征役，故数年之间，其众十万。仍选其魁伟强力者万人以自卫，谓之衙兵。郡邑官吏，皆自署置。户版不籍于天府，税赋不入于朝廷，虽曰藩臣，实无臣节。①

这段有关魏博牙军创立过程的描述为我们提供了以下几个重要信息：第一，魏博牙军的培养是以整个魏博军事力量的培养为背景进行的。第二，这些军人由魏博管内的丁壮编成，因此从一开始就具有明显的地方化倾向。第三，用以自卫的牙军以军人中的魁伟强力者充任，并且有万人之多。② 第四，牙军为田承嗣的新创，它主要以集体性质的牙"兵"方式对作为节帅的田氏负责。

很长时间来，学者对魏博牙军的关注集中在牙军的性质、产生模式，以及它的作用，尤其是它对魏博发展的影响上③，但恰恰忽略了田承嗣何以要发展牙军这一更为本质的问题。提出并解决这一问题的是渡边孝。他将魏博牙军创立的原委置于田承嗣发展魏博整体军事力量的背景下来进行考察。他指出，和成德、幽州相比，安史之乱中一直在河南前线作战，甚至在叛乱结束前不久还与唐廷在莫州对峙的田承嗣，在受封魏博节帅之初，其手下将士已损耗颇多。并且，与河南中、北部相比，魏博所在的河南南部在乱中一直是朝叛对峙的主战场。因此，面对不利的环境和形势，在安史之乱结束后创立强力藩军，对于颇有野心和强悍的田承嗣来说，就是其任帅之初的第一要务。④ 尤其是当乱后，两河藩镇普遍发展自身实力，

---

① 《旧唐书》卷141《田承嗣传》。

② 关于田承嗣招募牙兵的人数，《旧唐书·田承嗣传》、《新唐书·田承嗣传》、《资治通鉴》卷222"广德元年六月"条均作"万人"，而《资治通鉴》卷265"天祐三年正月"条则作："田承嗣镇魏博，选募六州骁勇之士五千人为牙军，厚其给赐以自卫，为腹心。"

③ 这方面的代表首推堀敏一。不过现在看来，受当时日本学界讨论中国古代性质问题时一些既定理路和理论框架的影响，堀氏对魏博牙军产生模式的分析存有一定问题。从种族角度出发讨论魏博牙军产生模式的是陈寅恪，不过田承嗣发展牙军是否是受了安禄山当年依部落之制收养同罗等假子的影响也还很难说。（陈氏论述，参见《论唐代之蕃将与府兵》，《金明馆丛稿初编》，第303页）

④ 参见［日］渡边孝：《魏博と成德——河朔藩镇の权力构造についての再检讨》，《东洋史研究》54：2，1995，第108页。

田氏"修缮甲兵"的举措更不难理解。

渡边孝提供了将魏博与成德初期的军事发展进行比较研究的良好视角。实际上，田承嗣的大规模征发当地丁壮，籍以为兵，并在此基础上选拔骁健者为牙军，与其说是一种刻意追求创获的积极举措，倒还不如说他实在是没有李宝臣那样好的基础。并且，魏博的环境尤其是田氏的身份，看来也无法像李宝臣那样吸引太多的安史旧将，尤其是高级军将。正如渡边孝说的，李宝臣也并非没有吸纳当地民众充实成德军的举措，比如他也"招集亡命之徒，缮阅兵仗"①，但这只是宝臣补强成德的一种次要手段。并且，他招收的只是农户、良家之外的"亡命之徒"。需要通过"计户口"而进行的大规模征役对成德而言是不需要的，因为成德早已拥有安史以来为数众多的旧将部众作为其军队基础。因此，与成德相比，以当地人为兵源主体的魏博军队从一开始就具有很强的地域依附性。② 另一个与成德不同的地方就在于，正如田承嗣自己说的，成德的军事特长是精骑，而魏博的特色则是步兵。

史料称田承嗣在数年之内"练卒十万"可能略有夸大，但通过田氏的发展，魏博军事实力大增则是无须置疑的事实，这也是大历十年田承嗣得以盗据相卫的军事资本。而在此役后，田氏的实力又得到发展，其不但掠相卫之"精兵良马，悉归魏州"③，而且虽受邻镇攻击，魏博之德、沧、瀛三州分别为淄青、成德、幽州三镇所取，但军事与经济地位高于前者的相、卫、洺三州则为田氏成功虏获。到大历晚期，田承嗣已据有"魏、博、相、卫、洺、贝、澶七州"④（见图27），实力已足堪与宝臣等人比肩。建中二年初，即位伊始的德宗以洪经纶为黜陟使，巡视新任节帅田悦所在的魏博镇，史称：

---

① 《旧唐书》卷142《李宝臣传》。

② 参见［日］渡边孝：《魏博と成德——河朔藩镇の权力构造についての再检讨》，《东洋史研究》54：2，1995，第109、112页。

③ 《资治通鉴》卷225"大历十年二月"条。

④ 《资治通鉴》卷225"大历十二年十二月"条。《旧唐书·田承嗣传》和《新唐书·田承嗣传》均作"贝、博、魏、卫、相、磁、洺等七州"，按磁州时属泽潞，田氏所管之另一州当为澶州，大历七年分魏州置。（见《旧唐书·地理志》、《新唐书·地理志》、《新唐书》卷66《方镇表三·魏博》"大历七年"条、《资治通鉴》卷225"大历十二年十二月"条胡注）

（经纶）不晓时务，闻悦军七万人，符下，罢其四万，令还农。悦阳顺命，如符罢之。既而集应罢者，激怒之曰："汝曹久在军中，有父母妻子，今一旦为黜陟使所罢，将何资以自衣食乎！"众大哭。悦乃出家财以赐之，使各还部伍。于是军士皆德悦而怨朝廷。①

经过十几年的努力，来源当地农户的魏博士卒已经成为彻底的雇佣兵，从军已经成为这些职业军人养活自身及父母妻子的唯一途径。当然我相信，作为魏博军中最为精锐的牙军，这一点同样适用他们。

（二）牙军的蛰伏

有关魏博牙军的组织情况及性格特色，《旧唐书·罗（绍）威传》中的这段回溯性描述提供了一个大致的轮廓：

魏之牙中军者，自至德中，田承嗣盗据相、魏、澶、博、卫、贝等六州，召募军中子弟置之部下，遂以为号。皆丰给厚赐，不胜骄宠。年代浸远，父子相袭，亲党胶固。其凶戾者，强买豪夺，逾法犯令，长吏不能禁。变易主帅，有同儿戏，如史宪诚、何进滔、韩君雄、乐彦祯，皆为其所立。优奖小不如意，则举族被害。

魏博牙军原是以征募当地农民而形成的亲卫军，不过其随后很快就转化为以"丰给厚赐"为利益主旨的雇佣兵集团。② 地域意识强烈、"父子世袭，姻党盘互"是魏博牙军的主要特点。魏博牙军在唐代历史上最为著名的凶戾事例就是上述记载说的"变易主帅，有同儿戏"。而田承嗣时代后的魏博动乱几乎都牵涉到主帅的变易。正因为如此，牙军一直被视为魏博动乱的根源。

但堀敏一先生很早便指出了，上述史料"所举变易主帅事例的史宪诚、何进滔、韩君雄、乐彦祯等都是后半期的节度使，这是值得注意的。当仔细观察这些事实时，就可发现魏博节度使和兵士的关系在初期和后期有很大的不同"③。表6是有关魏博藩帅交替的大致情况。

---

① 《资治通鉴》卷226"建中元年二月"条。
② [日]渡边孝：《魏博と成德——河朔藩镇の权力构造についての再检讨》，《东洋史研究》54：2，1995，第98页。
③ [日]堀敏一：《藩镇亲卫军的权力结构》，《日本学者研究中国史论著选译》第四卷《六朝隋唐》，第598页。

表6　唐代魏博藩帅交替表

	藩帅	出身、家族关系	前职	继任时间
前期	田承嗣	平州人	安史降将	广德元年（763）
	田悦	承嗣侄	中军兵马使	大历十四年（779）
	田绪	承嗣子	兵马使（主牙军）	兴元元年（784）
	田季安	绪子	节度副大使	贞元十二年（794）
	田怀谏	季安子	节度副使	元和七年（812）
中期	田弘正（田兴）	承嗣从兄子	牙内兵马使——步射都知兵马使	元和七年（812）
	*李愬	陇右人	昭义节度使	元和十五年（820）
	*田布	弘正子	泾原节度使	长庆元年（821）
	史宪诚	粟特，灵州人	中军都知兵马使	长庆二年（822）
	何进滔	粟特，灵州人	牙内都知兵马使	大和三年（829）
	何弘敬（何重顺）	进滔子	都知兵马使	开成五年（840）
	何全皞	弘敬子	左司马	咸通七年（866）
后期	韩允忠（韩君雄）	魏州人	裨将	咸通十一年（870）
	韩简	允忠子	节度副使	乾符元年（874）
	乐彦祯（乐行达）	魏州人	澶州刺史、大将	中和三年（883）
	赵文玠	不详	都将	文德元年（888）
	罗弘信	平州人，世居魏州	裨将（主马牧）	文德元年（888）
	罗绍威	弘信子	节度副使	光化元年（898）
	罗周翰	绍威子	不详	开平四年（910）

（此表据堀敏一《藩镇亲卫军的权力结构》，《日本学者研究中国史论著选译》第四卷《六朝隋唐》，第598~599页表作，略有修改。除带*之李愬、田布二人为唐廷任命，其余均为本镇推选。前期历时49年，中期历时58年，后期历时42年。）

堀敏一先生认为，魏博前期的藩帅位置一直由田氏一族所占有。前期藩帅交替的主导权，大体上在节度使本人、亲属和他的左右心腹人手里。但到田弘正时代后，主导权开始为兵士方面所掌握，从而可以主动地进行废立。[1] 如此来说的话，魏博牙军似乎并不像我们通常认为的那样，从其被田承嗣创立之初就主导着魏博的局势。

---

[1] [日]堀敏一：《藩镇亲卫军的权力结构》，《日本学者研究中国史论著选译》第四卷《六朝隋唐》，第599~601页。

正因为如此，我们有必要先来谈一下前期主导魏博局势的究竟是哪些力量。从魏博前期节帅的更替来看，二代节帅田悦由田承嗣指定，并使诸子佐之。兴元元年（784），田悦为承嗣子田绪所杀，但田绪"惧众不附，奔出北门。邢曹俊、孟希祐等领徒数百追及之。遥呼之曰：'节度使须郎君为之，他人固不可也。'乃以绪归衙，推为留后。"田绪因此成为魏博的三代节帅。田绪尚代宗女嘉诚公主，嘉诚无子，以田绪幼子田季安为己子。田绪卒时，"季安年才十五，军人推为留后"。季安子怀谏，其母为曾经的摄洺州刺史、后在节帅李抱真死后率兵民投奔田绪的前泽潞大将元谊之女。史称："及季安卒，元氏召诸将欲立怀谏，众皆唯唯。"① 因此总的来看，虽然田氏的节帅继任也不稳定，但将领在对节帅的更替方面都发挥了举足轻重的作用。② 实际上，田氏时代魏博节帅的即位模式与成德的节帅继任是很相像的。③ 在两镇节帅的更替中，一旦出现继任者年岁较幼、资历较浅的情况，将领都在其中发挥着主导性的作用。

将领对魏博初期政局的影响不仅体现在田悦时代之后的藩帅继任上，在田承嗣、田悦这两个"魏博势力的确立和发展的时代"④ 中，其意义更为重大。以大历十年田承嗣盗据其邻镇相卫（昭义），代宗诏令两河藩镇对其进行讨伐一事来说：

> 五月，乙未，承嗣将霍荣国以磁州降。丁未，（淄青）李正己攻德州，拔之。（淮西）李忠臣统永平、河阳、怀、泽步骑四万进攻卫

---

① 《旧唐书》卷141《田承嗣附田绪传》《田季安传》《田怀谏传》。

② 田怀谏由母亲元氏召诸将拥立，而元氏本身就是与田氏联姻的泽潞大将元谊之女。嘉诚公主在田季安的继任中当是发挥重要作用的，不过关于田季安继任的具体细节，史未明言。至于田绪的即位则更具戏剧性，本身其因私心杀兄就已经惧众不附、企图逃离魏州了，没想到却正是得到魏博老将邢曹俊、孟希祐等的支持才得以坐上魏博节帅之位。另，《资治通鉴》卷230"兴元元年三月"条有关田绪杀兄即位的描述与两唐书的《田绪传》有所不同。

③ 李宝臣正是因为李惟岳暗懦，才采取诛杀诸将的举措。而当王承宗诸子因全部在朝而发生帅位继承问题时，正是参谋崔燧等密与握兵者谋，以承宗祖母、凉国夫人李氏命告亲兵及诸将，令拜承宗弟承元。后承元立意接受朝旨离开成德，亦是花费了很大心力安抚并镇压诸将才得以成行。（参看[日]渡边孝：《魏博と成德——河朔藩镇の权力构造についての再检讨》，《东洋史研究》54：2，1995，第115页）

④ [日]堀敏一：《藩镇亲卫军的权力结构》，《日本学者研究中国史论著选译》第四卷《六朝隋唐》，第600页。

州。六月，辛未，田承嗣遣其将裴志清等攻冀州，志清以其众降（成德）李宝臣。甲戌，承嗣自将围冀州，宝臣使高阳军使张孝忠将精骑四千御之，宝臣大军继至；承嗣烧辎重而遁……田承嗣以诸道兵四合，部将多叛而惧，秋八月，遣使奉表，请束身归朝……己丑，田承嗣遣其将卢子期寇磁州……（十月，）卢子期攻磁州，城几陷；李宝臣与昭义留后李承昭共救之，大破子期于清水，擒子期至京师，斩之。河南诸将又大破田悦于陈留；田承嗣惧……十一月，丁酉，田承嗣将吴希光以瀛州降……田承嗣请入朝，李正己屡为之上表，乞许其自新……（大历十一年）二月，庚辰，田承嗣复遣使上表，请入朝。①

在田承嗣的两次忧惧请降中，其手下将领都扮演了重要角色。前次是霍荣国与昭义降将裴志清等部将的叛离。《新唐书·田承嗣传》更称："承嗣列将往往携阻，杀数十人乃定。"至于后一次，除了大将卢子期的被擒外，瀛州守将吴希光的降唐对于田承嗣次月的"再请入朝"也有关键影响。在建中二年，谷从政劝其甥李惟岳勿与唐廷对抗，接受德宗诏命入朝时就说过以下这番话：

> 昔田承嗣从安、史父子同反，身经百战，凶悍闻于天下，违诏举兵，自谓无敌。及卢子期就擒，吴希光归国，承嗣指天垂泣，身无所措。赖先相公（指李宝臣）按兵不进，且为之祈请，先帝宽仁，赦而不诛，不然，田氏岂有种乎！②

田承嗣时代的这种将领在魏博军政结构中发挥重要作用的局面，也为此后的田悦时代所继承。这从"四镇之乱"初，田悦与手下将领的关系中可以看得很明显。史称田悦以邢曹俊、孟希祐、李长春、符璘、康愔为爪牙：

> 会幽州朱滔等奉诏讨惟岳，悦乃遣孟希祐以兵五千助惟岳；别遣康愔以兵八千攻邢州；杨朝光以兵五千壁卢疃，绝昭义饷道。悦自将兵数万继进……（河东节度使马）燧乃自壶关鼓而东，破卢疃，战双冈，禽贼大将卢子昌而杀朝光，悦遁保洹水。③

---

① 《资治通鉴》卷225"大历十年五月—十一月"、"大历十一年二月"条。
② 《资治通鉴》卷226"建中二年正月"条。
③ 《新唐书》卷210《藩镇魏博·田悦传》。

推测此处的卢子昌就是田承嗣时代大将卢子期的同族兄弟，而被杀的杨朝光可能与当年攻击相卫的大将杨光朝为同一人。史又称：

> 贝州刺史邢曹俊，田承嗣旧将也，老而有谋，悦宠信牙官扈崿而疏之。及攻临洺（洺州属县，时属唐），召曹俊问计……诸将恶其异己，共毁之，悦不用其策。①

> （其后田悦洹水大败，）收余兵千余走魏州……悦夜至南郭，大将李长春闭关不内，以俟官军，久之，天且明，长春乃开门纳之。悦杀长春，婴城拒守。城中士卒不满数千，死者亲戚，号哭满街。悦忧惧，乃持佩刀，乘马立府门外，悉集军民，流涕言曰："悦不肖，蒙淄青、成德二丈人大恩，不量其力，辄拒朝命，丧败至此，使士大夫肝脑涂地，皆悦之罪也。悦有老母，不能自杀，愿诸公以此刀断悦首，提出城降马仆射（即马燧），自取富贵，无为与悦俱死也！"因从马上自投地。将士争前抱持悦曰："尚书举兵徇义，非私己也。一胜一负，兵家之常。某辈累世受恩，何忍闻此！愿奉尚书一战，不胜则以死继之。"悦曰："诸公不以悦丧败而弃之，悦虽死，敢忘厚意于地下！"乃与诸将各断发，约为兄弟，誓同生死。悉出府库所有及敛富民之财，得百余万，以赏士卒，众心始定。复召贝州刺史邢曹俊，使之整部伍，缮守备，军势复振。②

从田悦诛杀降唐不成的魏州守将李长春后向将士所说的一番话语，以及此后与诸将"断发为誓，约为兄弟"等举措来看，取信于手下将领看来还是田悦维持其统治的一项根本策略。当然，在其上述言行过后，魏博的大将李再春父子、符令奇父子，以及其从兄田昂、王光进等人还是投降了唐廷。③ 幸好，靠着邢曹俊的"整军完全"，魏博士气复振。而此邢曹俊者，正是上文提及的，在田悦死后与孟希祐等追还田绪，使其顺利继承帅位的魏博老将。

所以我认为，在田承嗣、田悦时代，魏博其实和成德一样，也是一个以将校集团为中心的政权。尽管田承嗣的广征士卒、培植牙军，是很不同

---

① 《资治通鉴》卷 226 "建中二年五月"条。
② 《资治通鉴》卷 227 "建中三年正月"条。
③ 参见《资治通鉴》卷 227 "建中三年正月"条。

于其他两河藩帅的一项举措，但是同样作为安史旧部的藩镇，魏博初期的军事结构依然延续了传统的模式，即将领的主导地位此时并没有被改变。田承嗣手下也拥有实力大将和旧有部众，尽管规模不及李宝臣等人。田氏也努力招纳安史余部和蕃族将领。当大历十年田承嗣成功吞并相卫后，就又有一批相卫将卒被吸纳进魏博，其中就包括相卫的高级将领、安史旧将符令奇、符璘父子。① 并且，田氏同成德的李氏父子一样，也对位高权重的将领心怀芥蒂，甚至不惜杀戮。史称田季安时，其因衙内兵马使田弘正"人情归附，乃出为临清镇将，欲捃摭其过害之。弘正假以风痹请告，灸灼满身，季安谓其无能为"②。后来元稹在为田弘正所作的墓志及德政碑中亦说，弘正之前，"魏之法虐切疑忌，诸将以才多死者"③。又称："先是诸将之外有权者，莫不拘劫妻子以为固；四方之来聘问者，莫不防碍出入以为密。士吏工贾，限其往来，人多惧愁，稀复会聚，至是（指弘正任帅后）皆旷然矣。"④

因此，或许正如两唐书的《田承嗣传》说的，田承嗣创立牙军的用意，最初可能主要只是为了"自卫"。牙军不仅尚未对魏博早期的政局产生太大的影响，而且田氏伯侄似乎也没有指望牙军能成为魏博对外作战的中坚力量。至于牙军在此后能演变成如此令人生畏的力量，也许真的是其创立者田承嗣所始料未及的。

（三）牙军的主导

魏博藩帅更替的主导权开始为牙军方面所掌握是从田弘正时代开始的。自田弘正之后，魏博节帅史宪诚、何进滔、韩允忠（韩君雄）、乐彦祯（乐行达）、赵文㺹、罗弘信皆为牙军拥立。而史宪诚、何全皞、韩简⑤、乐彦祯、赵文㺹亦都因不为牙军所容而被杀。牙军作为一个以魏州兵士为主体，并代表后者意志的军士集团，虽然在名义上处于节帅、将

---

① 参见《全唐文》714 李宗闵《辅国大将军行左神策军将军知军事检校右散骑常侍兼御史大夫义阳郡王食实封二百户赠越州都督刑部尚书苻（符）公神道碑铭并序》。
② 《旧唐书》卷 141《田弘正传》。
③ 《元稹集》卷 53《故中书令赠太尉沂国公墓志铭》，第 576 页。
④ 《元稹集》卷 52《沂国公魏博德政碑》，第 563 页。
⑤ 《旧唐书·僖宗纪》、《新唐书·僖宗纪》、《资治通鉴》卷 255 "中和三年二月"条均作"韩简为部下所杀"，《旧唐书·韩简传》和《新唐书·韩简传》则作韩简"疽发背而卒"。

领、兵士三者的最底层，但实际上却已成为魏博政局的主导力量。

关于牙军在魏博中后期频繁发动变乱、更换节帅的原因，最重要的一点就是节帅直接削减了他们的经济所得，或者因与唐廷相结而消耗了魏博府库的财源。由于军士的"丰给厚赐"现在无法得到满足，于是多起牙军叛乱便应运而生。① 另一点则是作为一支主要由魏博当地人组成，并且随着时间的增累，逐渐发展成"父子相袭、亲党胶固"的军队，虽然为保卫本土，或维护本镇利益常常表现出很强的战斗力（实际上，在田弘正时代后，牙军作为魏博对外征战中核心部队的地位已经奠定下来，尤其到晚期，这一点更加明显②），但长时间的出境作战，却又是他们极不乐意的。这往往也是促成牙军动乱的另一个诱因。总之，"嗜利性"与"地域依附性"构成了魏博中后期牙军的两个重要特征。

不过仔细观察一下魏博中后期的节帅人选与节帅更替事件，中期与后期仍有差异。我们先来说一下中期的情况。首先，田弘正、史宪诚、何进滔都是以诸如"牙内都知兵马使"这样高级的牙军将领身份被牙兵拥立为节帅的。其次，田弘正是田氏家族的成员，而史宪诚、何进滔则可能都是来自灵州的粟特人。史氏家族迁入魏博的时间当在安史之乱后，而何进滔的"客寄于魏"则更可能晚到元和年间。③ 换言之，他们的家族都不是出自安史集团，也并非田承嗣旧部。最后，据森部丰先生的研究，尽管《何弘敬墓志》中所谓其六代祖令思因与乔叔望、执失思力争功，为叔望所诬奏，于是"并部曲八百人迁于魏相贝三州"④ 的记载并不可靠，但此记载仍可能反映了这样一个事实，即何进滔来到魏博时，确是率领了相当数量

---

① ［日］堀敏一：《藩镇亲卫军的权力结构》，《日本学者研究中国史论著选译》第四卷《六朝隋唐》，第602页。

② 据《资治通鉴》卷242载，长庆二年（822）正月，田布讨成德王庭凑："会有诏分魏博军与李光颜，使救深州。庚子，布军大溃，多归（史）宪诚，布独与中军八千人还魏。"又据《全唐文补遗》第五辑卢告《唐故魏博节度开府仪同三司检校太尉兼中书令魏州大都督府长史充魏博观察处置等使上柱国楚国公食邑三千户食实封一百户赠太师庐江何公（弘敬）墓志》（以下简称《何弘敬墓志》）载，武宗令何弘敬征讨泽潞时，"公（指何弘敬）遣骑将领徒击其左，步将领徒击其右。公以衙兵八千御之"（第40页）。晚期的情况，可参见两唐书相关节帅的传记等记载。

③ 荣新江：《安史之乱后粟特胡人的动向》，《暨南史学》第二辑，2003年，第112页。

④ 《全唐文补遗》第五辑卢告《何弘敬墓志》，第39页。

的粟特人一同前来的，这从其娶康氏、其子弘敬娶安氏也可看出。也就是说，何进滔能成为魏博节帅，很可能是得到了一个粟特集团的支持。① 这一点也许同样能适用于史宪诚。因为就在史、何担任魏博节帅的时期，在他们身边就确有米文辩这样的粟特胡人出任魏博的高级军将。②

不过不难看出，这样一个占据魏博统治上层的粟特集团与已掌握魏博主导权的牙军集团，其特质少有相似之处。最大的区别就在于前者是魏博之客，而后者则是魏博的土著。也许正是为了弥补这种差距，何氏后人在何弘敬的墓志中会刻意伪造他们在贞观时期即已迁居魏、相、贝的事实。其用意应该正如荣新江先生说的，是为了"要强调何氏在河北根基深远"③。并且，到何弘敬的时期，其已经放弃继续以粟特人为联姻对象的政策，而是为其子何全皞娶故卫州刺史徐酒文之女为妇。④ 何氏此举的初衷也许是为了进一步笼络魏博当地的势力，并且使自己的家族能够尽快摆脱"客"的身份而融入河北。但其导致的结果，却可能正是使自己在最后的危难关头丧失了粟特人的支持。⑤ 咸通十一年（870），何全皞因"骄暴好杀，又减将士衣粮"⑥ 为牙军逐杀。而由粟特节帅统治魏博半个多世纪的历史也就此终结。

---

① ［日］森部丰：《略论唐代灵州和河北藩镇》，《汉唐长安与黄土高原》（《中国历史地理论丛》1998年增刊），西安，陕西师范大学中国历史地理研究所，1998年，第265页。

② 荣新江：《安史之乱后粟特胡人的动向》，《暨南史学》第二辑，2003年，第113页。

③ 荣新江：《安史之乱后粟特胡人的动向》，《暨南史学》第二辑，2003年，第113页。

④ 《全唐文补遗》第五辑卢告《何弘敬墓志》，第42页。

⑤ 时守左谏议大夫的卢告在受弘敬之子全皞之请而为前者撰写的墓志中，在叙及弘敬为全皞娶徐酒文之女时，曾有过以下一番评论："自古名人义士，罕闻其比。况公辅大臣，藩方重德，未有为爱子娶妻不问贤愚好丑，不谋于其母氏也。"（第42页）卢告此番言语是向懿宗上奏时所说，此后又被其写入何弘敬墓志中。尽管此番叙述本意是为了懿美何弘敬，但无意中可能透露出这样一个信息，即何弘敬的此项决定没有与作为其姻亲的粟特人商议，而这本是何弘敬应该做的。不过我们还无法确定，何弘敬的这一措施是否是出于抑制粟特集团的考虑，而这种抑制又是否对此后何全皞的被牙军逐杀负有一定责任。

⑥ 《资治通鉴》卷252"咸通十一年八月"条。

(四) 牙军的兴灭

当帝国进入到动乱的晚唐时期，魏博也同样迎来了它最为动荡的最后四十余年历史。和中期相比，这一时期的节帅更替更为频繁。被推举出来的节帅也全部来自魏州当地。并且到最后，由牙军推立的节帅已经不再具备牙军右职的身份。堀敏一先生将其概括为，此一时期的魏博节帅是真正"从牙军伙伴中出身的藩帅"，并指出，这一特点在最后一位被牙军拥立的节帅罗弘信的事迹中表现得最为突出①：

> 先是，有邻人密谓弘信曰："某尝夜遇一白须翁，相告云，君当为土地主。如是者再三。"弘信窃异之。及废（赵）文㺲，军人聚呼曰："孰愿为节度使者？"弘信即应之曰："白须翁早以命我。"众乃环而视之，曰："可也。"由是立之。②

两唐书的《罗弘信传》等都称罗弘信为魏州贵乡（魏州治所）人，不过由近来学者据《唐赠工部尚书罗让神道碑》的分析来看，罗氏祖上与田承嗣同出平州卢龙军，并且在魏博前期地位显赫，因此很可能是本隶安禄山麾下，并随安史叛军南下，乱后随田承嗣降唐，定居魏博的将领。罗氏既来自平州，其族属很可能是蕃族，但在碑文中已被粉饰为长沙罗氏。值得注意的是，罗氏家族虽世仕魏博，但或与魏博数次节帅更替的变乱相关，其家族在魏博军中的地位却每况愈下。到罗弘信被牙军推立前，其只是一名负责牧圉的军中小校，地位已介于兵士与军将之间。③

在愈益接近魏博后期的时代，牙军推选出来的魏博藩帅也与牙军的特性愈益接近。胡人、高级将领、非本地人已经不再成为牙军拥立的对象，这倒不是说牙军在推立节帅时有着明确的身份歧视；相反，倒还不如说，此时的牙军已经全然不顾他们所推选的节帅在藩镇中的身份地位，他们唯独关心的是谁能够真正保障他们的利益。这就是罗弘信事件所反映出来的最为本质的问题。而另一个问题则是，由于魏博政局的主导权现已彻底为

---

① ［日］堀敏一：《藩镇亲卫军的权力结构》，《日本学者研究中国史论著选译》第四卷《六朝隋唐》，第602~603页。
② 《旧唐书》卷181《罗弘信传》。
③ 仇鹿鸣：《唐末魏博的政治与社会——以〈罗让碑〉为中心》，《历史研究》，2012年第2期，第32~34页。罗弘信家族的事例或可说明，在魏博，将领与士卒阶层的垂直流动是比较剧烈的，而正可与成德的平行流动情形相对照。

牙军支配,因此到了这个时候,节帅们所关心的,已经不再是诸如与唐廷或邻镇的关系,也不是如何利用魏博的军事优势跻身唐末的争霸行列,而唯有如何控制牙军这一问题。①

乐彦祯父子采取的措施是"召亡命之徒五百余辈,出入卧内,号为'子将',委以腹心",意欲通过培植更为亲信可靠的私兵取代牙兵。但此举导致的后果却是"军人籍籍,各有异议"。以至于招募"子将"的乐彦祯之子乐从训不得不"易服遁出"。不过此后乐从训仍被乐彦祯任命为"六州都指挥使。未几,又兼相州刺史。到任之后,般辇军器,取索钱帛,使人来往,交午涂路,军府疑贰"②。正如有学者所指出的,乐彦祯外放乐从训固然是与牙军的一种妥协,但就其任命后者担任"六州都指挥使"一职来看,仍是试图令后者掌握除牙军之外的镇军、州军的兵权,从而对魏州城内的牙军形成震慑。但这一举措不仅再次激化了双方的矛盾,使得乐彦祯在牙军的逼迫下退位为僧,而且还引发了乐从训与会府之间的大规模军事冲突。③

此次冲突中最值得注意的地方,除了上述罗弘信的登台外,更堪注意的则是河南的朱温作为先后支持乐从训与罗弘信的力量开始介入魏博的内乱,并成为左右胜败的关键因素。④ 朱温势力的再次介入魏博,是到罗弘信之子罗绍威担任魏博节帅之时。而这一次,则是帮助罗绍威彻底铲除魏博牙军。天祐三年(906)正月,与罗绍威联姻的朱温以助女之丧为名入魏:

> 庚午,绍威潜遣人入库断弓弦、甲襻。是夕,绍威帅其奴客数百,与(朱温将马)嗣勋合击牙军。牙军欲战而弓甲皆不可用,遂阖营歼之,凡八千家,婴孺无遗。⑤

受城内牙军被杀的影响,散居魏博六州之内的牙军和外镇军也纷纷起兵独

---

① 参见〔日〕堀敏一:《藩镇亲卫军的权力结构》,《日本学者研究中国史论著选译》第四卷《六朝隋唐》,第603~604页。
② 《旧唐书》卷181《乐彦祯传》。
③ 仇鹿鸣:《唐末魏博的政治与社会——以〈罗让碑〉为中心》,《历史研究》,2012年第2期,第32页。
④ 参见仇鹿鸣:《唐末魏博的政治与社会——以〈罗让碑〉为中心》,《历史研究》,2012年第2期,第34页。
⑤ 《资治通鉴》卷265"天祐三年正月"条。

立，不再倾心罗氏。数月后，魏博境内的军事骚乱被朱温平定，但史称：

> （朱温）留魏半岁，罗绍威供亿，所杀牛羊豕近七十万，资粮称是，所赂遗又近百万，比去，蓄积为之一空。绍威虽去其逼，而魏兵自是衰弱。绍威悔之，谓人曰："合六州四十三县铁，不能为此错也！"①

尽管以牙军为支柱的魏博镇实力雄厚，但其"嗜利性"与"地域依附性"使其满足于既得的经济利益和政治地位，缺乏与唐末群雄并争天下的动力。而倚靠着牙军之力维持其半独立体制到唐末的魏博，最终也因为牙军的覆灭，在新兴的朱温面前变得毫无还手之力了。后梁乾化二年(912)，朱温大将杨师厚趁前者之丧进据魏州，魏博末代节帅罗周翰被迫离镇，历时149年的唐代魏博政权正式宣告结束。

（五）成德与魏博的意义

渡边孝先生是第一位将成德与魏博的权力构造进行系统比较的学者。在他看来，成德军事结构的主导权在"大将"，而魏博则是作为"军士"整体的牙军集团。承袭安史叛军以来的传统，成德的宿将人数多、威望重，世袭与彼此间的联姻关系是其巩固势力的重要手段。与之相对，成德的兵士层却可能不断经历着新陈代谢。因此，成德是一个"将"与"兵"地位悬殊的社会。或可说，成德的历任节帅本身也是将领伙伴集团中的一员。魏博的牙军本是以征募当地农民而形成的亲卫军，不过，其随后很快就转化为以"丰给厚赐"为利益主旨的雇佣兵集团。地域意识强烈、"父子世袭，姻党盘互"是魏博牙军的主要特点。而藩帅拥立与魏博自立的主体就是这样一个兵士集团。

上文有关魏博的研究，对渡边孝先生的观点提出了一个小小的修正。首先，我赞同渡边氏关于成德的论述。成德的军事构造从李宝臣时代就已奠定，并且，这种构造直接承袭自安史集团，又终成德之世始终没有改变。不过在我看来，魏博的军事构造却并不是从一开始就形成以牙军为主导的格局的。尽管田承嗣创立牙军为此后后者的崛起奠定了基础，但这只是魏博军事基础与传统不如成德的一个反映，这使得田承嗣有必要也有可能发展直属于藩帅的亲卫部队，而创立牙军最初的目的也许只是为了"自

---

① 《资治通鉴》卷265"天祐三年七月"条。

卫"。至于魏博军事的基本构造,其实在最初和成德一样,因为魏博毕竟也是由安史降将与安史旧部为基础建立的藩镇。这就是为什么在元和七年(812),宪宗在田季安死后意欲经营魏博时李绛所说的:

> 凡河南河北叛涣之地,事体大同,惧部下诸将有权,恐得便图己,各令均管兵马,不令偏在一人,使力敌权均,为变不得。若广与诸将计会,则必谋泄不同;若一将为变,自然兵少不济,以此相制,先动不得,此是贼中之制置,于事为便。加以酷诛重购,故无敢发意者。①

因为在元和七年左右这样一个依旧由田氏统治的时代,魏博的权力结构还没有发生质的变化。魏博牙军势力的抬头,并逐渐占据主导权,是从田弘正时代开始的。田弘正到田布,可能是一个过渡时期。在随后的史氏和何氏的时代,魏博的将领,尤其是粟特集团的将领看来仍旧有一定势力。不过粟特将领得以跻身魏博上层,最初也可能正是借着魏博发展牙军的契机以及旧将的退出。但何全皞之后,将领层就再也无法对魏博政局造成影响了,牙军开始完全把持魏博。而到了这一时期,节帅就不得不通过设置更为亲信的私兵作为新的"自卫"部队与驻守牙城的牙军对峙,甚至不惜动用外镇或州兵的力量来威慑和挑战作为魏博征战核心的牙军。也就是说,魏博牙军的势力是随着时间的推移不断壮大的,而与牙军势力发展相对,魏博将领的影响力却在日益下降。其导致的结果便是魏博节帅的人选由诸将拥护的田氏一族变为由牙军拥立的田氏大将,再到牙军推选出来的粟特将领,然后是魏博本地的军校,最后则是与兵士身份所差无几、世仕魏州的罗弘信。魏博藩帅更替过程中所显示出来的藩帅身份差异,正是将领地位下降与牙军势力崛起最好的表征。

那么,成德与魏博的这种权力构造差异的意义究竟何在呢?在我看来,成德与魏博正代表了安史之乱后,以两河藩镇为代表的藩镇军事构造的两种模式。第一种以河北的成德、河南的淄青、淮西为代表。这三个藩镇共同的特点都在于,军将集团构成了三镇权力结构的中枢。有关淄青的情况,史料言:

---

① (唐)蒋偕编:《李相国论事集》卷5《论魏博》,文渊阁四库全书本。

> 自正己至师道，窃有郓、曹等十二州六十年矣。惧众不附己，皆用严法制之。大将持兵镇于外者，皆质其妻子；或谋归款于朝，事泄，其家无少长皆杀之。以故能劫其众，父子兄弟相传焉。①

淄青最终因持兵在外的大将刘悟的倒戈，结束了李氏祖孙四世近六十年的统治②，也就此被一分为三，彻底结束了其半割据的历史。淄青的情况可以说与成德最为相似，所以在淄青被宪宗平定后的次年，当成德节帅王承宗死后，其弟承元执意不接受诸将的拥戴、一心离镇时，就说过下述一番话：

> 昔李师道之未败也，朝廷尝赦其罪，师道欲行，诸将固留之。其后杀师道者亦诸将也。诸将勿使承元为师道，则幸矣。③

与淄青的藩帅之位由李氏一族长期把持不同，淮西节帅在半个多世纪里则更迭数姓。但是，李忠臣之后的历任淮西节帅——李希烈、陈仙奇、吴少

---

① 《旧唐书》卷124《李正己附李师道传》。又同卷《李正己传》言："（正己）后自青州徙居郓州，使子纳及腹心之将分理其地。"《李师古传》言："及纳卒，师古继之。（王）武俊以其年弱初立，旧将多死，心颇易之。"

② 如果我们比较一下淄青大将刘悟的倒戈，与三年后魏博大将史宪诚的自代田布，就可发现其中的不同。有关刘悟倒戈之事，《资治通鉴》卷241"元和十四年二月"条的记载最为详尽，其中说道刘悟率军返回郓州城、攻击牙城时，"牙中兵不过数百"。但我们看到，当田布手下的军队溃归史宪诚时，魏博中军八千人却依然跟随着前者返回魏州。并且从田布与这些牙将的对话中来看，只要前者遵行"河朔旧事"，牙军依旧会拥戴前者。而且似乎这些牙将并未把此时尚在魏州之外的史宪诚军队特别放在心上。而有关史宪诚的传记，也都是将其取代田布成为魏博新帅的过程描述为"诸军即拥而归魏，共立为帅"（《旧唐书》卷181《史宪诚传》），甚至为"众乃逼还府，擅总军务"（《新唐书》卷210《藩镇魏博·史宪诚传》）。这与刘悟的主动倒戈李师道也有很大不同。

③ 《资治通鉴》卷214"元和十五年十一月"条。《新唐书》卷213《藩镇淄青·李师道传》曾载，李师道本因淮西被平，欲纳三州，并遣子入侍。"宿既还，师道中悔，召诸将议，皆曰：'蔡数州，战三四年乃克，公今十二州，何所虞？'大将崔承度独进曰：'公初不示诸将腹心，而今委以兵，此皆嗜利者，朝廷以一浆十饼诱之去矣。'"而在当年宪宗欲讨伐成德王承元之兄承宗时，其实承宗也曾对属下将领张遵说："天子不察，宰臣不言，诸将偷安，土地割裂。"张遵的回答则是："某亦恐诸将人人异图。"［《全唐文补遗》第四辑豆卢署《（上残阙）邕州本管经略招讨处置等使邕州刺史兼御史大夫赠左散骑常侍张公（遵）墓志故夫人南阳郡君河南豆卢氏墓志同叙》，第129页］

诚、吴少阳、吴元济均为当镇大将；而且有趣的是，他们与刘悟一样，均非淮西当地人；并且，也都是主动夺取节帅之位的。因此与成德、淄青相似，淮西其实也是一个由将领主导当镇军政大权的地方。史称宪宗发兵讨伐吴元济时，

> 元济不能有所指授，诸将赵昌、凌朝江、董重质、李祐、李宪、王览、赵晔、王仁清等以便宜人自为战，抗王师，有少诚、少阳旧风。①

又称此后元济意欲降唐，"为群贼所制，不能自拔"②。可见这种情况与淄青很相像。

淄青、淮西与成德的另一个共同特征则是，三镇都相当重视骑兵，并以骑兵为当镇精锐。史称李正己"货市渤海名马，岁岁不绝"③。淮西"少马，而广畜骡，乘之教战，谓之骡子军，尤称勇悍"④。

成德、淄青、淮西这种"权在将领"而又重视骑兵的相仿军事结构，在我看来，都是因为此三镇是由原安禄山的河朔部众为基础组建的缘故。成德集中了乱后最为精锐与数量众多的安史余部，而淄青和淮西则是由来自营州的平卢军军人为主干建立的。换言之，它们在继承这些部众的同时，也一并继承了原安史集团的军事统治方式，即分权于将领，由将领统辖各自的部众。至于对骑兵的重视，一则也是继承了河北边地的传统。并且，骑兵这种军种是比较适合以将领分部统领的方式来实行管理的。如此来看的话，我们不妨把这三镇称为"安史旧部型藩镇"。

但是这类以将领层为权力主导的藩镇也有一个很严重的问题，就是由于权力分散，容易导致分裂。并且，将领构成了对节帅最大的一个威胁。所以李绛说"若常得严明主帅能制诸将之死命者以临之，则粗能自固矣"，否则，可能会有"列将起代主帅"⑤之祸。成德的分裂、淄青的灭亡、淮西的困境其实都得因于此。而对唐廷来说，笼络、离间或打击这些藩镇的将领，则是其取得对这些藩镇战争主导权的一种可行手段。其实我推测，

---

① 《新唐书》卷214《藩镇彰义·吴元济传》。
② 《旧唐书》卷145《吴元济传》。
③ 《旧唐书》卷124《李正己传》。
④ 《旧唐书》卷145《吴少阳附吴元济传》。
⑤ 《资治通鉴》卷238"元和七年八月"条。

另外三个以原安禄山部众组建的两河藩镇——相卫、汴宋和滑亳可能也属于这种类型。只是因为它们在代宗大历年间就已经瓦解或转型，使得我们对它们的权力构造由于无法获得更多的史料信息而无从详知。并且由于淄青和淮西在元和时代因宪宗的打击，以及其后一系列"去平卢化"的措施，实际上已经宣告灭亡，所以位于河北中部这一相对安全的地缘位置，且实力颇强的成德镇就成了这类藩镇中唯一的幸存者。而从成德本身的发展来看，将领层的强大曾是其傲视两河藩镇的军事资本，但又在此后成为将其拖入分裂的危机根源。但最终，成德却在保持这一传统的前提下实现了两河藩镇中最为稳定和长久的统治。

接下来我要来谈谈魏博的意义。和成德一样，我认为魏博也代表了一类藩镇，这类与魏博相似的藩镇还有介于河东、河北间的泽潞，以及河南的宣武与武宁。这四个藩镇的共同特点都在于牙军势力的强大。并且，它们就是赵翼在谈到唐代"骄兵"问题时所列举的四个藩镇。① 换言之，唐代"骄兵"问题以此四者最为突出。

在第一章中，我对宣武和武宁的"骄兵"问题已有过论述，并指出，军队地方化和地方军人集团的形成是"骄兵"产生的根源。不过关于地方军人集团何以会在宣武和武宁，而不在淄青、淮西这样的平卢系藩镇中产生，前文尚未作进一步的展开。这里我想指出的是，宣武和武宁都是平卢系藩镇解体后的新兴藩镇，也就是说，"权在将领"的传统在这些藩镇中其实并不突出。正因为如此，刘玄佐和王智兴可以比较自由地扩充和培养兵士层的力量，尤其是可以发展直属于节帅本人的最为亲信的那一批牙军。这一点同样适用于魏博和泽潞。堀敏一先生在讨论牙军的产生模式时，就专门将泽潞的情况与魏博进行了比较。尽管在泽潞的初期军事发展中，并没有诞生像魏博那样明显的牙军集团，但显然，堀氏已经敏锐地注意到田承嗣与李抱真征募当地农民进行"团练"，随后将其纳入作为职业军人的"官健"的过程是极为相似的。② 魏博大力发展包括牙军在内的军事力量，外在的一个动力就是其在两河藩镇中实力偏弱。至于泽潞，更是因为作为身处地瘠民贫的太行山区的新兴藩镇，建立之初就面临着经济及

---

① 《廿二史札记校证》卷20《方镇骄兵》，第431~432页。
② 参见［日］堀敏一：《藩镇亲卫军的权力结构》，《日本学者研究中国史论著选译》第四卷《六朝隋唐》，第588~590页。

军事力量虚弱的问题。换言之，这类藩镇多半传统势力不强，所谓"传统势力不强"，既是指其军事力量相较之前那类藩镇略显单弱，也是指将领层没有在这类藩镇中发育得特别成熟。所以，这一方面使得这些藩镇的节帅在发展其军事力量时，可以直接以扩充兵士人数为目的，不需要经过中间将领层的环节，这就是为什么以上几个藩镇可以在短时间内迅速提升军事力量的原因。另一方面，也正是因为没有将领层的干扰，藩镇节帅可以直接发展直属于本人的军队，而不用受到将领的掣肘。由于这些兵士都从当地征募，由当地人构成本镇的主要兵源，因此他们的地著意识就特别强烈，也容易形成所谓地方军人集团。因此与上述的"安史旧部型藩镇"相比，我们或许可以称它们为"新兴的地域型藩镇"。

由于兵士由节帅征募、直接对节帅负责，所以这样一个地方军人集团就成了这些藩镇的权力中坚。节帅培植这些兵士的初衷原是为了获得直属于自己的亲信力量，因此给予其优厚的经济待遇以及父子相袭的特权，但是，这反倒成了这些地方军人从军入伍的根本目的。于是，为了维护与巩固本集团的特权利益，他们不乐频繁作战，而一旦节帅损害了他们的利益，他们立即会倒戈以向前者，这些藩镇内部的动乱多半都由此而来。这也就是旧史所谓"骄兵"。所以我们看到，在这些藩镇中，越是主帅的亲信部众，比如负责宿卫的那部分牙军，越容易成为搅扰政局、变易主帅的根源，也最为跋扈。以下是长庆二年有关宣武牙军的一段记述：

> 李质者，汴之牙将……有诏以韩充镇汴。充未至，质权知军州事。使衙牙兵二千人，皆日给酒食，物力为之损屈。充将至，质曰："若韩公始至，顿去二千人日膳，人情必大去；若不除之，后当无继。不可留此弊以遗吾帅。"遂处分停日膳而后迎充。①

这里的"使衙牙兵二千人"在《新唐书·韩充传》中又被称为"军中敢士二千直阁下"，是负责勤卫的亲信牙兵。关于泽潞的情况，史料亦言：

> 又（泽潞旧帅）卢从史时，日具三百人膳以饷牙兵，（新帅郗）士美曰："卒卫于牙，固职也，安得广费为私恩？"亦罢之。②

---

① 《旧唐书》卷156《韩弘附李质传》。《资治通鉴》卷242"长庆二年八月"条所谓"牙兵三千人"，人数略有差异。
② 《新唐书》卷143《郗士美传》。

至于最为著名的武宁"骄兵"银刀军，史料称：

> 初，王智兴得徐州，召募凶豪之卒二千人，号曰银刀、雕旗、门枪、挟马等军，番宿衙城……其徒日费万计。每有宾宴，必先厌食饫酒，祁寒暑雨，厄酒盈前，然犹喧噪邀求，动谋逐帅。
>
> 其银刀都，父子相承，每日三百人守卫，皆露刃坐于两廊夹幕下，稍不如意，相顾笑议于饮食间，一夫号呼，众卒相和。

堀敏一先生认为，三百人可能是牙军值勤的标准人数。并且指出，武宁银刀都的这种情况，与贞元十二年（794）出任宣武军节度使的董晋在上任次日即罢去的"幕于公庭庑下，挟弓执剑以须。日出而入，前者去；日入而出，后者至。寒暑时至，则加劳赐酒肉"的宣武"腹心之士"[①] 极为相似。[②]

当然，为了控制牙军，主帅有时又不得不培植更为亲信的私兵与之对抗，比如魏博乐氏父子豢养"子将"。或者说在一般牙军之外，再发展亲卫牙军。其实上举诸例中的牙军，尤其是韩愈所说的董晋上任后罢除的宣武"腹心之士"就属于后者。[③] 这样一来，就出现了所谓藩镇亲卫军重层化的现象。[④]

而与之前的"安史旧部型藩镇"相比，这类藩镇还有一个不同于前者的特点，那就是它们多半是以步兵为主干的藩镇。这一方面当然与它们所处的地理环境有关[⑤]，但另一方面也可说它们没有太多骑兵的传统。事实

[①] 《韩昌黎文集校注》卷8《故金紫光禄大夫检校尚书左仆射同中书门下平章事兼汴州刺史充宣武军节度副大使知节度事管内支度营田汴宋亳颍等州观察处置等使上柱国陇西郡开国公赠太傅董公行状》（以下简称《董晋行状》），第582页。

[②] 参见［日］堀敏一：《藩镇亲卫军的权力结构》，《日本学者研究中国史论著选译》第四卷《六朝隋唐》，第592~597页。

[③] 韩愈在《董晋行状》中说："初，（刘）元（玄）佐遇军士厚，（刘）士宁惧，复加厚焉；至（李）万荣，如士宁志；及韩（惟清）张（彦林）乱，又加厚以怀之；至于（邓）惟恭，每加厚焉。故士卒骄不能御，则置腹心之士，幕于公庭庑下，挟弓执剑以须。"（第582页）

[④] 参见［日］渡边孝：《魏博と成德——河朔藩镇の权力构造についての再检讨》，《东洋史研究》54：2，1995，第106~107页。

[⑤] 这一点在泽潞身上体现得最为明显，因为泽潞所处的正是适合运用步兵的太行山脉的山区地带。《资治通鉴》卷223"永泰元年正月"条载，李抱真发展泽潞步兵后，"由是天下称泽潞步兵为诸道最"。参见［日］日野开三郎：《唐河阳三城镇遏使考》，《日野开三郎东洋史学论集》第一卷《唐代藩镇の支配体制》，第282页。

上，步兵是一种远较骑兵更易培养的军种，这也就是为什么这些藩镇在成立之初就能够迅速崛起的另一个原因。当然，即就牙军守卫牙城或使牙的职责而言，步兵也比骑兵更适合此职，因此在步兵型的藩镇中，牙军更为突出。

但很明显，这类藩镇也有一个严重的问题，就是兵士对节帅的威胁。这倒不是他们想要挑战节帅的位置，而是他们要求节帅必须保证他们的既得利益。而对唐廷来说，控制这类藩镇也不是一件容易的事情，除了指望节帅能对这些骄卒实施镇压外，似乎并无太好的办法。当然，由于这几个藩镇与唐廷的关系很不相同，所以其牙军集团的具体面貌，以及最终瓦解的方式也有差异。与唐廷关系最密切的泽潞，其军事构造因合并昭义、招纳刘悟的郓州兵等前后发生过较大的变化①，而且其本身也在武宗会昌年间被唐廷分裂。至于宣武牙军和武宁银刀军则都在此后遭到过强悍主帅的打压。而处于半割据状态的魏博牙军，则是其中规模最大、存在时间最长、实力最强，也是最为跋扈的。尽管魏博牙军的成立曾是魏博迅速崛起，并且帮助节帅逐渐摆脱将领掣肘与威胁的一种有效的统治方式，但田承嗣看似成功的重构魏博军事构造，却也为魏博此后愈益频繁和剧烈的内部动乱埋下了伏笔。

不过就历史角度来说，魏博的这种权力构造相对成德而言，也许更具时代的意义，因为我们已在其中隐约看到了未来北宋军队中央化的某些特征。宋人尹源在其《叙兵》一文中说道：

> 若唐之失，失于诸侯之不制，非失于外兵之强，故有骄将，罕闻有骄兵。今之失，失于将太轻，而外兵不足以应敌，内兵鲜得其用，故有骄兵，不闻有骄将。②

尹源的论说纵然未必完全正确，因为"骄兵"在唐代其实已经存在，但他的说法或许正提醒我们，在宋代已成为一种普遍情形的"骄兵"，在唐代，其实还只是特定时空范围内的一种军事现象。

---

① 在泽潞与昭义合并后，其军种分布呈现出太行山地带的泽潞区以步兵为主，而骑兵则多屯驻于河北平原的邢洺区的差异。有关这一问题，可参见杜立晖：《新出墓志所见唐昭义军的几个问题》，河北师范大学 2007 年硕士学位论文，第 7~21 页。

② 《宋史》卷 442《文苑四·尹源传》。

三、幽州：外部的挑战

位于河北北部的幽州、卢龙节度使统辖着河北最为广阔的地域。初设时的幽州领有幽、蓟、营、平、妫、檀、莫七州，大历四年（769）割幽州之范阳等县增置涿州①，十年又趁田承嗣之乱增领瀛州。（见图27）和成德、魏博不同，幽州自大历时代奠定其九州的规模后，至唐末动乱以前基本无甚大的变动，其辖境是河朔三镇中最稳定的。但是与其辖境的稳定相反，幽州内部的变乱则频繁得令人吃惊。在150年的时间里，幽州总共发生了约二十起变乱，导致约三十人相继成为其节帅。② 这成为幽州与成德、魏博最大的不同所在。

已有学者指出，幽州的变乱在时间分布上并不平衡。自广德元年李怀仙被唐廷任命为首任幽州节度使，到长庆元年（821）刘总入朝，前期的58年里，幽州的变乱相对还较少；频繁的变乱主要发生在后期的92年时间里。③ 不过，尽管幽州前期的变乱并不多，但这有限的几次变乱却已奠定了幽州未来变乱的基本面貌。或者说，未来的幽州变乱无非是复制着前期的那些变乱而已。如此来看，若幽州变乱的根源也与成德、魏博一样，是来自它自身的权力构造与支配体制的话，那么，这种权力构造与支配体制就始终没有发生过太大的变化。从这一点上来说，幽州或许和成德颇为相似，尽管两者的稳定程度大相径庭。但另一方面，幽州却也独享着某种特质，这是成德，甚至其他两河藩镇都不具备的。在接下来的论述中，我们就将对幽州权力构造的基调以及它的这种独特个性进行探讨。

（一）蕃族与羁縻州时代的结束

幽州作为安史叛乱的根据地，其境内羁縻州的蕃族部落曾经是叛军的主干和中坚。上元二年幽州城内的杀胡事件，导致大量幽州胡人被杀。尽管学者指出，这种突发性的事件对大多数胡人的生存不会造成直接影响。并且从房山石经中，我们也确实可以看到不少胡人将领，甚至是一些高级将领的题名。而蓟门乱后的新任范阳节度使李怀仙本身也是柳城胡人。④

---

① 参见《旧唐书·地理志》《新唐书·地理志》。
② 参见吴廷燮：《唐方镇年表》卷4《幽州》，第552~575页。
③ 冯金忠：《幽州镇与唐代后期政治探析》，《中国边疆史地研究》，2006年第3期，第65页。
④ 参见荣新江：《安史之乱后粟特胡人的动向》，《暨南史学》第二辑，2003年，第115页。

不过在僖宗时代前，幽州一直没有像魏博和成德那样，出现过可以长期影响当镇局势的蕃族家族或集团。在此时期中先后担任幽州节帅的二十余位将领中，除了初代节帅李怀仙（763—768 在位）外，只有文宗年间的幽州节度使史元忠（834—841 在位）可能亦为胡人。因此，蕃族势力在幽州上层所具有的影响力看来并不像成德、魏博那样突出。

蕃族对安史乱前与乱后幽州政权截然不同的影响，除了上元二年这起突发性的事件外，也与战争时期大量蕃族部落的人口耗散有关。此种形势最终也导致了幽州境内安置蕃族部落的羁縻州在安史之乱结束后几乎全部瓦解，这就是《旧唐书·地理志》说的："至德之后，（其民）入据河朔，其部落之名无存者。"

当然，也并非所有的羁縻州都随着安史之乱的结束而瓦解，比如燕州就在安史乱后又长存了约二十年。燕州，《旧唐书·地理志》载：

> 隋辽西郡，寄治于营州。武德元年，改为燕州总管府，领辽西、泸河、怀远三县。其年，废泸河县。六年，自营州南迁，寄治于幽州城内。贞观元年，废都督府，仍省怀远县。开元二十五年，移治所于幽州北桃谷山。天宝元年，改为归德郡。乾元元年，复为燕州。旧领县一，无实土户。所领户出粟皆（末）靺鞨别种，户五百。天宝，户二千四十五，口一万一千六百三。

早在隋代就为安置靺鞨部落而设立的燕州①，当然不一定在开元天宝年间仍以靺鞨为其主要人口。在安史叛乱中，燕州也出过有活跃表现的著名将领，比如少籍平卢军、后来成为淮西节度使的李希烈。② 燕州废置在建中二年，史称："（四月）己亥，省燕州、顺化州。"③ 不过此举并非唐廷决意。《新唐书·地理志》将燕州被废一事系于幽州幽都县条下：

> 幽都，望。本蓟县地。隋于营州之境汝罗故城置辽西郡，以处粟末靺鞨降人。武德元年曰燕州，领县三：辽西、泸河、怀远……是年，省泸河。六年，自营州迁于幽州城中，以首领世袭刺史。贞观元年，省怀远。开元二十五年，徙治幽州北桃谷山……建中二年为朱滔所灭，因废为县。

---

① 《新唐书》卷 39《地理志三》。
② 《新唐书》卷 225 中《逆臣中·李希烈传》。
③ 《旧唐书》卷 12《德宗纪上》。

《旧唐书·地理志》幽都县条亦称：

> 幽都　管郭下西界，与蓟分理。建中二年，取罗城内废燕州廨署，置幽都县，在府北一里。

废置燕州与新建幽都县应该是前后连续的一起事件。从燕州"为朱滔所灭"一句来推测，这个位于幽州北桃谷山的羁縻州在安史之乱后可能仍旧居聚着一定数量的蕃族人口，并且拥有一定的军事基础，因此已成为幽州城内节度使朱滔的心腹之患。朱滔攻灭燕州后，将其剩余人口徙至罗城内的废燕州廨署，新置幽都县以管辖这些原燕州居民，并将这一举措上报到唐廷，得到了后者的追认。和燕州一起废省的还有顺化州。关于顺化州，只有新书《地理志》载："顺化州县一：怀远。"如果顺化州是由原燕州的怀远县置，那么也就可以理解何以顺化州会与燕州一起省废，而且在某些史料中就只记载"省燕州"[①] 而不及顺化州的原因了。

燕州与顺化州是我们现在所能看到的唯一被史书明确记录废置于安史之乱后的幽州所属羁縻州。因此，它们很可能是幽州节度使领有的最后两个羁縻州了。而在它们被朱滔攻灭后，幽州境内就再无羁縻州这种曾经对叛军而言极为重要的军政建置了。不过从朱滔灭燕州一事来看，我们也能隐约感觉到，哪怕只有一两个羁縻州，对于城内的节度使而言，也可能是一种不容低估的威胁。这种治所州城与城外的对峙，很难想象会发生在成德或魏博，这正是幽州的一个特色。不过随着最后两个羁縻州的废省，这种威胁现在已经不复存在。但是，与此相类的一组矛盾，却将在此后仍旧深刻影响着幽州政局。

（二）牙将的困境

谈完了幽州城外的羁縻州，我们来谈谈幽州城内的情况。首任幽州节度使李怀仙任使六年，于大历三年（768）为麾下兵马使朱希彩及朱泚、朱滔所杀。这是两河藩镇中首次发生节帅为牙将所害之事。据说李怀仙被杀后：

> 恒州节度使张忠志（即李宝臣）以怀仙世旧，无辜覆族，遣将率众讨之；为希彩所败。[②]

[①]　《新唐书》卷66《方镇表三·幽州》建中二年条。
[②]　《旧唐书》卷143《李怀仙附朱希彩传》。

唐廷也在此次事件后，首次试图由中央方面派遣大臣担任两河藩镇的节帅，不过并没有成功，最后仍不得不以朱希彩为幽州节度使。大历七年（772）朱希彩因残虐将卒，麾下孔目官李瑗因人之怒伺隙斩之。史称：

> （仓促之际，）众未知所从；经略副使朱泚营于城北，其弟滔将牙内兵，潜使百余人于众中大言曰："节度使非朱副使不可。"众皆从之。泚遂权知留后，遣使言状。冬十月，辛未，以泚为检校左常侍、幽州、卢龙节度使。①

朱泚被任命为节度伊始即遣朱滔入朝谒见并率众防秋，后又于大历九年（774）亲自将兵入朝御边，因而甚得代宗奖赏。不过正如有学者所指出的，朱氏兄弟首开河朔藩镇款服先河，与其说是他们诚心对唐廷表示忠顺，倒还不如说是由于朱氏兄弟出身寒微，在安史旧部云集的河朔藩镇中为邻镇将帅不齿所致。② 这一点在此后排挤其兄朱泚而担任幽州节度使的朱滔身上体现得更为明显。与朱泚一样，朱滔也是因与朱希彩同姓而为后者器重，并被授予主掌希彩"腹心亲兵"③ 的重任。当大历十年盗据相卫的田承嗣成功挑起李宝臣与朱滔的矛盾时，史料曾载：

> 宝臣谓滔使者曰："闻朱公仪貌如神，愿得画像观之。"滔与之。宝臣置于射堂，与诸将共观之，曰："真神人也！"④

可见，本自幽州而来的李宝臣与手下将领其实并不认识朱滔。虽然朱滔的画像被宝臣及诸将誉为"神人"，但这种夸赞或许别含他意在内，未必是真心而作。⑤ 倒是"四镇之乱"时与朱滔决裂的成德新帅王武俊对前者的评价更为直白，其就公然称朱滔为"田舍汉"⑥，显见对朱氏出身的鄙夷。在中唐时代，燕赵"宿怨"是天下皆知的事实。⑦ 而这种在朱滔时期，甚

---

① 《资治通鉴》卷 224 "大历七年七月、十月"条。
② 参见冯金忠：《幽州镇与唐代后期政治探析》，《中国边疆史地研究》，2006 年第 3 期，第 68 页。
③ 《旧唐书》卷 143 《朱滔传》。
④ 《资治通鉴》卷 225 "大历十年十月"条。
⑤ 因为史料接着就说："滔军于瓦桥，宝臣选精骑二千，通夜驰三百里袭之，戒曰：'取貌如射堂者。'"（《资治通鉴》卷 225 "大历十年十月"条）
⑥ 《旧唐书》卷 142 《王武俊传》。
⑦ 参见《樊川文集》卷 6 《燕将录》，第 99 页。

至可能早在李怀仙被杀后就已结下的幽州与成德的世仇，一部分原因正是因为身为安史宿将、蕃族酋豪的李宝臣、王武俊诸人对没有家世资历的"暴发户"朱滔的不满。其实，朱滔所能感受到的这种来自同辈将领的压力不仅来自邻镇，本镇内部也是如此，这也可能就是他在取代朱泚担任幽州节度使后，为"威振军中"而"杀有功者李瑗等二十余人"① 的原因所在。

在幽州后期历史中，像朱希彩以及朱氏兄弟这样，以牙将身份逐杀旧帅，或因牙职而被推戴为节帅，其后亦被手下牙将逐杀的变乱不在少数。比如李载义（826—831在位）、杨志诚（831—834在位）、史元忠（834—841在位）、陈行泰（841在位）、张绛（841在位），这十五年中的变乱莫不如此。在这些牙将中，有些人的资历并不特别突出，比如在一个月内相继被推举及逐杀的陈行泰、张绛都是所谓幽州"游客"②。因此在这种环境下，能否得到唐廷的支持，就成为其稳固自身在幽州地位的关键。实际上，陈行泰、张绛正是因为没有获得唐廷的支持而迅速下台的。而其前任李载义的弑帅继位，则明显是得到了代表唐廷的敕使和监军的首肯及支持。③

学者的研究已经指出，位于河北北部的幽州在互相结好的两河藩镇中显得较为孤立。其北有异族，南有长期不和的成德。④ 而幽州的权力结构则可能和成德颇为相似，即它也是一个由将领占据权力层中枢的地方。⑤ 这其中，幽州城内的牙将当然是最容易影响当镇政局的。不过，幽州的牙将看来远不具备他们的成德同仁那样骄傲的家世和资历。而且从一开始，幽州就出现了特为两河藩镇所厌恶的"部将忽领一方之权"⑥ 的事例，这使得它在很长时间内无法得到邻镇的好感。而且，这种频繁逐杀节帅的状况在此后也一直没有得到妥善解决。我想，这正是相较于魏博和成德，幽

---

① 《新唐书》卷212《藩镇卢龙·朱滔传》。
② 《旧唐书》卷180《张仲武传》。
③ 参见冯金忠：《幽州镇与唐代后期政治探析》，《中国边疆史地研究》，2006年第3期，第65～66页。该文误此事发生的时间宝历二年（826）为大和二年（828）。
④ 参见冯金忠：《幽州镇与唐代后期政治探析》，《中国边疆史地研究》，2006年第3期，第66～67页。
⑤ ［日］渡边孝：《魏博と成德——河朔藩镇の权力构造についての再检讨》，《东洋史研究》54：2，1995，第136页注（88）。
⑥ 《李相国论事集》卷5《论魏博》。

州的节帅对唐廷更为依赖，并且虽然幽州节帅更替频繁，但总体而言仍对唐廷较为恭顺的原因所在。所以，虽然李载义与杨志诚都是因逐杀旧帅而登上节帅之位者，但当他们自己也被驱逐后，都选择了投奔唐廷。① 在所有这些荣登幽州节度使宝座的牙将中，大中四年（850）继任节帅的张允伸可能是其中影响最大的一位，因为他在镇23年，并且，也同样是一位对唐廷颇为忠顺，尤其是咸通十年（869）庞勋之乱时，积极参与助军勤王的藩帅。②

尽管牙将出身的幽州节帅常常会陷入权位不稳的困境，但牙将及其所在的城内牙军仍是影响幽州政局的一股重要势力。不过我们也不要看到那么多的幽州变乱都与牙将有关，就认定牙军是幽州一镇最有力的势力集团。因为和成德与魏博都不同，幽州最令人敬畏的力量其实并非来自幽州城内，而是来自它的属州和外镇。

（三）属州与外镇的压力

继朱滔之后担任幽州节度使的是朱滔姑子刘怦。他在"四镇之乱"时被在外征战的朱滔委任为幽州留后。朱滔战败回幽州后于贞元元年（785）去世，刘怦因为众所服而在朱滔死后很自然地被推戴为节度使。三个月后刘怦去世，其子刘济继位（785—810在位）。由此到长庆元年（821）刘济之子刘总入朝，刘氏父子总共坐享幽州帅位36年，这36年可以说是幽州政局最为稳定的时期。

不过在此期间也并非没有变乱。贞元八年（792）刘济之弟刘澭率部归朝就是一起：

> 澭，济之异母弟也……怦为卢龙军节度使，病将卒，澭在父侧，即以父命召兄济自漠（莫）州至，竟得授节度使。济常感澭奉己。澭为瀛州刺史，亦许以澭代己任；其后济乃以其子为副大使。澭既怒济，遂请以所部西捍陇塞，拔其所部兵一千五百人、男女万余口直趋京师……德宗宠遇，特授秦州刺史，以普润县为理所。③

---

① 参见两唐书的《李载义传》《杨志诚传》。
② 参见《旧唐书·张允伸传》《新唐书·张允伸传》。
③ 《旧唐书》卷143《刘怦附刘澭传》。刘澭归朝的直接原因，《唐语林校证》卷1《政事上》所载与两唐书、《资治通鉴》有所不同："澭，济之弟。济继怦镇幽州，澭任瀛州刺史，与济有隙，济欲害之，母氏潜报澭，澭乃誓拔所部归阙。"（第64页）

实际上当刘滩表通朝廷时，刘济曾派兵对刘滩实施过打压，并击破过后者的部众，这就是史料说的："幽州卢龙军节度使刘济及其弟瀛州刺史滩战于瀛州，滩败奔于京师。"① 贞元十六年（800）的另一起变乱也发生在刘氏兄弟之间：

  源，贞元十六年八月，为检校工部尚书，兼左武卫将军。初，为涿州刺史，不受兄教令，济奏之，贬漠（莫）州参军，复不受诏。济帅师至涿州，源出兵拒之，未合而自溃。济擒源至幽州，上言请令入觐，故授官以征之。②

在刘氏时代，以刘氏子弟或姻亲出任属州刺史的情况比较多见，其初衷当然是为了巩固节帅一族的地位。不过正如上引两例所显示的，其也可能反过来成为一种分裂的力量。但我们在滩、源两事中看到，尽管他们均与会府的刘济存在矛盾，但想要挑战会府的势力还是极为不易的。实际上，滩、源二人最终都败在刘济手下，而在失败后，都不得不转向唐廷寻求支持。

  刘济时期的这两起变乱并未对幽州造成太大影响，更没有威胁到节帅的位置。但它已显现出了一种可能存在的属州对会府的挑战倾向。而也因为这样一种倾向的存在，迫使作为节度使的刘济不得不对唐廷表现出更为恭顺的态度，以便在兄弟阋墙与邻镇不足恃的压力下寻求外在的支援。③

  如果说这种属州对会府的挑战在幽州前期还只是显露出一种倾向，并且实际上还无力真正撼动会府地位的话，那到幽州历史的后期则逐渐变成了现实。会昌元年（841）十月，节帅更迭频繁的幽州迎来了一年里的第四位也是最后一位节度使张仲武（841—849在位）。和幽州之前的节度使多为城内的牙将不同，张仲武来自妫州的雄武军。雄武军是幽州边境的一处重要军镇④，与张仲武一样，早前的幽州节度使刘怦也是以"雄武军

---

① 《新唐书》卷7《德宗纪》。
② 《旧唐书》卷143《刘怦附刘源传》。
③ 参见冯金忠：《幽州镇与唐代后期政治探析》，《中国边疆史地研究》，2006年第3期，第69页。
④ 有关雄武军地望的考证，见宿白：《宣化考古三题——宣化古建筑·宣化城沿革·下八里辽墓群》，《文献》，1998年第1期；张建设：《唐代雄武军考》，《历史地理》第十二辑，上海，上海人民出版社，1995年，第208~211页；李鸿宾：《唐幽州雄武军（城）位置再考》，《唐研究》第十六卷，2010年，第249~260页。

使"① 起家的。张仲武本人是军中旧将张光朝之子,史称其"年五十余,兼晓儒书,老于戎事"②。尽管张仲武统辖的雄武士卒人数很少,据说"只有兵士八百人在,此外更有土团子弟五百人"③,但其颇"得幽州人心"④看来却是实情。所以其派往长安的军吏吴仲舒就对宰相李德裕言:

> 向者张绛初杀(陈)行泰,召仲武,欲以留务让之,牙中一二百人不可。仲武行至昌平(幽州属县),绛复却之。今计仲武才发雄武,军中已逐绛矣。⑤

其后受命于中央的张仲武以雄武兵入城,果克幽州。

和张仲武情形颇为相似的是咸通十三年(872)即位为幽州节度使的平州刺史张公素:

> (公素)为幽州军校。事张允伸,累迁至平州刺史。允伸卒,子简会权主留后事,公素领本郡兵赴焉。三军素畏公素威望,简会知力不能制,即时出奔,遂立为帅。朝廷寻授旌节。⑥

总的看来,随着长庆元年刘氏家族对当镇统治的结束,由镇内高级军将主导政局的情形在幽州更加突出。不过除了牙将以外,外镇及属州将领的影响也不容小觑。从张仲武与张公素的事迹来看,他们统辖的军队可能人数并不多,但因其"宿将"的地位却在幽州城内享有颇高的威望。当然,能否得到唐廷的认可也是他们成功的关键。⑦

---

① 《旧唐书》卷143《刘怦传》。
② 《旧唐书》卷180《张仲武传》。
③ 傅璇琮、周建国校笺:《李德裕文集校笺》文集卷17《论幽州事宜状》,第322页。
④ 《李德裕文集校笺》文集卷17《论幽州事宜状》,第322页。
⑤ 《资治通鉴》卷246"会昌元年十月"条。李德裕《论幽州事宜状》只言:"张绛初处置陈行泰之时,已曾唤仲武,欲让与留务。只是衙门内一二百人未肯。仲武行至昌平县,去幽州九十里,却令归镇。"(第322页)未言"今计仲武才发雄武,军中已逐绛矣"云云。
⑥ 《旧唐书》卷180《张公素传》。《册府元龟》卷987《外臣部·征讨第六》曾载张公素为张仲武从弟,其于会昌三年协助后者大破回鹘。张公素为张仲武从弟一事不见于其他史料,今不取。
⑦ 这在张仲武的事例中表现得最为明显。参见《旧唐书·张仲武传》、《新唐书·张仲武传》、《资治通鉴》卷246"会昌元年闰九月、十月"条。

继张公素后出任幽州节度使的是李茂勋（875—876在位），他的任使过程颇堪注意：

> 卢龙节度使张公素，性暴戾，不为军士所附。大将李茂勋，本回鹘阿布思之族，回鹘败，降于张仲武；仲武使戍边，屡有功，赐姓名。纳降军使陈贡言者，幽之宿将，为军士所信服，茂勋潜杀贡言，声云贡言举兵向蓟；公素出战而败，奔京师。茂勋入城，众乃知非贡言也，不得已，推而立之，朝廷因以茂勋为留后。①

李茂勋的回鹘身份显示了在张仲武时代后，溃亡并内迁幽州边境的回鹘余部对幽州政局的影响。但在李茂勋一事中，引人注意的倒还不是李茂勋回鹘阿布思族的这重身份，而是他假借的另一个身份，即他是以"幽之宿将，为军士所信服"的纳降军使陈贡言的名义进攻幽州的。尽管我们对李茂勋攻克幽州的军队性质还不是很清楚，比如他是利用了自己的部众还是包括陈贡言的纳降军士，在他自己的部众中有无回鹘的部众等，但有一点很明显，李茂勋应该深知，如果他直接以自己的名义起兵（尽管他自己的地位也不低），他的胜算并不大。唯有依照幽州的惯例，即通过深得军心的宿将身份他才能获得幽州的统治权。李茂勋采取这样的策略，也许正是考虑到他的回鹘出身，或者因长期戍边而无法取信于幽州城内众人的原因。② 不过，既然他是以颇得人心的陈贡言的名义起兵，而其驱逐的对象张公素此时又已"不为军士所附"，那么他与后者的军事较量，以及攻克幽州的过程也许并不见得会特别激烈和困难。我的意思是，李氏攻克幽州的军队可能并不太多，而且如果其中确有回鹘军士，人数也可能是有限的。

被李氏假借名号的陈贡言此前担任的是纳降军使。纳降军是幽州极北边的一处军镇，《新唐书·地理志》称幽州"有纳降军，本纳降守捉城，故丁零川也。西南有安塞军"。安塞军之地望据《资治通鉴》胡注载"在

---

① 《资治通鉴》卷252"乾符二年六月"条。
② 其实作为张仲武时代就已戍边有名的大将，到张公素时，李茂勋在幽州一镇也已待了约三十年的时间，完全够得上"宿将"了。所以我更倾向于认为，他的回鹘身份以及长期戍边的境遇反倒是阻碍其获得幽州统治权的重要障碍。因为其前任的幽州节度使多半是来自治所幽州的军人。

蔚州之东，妫州之西"①。可见，无论是安塞军，还是纳降军，都已经在与河东交接处的山后一带了。既然由深得军心的幽州宿将陈贡言出任军使，纳降军在幽州军事体系中的地位必然不同一般。史称张公素、李茂勋的前任张允伸，其祖父张岩就曾担任过纳降军使。② 而在张允伸出任节度的时代，他的三位兄弟允千、允辛、允举又先后被任命为檀州刺史、安塞军使、纳降军使。③ 与此同时，我们发现张允伸的曾祖张祖秀也曾担任过作为边州的檀州刺史。④ 可见，以"马步都知兵马使"⑤ 这样高级别的幽州牙将身份被推举为节度使的张允伸，其不但也出生在一个"世为军校"⑥的幽州宿将家族，而且祖上也曾在幽州边地有相当丰富的任职经历。和张允伸的情况相似，史料对此前任期较长的幽州节度使张仲武的亲属出任属州刺史的情况也有所记载。据说张仲武的两位兄弟在其任帅时也分别出任蓟州刺史静塞军营田团练等使，和涿州刺史永泰军营田团练等使。⑦ 总体而言，由将领占据权力中枢的幽州镇和成德一样，以亲属担任属州刺史或外镇军使的情况也比较多。松井秀一先生曾经对幽州一镇节帅亲属出任属州刺史或外镇军使的情况有过整理和讨论。⑧ 从松井先生整理的史料来看，在张仲武时代前，幽州节帅的子弟或姻亲担任的往往是幽州南部的涿州、莫州、瀛州的刺史，典型的如上述刘济的兄弟刘滩和刘源的情况。但张仲武时代后，节帅子弟出任的却常是幽州北面一些重镇的统帅，并且，逐渐有向燕山以北发展的趋势。而这种趋势本身又和得以挑战幽州节帅之位的属州或外镇将领来源地的变化趋势是一致的。

这种趋势在晚唐著名的幽州节帅刘仁恭（895—907在位）的身上也体现得很明显。史称景福二年（893）四月：

---

① 《资治通鉴》卷261 "乾宁四年九月"条胡注。辽、金时代的顺圣县应当就是唐安塞军故地。见《辽史》卷41《地理志五》[（元）脱脱等撰，北京，中华书局，1974年]、《金史》卷24《地理志上》[（元）脱脱等撰，北京，中华书局，1975年]。

② 《旧唐书》卷180《张允伸传》。

③ 《旧唐书》卷18下《宣宗纪》。

④ 《旧唐书》卷180《张允伸传》。

⑤ 《旧唐书》卷180《张允伸传》。

⑥ 《新唐书》卷212《藩镇卢龙·张允伸传》。

⑦ 《全唐文》卷788李俭《银青光禄大夫太子中允赠工部尚书清河张公神道碑铭》。

⑧ [日] 松井秀一：《卢龙藩镇考》，《史学杂志》68：12，1959，第20页。

第三章　河北："化外之地"的异同/339

　　幽州将刘仁恭将兵戍蔚州，过期未代，士卒思归。会李匡筹（893—894在位）立，戍卒奉仁恭为帅，还攻幽州，至居庸关，为府兵所败。仁恭奔河东，李克用厚待之。①

次年在刘仁恭的鼓动下，李克用引兵攻克幽州，遂表仁恭为帅。我们看到，与幽州李匡筹对峙的刘仁恭，其部众也来自北边的蔚州（属河东），很可能就是蔚、妫交接处的安塞军。②而当李克用平定幽州、返回太原前，他曾在私下里对刘仁恭说过这样一番话："高先锋兄弟，势倾州府，为燕患者，必此族也，宜善筹之。"③这里所谓"高先锋兄弟"，指的是世戍妫州广边军的高思继昆仲三人④：

　　妫州人高思继兄弟，有武干，为燕人所服，克用皆以为都将，分掌幽州兵；部下士卒，皆山北之豪也，仁恭惮之。久之，河东兵戍幽州者暴横，思继兄弟以法裁之，所诛杀甚多。克用怒，以让仁恭，仁恭诉称高氏兄弟所为，克用俱杀之。仁恭欲收燕人心，复引其诸子置帐下，厚抚之。⑤

高思继兄弟至晚在李匡威出任幽州节帅的时代（886—893在位）就已经是戍守北边的重要将领了。据说当李克用起兵讨伐李匡筹时，正是由于担心于孔领关拥兵三千的高氏兄弟为其后患，所以克用以替李匡威报仇之名，拉拢颇重义气的高氏兄弟。史载当李匡筹听闻思继兄弟反叛时，"乃弃城走"⑥。因此无论是幽州方面，还是河东方面，广边军的力量都是他们无法

---

①　《资治通鉴》卷259"景福二年四月"条。
②　《旧五代史》卷26《武皇纪下》："初，李匡俦（筹）夺据兄位，燕人多不义之，安塞军戍将刘仁恭挈族归于武皇，武皇遇之甚厚。"
③　《旧五代史》卷123《高行周传》。
④　《旧五代史》卷123《高行周传》称："高行周，字尚质，幽州人也。生于妫州怀戎军之雕窠里。曾祖顺厉，世戍怀戎。父思继，昆仲三人，俱雄豪有武干，声驰朔塞。"但据《新唐书》卷39《地理志三》记载，妫州有怀柔军，在妫、蔚二州之境。另有怀戎一县，但无怀戎军。《资治通鉴》卷268"乾化三年三月"条胡注："妫州怀戎县北有广边军，故白云城也。宋白曰：广边军在妫州北一百三里。高行周兄弟本贯广边军雕窠村。"《新唐书》卷39《地理志三》亦载："（妫州）北有广边军，故白云城也。"故高氏的本贯当为广边军而非怀戎军。
⑤　《资治通鉴》卷260"乾宁二年二月"条。
⑥　《新五代史》卷48《高行周传》。

小视的。而与此前由刘仁恭戍守的安塞军一样,广边军也同样来自山后地区。

我们知道,幽州节度使统辖着河北北部地理环境多样的广阔区域,除了像成德、魏博一样,幽州需要在南部与易定、成德、沧景等河朔藩镇接壤的地区布置兵力外,北部的边境地区更是其兵力配置的重中之地。幽州的这种军事布局情态并不是安史之乱后才出现的,而是在乱前就已形成的一种格局。正因为出于军事需要的目的,不得不在属州和外镇配置相当兵力,所以幽州军政体制的分权化倾向从一开始就比较突出。① 但是,这并不意味着得以对会府幽州造成军事压力的区域也始终都一样。比如说在安史乱前与安史乱中,河北北部能够与幽州相提并论或挑战前者地位的主要是营、平二州的军事力量。而在安史之乱后,最初威胁幽州的外部力量是南部的涿、莫、瀛诸州,会昌以后则开始演变成北部诸州,尤其是位于妫州的雄武军、纳降军、安塞军、广边军等山后势力。正如松井秀一先生所指出的,幽州的地方势力,尤其是北部的边境势力在幽州后半期逐渐显现出不可小觑的力量。②

要解释幽州地方势力演变的这种态势,需要我们将视野放宽到幽州外部,即从幽州外部的政治环境着手来寻找其内部变化的线索。总的来看,安史之乱后幽州的外部挑战首先主要来自南部的河朔藩镇,尤其是成德,这使得幽州必须在与成德等比邻的瀛、莫等州加强军事力量,而由节帅亲属出任刺史,并引发他们与会府对峙的也在这一地区。但是,燕、赵宿怨的问题并不是终幽州一百五十年始终存在的。燕、赵结怨主要是在朱氏兄弟,以及朱滔姑子刘怦祖孙三代,与成德方面的李宝臣父子,以及宝臣姻亲王武俊家族之间。换言之,幽州与成德的矛盾在长庆以前比较突出。而长庆以后,随着刘氏与王氏家族相继退出当镇统治层,燕、赵矛盾就已经不那么严重了。相反,自安史之乱以来相对沉寂的边境局势却在会昌以后随着回鹘、沙陀、契丹、奚等的南迁与活跃又重新成为幽州与外部世界的主要矛盾。这就是为什么越到唐代晚期,节帅亲属的任职,以及强大的地方势力越来越出现在幽州北部地区的原因。也正是为什么回鹘出身的李茂勋,得到代北沙陀首领李克用支持的刘仁恭,得以在唐代晚期登上幽州节帅位置的背景。

---

① 参见 [日] 松井秀一:《卢龙藩镇考》,《史学杂志》68:12,1959,第 11 页。
② [日] 松井秀一:《卢龙藩镇考》,《史学杂志》68:12,1959,第 10 页。

我在上文中已经指出，在幽州频繁的节帅更替事件中，城内的牙将是影响当镇局势的一股重要力量。不过从上文的分析中我们发现，牙将的势力似乎在9世纪前半期是比较强的，其时幽州节帅大多是从城内的牙将中产生。换言之，彼时的幽州变乱大多还只是局限于会府内部。但张仲武以雄武军使身份进驻幽州一事可能是一个转向标，因为在此之后，属州刺史或外镇将领率兵进攻幽州城并成为幽州节帅的事例开始增多。而且，与刘氏时代会府轻易就能制约属州的情况不同，越到晚期，城内的幽州节度使制约这些属州和外镇的信心及能力却都在下降。同样相关的一个趋势就是，幽州的"宿将"越来越多地被安排在边境地区，而城内的牙将中反倒出现了一些所谓"游客"。其实，这倒并不是节帅排挤实力军将的一个表现，而是日益严峻的边境形势确实需要这些有能力的"宿将"去应付。也因此，与"宿将"的配置一致，幽州的军队部署、粮饷储备，现在也开始逐渐集中于北部边境，尤其是妫、檀等山后地区。① 这就是武宗会昌年间，张仲武的军吏吴仲舒对宰相李德裕说的：

> 幽州军粮并贮在妫州及向北七镇。若万一入未得，却于居庸关守险，绝其粮道，幽州自存立不得。②

学者的研究已经注意到，山后地区在唐末已经成为奚、契丹、吐谷浑、室韦等众多蕃部聚居的重要地带。这是新一轮东北蕃族内迁幽州的结果，也正由于这新一轮的蕃族内迁，山后地区被塑造成为唐末幽州举足轻重的军事重地。③ 当然，这其中最引人注意的两股蕃族势力就是沙陀与契丹，尤其是前者，它是晚唐幽州政治形势发展的主要推手。来自河东的沙陀政权与幽州较量的重点就在山后一带，此地的雄武、安塞、纳降、广边诸军一直是双方攻守相争的要地。

---

① 《资治通鉴》卷260"乾宁二年二月"条胡注："妫、檀诸州皆在幽州山北，亦谓之山后。"《资治通鉴》卷266"开平元年四月"条胡注："卢龙以妫、檀、新、武四州为山后。"

② 《李德裕文集校笺》文集卷17《论幽州事宜状》，第322页。《资治通鉴》卷246"会昌元年十月"条胡注据《新唐书》卷39《地理志三》称："檀州有大王、北来、保要、鹿固、赤城、邀虏、石子龛七镇。"

③ 参见任爱君：《唐末五代的"山后八州"与"银鞍契丹直"》，《北方文物》，2008年第2期。

最后我们要回头再来谈一下幽州前期最后一位节度使刘总（810—821在位）的问题。刘总和其父刘济一样，都是对唐廷较为恭顺的河朔节帅，在元和时代宪宗成功制约两河藩镇的背景下，刘总决意于穆宗即位初的长庆元年归朝。史料记载，刘总临行前曾对当镇进行过以下这番安排：

> 初，刘总奏分所属为三道：以幽、涿、营为一道，请除张弘靖为节度使；平、蓟、妫、檀为一道，请除平卢节度使薛平为节度使；瀛、莫为一道，请除权知京兆尹卢士玫为观察使。弘靖先在河东，以宽简得众，总与之邻境，闻其风望，以燕人桀骜日久，故举弘靖自代以安辑之。平，嵩之子，知河朔风俗，而尽诚于国。士玫，则总妻族之亲也。总又尽择麾下宿将有功伉健难制者都知兵马使朱克融（朱滔之孙）等送之京师，乞加奖拔，使燕人有慕羡朝廷禄位之志。又献征马万五千匹，然后削发委去。①

刘总的措施概括起来就是两点，一是令麾下宿将与之一同入朝，另一个则是分割所理之地。（见图30）其实，这两项措施本不啻为切中幽州要害的

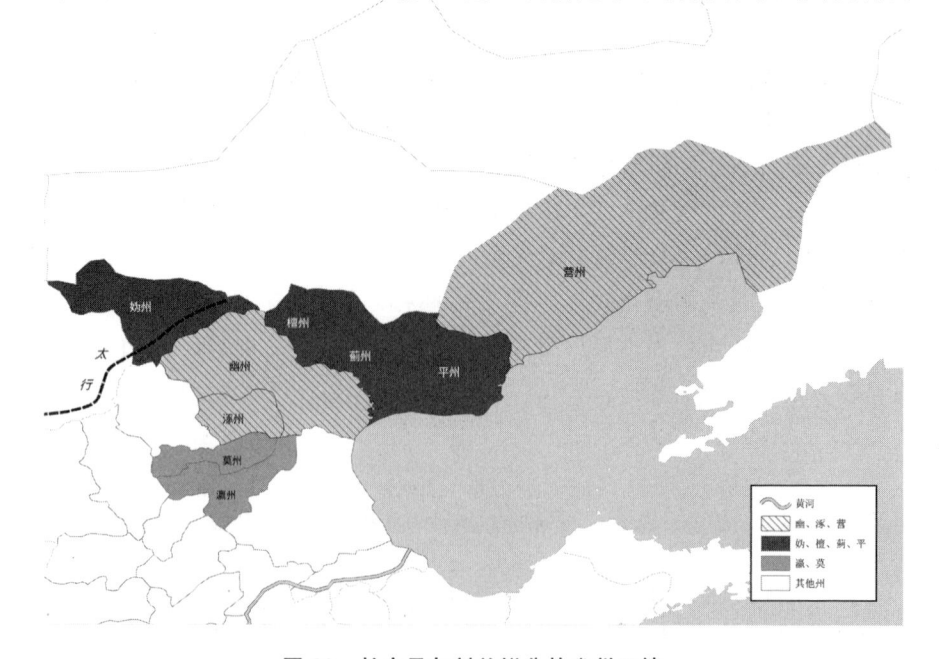

图30　长庆元年刘总拟分的幽州三镇

---

① 《资治通鉴》卷241"长庆元年六月"条。

军政规划。因为从上文的分析来看，占据幽州统治层核心位置的就是当镇的将校集团，而分割理所对于本就具有分权倾向的幽州来说也更能起到削弱的作用。①

但是，穆宗在此后并没有完全采纳刘总的主张，而刘总本人也在归朝的途中去世，史称：

> 是时上方酣宴，不留意天下之务，（宰臣）崔植、杜元颖无远略，不知安危大体，苟崇重弘靖，惟割瀛、莫二州，以士玫领之，自余皆统于弘靖。朱克融等久羁旅京师，至假丐衣食，日诣中书求官，植、元颖不之省。及除弘靖幽州，勒克融辈归本军驱使，克融辈皆愤怨。②

朱克融等将领的复归幽州，以及只划割军事实力偏弱的瀛、莫二州为一镇，对于此后朱克融被叛乱军士推为节帅（821—826在位），以及瀛、莫重新被幽州吞并应该都有重要影响。而穆宗君臣的这重失误，也使得唐廷可能错失了一次得以有效掌控河北北部的机会。于是在此之后，就像上文所分析的，牙将以及外镇将校一如既往，并且更为突出地在纷乱的幽州政局中扮演重要角色。

（四）兵农合一的幽州

前文中我已指出，属州及外镇势力的强大是幽州不同于其他两河藩镇的一个很重要的特征，不过，这可能还不是幽州最具个性的表现。当我们想要挖掘幽州身上存在的那种不为成德、魏博等藩镇所具有的特质，那么从阶层结构的角度出发，也许是更能抓住问题本质的。这就是松井先生所指出的，幽州是一个兵农合一的世界。

幽州兵农合一的倾向并不是安史之乱后才产生的一个问题，早在乱前，治所幽州就已呈现出一种"家家自有军人"，"又百姓至于妇人小童，皆闲习弓矢"③的状况。在乱后，兵农不分以及土团化的倾向在幽州也很显著。尤其是边防重镇如雄武军、渝关等地，在防御当地的军队中，"自

---

① 只就后一项措施来看，南面的瀛、莫二州被划为一镇；中心的幽、涿二州则与在地域上并不相连的营州划为一镇；而地理环境存在一定差异的平、蓟、妫、檀四州则又被划为一镇。换言之，刘总的分理方式其实暗含着制约三镇各自统治效力的意味。
② 《资治通鉴》卷241"长庆元年六月"条。
③ 《资治通鉴》卷222"上元二年三月"条《考异》引《蓟门纪乱》。

为田园"①的"土团"或"土兵"就占据了很大的比重。从地域上来看，南部瀛、莫诸州兵农合一的特质可能还不是特别明显，并且或许是受贞元年间刘澭率领部兵归降唐朝的影响，此后瀛、莫驻军由治所方面派遣的戍兵所占比重可能较大。②而北部诸州，除了由幽州派遣的具有驻军年限的戍兵外③，本地人开始越来越多地承担起边防的重任，并且逐渐发展出了具有强大实力的土著边豪集团。④

与兵农不分倾向相吻合的便是幽州的军政合一体制。如松井先生说的，由军将兼摄州县等地方官职也是幽州政治体制的一大特色。⑤比如幽州的属州刺史大多就同时带有军使之衔。军将兼摄州县官，必然使其权限由军事领域延伸到行政等领域。当刘澭率领兵民来到京西的凤翔时，宪宗就曾对宰臣杜黄裳说："澭生长幽燕，只知卢龙节制，不识朝廷宪章。向者幽系幕吏，杖杀县令，皆河朔规矩。"⑥这就是在卢龙体制下成长起来的军官的特质。而刺史带有军使之衔，也使其必须具备"治民"与"理兵"的双重能力。我们看到，幽州后期著名的节帅张仲武和张允伸，史料在记叙他们绥宁边塞的同时，都高度赞扬了他们抚民劝农的事迹，并且指出，他们的这种举措在幽州深得军民之心，并被誉为美谈。⑦

松井先生认为，幽州施行这种特殊的兵农及军政合一的体制，最根本的原因在于它所处的不利的地理环境。幽州虽然统辖着辽阔的地域，但其人口，尤其是边境地区的人口相当有限。在这方面，它无法与南部的成

---

① 《资治通鉴》卷269"贞明三年二月"条。

② 对于长庆元年幽州兵乱并导致瀛、莫将士的变乱，《资治通鉴》卷242"长庆元年八月"条称："瀛莫将士家属多在幽州。"因此其时的瀛、莫驻军主要应该是由幽州派遣来的戍兵。这一情况可能和贞元年间瀛州刺史刘澭率部归朝时的情形不太一样，或者，可能也正是基于刘澭率部归朝后瀛州的军事空缺，或为了防止再次出现类似刘澭的事件，瀛州的驻军才改为由幽州委派。

③ 比如刘仁恭戍守蔚州安塞军的士兵很可能原先就是来自幽州的。

④ 以上所论，可参看［日］松井秀一：《卢龙藩镇考》，《史学杂志》68：12，1959，第13～19页。

⑤ 亦可参看［日］松井秀一：《卢龙藩镇考》，《史学杂志》68：12，1959，第11～13，19～22页。

⑥ 《唐语林校证》卷1《政事上》，第64页。

⑦ 参见［日］松井秀一：《卢龙藩镇考》，《史学杂志》68：12，1959，第24～25页。

德、魏博相提并论。因此，兵农分离的政策在幽州无法施行，而土团、土兵的军事政策则有很广阔的施行空间。① 辽阔的地域外加突出的边境军事压力，使得从军与务农成为幽州民众生活的两大主题，由此也导致了军将兼摄地方官局面的出现，并且强化了幽州的分权倾向。② 地广人稀的地理环境，以及流通经济的不甚发达，一方面促使幽州努力发展盐屯、营、屯田等强制型经济，另一方面也培养了幽州节帅克勤克俭、积极劝农以及与士卒同甘共苦的特质。③

不过，尽管幽州没能像其他两河藩镇那样施行比较普遍的职业兵制度，但这并不妨碍它军事实力的强大。塞马之利本是幽州傲视其他藩镇的一大特色，长期的全民性防御体制也使得幽州的军事能力一直保持在一个较高的水平上。并且，幽州也经常能得到一些边境蕃族的武力支持。于是，无论对唐廷、邻镇，还是塞外的异族而言，幽州仍旧是令人生畏的力量。

对于晚唐的幽州而言，其军事力量发展最快、地方分权倾向最明显、兵农不分与军政合一表现最突出的就是幽州的山后地区。当然，这一地区也同样酝酿着幽州与外界最为激烈的矛盾。在这里，我们有两份关于唐末雄武军的墓志资料。一份是至晚在广明年间遥摄檀州刺史、知雄武军事的耿宗偁墓志。④ 墓志记其父耿君用的结衔为"幽州节度押衙、知雄武军营田等事"。墓主本人的任职经历则是：

> 起家卢龙镇将虞候，旋转充副将军头等……转监城大将，又迁随使兵马使，又转随使押衙并管器仗官将，奏授御史中丞……又迁节度押衙，充檀州、涿州团练使……又依前节度押衙遥摄檀州刺史、知雄武军事。

在耿宗偁出任檀州、涿州团练使之前的一连串职衔记录中，我们并不易确认宗偁本人当时究竟在何地任职，也不易辨析他所任这些职官的具体所

---

① ［日］松井秀一：《卢龙藩镇考》，《史学杂志》68：12，1959，第23页。
② 参见［日］松井秀一：《卢龙藩镇考》，《史学杂志》68：12，1959，第13页。
③ 参见［日］松井秀一：《卢龙藩镇考》，《史学杂志》68：12，1959，第22～29页。
④ 《全唐文补遗》第四辑卢希逸《唐故幽州节度押衙遥摄檀州刺史知雄武军营田等事兼御史中丞耿公（宗偁）墓志铭并序》，第264页。

指。但是我们看到，和其父耿君用一样，耿宗倚最后的结衔也是"知雄武军事"。如果耿氏父子两人最终都是在"知雄武军事"的职位上去世的话，那么很可能说明耿宗倚之前的一连串职衔只是为其最终接替父职而累积的资历。如果这一推断正确的话，那么幽州节度使承认他们这种父子相继的事实，很可能是因为耿氏家族已经在当地拥有了一定的势力。当然，这种父子相继的情况也可能只是基于节帅对父子两人军事才能的信任，因为耿宗倚的长子耿方远在前者去世时只担任了"卢龙节度驱使官"这个级别并不高的官职（而且可能是文职）。不过无论如何，这种父子两代连续影响雄武军的情况仍旧是值得我们注意的，因为这种不彻底的回避制度暗伏着地方分权的倾向。

和幽州的很多刺史一样，耿宗倚在身任"知雄武军事"的军使时，还担任着刺史一职。按雄武军本是位于妫州的一处军镇，但此时耿宗倚"遥摄"的却是妫州东面的檀州刺史。其实，妫、檀二州毗邻，且都位于山后。并且，知雄武军事的耿宗倚此时遥摄檀州刺史一职可能有其特殊原因。墓志说耿宗倚之所以会被节度使任命为檀州刺史、知雄武军事乃是因为：

> 倾以北隔多事，云朔兴戈。虏族鸟集，侵掠疆场。廉使忧其伤陷，乃选良材。遂命我公，而为御遏。况久驰英锐，早列盛名。渠帅闻之伏膺，藩垣赖之无虑。

耿宗倚于广明二年（881）八月去世，而就在上一年，幽州曾与被唐廷宣布讨伐的李克用战于雄武军，并大破后者之师。广明元年（880）的战役导致李国昌、李克用父子丧失苦心经营的代北，被迫暂时逃往鞑靼①，这就是墓志此段"北隔多事，云朔兴戈。虏族鸟集，侵掠疆场"的背景。因此知雄武军事的耿宗倚同时遥摄檀州刺史，可能正是出于一种军事上协防配合的考虑。而尽管传世文献没有关于耿宗倚的记述，但广明元年担任檀州刺史、知雄武军事的耿宗倚必然在当年与李克用的作战中发挥过重要作用。于此，我们也可以看到雄武军及檀州在晚唐幽州边防体系中的价值。

据耿宗倚墓志中所谓"夫人王氏，以中和四年（884）九月八日终于家，以其年十月廿二日，祔葬于公坟，礼也"的记载来看，墓志所作的时

---

① 参见《资治通鉴》卷253"广明元年六月、七月"条。

间可能是耿氏去世后的三年。而我们有关雄武军的另一份墓志，其创作时间与墓主卒年也在这相同的时期。与耿宗倚夫人王氏不同，《大唐陇西李公夫人墓志铭并序》的墓主王氏，其丈夫以及她本人的祖辈都没有仕宦的经历。① 墓志中唯一记载具有官衔的是她的一个担任"幽州卢龙节度驱使官"的儿子，这一点倒与前一位王氏相同。值得注意的是，墓志在叙述王氏的籍贯时，称其是"幽州雄武军人"。记载王氏于中和三年（883）去世时亦说"仓卒于雄武军之私第"。关于王氏在光启年间的下葬地点也称"葬于雄武军东北五里之原也"。墓志的作者王冠在撰此志时署乡贡进士。在这里我们看到，在唐代末年，一种以军镇代替州县作为籍贯、生活场所表述的语汇已经很自然地被用于雄武军当地一些下级官吏家庭的墓志创作中。普通士人或民众的这种文化心态也许正反映了幽州边地军政合一的体制状况。当然，这种文化心态的产生也许并不晚到唐代末年，而培植这种文化心态的体制，其形成的时间应该更早。其实，雄武军还不是一个最明显的展现幽州军政特色的地区。上文提及的世戍妫州广边军，部卒多为山北豪强，深为会府刘仁恭及邻镇李克用疑忌的高思继兄弟的情况可能更能反映这一特色。

总体而言，虽然和成德的军事构造颇为相似，但幽州的军将层由于蓟门内乱等原因，总体的资历和背景不及拥有众多安史旧将的成德，加之朱希彩首开部将取代节帅的先河，使得幽州的节帅继任从一开始就具有不稳定性。而这一情况随着长庆元年幽州结束刘氏家族的统治变得更加突出。到唐代中后期，威胁节帅位置的将领已由治所的牙将逐渐变成了属州或外镇的将领。由于军将对节帅的威胁始终是幽州没能妥善解决的一个问题，因此，无论是节帅还是实力军将，为了获得稳定的地位或自身的保障，他们对唐廷的态度大多较为恭顺。另一方面，与诸如魏博这样典型的兵农分离的藩镇不同，幽州的阶层结构具有明显的兵农合一特色，但这并不妨碍其军事实力的强大。幽州这种独特的军政构造与阶层结构，除了安史之乱留给它的影响外，更与其所处的边地环境及经济状况有直接关系。到了唐代末年，在新一波东北蕃族内迁形势的推动下，具有典型兵农合一特色的山后诸军、州逐渐成为幽州军事力量最强大也是矛盾最突出的地区。而首

---

① 《唐代墓志汇编》光启 002 王冠《大唐陇西李公夫人墓志铭并序》，第 2518 页。

先与幽州发生矛盾的,就是其西面由沙陀部落建立的河东政权。实际上,正是在后者的打击下,幽州这个曾经深刻影响过唐帝国命运的老牌藩镇,结束了它在乱后变乱不断的150年历史。而与幽州一同走向终结的,还有始终作为其变乱根源的诸将势力。①

第四节　帝国的东北地区

在上节中,我讨论了河朔三镇军政体制在一个半世纪中的演变情况。我之所以花费如此大的篇幅来审视河朔藩镇内部的发展,是想指出,对于后者而言,在晚唐宣武与河东这两股外部势力崛起前,三镇内部的矛盾才是主导它们各自历史进程的决定性力量。我这样说,并不意味着对于河朔藩镇的发展而言,唐廷的角色是失位的。在安史之乱结束后,唐廷与河朔藩镇间的矛盾也不断在产生着,甚至发生过"四镇之乱"这样大规模的军事冲突。但是正如人们早已注意到的,唐廷与河朔的冲突其实是随着时间的推移变得越来越小了。传统的解释常将这一现象归结为,由于唐廷无力取得对河朔战役的实质性胜利,因此被迫逐渐放弃了对河朔的控制权,于是只能默认与纵容河朔的半独立状态。② 不过我在这里想强调的却是,唐廷对河朔的"放弃",也不完全是被动的,其实在一定程度上,唐廷也是

---

① 后梁乾化三年(913)十二月,晋王李存勖灭燕。此前,幽州的精锐干将或是为刘守光无辜杀戮,或是率其部众投归他镇,尤其是河东麾下。比如《旧五代史》卷90《李承约传》载:"承约性刚健笃实,少习武事,弱冠为幽州牙门校,迁山后八军巡检使。属刘守光囚杀父兄,名儒宿将经事父兄者,多无辜被戮,自以握兵在外,心不自安。时属唐武皇召募英豪,方开霸业,乃以所部二千归于并州。"(《资治通鉴》卷266"开平元年四月"条亦载:"仁恭将佐及左右,凡守光素所恶者皆杀之。银胡䩮都指挥使王思同帅部兵三千,山后八军巡检使李承约帅部兵二千奔河东;守光弟守奇奔契丹,未几,亦奔河东。河东节度使晋王克用以承约为匡霸指挥使,思同为飞腾指挥使。"李存勖攻克幽州后,以周德威为卢龙节度使,《资治通鉴》卷269"贞明三年二月"条载:"德威又忌幽州旧将有名者,往往杀之。"所以幽州的宿将层至此基本都瓦解了。

② 比如在翦伯赞主编《中国史纲要》(上册)中就写道,长庆年间河朔三镇再叛后,"唐王朝无力压平叛乱,只好认命叛将做节度使。河北藩镇的势力更加巩固"(第413页)。朱绍侯、张海鹏、齐涛主编《中国古代史》(上册)亦称宪宗死后,"河朔三镇又相继叛乱。自此至唐末,藩镇林立的割据局面一直延续下去。宣宗以后,唐中央已无力与藩镇较量,割据局势愈演愈烈"(第586页)。

在主动"放弃"河朔。这种"主动"放弃的背后,关涉的是唐廷对河朔的一种政治心态与理念的变化。本节的任务,就是要梳理这一政治心态变化的过程,并且,寻绎其演变的线索。同时我们也将看到,正因为这种政治心态与理念的变化,原本与唐廷关系颇为相似的河南与河北,最终会走出两条截然不同的道路。甚至,同样是在河北,河朔三镇未来的发展也将有所不同。

一、唐朝的入场与退场

安史之乱结束之初的代宗一朝,一向被认为是一个"姑息"河朔藩镇的时代。不过早有学者指出,其实代宗朝政治矛盾的重心,已由唐廷与安史余部的矛盾让位于宫廷斗争,及唐廷与关中军阀以及与西部吐蕃的较量。因此,所谓"(李)怀仙与田承嗣、薛嵩、张忠志等得招还散亡,治城邑甲兵,自署文武将吏,私贡赋,天子不能制"是与"属(仆固)怀恩反,边羌挈战不解,朝廷方勤西师"① 这样一个大的时代矛盾转向相关。并且,这种"自署文武将吏,私贡赋,天子不能制"的状况也不止于河北一地,史称:"河南、山东、荆襄、剑南有重兵处,皆厚自奉养,王赋所入无几。吏职之名,随人署置;俸给厚薄,由其增损。"② 换言之,代宗朝的"姑息"政策也并非仅针对河北,包括河南在内的诸多地区都是这一政策的实施对象。

不过,代宗一朝宽容藩镇的态度,可能确实坚定了这些藩镇擅地自袭的决心。而原本还心存芥蒂的两河藩镇,也至晚到大历末年,在出于为子孙作长远计的现实考量下,开始冰释前嫌。于是当大历十四年(779)初,在田悦接任伯父田承嗣的魏博基业时,成德、淄青两镇就屡为田悦的即位向朝廷请命。甚至连山南东道的梁崇义,也加入了这一递相胶固、联结姻好、"期以土地传之子孙"的联盟中。

向这一联盟发起挑战的是德宗。德宗的即位,真正拉开了唐廷在安史乱后重振权威的序幕。建中二年,德宗乘成德旧帅李宝臣去世之机,决定裁抑两河藩镇。据说德宗坚决反对李惟岳的袭位要求,是基于以下的一番理由:

---

① 《新唐书》卷212《藩镇卢龙·李怀仙传》。
② 《旧唐书》卷118《杨炎传》。

> 贼本无资以为乱,皆借我土地,假我位号,以聚其众耳。向日因其所欲而命之多矣,而乱日益滋。是爵命不足以已乱而适足以长乱也。①

显然,这番表态针对的已不仅是成德,"期以土地传之子孙"的成德、淄青、魏博、襄阳"四镇"都是德宗"欲革前弊"的对象。而德宗所"欲革"的"前弊",除了是要收回"自署文武将吏,私贡赋"的藩镇特权外,最重要的就是要更革节帅之位私相授受的传统。而我曾在第一章中推测,德宗在当时之所以没有打击半独立状态与"四镇"实质上并无区别的幽州和淮西,很可能只是因为,节帅的世袭传统已在当镇内部遭到破坏的两者,没有加入"期以土地传之子孙"的四镇联盟中。

不过,尽管"四镇"都是德宗意欲打击的对象,但正如前文所言,其视山南东道仍旧是可以招抚的对象,而于两河三镇则没有回旋的余地。其实从史料中来看,对于招抚还是讨伐山南东道的梁崇义,唐廷内部的争论还是颇为激烈的。德宗与宰相杨炎的冲突以及此后杨炎的罢职,部分地就和这一政见不合有关。但是,对两河三镇的讨伐,史料则并未显示出朝臣与德宗有何太大的政见出入。虽然对于是否任命李惟岳接任成德节帅,《资治通鉴》也称:"或谏曰:'惟岳已据父业,不因而命之,必为乱。'"②但这一谏言究竟出于何人之口,又有多少人向德宗表达过类似的意见,《资治通鉴》并没有记载。因此,相关史料的这一疏忽或沉默反倒可以说明,也许在对待两河三镇的问题上,朝臣与德宗的政见更多是一致的。

德宗讨伐两河的执着,也直接促使了两河反唐联盟的巩固。按"四镇之乱"的导火线原本只是唐廷与成德间的问题,但魏博、淄青却在唐廷拒绝李惟岳袭位之初便"各遣使诣惟岳,潜谋勒兵拒命"③。个中的原因,魏博节帅田悦在洹水失利、败奔魏州,大集军民时所说的一番话,也许能够说明问题:

---

① 《资治通鉴》卷226"建中二年正月"条。
② 《资治通鉴》卷226"建中二年正月"条。
③ 《资治通鉴》卷226"建中二年正月"条。当然,在两镇内部也并非没有反对"辄拒朝命"的声音,比如《资治通鉴》卷226"建中二年正月"条载:"魏博节度副使田庭玠谓(田)悦曰:'尔借伯父遗业,但谨事朝廷,坐享富贵,不亦善乎!奈何无故与恒、郓共为叛臣!尔观兵兴以来,逆乱者谁能保其家乎?必欲行尔之志,可先杀我,无使我见田氏之族灭也。'"

> "悦不肖，蒙淄青、成德二丈人大恩，不量其力，辄拒朝命，丧败至此，使士大夫肝脑涂地，皆悦之罪也。悦有老母，不能自杀，愿诸公以此刀断悦首，提出城降马仆射（指马燧），自取富贵，无为与悦俱死也！"因从马上自投地。将士争前抱持悦曰："尚书举兵徇义，非私己也。一胜一负，兵家之常。某辈累世受恩，何忍闻此！愿奉尚书一战，不胜则以死继之。"①

而田悦辄拒朝命的行为即使被其某些将领视为"以逆犯顺"②，却也终究不如"举兵徇义"之情更能被这些将领所接受。也就是说，维持三镇间联盟交好的政治心态，在两河有其广泛的军民基础。而这种三镇相结的情节，实际上也曾直接影响过李惟岳对唐廷的态度。史称当李惟岳邀求旌节不成，面对田悦与李正己的使者时，

> （成德判官邵真）泣谏曰："先相公受国厚恩，大夫衰绖之中，遽欲负国，此甚不可。"劝惟岳执李正己使者送京师，且请讨之，曰："如此，朝廷嘉大夫之忠，则旌节庶几可得。"惟岳然之，使真草奏。长史毕华曰："先公与二道结好二十余年，奈何一旦弃之！且虽执其使，朝廷未必见信。正己忽来袭我，孤军无援，何以待之！"惟岳又从之。③

通常来说，德宗讨伐"四镇之乱"的失败常被归因为其对有功藩臣的封赏失当。不过这于一个汲汲于革除藩镇割据之弊的君主而言，并不难想象。而当建中三年初，随着李惟岳被杀，"河北略定，惟魏州未下。河南诸军攻李纳于濮州，纳势日蹙"时，在朝廷中弥漫的也确实是一种"谓天下不日可平"④的乐观气氛。所以，手诛李惟岳的王武俊会敏感地觉察到"朝廷不欲使故人为节度使"⑤。而为田悦游说幽州朱滔的判官王侑、许士则诸人则讲得更直白：

> 今上志欲扫清河朔，不使藩镇承袭，将悉以文臣代武臣。魏亡，则燕、赵为之次矣；若魏存，则燕、赵无患。然则司徒（指朱滔）果

---

① 《资治通鉴》卷227"建中三年正月"条。
② 《资治通鉴》卷226"建中二年五月"条。
③ 《资治通鉴》卷226"建中二年正月"条。
④ 《资治通鉴》卷227"建中三年二月"条。
⑤ 《资治通鉴》卷227"建中三年二月"条。

有意矜魏博之危而救之，非徒得存亡继绝之义，亦子孙万世之利也。①

所以说，藩镇的"承袭"与否，一直是德宗与两河等镇纠结的根源，唐廷与旧四镇间的战事由此打响，新四镇相结的叛乱联盟亦由此再度成立。

而我们也发现，即便当河南、河北统统卷入战争，甚至当建中四年夏秋之际，翰林学士陆贽向德宗呈上《论两河及淮西利害状》：

> 朝廷置河朔于度外，殆三十年，非一朝一夕之所急也……（河朔诸镇）意在自保，势无他图。加以洪河、太行御其冲，并、汾、洺、潞压其腹，虽欲放肆，亦何能为？又此郡凶徒，互相劫制，急则合力，退则背憎，是皆苟且之徒，必无越轶之患……（淮西李）希烈忍于伤残，果于吞噬，据蔡、许富全之地，益邓、襄卤获之资，意殊无厌，兵且未衄，东寇则转输将阻，北窥则都城或惊。②

德宗也依旧没有放弃其遣重兵于河朔、全面打击两河的策略。而这一切，要直到不久后"泾师之变"的爆发才有所更革，伴随着的则是德宗对河北、河南藩镇的全线赦免。

和其祖父相似，永贞元年（805）即位的宪宗也是在成功打压了京畿周近以及南方的藩镇后，开始与两河藩镇较量的。巧合的是，作为两者交锋导火线的，依旧是成德镇的节帅更替。史称元和四年（809）四月：

> 上欲革河北诸镇世袭之弊，乘（成德旧帅）王士真死，欲自朝廷除人，不从则兴师讨之。③

宪宗的初衷和德宗颇为相似，即不仅想要实现两河藩镇"输二税、请官吏"的义务，而且意欲更革其世袭的积弊。但是，虽然和德宗一样，宪宗在之前也已经取得了制裁其他藩镇诸如西川和浙西的巨大成功，但其制裁成德的想法却在一开始就受到了无论是外廷宰相还是内廷翰林学士们的质疑，以至于对此事是"议久不决"④。我们不妨来看一下其时翰林学士李绛对此事的态度：

---

① 《资治通鉴》卷227"建中三年二月"条。
② 《陆贽集》卷11，第325～328页。
③ 《资治通鉴》卷237"元和四年四月"条。
④ 《资治通鉴》卷237"元和四年四月"条。

上以问诸学士，李绛等对曰："河北不遵声教，谁不愤叹，然今日取之，或恐未能。成德军自武俊以来，父子相承四十余年，人情贯习，不以为非……又范阳、魏博、易定、淄青以地相传，与成德同体，彼闻成德除人，必内不自安，阴相党助，虽（易定张）茂昭有请，亦恐非诚……（若）兴师四面攻讨，彼将帅则加官爵，士卒则给衣粮，按兵玩寇，坐观胜负，而劳费之病尽归国家矣。今江、淮水，公私困竭，军旅之事，殆未可轻议也。"①

上又问："今（幽州）刘济、（魏博）田季安皆有疾，若其物故，岂可尽如成德付授其子，天下何时当平！议者皆言'宜乘此际代之，不受则发兵讨之，时不要失'。如何？"（李绛）对曰："群臣见陛下西取蜀，东取吴，易于反掌，故诡谀躁竞之人争献策画，劝开河北，不为国家深谋远虑，陛下亦以前日成功之易而信其言。臣等夙夜思之，河北之势与二方异。何则？西川、浙西皆非反侧之地，其四邻皆国家臂指之臣……故臣等当时亦劝陛下诛之，以其万全故也。成德则不然，内则胶固岁深，外则蔓连势广，其将士百姓怀其累代煦妪之恩，不知君臣逆顺之理，谕之不从，威之不服，将为朝廷羞。又，邻道平居或相猜恨，及闻代易，必合为一心，盖各为子孙之谋，亦虑他日及此故也。万一余道或相表里，兵连祸结，财尽力竭，西戎、北狄乘间窥窬，其为忧患可胜道哉！济、季安与承宗事体不殊，若物故之际，有间可乘，当临事图之。于今用兵，则恐未可。太平之业，非朝夕可致，愿陛下审处之。"时（淮西）吴少诚病甚，绛等复上言："少诚病必不起。淮西事体与河北不同，四旁皆国家州县，不与贼邻，无党援相助。朝廷命帅，今正其时，万一不从，可议征讨。臣愿舍恒冀难致之策，就申蔡易成之谋。脱或恒冀连兵，事未如意，蔡州有衅，势可兴师，南北之役俱兴，财力之用不足。"②

李绛的想法与他的前辈陆贽有相似之处，即不仅从河北的传统出发，质疑更革河朔世袭之弊的可行性，而且也同样将淮西与河北区别对待。只不过

---

① 《资治通鉴》卷237"元和四年四月"条。又见《李相国论事集》卷3《论镇州事宜》。

② 《资治通鉴》卷238"元和四年七月"条。又见《全唐文》卷646李绛《论河北三镇及淮西事宜状》。

与陆贽侧重于淮西对帝国的威胁不同，李绛则因淮西"四旁皆国家州县"的地理环境，决意讨伐淮西的态度更积极。这一点实际上可以归功于德宗在"四镇之乱"后调整河南政治版图的成果。即随着时间的推移，被德宗所改变的河南政治地理格局，已经逐渐影响并改变了士人对淮西与中央关系的认识。尽管就军政体制的"事体"而言，淮西与河朔藩镇其实并无太大"不同"。

而据《资治通鉴》记载，宪宗与诸学士就成德事宜的商讨，时间从四月一直持续到了七月。并且到七月的时候，宪宗的态度已有一定程度的让步，这是宪宗对成德的第一次让步，即虽然要求成德效仿之前的淄青，实现"输二税、请官吏"的义务，也要求成德分割德、棣二州以献朝廷，但还是承认了士真之子承宗的成德继承权。① 尽管宪宗此后仍发动了对成德的两次征讨，以及讨伐淮西的战事。而且对成德和淮西的战役朝廷中均有反对或者要求罢兵的声音，尤其在元和十一、十二年，宪宗"南北之役俱兴"时罢兵的声音更大。但总的来看，无论是走强硬路线的宰臣还是宪宗本人，对淮西之役的态度一直还是比较坚决的。而即便那些声言罢兵的保守派，他们中的不少人也主张先淮西、后成德。但是对待成德的战役，反对的声音就比较多了。而宪宗本人对是否要征讨成德，以及对魏博的节帅任命，甚至在淮西平定后处理常被归于河朔之列的淄青，他的态度也往往前后不一致。对成德和魏博，宪宗最终采取的还是保守策略。而原本亦可能被等同视之的淄青，则是因为李师道的不谙世事而遭到了宪宗的除讨。只是淄青所处的河南地理环境，以及当时淮西已平、魏博、成德已降的大背景，使得宪宗讨伐这个当时唯一跋扈的河南藩镇，并没有遇到什么舆论压力。而战事的进行与善后的工作也可以做得比较彻底。

对比德、宪二帝对两河藩镇的战事，我们可以发现，宪宗君臣比较早地就意识到"欲革河北诸镇世袭之弊"无法一蹴而就，因此，相较于德宗兴师河北时的意气奋发，宪宗对待河北藩镇其实是更委婉妥协了。于是宪宗"元和中兴"的成功，自然也就不是建立在完成这个曾经让德宗孜孜以求的目标基础上的。不过，尽管宪宗君臣对待河朔的态度在一定程度上说

---

① 参见《资治通鉴》卷238"元和四年七月"条、《李相国论事集》卷3《上镇州事》。虽然李绛的让步比宪宗更大，他不仅不赞同"割其德、棣二州更为一镇"，而且对能否实现"输二税、请官吏"也没有太大把握。不过据《资治通鉴》卷238"元和四年八月"条的记载，宪宗并没有接受李绛的这一主张。

是妥协了，但他的强硬却被用到了淮西——这个在德宗初年还并不太被后者视为眼中钉的河南藩镇身上。换言之，相较于对讨伐河北态度更为坚决的德宗朝，宪宗朝在意的重心已变成了河南。

而对于此后即位的穆宗及其臣下来说，也许正是没有意识到宪宗"元和中兴"在河北的成功，其实恰是以向河北藩镇妥协为代价来实现的，因此当他们再一次试图将河南、河北等同视之，并且以强硬的措施加之于河北三镇时，他们发现，唐廷现在连宪宗时代所取得的对河朔藩镇的主导权都已经丧失了。

文宗一朝可能是确立唐廷与河朔关系新定位的关键时期。表面上看，文宗即位不到一年就向位于河北的横海镇用兵，显示了唐廷对河北的再度强硬。不过，文宗的用兵横海与其曾祖、祖父当年讨伐藩镇的背景有很大不同。就文宗本人而言，作为安史之乱后首位不以皇太子身份即位的皇子，文宗本是在不久前敬宗暴毙后的宫廷倾轧中意外即位为帝的。并且，其父穆宗，尤其是其兄敬宗的骄诞荒怠，也是五六年来朝野共知的事情。所以，文宗以一种欲革穆、敬两朝之弊的面貌登台，在登基伊始已因"励精求治，去奢从俭"的种种宫廷举措赢得"中外翕然相贺，以为太平可冀"① 的美誉后，再着眼于地方，拿姑息藩镇的敬宗朝所遗留的横海问题开刀，自然有其树立政治合法性与权威的意味在内。

而就文宗此次意欲讨伐的横海镇来说，作为河北藩镇中影响力最弱的横海，其在宪宗平定淮西后就已经结束了世袭的传统，此后的节帅任命权一直掌握在中央手中。另外我们须注意，尽管敬宗在位的两年对藩镇颇行姑息之政，比如此前一直没有世袭传统的泽潞镇，就在敬宗朝被唐廷首肯了刘从谏继任其父刘悟的泽潞节帅之位。同时，幽州镇的节帅人选也是由内部产生的。② 但是，敬宗朝大臣对于宝历二年（826）三月横海节度使李

---

① 《资治通鉴》卷243"宝历二年十二月"条。
② 不过刘悟毕竟是结束了淄青六十余年割据状态的功臣，而幽州新帅李载义取代并族灭的是长庆叛乱中因乱即位的朱克融家族，而且朱氏遭诛或与其本人"虐用其人"（《资治通鉴》卷243"宝历二年八月"条）有关（不过这也可能只是李载义诛杀朱氏的一个借口，或史书的曲笔，相似的情况亦可见《新唐书》卷213《藩镇横海·李全略传》中关于王承宗"虐用其军"的记载，以及此后幽州军乱中时人或史书关于张绛因"残虐"而被逐的描述），而李载义之举实际上还得到过唐廷方面的支持。此外，李载义本人可能还与李唐王室有着血缘关系。（见下文）

全略死后其子李同捷擅领留后的举措,却一直没有在名义上给予承认。其实此事发生的时间甚至还略早于上述的幽州军乱。这就是《资治通鉴》在大和元年(827)二月文宗即位改元后记载的:"李同捷擅据沧景,朝廷经岁不问。同捷冀易世之后或加恩贷。"① 换言之,敬宗一朝终究没对这个位于河北东部的藩镇实施"恩贷"。所以,文宗随后在调任李同捷为兖海节度使不成后对其的征讨,也是颇为自然并在朝廷中没有太多争议的。而如果说对横海的讨伐,文宗还是比较坚决的话,但他是否在用兵之初就决定此后征讨作为河北重镇的成德,或者意欲趁势收复另一个大镇魏博,却还很难说。

其实文宗即位后唐廷与河北的关系颇为微妙,双方都处在一种互相试探的境遇中。文宗固然已决意讨伐横海,但因其时河南收复未久,河北诸帅又多是长庆复叛后登台的人物,所以朝廷在当时确实还"犹虑河南、北节度使构扇同捷使拒命"②,所以在讨伐横海之前,唐廷对魏博史宪诚、卢龙李载义、成德王庭凑,甚至平卢康志睦都予以加官。不过更有意思的是,对于经历了穆、敬两朝后的河朔三镇来说,自安史之乱后统治三镇的传统家族——幽州的朱氏、成德的王氏(王武俊一族)、魏博的田氏,也已经全部退出了当镇的统治层。换言之,文宗朝初期统治河朔三镇的,都是刚刚即位不久,也就是根基尚不稳固,彼此间未有世交关系,甚至是逐杀本镇原统治家族的新藩帅。因此,究竟是依然延续德、宪时代所奠立的河朔交好的传统③,为李同捷求领节钺,还是协助此时看来态度颇为强硬的唐廷讨伐横海,从三镇的立场而言,可能也还得走一步看一步。于是我们看到,河朔藩镇间的关系在文宗朝初期,现在也出现了一个与德、宪时

---

① 《资治通鉴》卷243"大和元年二月"条。
② 《资治通鉴》卷243"大和元年五月"条。
③ 当年德宗亮明其对成德的态度时,魏博、淄青在第一时间就站到了成德一边。相似的,当宪宗在元和四年意欲讨伐成德时,李绛也说:"邻道平居,或相猜恨,及闻代易,必合为一心,盖各为子孙之谋,亦虑他日及此故也。"(《全唐文》卷646《论河北三镇及淮西事宜状》)所以元和七年为朝廷认可的魏博新帅田弘正欲"守朝廷法令,申版籍,请官吏"(《资治通鉴》卷238"元和七年八月"条)时,"郓、蔡、恒遣游客间说百方","李师道(更)使人谓宣武节度使韩弘曰:'我世与田氏约相保援,今兴(即田弘正)非其族,又首变两河事,亦公之所恶也!我将与成德合军讨之!'"(《资治通鉴》卷239"元和七年十一月"条)此后宪宗讨伐淮西,成德、淄青果然不仅频加阻扰,甚至上演了焚烧河阴院、刺杀宰相的戏码。

代不同的转变。那就是互相保援的河朔联盟，随着三镇新藩帅的上台已经不复存在，尤其是长期交好的成德、魏博两镇，更因为横海之役的爆发而兵戎相向。作为与横海李氏有姻亲关系的魏博史宪诚，在屡有徘徊之后反倒是站在了唐廷一边，而成德的王庭凑则坚决支持李同捷的世袭并发兵相助。

不过，史宪诚和王庭凑可能都高估了文宗的政治抱负和能力。因为对资历与实力均不算太强的横海的讨伐，唐廷也进行了三年才"仅能下之"①，而且还导致了"朝廷竭力奉之，江、淮为之耗弊"②的局面。另外，横海之役的结果也并没有加强唐廷在河北权威的树立，因为就在战役结束前夕，文宗首肯了位于河北西部、此时处于勤王一方的义武军节度使的内部推任。③而对于横海之役后本已投诚，并且尚有唐军屯驻当地的魏博，文宗在面对反抗被唐廷分割，并且已诛杀奉表入朝的旧帅史宪诚、自除新帅的魏博军士时，也只能认可其兵变事实。史书说，这是因为"河北久用兵，馈运不给，朝廷厌苦之"④。于是，当"王庭凑因邻道微露请服之意"时，文宗很果断地就"赦庭凑及将士，复其官爵"⑤。而这与其说是文宗为大和初年的河朔战役画上了一个圆满的句号，倒不如说，文宗只是给自己找到了一个体面的下脚台阶。

文宗朝此后大部分时间对河朔藩镇的态度，可以用杜牧"修大历、贞元故事，而行姑息之政"⑥的话来概括。无论是大和五年（831）、八年

---

① 《资治通鉴》卷244"大和三年五月"条。
② 《资治通鉴》卷243"大和二年十一月"条。
③ 《旧唐书》卷17上《文宗纪上》："（大和三年三月）壬辰，易定节度使柳公济卒。"《新唐书》卷8《文宗纪》："（大和三年三月）乙巳，以太原兵马使傅毅为义武军节度使，义武军不受命，都知兵马使张璠自称节度使。戊申，以璠为义武军节度使。"关于张璠担任义武军节度使的时间，《资治通鉴》记载有误。《资治通鉴》卷243"大和元年八月"条载："庚子，削同捷官爵，命乌重胤、王智兴、康志睦、史宪诚、李载义与义成节度使李听、义武节度使张璠各帅本军讨之。"其时张璠尚未任使，此时的义武军节度使是柳公济。《资治通鉴》卷246"开成三年九月"条又载："义武节度使张璠在镇十五年，为幽、镇所惮。"胡注称："穆宗长庆三年，璠代陈楚镇义武。"原文及胡注皆有误。张璠在镇当为十年，穆宗长庆三（二）年代陈楚镇义武的是柳公济而非张璠。
④ 《资治通鉴》卷244"大和三年七月"条。
⑤ 《资治通鉴》卷244"大和三年八月"条。
⑥ 《樊川文集》卷5《守论并序》，第93页。

(834)幽州的两次逐帅,还是八年底成德王元逵的继承父职,唐廷都不再进行干涉。甚至在开成三年(838),面对宰相与藩帅本人都不认可享有世袭"故事"的义武镇的军乱,文宗却还是采取了静观其变的消极态度。①这其中,我们尤其要关注大和五年正月幽州牙将杨志诚逐其主帅李载义一事。据说李载义被逐的消息传到长安后,"文宗闻之惊,急召宰相"。我们知道,此次幽州军乱距文宗讨平横海才一年半,而随着此前一直忠奉唐廷的李载义被逐,现在河北除了横海(已改名义昌军)② 外,其余四镇的节帅实际上都是自擅帅位者。不过,文宗惊忧的心情很快就随着宰相牛僧孺下述的这番著名言论烟消云散了:

> 时牛僧孺先至,上谓曰:"幽州今日之事可奈何?"僧孺曰:"此不足烦圣虑,臣被召疾趋气促,容臣稍缓息以对。"上良久曰:"卿以为不足忧,何也?"僧孺对曰:"陛下以范阳得失系国家休戚耶?且自安、史之后,范阳非国家所有。前时刘总向化,以土地归阙,朝廷约用钱八十万贯,而未尝得范阳尺布斗粟上供天府;则今日志诚之得,犹前日载义之得也。陛下但因而抚之,亦事之宜也。且范阳,国家所赖者,以其北捍突厥,不令南寇。今若假志诚节钺,惜其土地,必自为力。则爪牙之用,固不计于逆顺。臣固曰不足烦圣虑。"上大喜曰:"如卿之言,吾涣然矣。"寻以嘉王运遥领节度,以志诚为节度观察留后,检校左散骑常侍,兼幽州左司马。寻改检校工部尚书、节度副大使,知节度事。③

牛僧孺的态度当然完全符合杜牧的"姑息"一说,但是杜牧因"愤河朔三镇之桀骜,而朝廷议者专事姑息"④ 而作《罪言》《战论》《守论》等反对

---

① 义武军节度使张璠于开成三年去世时,宰相因义武将士不纳朝命节帅、欲推前帅之子张元益,而议发兵除讨。其实任使义武长达十年的张璠在临终前已请入朝,并"戒其子元益举族归朝,毋得效河北故事"(《资治通鉴》卷246"开成三年九月"条)。只是这个宰相与藩帅都不认可具有"故事"地位的义武镇,最终却由文宗本人否决了发兵讨讨的决议。幸而在军士和唐廷双方妥协的情况下,义武的节帅任命危机最终以唐廷赦免谋立元益的将士,罢除不为将士所喜的朝命新帅——易州刺史李仲迁,更除蔡州刺史韩威为义武节度使才宣告结束。
② 《旧唐书》卷17下《文宗纪下》。
③ 《旧唐书》卷180《杨志诚传》。
④ 《资治通鉴》卷244"大和七年八月"条。

姑息的文章,其所针对的"朝廷议者"其实还不是牛僧孺,而很可能是僧孺的政敌,即在传统上被认为对藩镇持强硬态度的李德裕。① 其实就横海之役结束后的文宗一朝观之,相较其他人,尤其是文宗本人,李德裕对藩镇的态度实在不能说是姑息。② 但至少,李德裕对河朔的态度是很现实的。这种现实,我们在真正由其主政的武宗时代会看得更明显。当会昌三年(843),李德裕力促武宗讨伐泽潞时就说:

> 泽潞事体与河朔三镇不同。河朔习乱已久,人心难化。是故累朝

---

① 杜牧所作这些文章的时间据《罪言》中"自元和初至今二十九年间"(《樊川文集》卷5,第88页)的叙述,应该是大和七年(833)左右。缪钺先生《杜牧年谱》据《罪言》此句考杜牧撰写此文的时间为大和八年(北京,人民文学出版社,1980年,第29页),按此句后文接叙宪宗即位后平蜀、平吴、平蔡、平齐之事,因此这里的"元和"可能泛指宪宗一朝,所以"元和初"准确地讲就应该是宪宗即位的永贞元年(805),而至大和七年,正是29年。另,《战论》《守论》两文撰写的时间可能也在此时。而据《守论》中"往年两河盗起,屠囚大臣,劫戮二千石,国家不议诛洗,束兵自守,反修大历、贞元故事,而行姑息之政,是使逆辈纵横,终唱患祸,故作《守论》焉。厥今天下何如哉?干戈朽,铁钺钝,含引混贷,煦育逆孽,而殆为故常。而执事大人,曾不历算周思,以为宿谋,方且嵬岸抑扬,自以为广大繁昌莫己若也,呜呼!"(《樊川文集》卷5,第93页)的记载看,促使杜牧作《守论》的直接原因应该是其时唐廷对幽州事宜的姑息。因为"屠囚大臣,劫戮二千石"指的正是长庆初年幽州军士囚禁中央所任命的新帅张弘靖一事。而《资治通鉴》卷244也正是将杜牧创作这些文章的具体时间系于大和七年八月,即唐廷因两年前已获得幽州节度使身份的杨志诚的跋扈,又不得不加其为"检校右仆射,仍别遣使慰谕之"之后。而大和七年牛僧孺业已罢相,出镇淮南,代替他的则是李德裕。所以杜牧文字中的"执事大人"指的很可能就是后者。不过,即使杜牧此处批评的是李德裕,但也只是就事论事的议论,不关涉私人情感。

② 首先需要注意的是,尽管唐廷于大和七年八月还是授予了邀求官爵、颇为跋扈的杨志诚检校右仆射之衔,但在两个月前,也就是当年六月,唐廷以曾被杨志诚驱逐的前幽州节度使、此时正担任山南西道节度使的李载义出任幽州的邻镇河东节度使。这一含有压制杨志诚意味的节帅调动,很可能就是李德裕的手笔。此外,李德裕是当年二月才成为宰相,并在当年六月李宗闵被文宗外放后,才有机会真正主政的。因此对于之前唐廷处理杨志诚事件的种种措施,李德裕可能并不完全赞同。(这从其于会昌元年幽州军乱后向武宗所说的"河朔事势,臣所熟谙。比来朝廷遣使赐诏常太速,故军情遂固。若置之数月不问,必自生变。今请留监军傔,勿遣使以观之"〔《资治通鉴》卷246"会昌元年闰九月"条〕也可看出)而于新近才主政的李德裕来说,对于杨志诚事件,此时的他或许也只能尽力收拾残局而已。况且对此事的处理,文宗的态度当比较关键,而我推测后者的态度当是比较消极的。其次,在当年七月,史料记载(转下页)

以来，置之度外……河朔自艰难以来，列圣许其传袭，已成故事。①

在"党争"框架影响下的史学家，常会将牛僧孺与李德裕对待藩镇态度的不同视为牛、李二党的差异之一。但正如有学者所指出的，至少在对待河朔藩镇的态度上，牛、李二人并无本质的差别。②李德裕与牛僧孺的不同只是在于，李德裕坚持唐廷在放弃河朔实际控制权的同时，必须要维持名义上的"朝典"或"事体"③，即必须由唐廷主动授予河朔内部推选出来的藩帅以名位，而不能由河朔方面以跋扈或威胁的态度来邀求唐廷的旌节。而自河朔一方来说，如果其能够承认唐天子的天下共主身份，并愿意促成唐廷这种主导地位的获得，那么，对于河朔三镇的世袭，唐廷也可以给予公开的承认。这就是李德裕在会昌年间向河朔三镇使者表明的：

> 河朔兵力虽强，不能自立，须借朝廷官爵威命以安军情。归语汝使：与其使大将邀宣慰敕使以求官爵，何如自奋忠义，立功立事，结知明主，使恩出朝廷，不亦荣乎！④

由武宗时代最终确立下来的"河朔旧事"传统，是唐廷与河朔三镇在名实方面妥协的产物。虽然从表面上看，它似乎加剧了河朔藩镇的割据状态。但如果以唐廷在大中（847—859）以后，"廊庙之上，耻言韬略，以囊鞬为凶物，以铃匮为凶言"⑤的状况来看，"河朔旧事"传统的确立，倒真是帮了日趋孱弱的帝国的大忙。因为在唐末动乱之际，这样一个具有"旧事"特权的河朔，却真成了基本没对帝国造成太大威胁，甚至还可以提供给帝国些许援助的地方。

（接上页）李德裕曾向文宗建议，乘"宣武节度使杨元卿有疾，朝廷议除代"之时，"徙（泽潞）刘从谏于宣武，因拔出上党，不使与山东连结"（《资治通鉴》卷244）。可见对待泽潞，李德裕的态度也是自来就比较强硬的。只是当时的文宗已无意再与藩镇起纠葛，因此文宗实际上是继敬宗之后再一次姑息了泽潞。不过这两起事件或许也还是能隐约反映出，李德裕对泽潞的态度与河朔有所区别。

① 《资治通鉴》卷247"会昌三年四月"条。
② 参见樊文礼：《试论唐河朔三镇内外矛盾的发展演变》，《内蒙古大学学报》，1983年第4期，第15页。
③ 《李德裕文集校笺》文集卷13《论幽州事宜状》，第231页。
④ 《资治通鉴》卷248"会昌四年八月"条。
⑤ （五代）孙光宪撰，贾二强点校：《北梦琐言》卷14《儒将成败》，北京，中华书局，2002年，第282页。

总之，以唐廷承认藩镇帅位世袭为核心的"河朔旧事"①，并非安史之乱结束后不久就已奠立的一个传统。它是唐廷与河朔藩镇历经八十年左右的较量后才逐渐形成的。其过程概言之就是："期以土地传之子孙"的藩镇，由两河以外缩小至两河，形成所谓"两河旧事"；进而又缩小至河北；最后则是只有幽州、成德、魏博三镇才可以享有的"河朔旧事"。"河朔旧事"形成的历史，其实也就是一个唐廷的控制力在安史之乱后逐渐退出河朔的历史。至于唐廷为什么会退出河朔，固然，诚如一些学者所指出的，唐廷在军事、经济、政治等方面存在的严重问题，使得它力图收复河朔控制权的行动无法取得成功。② 这里需要补充的是，这些问题并不是从唐廷试图收复河朔伊始就已存在的，或者说，至少在德宗削藩战争的时代，它们还没有那么严重。但是随着时间的推移，诸如军事的疲软、财政的拮据、政治的腐败等问题，确实是日益变得严峻了。然而，我更想强调的是，唐廷的退出河朔，不仅是因为上述问题的日益严峻迫使它"被动"或"无奈"地放弃对河朔的控制权，而是在主观上，唐廷也已经不想再去干涉河朔了。换言之，唐廷的离场，既是一个关涉其政治能力的问题，更关键的，则是一个关涉其政治理念的问题。这个政治理念的核心就是：河北对帝国的意义究竟在哪里，或者说，它对帝国究竟还有没有意义？

从德宗朝到武宗朝，在唐廷处理其与河朔藩镇的关系中，对后者的擅地自立，唐廷从名实两方面都予以坚决否定，到名义上反对而实质上承认的暧昧妥协，再到名义上都可以不去计较"顺逆"与否，最后则是折中为在保证朝廷"事体"的前提下，公开承认"河朔旧事"。这背后，暗藏着的其实是一条现实的地缘政治考量逐渐压倒旧有意识形态桎梏的逻辑链。9世纪后的士人逐渐意识到，河朔藩镇至晚在大历末年即已形成的"意在自保，势无他图"的心态，决定了它们实际上已经不构成对帝国的致命威

---

① 有关"河朔旧事"的内涵，可参见张天虹：《"河朔故事"再认识：社会流动视野下的考察——以中晚唐五代初期为中心》，《唐代国家与地域社会研究——中国唐史学会第十届年会论文集》，上海，上海古籍出版社，2008年，第196～200页。大体而言，"河朔旧事"的内涵包括以下两个层面：首先最主要的是指河朔藩镇节帅之位的私相授受，其次则是河朔内部政治、经济、军事体制的相对独立。本文所讨论的主要是第一个层面的"河朔旧事"问题。

② 相关问题的讨论，可参见方积六：《论唐代河朔三镇的长期割据》，《中国史研究》，1984年第1期；张国刚：《唐代藩镇割据为什么长期存续》，《唐代藩镇研究》，第72～82页等文。

胁。而以当时的环境来看，河北的存在与否对帝国的正常运作也没有太大的影响。它既不为帝国提供财赋，也不为帝国分担近在咫尺的边境压力。相反，没有河北，帝国倒是可以减轻不少经济和边防负担。如此来看，得失与否的天平逐渐偏向"放弃河北"一边或许也就不难理解。

从这一意义上来说，"河朔旧事"形成的过程，其实也是朝士们有关河朔的自立逐渐达成共识的过程。而这种共识一旦达成，反过来也将制约那些试图更革"河朔旧事"的努力。现在，朝堂上不再有针对用兵河朔的讨论。然而这并非如德宗时代那样，是鲜有人质疑出兵河朔的必要，而是再也没有人认为有必要干涉河朔了。事实上，这种"主动"放弃河朔的心态才是杜牧真正予以抨击的。我们看到，这位大胆进言反对姑息的诗人，其实本人也并不认同可以对河朔随意兴兵。其在《罪言》中提出的观点是：上策莫如自治。关于"自治"，杜牧的解释是：

> 法令制度，品式条章，果自治乎？贤才奸恶，搜选置舍，果自治乎？障戍镇守，干戈车马，果自治乎？井闾阡陌，仓廪财赋，果自治乎？如不果自治，是助房为虐，（河北）环土三千里，植根七十年，复有天下阴为之助，则安可以取？①

可见，杜牧所批评的，是那种默认河北自立、不愿再去尝试经营河北的心态，至于收复河北的前提，杜牧同样认为，甚至还特别强调，依旧是必须先处理好法令、人才、武备、财赋等内部问题。如果这些都做不好，即使在汲汲于收复河北的杜牧看来，河北又"安可以取"呢？

有趣的是，"河朔旧事"形成的过程，又同时是一个河朔联盟逐渐瓦解的过程。在面对唐廷的威胁时，河朔等镇的联盟交好由公开逐渐走向隐蔽，并最终随着三大家族的退出河朔统治层，联盟也宣告瓦解。这层转变固然与河朔藩镇内部矛盾的演变关系更大，并且也直接影响到了三镇未来，尤其是晚唐时代，作为传统强藩的河朔三镇始终没能结成联盟的这一事实。但是，唐朝确实是没能很好地利用这一契机，或者说，正如上文所分析的，唐朝是既无力也无心再去利用这一契机了。

总之，几进几出后的离场，昭示了唐朝对河北的最终"放弃"。不过，我们也不要因此就过于贬低了唐朝的政治理念。因为在姑息河朔藩镇的同

---

① 《樊川文集》卷5《罪言》，第88页。

时，唐朝对三镇以外的其他强藩，比如位于河南、河东的两个大镇淮西和泽潞，另一种与对待河朔三镇相反的态度也变得逐渐明晰了。这就是"事体"与河朔三镇"不同"①的其他藩镇，唐朝也逐渐否认了它们自立的存在。②而这种认识，除了基于传统的考虑外③，地缘因素也同样正在成为至关重要的考量。这就是为什么在宪宗和武宗讨平淮西和泽潞后，这两个分别处于交通结点上的藩镇会遭到割裂的原因。④

此外另一个值得注意的问题是，尽管享有同样的"旧事"传统，但河朔三镇在唐朝心目中的地位却仍有高下之分。不过这种高下之分，却还不仅是唐朝基于地缘角度来判断三镇对其战略价值的差异而产生的。⑤本章最后想要讨论的问题就是，一种身份上的差异，可能更为关键地影响了唐朝对三镇态度的厚此薄彼。

二、作为"他者"的幽云

和安禄山一样，可能同为粟特种族的后晋开国君主石敬瑭，也许也是我们在涉及唐代后期的河北问题时绕不开的一个人物。因为石敬瑭割让幽

---

① 《资治通鉴》卷 247 "会昌三年四月"条。

② 在笔者的博士论文完成后，读到了孟彦弘先生发表于《唐史论丛》第十二辑上的《"姑息"与"用兵"——唐代藩镇政策的确立及其实施》（西安，三秦出版社，2010 年，第 115~145 页）一文，其中部分主旨及内容（尤其是第 128~132 页）与本文观点及所述类似，但亦有不同之处，读者可以参看。

③ 比如和武宗朝的李德裕一样，敬宗时代的大臣在商讨泽潞刘悟死后是否允许其子刘从谏继任节帅之位时，就"多言上党内镇，与河朔异，不可许"（《资治通鉴》卷 243 "宝历元年十一月"条）。其中也包括宪宗朝反对用兵河朔的李绛。关于李绛之论，可参见《全唐文》卷 645《论刘从谏求为留后疏》。

④ 这或许也就是为什么裴度和李德裕分别将淮西和泽潞称为"腹心之疾"（《资治通鉴》卷 239 "元和十年六月"条）和"近处心腹"（《资治通鉴》卷 247 "会昌三年四月"条）的原因所在。

⑤ 尽管这重考虑也有，比如杜牧在《罪言》中就以为其时唐廷对河北的政策，当以自治为上、取魏为中，而最下策则为浪战。关于"取魏"，杜牧说："魏在山东，以其能遮赵也，既不可越魏以取赵，固不可越赵以取燕，是燕、赵常重于魏，魏常操燕、赵之性命也。故魏在山东最重。黎阳（卫州属县）距白马津三十里，新乡（卫州属县）距盟津一百五十里，陴垒相望，朝驾暮战，是二津房能溃一，则驰入成皋不数日间，故魏于河南间亦最重……故河南、山东之轻重，常悬在魏……非魏强大能致如此，地形使然也。故曰：取魏为中策。"而所谓"浪战"，就是"不计地势，不审攻守"（《樊川文集》卷 5，第 88 页），杜牧此语，其实是批评长庆、大和年间（转下页）

云十六州，数个世纪以来一直统一的河北地区，至此将正式分属于南北两个政权，而这上距唐朝的灭亡只有几十年。

关于石敬瑭以割让幽云为代价换取契丹对其建立政权的支持，《资治通鉴》卷280"天福元年（936）十一月"条有着言简意赅的记述：

> 契丹主作册书，命敬瑭为大晋皇帝，自解衣冠授之，筑坛于柳林。是日，即皇帝位。割幽、蓟、瀛、莫、涿、檀、顺、新、妫、儒、武、云、应、寰、朔、蔚十六州以与契丹，仍许岁输帛三十万匹。

顺、新、武、儒、应、寰诸州都是唐末五代分析幽、妫、云、朔等州而置。也就是说，石敬瑭割让的正是唐代的幽州一镇（营、平二州此前已为契丹所得），以及河东的雁门以北地区。巧合的是，如果我们赞成前文的分析，即约两个世纪前，身为河北、河东两道采访处置使的安禄山，其所真正有效控制并借此发动叛乱的地区只是两道北部近边地区的话，那我们很容易发现，这一近边地区差不多就是此后的幽州镇及代北，也就是石敬瑭割让的幽云十六州。

一个曾经引发帝国大动荡的地区，在经历了约两百年的时间后，终于被划出了帝国的版图之外，这究竟意味着什么呢？当然，我不否认安史之乱与幽云被割让的特定政治背景，也无意因这种地域的巧合去引发刻意的比较。我想强调的是，即便不去计较当年安禄山发动叛乱的这一地区是否已经与帝国的其他地区具有不相类的气质，但是，如果在安史之乱结束后的一百七十余年时间里，这个地区因其身为叛乱渊薮的缘故，而在情感上一直无法被帝国所宽容和接受，或者，如果它此前确实具有那种不相类的

（接上页）"越魏取赵"之事。杜牧从地理形势的角度着眼，认为魏博一镇对唐的意义最大，因为它既是河北的屏蔽，也最直接地威胁着河南。其实，魏博的这种意义在唐代体现得还并不突出，这一方面是因为帝国在文宗时代以后再没有与河朔藩镇发生什么大的冲突；而晚唐时期的魏博，由于困扰于内部牙军的跋扈与其保守的个性，也没有进一步参与争霸中原的战事。但是，对于未来以河南为政治中心的五代王朝来说，魏博一镇却真的成了左右它们政权转移与政局变化的关键力量。五代各王朝的那些著名君主——李存勖、李嗣源、石敬瑭、刘知远、郭威，莫不依仗魏博的力量或是靠着打击魏博的力量来建立其政权。有关魏博镇与五代政权递嬗的关系，可参看韩国磐《关于魏博镇影响唐末五代政权递嬗的社会经济分析》、毛汉光《魏博二百年史论》两文。

气质，而在乱后，这种气质始终无法很好地融入帝国的整体氛围中，甚至愈益疏远地被排斥在帝国整体之外的话，那么，对于此后石敬瑭这样一位着眼于夺取中原的将领来说，轻易割舍幽云十六州也许就不是一件特别难以理解的事情。因为长期的隔膜，早已使幽云地区成了中原王朝眼中的"他者"。

实际上，幽州与唐帝国的隔膜确实在安史时代就已经相当明显了，《安禄山事迹》称当史思明于乾元二年夏秋之际于幽州施行礼制改革时：

> 令其妻为亲蚕之礼于蓟城东郊，以官属妻为命妇，燕羯之地不闻此礼，看者填街塞路。燕蓟间军士都不识京官名品，见称黄门侍郎者曰："黄门何得有髭须？"①

而或许是对于燕蓟之地这种普遍"无识"的不齿，作为唐末士人的姚汝能——这位《安禄山事迹》的撰者，用了"识者笑之"、"又皆此类也"等的字眼来形容史思明的一系列礼制改革，以及燕蓟军士的反应。

行年早于姚汝能的张弘靖及其幕僚②，他们与姚氏所持的态度也基本相同。不过身为幽州历史上唯一一位由唐廷派遣的节帅（821在位），张弘靖在到任之初即已着手变革这种燕蓟风俗，史称：

> （弘靖）始入幽州，老幼夹道观。河朔旧将与士卒均寒暑，无障盖安舆，弘靖素贵，肩舆而行，人骇异。俗谓禄山、思明为"二圣"，弘靖惩始乱，欲变其俗，乃发墓毁棺，众滋不悦。旬一决事，宾客将吏罕闻其言。委成于参佐韦雍、张宗厚，又不通大体，朘刻军赐，专以法抵治之。官属轻佻酗肆，夜归，烛火满街，前后呵止，其诟责士皆曰"反虏"，尝曰："天下无事，而辈挽两石弓，不如识一丁字。"军中以气自任，衔之。（刘）总之朝，诏以钱百万缗赏将士，弘靖取二十万市府杂费，有怨言。会雍欲鞭小将，蓟人未尝更笞辱，不伏，弘靖系之。是夕军乱，囚弘靖蓟门馆，掠其家赀婢妾，执雍等杀之。

---

① 《安禄山事迹》卷下，第111页。
② 据《旧唐书》卷129《张延赏附张弘靖传》载，张弘靖于长庆四年去世，而姚汝能至晚在会昌年间还健在。因为据姚氏所作的《唐故试右内率府长史军器使推官天水郡赵府君（文信）墓志铭并序》载，墓主去世于会昌五年，姚汝能撰此志时署乡贡进士。（《全唐文补遗》第二辑，第57页）

判官张澈（彻）始就职，得不杀，与弘靖同被囚。会诏使至，澈（彻）谓弘靖曰："公无负此土人，今天子使至，可因见众辨，幸得脱归。"即推门求出……数日，吏卒稍自悔，诣馆谢弘靖，愿革心事之。三请，不对。众曰："公不赦我矣，军中可一日无帅乎？"遂取朱克融主留后。①

发生在长庆元年的这起变乱无论在幽州还是在整个河朔历史上都极为特殊。叛乱的发动者是普通士卒而不是幽州将校。事实上，当士卒"连营呼噪作乱"时，幽州将校确是力图制约他们，只是已"不能制"② 了。而这些士卒囚禁节帅、诛杀幕僚看来也只是一时气忿的结果，本无另立他帅的意愿。而导致这些士卒与节帅矛盾激化的根源，截留了军士的赏赐似乎还是次要的，更主要的则在于，张弘靖及其幕僚的行事作风与幽州旧俗大相径庭。

其实身为两代相门之后的张弘靖为人"简默自处"③，前此出镇河东、宣武两个大镇，亦以"廉谨宽大"④ 颇得士心。史称其在宣武任上甚因"屡赏以悦军士"而致"府库虚竭"⑤。实际上，拟求归朝的刘总之所以请除当时还在宣武任上的张弘靖代己为幽州节度，就是看中了"弘靖先在河东，以宽简得众，总与之邻境，闻其风望，以燕人桀骜日久，故举弘靖自代以安辑之"⑥。而此前在以"骄兵"著称的宣武镇中"用政宽缓"⑦ 的张弘靖，到了幽州以后也并没有变得为政严猛起来。但是燕人的"桀骜日久"或许真是超出了张弘靖及其幕僚的想象，确切地说应该是这种"桀骜"本来就不在张弘靖等人可想象的范畴之中。对于张弘靖这样一位本来

---

① 《新唐书》卷127《张嘉贞附张弘靖传》。张澈，《旧唐书》卷129《张延赏附张弘靖传》、《资治通鉴》卷242"长庆元年七月"条皆作"张彻"。按新书此段关于张彻的事迹源于韩愈《故幽州节度判官赠给事中清河张君墓志铭》。墓志曰："居月余，闻有中贵人自京师至。君（指张彻）谓其帅：'公无负此土人，上使至，可因请见自辨，幸得脱免归。'即推门求出。"（《韩昌黎文集校注》卷7，第546页）
② 《资治通鉴》卷242"长庆元年七月"条。
③ 《新唐书》卷127《张嘉贞附张弘靖传》。
④ 《资治通鉴》卷241"元和十四年八月"条。
⑤ 《资治通鉴》卷242"长庆二年六月"条。
⑥ 《资治通鉴》卷241"长庆元年六月"条。
⑦ 《旧唐书》卷129《张延赏附张弘靖传》。

就侵染着唐朝主流政治文化理念的士大夫来说，无论是自身的"肩舆于三军之中"，还是宽容属下的"轻肆嗜酒，常夜饮醉归，烛火满街，前后呵叱"①，放在他处原本都不是可被骇异之事，但在幽州就变得格格不入了。更不用说张氏等人无法容忍幽州的"二圣"之俗而欲"发墓毁棺"的惩乱措施了。陈寅恪先生曾对此事发过如下之感慨：

> 穆宗长庆初上距安史称帝时代已六七十年，河朔之地，禄山、思明犹存此尊号，中央政府官吏以不能遵循旧俗，而致变叛，则安史势力在河朔之深且久，于此可见。②

其实，这种旧俗并不是在整个河朔地区都表现出这种"深且久"的特质的，而只是在幽州一镇，它的政治文化理念与唐廷的对立才表现得如此尖锐。

松井秀一先生曾对比过幽州与魏博、成德两镇和唐廷关系的差异。他指出，不仅幽州存在着更为强烈的反唐情绪，而且唐廷对待幽州的态度也比对待魏、赵二镇更淡薄，芥蒂更深。比如被唐廷赐名的幽州节帅只有与唐室可能存在宗亲关系的李再义（赐名李载义）③，与回鹘出身的李茂勋（本名不详）两人，尚公主者则无一人，而节帅一族归朝后任官的事例也记载得较少。④ 幽州频繁的内乱当然也是增加唐廷对其相较魏、赵二镇产生更大反感的原因。⑤ 而尽管幽州节帅对唐廷的态度总体而言还比较恭顺，但与同样对唐廷态度较为恭顺的成德节帅相比，幽州的这种恭顺甚或依赖，更多的还是基于现实利益考量下的行为，而没有生发出情感上的归属感。这就是为什么到了唐末黄巢起义，中央威望急剧衰落的时代，与成德节帅王景崇"贡输相踵。每语及宗庙园陵，辄流涕"⑥ 的表现截然相反，

---

① 《旧唐书》卷129《张延赏附张弘靖传》。
② 陈寅恪：《唐代政治史述论稿》上篇《统治阶级之氏族及其升降》，第220页。
③ 《资治通鉴》卷243"宝历二年八月"条称："载义，承乾之后也。"《旧唐书》卷180《李载义传》称李载义"常山愍王之后"。而《新唐书》卷212《藩镇卢龙·李载义传》则称李载义"自称恒山愍王之后"。
④ [日]松井秀一：《卢龙藩镇考》，《史学杂志》68：12，1959，第6页。
⑤ 这就是李德裕在会昌年间幽州军乱时向武宗说的："幽州一方，自朱克融留连中使，不受赐衣，继以杨志诚累遣将吏上表，邀求官爵，自此悖乱之气，与镇、魏不同。"（《李德裕文集校笺》文集卷13《论幽州事宜状》，第231页）
⑥ 《新唐书》卷211《藩镇镇冀·王景崇传》。

幽州就再也谈不上对唐廷恭顺或依赖与否了。

而我们从上述张弘靖被囚事件中，弘靖幕僚以"反虏"、"土人"这样的称呼来诟责燕蓟之士时，亦能感受到朝士与幽州普通士卒间的这种成见颇深的紧张对立，而这尚发生在成功治理了幽州几十年，且对唐廷较为恭顺的刘氏家族刚刚结束其统治不久。事实上，此前刘总在归朝时之所以"仍籍军中宿将尽荐于阙下"，另一个重要意图就是"因望朝廷升奖，使幽蓟之人皆有希羡爵禄之意"，以此部分地消弭这种幽州与朝廷的隔阂。但我们知道，对于这些俱在京师旅舍中的刘总所荐将校，此后的穆宗君臣采取了"久而不问"的态度。以至于"如朱克融辈，仅至假衣丐食，日诣中书求官，不胜其困。及除弘靖，又命悉还本军。克融辈虽得复归，皆深怀觖望，其后果为叛乱"①。不过，朝臣对幽州将校的这种轻慢不理，并在此后悉遣还镇的举措，是不是就有基于对后者根深蒂固的成见在内呢？

而我们也发现，这种以"土人"指称幽州民众的说法，直到割让幽云十六州的石晋时代，仍在被当朝的士大夫们所使用。就在成书于石晋时代的《旧唐书》中，史臣在幽州后期的那些节度使传记的末尾写道：

> 彼幽州者，列九围之一，地方千里而遥，其民刚强，厥田沃壤。远则慕田光、荆卿之义，近则染禄山、思明之风。二百余年，自相崇树，虽朝廷有时命帅，而土人多务逐君。习苦忘非，尾大不掉，非一朝一夕之故也。②

这段看似综括唐代幽州一镇人情政理的话语，未尝不含有对石晋割让幽州地区的开脱之意在内。但其所言幽州近二百余年来的"自相崇树"、"习苦忘非"，甚或"朝廷命帅、土人逐君"，确也并不全是虚语。而在石敬瑭于天福元年割让幽州于契丹后，我们确实也没有看到幽州民众的抵制或反抗。契丹于天福二年（937）以幽州为南京，以及此后对幽州地区的统治仍是较为平稳的。

与幽州一样，为石晋割让的代北地区在唐代中后期的"他者"位置也很明显，但造成这种情况的原因与幽州有所不同。安史之乱后，唐朝因受吐蕃压力而将关内等地的诸蕃部落逐渐东迁入代北。到唐代末年，代北已

---

① 《旧唐书》卷143《刘怦附刘总传》。
② 《旧唐书》卷180《朱克融等传》。

成为蕃族集聚的一个重要地区,并已成为以太原为治所的河东节度使的心腹之患。而其中势力最著者,就是宪宗时代徙迁代北,并在此后建立后唐王朝的沙陀部落。① 不过诚如胡三省所言:"雁门以北诸州,弃之犹有关隘可守……若割燕、蓟、顺等州,则为失地险。"② 而尽管显德六年(959)周世宗的收复三关、瀛、莫,兵不血刃而取燕南被誉为"不世之功"③,但深具"地险"及"健马之利"的燕及燕北却真的在此后数个世纪中再也不属于中原王朝了。当端拱二年(989)宋太宗三度北伐失败,诏文武羣臣各陈备边御戎之策时,右拾遗、直史馆王禹偁即言:

> 顷岁吊伐燕蓟,盖以本是汉疆,晋朝以来,方入戎地,既四海一统,诚宜取之。而边民蚩蚩,不知圣意,皆谓贪其土地,致北戎南牧。④

对于10世纪末的朝野士大夫而言,边民在心理上已经不再认同燕蓟作为"汉疆"的情形,也已经成为他们可以公开向君主表达的一个事实。

不过我们也不要认为幽州边民对宋朝的排斥就意味着他们对辽的接受,两个世纪后金世宗有关燕人的一番话语也许才真正点出了燕人的政治心态:

> 燕人自古忠直者鲜,辽兵至则从辽,宋人至则从宋,本朝至则从本朝,其俗诡随,有自来矣!虽屡经迁变而未尝残破者,凡以此也。⑤

政权的频繁迁变当然是导致边地政治行为失范的一个重要原因,不过通过上文的分析我更想指出的是,无论对于哪个政权,如果它仅是将边地视为边缘,而无法对这个因历史等原因以致通行的常规原则无法实现其价值的地区投以更多的尊重和理解,那么,这个地区游移甚至脱离中央政权也许就是迟早的事情。因为尽管在地理的疆界内,它可能仍是这个政权的一部分,但在身份的疆界内,它却对这个政权再无认同感了。

---

① 相关论述可参看樊文礼:《唐末五代代北集团的形成和沙陀王朝的建立》,《中国中古史论集》,天津,天津古籍出版社,2003年,第475~481页。
② 《资治通鉴》卷280"天福元年十一月"条胡注。
③ 《资治通鉴》卷294"显德六年五月"条。
④ 《续资治通鉴长编》卷30"端拱二年正月"条。
⑤ 《金史》卷8《世宗纪下》。

随着幽蓟和燕南分属于辽与宋两个政权，河北正式迎来了它分裂的时代。对于赵宋王朝来说，幽蓟现在已成为真正意义上的化外之地，而燕南则在凸显其对宋朝战略价值的同时，更以其著名的"乡义"① 为后世学者所关注。因为这种百姓自相团结的燕南义兵，如同它在转折时期的唐代安史之乱中一样，也将是未来作为两宋变易的靖康之变时"河北忠义"的主要来源。② 我想，河北极富个性和差异的军政特质，也许注定了在宋代，这里仍将会是一个频繁上演精彩故事的地区。

小　结

尽管作为安史之乱的爆发地，但安禄山对河北的控制力并不全面和稳固。名为安氏统内的燕南，不仅在叛乱初期始终反覆于朝叛两方之间，还戏剧性地成了帝国版图内地方勤王势力最活跃的区域。安禄山对其统内控制效力的不同，缘于叛乱前就早已形成的河北军政结构。即自武后、玄宗时代起，河北逐渐形成了以边州军镇为第一道防线，燕南团结营为第二道防线，幽、营境内云集着蕃部聚居的羁縻州的军事格局。继承这一格局的安禄山，很自然地将这一军事构造运用到他的叛乱军团中。即他以羁縻州的蕃将与蕃族部落为核心，以边州的士兵为主干发动叛乱，而并不被其特别重视的燕南团结兵，则成了勤王一方可资利用的力量。

当叛乱初期受安禄山委派与朔方军争夺河北的史思明，最终在至德元载（756）底扫清了燕南的勤王势力后，作为叛军核心的蕃部与旧将问题

---

① 《宋史》卷86《地理志二》。
② 顾炎武在《日知录》卷9《边县》中曾言："宋元祐八年（1093），知定州苏轼言：'……今河朔西路被边州军，自澶渊讲和以来，百姓自相团结，为弓箭社。不论家业高下，户出一人，又自相推择家资武艺众所服者为社头、社副、录事，谓之头目。带弓而锄，佩剑而樵，出入山坂，饮食长技，与北敌同。私立赏罚，严于官府，分番巡逻，铺屋相望。若透漏北贼，及本土强盗不获，其当番人皆有重罚。遇有警急，击鼓集众，顷刻可致千人，器甲鞍马，常若寇至。盖亲戚坟墓所在，人自为战，敌甚畏之。先朝名臣帅定州者，如韩琦、庞籍，皆加意拊循其人，以为爪牙耳目之用。而籍又增损其约束赏罚。今虽名目具存，责其实用，不逮往日。欲乞朝廷立法，少赐优异，明设赏罚，以示惩劝。'奏凡两上，皆不报。此宋时弓箭社之法，虽承平废弛，而靖康之变，河北忠义多出于此。"[（清）顾炎武著，陈垣校注：《日知录校注》，合肥，安徽大学出版社，2007年，第552～553页]

开始成为叛军集团的主要矛盾。京陕西败和洛阳失守后的安庆绪无力阻止部落的离散和旧将的归降，其集团也在相州之役后被史思明吞并。与诸将等夷的史思明则通过称帝建制、制礼作乐等手段来实现其树立权威与统一叛军的目的。这些手段与其罢免蕃将并离析部众、培植亲信与分藩河北等措施相配合，可能得到过支持他的汉人集团的鼓励与推动。但是，随着史思明此后的被杀，以及因之而起的蓟门内乱，叛军的新领袖史朝义无法再对他的河北将领实施掌控了。

  安史之乱的结束拉开了河朔藩镇时代的大幕。尽管著名的河朔三镇有着相似的长期半割据状态，但它们的性格特质却并不像传统史家认为的那样完全相似。继承着叛军集团因子最多的成德镇，奠定了将领层为其权力中枢的性格，并将这一性格一直保持到当镇的终结。虽然这种性格造就了成德初期大起大落的命运，但也保障了成德此后帅位继承与当镇局势的长期稳定。同时，将帅之间的宗主模式也被施用于成德与唐廷的关系中，使得成德成为河朔三镇中对唐廷最为恭顺和感情最深的藩镇。和成德正相反，基础薄弱的魏博从建镇伊始便着手发展包括著名的魏博牙军在内的军事力量。不过，魏博牙军的崛起，并愈益成为魏博跋扈与动乱的根源，还是魏博中后期的事情。而前期的魏博与成德一样，也是一个由将领占据当镇主导地位的藩镇。将领与牙军主导地位的转换，其实是随着魏博历史的发展逐渐演进的。结束了羁縻州时代的幽州是安史乱后内部动乱最频繁的河朔藩镇。虽然和成德一样，幽州同样由将领占据政治舞台的中心位置，但这一将领集团逐渐从会府的牙将转变成属州或外镇的军将，并到中晚期形成山后宿将势力最强的局面。将领集团的空间转变与幽州外部矛盾的转移有关，而幽州兵农合一与军政不分的体制则与其传统的历史、地理因素有密切关系。并且，同样随着幽州外部矛盾的转移，这一体制最明显的展现空间依旧是晚唐的山后地区。总之，长庆以后，随着此前统治三镇的三大家族的退出，原本军政构造颇为相似的河朔三镇加快了分道扬镳的步伐。并在最后，在两个强势崛起的外部政权——宣武和河东的打击下，纷纷宣告灭亡。

  本章以河北集团内部矛盾的演变为线索展开论述，这部分也是因为河北是王朝版图内中央控制力最弱的地区。不过在本章的最后，我们仍旧考察了一下唐朝与这个所谓"化外之地"间的关系。这一关系可以用"河朔旧事"为关键词来表达。以承认河朔三镇帅位私相授受为核心的河朔旧事传统，不仅是唐朝无力经营河朔的一种体现，更是唐朝无意经营河朔的一种象征。而这种无意经营，是士人经过考量河北之于帝国现实意义后心态转变的产物。而基于传统上的情感考量，士人对待河朔三镇彼此间的态度也不同。幽云在五代时期割离中原，正有王朝与地方在身份认同上存在着长期隔膜与偏差的原因在内。而当未来的赵宋王朝接手中原时，它发现，随着原先的边州地区已成为真正意义上的化外之地，它也将随时心惊胆战地应对强大的外敌——契丹的威胁。

第四章 江淮：新旧交替的舞台

尽管在帝国后半期的经济或文化领域，江淮地区已经愈益显现出它重要而深刻的影响，但是人们对江淮的兴趣似乎也正因为这种既认的性格而仅仅停留在上述这两个层面。相较于这一时期有关帝国北部政治军事研究的丰富成果，南部的相关研究则要薄弱得多，尽管现状正在慢慢好转。所以，本章就是我们尝试从政治军事的角度去解读唐代后半期江淮社会的一种努力。从这一角度进行的研究将使我们看到江淮在军政领域同样精彩的面相，也将促使我们对有关其性格认识的一些固有观念进行反思，而更重要的则是，帮助我们更为全面地去定义这个帝国外府在唐代后半期的意义及位置。总之，江淮是我们对唐帝国及其地方诸侯讨论中的最后一个地区，但这并不意味着，这是最不重要的一个地区。

第一节 永王东行的图景

安禄山叛乱对帝国的影响不仅限于它的北方，虽然从表面上看，叛乱的部队几乎从未越过汉水与淮河，但江汉与江淮在叛乱初期其实也陷入了一场复杂的纷争中，这场纷争的结果便是在北方的朝叛对峙最为激烈的时候，在帝国的江淮地区也酿成了一场动乱。这场被旧史称为"永王之乱"（756—757）的动乱虽然早在二十多年前便已引起了学者的关注，并因他们的研究基本上廓清了其中所关涉的玄、肃二帝矛盾的内涵。[1] 不过以揭

---

[1] 见贾二强：《唐永王李璘起兵事发微》，《陕西师大学报》，1991 年第 1 期；[日] 冈野诚：《论唐玄宗奔蜀之途径》，《第二届国际唐代学术会议论文集》（下），台北，文津出版社，1993 年，第 1099～1121 页。近年来对永王事件进行讨论的文章还有张振：《唐永王璘事件考辨》，《青岛大学师范学院学报》，2005 年第 4 期。此外，在两部探讨安史之乱前后政权结构的论著中，对永王事件也有较多涉及，它们分 （转下页）

橐玄、肃矛盾为旨归的上述研究对于事件真正的发生地，以及这些地域中的政治势力的讨论则是极为有限的。既然"永王之乱"不同于其他的帝室纷争，终究是一场落实在地方上的事件，那么站在地方的立场来对其进行审视，看来也应该成为我们考察这一事件的一个必要视角。另一方面，"永王之乱"的特殊之处还在于，尽管"叛乱"最后的爆发地在江淮，但它的发端地却在三川，酝酿之处则是江汉。换言之，"永王之乱"实际上是一个伴随着永王东行不断展开的过程。因此，如果永王事件确实反映了玄、肃二帝的矛盾，那么这一矛盾也必将随着永王的东行有所调整和发展。但这一点却恰恰是学者在讨论时所忽略的。而注意到永王事件的过程性同样提醒我们，在我们针对地方的讨论时，我们同样应该知道，地方上各色人物对永王行为的理解也将随着东行的进展有所变化。当然，与二十年前的学者相比，我们重新解读"永王之乱"的条件将比他们更为优越。因为就在这二十年中，一些卷入永王事件的人物的墓志资料相继发现并刊布了。不过当我们在利用这些新出土文献的时候，同样不应忽视对传世文献进行更为仔细的梳理。由于有关"永王之乱"的传世文献在很大程度上受到了干扰，这一梳理就要求我们对这些史料进行更为细致的辨析和系统的掌握。总之，本文的目的即在于通过对现存有关永王事件资料的系统整理，并在以永王东行路线（见图31）为考察线索的论述框架下，去全景式地呈现一幅安史之乱初期帝国南部的政治图景。

一、普安:《命三王制》的内涵

天宝十五载（756）六月，安禄山军队攻克潼关，玄宗出奔蜀郡（成都府）。七月十五日，奔蜀途中的玄宗在普安郡（剑州）发布了一道重要的制文《幸普安郡制》。我们对"永王之乱"的讨论就将始于这篇制文。制文由时"从玄宗幸蜀，拜起居舍人，知制诰"①的贾至起草，具体内容则参考了三天前赶到普安郡与玄宗会合的宪部侍郎房琯的意见。制文曰：

（接上页）别是任士英:《唐代玄宗肃宗之际的中枢政局》第六篇《唐肃宗时期的中枢政局》，北京，社会科学文献出版社，2003年；林伟洲:《安史之乱与肃代二朝新政权结构的开展》第三章《肃宗灵武自立与唐室政权转移》，台北，花木兰文化出版社，2009年。

① 《新唐书》卷119《贾曾附贾至传》。

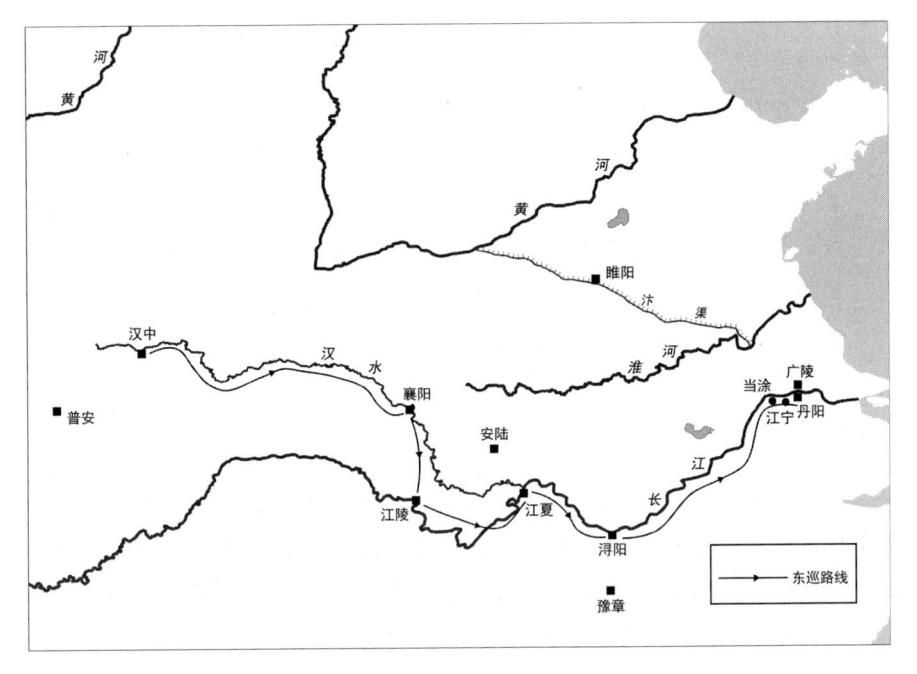

图 31 永王东行路线图

……太子亨，忠肃恭懿，说礼敦诗，好勇多谋，加之果断。永王璘、盛王琦、丰王珙，皆孝友谨恪，乐善好贤，顷在禁中，而习政事（"顷在禁中，而习政事"当从《唐大诏令集》及《册府元龟》改作"虽顷在禁中，未习政事"），察其图虑，可试艰难。夫宫相之才，师傅之任，必资雅善，允属忠贞，况四海多虞，二京未复，今当慎择，实惟其人。太子亨宜充天下兵马元帅，仍都统朔方、河东、河北、平卢等节度采访都大使，与诸路及诸副大使等计会，南收长安、洛阳；以御史中丞裴冕兼左庶子，陇西郡司马刘秩试守右庶子。永王璘宜充山南东路及黔中、江南西路等（"永王璘宜充山南东路及黔中、江南西路等"此句当从《唐大诏令集》作"永王璘宜充山南东道、江南西路、岭南、黔中等"）节度支度采访都大使，江陵大都督如故；以少府监窦绍为之傅，以长沙郡太守李岘为副都大使，仍授江陵郡大都督府长史兼御史中丞。盛王琦宜充广陵郡大都督，仍领江南东路及淮南、河南等路节度采访都大使；依前江陵郡都督府长史刘汇为之傅，以广陵郡长史李成式为副都大使，兼御史中丞。丰王珙宜充武威郡大都督，仍领河西、陇右、安西、北庭等路节度支度采访都大使；以陇西郡太守邓景山为之傅，兼武威郡都督府长史御史中丞充副都大使。应须兵马、甲仗、器械、粮赐等，并于当路自供。其诸路本节度采访支度防御等使虢王巨等，并依前充使。其署官属及本路郡县官，并各任便自简择，五品以下（"以下"当从《唐大诏令集》作"已上"）任署置讫闻奏，六品以下任便授已后一时闻奏。其授京官九品以上并先授名闻，奏听进止。其武官折冲以下，并赏借绯紫，任量功便处分讫闻奏。其有文武奇才，隐在林薮，宜加辟命，量事奖擢。於戏！咨尔元子等，敬听朕命；谨恭祗敬，以见师傅；端庄简肃，以莅众官；慈恤惠爱，以养百姓；忠恕哀敬，以折庶狱；色不可犯，以临军政；犯而必恕，以纳忠规。往钦哉！无替朕命。各颁所管，咸令知悉。①

《幸普安郡制》又被后人拟作《命三王制》，顾名思义，它"标志着玄宗以皇子代替边镇将领典兵这一重大政策转变，这是玄宗部署平定安禄山反叛的重大决策"②。到达蜀中后的玄宗又于八月二日发布了一道《銮驾到蜀大赦制》，再一次重申了《命三王制》中的主张：

> 朕用巡巴蜀，训励师徒，命元子北略朔方，诸王分守重镇，合其兵势，以定中原。③

《命三王制》"从对安禄山军长期作战的战略出发，将包括皇太子亨在内的诸王的权力做了又一次的划分。只是这一战略潜藏着分割唐王朝的危险性，故亦遭到高适等人的反对"④。高适的反对意见史书未载，我们不妨来看一下此后刘晏的反对意见：

---

① 《全唐文》卷366贾至《玄宗幸普安郡制》。该制又收入《文苑英华》卷462、《册府元龟》卷122《帝王部·征讨》。《唐大诏令集》卷36作《命三王制》，第155页。《资治通鉴》卷218"至德元载七月"条亦有该制的记载。《唐大诏令集》的文本与《文苑英华》《册府元龟》《全唐文》三者相差较大，本文采用《全唐文》的文本，并参校《唐大诏令集》等。

② 贾二强：《唐永王李璘起兵事发微》，《陕西师大学报》，1991年第1期，第85页。

③ 《唐大诏令集》卷79《銮驾到蜀大赦制》，第455页。《旧唐书》卷9《玄宗纪下》、《资治通鉴》卷218"至德元载八月"条均载赦文颁布的时间为"癸未"（二日），《新唐书》卷5《玄宗纪》作"壬午"（一日），现从二日之说。参看贾二强：《唐永王李璘起兵事发微》，《陕西师大学报》，1991年第1期，第85页。

④ ［日］冈野诚：《论唐玄宗奔蜀之途径》，第1110页。

禄山乱，（晏）避地襄阳。永王璘署晏右职，固辞。移书房琯，论封建与古异，"今诸王出深宫，一旦望桓、文功，不可致"。①

玄宗与房琯所合作拟定的这两道制文，就本质而言是为平叛之需而设计，其中固然潜藏着分割唐王朝的危险性，并且我们也知道，玄宗与太子间的嫌隙由来已久，尤其在马嵬驿之变后，太子以留讨叛军为名已然决定与玄宗分道扬镳，因此这于猜忌心颇重的玄宗而言，恐怕不是能够轻易释怀的事情。但《命三王制》是否在一开始就含有通过分封诸王压制太子的意图，目前也难以遽下定论。不过暂且不去深究玄宗制文的深意，但制文在实质上却已达到了遏制太子的效果。尤其当太子在七月十二日于灵武（灵州）宣布即位后，这一在玄宗尚不知太子已自擅帝位时所作的军政部署，就将成为新帝肃宗的心头之患。这就是北海太守贺兰进明在此后向肃宗说的：

> "琯昨于南朝为圣皇制置天下，乃以永王为江南节度，颍王为剑南节度，盛王为淮南节度，制云'命元子北略朔方，命诸王分守重镇'。且太子出为抚军，入曰监国，琯乃以枝庶悉领大藩，皇储反居边鄙，此虽于圣皇似忠，于陛下非忠也。琯立此意，以为圣皇诸子，但一人得天下，即不失恩宠。又各树其私党刘秩、李揖、刘汇、邓景山、窦绍之徒，以副戎权。推此而言，琯岂肯尽诚于陛下乎？臣欲正衔弹劾，不敢不先闻奏。"②

房琯为玄宗制置天下的策略当然主要秉承玄宗的意愿，未必全为一己之利。不过《命三王制》中含有房琯本人的私心则也不能否认。因为被任命为太子与三王傅的刘秩、窦绍、刘汇、邓景山诸人就是房琯的"私党"。③虽然因为丰王等人并未赴任，邓景山诸人实际上亦未履行《命三王制》的制命，而且因受玄宗之命前往灵武册命肃宗的房琯后来受到肃宗倾意待之

---

① 《新唐书》卷149《刘晏传》。
② 《旧唐书》卷111《房琯传》。
③ 贺兰进明所谓刘氏等人为房琯"私党"之说并非子虚，因为刘秩与邓景山都是后来由房琯担当统帅的陈涛斜之战中后者辟署的重要僚佐。（参见《旧唐书·房琯传》《新唐书·房琯传》又《资治通鉴》卷219"至德元载十月"条胡注以为房琯私党"盖指李岘、李承（成）式、邓景山等"，误。

的礼遇，同样在肃宗行在的邓景山与刘秩此后也都获得了肃宗的信任，但是在房琯与玄宗合作推出《命三王制》之初，他应该确有利用亲信"以副戎权"的用意。至于玄宗接受房琯的这一安排，当然也不会是全然受后者的摆布。玄宗以上述诸人辅佐太子与诸王的根本目的，自然是要贯彻其本人的意愿，这就是《命三王制》中说的："咨尔元子等，敬听朕命，谨恭祗敬，以见师傅。"

以上我们考察了《命三王制》的两位授意者玄宗与房琯的意愿是如何落实在这份制书中的。不过，仅仅是任命诸王与属意的王傅，玄宗还无法实现《命三王制》中的战略意图。因为诸王毕竟只具有皇亲的身份，王傅也仅是颇具资望的一些文儒①，玄宗对他们的任命只有得到那些出镇地的军政大员的支持与配合，或者说，直接控制住那些实权派的地方大员，他的计划才能获得成功。而这批玄宗必须笼络或掌握的地方大员，就是制文中提到的裴冕、李峘、李成式和邓景山。换言之，当我们在讨论关涉"永王之乱"以及反映玄、肃矛盾最重要的这篇制文——《命三王制》的内涵时，仅仅留意代表玄宗的三王和体现房琯意愿的王傅还是不够的，因为地方大员或许才是玄宗以及我们真正应该关注的一个群体。

二、汉中：东行的起点

《命三王制》发布的地点普安郡是剑阁以南的第一个郡治，玄宗选择在此地正式发布他的制文，除了是因为房琯于三天前来到普安与玄宗会合外，还因为此时的玄宗已经进入了剑阁。对于后者而言，进入剑阁至少意味着他的人身安全要比之前有保障得多，这也使得现在的玄宗有可能来重振一下他"至尊"的权威。当然，这份制文对于稳定当时人心惶惶的时局也有重要意义。史称："先是四方闻潼关失守，莫知上所之，及是制下，始知乘舆所在。"②

《资治通鉴》记载制文发布后"时琦、珙皆不出阁，惟璘赴镇。置山南东道节度，领襄阳等九郡"③云云。冈野诚先生早已考证出，尽管《命

---

① 刘秩是一代"名儒"（《新唐书》卷78《宗室传》），刘汇是刘秩之弟（《资治通鉴》卷218"至德元载七月"条），而邓景山则以"文吏见称"（《旧唐书》卷110《邓景山传》）。

② 《资治通鉴》卷218"至德元载七月"条。

③ 《资治通鉴》卷218"至德元载七月"条。

三王制》发布于普安郡，但永王璘的赴镇却绝不是《命三王制》发布以后的事情。实际上，早在半个月前的汉中郡（梁州），璘就已经受玄宗之命东行了。但在两唐书的《玄宗纪》中，玄宗奔蜀途中途经汉中郡的这段记载却脱落了。冈野氏认为，这是因为玄宗在六月底于汉中郡发布命永王出镇的诏令时，肃宗尚未称帝。换言之，玄宗是当时唯一的皇帝。那么受玄宗之命东行的永王，其行动当然也具有合法性。所以对于后来在玄、肃较量中胜利的肃宗来说，为了证明他此后镇压"永王之乱"具有合理性，他就得证明在他七月十二日即位前，玄宗诏令永王出镇的文书并不存在，于是便将玄宗到达汉中郡之事从记录中抹去了。①

所幸，冈野先生已通过《旧唐书·玄宗诸子传》等史料考证出，玄宗不仅肯定到过汉中郡，而且就是在汉中郡"下诏以璘为山南东路及岭南、黔中、江南西路四道节度采访等使、江陵郡大都督"。并且璘也正是从汉中郡启程，出镇江陵的。② 实际上，玄宗在到达汉中之前，也就是在任命永王璘之前，已经先后任命过盛王琦和丰王珙为"广陵郡大都督"和"武威郡都督"，只是此二王并未赴任，仍旧留在玄宗身边③，所以对于此时决意从汉中赴任的永王璘来说，玄宗势必得为东行的璘配置一些人手，以及进行一些相应的部署。这些部署中最重要的一项，就是玄宗册封汉中王瑀。册文曰：

> 维天宝十五载岁次景（丙）申，七月戊子朔日，皇帝若曰："咨尔汉中王瑀暨御史中丞魏仲犀，王室多难，凶逆未诛，是用建尔子侄，以为藩屏；命尔忠良，以摄傅相。安危系是举，可不慎欤？夫王侯之体，则以任能从谏为本，亲贤仗信，则以好问乐善为心，安仁容众为节，然后能建其功业，夹辅王室。是以汉之宗王，多委政守相，故能享祚长久，令闻不已。朕闻汝瑀能宽大俭约，乐善好贤，敦悦诗书，动必由正，而久于高简，未习政途。又闻仲犀才干振举，忧勤庶绩，必能固尔磐石，匡补阙漏。军旅之事，必委其专；讼狱之烦，必与其决；简贤任能，必使其举；惩恶劝善，必任其断。惟协惟睦，其政乃成；同德合义，何往不济？於戏！瑀其镇抚黎人，庄肃守位；仲

---

① ［日］冈野诚：《论唐玄宗奔蜀之途径》，第1113页。
② ［日］冈野诚：《论唐玄宗奔蜀之途径》，第1107页。
③ ［日］冈野诚：《论唐玄宗奔蜀之途径》，第1109页。

瑀其悉心戮力，赞我维城。则瑀有任贤之名，犀有忠勤之绩。匡复社稷，戡定寇难，在此行也。勖哉！其无替朕命。①

这份作于六月底或七月初的《册汉中王瑀文》已开半个月后《命三王制》的先声，因为以宗子为"藩屏"、以忠良为"傅相"的任命模式与《命三王制》完全一致，只是汉中的实际控制权现在已由玄宗任命的李瑀掌握，所以不存在类似于《命三王制》中需要争取地方军政大员这样的问题。

现在我们要来谈谈被玄宗册封为汉中王的李瑀是何人了。李瑀是玄宗长兄、也就是被玄宗追谥为让皇帝的宁王李宪第六子。李宪卒于开元末，共有十子②，前六子均享有封王的荣誉。其中，除长子琎、次子嗣庄、五子珣三人卒于安史之乱前，三子琳、四子璹、六子瑀三人都经历了安史之乱。史称："琳，封嗣宁王，历秘书员外监。从玄宗幸蜀郡，至德二载（757）卒。"而"瑀早有才望，伟仪表。初为陇西郡公。天宝十五载，从玄宗幸蜀，至汉中，因封汉中王，仍加银青光禄大夫、汉中郡太守"③。据史料描述，玄宗对他的这位长兄，以及长兄诸子颇另眼相待，因此潼关失守后，除了玄宗本人的十三子随其一起出逃外，琳、瑀诸人亦随其奔蜀。瑀在当时应该是颇为玄宗信赖的人物，史称玄宗幸蜀时，子延王玢不忍其男女三十六人弃于道路，"数日不及行在所，玄宗怒之；赖汉中王瑀抗疏救之，听归于灵武"④。其实从这条史料中我们亦可看出玄宗对诸子的猜忌防范。延王玢仅因"徐进"⑤ 就遭到玄宗的怒斥，并被赶往灵武。那么对于早前就与玄宗分途，而此时业已即位灵武的太子李亨，玄宗又将抱以怎样的态度呢？玄宗对延王玢的怒责，恐怕不是因为后者的"追车驾不及"⑥，而正是深恐延王玢步太子自擅帝位、公开与玄宗对立的后尘吧。⑦

---

① 《唐大诏令集》卷38贾至《册汉中王瑀文》，第172～173页。据冈野先生考证，册文的时间可能略误，不过李瑀被封为汉中王应该是到达汉中以后之事则应该是没问题的。（见《论唐玄宗奔蜀之途径》，第1107页）
② 《新唐书》卷81《三宗诸子·让皇帝宪传》称"宪子十九人"，现从旧传。
③ 《旧唐书》卷95《睿宗诸子·皇帝宪传》。
④ 《旧唐书》卷107《玄宗诸子·延王玢传》。
⑤ 《新唐书》卷82《十一宗诸子·延王玢传》。
⑥ 《资治通鉴》卷219 "至德元载十月"条。
⑦ 参见张振：《唐永王璘事件考辨》，《青岛大学师范学院学报》，2005年第4期，第12页。

玄宗在任命永王东行的同时又册封李瑀为汉中王的动机，需要置于玄宗、永王、李瑀三人的动向中方能解释。玄宗在任命李瑀后，就将进入剑阁。剑阁以内虽说是暂时安全和富足的地区，但毕竟是较为闭塞了。而对于当时的士民来说，玄宗的入蜀本是失人心之举，固然对当时的玄宗而言，安全仍是其第一考虑的要素，但玄宗毕竟不是轻易放弃帝国统治权，也不是坐待安禄山叛军攻陷帝国江山的那类君王。① 掌握了汉中，即掌握了两川的门户，使得玄宗仍保有北出，至少是控制帝国南部的一把锁钥。我们知道，安史之乱爆发后，帝国的北部运路已经全部瘫痪，南部武关道的重镇南阳（邓州）此时也正处于激烈的朝叛争夺下，所以通畅的东西运路只剩下上津道一条。② 而汉中正是上津道的终点。故经由汉中，位于蜀中的玄宗可以随时沟通江淮、江汉的信息并获得物资支持；并且通过汉中的李瑀，以及此时正奔赴江汉的李璘，玄宗可以逐步将他的政治意图贯彻到南方，并在南方部署起抵御叛军的措施。汉中在物资转输方面的意义对于在西北即位的肃宗来说也心知肚明。当同年十月，身为北海太守贺兰进明录事参军的第五琦在彭原（宁州）面见肃宗时，就"请以江、淮租庸市轻货，溯江、汉而上至洋川，令汉中王瑀陆运至扶风（凤翔府）以助军；上从之"③。

总之，即将入蜀的玄宗为东行的璘安排了汉中王瑀这样一个稳定的后方，从而完成了他对长江上游的部署。而在探讨了普安郡和汉中郡的问题后，我们对永王事件的分析，也将至此转入长江中游的江汉一带。

三、江陵：永王集团的形成

永王一行于七月到达襄阳（襄州），九月抵达江陵（荆州）。位于长江岸边的江陵在当时不仅是一个相对安全，同时也是一个相当富足的处所，

---

① 参见林伟洲：《安史之乱与肃代二朝新政权结构的开展》，第46页。
② 据《新唐书》卷202《文艺中·萧颖士传》载，在安禄山将领进攻南阳，但潼关尚未失守时，萧颖士就已对时守襄阳的源洧言："官兵守潼关，财用急，必待江、淮转饷乃足，饷道由汉、沔，则襄阳乃今天下喉襟，一日不守，则大事去矣。"《资治通鉴》卷218"至德元载八月"条则载潼关失守后，"江、淮奏请贡献之蜀、之灵武者，皆自襄阳取上津路抵扶风，道路无壅，皆（扶风太守）薛景仙之功也"。
③ 《资治通鉴》卷219"至德元载十月"条。

因为江淮租赋就"山积于江陵"①。史称到达江陵后的永王立刻展开其招兵买马的工作:"(璘)召募士将数万人,恣情补署。"② 李璘在江陵的募士、补署,秉承着玄宗《命三王制》中"应须兵马、甲仗、器械、粮赐等,并于当路自供"以及"其有文武奇才,隐在林薮,宜加辟命,量事奖擢"的旨意,是完全合理的举措。正是凭借在江陵的工作,李璘在为帝国南部培养了一支颇具规模的军队的同时,也造就了一个以其为核心的江陵政治集团。

据《新唐书·永王璘传》载:

> 璘生宫中,于事不通晓,见富且强,遂有窥江左意,以薛镠、李台卿、韦子春、刘巨鳞、蔡駉为谋主。肃宗闻之,诏璘还觐上皇于蜀,璘不从。其子襄城王偒,刚鸷乏谋,亦乐乱,劝璘取金陵。③

新传所载的五位李璘谋主中,薛镠等四人的情况史料留存的资料并不丰富,但幸运的是,关于韦子春,《宋高僧传》却为我们留下了一份有关他涉及"永王之乱"的重要资料。更幸运的是,这份资料还可与近年出土的另一份牵涉永王事件的重要人物的墓志资料相呼应,这份墓志资料就是《唐故中书舍人集贤院学士安陆郡太守苑公墓志铭并序》(以下简称《苑咸墓志》)。

《苑咸墓志》记载苑咸与永王的关系为:

> 属羯胡构患,两京陷覆,玄宗避狄。分命永王都统江汉,安陆地亦隶焉。永王全师下江,强制于吏。公因至扬州,将赴阙廷,会有疾,竟不果行,呜呼哀哉!④

研究该墓志的学者认为,苑咸当时任职太守的安陆郡(安州)正属永王统

---

① 《旧唐书》卷107《玄宗诸子·永王璘传》。
② 《旧唐书》卷107《玄宗诸子·永王璘传》。
③ 《旧唐书》卷107《玄宗诸子·永王璘传》蔡駉作"蔡坰"。
④ 《苑咸墓志》的拓片首次揭载于《洛阳新出土墓志释录》(杨作龙等编,北京,北京图书馆出版社,2004年)第158页,并收录郭茂育《唐苑咸墓志考释》一文(第147~157页),已对墓志内容进行了初步的考察。后胡可先先生发表于《清华大学学报》2009年第4期上的《新出土〈苑咸墓志〉及相关问题研究》(第57~67页)一文,进一步对该墓志所涉及的开元天宝年间政治、学术诸问题作了探讨。

辖的范围，故而永王下江时，苑咸被迫离开安陆而随至扬州。此后苑咸试图从扬州再赴朝廷（指肃宗朝廷），但因疾未行，遂于至德三载（758）正月卒于扬州。可知在安史之乱发生时的宗室事件中，苑咸是避开永王而追随肃宗的，由此可见苑咸具有较强的政治洞察力。① 实际上，这一解释并不正确，以我们目前所能看到的一些牵涉永王集团的士人文集的记述，在永王失败后，士人以"强制于吏"等词汇为自己辩护是很正常的事情。比如著名诗人、此后入幕璘军的李白，其在乱后所写的《经乱离后天恩流夜郎忆旧游书怀赠江夏韦太守良宰》就记道：

> 半夜水军来，浔阳满旌旃。空名适自误，迫胁上楼船。②

而由墓主至亲好友撰写的墓志，当然也会为卷入永王事件中的墓主作辩白之词，因此在由苑咸之孙苑论所作的墓志中出现"强制于吏"的说法，不能作为苑咸就是被迫跟随永王的证据。至于永王是否采用胁迫士人的方式令其屈从，这是另外一个问题，我将在下文进行讨论。在这里我只想指出，苑咸的入幕璘军，很可能不仅不是被迫，而且还是相当主动的。

据《唐越州焦山大历寺神邕传》记载，江南僧人神邕曾于天宝年间游学长安，安史之乱爆发后，神邕东归江湖，传称：

> 方欲大阐禅律，俟遇禄山兵乱，东归江湖，经历襄阳，御史中丞庾光先出镇荆南，邀留数月。时给事中窦绍、中书舍人苑咸，钻仰弥高，俱受心要。著作郎韦子春，有唐之外臣也，刚气而赡学，与之酬抗。子春折角，满座惊服。苑舍人叹曰："阇梨可谓尘外摩尼，论中

---

① 胡可先：《新出土〈苑咸墓志〉及相关问题研究》，《清华大学学报》，2009年第4期，第67页。郭茂育《唐苑咸墓志考释》则言："在李璘割据江陵期间，苑咸时任安陆郡太守，被迫到扬州赴任，因患疾病，当时未能成行。后到任不久，于至德三年卒于扬州官任。"（《洛阳新出土墓志释录》，第155页）似对墓志文意理解有误。

② 《李太白全集》卷11，第572页。参看［日］冈野诚：《论唐玄宗奔蜀之途径》，第1115～1116页。又李白在乱后所作《为宋中丞自荐表》亦言："遇永王东巡胁行。"（《李太白全集》卷26，第1218页）《天长节使鄂州刺史韦公德政碑并序》则称赞碑主韦良宰"曩者永王以天人授钺，东巡无名。利剑承喉以胁从，壮心坚守而不动"（《李太白全集》卷29，第1360页）。

师子！"时人以为能言矣。旋居故乡法华寺。①

学者的研究已经指出，苑咸是崇奉佛教且佛学造诣精深的士人②，上引《神邕传》的记载亦可印证此说。上述记载显示，神邕在江陵停留的数月间，曾与窦绍、苑咸、韦子春诸人接洽讲学。而窦绍、苑咸、韦子春三人又都是籍名永王集团的人物。并且，窦绍正是玄宗在《命三王制》中任命的永王傅，而韦子春则是永王的"谋主"。如此来看的话，与他们过从甚密的苑咸，他此后跟随永王南下江淮，是否如其墓志所说的是被"强制于吏"的，就很有值得推敲的地方。

神邕来到江陵的时间约略早于永王。传中说他是受出镇荆南（指江陵）的御史中丞庾光先之邀才逗留江陵。庾光先是安史之乱爆发后，不受禄山伪官，潜伏奔窜的北方官员。③ 他可能正是在逃离安禄山的控制区后被唐廷任命为江陵长史的。所以他出任是职的时间不会太早，估计在天宝十四载（755）底左右。④ 我们知道，在玄宗于天宝十五载七月中旬颁布的《命三王制》中，其为永王配署的副都大使、江陵郡大都督府长史兼御史中丞，是长沙郡（潭州）太守李岘。我在上文说过，玄宗以永王出镇江陵，必要辅之以江陵的地方大员为其保障。不过和《命三王制》中配署给盛王琦的广陵郡大都督府长史、本就担任是职的李成式不同，玄宗为永王配署的江陵郡大都督府长史李岘此前却并不在江陵任职。玄宗之所以选择以长沙郡太守李岘辅佐永王，一则是基于李岘作为唐宗室，以及曾在京兆尹等任上"皆著声绩"⑤ 的缘故，但更重要的则是，在天宝十四载十二月的时候，玄宗任命接替庾光先的江陵长史源洧不巧在任命伊始便去世了⑥，

---

① （宋）赞宁撰，范祥雍点校：《宋高僧传》卷17，北京，中华书局，1987年，第422页。

② 参见郭茂育：《唐苑咸墓志考释》，《洛阳新出土墓志释录》，第148~149、153页；胡可先：《新出土〈苑咸墓志〉及相关问题研究》，《清华大学学报》，2009年第4期，第64~65页。

③ 有关庾光先事迹史料记载极略。据《旧唐书》卷187下《忠义下·庾敬休传》载，庾光先为南阳新野人。安史之乱爆发后，禄山迫以伪官，其与兄光烈皆潜伏奔窜。光烈后为大理少卿，光先为吏部侍郎。

④ 参见《唐刺史考全编》卷195《山南东道·荆州》，第2672~2673页。

⑤ 《旧唐书》卷112《李岘传》。

⑥ 参见《唐刺史考全编》卷195《山南东道·荆州》，第2673页。亦可见《新唐书》卷202《文艺中·萧颖士传》。

所以此时正处在逃难途中的玄宗也只能另择一临近江陵的南方要员补任此职。

现在的问题是，据墓志描述，苑咸在安禄山叛乱时应该正在安陆郡太守任上，那么他怎么又会在江陵与窦、韦诸人有过从呢？安陆郡地处淮河以南，并以桐柏山的平靖、礼山、百雁三关与北面的义阳郡（申州）分界。虽说安史叛军在乱初就已迅速推进到濒临汉东淮上的河南西部，但安陆在当时毕竟还不是处于战争一线的危险地区，因此作为一方太守，如果仅仅因为一己之身家性命就丢弃一郡士民，南逃至当时士人流寓播迁的集中地荆襄，恐怕是难以说得过去的。所以我更愿意相信另外一种可能，那就是苑咸是受永王之邀而南下江陵的。身为昔日权相李林甫的书记，中书舍人苑咸是公认的文诰高手。① 李林甫死后，苑咸因受杨国忠排挤外放，天宝末年调至安陆任职。对于其时广揽人才的永王来说，这样一位深具书记之才的士人也许早就在其属意之中。② 而苑咸熟稔并擅作诏诰的专长也决定了此后"东巡"江淮的永王必将携其一同南下。南下的苑咸也许并未携带家属随行，因为据苑咸墓志，其夫人邵氏就在其死后十年于江陵去世。③

苑咸的情况应该不是一个个案。尽管我们还不清楚，在《神邕传》中与苑咸并提的窦绍、韦子春诸人，他们是否与苑咸一样，是早在永王来到荆楚前就已经在这一地区的士人，或是之前即随永王行动者；但可肯定的

---

① 有关苑咸的文才及其与李林甫的关系，可参见郭茂育：《唐苑咸墓志考释》，《洛阳新出土墓志释录》，第147～149、152～154页；胡可先：《新出土〈苑咸墓志〉及相关问题研究》，《清华大学学报》，2009年第4期，第59～66页。

② 此外，苑咸的入幕璘军，也许也有因永王傅窦绍引荐的因素在内。学者的研究指出，苑咸在乱前就与王维交好。（见郭茂育：《唐苑咸墓志考释》，《洛阳新出土墓志释录》，第153页；胡可先：《新出土〈苑咸墓志〉及相关问题研究》，《清华大学学报》，2009年第4期，第64～65页）而王维在安史乱前曾作有《给事中窦绍为亡弟故驸马都尉于孝义寺浮图画西方阿弥陀变赞并序》一文。[（唐）王维撰，（清）赵殿成笺注：《王右丞集笺注》卷20，上海，上海古籍出版社，1984年，第375页] 如此来看，同样信奉佛教的苑、王、窦三人可能早在乱前就互相熟知。并且，王维此文的标题显示，窦绍与《神邕传》所载的"韦子春"一样，都是李唐王室的外戚。或疑窦氏本出自玄宗母昭成太后一族，这或许也是玄宗以窦绍为永王傅的一个原因。

③ 《苑咸墓志》云："至元和五年（810）十月十八日，（苑咸孙诎）自惟扬（苑咸死于扬州，并权窆于此）启举府君旅榇，（孙）论、询等自江陵扶护祖妣邵夫人旅榇，偕至于洛中。"

是，安史之乱爆发后，无论是像苑咸一样早先就在此地任职的官僚，还是像上文提到的刘晏一样，因避乱才寓居襄阳的士人，富足而安全的荆楚已经成为一个士人聚集的区域。并且随着永王的东来，这些士人成为当时急于罗致人才的永王全力争取的对象。甚至连僧人神邕都很可能与永王有所接触，并且此后就是随着永王南下的舟师返回江南的，只不过《神邕传》的叙述避讳了他与永王的这段过从而已。于是在江陵，一个以永王璘为核心、云集着一批荆楚士人的政治集团就此形成了。

四、江汉：玄、肃二帝的暗战

不过，也不是所有的荆楚士人都愿意加入永王璘的这个政治集团的，比如前文说的刘晏。在这里，我们特别要来谈一下作为江陵第一大员的李岘在当时的表现。在玄宗于七月十五日颁布《命三王制》后，长沙太守李岘接受了前者的任命，赴职江陵。然而据《资治通鉴》"江陵长史李岘辞疾赴行在"[①] 一句来看，改任江陵长史的李岘很快就离开了永王，并且径直奔赴肃宗的"行在"。是什么原因使促李岘在如此短的时间内由接受玄宗的任命而变为投奔肃宗？这个问题就是我们在这里需要讨论的。

我们知道，在玄宗于七月十五日发布《命三王制》的时候，他并不知道肃宗已于七月十二日在灵武即位并尊其为上皇天帝的事情。[②] 直到八月十二日灵武使至蜀郡，玄宗方知肃宗即位。[③] 十六日，玄宗发布让位诏文，并用灵武册称上皇，诏称诰。[④] 十八日，遣宰臣韦见素、房琯、崔涣等奉传位册文前往灵武册立肃宗。[⑤]

诏文与册文均由曾为玄宗撰写《命三王制》的中书舍人贾至起草，诏文曰：

　　……况我元子，其睿哲聪明，恪慎克孝，才备文武，量吞海岳，

[①] 《资治通鉴》卷219"至德元载十一月"条。
[②] 两唐书《肃宗纪》。
[③] 《旧唐书·玄宗纪》、《新唐书·玄宗纪》、《旧唐书·肃宗纪》、《资治通鉴》卷218"至德元载八月"条。
[④] 《旧唐书》卷9《玄宗纪下》、卷10《肃宗纪》，《资治通鉴》卷218"至德元载八月"条。
[⑤] 《旧唐书》卷9《玄宗纪下》、《资治通鉴》卷218"至德元载八月"条皆作己亥（十八日），《新唐书》卷5《玄宗纪》作庚子（十九日），现从十八日说。

付之神器，不曰宜然。今宗社未安，国家多难，其英勇雄毅，总戎专征，代朕忧勤，斯为克荷。宜即皇帝位，仍令所司择日，宰相持节，往宣朕命。其诸礼仪，皆准故事，有如神祇简册、申令须及者，朕称诰焉。衣冠表疏、礼数须及者，朕称太上皇焉。且天下兵权，制在中夏，朕处巴蜀，应卒则难，其四海军郡，先奏取皇帝进止，仍奏朕知。皇帝处分讫，仍量事奏报。寇难未定，朕实同忧，诰制所行，须相知悉。皇帝未至长安已来，其有与此便近，去皇帝路远，奏报难通之处，朕且以诰旨随事处置，仍令所司奏报皇帝。待克复上京已后，朕将凝神静虑，偃息大庭。踪姑射之人，绍鼎湖之事……①

任士英先生已对诏文与册文，尤其是这篇重要的《明皇令肃宗即位诏》的政治意义进行了分析，指出，诏文与册文的颁布固然昭示了玄宗承认肃宗即位的事实，但通过《令肃宗即位诏》，玄宗仍为保留其权力提供了法律依据（比如仍保有发诰权和处置权），使得肃宗为求获得合法正统之认可，于接受册命时，不得不接受诏书中对此所作的安排，使权力的交接过程留下空隙，从而形成了玄宗（太上皇）与肃宗（皇帝）各掌大权，共同进行平叛战争的二元政治格局。双方都以平叛为目标，互有妥协、让步，从而得以共存。②

到八月二十一日时，也就是玄宗册命肃宗后的三天，玄宗又发布了一道诰令，这道诰令就将与我们所讨论的李岘有关。这道名为《停颖王等节度诰》的诰令在《唐大诏令集》中同样被系于贾至名下。诰曰：

---

① 《唐大诏令集》卷30贾至《明皇令肃宗即位诏》，第117页。
② 参见任士英：《唐代玄宗肃宗之际的中枢政局》，第263~267页。至于由贾至撰写的《肃宗即位册文》，已收入《唐大诏令集》卷1、《文苑英华》卷442、《全唐文》卷367中。有趣的是，册文的系时，《唐大诏令集》与《文苑英华》均作"七月十二日"，《全唐文》则作"八月十八日"。冈野诚先生曾认为，七月十二日贾至正随玄宗行动，完全没有可能到达灵武，故而怀疑册文的作者和时间可能被改动过了。（《论唐玄宗奔蜀之途径》，第1113页）冈野先生的这一认识无疑受到他此前关于肃宗为了证明自身即位的合法性，在事后删除玄宗在其即位前于汉中任命永王璘出镇江陵的史实的分析影响，误认为这里的册文时间和作者也在事后被肃宗动过手脚。其实并不如此，册文与此前的诏文不同，它的写作与册命过程均要依照一套固定的套路和程序。玄宗虽说是在非正常情况下对肃宗实施册命，但依册命的惯例，时间必然还是要提前到肃宗实际即位的七月十二日，否则也就无所谓册命的效力了。关于肃宗即位的日期为七月十二日，我们还可以从颜真卿所作的《皇帝即位贺上皇表》得到印证。表（转下页）

凿门命将，授钺专征。伏以方面之威，执夫赏罚之柄。邦家重任，固实在兹。颖王、永王、丰王等，朕之诸子，早承训诲。琢磨《诗》《书》之教，佩服仁义之方。乐善无厌，好学不倦。顷之委任，咸缉方隅。今者皇帝即位，亲统师旅，兵权大略，宜有统承，庶若纲在纲，惟精惟一。颖王以下节度使并停。其诸道先有节度等副使，便令知事，仍并取皇帝处分。李岘未到江陵，永王且莫离使，待交付兵马了，永王、丰王并赴皇帝行在。①

其实，此诰的真伪问题贾二强与林伟洲两位学者都提出过疑问，疑点之一就是担任肃宗册礼使判官的贾至在八月十八日的时候正随宰相韦见素等人前往灵武，所以他不可能在三天后替玄宗撰写此诰。②我接受此诰为伪作

(接上页) 曰："臣真卿言：'六月二十七日，伏承贼陷潼关，驾幸蜀郡。李光弼、郭子仪等正围博陵郡，收兵入土门。王师既还，百姓震恐，忧惶危惧，若无所归。臣不胜悲愤之深，遂遣脚力人张云子间道上表。犹恐不达，又差招讨判官信都郡武邑县主簿李铣相继间行。铣及云子前后并到灵武郡。奉皇帝七月十二日敕，伏承陛下命皇太子践祚改元，皇帝上陛下尊号曰上皇天帝。臣及官吏僧道耆寿百姓等，蹈舞抃跃，不胜感咽。其张云子回，皇帝授臣工部尚书，兼御史大夫；其李铣回，又授臣银青光禄大夫。顾以庸微，频叨宠命。道路隔绝，辞让无由，进退失图，伏增惶惧。窃以逆（转下页）贼安禄山孤负圣恩，凭陵寓县，祸盈恶稔，尚稽天诛。今皇帝抚军，苍生贾勇，丰镐河洛，指期可平。伏愿陛下垂拱颐神，以睹廓清之庆。臣官守有限，不获随例阙庭，无任恳款悲恋之至。"（《全唐文》卷336）颜氏是较早知晓肃宗即位，并从肃宗处获得任命的唐朝官员，此时仍在河北区处抗贼事宜的他写作此文的用意是将肃宗的即位，以及任命他继续组织河北唐军抗贼的消息向蜀中的玄宗汇报。我并不认为颜氏此处提及的"七月十二日"肃宗即位一事会是刻意伪造的结果。至于冈野先生对册文作者的质疑，其实也没有必要。册文的作者毋庸置疑就是贾至，这一点两唐书的《贾至传》已有明确记载。任士英先生对这篇《肃宗即位册文》也作过讨论，他并不怀疑册文的作者是贾至，同时也认为册文的系时当是秉持玄宗的意愿而记为"七月十二日"。但他对玄宗改写册文时间的意图，以及册命礼仪等方面的讨论则似乎又有阐释过度之嫌。其实，册文的文字本来就是形式大于内容，而册命的程序在当时二帝分居的实际背景下当然较正常情况也会有所不同，这些都是很正常的现象，并不需要过于计较。实际上，相较于这篇册文和册命程序，真正需要我们关注的还是《明皇令肃宗即位诏》一文，因为它才是玄宗于当时特定历史环境下的一种创作，也就是说，较之样板色彩更浓的册文，诏文措辞中所蕴含的政治意图才是更有意义的。

① 《唐大诏令集》卷36，第155页。
② 贾二强：《唐永王李璘起兵事发微》，《陕西师大学报》，1991年第1期，第86页注2。

的看法，即它可能确由贾至撰写，但却是其受肃宗之命模拟玄宗的口吻创作的，而且创作的时间也不可能是八月二十一日，至早也要在九月二十五日贾至一行抵达肃宗当时的行在顺化郡（庆州）以后。①

　　肃宗为什么要委笔贾至伪作此诰？如果像上述学者的分析所揭示的，若抵达肃宗行在的韦见素一行人在册命肃宗的同时亦向后者传达了玄宗《令肃宗即位诏》的旨意，即实际上，玄宗并不甘于肃宗为其安排的太上皇的位置，仍旧保留着发诰的权力，即对军国大事的处理仍旧留有一手②，那么肃宗委笔贾至撰写《停颍王等节度诰》，并系其时为玄宗临轩册命肃宗一事的后三天，也许正可看作肃宗对玄宗仍旧不肯放弃发诰权力的一种回应。而诰中所言"其诸道先有节度等副使，便令知事，仍并取皇帝处分"云云，正敷衍自诏文中的"其四海军郡，先奏取皇帝进止"，故肃宗此举也算是有据可依，并非全然妄为。

　　诰中虽然强调了暂停颍王等人的节度职衔，将"处分"的权力由玄宗任命的诸王转移到新帝肃宗手中，但是对辅佐诸王的地方大员（"诸道先有节度等副使"）却仍旧令其"知事"，这样的措辞当然完全符合此时正偏处西北的肃宗尚没有能力去全面更革南方的政治格局，所以仍旧需要获得这些"先有"封疆大吏配合的实情。而这亟须争取的首要对象，就是本由玄宗任命的永王副使李岘。因此，假设此诰是肃宗于九十月间要求贾至撰写并颁布的，那么得知此诰的李岘由于永王此后未能与其交割兵马而辞疾离去，也许是说得过去的。

　　不过，当肃宗要求将此诰的时间系于八月二十一日时，他可能并没有意识到八月中旬的时候，永王一行还未到达江陵。更重要的是，据《新唐书·肃宗纪》载，十月的时候，肃宗"遣永王璘朝上皇帝于蜀郡"。而这与《停颍王等节度诰》中所要求的"永王、丰王并赴皇帝行在"的说法显然是不吻合的。是由于消息传达得不够及时，或者肃宗疏忽大意，所以没有意识到永王在八月中旬还未抵达江陵，还是他的决定如此反复，仅仅在一个月的时间里就忽而以玄宗的口吻要求永王赶往皇帝的行在，忽而又以

----

① 参见林伟洲：《灵武自立前肃宗史料辨伪》，《第四届唐代文化学术研讨会论文集》，台北，1998年，第449~463页。（转引自任士英：《唐代玄宗肃宗之际的中枢政局》，第277页注1)

② 亦可参见贾二强：《唐永王李璘起兵事发微》，《陕西师大学报》，1991年第1期，第85页。

自己的诏令要求永王朝觐蜀郡的玄宗？

当然，上述的情况都有可能存在，只是，这些可能性都不大。我的意思是，如果《停颍王等节度诰》确是肃宗借贾至之手的伪作，那么伪作的时间也要晚到"永王之乱"一事结束后。而李岘辞疾赴行在的原因，据《册府元龟·总录部·忠第二》的记载则为：

> 李岘为江陵长史。至德元年，江陵大都督永王璘擅领舟师、下赴江陵，以薛璆（镠）、李台卿、蔡珦（驯）、刘巨鳞为谋主，阴有割据之志。肃宗闻之，诏令归于蜀，璘不从，唯岘辞疾赴行在。①

《册府元龟》的这段史料正是上述《资治通鉴》所引"江陵长史李岘辞疾赴行在"的资料所本，从其叙述语序来看，李岘的辞疾离任更像是由于肃宗诏令永王归蜀，而永王不从，所以李岘为不欲预其祸才离开前者的。"唯"字在这里的使用既突出了李岘"忠贞"的胆气与敏锐的政治洞察力，但似乎也隐含着这样一个信息，即除了李岘这样的少数外，还是有很多江陵士人选择跟随甚至支持永王的。

李岘诚然是一个极有政治洞察力的士人，但是如果肃宗真颁布过所谓《令永王璘归觐于蜀诏》，或以玄宗的名义发布过《停颍王等节度诰》，那么为什么还会有很多荆楚士人选择支持永王，会像我们在上文中说的那样，在江陵形成一个以永王璘为核心的政治集团呢？需要指出的是，当永王一行于九月抵达江陵后，肃宗即位灵武的消息已为大多数南方士人所知晓②，并

---

① 《册府元龟》卷759。

② 玄宗于八月中旬得知肃宗即位之事。而身处淮南的萧颖士至晚在十月也已知晓了肃宗的即位，在其时萧氏所作的《与崔中书圆书》中，就有"灵武、太原，虽称官军甚盛"之语。有关此书的讨论，详见下文。江淮一带得知肃宗即位的消息，主要归功于河北采访使颜真卿。据《资治通鉴》卷218"至德元载七月"条载："颜真卿以蜡丸达表于灵武。以真卿为工部尚书兼御史大夫，依前河北招讨、采访、处置使，并致敕书，亦以蜡丸达之。真卿颁下河北诸郡，又遣人颁于河南、江、淮。由是诸道始知上即位于灵武，徇国之心益坚矣。"此段论述本自殷亮《颜鲁公行状》的记载："肃宗之在灵武也，公前后遣判官李铣及马步军张云子，以蜡为弹丸，以帛书表，实于弹丸之内，潜至灵武奏事。有诏以公为工部尚书兼御史大夫，依前河北招讨采访处置使。又于丸内奉敕书。及即位改年敕书至平原，散下诸郡宣奉焉。又令前监察御史郑昱奉敕书，宣布河南江淮，所在郡邑，风从不疑，而王命遂通，则公之力也。"（《全唐文》卷514）

且，此举也得到了士大夫们的拥护。① 那么，难道是他们对这些诏诰视而不见？实际上，在下文的论述中我们将看到，那些卷入"永王之乱"中的荆楚士人，无论是乱中还是乱后不久，无论是反对还是支持永王者，几乎没有人提到过《令永王璘归觐于蜀诏》或《停颖王等节度诰》。尤其是后者，如贾二强先生所指出的，甚至在李璘兵败后玄宗所下的《降永王璘庶人诏（诰）》中都只字未提此诰，如果是诰真颁布过，玄宗这样做是有悖情理的。② 所以更可能的情况是，肃宗在永王事件平息之前从没有以玄宗的名义颁布过《停颖王等节度诰》。至于肃宗令永王归蜀的诏令，我认为可能颁布过。但一则，它的颁布也应该是有前提或语气委婉的；二则，也许在由永王都统的荆楚一带，肃宗诏令的影响力确实有限。

我们看到，上引《册府元龟》关于李岘因永王不从肃宗令其归蜀的命令而离开永王的叙述，与我们本目开头引用的新书《永王璘传》的下述表达很相似：

> 璘生宫中，于事不通晓，见富且强，遂有窥江左意，以薛镠、李台卿、韦子春、刘巨鳞、蔡駉为谋主。肃宗闻之，诏璘还觐上皇于蜀，璘不从。其子襄城王偒，刚鸷乏谋，亦乐乱，劝璘取金陵。

它们都显示了肃宗诏追永王璘是在后者心生"窥江左之意"的前提下才不得不采取的一种措施。当然，正史的这种叙述难免有为肃宗辩护之嫌。但是，无论肃宗是否确有诏追李璘的行动，也不管这种诏追究竟是发生在李璘南下江左前还是后，两唐书等选择将肃宗诏璘一事与璘对江淮的觊觎联系起来，本身就说明，至少玄宗任命永王璘为江陵大都督的《命三王制》是有权威性的。因此哪怕是史家编撰肃宗诏追李璘的时序，也需要在李璘违背《命三王制》，亦即不安于江陵的任命，徒生希冀江淮野心的前提下才能被提出。

事实上，在永王璘尚未"东巡"江淮前，甚至在"东巡"江淮之初，在南方具有效力且影响力最深的依旧或者说只有玄宗的《命三王制》一文。在其时担任淮南采访使掌书记的萧颖士作于至德元载（756）十月的

---

① 可参见下文的相关论述。
② 贾二强：《唐永王李璘起兵事发微》，《陕西师大学报》，1991年第1期，第86页注2。

《上崔中书圆书》中，萧颖士就说道：

> 先奉七月十五日敕，盛王当牧淮海。累遣迎候，尚仍在蜀。今副大使李中丞，华胄茂德，平时良守，清静临人，贪暴敛迹。虽古龚、黄、召、杜之化，无以先之。然与今时经略，颇不甚称……若朝廷不时遣贤王，即就镇求选博通宏略之士，以辅佐之。①

无论对于淮南采访使李成式还是其幕僚萧颖士来说，《命三王制》中要求诸王出守重镇的战略部署既具有效力，也明智正当。所以迎候盛王琦的出镇在萧颖士看来，既是尊奉玄宗意旨的当然举措，也是应对叛乱压力的迫切要求。所以《旧唐书·玄宗纪》说，在玄宗颁布《命三王制》后，"初，京师陷贼，车驾仓皇出幸，人未知所向，众心震骇，及闻是诏，远近相庆，咸思效忠于兴复"，一点都不是阿谀玄宗的夸饰之词。②

当然，这并不是说没有明智者看出这篇制文可能存在使帝国陷入分裂的危险性，比如高适、刘晏就都是具有这种政治眼光的人物。但是，看出归看出，既然制文已经颁布，永王已经出镇江陵，尤其是众人得知玄宗的这一决定，甚至还可能在得知肃宗即位的消息前，那么，此后的行事处事就都还不得不以这份制文为依据，甚至肃宗本人在当时也不得不照顾到这篇制文的效力以及面对永王业已出镇的事实。③ 下面的这段文字是元结为被永王任命为江夏（鄂州）太守的董某在永王南下江淮之初向肃宗呈上的《自陈表》中的一部分：

> 臣某言：月日，敕使某官某乙至，赐臣制书，示臣云云。伏见诏旨，感深惊惧。臣岂草木，不知天心？顷者潼关失守，皇舆不安，四方之人，无所系命。及永王承制，出镇荆南，妇人童子，忻奉王教。

---

① 《全唐文》卷323。从书中"首冬渐寒"一语及所叙事迹来看，此书当作于至德元载十月。

② 有关玄宗《命三王制》及《銮驾到蜀大赦制》两文所具有的法律效力，可参看任士英《唐代玄宗肃宗之际的中枢政局》中的相关讨论，第262页。其中还引用了《全唐文》卷322萧颖士《为李中丞贺赦表》一文为例。

③ 正如学者的研究所揭示的，玄、肃二元格局的存在是以玄、肃两方都互相让步、妥协为前提的。就肃宗一方而言，尽管其业已即位并得到了玄宗的册命，但肃宗君臣对玄宗的法统地位仍旧得予以承认，对玄宗的权力也不敢稍有忽怠。（参见任士英：《唐代玄宗肃宗之际的中枢政局》，第267~275页）

意其然者，人未离心。臣谓此时可奋臣节。王初见臣，谓臣可任，遂授臣江夏郡太守……臣本受王之命，为王奉诏。王所授臣之官，为臣许国。忠正之分，臣实未亏。苍黄之中，死几无所，不图今日得达圣听。①

董太守理直气壮地声称自己"忠正之分，臣实未亏"，依据就是奉了"承制"出镇的永王的诏令。而永王所承的这份制书无疑就是《命三王制》。《自陈表》中没有提及《令永王璘归觐于蜀诏》，也没有提及《停颍王等节度诰》，这不是董某为了自保不敢提及，以《自陈表》中坚定的语气来看，董某在肃宗派遣敕使来江夏之前，应该确实没有见到过类似的诏诰，所以才会在《自陈表》"忠正之分，臣实未亏"后发出"不图今日得达圣听"的感叹之语。董某的心态以及没有提及肃宗诏诰之举不是个别，下文中我们还会看到另一些事例。

回到江陵长史李岘辞疾赴行在的原因上来。我认为，李岘并非因为未能实现《停颍王等节度诰》中与永王交割兵马的任务而辞疾离去，因为这份可能由肃宗假手贾至伪作的诰文，创作的时间应该晚到永王起事失败后，所以才更易产生我们之前提及的那些略有矛盾的问题。李岘也许是因为永王未能听从肃宗诏追其归蜀的命令而离开后者的，不过即便如此，肃宗的这份诏令措辞也应当比较委婉，或者影响力确实有限，以至于仍有很多荆楚士人愿意加入永王的集团。至于胡三省所说的，李岘是因为"璘将称兵，岘不欲预其祸"②而奔赴肃宗行在，当然也完全有可能。但不管李岘"辞疾赴行在"的具体原因为何，有一点无疑是肯定的，那就是在江陵任上的李岘已经预感到了肃宗与永王间的紧张矛盾，而造成这种紧张关系的根源就在于，现在的南方已经形成了一个以永王璘为核心的军政集团，而这个集团的存在，直接威胁到了即位不久的帝国新君主肃宗的地位。

另一个需要提醒的问题是，尽管永王确实在江陵网罗了一批荆楚士人，造就了一个颇有声势的军政集团，但托故离永王而去的重要人物实际上也不会只有李岘一人，另有一位此时离永王而去的官员也很值得我们注意。虽然他并非原在江陵任职的官员，但他离开永王的意义却也不在李岘之下，这位官员就是高适。

---

① 《元次山集》卷6《为董江夏自陈表》，第85~86页。
② 《资治通鉴》卷219"至德元载十一月"条胡注。

高适在"永王之乱"结束后写作的《谢上彭州刺史表》一文是一篇涉及自身履历的自叙性文字。其中的"南出江汉"一语，在诸家先后所撰的高适年谱及《高适集》注本中大多未详其事。近来已有学者推测，高适表中所谓"南出江汉"正是指其被玄宗安排在永王手下任职，并随后者前往江陵一事。

按高适在安史乱前正担任河西、陇右节度使哥舒翰的掌书记，并深为后者器重。叛乱爆发后，他随哥舒翰镇守潼关，及翰兵败，高适奔赴行在，谒见玄宗。据《旧唐书·高适传》载，高适为人虽负气敢言，比如他在谒见玄宗后，就为玄宗力陈潼关败亡之势，以为府主哥舒翰开脱。但史称逃亡途中的玄宗也并未因高适的这种负气敢言就对其产生反感，反而还授予他"谏议大夫"的言官之职。关于高适在永王事件初期的表现，旧传只简略地记载为：

> 初，上皇以诸王分镇，适切谏不可。及是永王叛，肃宗闻其论谏有素，召而谋之。适因陈江东利害，永王必败。

高适因论谏有素而为肃宗赏识当然完全有可能，但正如顾农先生的研究所指出的，值得注意的问题在于，肃宗不可能从玄宗（尽管他后来已经承认儿子接班，但仍然是上皇）那里直接调走高适，他既没有这样的胆量，事实上也根本做不到。至于高适私自离开玄宗而奔赴肃宗行在的可能性也几乎是不存在的。所以事实最有可能是：在高适表达过反对诸王分镇的意见后，玄宗干脆就把他派到永王手下任职，以省得在自己身边有这样一个既无法理解自己意图又太敢于直谏的谏官，于是就有了高适的这段"南出江汉"的经历。"南出江汉"的高适自然能够比较清楚地洞悉永王集团的内部情形，所以在离开永王奔赴肃宗行在后能向后者汇报永王的种种作为，并提出"江东利害"的分析与"永王必败"的预测。[①]

这一推测同样能得到正史关于李岘事迹记载的印证。有趣的是，李岘这位卷入永王事件中的江陵要员在两唐书中，唯有新传简短地提到了一句他在永王事件中的表现：

> 永王为江陵大都督，假岘为长史。至德初，肃宗召之。

[①] 参见顾农：《关于高适"南出江汉"的一点推测》，《宁夏师范学院学报》，2010年第2期，第28页。

反倒是《资治通鉴》关于李岘的记载更耐人寻味一些：

> 璘领四道节度都使，镇江陵……江陵长史李岘辞疾赴行在，上召高适与之谋。适陈江东利害，且言璘必败之状。①

史料在这里特别提到了肃宗召高适与李岘同谋，这不仅因为他们两人同样反对永王，支持肃宗；也因为他们两人都来自江汉，都在永王的府中担任过一段时间的职务，并且都对永王集团的内部情形有所了解。只不过两人离开永王的时间不一定一样罢了。至于两唐书《李岘传》中有关李岘的这段经历之所以会被记载得如此简略，原因当和《高适传》一样，应该是后人刻意抹去了两人与永王过从的这段经历所致。② 正如有学者指出的，与永王东行相关的正反人物事迹，其与永王关系的记载几乎皆有缺漏。③ 以至于到了两唐书的编撰时，彼时的编撰者也只能因袭这种简笔处理的文本了。

如果我们承认正史的这种编撰模式，即当史料记载一位士人曾先后在玄、肃两个行在任职，但是对他们如何由玄宗行在到达肃宗行在的过程却语焉不详，那我们就应当注意了，因为这很可能表明，他们不是从蜀郡的玄宗处直接赶赴肃宗行在的，而是经历了一个中间的环节。而这一中间环节即便不是位于江陵的永王处，也很可能就是在江汉一带，比如说，第五琦的经历就是如此。

第五琦是在潼关失陷前与颜真卿共同区处河北南部抗贼事宜的北海太守贺兰进明的属下，据《资治通鉴》"至德元载八月"条载，玄宗幸蜀后，

---

① 《资治通鉴》卷219"至德元载十一月"条。
② 李岘去世于代宗永泰二年（766）。在其去世后由李华所作的《故相国兵部尚书梁国公李岘传》中，对他与永王过从的这段经历也几乎没有描述，只言："权臣所排，出守零陵。再迁御史中丞荆州等五道副元帅，征为宗正卿、凤翔太守。"传记这样的处理方式，应当是出于李岘亲人的意愿。这篇传记的作者为当时的名士李华，李华在安史之乱结束后几乎一直屏居江南，《新唐书》卷203《文艺下·李华传》称："(华)晚事浮图法，不甚著书，惟天下士大夫家传、墓版及州县碑颂，时时赍金帛往请，乃强为应。"因此李岘传记很可能是李华受前者亲人委托创作的。这篇传记应该不是《旧唐书·李岘传》的史料来源，所以后者的简笔原因也许是官方史馆人员的行为。但不管如何，至少从李华的《李岘传》中，我们已经可以看到李岘亲人刻意忽略李岘与永王过从这段经历的行为。
③ 参见林伟洲：《安史之乱与肃代二朝新政权结构的开展》，第48页。

> 北海太守贺兰进明遣录事参军第五琦入蜀奏事，琦言于上皇，以为："今方用兵，财赋为急，财赋所产，江、淮居多，乞假臣一职，可使军无乏用。"上皇悦，即以琦为监察御史、江淮租庸使。

两个月后的至德元载十月，《资治通鉴》又载：

> 第五琦见上于彭原，请以江、淮租庸市轻货，溯江、汉而上至洋川，令汉中王瑀陆运至扶风以助军；上从之。寻加琦山南等五道度支使。琦作榷盐法，用以饶。①

我推测，受玄宗任命赶往江淮的第五琦应该就是于半途辗转去往肃宗的行在彭原郡的。第五琦的府主贺兰进明此时也正赶赴肃宗行在，所以第五琦这次改变行程，有可能是受前者的影响。至于行程改变的路线，最有可能的就是取道江汉北上。

如果说玄宗任命永王璘出镇江陵，是其试图从军政层面控制南方的一项举措，那么他此时任命第五琦为江淮租庸使，就是旨在从财政层面上掌控南方。不过遗憾的是，第五琦已改变行程转道肃宗行在，这不仅使玄宗的计划流产，也让肃宗再一次看到了争夺江淮财政的必要性和可能性。

总之，江陵的日子是东行途中的永王最惬意的一段时光，他不仅为帝国南部培养了一支颇有实力的军队，也为自己培植了一个以荆楚士人为主干的集团。然而，与永王的表面风光相对照的，却是玄宗与肃宗两人在暗中的较量。并且，这种较量同样也已对永王的僚佐造成了一定的影响。不过在永王"东巡"前，这些暗中的较量终究不至于造成双方的彻底决裂。一切的变化，都将始于年底的永王"东巡"。于是，在结束了上文有关

---

① 《资治通鉴》这两段记载的史料来源应该是两唐书的《第五琦传》。但有趣的是，旧传只载第五琦与玄宗事，不及肃宗。相反，新传却将第五琦谒见与被任命之事全系于肃宗名下。我推测，很可能是欧阳修既看到过第五琦谒见玄宗，也看到过其谒见肃宗的史料，但他却误认为两说如果并存就必然矛盾。由于第五琦在永王事件后明显受到肃宗的提拔和器重，所以关于第五琦向肃宗献策，并在此后为肃宗筹措江淮财赋的论述应该是可信的。因此，欧阳修就误认为旧传的记载是误将谒见肃宗之事错成了谒见玄宗，从而将谒见与被任命之事全部系于肃宗名下。其实，旧传的资料是相对原始可靠的。《资治通鉴》兼采两说，并将第五琦被任命为"江淮租庸使"一事系于玄宗所为，而"山南等五道度支使"的任命则系于肃宗名下，我认为司马光的这一编撰方式是可取并有识见的。

"东巡"前奏的讨论后,我们的论述也将正式切入"东巡"的主题。

五、河南:东巡的"目的地"

至德元载十二月,永王璘率舟师由江陵东下,开始了旧史所谓"东巡"之旅。有关李璘"东巡"的原因,旧史或以为李璘是一个缺乏政治头脑的人物,或以为其确实存有割据江东的私心,抑或"东巡"之举是受了身边士人的怂恿。也许我们还可以为李璘的"东巡"再加上另外两种推测,他也许是受了肃宗令其归觐于蜀及其他一些遏制措施(见下文)的刺激而产生反感,也许,"东巡"背后正得到了玄宗的暗示或默许(见下文)。总之,上述的种种都可能成为促成永王璘"东巡"的直接原因。不过以目前保存的有限史料来看,要证成上述任何一种假设都是颇为困难的。

其实,我们不用过于纠结李璘究竟出于何种原因才进行"东巡",我们所关心的是,李璘将以怎样的名义来开始他的这趟"东巡"。上文说过,尽管此时众人都已经知晓肃宗即位灵武的事实,但李璘所秉持的玄宗《命三王制》仍是一份在当时广为南方士人所承认,甚至肃宗本人也不得不有所忌讳的诏令。但是,偏偏是在这份被众人接受的《命三王制》中,并不存在允许永王璘可由江陵继续南下的内容。换言之,璘的出镇江陵以及在江陵扩充实力都是有据可依的,因为《命三王制》诏令璘出任的就是都统山南东道等四路的江陵郡大都督。但是,离开江陵的"东巡"却是"无名"[①] 的,如何将这"无名"变为"有名",才是现在的李璘最需考虑和亟待解决的。

在开始这个问题的讨论前,我们要先来看一下下面这段史料:

> 又(张)巡答(令狐)潮书:"主上缘哥舒被擒,幸于西蜀,孝义皇帝收河、陇之马,取太原之甲,蕃、汉云集,不减四十万众,前月二十七日已到土门。蜀、汉之兵,吴、楚骁勇,循江而下。永王、申王部统已到申、息之南门。窃料胡虏游魂,终不腊矣。"[②]

这段史料出于司马光《通鉴考异》引李翰《张中丞传》中。这里有必要先

[①] 《李太白全集》卷29《天长节使鄂州刺史韦公德政碑并序》,第1360页。
[②] 《资治通鉴》卷218"至德元载七月"条《考异》。

对李翰的《张中丞传》，以及上述传引《张巡答令狐潮书》的创作背景作一下简单的介绍。《张中丞传》是张巡死后，其友人卫县尉李翰于至德二载底，亦即肃宗收复两京后创作并上呈肃宗的一篇文字。① 关于撰写《张中丞传》的原因，李翰解释为，当时"议者或罪巡以食人，愚巡以守死，臣窃痛之。今特详其本末，以辨巡过，以塞众口"②。《张中丞传》现已不存，据阅读过此传的唐人韩愈和宋人欧阳修的描述，"翰以文章自名，为此传颇详密"③，"翰之所书，诚为太繁，然广记备言，所以备史官之采也"④ 等来看，李翰的这篇《张中丞传》保存了颇为详备的有关张巡事迹的资料，无怪乎连《张巡答令狐潮书》这样的书信都有保留，所以宋代欧阳修撰写《新唐书》、司马光编修《资治通鉴》都引用过李翰的这部传记。

李翰何以能获得《张巡答令狐潮书》这样交通于战争一线将领间的书信，我们已经无从考知了。而且正如引用过此传的司马光后来说的，传中部分内容"其日月前后差舛，不可考。盖李翰亦得于传闻，不能精审"⑤。司马光的分析是有道理的。不过我认为上引的这份《张巡答令狐潮书》应该还是张巡本人所作。以李翰当时撰写《张巡传》的背景及上呈肃宗之事来看，这份书信绝不会是李翰的伪作。而即便这封书信的内容确有"得于传闻"之处，它也应该是真实地反映了像张巡这样处于战争一线的将士，他们在当时所能获知的有关唐廷动向的情报。

按张巡守卫雍丘（陈留郡属县）、抵抗叛军将领令狐潮的攻势，始于天宝十五载二三月间，直到当年十二月才放弃雍丘，南撤至宁陵（睢阳郡属县）继续抗敌。从上引《张巡答令狐潮书》的内容来看，雍丘城中的张巡已经知晓玄宗幸蜀、肃宗即位、永王一行东出汉中三桩大事，所以是书必作于七月中旬至十二月间。⑥

书信中的内容未必完全可靠，比如司马光已指出："其曰：'前月二十

---

① 《资治通鉴》卷220"至德二载十二月"条。《唐国史补》卷上系李翰撰《张巡传》并"上之"的时间为"上元二年"（第19页），现从《资治通鉴》。
② 《全唐文》卷430《进张巡中丞传表》。
③ 《韩昌黎文集校注》卷2，第73页。
④ 《集古录跋尾》卷7，收入《欧阳修全集》，第1179页。
⑤ 《资治通鉴》卷218"至德元载七月"条《考异》。
⑥ 《资治通鉴》就是将是书系于"至德元载七月"条《考异》中的。

七日，兵到土门'，盖围城中传闻之误也。"① 这当然完全有可能。而从张巡作书的心态来讲，除了要表明守城的决心外，还要尽可能起到警戒与威慑令狐潮的目的。所以信中所言不仅完全可以，而且势必要夸大唐军的实力。此外，即便张巡洞晓或预感到永王一行可能造成玄、肃二帝间的紧张关系，他也不可能在答令狐潮的这封信中表露出来。

那么，我们现在再来讨论这封书信，它又在哪些地方吸引了我们的注意呢？我认为，信中首先值得我们关注的是这样一个人物——"申王"。永王东行已是我们知道的事情，那么和永王一起行动的申王又是谁？按申王本是玄宗二兄李㧑的封号，李㧑卒于开元中，死后被玄宗册赠为惠庄太子。所以这里的"申王"必然不是李㧑，而是李㧑的后嗣嗣申王。史称李㧑无子，"初养让帝子珣，封同安郡王，先卒。天宝三载（744），又以让帝子璀为嗣申王"②。所以很明显，这里的"申王"就是本为让帝第四子，此时已继嗣惠庄太子的李璀。我在前文中说过，让皇帝李宪诸子（至少被史料所载得以封王的几位长子）均随玄宗奔蜀。其中，继嗣让帝的三子、嗣宁王李琳一路跟随玄宗至蜀郡。六子李瑀则被玄宗封为汉中王，留镇汉中。而现在我们看到，惠庄太子之子、实际上的让帝四子李璀，则被玄宗赋予了伴随永王一起东行的职责。这种以皇子出镇、宗子辅之的格局，正是逃难途中的玄宗意欲建立的一种新型政治模式。而作为玄宗之兄的让帝、惠庄太子之子，则是玄宗最为属意的宗子人选。

从张巡写给令狐潮的这封信来看，他所传达给后者的，或者说，张巡本人所得到的，是这样一个有关唐廷战略部署的信息。即在北方，孝义皇帝肃宗李亨将以河陇兵马经太原、出土门，直捣安禄山的巢穴河北。而在南方，永王、申王等人则将以"蜀、汉之兵，吴、楚骁勇，循江而下"。至于永王"循江而下"的目的，张巡信中虽然没有明言，但从"永王、申王部统已到申、息之南门。窃料胡虏游魂，终不腊矣"云云，读信者应该不难推知，永王此次东行的目的，至少其在表面上所打出的东行口号，应该就是由南方北上收复河南，以达到与北方的肃宗南北夹攻叛军的效果。信中所言的"申、息"指濒临河南西部的义阳郡（申州），除了其北边淮河外，义阳郡的另一个重要地理标识就是南部的桐柏山。越过桐柏山，便

---

① 《资治通鉴》卷218"至德元载七月"条《考异》。
② 《旧唐书》卷95《睿宗诸子·惠庄太子㧑传》。

是地处江汉一带的安陆郡了。因此信中所谓"永王、申王部统已到申、息之南门",即使不是指永王已由江陵出发"东巡",至少也应该指永王正在江陵。总之,"申、息之南门"指长江中游一带当无疑问。所以《张巡答令狐潮书》创作的时间,很自然地,也就应该在至德元载九月至十二月间。

现在我要来谈谈《张巡答令狐潮书》为什么会引起我们的关注了。我们知道,玄宗在南逃伊始发布的《命三王制》确定了以皇子分守重镇的战略格局,同时,制文也可能含有压制太子的用意。但是,《命三王制》实际上并未对皇子分守重镇的具体目的作明确交代。即使在后来的《銮驾到蜀大赦制》中,玄宗也只是笼统地将其这一举措的目的定义为"合其兵势,以定中原"。实际上,对于刚刚到达蜀中的玄宗来说,能否期待他的这些此时拥兵甚少甚至前途未卜的皇子(无论是太子①,还是永王)立刻实现所谓"合其兵势,以定中原"的目的,玄宗心中还不一定有底。所以对玄宗来说,更现实的目标,恐怕还是期望永王能够先顺利到达江陵,只有安全到达江陵,并控制住荆襄一带,才谈得上去考虑接下去的事情。因此《命三王制》中要求永王此行的首要任务——出镇江陵(即令永王充任江陵大都督),这个目标是表述得相当明确的。不过,也只有这个目标才是明确的。同样,对于从汉中与玄宗分手的永王来说,即便他在离开汉中之初就打有收复河南的旗号,这一旗号也未必能打得响亮。这不仅是因为初离汉中的永王一行人员寥寥,而且即便从稍后玄宗颁布的《命三王制》来看,河南尚是未出阁的盛王琦的统内,与此时诏令统辖江汉一带的永王还不存在关系。

那么,究竟是从什么时候起,永王一行的目的从出镇江陵变为收复河南了呢?我认为,正是在到达江陵后,尤其是当永王决意由江陵"东巡"江淮时,他开始具体落实玄宗"合其兵势,以定中原"的含糊旨意,即大肆宣传此行的目的是为收复河南了。因为若如实依照玄宗的《命三王制》,永王可以在江汉一带大力发展势力,但不能进一步南下,于是,只有打出"收复河南"这样一个冠冕堂皇的口号,李璘那"于理"虽颇有欠缺的"东巡"之举才能"于情"上变得正当。

实际上,我们对永王一行目的的上述解说,对于理解张巡的这封《答

---

① 参见贾二强:《唐永王李璘起兵事发微》,《陕西师大学报》,1991年第1期,第84~85页。

《令狐潮书》而言,也许是有过度诠释之嫌了。因为我并不认为对于位于河南前线的张巡来说,他能够像刘晏一样,从永王一行中嗅出玄、肃较量的味道;也不认为他有可能去辨别永王是否有资格或者有意愿去收复河南,甚至将永王一行与收复河南联系起来,本就是张巡一厢情愿的理解。永王的出镇江陵甚至"东巡"也许只是一件鼓舞人心和值得期待的事情。但是,对于处在战争第一线的将领而言,仅仅是这种期待也是至关重要的,因为这将让他们看到守卫河南的希望并坚定抗敌的决心。这就是张巡在给令狐潮的答复最后所说的:"窃料胡虏游魂,终不腊矣。"

然而对于永王"东巡"即将途经的江西的士人来说,他们就不会像张巡这样来理解永王一行的目的了。他们或已对此次"东巡"带来的后果洞若观火,或许,那是比张巡更天真地去相信了所谓"收复河南"。

六、江西:李白与皇甫侁的选择

"东巡"的永王于十二月左右进入江西境内。有关永王东巡途经江西的情况,因著名诗人李白加入永王军队而引起人们的高度关注。李白与永王的"谋主"韦子春此前熟识,并曾作《赠韦秘书子春》诗。① 不过以李白的文名,即便没有这层关系,其被永王赏识而辟为从事也在情理之中。

历来的研究多从李白缺乏政治远见的角度来理解其参与永王"东巡"一事。后来冈野诚先生指出,既然永王是依玄宗之命采取行动的,因而对想为唐朝做贡献的士大夫而言,永王军是正统军,故自有积极加入其中的价值。② 不过即便玄宗实质上认可或鼓励永王继续南下,但正如我在上文指出的,在玄宗诏令永王出镇的明文《命三王制》中,其实并没有涉及永王在到达江陵后可以继续南下的内容。因此吸引李白加入永王军队的,除了他可能被告知(或者自认为)永王此行得到玄宗的认可外,也许还有另外一些更直接的原因。

在李白随永王"东巡"时所创作的《永王东巡歌》第五首中,李白写道:

> 二帝巡游俱未回,五陵松柏使人哀。诸侯不救河南地,更喜贤王远道来。③

---

① 《李太白全集》卷9,第478页。
② [日]冈野诚:《论唐玄宗奔蜀之途径》,第1116页。
③ 《李太白全集》卷8,第429页。

显然，李白知道肃宗即位的事实，但对他而言，二帝并存的格局并不妨碍永王此次的"东巡"，因为永王的"东巡"是以救援河南为目的的。而且诗中的语句也清楚表明，包括李白在内的诸多士人此时都已经听闻了这一消息，即由于十月河北的全面沦陷，到十二月的时候河南的唐朝军队也开始节节败退。无论是西部的颍川郡（许州），还是中部的鲁（兖州）、东平（郓州）、济阴（曹州）诸郡都已经全部陷入贼手。不仅是于雍丘抗贼的张巡已经退至宁陵，就是时任河南节度使的虢王巨也可能已从彭城（徐州）退守临淮（泗州）。所以永王的此次"东巡"，显然肩负着重要的军事责任。

虽然我们还不清楚李白是在何种场合下创作十首《永王东巡歌》的，但是能肯定，上述李白认为永王"东巡"乃是出于收复河南、扫静胡尘的目的，并不仅仅是他一个人的感受。① 实际上，期待着能在河南有所作为的气氛很大程度上弥漫在整个永王集团中。同样由李白创作于永王"东巡"途中的《在水军宴赠幕府诸侍御》，就是表达这种气氛的一件作品：

> 月化五白龙，翻飞凌九天。胡沙惊北海，电扫洛阳川。虏箭雨宫阙，皇舆成播迁。英王受庙略，秉钺清南边。云旗卷海雪，金戟罗江烟。聚散百万人，弛张在一贤。霜台降群彦，水国奉戎旃。绣服开宴语，天人借楼船。如登黄金台，遥谒紫霞仙。卷身编蓬下，冥机四十年。宁知草间人，腰下有龙泉。浮云在一决，誓欲清幽燕。愿与四座公，静谈金匮篇。齐心戴朝恩，不惜微躯捐。所冀旄头灭，功成追鲁连。②

"英王受庙略，秉钺清南边"一句与《东巡歌》第一首中的"永王正月东出师，天子遥分龙虎旗"相似，乃强调永王此行有"节钺"的"名器"在手，为其行动的合法依据。而"浮云在一决，誓欲清幽燕"一句则与《东巡歌》中多次提及的收复疆土、扫静胡虏的主题类似，都是表达"东巡"乃出于与叛军作战的这一目的。只是和《东巡歌》不同，《在水军宴赠幕府诸侍御》有着明确的创作情境，那就是李白是在水军宴这样一个公开的

---

① 《永王东巡歌》第九、第十首表达扫静胡尘、收复疆土的意愿更加明显："帝宠贤王入楚关，扫清江汉始应还。初从云梦开朱邸，更取金陵作小山。"（第433页）"试借君王玉马鞭，指挥戎虏坐琼筵。南风一扫胡尘静，西入长安到日边。"（第433~434页）

② 《李太白全集》卷11，第555~556页。

场合，赠歌给诸多永王府中的同僚（"四座公"）的。换言之，期待着此行能在与叛军的对抗中有所建树，不仅是李白个人的心声，也是他能够公开宣扬并与府中同僚共同分享的一种豪情。

同样的想法我们在上文提到的元结《为董江夏自陈表》中也能看到，甚至更为明显：

> 顷者潼关失守，皇舆不安，四方之人，无所系命。及永王承制，出镇荆南，妇人童子，忻奉王教。意其然者，人未离心。臣谓此时可奋臣节。王初见臣，谓臣可任，遂授臣江夏郡太守。近日王以寇盗侵逼，总兵东下，旁牒郡县，皆言巡抚。今诸道节度以为王不奉诏，兵临郡县，疑王之议，闻于朝廷。臣则王所授官，有兵防御。邻郡并邑，疑臣顺王，旬日之间，置身无地。臣本受王之命，为王奉诏。王所授臣之官，为臣许国。忠正之分，臣实未亏。苍黄之中，死几无所，不图今日得达圣聪。

《自陈表》显示，永王的"东下"正是以抵御"寇盗侵逼"为名进行的，而所谓"旁牒郡县，皆言巡抚"也正是"东巡"一名的由来。

因此对于李白这位著名诗人牵涉"永王之乱"的行为，我并不认为李白是一个具有政治洞察力的士人，这不仅是因为当时婉拒永王之邀的士大夫不在个别，而且即便一些在永王"东巡"前还支持玄宗令诸王出镇主张的士人，此时也开始反对永王的移镇，比如萧颖士即是如此。① 但是，李白的缺乏政治远见也并不表示他的选择就是毫无根据的行为。因为永王的"东巡"既可能如我们下文将要谈到的，有玄宗在背后的默许，而且还相当高调地打着出征河南、"以定中原"的标语。并且，这种政治宣传也确实在永王集团中产生过很强的共鸣。所以加入永王的军队对于李白来说，不仅是合理的，也是光荣的。

不过，《为董江夏自陈表》同样已揭示出，本已存在的永王与肃宗间的紧张关系，随着永王此时的"不奉诏"，即违背《命三王制》的要求而擅意南下，已经开始遭到那些政治意识清楚的临近地方要员（"诸道节

---

① 参见《新唐书》卷202《文艺中·萧颖士传》。然其叙述时序颇有紊乱之处，可同时参看萧颖士自作的《与崔中书圆书》(《全唐文》卷323)及其死后其友人李华所作的《扬州功曹萧颖士文集序》(《全唐文》卷315)两文。

度")的反对。而我们接下去所要讨论的这位地方要员,即便不在董氏所谓"诸道节度"范围内,也应该与他们有着相似的主张,这位地方要员就是江西采访使皇甫侁。

皇甫侁的辖区虽说只是永王此次"东巡"的中途,且其治所豫章郡(洪州)也不在"东巡"途经的长江沿岸,但永王的东来却已经给身为江西采访使的他带来了尴尬。一方面,皇甫侁是深知永王此番"东巡"必将激化与肃宗之间的矛盾,甚至可能导致帝国分裂的政治头脑清楚的士大夫;但另一方面,虽然玄宗的《命三王制》没有明确允许永王可由江陵继续南下,但却明确诏令了江西在当时是永王的都统区域,所以在名义上,皇甫侁仍是永王璘的属下,理当支持与配合璘的此次"东巡"。

皇甫侁最终选择了站在肃宗一边,并在《上永王谏移镇笺》中表达了他的态度,笺言:

> 某惶恐叩头,昔臧孙辰之词曰:"贤者急病而让夷。"然则当御侮之权,必居冲要;受分忧之任,不务怀安。伏见判官李薰称,有教,幕府移镇江宁,闻命瞿然,不识共故,何者?逆贼安禄山称兵犯顺,窃据二京,王师四临,久未扑灭。自河淮右转,关陇东驰,诏命所传,贡赋所集,必由之径,实在荆襄。朝廷以大王镇之,重矣。自麾旌至止,政令所覃,岭峤华夷,吴楚城邑,公私远迩,罔有不宁。贼庭震慑,莫敢南望。傥左右有司,谋虑未熟,轻举旌钺,僻处下流,既失居要害之津,且出封疆之外,专命之责,大王何以任之?或启寇仇之心,来争形胜之地,则行李坐隔,侵轶滋多,安危大端,不可不慎,既往之失,将且无追。上皇天帝巡狩成都,皇帝驻驿灵武,臣子之恋,大王兼之。咏《棠棣》之诗,讲晨昏之礼,其地逾远,胡宁以安?假使别奉丝纶,犹当执奏,一则逆胡间谍,矫诈须防;二则国步艰难,折冲宜近。就闲乐土,恐非良图。伏惟大王天纵仁明,苞含光大。某所以敢申谠议,轻犯威严,伏望广延正人,俯垂考核,刍荛之论,万一可收。不胜忧愤悃迫之至。谨奉笺,惶恐惶恐叩头。①

笺文没有出现以肃宗之令遏阻永王移镇的内容,因此很可能如我们上文说的,肃宗此前确实没有发布过要求永王返回蜀郡或肃宗行在的明确诏诰。

---

① 《全唐文》卷409崔祐甫《为皇甫中丞上永王谏移镇笺》。

此笺通篇只以玄宗之制（"朝廷以大王镇荆襄"）喻永王之逾制（"出封疆之外"且无"执奏"），以"秉钺"之职（居荆襄之要害"震慑贼庭"）讽"东巡"之失职（"失居要害之津"且为"就闲乐土"），但同样是一篇论述得有理有节的笺文。

为皇甫侁创作此笺的是他的幕僚崔祐甫。崔祐甫是未来的德宗朝第一位重要的宰相，两唐书均为其列有传记，但涉及崔氏在"永王之乱"中的表现，本传没有留下任何文字。所幸的是，在由邵说撰写的《有唐中书侍郎同中书门下平章事常山县开国子赠太傅博陵崔公墓志铭并序》（以下简称《崔祐甫墓志》）中，却保留了崔氏在永王事件中与皇甫侁、永王璘两人关系的重要信息。① 乱前担任寿安（河南府属县）尉的崔祐甫在安史之乱爆发后举家南迁。墓志称："属禄山构祸，东周陷没，公提契百口，间道南迁。"南迁的崔祐甫很快就被江西采访使皇甫侁辟属，"寻江西连帅皇甫侁表为庐陵郡（吉州）司马，兼倅戎幕"。崔祐甫的才学不仅得到了皇甫侁的青睐，也很快获得了永王的垂青：

> 时永王总统荆楚，搜访俊杰，厚礼邀公。公以王心匪臧，坚卧不起。人闻其事，为之惴栗。公临大节，处之怡然。

和《苑咸墓志》一样，邵说的《崔祐甫墓志》同样使用了"人闻其事，为之惴栗"这样的词汇来暗示永王曾有过强制或胁迫士人入幕的行为。实际上正像上文说的，墓志或诗文作者驱遣诸如"强制"、"迫胁"、"惴栗"这样的词汇，无非是为了在"永王起事"失败后，为曾经加入永王集团的墓主或本人进行辩护，或以此来凸显拒绝永王辟属者的气节，故不能视为他们与永王原有关系的写照。

但是，这种带有强迫性意味的词句得以被许多卷入永王事件中的人物作为事后的追忆方式进行使用，或许也说明了，永王一行为了网罗隐在林薮的文武奇才，确实有过"胁迫"士人的行径。我们看到，一些在当时拒

---

① 墓志和行状、传记的区别在崔祐甫与永王事件的关系中就体现出来了。墓志深埋于地下，本不希冀有对外宣扬墓主生平的意义，故而反可以花笔墨去描写某些上层政治斗争的内容。而这在明显要提交给官方的行状或拟传之于后世的传记中就会处理得比较晦涩，甚至避而不谈。所以说，尽管墓志、行状、传记都是为了对传主等予以赞美，但因创作目的和受众的不同，它们各自宣传的侧重点还不一样，于是就导致了某些可以在墓志中表达的内容不一定能在行状等中反映出来，反之亦然。

绝加入永王集团的士人，比如权皋、孔巢父、萧颖士，史料均记载了他们为了躲避前者的辟诏，曾采取"变名易服"①、"侧身潜遁"②的举措。其实，面对一位手握重兵的亲王的屡次修书致意，即使婉言谢绝也不是一件容易的事情，因为那确实是要扛担随时赔上身家性命的危险。不过对于当时处于半隐状态的这些士大夫而言，"遁逃"③尚是他们可以采取的一种避祸方式，但是对于皇甫侁这样身居要职的一线大员来说，他的选择却是很少的。《崔祐甫墓志》接下去的文字尤其值得我们注意：

> 王果拥兵，浮江东下，劫佽爱子，质于军中。公励元戎以断恩激卒，乘以扶义。凶徒挠败，系公之力。④

所以说，皇甫侁在当时的处境之所以尴尬，不仅在于他在永王和肃宗之间进行的选择有可能关系其人身安危等问题，而是在实质上已经关系到了其至亲的生命安危。不过在崔祐甫的劝说下，皇甫侁最终还是选择了支持肃宗，并委笔前者创作了《上永王谏移镇笺》一文，有理有节，但同时也相当委婉地表达了他反对永王"东巡"的态度。而笺中的谦恭语气，也许也正反映出皇甫侁在意爱子生命安全的焦虑心情吧。

总之，李白与皇甫侁这两位地位迥然不同的士大夫，他们在永王事件中选择的立场也不一样。但是，不管他们是选择加入永王的队伍，还是反对永王的行为，最终等待他们的结局却都是颇为相似的。

七、江淮：玄、肃二帝的摊牌

至德二载正月，永王一行顺江而下，来到了他们此次"东巡"真正的目的地江东。《旧唐书·永王璘传》这样记载永王进入江东的情形：

> （至德元载）十二月，（璘）擅领舟师东下……璘虽有窥江左之心，而未露其事。吴郡采访使李希言乃平牒璘，大署其名，璘遂激

---

① 《旧唐书》卷148《权皋传》。
② 《旧唐书》卷154《孔巢父传》。
③ 《全唐文》卷315李华《扬州功曹萧颖士文集序》。
④ 《唐代墓志汇编》收有此方墓志的录文，录文此句作："公励元戎以断恩，激平察以扶义。"（建中004，第1823页）但此句在《全唐文补遗》第四辑中则录作："公励元戎以断恩激卒，乘以扶义。"（第63页）此处句读、文字皆从《全唐文补遗》。

怒，牒报曰："寡人上皇天属，皇帝友于，地尊侯王，礼绝僚品，简书来往，应有常仪，今乃平牒抗威，落笔署字，汉仪隳紊，一至于斯！"乃使浑惟明取希言，季广琛趣广陵攻采访李成式。

《资治通鉴》的叙事较为精简：

> （至德元载十二月）甲辰，永王璘擅引舟师东巡，沿江而下，军容甚盛，然犹未露割据之谋。吴郡太守兼江南东路采访使李希言平牒璘，诘其擅引兵东下之意。璘怒，分兵遣其将浑惟明袭希言于吴郡，季广琛袭广陵长史、淮南采访使李成式于广陵。

宋人庄绰作《鸡肋编》，以"东巡"之初的李璘尚未流露割据江左之意而为李白的入幕作辩解，并认为江东采访使李希言的署名平牒，是故欲激怒李璘变乱的行为，实"亦可罪矣"①！李白的入幕之举前文已作分析，至于李希言的署名平牒②，按李希言统辖的江东本就不在《命三王制》明文规定的永王都统范围内，并且永王此次移镇的"江宁"又是希言的辖区，因此若后者不支持永王，其在牒文的措辞上确没有必要像江西的同僚皇甫侁那样对永王表现出诚惶诚恐的谦卑之情。

不过即便如此，李希言的"大署其名"、"平牒抗威"看来也确有过分之处，以至于李璘会忍不住发出"汉仪隳紊，一至于斯"的愤慨。李希言这一署名平牒的过分举措，恐怕不仅是因为个人极不赞成李璘"东巡"那么简单，他很可能是已经明确获知了肃宗反对李璘此行的态度，并依仗着肃宗的默许或授意才采取了上述这一过分的举措。另从上述史料看，李璘因李希言的平牒诘责，不仅已派兵欲取希言于吴郡（苏州），更有遣将趣广陵（扬州）、攻袭淮南采访使李成式的举动。因此反对永王东巡的江淮地方大员，除了李希言外，应该还有李成式。

给李希言等人捎去肃宗反对永王东巡信息的官员，很可能正是曾由永王处投奔肃宗，并为后者"陈江东利害，永王必败"的高适。据《旧唐书·肃宗纪》载，至德元载十二月九日，肃宗以"谏议大夫高适为广陵长史、淮南节度兼采访使"，这一任命比史料记载的永王由江陵开始"东巡"

---

① （宋）庄绰撰，萧鲁阳点校：《鸡肋编》卷下，北京，中华书局，1983年，第126页。

② 《资治通鉴》卷219"至德元载十二月"条胡注："方镇位任等夷者，平牒。"

的时间还要早半个月。尽管我们并不知道,肃宗仅仅是从高适等处洞晓了江淮的利害,还是得知了永王已生觊觎江淮的野心或东巡的计划,但他对高适的这一任命,无疑已经体现出意欲主动掌控江淮、挑战玄宗《命三王制》战略部署的决心。

而当高适于次年正月二日抵达广陵后,永王又确已开始"东巡"之旅,于是高适的诏谕之职现在就真的变得很重要了。在高适此后向肃宗上呈的《谢上淮南节度使表》一文中,他写道:

> 臣适言:以今月二日至广陵,以某日上讫。流布圣泽,江淮益深,扇扬皇风,草木增色。臣诚惶诚恐,顿首顿首。
>
> 伏惟皇帝陛下,大明照临,纯孝抚御,汉主事亲之日,爰总六师,轩后垂衣之辰,再清四海。犹以京华尚阻,国步暂艰,运黄石之神谋,推赤心于人腹。
>
> 臣器非管乐,殊孔明之自比;识谢孙吴,异山涛之暗合。岂意圣私超等,荣宠荐臻!自周行寄重方面,以时危而注意,窃愧非才;因国难以捐躯,顾为定分。即当训练将卒,缉绥黎氓,外以平贼为心,内以安人为务。庶使殄灭凶丑,舞咏时邕,报明主知臣之恩,成微臣许国之节。不任戴荷攀恋之至,谨遣某官陈谢以闻云云。①

在萧颖士于三个月前写作的《与崔中书圆书》中,我们曾看到身为萧氏府主的淮南采访使李成式与萧颖士都曾对盛王琦的出镇抱以期待。而三个月后,出镇淮海的亲王无非由盛王琦变成了永王璘,但现在的李、萧二人却都成了坚决支持肃宗、反对永王移镇的人物。也许这就是高适在此中发挥的作用吧。至于江东采访使李希言的署名平牒,恐怕也同样是高适"流布圣泽,江淮益深"下的产物。

比较奇怪的是,作为肃宗代言人,并已于至德二载正月二日抵达广陵的高适却并没有出现在《旧唐书·永王璘传》和《新唐书·永王璘传》关于永王随后与李希言、李成式交战的记录中。在《永王璘传》中代表肃宗一方的叙述主角是中官啖廷瑶。比如《旧唐书·永王璘传》就载:

---

① (唐)高适著,孙钦善校注:《高适集校注》,上海,上海古籍出版社,1984年,第325页。注称:此表作于至德元载十二月。按高适于至德元载十二月九日才被任命为淮南节度使,所以此表更可能是作于至德二载正月。

璘进至当涂（宣城郡属县），希言在丹阳，令元景曜、阎敬之等以兵拒之，身走吴郡，李成式使将李承庆拒之。先是，肃宗以璘不受命，先使中官啖廷瑶、段乔福招讨之。中官至广陵，成式括得马数百匹。时河北招讨判官、司虞郎中李铣在广陵，瑶等结铣为兄弟，求之将兵。铣麾下有骑一百八十人，遂率所领屯于杨（扬）子（广陵郡属县），成式使判官评事裴茂以广陵步卒三千同拒于瓜步洲伊娄埭。希言将元景曜及成式将李神（承）庆并以其众迎降于璘，璘又杀丹徒（丹阳）太守阎敬之以徇。江左大骇。①

其实我推测啖廷瑶很可能是与高适一同前来江淮的②，况且以敕使配节度的组合方式本就是当时人事任命的常态。至于高适没有出现在上述记载中，不是因为史料已提及啖廷瑶所以就忽略了高适，而是另有他故，我们稍后再论。

高适与啖廷瑶并非肃宗针对永王而派遣至南方的唯一一波人员。比如上文中多次提到的元结《为董江夏自陈表》中就写道：

臣某言：月日，敕使某官某乙至，赐臣制书，示臣云云。伏见诏旨，感深惊惧……今陛下以王室艰难，寄臣方面，亦已忘身许国，誓于皇天。伏惟陛下念臣恳至，谨因敕使某官奉表以闻。

这里的"敕使某官某乙"就是与啖廷瑶一样的中官。同时，他来江夏的目的与前者来广陵的目的也一样，就是要力保这些南方的地方要员此时都站在肃宗一边，这就是表中所谓"寄臣方面"的用意。只不过这位敕使的地位与职责不如啖氏为高为重罢了。

现在我们看到，在永王开始"东巡"的同时，肃宗也开始了争取南方

---

① 《资治通鉴》卷219"至德元载十二月"条"丹阳"亦作"丹徒"，不过"丹徒"正是丹阳郡的治所，所以胡注此条亦以为："丹徒县带润州丹阳郡。唐未尝以丹徒名郡。"《新唐书》卷6《肃宗纪》系"丹徒郡（丹阳郡）太守阎敬之及璘战于伊娄埭，死之"的时间为至德元载十月，误。

② 《资治通鉴》卷219"至德元载十二月"条并未记载啖廷瑶诏讨一事。而从《新唐书》卷82《十一宗诸子·永王璘传》的叙述语序来看，肃宗派遣宦者啖廷瑶等与淮南采访使李成式谋招喻永王璘之事，似发生在李希言平牒璘并导致璘攻击希言和成式事后。但若肃宗是在得知璘已攻击江淮的消息后才派遣啖廷瑶等来江淮与李成式合计诏讨的，恐怕未及发生此后啖氏等人在扬子、瓜步等长江沿线的布防工作，璘就已经派兵越过长江了。所以啖氏等应该是早于永王水师抵达江东前就已来到江淮了。

的行动，尤其在争夺的焦点江淮，两者的矛盾正式公开化。不过总的来看，肃宗的行动更有成效，因为长江下游的三位要员——江西采访使皇甫侁、江东采访使李希言、淮南采访使李成式现在都站在了他的一边。

接下去我们要来谈谈导致肃宗与永王产生矛盾的始作俑者玄宗的问题了。我们已经很长时间没有去关心这位身居蜀中的帝国旧君主的动向。玄宗对永王此次"东巡"的态度如何？如果他半年前令永王出镇江陵的举措是促使肃宗与永王二人萌生对峙情绪的根源，那么及时遏制或反对李璘的"东巡"，也许还是来得及挽回亨、璘兄弟感情，至少是能够稍许弥合他本人与肃宗父子紧张关系的一把锁钥。在永王失败后玄宗所颁布的《降永王璘为庶人诰》中，玄宗就说道：

> 永王璘谓能堪事，令镇江陵，庶其克保维城，有裨王室。而乃弃分符之任，专用钺之威，擅越淮海，公行暴乱。违君父之命，既自贻殃；走蛮貊之邦，欲何逃罪？①

玄宗没有否认他在《命三王制》中令诸王出镇的正当性，但也同样表明，他确实没有颁布过允许永王"东巡"的明确诏诰，所以永王此行，确实是出师无名的"擅行"之举。

实际上，这份诰令只是玄宗在听闻永王失败的消息后无奈作出的一个决定，由于他不可能也不便于否认《命三王制》中令永王出镇江陵的正当性②，所以只能对永王"擅越淮海"的行为进行谴责，并且，隐瞒他曾在背后默认甚至支持永王此行的决定。这一推测的证据就是保留在《旧唐书·肃宗纪》中的下述这段史料：

> （至德二载）正月甲寅（五日），（玄宗）以襄阳太守李峘为蜀郡长史、剑南节度使，将作少监魏仲犀为襄阳、山南道节度使，永王傅刘汇为丹阳太守兼防御使。③

---

① 《唐大诏令集》卷39《降永王璘庶人诏》，第180页。《唐大诏令集》题作"诏"，现据《全唐文》卷38改"诏"为"诰"。

② 因为这份制书不仅早已成为安禄山叛乱时期众人行事的依据，而且一旦对永王出镇江陵之事也作出否定，那就意味着在永王的"罪过"中，负首要责任的就是玄宗本人。玄宗当然不会这样自曝其"罪"，而且这样岂不是又给了已在玄、肃之争中取得关键性胜利的肃宗进一步打压他的口实。

③ 参看贾二强：《唐永王李璘起兵事发微》，《陕西师大学报》，1991年第1期，第86页。

另据《肃宗纪》载,玄宗任命上述诸人的时间据永王上年十二月二十五日擅领舟师开始"东巡"的时间只有十天。换言之,玄宗很可能在刚刚获悉永王"东巡"的消息后就采取了上述措施。并且正通过这些任命,委婉地表达了他对永王此行的支持。

玄宗的任命涉及长江上、中、下游三个关键地区。对李峘的任命与永王此次东巡无直接关系,有关的是魏仲犀与刘汇两人。魏仲犀的前任山南节度使本就为永王璘,史称当天宝十四载十二月安禄山军队攻陷东京、进逼潼关时,玄宗本已有过"以永王璘为山南节度使,以江陵长史源洧副之;颍王璬为剑南节度使,以蜀郡长史崔圆副之"① 的设想,只是当时二王并未出阁,所以真正处置山南东道事宜的还是原襄阳太守、本道采访使源洧。② 考虑到襄阳在当时的重要地位,玄宗在任命源洧的同时,还一并任命了宪部郎中徐浩为襄阳太守、本州防御使。③ 源洧很快就去世了,而不久前刚被源洧接替的原江陵长史庾光先也很快离开了江陵来到襄阳。徐浩和庾光先两人此后的动向是很值得注意的。因为这两人此后都离开了襄阳,并且一同赶赴肃宗的行在,又都得到了肃宗的重用。尤其是徐浩,其在到达肃宗行在伊始即被拜为中书舍人,此后肃宗的诏令也多出徐浩之手。④ 现存的储光羲《奉别长史庾公太守徐公应召》一诗就是诗人为送别一同离开江汉的庾、徐两人所创作的。⑤ 尽管我们还不知道庾、徐二人究

---

① 《旧唐书》卷9《玄宗纪下》。
② 《旧唐书》卷98《源乾曜附源洧传》。
③ 《旧唐书》卷98《源乾曜附源洧传》作"兵部郎中",现据《旧唐书》卷137《徐浩传》改为"宪部"。
④ 参见《全唐文》卷445张式《大唐故银青光禄大夫彭王傅上柱国会稽郡开国公赠太子少师东海徐公神道碑铭》、《旧唐书·徐浩传》、《新唐书·徐浩传》。宋人陈思《宝刻丛编》卷8录《唐太子太傅庾光先碑》称:"唐徐浩撰,史惟则书,永泰二年。"(不过据崔行宣《唐左金吾判官前华州司户参军李公故夫人新野庾氏墓志铭并序》载,庾光先死后赠为"太子太师"[录文见《唐代墓志汇编续集》大和035,第908页。核实图版,确为"太子太师",见吴钢主编:《隋唐五代墓志汇编》陕西卷(第四册),天津,天津古籍出版社,1991年,第110页])。又《旧唐书》卷118《庾准传》载:"父光先,天宝中,文部侍郎。准以门入仕,昵于宰相王缙,缙骤引至职方郎中、知制诰,迁中书舍人。"据庾光先"太子太傅(或太子太师)"之衔,及其子庾准得以门荫入仕来看,庾光先在安史乱后的身份当不低。有趣的是,《庾光先碑》正是由徐浩所撰,这不知是否因两人同在襄阳的这段交往经历所致。
⑤ 《全唐诗》卷138,第1400页。

竟是在永王到达襄阳前还是后离开襄阳的，但至少我们看到了，当永王开始由江陵"东巡"时，此前被玄宗任命的数位江汉大员——源洧、徐浩、庾光先、李岘，都已因各种原因弃永王而去，而且大都投向肃宗①，所以现在留在江汉一带的只有被永王安排继续驻守江陵的永王傅窦绍了。② 这兴许就是玄宗在此时令魏仲犀出镇襄阳的一个原因。当然，另一个不容忽视的原因就是，南阳的抗贼形势此时依然不容乐观。因此作为南阳的后方，如果襄阳这样一个军事重镇缺少了太守级的人物坐镇，看来终究是说不过去的。而此次被玄宗委派出任襄阳太守、山南节度使的魏仲犀虽说曾是杨国忠的亲信，但这并没有妨碍玄宗对这位随其奔蜀的大臣的信任，在玄宗于奔蜀途中颁布的《册汉中王瑀文》中，授命担任汉中王李瑀"傅相"的正是魏仲犀。汉中是山南西道的治所，因此此时玄宗令山南东、西二道合一，并委派汉中的二把手魏仲犀赶赴襄阳任职，显然是一项相当合理的举措。

至于曾为江陵郡都督府长史的刘汇，从某种程度上可说是永王的旧部下。③ 在《命三王制》中，刘汇被玄宗任命为盛王傅。但盛王并未出镇，而此时，随着永王的"东巡"江淮，刘汇又被玄宗授以"丹阳（润州）太守兼防御使"一职。显然，这是直接配合永王"东巡"的一项人事安排。

至此，帝国南部的玄、肃阵营壁垒分明，位于长江上、中游的剑南与

---

① 而和李岘的情况一样，《徐浩神道碑》及《旧唐书·徐浩传》、《新唐书·徐浩传》对他在江汉的这段经历描述得也都相当简略。

② 参见下文的分析。

③ 这里便牵涉到玄宗何以要以永王璘而非其他亲王出任江陵大都督的原因。虽说玄宗时代的亲王遥领节度大使或大都督只有名誉而无实权，但因为这层关系，遥领地的官员与其亲王终有一种胜于他人的亲昵感。这就是肃宗在与玄宗分道之初，尚不知何去何从时，其子建宁王倓向其建议投往朔方时说的一个理由："殿下昔尝为朔方节度大使，将吏岁时致启，倓略识其姓名。"（《资治通鉴》卷218"至德元载六月"条）而永王璘与肃宗一样，其实也早在开元十五年就已经遥领荆州大都督了。实际上，盛王琦也是在此时被授予遥领扬州大都督的。（见《旧唐书·玄宗诸子传》、《全唐文》卷22玄宗《授庆王潭等诸州都督制》）但与盛王不同的是，当天宝十四载十二月安禄山军队攻陷东京、进逼潼关时，玄宗已经有过"以永王璘为山南节度使，以江陵长史源洧副之；颍王璬为剑南节度使，以蜀郡长史崔圆副之"的设想，只是当时二王并未出阁。（《旧唐书》卷9《玄宗纪下》）所以当潼关被克、玄宗幸蜀时，他颁布《命三王制》令永王出镇也并非逃亡途中的突发奇想，而是之前在玄宗心里已经有一个令诸王出镇的构画了。

江汉由玄宗的信臣占据要津，而前者未争取到的下游三位大员则全部站在肃宗一边。

现在一个颇为困惑的问题便是，为什么上述这条证明玄宗在背后支持永王"东巡"的证据会出现在《旧唐书·肃宗纪》中。正如学者的研究早已指出的，涉及"永王之乱"的许多官方资料在此后都被肃宗方面动过手脚。这在《旧唐书·玄宗纪》中表现得最为明显，因为自至德元载八月玄宗册命肃宗，到次年十月玄宗出蜀，玄宗在蜀中一年左右的活动在旧纪中完全脱落了。所以可能以《肃宗实录》为依据的旧书《肃宗纪》却能保存这条资料①，着实令人诧异。实际上，这并非什么奇怪的事情。因为据玄宗八月十六日所颁的《令肃宗即位诏》，玄宗在他的让位诏文中已经明确讲到了："朕且以诰旨随事处置，仍令所司奏报皇帝。"换言之，玄宗在进行上述人事安排的同时，已经将这一安排告知了肃宗。所以在有关肃宗的档案中，这条史料会被备案，并且被此后不明玄、肃之争隐幽的史官编入《肃宗实录》中。如此看来，玄宗的这一举措即便有支持永王、对抗肃宗的意图，那也是公开而非隐瞒的。就在这条史料后，《旧唐书·肃宗纪》又接着记载道："（正月）辛酉（十二日），于江宁县置金陵郡，仍置军，分人以镇之。"② 作为丹阳属县的江宁古称金陵，正是永王此次移镇的目的地。③ 尽管我们还无法确定这一措施究竟是同样报备肃宗的玄宗所为，还是确实是肃宗的措置，但无疑的是，这项措施也是针对永王此次移镇而采取的。

现在，随着玄、肃双方的摊牌，永王与江淮地方军队的冲突也正式爆发。就肃宗方面而言，江淮向来不是帝国蓄养重兵的地区，且其时更存在

---

① 有关《旧唐书·肃宗纪》的史料来源，可参见［英］崔瑞德：《唐代官修史籍考》，第220页。

② 《唐会要》卷71《州县改置下·江南道》："至德二载正月十六日，置江宁郡。"时间略有不同。《旧唐书》卷40《地理志三》记置江宁郡的时间为"至德二年二月"，略误。据《唐会要》、《旧唐书·地理志》、《新唐书·地理志》、《元和郡县图志》卷25《江南道一·润州》等记载（第594页），至德二载于江宁县所置当为江宁郡，而非金陵郡。

③ 所以在李白《永王东巡歌》中也多次提到"金陵"这一地名。如第四首作："龙盘虎踞帝王州，帝子金陵访古丘。春风试暖昭阳殿，明月还过鳷鹊楼。"第九首作："帝宠贤王入楚关，扫清江汉始应还。初从云梦开朱邸，更取金陵作小山。"（《李太白全集》卷8，第429、433页）

着"将卒不相统摄,兵士未尝训练"① 的大问题。虽说肃宗的敕使啖廷瑶与李希言、李成式两位采访使在以诏谕的方式遏制永王不成后,也已采取了一些针对永王的军事部署,但面对其时"军容甚盛"的永王军队,寡兵少卒的啖氏等人也确实没有什么有效的策略可与之抗衡。所以当永王招降了二李的两位将领元景曜、李承庆,并成功击溃了丹阳太守阎敬之的防守后,江淮果然就为之"大震"② 了。正因为如此,在听闻永王起兵的消息后,肃宗就不得不急遣另一批人奔赴江淮。并且也终于决定,他将要以强硬的手段来遏制永王、对抗玄宗了。

八、安陆:三节度会盟的意义

肃宗的这一紧急举措就是《资治通鉴》所说的:

> (至德元载)十二月,置淮南节度使,领广陵等十二郡,以(高)适为之;置淮南西道节度使,领汝南等五郡,以来瑱为之;使与江东节度使韦陟共图璘。③

现在我们终于又看到了高适,同时我推测,《资治通鉴》的以上论述(尤其是时间)很可能正衍自《旧唐书·肃宗纪》中"(至德元载)十二月戊子……(以)谏议大夫高适为广陵长史、淮南节度兼采访使"的这段有关高适任命的记载。但是,《资治通鉴》这一因袭《肃宗纪》的编撰是有问题的。事实上,肃宗在十二月所任命的可能只有高适与韦陟两位节度使,而真正赴任江淮的也只有高适一位。换言之,肃宗对三位节度使的任命完全不在同一时间。

我们先来看一下高适。《旧唐书·高适传》载:

> (至德)二年,永王璘起兵于江东,欲据扬州。初,上皇以诸王分镇,适切谏不可。及是永王叛,肃宗闻其论谏有素,召而谋之。适

---

① 此是三个月前萧颖士在写给宰相崔圆的书信中所描述的江淮军事情形,书中还说:"江淮三十余郡,仅征兵二万,已谓之劳人。"(《全唐文》卷323《与崔中书圆书》)虽说萧颖士此论并非针对永王而发,但也确实较真实地反映了当时江淮的军事面貌。

② 《资治通鉴》卷219"至德元载十二月"条。

③ 《资治通鉴》卷219"至德元载十二月"条。

因陈江东利害，永王必败。上奇其对，以适兼御史大夫、扬州大都督府长史、淮南节度使。诏与江东（当为淮西）节度来瑱率本部兵平江淮之乱，会于安州。师将渡而永王败，乃招季广琛于历阳。

旧传的叙述很容易给读者造成这样一种错觉，似乎被肃宗任命为淮南节度使的高适，在由西北的肃宗行在出发抵达江汉一带的安陆郡（安州）后，还未来得及率师渡过长江，永王就失败了。但上文所引高适的《谢上淮南节度使表》已经清楚表明了，高适在至德二载正月初就已来到长江下游的广陵，而其时永王的水师应当还未抵达丹阳、广陵一带。因此，真实的情形可能是：在十二月上旬被肃宗任命为淮南节度使的高适于次年正月二日抵达广陵任职，和高适一同前来的可能还有中官啖廷瑶。然而尚未开始"训练将卒，缉绥黎氓"的高适一行，很快就遭遇了永王真刀真枪的挑战。于是啖廷瑶负责继续留在广陵一带应付永王的军队，而高适则受命前往安陆筹措救兵。只是救兵未至，永王在江淮的"叛乱"就失败了。所以高适事实上没有真正卷入"永王之乱"中，他的工作更多的是处理乱后的江淮事宜，比如诏谕永王的大将季广琛等。这也就是为什么在有关永王事件记载最详细的《旧唐书·永王璘传》和《新唐书·永王璘传》中，没有出现高适的原因。

韦陟的情况与高适大体相似，据《旧唐书·韦陟传》载：

> （会）潼关失守，肃宗即位于灵武，起为吴郡太守，兼江南东道采访使。未到郡，肃宗使中官贾游严手诏追之。未至凤翔，会江东永王擅起兵，令陟招谕，除御史大夫，兼江东节度使。陟以季广琛从永王下江，非其本意，惧罪出奔，未有所适，乃有表请拜广琛为丹阳太守、兼御史中丞、缘江防御使，以安反侧。因与淮南节度使高适、淮西节度使来瑱等同至安州。陟谓适、瑱曰："今中原未复，江淮动摇，人心安危，实在兹日。若不齐盟质信，以示四方，令知三帅协心，万里同力，则难以集事矣。"陟推瑱为地主，乃为载书，登坛誓众曰："淮西节度使、兼御史大夫瑱，江东节度使、御史大夫陟，淮南节度使、御史大夫适等，衔国威命，各镇方隅，纠合三垂，翦除凶慝，好恶同之，无有异志。有渝此盟，坠命亡族。皇天后士，祖宗神明，实鉴斯言。"陟等辞旨慷慨，血泪俱下，三军感激，莫不陨泣。其后江表树碑以纪忠烈。

需要说明的是，有关韦陟表请拜永王大将季广琛为丹阳太守一事，传记作者将其系于韦陟与高适、来瑱同盟于安陆事前，这一叙述时序有可能是对的，但也可能有错误。因为《韦陟传》后文又提到了韦陟在"永王之乱"后赶往历阳诏慰季广琛之事，因此传记作者有可能是将诏喻季广琛一事拆成了两事来进行编排。关于季广琛的问题，我们下文再作讨论。据旧传的描述，肃宗对韦陟先后有过两次任命。最初任命的是江东采访使，并且这一任命很可能发生在永王"东巡"前。赴任途中的韦陟此后因故被肃宗诏回①，但在后者得知永王起兵的消息后，韦陟又再次被任命为江东节度使，遂不得不中途折返，再次赶往江东。韦陟此后的经历与高适基本相似。正如《高适传》的描写一样，《韦陟传》也只是提到了此后的安陆结盟和韦陟在乱后诏慰季广琛之事（只是它的叙述比《高适传》详尽）。也就是说，中途折返奔赴江东的韦陟和高适一样，实际上也没有赶上与永王军队的正式交锋。

从上述两人的事迹来看，推测高适的行动方向是由淮南西行讨搬救兵，而即将重回西北行在的韦陟则是再次由西北出发赶往江东。而他们会合的地点则是位于江汉的安陆郡，并将在此相会另外一位节度使——淮西节度使来瑱。

与高适、韦陟完全不同，《旧唐书·来瑱传》和《新唐书·来瑱传》没有任何涉及"永王之乱"的记录。来瑱在《旧唐书》中与鲁炅合传，这两位都是出身西北军团的重要人物。来瑱是名著西陲的来曜之子，天宝年间已任至伊西、北庭行军司马这一剧职。鲁炅则是河西、陇右节度使哥舒翰的别奏，是被后者视为"后生可畏"的帅才。安禄山叛乱后，玄宗选任将帅，两人均被荐往河南西部一带抵御叛军。鲁炅被授予南阳太守之衔，在安禄山叛乱时期，鲁炅几乎一直在南阳抗敌，是唐廷守卫南阳、保障江汉的功臣。至于来瑱被授予的颍川太守一职，史料的记载还略存分歧。本

---

① 肃宗诏回韦陟的原因本传没有交代。如果韦陟最初被肃宗任命的是"江东采访使"，那么就是接替原采访使李希言。而如果肃宗已经知晓了李希言决意拥护他的态度，那么确实就没有必要再另遣韦陟赴任了。不过这一说法仅仅是一种推测，并且，我们也许没有必要过于凿实韦陟是否先被任命为"采访使"，后又被改任为"节度使"；或者，采访使的任命是否在"灵武"，而"节度使"的任命已在"凤翔"，等等。我们需要注意的是，肃宗对韦陟的第二次任命应该是发生在听闻永王起兵消息之后，也就是说，这一任命，以及韦陟的二度赴任都是很仓促的事情。

传称来瑱在被任命为颍川太守后,很快就因抗敌守城的突出表现而博得"来嚼铁"的称号。不过另据《旧唐书·薛愿传》《资治通鉴》等记载,似乎安禄山叛乱后一直担任颍川太守的却是鲁炅奏用的薛愿,其与长史庞坚坚守颍川约一年,直到至德元载(756)底安禄山大将阿史那承庆攻陷颍川郡、两人被执杀为止。① 我推测,始终坚守颍川城的应该还是薛愿。况且《旧唐书·来瑱传》和《新唐书·来瑱传》曾言,来瑱曾因作战有功,被授予过"河南淮南游奕逐要招讨等使"一职。既然是"游奕逐要招讨"的身份,自然重在协防策应,不须似鲁炅、薛愿那样始终坚守一城。不过无论如何,来瑱一直在紧邻南阳的河南西部一带活动则是无疑的,而且本传此后又述及了他与襄阳太守魏仲犀一同援救鲁炅之事。

既然来瑱一直是在朝叛对峙激烈的河南西部与叛军作战的将领,他又如何会牵涉进"永王之乱",并被肃宗授予淮西节度使一职的呢?我们知道,高适与韦陟虽是肃宗信任的官员,此时更肩负着讨平"永王之乱"的职责,但高适是"气质自高"② 的诗人,韦陟则是"文华当代"③ 的名士,虽说两人此时都是"秉钺"而行,但实际上却是手头无兵无卒的文人。因此在江淮的地方军队不堪为用的情况下,肃宗与高、韦二人只有在江淮以外寻求军事支援,而来瑱就是他们寻求的对象。

高适、韦陟与来瑱会盟的地点是淮河以南的安陆郡。如果说安禄山的军队在至德元载十二月,也就是差不多永王开始"东巡"的时候,已经攻克了河南西部的颍川郡,那么此前在这一地区作战的来瑱就很有可能因此而退守至淮河以南。况且来瑱所任正是"河南淮南游奕逐要招讨等使"一职,比起鲁炅这样的守城将领,来瑱的军队确是可以具有一定的机动性,并且淮河以南也是其可活动的范围。此外,我在上文曾提过,安史之乱爆发后,安陆郡太守本是苑咸。但永王东来后,苑咸已经离开安陆南下江陵。换言之,安陆其时已无太守驻留。这其实也为此后来瑱的到来,以及其与高、韦二人在安陆的会盟提供了相对便利的条件。我在第一章中还说过,在唐朝设立淮西节度使后,后者的治所曾一度设在安陆,直到代宗大历年间,淮西的治所才正式移至河南的蔡州。其实安陆之于淮西的这一政

---

① 有关其时颍川太守的任命情况,可参见《唐刺史考全编》卷59《河南道·许州》,第838~839页。
② 《旧唐书》卷111《高适传》。
③ 《旧唐书》卷92《韦安石附韦陟传》。

治意义，就是从来瑱与高、韦的这次会盟初现端倪了。虽说其时在河南一带的唐军实力也不强，包括在与叛军交锋过程中才逐渐培养起来的来瑱军队也是如此，但较之江淮军队，终究还是要胜出数筹。况且来瑱本是具有极强军事能力的将领，因此由其率兵平定"永王之乱"，看来是一件合适、合理的事情。

实际上，高适、韦陟拉拢河南的将领来瑱，就类似于此时正在江淮的啖廷瑶结交河北的将领李铣。李铣原是河北诏讨使颜真卿的判官，至德元载十月河北失陷后，李铣随颜真卿渡河南逃。此后颜真卿经南方北上谒见肃宗，李铣则被留在江淮，率残兵屯驻广陵。《旧唐书·永王璘传》称李铣麾下仅"有骑一百八十人"①，但对于啖廷瑶而言，曾在河北有过与叛军对峙经历的李铣及其军队，已经是其时不可多得的统兵人才与千钧一发之际的救命稻草了。

来瑱的实力与能力当然远在李铣之上。既然其与身为肃宗信臣的高适、韦陟不同，是当时肃宗急欲拉拢的实力将领，因此在三节度的安陆会盟中，即便是"门第豪华"②的韦陟也要力推来瑱担任"地主"。而旧书《高适传》中所称的，肃宗诏高适与淮西节度使来瑱率"本部兵"平乱中的"本部兵"，经过上文的分析就可知道，其实只是来瑱的淮西部众，而没有高适的淮南军队。

现在我们看到，为了平定"永王之乱"，肃宗已经不惜抽调在前线与叛军作战的军队南下，这无疑将削弱唐廷本已相当薄弱的河南抗贼力量，增加其时仍在南阳一带抵御叛军的鲁炅等人的压力。所幸，来瑱这位最后才被肃宗任命为节度使的河南将领，只是配合着高适、韦陟在安陆上演了一出"辞旨慷慨，血泪俱下"的盟誓。因为未等其真正率师南下，"永王起事"就失败了。于是很自然的，在这位将继续投身于与叛军作战的将领传记中，确实没有必要提及任何与"永王之乱"相关的事迹。

这一戏剧性的转折同样提醒我们，与其在"永王之乱"中去关注本将被肃宗用来镇压永王的来瑱，以及"其后江表树碑以纪忠烈"的安陆会盟一事，不如去关注那位真正导致"永王起事"失败的人物，以及另一场更

---

① 不过与《旧唐书》卷107《玄宗诸子·永王璘传》的记载不同，《新唐书》卷82《十一宗诸子·永王璘传》和《资治通鉴》卷219"至德二载二月"条则均载李铣有兵"千余"。

② 《旧唐书》卷92《韦安石附韦陟传》。

为重要的盟誓。巧合的是，这位在"永王之乱"失败中扮演关键角色的人物，不仅与来瑱有相似的出身，而且也与高适、韦陟二人有同样紧密的关系。这位人物就是我们在上文中已经涉及的——身为永王集团主将的季广琛。

九、丹阳：季广琛与"永王之乱"

有关永王成功进驻丹阳郡城后的情形①，以及季广琛在"永王之乱"中的表现，《旧唐书·永王璘传》和《新唐书·永王璘传》记载略同，唯新传关于季广琛事迹论述更详，其曰：

> 时河北招讨判官李铣在广陵，有兵千余，（啖）廷瑶邀铣屯扬子，（李）成式又遣裴茂（茙）以广陵卒三千戍伊娄埭，张旗帜，大阅士。璘与（子）偒登陴望之，有惧色。（季）广琛知事不集，谓诸将曰："与公等从王，岂欲反邪？上皇播迁，道路不通，而诸子无贤于王者。如总江淮锐兵，长驱雍、洛，大功可成。今乃不然，使吾等名继叛逆，如后世何？"众许诺，遂割臂盟。于是（浑）惟明奔江宁，冯季康奔白沙（白沙镇，时属广陵），广琛以兵六千奔广陵。璘使骑追蹑之，广琛曰："我德王，故不忍决战，逃命归国耳。若逼我，且决死。"追者止，乃免。
>
> 是夜，铣阵江北，夜然（燃）束苇，人执二炬，景（影）乱水中，觇者以倍告，璘军亦举火应之。璘疑王师已济，携儿女及麾下遁去。迟明觉其绐，复入城，具舟楫，使偒驱众趋晋陵（常州）。谍者告曰："王走矣！"成式以兵进，先锋至新丰（新丰陵，地在晋陵界），璘使偒、（高）仙琦逆击之。铣合势，张左右翼，射偒中肩，军遂败。仙琦与璘奔鄱阳（饶州），司马闭城拒，璘怒，焚城门入之，收库兵，掠余干（鄱阳郡属县），将南走岭外。皇甫侁兵追及之，战大庾岭，璘中矢被执，侁杀之。偒为乱兵所害，仙琦逃去。

季广琛的"逃命归国"带走了永王军队最主要的有生力量②，也直接影响

---

① 李璘在击斩丹阳太守阎敬之后，已经成功进驻丹阳治所丹徒县，有关此问题可参见《资治通鉴》卷219"至德二载二月"条《考异》。

② 《旧唐书·永王璘传》和《新唐书·永王璘传》前称李璘擅领舟师东下，甲仗"五千人"趋广陵，后又称季广琛背离永王，一人便携带了步卒"六千"趋广陵。不过我们也不用过于凿实这些士卒的人数和其间的矛盾，总的来看，季广琛离开永王时带走了永王军队的大部应该是事实。

了另外一些将领的叛离永王,所以无论在实力还是信心上都给永王造成了很大打击。在李白所作的《自丹阳南奔道中作》中,诗人就对当时的情形有如下的描绘:

> 主将动逸疑,王师忽离叛。自来白沙上,鼓噪丹阳岸。宾御如浮云,从风各消散。舟中指可掬,城上骸争爨。①

这里的"主将"指的正是季广琛。而诗歌也形象地反映了因前者的"动逸疑"而导致的其时永王军队"离叛"时的情形。

季广琛究竟是何人,为什么他会有左右永王军队走势的力量?季广琛在两唐书中无传,考天宝元年(742)底樊衡为河西节度使王倕所作的《河西破蕃贼露布》中"十将中马军副使折冲李(季)广琛等部之","又使中马军副使李(季)广琛领勃律马骑一千攻其旁"② 等语,季广琛曾是河西节度使麾下的将领,并参与过露布所言的这次"王倕奏破吐蕃渔海及游弈等军"③ 的战役。在这次战役中可堪关注的唐朝将领不止季广琛一人,其实未来的河西、陇右集团统帅哥舒翰也在这次战役中有突出表现,并且也正是从这次战役中开始在河西集团中崭露锋芒的。初事节度使王倕的哥舒翰在露布中的职务为"大斗军讨击副使",地位与其时的季广琛可能在伯仲间。不过当时地位相侔的这两个人,他们的家世背景与仕途出身却大相径庭。哥舒翰本就为世居安西的蕃部酋豪,只因三年前因父丧客居京师,为长安尉不礼,遂发愤折节,仗剑河西。季广琛则是在开元二十三年(735)"智谋将帅科"的制举中与张重光、崔圆一同及第的士人④,所以他被唐廷任命为河西方面的将领应该是制举及第后的事情。但不管怎样,哥舒翰与季广琛因开元天宝年间唐廷的汲于边事而最终去往西部建立功业的行为却是一样的。

在与季广琛同年及第的崔圆的传记中,有一条颇堪注意的记录,其曰:

---

① 《李太白全集》卷24,此诗又名《南奔书怀》。萧士赟云是伪作,此从王琦之说,当为太白之作。第1141、1144页。
② 《全唐文》卷352。季广琛,史文多作"李广琛",两者实为一人。
③ 《资治通鉴》卷215"天宝元年十二月"条。
④ 《唐会要》卷76《贡举中·制科举》。

　　　　开元中，（唐廷）诏搜访遗逸，圆以钤谋射策甲科，授执戟。自
　　　　负文艺，获武职，颇不得意。①

其实季广琛与崔圆的情况颇为相似。这种相似不是说广琛也因所得为武职而"颇不得意"（从其后的事迹看，季广琛是一位相当乐意，同时在武职位上有相当突出表现的将领），而是说，他与崔圆一样，也是一位以文艺"自负"的士人。在现今所存为数不多的季广琛资料，尤其是笔记小说的记载中，大都会对其极喜作诗的性格有浓墨重彩的描写。如唐人段成式在《酉阳杂俎》中就载有一则故事：

　　　　开元中，河西骑将宋青春骁果暴戾，为众所忌。及西戎岁犯边，
　　　　青春每阵常运剑大呼，执馘而旋，未尝中锋镝，西戎惮之，一军始赖
　　　　焉。后吐蕃大北，获生口数千。军帅令译问衣大虫皮者："尔何不能
　　　　害青春？"答曰："尝见龙突阵而来，兵刃所及，若叩铜铁，我为神助
　　　　将军也。"青春乃知剑之有灵。青春死后，剑为瓜州刺史李（季）广
　　　　琛所得，或风雨后，迸光出室，环烛方丈。哥舒镇西知之，求易以他
　　　　宝，广琛不与，因赠诗："刻舟寻化去，弹铗未酬恩。"②

唐人戴孚《广异记》中收录的一则故事更直接与季广琛相关：

　　　　河西有女郎神。季广琛少时，曾游河西，憩于旅舍。昼寝，梦见
　　　　云车，从者数十人，从空而下，称是女郎姊妹二人来诣。广琛初甚忻
　　　　悦，及觉开目，窃见仿佛犹在。琛疑是妖，于腰下取剑刃之，神乃骂
　　　　曰："久好相就，能忍恶心！"遂去。广琛说向主人，主人曰："此是
　　　　女郎神也。"琛乃自往，市酒脯作祭，将谢前日之过，神终不悦也。
　　　　于是琛乃题诗于其壁上，墨不成字。后夕，又梦女郎神来，尤怒曰：
　　　　"终身遣君不得封邑也。"③

---

① 《旧唐书》卷108《崔圆传》。
② （唐）段成式撰，方南生点校：《酉阳杂俎》卷6《器奇》，北京，中华书局，1981年，第62~63页。原文作"李广琛"，《太平广记》卷231《器玩三》"宋青春"条引此条改作"季广琛"，第1770页。
③ （唐）戴孚撰，方诗铭辑校：《广异记》，北京，中华书局，1992年，第62页。此条辑自《太平广记》卷303《神十三》"季广琛"条，第2402页。

总之，季广琛允文允武的性格及其与河西的密切关系看来是当时士人熟知的事情。而曾任瓜州刺史的季氏可以断然拒绝哥舒翰的索剑之求，可见其在河西军团中绝非泛泛之辈。

按常理而言，这位出身河西的重臣在安史之乱爆发后应当如许多西部集团的将领一样，投身到抵御东北叛军的大潮中，但季广琛却恰恰走了一条与他的西北同僚们截然不同的道路。这段正史没有任何交代的原委，终因一篇墓志的出现，让我们看到了其覆可发的契机。这篇墓志就是由王端为安史之乱爆发前一年去世的海内名士，也是王端本人的好友陆据所作的《大唐故尚书司勋员外郎河南陆府君（据）墓志铭并序》。① 墓志对陆据的任官经历有比较清楚的交代。这位于开元十五年（727）进士及第的官员，他的仕途发展主要在天宝时代，曾先后在河南采访使、后任范阳节度使的裴宽，河西陇右节度使王忠嗣，山南采访使薛江童，东畿采访使宋浑，剑南支度使季广琛，河东采访使韦陟手下担任判官等职。天宝十三载（754），陆据本已被范阳节度使安禄山奏充为节度判官，只是因疾未行，并于当年底去世。陆据先后入幕的这些节度、采访使几乎每位都是天宝时代的重要人物。从其任官履历来推测，陆据被时任剑南支度使的季广琛奏授为大理主簿、仍充判官使的时间应该在天宝中后期。

不过我们不要以为季广琛在其时出任剑南支度使就是唐廷重用他的表现。对一位在天宝初年已在河西军团取得相当地位的将领而言，在边境的大军团中谋得更高的职位才是天宝时代将领仕途发展的良径。实际上在"永王之乱"后肃宗给季广琛的敕书中就明确写道：

> 前蜀郡长史李广璨（季广琛），闲邪存诚，贞固干事，或因旁累，往从迁谪。②

所以说，以剑南支度使身份奏授陆据官职的季广琛，其实正是因贬谪之故才从河西辗转至剑南的。而从肃宗敕书中"蜀郡长史"的官衔我们可知，乱前因贬谪才至剑南的季广琛在安史之乱爆发后依旧在蜀中任职，玄宗并没有想到要重新调其出蜀参与平叛。直到半年后因潼关失守，玄宗出奔蜀

---

① 吴钢主编：《全唐文补遗》千唐志斋新藏专辑，西安，三秦出版社，2006年，第235～236页。

② 《全唐文》卷367贾至《授李广璨江南防御使制》。"李广璨"当为季广琛之误。

郡,季广琛才在蛰伏了几年之后,终于又重新回到了其熟悉的军事职务上。

玄宗于仓促间出逃长安,随行的军队只有龙武等少数禁军,马嵬驿之变后,又不得不分拨一部分禁军给太子,所以随玄宗入蜀,当然也包括由汉中随永王出镇的人马其实相当有限。因此我们可以想见,当玄宗到达蜀郡见到季广琛这位原河西军团的高级将领时,他会有怎样的反应。显然,季广琛正是其时出镇江陵的永王最需要的那类人才。所以我推测,玄宗很可能在到达蜀中后不久,就立刻派遣季广琛赶赴永王处。而深具军事才干和声望的季广琛也理所当然地成了此后永王军队的"主将"。

接下去我们要讨论的一个问题就是,季广琛为什么会在永王成功抵达丹阳,并已在江淮一带造成一定声势的情况下突然离他而去?《新唐书·永王璘传》的记载似乎显示,季广琛随永王"东巡"的意图本是"总江淮锐兵,长驱雍、洛",但在到达丹阳后他发觉永王此行的真正目的并非如此,于是这位久输疆场的将领决定离开前者。季广琛以永王"东巡"为收复河南并直捣长安的想法与我们之前提到的李白的心思很是吻合。换言之,这一记载也许同样可以证实我们上文的论述,即永王的"东巡"确实就是以收复河南为名义进行的。

但是,新传的这一叙述,或者说,我们对新传叙述的这一理解是不是有过于简单之嫌呢?因为《资治通鉴》关于季广琛离开永王的记载就与新传有所不同:

> 季广琛召诸将谓曰:"吾属从王至此,天命未集,人谋已隳,不如及兵锋未交,早图去就。不然,死于锋镝,永为逆臣矣。"诸将皆然之。于是广琛以麾下奔广陵,浑惟明奔江宁,冯季康奔白沙。璘忧惧,不知所出。①

其实与这里的"天命未集,人谋已隳"相似,新书《永王璘传》中本也有"广琛知事不集"一语。所以我的怀疑就是,季广琛也许并不像我们刚才说的,是一位实心肠到会全然以为永王"东巡"只是为了"总江淮锐兵,长驱雍、洛",而丝毫没有其他政治企图,或者说他果真就是一位没有意识到永王"东巡"会造成与肃宗间紧张矛盾的政治意识迟钝的将领。

---

① 《资治通鉴》卷219"至德二载二月"条。

这一问题并不容易回答，不过既然我们已经提到了季广琛与李白的心思可能相似，我们不妨先来看看李白的心理矛盾。在李白涉及永王"东巡"的诗歌中，"秉钺"是他经常提到的一个概念。《在水军宴赠幕府诸侍御》中李白说永王"东巡"是"英王受庙略，秉钺清南边"。《永王东巡歌》第一首中的"永王正月东出师，天子遥分龙虎旗"一句与其意相当。即使在永王败前的《自丹阳南奔道中作》中，李白依旧认为永王的行动是"天人秉旄钺，虎竹光藩翰"。"旄钺"在这些诗句中均指玄宗于《命三王制》中所授予永王的四道节度之衔。换言之，正如我们前文说的，也许对于李白而言，他很自然地认为只要有玄宗的这一授命，那么无论永王是出镇江陵还是移镇江宁都是合法的。

但是我们来看看玄宗本人是如何来解释"秉钺"的，在《降永王璘为庶人诰》中，玄宗说：

> 永王璘谓能堪事，令镇江陵，庶其克保维城，有裨王室。而乃弃分符之任，专用钺之威，擅越淮海，公行暴乱。违君父之命，既自贻殃；走蛮貊之邦，欲何逃罪？

显然，玄宗对"用钺"的解读与李白完全不同，对于此时的玄宗来说，"秉钺"只能是坐镇江陵而不能施用于"东巡"。那么，对玄宗授命权的这种误读，或者说因这种误读而导致李白没有太多在意可能由此导致的永王与肃宗间的矛盾，是不是就是李白自认为永王"东巡"之举合法，或者说我们说他缺乏政治洞察力的原因所在呢？

实际上，情况可能并没有我们想象的那么简单，在李白于"永王之乱"后不久为鄂州刺史韦良宰所作的德政碑中，李白为赞誉良宰在永王"东巡"时不为前者所诱的气节就写道：

> 曩者永王以天人授钺，东巡无名。利剑承喉以胁从，壮心坚守而不动。[1]

虽然这篇德政碑与玄宗的诰令一样，都是"永王起事"失败后的产物。但我仍旧好奇，此时明白知晓"秉钺"不等于可以"东巡"的李白，难道他在随永王"东巡"时就真的一点都没意识到：玄宗的"授钺"并不等于给

---

[1] 《李太白全集》卷29《天长节使鄂州刺史韦公德政碑并序》，第1360页。

了永王可由江陵"东巡"的通行证;"东巡"虽然在名义上打着收复河南的旗号,但实质上却是"无名"之举;以及"东巡"很可能加深肃宗与永王间本已存在的矛盾,甚至有导致帝国分裂的危险?换言之,李白果真如我们前文所说的那样,只是因为满怀着与叛军作战的一腔豪情和政治洞察力的缺乏就加入了永王的军队,他真的是全然的天真而没有一点私心吗?

我想,也许宋人蔡宽夫对李白加入永王集团心态的解释是较为中肯的,其曰:

> 然太白岂从人为乱者哉!盖其学本出纵横,以气侠自任,当中原扰攘时,欲借之以立奇功耳。故其《(东)巡歌》有"但用东山谢安石,为君谈笑静胡沙"之句,至其卒章乃云:"南风一扫胡尘静,西入长安到日边。"亦可见其志矣。大抵才高意广如孔北海之徒,固未必有成功。而知人料事,尤其所难。议者或责以璘之猖獗,而欲仰以立事,不能如孔巢父、萧颖士察于未萌,斯可矣。若其志,亦可哀已。①

对于一位曾经有过供奉翰林的美好往事,此后却因不为权幸所容而不得不暂隐江湖的志气宏放的士人来说,对建功立业的深切渴望以及希冀获得帝王的认可,压倒了李白其他的一些政治判断。他也许对永王"东巡"的合法性,及随永王"东巡"的危害有过一些察觉,但这些察觉也终究在一种"欲借之以立奇功"的心态下变得微不足道了,以至于他依然愿意抱着一丝侥幸的心理来参与永王的这次行动。

至于季广琛,虽然正史没有为我们留下他的传记,但从上述唐人的笔记中,我们或已察觉出他其实是一位与李白性格很相似的士人。而另一个与李白的相似之处则在于,曾经在战场上有过辉煌战绩的季广琛,此时也只是一名闲处蜀中的没落将领。所以我想,对于李白与季广琛而言,跟随永王出战叛军不仅是他们建功立业的一个契机,也是他们重获地位与尊严的一次机会。这就是为什么季广琛在决意离开永王时会向诸将说"如总江淮锐兵,长驱雍、洛"便是"大功可成"的原因所在。

总之,我并不认为李白和季广琛加入永王军队是全然被动的一种选

---

① (宋)阮阅:《诗话总龟》后集卷5《志气门》引蔡宽夫诗话云,文渊阁四库全书本。

择，我相信，这其中应该有一些他们个人的"私心"在作祟的。这种"私心"，我们或许可以把它们称为政治抱负。然而我们也知道，具有政治抱负的人不一定就是具有政治眼光的人。至于如果有人认为，季广琛在背弃永王后还要以一番"如总江淮锐兵，长驱雍、洛，大功可成"云云的言论为自己辩解是一种伪善的表现；而李白即便是在自丹阳南奔道中的仓促环境下创作的诗歌，最后还不忘强调"过江誓流水，志在清中原"① 是一种做作的举动的话，那在我看来，这只可能是对季广琛与李白这种只有私心而无野心，本质上还是颇为单纯的士人的一种误解。

在分析了季广琛加入与离开永王集团的可能心态后，我们现在要来谈谈究竟是什么诱因促使季广琛的心态发生了变化。我认为，最有可能的便是高适、韦陟这两位节度使在一方面试图游说淮西节度使来瑱率兵平定"永王之乱"的同时，另一方面还在积极寻求招谕永王将校的可能。例如《旧唐书·高适传》就言，高适曾作"《未过淮先与将校书》，使绝永王，各求自白"。所以高适、韦陟的书信也许就是促使广琛产生犹豫的根源，使他为了避免落到"名继叛逆，如后世何"的下场，决定即便永王此时形势尚可也必将离他而去。

在季广琛离开永王后不久，永王的起事果然就失败了。史书对于季广琛随后的命运这样记载，江东节度使韦陟"以季广琛从永王下江，非其本意，惧罪出奔，未有所适，乃有表请拜广琛为丹阳太守、兼御史中丞、缘江防御使，以安反侧"②。如果身为蜀郡长史的季广琛曾是由于玄宗的任命才随永王下江的，那么韦陟当然可以以"非其本意"的理由来向肃宗建言尽快诏谕这位永王主将。肃宗听从了韦陟的这一建议，并很快授予季广琛江南防御使一职。这篇任命季广琛的敕文现在保存了下来，它的起草者同样是贾至：

> 敕：前蜀郡长史李广璨（季广琛），闲邪存诚，贞固干事，或因旁累，往从迁谪。凶逆未翦，江介多虞，式遏寇戎，是仗才杰。建康巨镇，长洲右苑，使臣之选，咸曰其难。勖乃谋猷，佐斯旄钺。可守

---

① 《李太白全集》卷24《南奔书怀》，第1141页。
② 《旧唐书》卷92《韦安石附韦陟传》。《新唐书》卷122《韦安石附韦陟传》作："陟表广琛为历阳太守。"历阳当为"丹阳"之误。

(丹)阳太守。①

此后的情况可能略有变化,在韦陟成功平定"永王之乱"后,肃宗征召其返回行在。史称:

> 陟以广琛虽承恩命,犹且迟回,恐后变生,祸贻于陟,欲往招慰,然后赴征,乃发使上表,恳言其急。陟驰至历阳,见广琛,且宣恩旨,劳徕行赏,陟自以私马数匹赐之,安其疑惧。②

季广琛在被肃宗任命为丹阳太守后也许并未赴任,而是仍旧游移在与丹阳毗邻的历阳(和州)一带。③ 不过我们知道,在乾元元年(758)五月前,季广琛已调任荆州长史,并于其时被招往河南行营会计讨伐安庆绪事,后得列为九节度之一的郑蔡(豫)节度使。次年(759)唐军相州之役失败,季广琛被贬为宣州刺史,其后又调往温州。④ 我在第一章中曾说过,季广琛是在相州兵溃的九节度中唯一一位真正受到贬惩的节度使。据说他遭贬的直接原因是在九节度谋议不同的相州之役中,唐军最后采纳的是他与郭子仪提出的引安阳河水浸城的方案,但该方案没有给唐军带来胜利,所以季广琛也就成了唐军失利的主要责任人。不过既然其提议能被采纳,或许也可说明广琛在其时的九节度中还是颇有发言权的。因此广琛所率领的军

---

① 《全唐文》卷367贾至《授李广璨(季广琛)江南防御使制》。制文中的"建康"就是指永王此次移镇的"江宁"或通指江宁所在的丹阳郡,而"长洲"则是指代其时的江东采访使治所吴郡。据《新唐书》卷149《刘晏传》载,避地襄阳的刘晏在拒绝永王的辟属后,被肃宗"诏拜(为)度支郎中,兼侍御史,领江淮租庸事。晏至吴郡而璘反,乃与采访使李希言谋拒之。希言假晏守余杭(杭州),会战不利,走依晏。晏为陈可守计,因发义兵坚壁。会王败,欲转略州县,闻晏有备,遂自晋陵西走。终不言功"。由于永王在江东起事之初就斩杀了丹阳太守阎敬之,而吴郡太守、江东采访使李希言此时也因"战不利"走依余杭的刘晏,所以这篇制文就是希望季广琛能起到暂时安抚其时正无太守处置的丹阳、吴郡两郡事宜的作用。

② 《旧唐书》卷92《韦安石附韦陟传》。

③ 此处之"历阳"恐怕并非"丹阳"之误,因为一则,除《旧唐书·韦陟传》外,《旧唐书·高适传》也有高适招季广琛于历阳之语。二则,按其时许登所作《润州上元县福兴寺碑》称"肃宗皇帝龙飞朔方,大赦天下,改元为至德,每寺度人,以蕃王室。时润州刺史(丹阳太守)兼御史大夫江南东道节度处置使京兆韦公陟,俾属城大德,咸举所知"(《全唐文》卷441)云云,当时担任丹阳太守的应为韦陟。

④ 《旧唐书》卷10《肃宗纪》。

队未必是九节度中实力最强的,甚至可能是最弱的,但其资望在当时的九位节度中却可能数一数二。

不过无论如何,对于一位在相州之役中还曾担任节度使的高级将领来说,在唐军与叛军对峙正处于胶着的时刻,却被贬谪到濒海的温州任职,这几乎宣告了他在军界的生涯不会再有太好的发展前途了。但季广琛实在是一位比较幸运的将领,因为不久后的江淮动乱又为这位将领的再度被起用提供了意想不到的契机。上元二年(761)正月,因"刘展之乱"爆发,肃宗以"温州刺史季广琛为宣州刺史,充浙江西道节度使"①。季广琛在此职上的任期大约持续到代宗永泰元年(765)。② 只是关于这四五年间的经历,正史的记载几乎为零。我们唯能从一些地志中考证出季广琛其时的活动。《舆地纪胜》卷19《江南东路·宁国府》"碑记"条载:

> 东峰亭记序。在泾县(宣州属县)西二里。唐永泰中,季广琛将兵讨石埭(宣州属县)寇,告捷赋诗,刘太真为之序,今刻石存焉。③

这是永泰年间,季广琛与河南副元帅行军司马袁傪及其判官陆渭等人,因征讨当地方清起义获得成功,遂于东峰亭游宴赋诗时的情形。④ 从地志的叙述来看,季广琛喜作诗歌的性格倒一点没因其经历的波折而有所改变。大历九年(774)十月,代宗"以前宣州刺史季广琛为右散骑常侍"⑤。这是我们现在所能看到的有关季广琛生平的最后一条史料,因此他可能就是于大历末年去世的,而浙西节度使也可能正是广琛担任的最后一个地方要职。

在戴孚《广异记》的那则颇带预言意味的志怪故事中,河西女郎神曾对季广琛下过"终身遭君不得封邑"的诅咒。从广琛此后的经历来看,这一诅咒最后确是应验了。我们看到,与广琛同列为九节度的其他一些西北

---

① 《旧唐书》卷10《肃宗纪》。
② 参见《唐刺史考全编》卷156《江南西道·宣州》,第2223页。
③ (宋)王象之著,李勇先校点:《舆地纪胜校点》,成都,四川大学出版社,2005年,第939页。
④ 袁傪以判官陆渭将前军西讨方清等义军事,可参见宁可:《唐代宗初年的江南农民起义》,《历史研究》,1961年第3期,第54页。而《全唐诗》卷252亦存有王纬等人所作四首《喜陆侍御破石埭草寇东峰亭赋诗》。所以季广琛应该是会陆渭于石埭同破方清军队,并于成功后宴赏于泾县东峰亭,作诗刻石以纪其功。
⑤ 《旧唐书》卷11《代宗纪》。

集团将领，如郭子仪、李光弼、王思礼、鲁炅，甚至不在九节度之列的来瑱，以及当时还未完全崭露头角的李抱玉和辛云京，他们经由安史之乱，几乎都成为新兴的地方雄藩的初代统帅，正是这批人在安史乱后与来自河北的叛军旧将共同分享着帝国北部的统治权，并在获得封爵与食邑的同时，成为名副其实的唐廷"勋臣"。而上述诸人，也无一例外都在两唐书中留有传记，然而季广琛却一点都没有。对于一位出身边境大军团且经历过安史之乱的高级将领来说，最后只落到在江淮一带担任节帅，实在算不上什么好的归宿。

《广异记》的撰述者戴孚是与季广琛同时代的晚辈，巧合的是，他于大历时期也正在江淮一带。实际上，《广异记》中收录的故事，大多数就是戴孚在这一时期的南方听说的，而是书编撰的时间也不会晚于贞元。①这样看来，女郎神的故事无疑就出于与季广琛同时代的士人之口。这些士人借女郎神的预言，委婉地表达了对季广琛没能取得像上述诸位西部将领那样地位的一种惋惜。因为在他们看来，以季氏的资望，他原本应该是享有这种荣誉的。至于导致这一结局的原因，那当然不可能是因为广琛对神灵的冒犯，也许卷入"永王之乱"的这段经历，或多或少地影响了季广琛未来的仕途吧。

十、睢阳：谢幕之地

至德二载二月，欲南奔岭外的永王璘被江西采访使皇甫侁执杀，"永王之乱"结束。考虑到永王败时，正值朝叛双方争夺长安最为激烈的时候，所以肃宗暂时只能对南方采取一些临时性的安抚措施。这其中除了最重要的即稳定江东季氏的这支军事力量外，肃宗还对江西、江陵、襄阳这几个长江中下游的重要地区有过一些安排，这些安排很可能是与对季广琛的任命同时，或者稍后一些进行的。在现今所存系于贾至名下的文章中，有一组关于"防御使"的制文，其中除了我们上文说的《授季广琛江南防御使制》外，还有《授韩洪山南东道防御使等制》《授窦绍山南东道防御使等制》《授鲁炅襄阳郡防御使制》《授元载豫章防御使制》。② 推测这些制文的写作时间应该都在至德二载十月前。它们所反映的正是肃宗在因凭借

---

① 参见方诗铭：《广异记》辑校说明，第1、7~8页。
② 《全唐文》卷367。

收复两京的功业而彻底压倒玄宗势力之前，为在"永王之乱"后暂时稳定南方情势所采取的一些措施。①

这里我们比较关心的是山南东道的几位防御使，因为和江西不同，山南东道本是永王控制的范围。三篇制文中《授窦绍山南东道防御使等制》一文的时间可能最早，制文任命永王傅窦绍为江陵防御使，侍御史崔伯阳为襄阳防御使。此制可能暗示了在永王"东巡"时，窦绍并未随其南下，而是被委任继续坐镇江陵。至于肃宗在永王败后仍旧以窦绍出任江陵防御使的目的，主要应该是出于稳定江陵局势的考虑。《授韩洪山南东道防御使等制》可能是第二篇制文，在这篇制文中，肃宗任命襄阳太守韩洪为山南东道防御使。我们尚不知道此处的韩洪与之前提到的襄阳防御使崔伯阳在职务更替上有无关联。但从这篇敕书中已出现不同于上一篇制文的"今寇虐未清，邦家多事。用武之地，宜征奇杰"等语来看，委任韩洪的目的应该直接与叛军对江汉的进攻有关。也正因为如此，此时的山南东道防御使已经不再由位于江陵的官员，而是由更靠近前线的襄阳太守担任。但不管如何，在这两篇制文中，我们已经看不到曾经被玄宗任命为襄阳太守、山南道节度使的魏仲犀的身影了。《授鲁炅襄阳郡防御使制》无疑是三篇制文中的最后一篇。至德二载五月，一直在南阳抗贼的鲁炅因力竭不支，不得不放弃南阳，这篇制文就是鲁炅南奔襄阳后的创作。不过从制文中"房不得进，江汉赖宁"等语来看，制文写作的时候叛军对江汉的威胁已经基本解除了，所以其具体的写作时间应该就在两京收复前后，而襄阳方面的负责人也至此正式变为鲁炅。

上述这些具有临时性的"防御使"任命实施的时间很短。到乾元元年玄、肃二帝回宫，肃宗正式授册即位后，南方的人事安排和政治格局也开始发生一些实质性的变化。乾元年间（758—759），除了襄阳方面的负责人为因作战有功继续留任的鲁炅外，长江上中游几个重镇的统帅全部改换了新人。汉中方面，乾元元年新任的山南西道防御观察使为李栖筠。② 次

---

① 其实从丹阳、江陵、襄阳、豫章这些郡名上也可知这些制书作于至德二载年底前，因为《唐会要》卷68《刺史上》载："至德元（二）载十二月十五日，又改郡为州，太守为刺史。"《唐刺史考全编》卷189《山南东道·襄州》将其中牵涉窦绍、韩洪的两篇制文系于至德元载（第2582页），似提早了一年。

② 参见《唐方镇年表》卷4《山南西道》，第650页。

年六月，裴冕被任命为成都尹、剑南节度副大使、本道观察使。① 估计在同时，杜鸿渐被任命为荆州大都督府长史、荆南节度使。② 虽然这几位的任期都不长，但他们的出镇都具有转向标的意义，因为原为安西节度使行军司马的李栖筠、河西节度使行军司马的裴冕、朔方留后的杜鸿渐，这三位正是曾在灵武拥戴并促成肃宗即位的关键人物。所以由他们出镇上述几个大镇，正式宣告了玄宗势力在这些地区被彻底清除，取而代之的则是肃宗对长江上中游的控制。至于长江下游的情况，则将是我们下一节所要讨论的话题。

最后我们要来总结一下那些卷入"永王之乱"中的人物的命运了。作为永王军队的主将，季广琛是促成永王失败的关键人物，不过他并没有因此获得留名青史的机会，好在他最后还是有幸得到了浙西节度使的职务。看来"秉钺"没有给永王带来成功，却还是给季广琛的人生带来了稍许的宽慰。③ 比起季广琛，身为永王幕僚的李白的时运就没有这么好了。入幕璘府的这段经历不但令这位天才诗人的声誉不断遭到后世的非议④，也让他在当时彻底丧失了梦寐以求的政治前途。皇甫侁在"永王之乱"中的选择与李白截然不同，但他同样没有逃脱政治前途丧失的命运。史称皇甫侁因"擅杀"⑤李璘而被肃宗弃用。⑥ 而在向来以严谨著称的《资治通鉴》中，对这一事件的叙述更被颇有深意地描述为："（璘）欲南奔岭表，江西

---

① 参见《唐方镇年表》卷6《剑南西川》，第964页。
② 参见《唐方镇年表》卷5《荆南》，第680页。
③ 有趣的是，李白生前创作的最后一首诗歌，就写于当时担任宣州刺史、浙西节度使的季广琛府中（《李太白全集》卷35《李太白年谱》，第1612页）。一改之前在《自丹阳南奔道中作》中的"主将动谗疑"，在《宣城送刘副使入秦》中，李白用"秉钺有季公，凛然负英姿"来形容季广琛（《李太白全集》卷18，第862页）。在这里，李白依旧使用了他习惯使用的"秉钺"二字。
④ 相关史料颇多，这里暂举一例，洪迈《容斋五笔》卷3《萧颖士风节》中曾对比李白与萧颖士在永王事件中的表现："李太白，天下士也，特以堕永王乱中，为终身累。颖士，永王召而不见，则过之焉。"（孔凡礼点校：《容斋随笔》，北京，中华书局，2005年，第857页）
⑤ 《新唐书》卷82《十一宗诸子·永王璘传》。
⑥ 这就是肃宗随后以原江东采访使李希言的副手元载取代皇甫侁暂时出任豫章太守的外在原因。（有关元载事，参见《旧唐书》卷118《元载传》）不过肃宗弃用皇甫侁也不完全是皇甫侁擅杀其爱弟的原因，更可能地则是要对玄宗有个交代。

采访使皇甫侁遣兵追讨，擒之，潜杀之于传舍。"① 如果永王璘曾以皇甫侁之子为人质迫使前者就范，而在此举不成后又诛杀了侁之子的话，那么皇甫侁此举也许就变得可以理解了。② 这样说来，卷入永王事件的皇甫侁不仅丧失了他的政治前途，甚至可能一并丧失了爱子的性命。当然，我们对皇甫侁丧失爱子的结局仅仅是一种推测，但毫无疑问，对于玄宗来说，他却是真的丧失了一位爱子的性命。史称："璘未败时，上皇下诰：'降为庶人，徙置房陵。'及死，侁送妻子至蜀，上皇伤悼久之。"③ 而更重要的是，经由永王一事，玄宗也彻底丧失了另一位儿子对他的信任。回到长安后的玄宗在经历被肃宗夺权、软禁、撤除亲信的种种对待后，最终于元年（762）建巳月与肃宗先后晏驾。一个月后，新即位的代宗发布昭雪永王的赦文④，算是为这场帝室内部的悲剧画上了一个勉勉强强的句号。

但是，对于那位曾对永王东行报以期许，哪怕只是些许希望的河南抗贼将领张巡来说，"永王之乱"对于他和他的军队又将意味着什么呢？事实上在"永王之乱"结束后，已退至睢阳的张巡仍旧在那里与叛军对抗了大半年。不过在这半年多的时间里，肃宗几乎没有为张巡送去任何来自南方的支援。这并非南方没有可以支援的军队，至少季广琛的军队就是极重要的一支，但我们看到，肃宗没有这样做，他更愿意将季广琛的军队留在南方。此外，其时御史中丞宋若思似乎也曾受命欲率吴兵三千救援河南。⑤

---

① 《资治通鉴》卷219"至德二载二月"条。《旧唐书·永王璘传》和《新唐书·永王璘传》对这一事件的叙述与《资治通鉴》有所不同。《旧唐书》卷107《玄宗诸子·永王璘传》的记载最为简略，只曰："（璘）将南投岭外，为江西采访使皇甫侁下防御兵所擒，因中矢而薨。"《新唐书》卷82《十一宗诸子·永王璘传》的记述就已有所不同了，但还是和《资治通鉴》略有区别："皇甫侁兵追及之，战大庾岭，璘中矢被执，侁杀之。"

② 不过也有学者怀疑皇甫侁的"擅杀"永王璘与被弃用一事，均与肃宗的操作有关，矛头则是针对玄宗的。（参见任士英：《唐代玄宗肃宗之际的中枢政局》，第279页）

③ 《新唐书》卷82《十一宗诸子·永王璘传》。《新唐书》卷5《玄宗纪》称："（至德元载）十二月甲辰，永王璘反，废为庶人。"时间有误，当是事后史料被篡改所致。

④ 《全唐文》卷49代宗《即位赦文》。

⑤ 关于此事，永王败后被关押在浔阳（江州）狱中的李白曾作《中丞宋公以吴兵三千赴河南，军次寻（浔）阳，脱余之囚，参谋幕府，因赠之》诗。（《李太白全集》卷11，第561~563页）

但这位帮助李白脱离牢狱之灾的官员在随后看来也没有立即赶赴河南①，反倒是借李白之手向肃宗上达了欲都金陵的表章。② 直到至德元载八月，肃宗才正式任命宰相张镐都统江淮诸军北上救援重围中的睢阳。但我们知道，当张镐一行到达睢阳时，睢阳城已陷三日矣。

乾元元年五月，高适这位几乎全程经历"永王之乱"，也几乎全程见证睢阳之役的著名诗人③，终于在成功履行了肃宗对他的任命后被召回长安。在其途径睢阳城的时候，他特意写下了一篇《祭张巡许远文》。我想，无论对于高适还是其他很多士人来说，"东巡"的记忆不会只蜕化为一段无足轻重的哀思，但它也许永远不会像人们纪念睢阳一样，令人心生下述这番壮士扼腕的感叹：

> 寂寂梁苑，悠悠睢水，黄蒿连接，白骨填委。思壮志于冥寞，问遗形于荆杞（杞）。列祭空城，一悲永矣！④

只是讽刺的是，就在高适写下祭文的半年前，长安城内却还在为张、许的是非功过争论不休。这种吊诡的气氛也许注定了，尽管"永王之乱"已经平息，但更大的悲剧却还将在肃宗朝继续上演。

第二节　刘展之乱的真相

结束了玄、肃之争的乾元元年，肃宗李亨开始对全国的军政格局进行调整，其中最重要的就是着手规划即将开始的与安庆绪的相州之役。至此，朝叛较量再次成为帝国的主要矛盾，而帝国的军政焦点也再次汇聚于河南。次年春天，唐军相州之役失败，取代安庆绪的史思明重新控制了河北，并且一度军逼东京。此后，史思明返回幽州巩固根本，直到九月再次

---

① 因为李白此后又有《陪宋中丞武昌夜饮怀古》诗、《为宋中丞祭九江文》（《李太白全集》卷22，第1043页；卷29，第1393～1394页），看来宋若思此后依然在南方一带活动。

② 《李太白全集》卷26《为宋中丞请都金陵表》，第1208～1217页。

③ 其实高适在淮南节度使任上还曾写过"《与贺兰进明书》，令疾救梁、宋，以亲诸军；《与许叔冀书》，（令）绸缪继好，使释他憾，同援梁、宋"（《旧唐书》卷111《高适传》）。所以他是见证过河南诸侯不救援睢阳的种种事迹的。

④ 《高适集校注》，第331页。

南下。而唐军方面也于两个月前重新更换了军事负责人,李光弼取代郭子仪出镇东京,随其一起任命的还有郑陈颍亳节度使李抱玉与淮西节度使王仲昇。南下后的史思明依循当年安禄山的路径,以西进长安为行军目的,并在南下伊始就占据了洛阳。不过也就在洛阳一带,史思明遭遇了来自李光弼、李抱玉的强烈反击,双方在这里对峙了一年多的时间。然而也正因为朝叛双方的主力此时一直在东京附近,所以自乾元二年九月到上元二年二月(759—761)这段时间里,王仲昇统领的淮西以及洛阳以东的河南中东部地区都没有受到叛军太大的冲击。① 直到上元二年二月李光弼被迫出兵邙山,唐军败绩,情势才发生改变。我们本节所要讨论的"刘展之乱",正是发生在上元元年十一月至二年正月(760—761),也就是邙山之役前的一起江淮动乱。

虽然从表面上看,"刘展之乱"与此前的"永王之乱"性质截然不同(尽管它们在江淮持续的时间都不长),但其实在导致原因及发展轨迹上却也遵循着某种相似的政治逻辑。然而与已吸引了不少学者关注的"永王之乱"不同,学界对"刘展之乱"的研究则几乎还是空白。而事实上,"刘展之乱"对江淮的影响又要远甚于前者。这样一来,我们现在对刘展事件的讨论就显得必要而有意义了。至于为什么要在讨论江淮的"刘展之乱"前先对河南的情形有所交代,看完下文的论述,我们将会知道答案。

一、刘展其人及"江淮都统"的设立

有关刘展事迹,除了其"叛乱"的情况外,史料留下的资料很少。关于他乱前的仕宦经历,据刘展本人言:

> 展自陈留参军,数年至(宋州)刺史,可谓暴贵矣。②

推测刘展应该是在安史之乱中崭露头角的一名河南地方将领。他最早以陈留参军的身份参与勤王,后因作战有功,在乾元二年五月前,已任至试汝州刺史。乾元二年夏秋之际,正值唐廷遭遇相州之役失败,重新规划河南

---

① 据《资治通鉴》卷221载,到上元元年十一月的时候:"史思明遣其将田承嗣将兵五千徇淮西,王同芝将兵三千徇陈,许敬江将二千人徇兖郓,薛鄂将五千人徇曹州。"不过李光弼已在此时收复了河南西部的重镇怀州,所以尽管叛军出击的范围有所扩大,但对河南整体战局的影响并不大。

② 《资治通鉴》卷221"上元元年十一月"条。

方面军事部署的时期,据《资治通鉴》载:

> (五月)壬午,(唐廷)以滑、濮节度使许叔冀为汴州刺史,充滑、汴等七州节度使;以试汝州刺史刘展为滑州刺史,充副使。①

许叔冀统辖的滑、汴一带是唐廷防范乘相州之役胜利而即将南下的史思明部众的前沿阵地,而濒临黄河的滑州又是这前沿中的桥头堡。因此作为滑州刺史的刘展其时还兼领"副使"之职,可见其地位并不低。不过刘展很快就被调往稍南的另一重镇宋州,因此我们在九月史思明南下的战事中并未看到刘展。

刘展的仕宦经历在安史之乱时期的河南颇具代表性。由于在叛乱爆发初期,唐朝在河南地区的两支主要军事力量——河南节度使张介然统辖的陈留唐军以及封常清招募的镇守东京的军队就都已经迅速瓦解,所以其时与叛军对抗的河南军队几乎都是河南当地的州县军队或义军。而率领这些军队的人物也基本上都是河南的地方将领,比如许叔冀、尚衡。其实我们熟知的抗贼名将张巡、许远也是如此,只不过后者在相州之役前就已经殉国了。而前几位河南将领则在乱中壮大了自己的实力,并成为唐廷此后在河南与叛军对抗的主要力量。刘展的情况实际上也是如此。

关于"刘展之乱",史料称,其时身为宋州刺史的刘展"握兵河南、有异志"②,似乎刘展早有反意。但据对此事论述最详的《资治通鉴》记载,上元元年,时为宋州刺史的刘展与曾破永王璘军的李铣同为淮西节度副使,"铣贪暴不法,展刚强自用,故为其上者多恶之"③。节度使王仲昇先奏铣罪而诛之,又使监军使邢延恩入奏肃宗,请除刘展。之后肃宗听信邢延恩的建议,因刘展方握强兵,乃计除展江淮都统,代原都统李峘,拟俟其释兵赴镇,中道执之,密敕李峘及淮南节度使邓景山图之。

刘展与李铣都是曾于肃宗而言颇有功绩的将领,并早在淮西节度使王仲昇任使前就在河南一带领兵作战。不过也可能正是因为这个原因,导致他们为人处事颇有刚愎自用的特点,并与其时的上级王仲昇关系不佳。但是他们是否因此而心怀反状,倒是未必见得的。史称当邢延恩以肃宗制书

---

① 《资治通鉴》卷221"乾元二年五月"条。
② 《旧唐书》卷112《李峘传》。
③ 《资治通鉴》卷221"上元元年十一月"条。

授刘展时,刘展对此也颇有疑虑,其曾曰:

> "展自陈留参军,数年至刺史,可谓暴贵矣。江、淮租赋所出,今之重任,展无勋劳,又非亲贤,一旦恩命宠擢如此,得非有谗人间之乎?"因泣下。①

直至邢延恩驰之扬州,解原都统李峘之印节授展,刘展才上表谢恩,并悉举宋州兵七千趣扬州赴任。可见刘展本人对无功而突授江淮都统一事也深感疑惧,唯恐是中央的政治骗局,故也执意要以印节为据,方敢起身赴任。而当刘展此后率军来到淮南时,也曾使人问于陈兵以待的淮南节度使邓景山:"吾奉诏书赴镇,此何兵也?"② 因此所谓刘展心怀异志,看来是史家为回护肃宗等人而对刘展的诬枉。

刘展此时被授予的"江淮都统"是一个新鲜职务。该职始置于乾元元年,这年十二月,肃宗以户部尚书李峘"都统淮南、江东、江西节度、宣慰、观察、处置等使"③,驻扬州。同样在当月,史又称,置浙江西道节度使,领苏、润等十州,置浙江东道节度使,领越、睦等八州。④ 这样看来,统辖与监督这些新近调整过的江淮诸节镇就应该是江淮都统的职责所在。"江淮都统"一职属于肃宗的独创⑤,不仅肃宗之前无此职务,在肃宗之后的百多年里,江淮地区也只设有管辖各自辖区的节度使或观察使。

按重新规划江淮诸节镇及设置江淮都统的乾元元年十二月正是唐军与

---

① 《资治通鉴》卷221"上元元年十一月"条。
② 《资治通鉴》卷221"上元元年十一月"条。
③ 《唐会要》卷78《诸使中·都统》、《旧唐书·李峘传》、《新唐书·李峘传》及《新唐书》卷6《肃宗纪》记载略同。而《旧唐书》卷10《肃宗纪》则称乾元元年十二月"以户部尚书李峘充淮南、浙西观察使、处置节度使"。二年正月则又称"以御史中丞崔寓都统浙江、淮南节度处置使"。《资治通鉴》卷220"乾元元年十二月"条载:"以户部尚书李峘为之(指浙东节度使),兼淮南节度使。"均有讹误。
④ 《旧唐书》卷10《肃宗纪》、《资治通鉴》卷220"乾元元年十二月"条、《新唐书》卷68《方镇表五·江东》《浙东》所载略有不同或错漏,现参校录之。不过据《新唐书》卷192《忠义中·张巡传》"肃宗诏中书侍郎张镐代进明节度河南,率浙东李希言、浙西司空袭礼、淮南高适、青州邓景山四节度掎角救睢阳"及《资治通鉴》卷220"至德二载十月"条"张镐闻睢阳围急,倍道亟进,檄浙东、浙西、淮南、北海诸节度及谯郡太守闾丘晓,使共救之",两浙节度使也可能在至德二载就已设置了。
⑤ 《唐会要》卷78《诸使中·都统》:"都统之号始于此。"

安庆绪在相州激战的时候。我们并不清楚肃宗此时对江淮地区进行军政设置调整的明确用意，比如它是否为了呼应北方的九节度围攻相州战役等。不过有两点是很清楚的，首先，肃宗现在开始重视并系统规划所谓"兵食所资，独江南两道耳"①的江淮军事布防了。其次，为了加强中央对江淮地区的控制，肃宗在江淮各节度之上又加置了江淮都统这层统治。或以为，江淮都统设置的目的即便不是为在军事或经济上支援北方，至少监督与防范在江淮地区再次出现永王式人物或"永王之乱"这样的变故，也必然是其的一项重要任务，尤其是当时朝廷大军正在北方与叛军鏖战之时。因为当年"永王之乱"发生时，北方的朝叛战争也正进行得如火如荼。

江淮都统既然负有替中央监督与控制江淮诸镇的使命，那么担任此职的人物则必然不一般。史载当时担任此职的是户部尚书李峘。有关李峘的事迹，《旧唐书》本传称：

> （天宝）十四载，入计京师。属禄山之乱，玄宗幸蜀，峘奔赴行在，除武部侍郎，兼御史大夫。俄拜蜀郡太守、剑南节度采访使。上皇在成都，健儿郭千仞夜谋乱，上皇御玄英楼招谕，不从，峘与六军兵马使陈玄礼等平之，以功加金紫光禄大夫。时（峘弟）岘为凤翔太守，匡翊肃宗，兄弟俱效勋力。从上皇还京，为户部尚书，岘为御史大夫，兼京兆尹，封梁国公。兄弟同制封公。

李峘是唐宗室，也是玄宗的护驾功臣，安史之乱中曾担任玄宗行在蜀郡的太守。不过李峘的另一个身份也很值得注意，他就是曾被玄宗任命辅佐永王璘，后来由永王处奔赴肃宗行在的前江陵长史李岘之兄。效节肃宗的李岘后来成为匡翊肃宗的凤翔太守。凤翔在肃宗由灵武回驾长安的途中一度是行在之地，而且紧邻京畿，因此不是肃宗亲信者是不会被授予凤翔太守一职的。在长安收复、玄肃二帝双双还京后，李氏兄弟也因为战乱初期效力二帝的特殊功绩，"同时为御史大夫，俱判台事，又合制封公"②。乾元元年十二月，李峘被肃宗任命为首任江淮都统。而次年三月，已为京兆尹的李岘又被肃宗升任为宰相。《资治通鉴》又称："上于岘恩意尤厚，岘亦

---

① 《全唐文》卷323萧颖士《与崔中书圆书》。
② 《新唐书》卷131《宗室宰相·李岘传》。

以经济为己任,军国大事多独决于岘。"① 于是李氏兄弟一在外镇,一在朝廷,成为还京后的肃宗极为重用和信任的人物。

回到李峘与刘展的关系上来。从上文的分析来看,挑起刘展一事的似乎是淮西节度使王仲昇,但处理这一事件的却是江淮都统李峘。考虑到刘展手握强兵,而王仲昇其时的主要职责则是防备史思明,所以如果唐廷要求王仲昇来惩治刘展的话,很可能引起一些不必要的麻烦。同时,在当时的河淮与江淮地区,除了王仲昇外,只有李峘是唐廷的亲信力量,其余如在河南东部的田神功、尚衡诸人,不是投降唐廷的河北军人,就是河南当地的义军首领,肃宗显然不能依靠他们来收拾刘展。这样看来,将惩灭刘展的重任寄予李峘身上就是很容易理解的事了。

二、颜真卿的出镇与"刘展之乱"

上元元年十一月,刘展奉旨率兵南下,李峘与邓景山则发兵拒之,两者的军事冲突就此爆发。不过很快,江淮军队就发现他们根本不是"素有威名,御军严整"②的刘展的对手。在一个月的时间里,刘展不仅攻克了淮南的治所扬州,派兵横扫了淮南境内的濠、楚、舒、和、滁、庐诸州,迫使邓景山与邢延恩逃往更西的寿州,而且成功打破了李峘与浙西节度使侯令仪设置在长江南岸的防线,在歼灭李峘部众的同时,也顺利拿下了浙西的军政中心润州和昇州。到十二月的时候,连浙西的上游门户宣州都落入了刘展之手。李峘一行,连同宣歙节度使郑炅之等都只能再次逃往更南的洪州。

当时曾有士人把唐军在江淮地区一溃千里的惨败归结为李峘对颜真卿的弃用。据说唐廷本在乾元二年六月,任命此前在河北地区领导义军与叛军对抗的著名人物颜真卿为浙西节度使。据殷亮《颜鲁公行状》的记载:

> (乾元)二年六月,拜(饶州刺史颜真卿为)昇州刺史,充浙江西道节度使兼宋亳都防御使。刘展反状已露,公虑其侵轶江南,乃选将训卒,缉器械为水陆战备。都统使李峘以公为太早计,因密奏之。肃宗诏追,未至京,拜刑部侍郎。及刘展举兵渡淮,峘败绩奔江西,

---

① 《资治通鉴》卷221"乾元二年三月"条。
② 《资治通鉴》卷221"上元元年十一月"条。

淮南遂陷于展。议者皆多公而怨峘焉。①

我们知道，刘展引兵南下乃是上元元年十一月之事，而颜真卿担任浙西节度事在乾元二年六月至上元元年正月这半年。行状的撰文当然有褒颜贬刘的意味，但上述史料却也隐约透露出这样一个信息，即肃宗可能在乾元二年就有除掉刘展的计划。

现在的问题是，颜真卿本人知不知道肃宗的这一计划，或者更彻底地说，肃宗对颜氏的这一委任是否就是直接针对刘展的。行状中的"宋亳都防御使"是一个值得注意的使职，因为从地缘上讲，浙西节度使是不可能兼领位于河南的宋亳都防御使的，所以兼领这一职务的用意只有一个，就是针对其时的"宋州刺史"刘展。

事实上，殷亮在这里所记录的颜真卿职务并不准确，颜氏在当时并没有、实际上也不可能兼领"宋亳都防御使"。在令狐峘所撰的《光禄大夫太子太师上柱国鲁郡开国公颜真卿墓志铭》中就只云"浙西节度使"②。更重要的是，在颜氏本人于接受浙西节度使任命时所作的谢表中也只称"以臣为昇州刺史充浙西节度使兼江宁军使"③，并未提到"宋亳都防御使"一职。

不过殷亮如此记述颜真卿的职务也并非全无根据的创作，揣度行状与墓志的语义，似乎颜真卿本人知道刘展"将反"的事实，也知道肃宗与李峘针对刘展的计划。在颜真卿受命之初所作的《谢浙西节度使表》中，他也提到：

> 臣以今日发赴本道，取都统节度观察使李峘处分讫，即赴昇州，即当缮修甲兵，抚循将士，观察要害，以备不虞。假陛下英武之威，遵陛下平明之理，一心戮力，上答天慈。④

以浙西所处的地理位置而言，这里的"缮修甲兵，抚循将士，观察要害，以备不虞"恐怕不是为了唐廷即将开始的与史思明的战斗所做的准备。况

---

① 《全唐文》卷514殷亮《颜鲁公行状》。
② 《全唐文》卷394。
③ 《全唐文》卷336《谢浙西节度使表》。江宁军为时驻浙西治所昇州的军队，昇州即"永王之乱"时所设的江宁郡。
④ 《全唐文》卷336。

且如果颜真卿此后的"饬偏师,利五刃,水陆战备,以时增修"① 是为了应对叛军南下的威胁,那么都统使李峘恐怕不会认为颜氏此举"为太早计"②,有"过防骇众"③ 之嫌,并且密奏肃宗,将其调离浙西,而以杭州刺史侯令仪为昇州刺史,代替其充任浙江西道节度兼江宁军使。④ 当然,谢表所言也可能只是一种套话。不过我更倾向于这样一种认识,即正像某些学者所指出的,颜真卿的诏拜昇州刺史以及其后的受诏入京均与预饬战备以图刘展有关。⑤

据《新唐书·地理志》载,乾元二年的时候,唐廷曾于江东设立润州丹阳、昇州江宁、苏州长洲、杭州余杭以及宣州采石五军,并于江西治所洪州设立南昌军。⑥ 正如当年的"永王之乱"一样,郡军的设立绝非空穴来风的产物。尤其是同一时间同一地区设立多支军队,背后必然是有原因的。在颜真卿的谢表中,我们首次看到了"江宁军使"一职,而在新书《地理志》中,我们又看到了这些江南军队的创立。同时我们不应忘记,颜氏本人就是曾于河北与叛军有过对峙经验,并且始终支持肃宗的中正大臣。那么我们推测颜真卿此次出镇浙西即为了水路战备以图刘展也许并非无理。而这可能也正是一个月前刚被任命为滑州刺史的刘展,此时被从沿河前线调离至宋州的原因。

如果这一推测成立的话,那我们就将发现,"刘展之乱"起因于其与淮西节度使王仲昇矛盾的史料记载就有问题。因为在肃宗为豫饬战备刘展而调遣其担任宋州刺史,以及任命颜真卿为浙西节度使的乾元二年五六月间,肃宗还没有任命王仲昇为淮西节度使,对王的任命是三个月后的事情。而我们从颜真卿调任一事的记载看,李峘在刘展事件中的表现是否也像《资治通鉴》所载的那样,只是在肃宗决定铲除刘展后被动地执行肃宗的决意,看来也需要重新审视。在关于如何处理刘展的问题上,李峘似乎能主动对肃宗产生影响,而并非只是一味被动地接受前者安排。我们认

---

① 《全唐文》卷394令狐峘《光禄大夫太子太师上柱国鲁郡开国公颜真卿墓志铭》。
② 《全唐文》卷514殷亮《颜鲁公行状》。
③ 《全唐文》卷394令狐峘《光禄大夫太子太师上柱国鲁郡开国公颜真卿墓志铭》。
④ 《旧唐书》卷10《肃宗纪》。
⑤ 朱关田:《颜真卿年谱》,杭州,西泠印社出版社,2008年,第141页。
⑥ 《新唐书》卷41《地理志五》。《新唐书》卷68《方镇表五·江东》"乾元元年"条载:"置浙江西道节度兼江宁军使……副使兼余杭军使",时间可能略误。

为，如果李峘不是肃宗特别信赖的人物，他要对后者产生这样的影响是不容易的。所以正如后来刘展对邢延恩说的，江淮都统乃一"重任"之职，若此人既无勋劳，又非亲贤，"以江、淮为忧"① 的肃宗何以会授于其该职呢？

至于在刘展事件中淮西节度使王仲昇在其间所起的作用及对肃宗的影响，我想终究还是有的。王的资料史料留存不多，他可能原为朔方军的将领，并在任职淮西之前就已经取得了不小的战功。安史之乱对于王仲昇这样的将领来说，固然是为他们提供了展现自身能力的绝佳舞台，但这一舞台能否长久地属于他们，则很大程度上取决于他们能否与同样在安史之乱中崭露峥嵘的宦官集团处理好关系。和其时许多勤王将领与宦官，尤其是监军关系不协正相反，王仲昇后半生的仕途发展之所以颇为顺利，甚至绝处逢生，与他和权宦的融洽相处有着很大的关系。② 其在刘展一事中与监军使邢延恩携手向肃宗禀奏了刘展的"不臣"之状，也是体现此种关系的一则例证。

通常而言，我们对肃宗时代的宦官，尤其是外军系统宦官的关注主要集中在担任九节度观军容使的鱼朝恩一人身上。实际上，其时活跃在外军系统的宦官远不止鱼朝恩一人。"永王之乱"中在江淮担任敕使的啖廷瑶就是一位。啖氏在"永王之乱"结束、长安收复伊始即被肃宗派往蜀中奉迎玄宗③，是肃宗处理与玄宗关系的一位得力助手。啖氏最终在肃、代之交的宫廷政变中，因站在张后一方而招致张后对手，亦即肃宗朝权势最盛的宦官李辅国的清洗贬流黔中。④ 不过其能卷入这场张后与太子李豫（即代宗）的宫廷斗争，本身就说明凭借着在"永王之乱"等事件中的上佳表现，啖氏早已进入了肃宗朝内廷的权力核心之中。"刘展之乱"中的邢延恩同样是一位活跃于外军系统的宦官。我们甚至可以说，如果李辅国是肃宗朝初期内廷地位最高的宦官，那么邢延恩就是与之地位相对的外军中使。在肃宗抵达灵武之初，替前者诏追河北的朔方、河东兵马的中使就是

---

① 《资治通鉴》卷221"上元元年十一月"条。
② 王仲昇两唐书无传，但有关他的一小段事迹却是附于《新唐书》卷207《宦者上·程元振传》中的。
③ 《旧唐书》卷9《玄宗纪下》。
④ 《旧唐书》卷52《后妃下·肃宗张皇后传》、卷11《代宗纪》。

邢延恩。① 而在肃宗即位后首战叛军的战役——陈涛斜之战中，出任监军的也是邢延恩。② 实际上，邢延恩最初的地位甚至还在鱼朝恩之上。因为鱼氏也在这次由房琯担任统帅的战役中担任监军，不过他担任的却是房琯裨将——李光进统辖的北军方面的监军。③ 我们并不清楚是否正是由于陈涛斜战役的失败，肃宗在相州之役时，已经任命鱼朝恩而不是资望更高一些的邢延恩出任九节度的观军容使。不过邢氏得以在此后继续担任淮西节度使王仲昇的监军使，并能在刘展一事中对肃宗禀呈方略、施以影响，可见其仍是地位不容小觑的肃宗信臣。其实从邢延恩在此事中的表现，我们还能察觉到一种微妙的关系。邢延恩在此时所担任的"监军使"当指"淮西监军使"无疑。但我们从刘展一事中来看，他与江淮都统李峘的关系也很密切。也就是说，同样身为肃宗亲信，并且站在同一立场上的王、邢、李三人，他们不仅相互交流和分享着有关刘展的消息，并且共同构画和贯彻着肃宗对待刘展的政策。

三、"刘展之乱"与肃宗江淮政策的失败

回到"刘展叛乱"的过程中来。在淮南节度使邓景山失利，江淮都统李峘、浙西节度使侯令仪、宣歙节度使郑炅之相继弃城逃跑后，江淮地区唯一继续坚持对刘展作战的只有江淮都统副使李藏用一人。史载：

> 李峘之去润州也，副使李藏用谓峘曰："处人尊位，食人重禄，临难而逃之，非忠也；以数十州之兵食，三江、五湖之险固，不发一矢而弃之，非勇也。失忠与勇，何以事军！藏用请收余兵，竭力以拒之。"峘乃悉以后事授藏用。藏用收散卒，得七百人，东至苏州募壮士，得二千人，立栅以拒刘展。④

李藏用后因"外援不至，众寡悬绝，遂移师就险，退保杭州"⑤。所以到了上元元年十二月的时候，不仅是沿江流域的润、昇、宣三州，包括太湖流域的常、苏、湖三州都已为刘展占领。由于此时浙西、宣歙两节度的溃

---

① 《旧唐书》卷200上《史思明传》，原作"邢廷恩"，当为"邢延恩"之误。
② 《旧唐书·房琯传》《新唐书·房琯传》。
③ 参见《新唐书》卷136《李光弼附李光进传》、卷207《宦者上·鱼朝恩传》。
④ 《资治通鉴》卷221"上元元年十二月"条。
⑤ 《全唐文》卷385独孤及《为杭州李使君论李藏用守杭州有功表》。

逃，且刘展之将傅子昂已屯兵南陵（宣州属县），"将下江州，徇江西"①。上元二年正月，中央特命时为温州刺史的前永王大将季广琛为宣州刺史，充浙江西道节度使。②但宣州此时也已为刘展之将所占，故宣州实际上能否成为治所很成问题。我猜想这极有可能是中央为了防止刘展继续西进而设置的，目的是希望季广琛能尽快率兵收复宣州，以免沿江及太湖流域的战事进一步向江西等地蔓延。

季广琛是否及时赶赴宣州与刘展军队作战，由于史料缺乏已不得而知。③不过即便赴任，季氏在"刘展之乱"中的意义也不大。重要的是，唐廷此时已敕令驻守河南东部任城县（兖州属县）的平卢都知兵马使田神功率精兵南下讨伐刘展。上元二年正月，已于淮南击溃刘展的平卢军渡江追讨刘展，并于该月将刘展擒获④，而刘展在杭州的余部则为李藏用所击破。"刘展之乱"始告平息。

"刘展之乱"是继"永王之乱"后江淮地区所遭受的又一场大的战事，而其影响实又远甚于前者。因为江淮十余州不仅直接沦为官军与刘展军队交战的战场，更遭受了南下平叛的河北平卢军的大肆掠杀，史称：

> 初，上（指肃宗）命平庐（卢）[都知]兵马使田神功将所部精兵五千屯任城；邓景山既败，与邢延恩奏乞敕神功救淮南，未报。景山遣人趣之，且许以淮南金帛子女为赂，神功及所部皆喜，悉众南下，及彭城，敕神功讨展……神功入广陵及楚州，大掠，杀商胡以千

---

① 《资治通鉴》卷221"上元元年十二月"条。
② 《旧唐书》卷10《肃宗纪》："（正月）辛卯，温州刺史季广琛为宣州刺史，充浙江西道节度使。"《新唐书》卷68《方镇表五·江东》作上元二年："浙江西道观察使徙治宣州。"此处之"观察使"或为"节度使"之误。
③ 在可能是李白平生创作的最后一首诗歌《宣城送刘副使入秦》中有"统兵捍吴越，豺虎不敢窥"句。王琦以为此即指季广琛针对刘展的军事行动（《李太白全集》卷18、卷35年谱）。现从此说。
④ 李廷先在《唐代扬州史考》中已指出："两《唐书·田神功传》皆言神功生擒刘展送京师，而《资治通鉴》卷二二八（二二三）据《刘展乱纪》以为系被神功军所杀。考《文苑英华》卷五五六、独孤及《毗陵集》卷五皆收有《为江淮都统贺田神功平刘展表》，中云：'神功等一战而陷阵，再战而逐北，三战而擒其渠魁，系颈以索。'可见刘展确系被擒，司马温公失考。"（南京，江苏古籍出版社，2002年，第145页）现从此说。

数，城中地穿掘略遍。①

所以史官言："安、史之乱，乱兵不及江、淮，至是，其民始罹荼毒矣。"②

"刘展之乱"打破了肃宗在"永王之乱"后对江淮所进行的军事部署。面对素有威名、御军严整的刘展之军，"江、淮人望风畏之"③ 正是江淮军队当时的真实写照。浙西等地新置的诸军在乱中也丝毫未见有任何有效的抵抗，反而在乱时出现了"昇州军士万五千人谋应展，攻金陵城，不克而遁"④ 的哗变情形。而江淮都统副使李藏用用以抵抗刘展的官兵，史载仅有散卒七百而已，其余则为临时召募的士兵⑤，战斗力自然不强。因此也可以说，"刘展之乱"的发生，其实也是宣告了肃宗江淮政策的彻底失败。

四、"李藏用之反"与肃宗江淮政策的实质

在平息"刘展之乱"后，肃宗开始对江淮地区的人员安排与军事政策进行新的调整。其中最重要的便是废除江淮都统一职，并以汾州刺史崔圆为淮南节度使。但江淮都统停置后，却又出现了一个新的问题，那就是如何安置都统副使李藏用及其军队。当时的杭州刺史李某曾委笔于独孤及向中央上书，称：

> 今都统使停，本职已罢。孤军无主，莫知适从，将士嗷嗷，未有所隶。天听高邈，无人为言，遂使殊勋见委，忠节未录，口不言赏，赏亦不及。伏恐非圣朝旌有德、表有功之意。今逆寇虽殄，人心犹携，山洞海岛，往往结聚。睦州草窃，为蠹犹深，惟惮藏用之兵，是以未敢进逼。若此军一散，必群盗交侵，则臣此州，危亡是惧。伏望早降恩旨，以答其勤，锡之勋策，委之戎政，俾总统所领，以镇遏江

---

① 《资治通鉴》卷221"上元元年十二月"条。
② 《资治通鉴》卷222"上元二年正月"条。
③ 《资治通鉴》卷221"上元元年十一月"条。
④ 《资治通鉴》卷221"上元元年十一月"条。此处之"昇州军士"或以为即指设于昇州的江宁军士。
⑤ 关于李藏用当时招募的士兵数量，《资治通鉴》卷221"上元元年十二月"条称李藏用东至苏州募壮士，得二千人。独孤及《为杭州李使君论李藏用守杭州有功表》中则有"旬月之内，致死士三千"之语，而这三千士兵，恐怕是李藏用在退守杭州时所招募的。

表，实江东万姓禺禺之望。①

观杭州刺史李氏所上此表之意，一则深慨李藏用"殊勋见委，忠节未录，口不言赏，赏亦不及"的处境，二则也是指出当时"刘展之乱"虽被平定，但两浙一带的农民起义颇有燎原的迹象，尤其是临近杭州的睦州"为蠹犹深"。② 李氏显然是希望李藏用之军留驻杭州，因为仅凭杭州刺史的兵力无法对抗农民起义，甚至将陷入"若此军一散，必群盗交侵，则臣此州，危亡是惧"的境地。或许是接受了杭州刺史的请求，史载上元二年七月，肃宗以李藏用为浙西节度副使。③

但实际上李藏用此后并未就任该职，而是被北调进驻淮河沿岸的楚州（属淮南），担任楚州刺史，着实令人奇怪。《刘展乱纪》记载此事称：

> 初，刘展既平，诸将争功，畴赏未及李藏用，崔圆乃署藏用为楚州刺史，领二城而居盱眙。④

《考异》以为："按实录，藏用已除浙西节度副使。盖恩命未到耳。"⑤ 其时正在金陵一带的李白曾为李藏用移兵淮南作《饯李副使藏用移军广陵序》一文，其文曰：

> 夫功未足以盖世，威不可以震主。必挟此者，持之安归。所以彭越醢于前，韩信诛于后。况权位不及于此者，虚生危疑，而潜包祸心，小拒王命。是以谋臣将啖以节钺，诱而烹之，亦由借鸿涛于奔鲸，鲙生人于哮虎。呼吸江海，横流百川。左縈右拂，十有余郡。国计未及，谁当其锋。我副使李公，勇冠三军，众无一旅。横倚天之剑，挥驻日之戈。吟啸四顾，熊罴雨集。蒙轮扛鼎之士，杖干将而星罗。上可以决天云，下可以绝地维。翕振虎旅，赫张王师。退如山立，进若电逝。转战百胜，僵尸盈川。水膏于沧溟，陆血于原野。一

---

① 《全唐文》卷385独孤及《为杭州李使君论李藏用守杭州有功表》。
② 《权德舆诗文集》卷20《唐故大中大夫守国子祭酒颍川县开国男赐紫金鱼袋赠户部尚书韩公行状》亦载："乾元中，江淮凶饥，相扇啸聚，而新安郡（睦州）负山洞之阻，为害特甚。"（第312页）
③ 《资治通鉴》卷222"上元二年七月"条。
④ 《资治通鉴》卷222"上元二年十月"条《考异》。
⑤ 《资治通鉴》卷222"上元二年十月"条《考异》。

扫瓦解，洗清全吴。可谓万里长城，横断楚塞。不然，五岭之北，尽饵于修蛇，势盘地蠼，不可图也。而功大用小，天高路遐。社稷虽定于刘章，封侯未施于李广。使慷慨之士，长吁青云。且移军广陵，恭揖后命。组练照雪，楼船乘风。箫鼓沸而三山动，旌旗扬而九天转。良牧出祖，烈将登筵。歌酣易水之风，气振武安之瓦。海日夜色，云帆中流。席阑赋诗，以壮三军之士。白也笔已老矣，序何能为。①

文中既称颂了李藏用平定浙西的功绩，同时也无不流露出对李氏"功大用小"的不平。从"移军广陵，恭揖后命"几字来看，此文所作之时李藏用还未被任命为楚州刺史，只是暂时从浙西移镇扬州。其后则为淮南节度使崔圆署为楚州刺史。②

然而诗人未曾料想到，李藏用远调楚州后的命运，正如他所讨平的刘展一样，最终也成了彭越、韩信诸人命运的翻版。据《资治通鉴》记载，李藏用调任楚州刺史后，

会支度租庸使以刘展之乱，诸州用仓库物无准，奏请征验。时仓猝募兵，物多散亡，征之不足，诸将往往卖产以偿之。藏用恐其及己，尝与人言，颇有悔恨。其牙将高干挟故怨，使人诣广陵告藏用反，先以兵袭之，藏用走，干追斩之。崔圆遂簿责藏用将吏以验之，将吏畏，皆附成其状。③

李藏用之死，固然直接源于其与牙将高干之间的故怨，但中央体恤不当也是重要原因。李藏用虽为平叛功臣，但既未得到名副其实的褒奖与任命，又担忧遭遇卖产偿物的境遇，可谓名利双失，其"颇有悔恨"自可想见。其死后更被诬以造反的名目，实可说与韩信诸人命运相埒。而节度使崔圆

---

① 《李太白全集》卷27《饯李副使藏用移军广陵序》，第1282～1288页；卷35《李太白年谱》，第1611页。

② 《资治通鉴》卷222"上元二年"条称："冬，十月，江淮都统崔圆署李藏用为楚州刺史。"按当时"江淮都统"已废，崔圆所任当为淮南节度使。据《唐会要》卷78《诸使中·都统》的记载，任江淮都统者仅李峘一人。另据《通典》卷32《职官十四·州郡上》"都督"条注："上元末，省都统"（第896页），《旧唐书》卷44《职官志三》亦云："都统。乾元中置，或总三道，或总五道。至上元末省。"当皆指"江淮都统"被废一事。

③ 《资治通鉴》卷222"上元二年十月"条。

不能明其冤，反而责成其状，可见大乱之后刑赏多谬。

李藏用死后，其将孙待封的一番话颇令人深思。孙待封原为刘展之将，刘展败后降于李藏用。当节度使崔圆簿责藏用将吏以验其反时，

> 独孙待封坚言不反，圆命引出斩之。或曰："子何不从众以求生！"待封曰："吾始从刘大夫，奉诏书来赴镇，人谓吾反；李公起兵灭刘大夫，今又以李公为反。如此，谁则非反者，庸有极乎！吾宁就死，不能诬人以非罪。"遂斩之。①

孙氏此语，充分表明了当时的将领对中央反复无常态度的困惑与不满，"谁则非反者，庸有极乎！"一语正是对刘展被逼反与李藏用被诬反两事最恰当的注解。

不过我们不要以为孙待封所感受到的这种看似反复无常的态度，是唐廷缺乏是非判断或者缺乏施政主导原则的一种体现，恰恰相反，其背后所隐藏的主导理念其实既明确又实际。那就是依靠着地方将领平息叛乱、重振唐室的肃宗政府，其实并不信任甚至充满怀疑和猜忌地时刻提防着这些手握兵权的地方将领。在必要的时候，唐廷甚至会不惜削弱本方的军事力量而对后者进行打压。因此，虽然从表面上看，刘展与李藏用"叛乱"的直接导火线都是军将之间的矛盾，但归根到底，恐怕还在于肃宗担忧地方军将坐大，因此极力遏制他们的这种心态。

遗憾的是，在刘展一事中，无论是"叛乱"的主角刘展，还是另外两位当事人李藏用、孙待封，他们对于肃宗这种试图遏制地方军事力量发展的心理却并不完全了解，对于自身所处的尴尬处境更无法清晰地认识，因此当具体的状况发生时，常常流露出困惑和不解，其悲剧命运便也由此产生。而如果连这些直接卷入事件中的各级将领都无法理解当时中央政策实质的话，也就无怪乎当刘展率兵南下，江淮都统李峘、淮南节度使邓景山移檄州县，言展反，刘展亦移檄言峘反时，会出现"州县莫知所从"②的局面了。

就在"刘展之乱"平息的次月，在洛阳一带与叛军交战的唐军主力遭遇邙山之败，战事终于由河南西部向四周扩散开来了。次年春天，叛军战

---

① 《资治通鉴》卷222"上元二年十月"条。
② 《资治通鉴》卷221"上元元年十一月"条。

至申州城下，淮西节度使王仲昇兵败被俘。因此唐廷对于能在邙山之败前平息"刘展之乱"或许还应该感到庆幸。不过正如当时一些地方官员已经指出的，承肃宗后期战乱的破坏，江淮一带的农民起义已经有了燎原的趋势。于是，军事布防的瘫痪与农民起义的风起云涌俨然已成为又一道摆在政府面前的棘手难题。而更严峻的问题还在于，唐军与安史乱军间的战斗此时仍在继续。南北战局的双重压力，必将迫使政府为此寻求新的对策。然而，此时的肃宗李亨已近弥留之际，于是如何来应付江淮地区的这种困局，就只有留待此后的代宗李豫来解决了。

第三节　韩滉与镇海军时代的来临

经历了代宗初年的农民起义，自安史之乱以来长期受困于外部冲击与内部动乱的江淮地区终于在大历时代迎来了暂时的舒息。代宗一朝（762—779）的江淮并非没有可资讨论的话题，至少初期的农民起义就很有值得研究的地方。不过本节会暂时将视线挪向稍后的德宗朝，挪向那个自安史之乱结束后朝藩再次爆发大规模冲突的建中、兴元时代。[①] 对于江淮而言，德宗初年的这段时光也提供了一个与安史之乱时期颇为相似的时代背景。本节所关注的问题便是，在这样一个类似的环境下，我们是否还会看到一个与肃宗时代面相相似的江淮，在这里，是否还会有类似"永王之乱"与"刘展之乱"这样的悲剧发生。又是否，这里的藩镇会像"永王之乱"与"刘展之乱"时那样，继续弱不禁风、不堪一击。或者说，一如人们对东南藩镇惯常的认识那样，只将以一个实力寡弱而又不对帝国命运产生绝对影响的形象示人。所有的答案，都将与一个新兴藩镇的诞生及一位名叫韩滉的人物有关，并将因它们而得到最终的解答。

一、镇海军的建立

大历十四年（779）唐德宗李适即位，拉开了朝藩关系转向的帷幕。随着德宗即位之初政府财政实力的恢复，以及对西北、西南藩镇掌控措施的落实，以重新树立中央威信与权力为己任的德宗决定改变其父代宗姑息

[①] 确切的时间应该是建中二年至贞元二年（781—786），此处为了行文的简洁，故简称为建中、兴元时代，下文同。

两河藩镇的政策。建中二年（781）正月，成德节度使李宝臣死，德宗欲革代宗之弊，遂不许宝臣之子李惟岳袭位。八月，平卢节度使李正己死，德宗同样没有准允其子李纳的袭位要求。于是朝藩间的矛盾一触即发，成德、魏博、淄青、山南东道四镇连兵反唐，拉开了唐朝中后叶规模最大的朝藩战争"四镇之乱"的序幕。

建中二年六月，为了即将开始的朝藩战争，德宗对江东地区作了一次重要的军政安排，这就是史料所记载的：

> 以浙江西道为镇海军，加苏州刺史韩滉检校礼部尚书、润州刺史，充镇海军节度使、浙江东西道观察等使。①

这条史料之所以引起我们的注意，成为我们讨论江东节镇与韩滉话题的开始，并不在于它揭示了德宗是为了即将开始的削藩战争才对江东进行这次军政调整的，而在于通过这条史料，我们发现江东这次军政调整的规模很不寻常。

其一，尽管和帝国其他地区一样，江东的节镇建置也早在肃、代时期就已出现，但是江东的军政实力却并未因节镇的设立而发生质的变化。作为江东藩镇之一的浙西镇，在肃、代两朝从未设立过"镇海军"，虽然其镇内也存在过军队建制，甚至在最多时同时设有五军②，但这些军队彼此兵力分散，总体来说各军实力都不强，在当时所发挥的作用更是相当有限。绝非像德宗这样，在即位之初就于浙西设立镇海军，而且在设立之初便以军名挂使职衔，奠定了镇海军在当镇的牙军地位，使浙西的军队部署就此围绕镇海军为中心进行重新组建。其二，代宗朝十余年不予江东地区设置"节度使"的惯例③，也在德宗的此次调整中被更革了。其三，也是

---

① 《旧唐书》卷 12《德宗纪上》。
② 如上文所言，肃宗于乾元二年在江东设立五军，分别为润州丹阳军、昇州江宁军、苏州长洲军、杭州余杭军以及宣州采石军。其中宣州采石军后归宣歙道所辖。江宁军与余杭军何时被废除，不详，似乎在肃宗时期已废。长洲军据《旧唐书》卷 11《代宗纪》载于代宗大历十二年七月废除，同时亦载废丹阳军。然丹阳军实际并未完全废除，只是罢遣了一部分官健，军队建制仍旧保留着，丹阳军的最终废除实际要晚到元和时期。（参见《旧唐书》卷 14《宪宗纪上》）
③ 肃宗朝由于战乱，两浙所设多为"节度使"，代宗上台后则逐渐改为"观察使"。永泰元年以韦元甫为浙西都团练观察使时，就已不再授节度一职。（参见《旧唐书》卷 115《韦元甫传》、《新唐书》卷 68《方镇表五·江东》）大历元年（766），（转下页）

最重要的一点，即江东的疆理设置在此时发生了重大变化，安史之乱后逐渐划分出来的浙西、浙东、宣歙三镇此时又合为一镇①，而且浙西的治所也由苏州再次改为缘江的润州。这种种措施似乎都在提醒我们，德宗的此次江东军政调整，已经颠覆了肃、代两朝所推行的保守谨慎的江东政策。

那么，德宗朝的时局变化是否果真需要江东为此大加调整呢？虽然德宗为了此次讨叛战争，几乎动员了各地的勤王势力，正如史料所说的：

> 时内自关中，西暨蜀、汉，南尽江、淮、闽、越，北至太原，所在出兵。②

但无疑，平叛的主力依旧来源于北方各镇，河北的幽州、河南的淮西、永平、河东、泽潞以及神策军等才是德宗征讨四镇的主力，这一点从事后的情况来看也是如此。德宗对北方进行重要战略部署当然无可厚非，但位于长江下游的江东距离叛镇尚远，而德宗对它的部署却已可与当时的中原藩镇相比。而此时其他南方诸镇军政设置的调整都远不及浙西来得明显。比如与江东具有同样财政地位的淮南道，虽然临近中原，军事地位也更加重要，但除了建中二年初德宗为加强对运河的控制，使淮南增领泗州外③，并未再有其他大的调整。就这点来看，德宗的措置也与肃宗时代江淮的战略重心偏重于淮南有所不同，而是有意提高了江东的军事地位。

那么，如果我们确信德宗对江东军政设置的这次调整，是为了即将开始的削藩战争所做的准备，那么我们就又要问，德宗究竟需要江东为这次战争做怎样的准备，以至于需要他花费如此大的力气去调整江东的军政设置？要解答这个问题，我想或许从被德宗任命为镇海军节度使的韩滉这个人物着手来寻找一些线索会比较有帮助。

韩滉，字太冲，京兆府万年县人，开元名相韩休之子。安史之乱猝

（接上页）浙西镇罢领宣、歙二州（参见《新唐书》卷68《方镇表五·江东》《洪吉》），新设的宣歙池一镇也仅设观察使而已（参见《新唐书》卷68《方镇五·洪吉》、《资治通鉴》卷224 "大历元年十二月"条）。此时，唯有浙东的薛兼训仍领有节度一职，并因当地百姓之请，两刺越州（参见赵振华：《唐薛兼训残志考索》，《唐研究》第九卷，2003年，第477~490页），但大历五年（770）其调任河东后，浙东便废除了节度使职，仅设都团练守捉及观察处置等使（参见《新唐书》卷68《方镇表五·浙东》）。

① 有关合并后的浙江东西道在当时具体的辖州情况，见下文注释。
② 《资治通鉴》卷227 "建中二年六月"条。
③ 《资治通鉴》卷226 "建中二年正月"条。

发,韩滉避地山南,后诏除殿中侍御史,累迁祠部、考功、吏部三员外郎,凡判南曹五年,史称其明于吏道,详究簿书。寻迁吏部郎中、给事中、兵部选事。又迁尚书右丞,知吏部选事。① 大历六年(771)拜户部侍郎、判度支,遂与时任吏部尚书的刘晏分掌天下财赋。史称:

> 自兵兴以来,所在赋敛无度,仓库出入无法,国用虚耗。滉为人廉勤,精于簿领,作赋敛出入之法,御下严急,吏不敢欺;亦值连岁丰穰,边境无寇,自是仓库蓄积始充。②

德宗即位后,改为太常卿,后出为晋州刺史。大历十四年十一月,诏"以晋州刺史韩滉为苏州刺史、浙江东西观察使"③。

在这段关于韩滉出为两浙观察使之前,也就是德宗即位以前的经历中,最值得我们关注的是韩滉在代宗朝与时任吏部尚书的刘晏分掌天下财赋长达九年的"判度支"经历。刘晏及其在代宗时代的财政改革是唐代经济史领域众所周知的事实,他对盐业、漕运的改革对整个唐后期的经济走向有至关重要的影响。然而,我们对这一时期的韩滉以及他在代宗时期财政领域发挥的作用却很少提及。但很难想象,一个能与财政专家刘晏共事九年,经历过代宗朝的财政改革,且担任着全国财政中枢"判度支"一职的人物,会是一个泛泛之辈。据后来担任韩滉幕僚的顾况在韩滉死后所作的行状记载:

> 属国计空耗,上(指代宗)难其人,服勤九年,出利百倍,左藏之钱至七百万贯,大仓之粟至数百万斛,其边储或五六万,或十余万。④

这其中或许有夸饰的成分,但结合两唐书的《韩滉传》和《资治通鉴》等的记载来看,在代宗一朝唐廷财赋逐渐恢复的过程中,除了刘晏外,韩滉

---

① 此据《全唐文》卷530顾况《检校尚书左仆射同中书门下平章事上柱国晋国公赠太傅韩公行状》(以下简称《韩滉行状》)、《旧唐书》卷129《韩滉传》、《新唐书》卷126《韩休附韩滉传》。《韩滉行状》载韩滉曾任"尚书左丞",现据《旧唐书·韩滉传》、《新唐书·韩滉传》、《资治通鉴》卷224"大历六年"条改为"右丞"。
② 《资治通鉴》卷224"大历六年"条。
③ 《资治通鉴》卷226"大历十四年十一月"条。
④ 《全唐文》卷530顾况《韩滉行状》。

的作用也绝不能低估。但或许是由于韩滉"苛克颇甚……人多咨怨"①，加之他"弄权树党"②，史称德宗即位，"恶滉掊刻，徙太常卿"③。而"议未息，又出为晋州刺史"④。

不过韩滉的时运实在不差，在他被贬为晋州刺史没多久，就由于一个人的建言而被任命去江东担任观察使，而这次调任也成了韩滉人生的转折点。建言韩滉去江东担任观察使的人叫柏良器，时任浙西都知兵马使。关于他的建言，据后来李翱所撰的《唐故特进左领军卫上将军兼御史大夫平原郡王赠司空柏公神道碑》载：

> 建中初（柏良器）尝至京师，宰相杨炎召之语，公因言两河有事，职税所办者，惟在江东，（浙西观察使）李道昌无政，宜速得人以代之。炎许诺，其冬遂并宣越与浙西以为一，而以晋州刺史韩滉代道昌焉。⑤

接受柏氏建言的人是另一个在德宗朝初期的重要人物，也是唐后期鼎鼎大名的推动两税法实行，同时也是将韩滉的同僚刘晏挤下台的宰相杨炎。从以上史料来看，杨炎之所以要调遣有九年判度支经历的韩滉入浙，就是看中了韩滉突出的理财能力。因为柏良器明确向杨炎指陈了"两河有事，职税所办者，惟在江东"这一点。而此时的浙西观察使李道昌无政，另选干练有为的人担任此职就势在必行，而韩滉恰恰就是最合适的人选。此外，德宗对江东进行军政调整的最根本原因，通过这条史料其实也已经揭示出来了，即此时的"职税所办者，惟在江东"。其时的另一项重大举措"并宣越与浙西为一"，从柏公碑的作史笔法上来看，似也与财税有关。但或许是考虑到此时江东辖区过大，据《新唐书·方镇表》记载，第二年（建

---

① 《旧唐书》卷129《韩滉传》。
② 《旧唐书》卷129《韩滉传》。
③ 《新唐书》卷126《韩休附韩滉传》。
④ 《旧唐书》卷129《韩滉传》。
⑤ 《全唐文》卷638李翱《唐故特进左领军卫上将军兼御史大夫平原郡王赠司空柏公神道碑》（以下简称《柏良器神道碑》）。李翱将韩滉赴浙任使与江东初并之事系于建中初，略有误差，现据《资治通鉴》卷226"大历十四年十一月"条、《新唐书》卷68《方镇表五·江东》《浙东》的记载，当为大历十四年底之事。碑文所载"其冬"与《资治通鉴》所载"十一月"在季节上也是相符的。

中元年）中央又分浙东、浙西为两道。① 若确有此调整，其存在时间也很短，到建中二年德宗以韩滉为镇海军节度使之时，其所领浙江东西道已辖有"润、常、湖、苏、杭、睦、越、明、台、温、衢、处、婺、宣、歙"十五州②，几乎囊括了除淮南道外当时最富庶的州郡。

当然，要保证江东的财税，除了以财政专才韩滉出镇江东外，江东本身的军事实力也需要提升。这其中有两个原因恐怕不容忽视。一个是在安史之乱爆发后，江淮已成为农民起义的高发地，在肃、代两朝发生的农民起义中，江淮地区的占了约44%③，故时人曾以"中原大乱，江淮多盗"④

---

① 《新唐书》卷68《方镇表五·江东》《浙东》。《新唐书·方镇表》在大历十四年合两浙的记载后，又记"建中元年，分浙江东、西道都团练观察使为二道；复置浙江东道都团练观察使"，"建中二年，合浙江东、西二道观察置节度使，治润州，寻赐号镇海军节度使；废浙江东道都团练观察使，以所管州隶浙江西道"。目前仅见《新唐书·方镇表》记载大历十四年已合并的浙西、浙东二道不久又经历了分割与再合并。其余如《韩滉行状》《旧唐书·韩滉传》《新唐书·韩滉传》《资治通鉴》等史料均载韩滉于大历十四年赴江东时已任浙西、浙东道观察使，其后于建中二年升任镇海军节度使。此间不见有关辖区变化的记载。另，宣、歙此时亦隶属浙西，史载从简，故仅记浙西、浙东。韩滉所带之使职，衔称浙江东西道，或仅称浙江西道。简称"浙西"者，乃是因合并后的两浙道治所在润州，其观察使也由原浙西观察使韩滉担任所致。

② 顾况《韩滉行状》载当时浙江东西道"管郡十五，户百万"。《唐语林》亦有韩滉"控领十五部人不动摇"（《唐语林校证》卷1《政事上》，第62页）之语。《资治通鉴》卷231"兴元元年十一月"条亦载时李泌向德宗进言："镇江东十五州，盗贼不起，皆滉之力也。"均提到了韩滉镇领江东期间管辖十五州。顾况为韩滉的重要幕僚，李泌也与韩滉相善，他们所说韩滉镇抚江东十五州的数量应该可信。不过，这两条史料均未述及十五州的具体名称。胡三省注《资治通鉴》曰："惟润、昇、常、湖、苏、杭、睦、越、明、台、温、衢、处、婺十四州。前此滉遣宣、润弩手援宁陵，盖兼统宣州，为十五州也。"（卷231"兴元元年十一月"条）然按《唐会要》卷71《州县改置下·江南道》、《旧唐书》卷40《地理志三》、《新唐书》卷41《地理志五》的记载来看，昇州在上元二年已被废除，该州的再置要到晚唐光启三年（887），故韩滉统领江东十五州中没有昇州。而应该加上去的是歙州。胡注中没有提及歙州，但《旧唐书》卷136《刘滋附刘赞传》载："杨炎作相，擢（刘赞）为歙州刺史，以勤干闻……宣歙观察使韩滉表其异行，加金紫之服，再迁常州刺史。"郁贤皓先生指出"宣歙"二字误（见《唐刺史考全编》卷148《江南东道·歙州》，第2118页），笔者以为不误，因为本传作者是站在歙州刺史刘赞的角度来称呼韩滉的，依此更可见此时宣、歙二州隶于浙西。

③ 根据张泽咸编《唐五代农民战争史料汇编》（北京，中华书局，1979年）统计。

④ 《权德舆诗文集》卷50《吴尊师传》，第815页。

来形容当时的局势。尤其是袁晁起义，众至二十万，连陷浙东数州，使得中央不得不抽调中原军队来对付。起义虽旋即被镇压，但余波持续十余年之久，直到德宗初年，浙东一带仍有起义、骚乱的情况。因此与稳定西部的吐蕃一样，德宗显然不希望在讨叛战争期间，江东地区再次对中央的军事行动有所牵制。另外，由于江东一带长期以来薄弱的军事布防是导致当年刘展、许杲等辈进扰江淮，平卢军得以大掠当地的重要原因，所以为了防止此时战乱波及江东，保障至关重要的赋税所在地，重新恢复节度之号并建立镇海军显然还是有一定必要的。特别是当时"李正己遣兵扼徐州甬（埇）桥、涡口，梁崇义阻兵襄阳，运路皆绝，人心震恐"① 的情况下，加大江淮一带的兵力，对于稳定漕运也有很大的意义。

　　至于德宗提升江东军事实力是否有希望江东军队参与北上勤王的军事行动，我想应该有，但不是最主要的。之所以说有，是因为浙西军队在代宗朝晚期已经有参与河南战事的实例了②，而且当镇经过代宗一朝已经培养了一批具有丰富作战经验的将领。其二，从事后的情况来看，河南重地徐州、宋州在德宗削藩之初都驻有浙西的军队。即就疆理设置而言，此时浙西的治所由苏州再次改为缘江的润州，并兼及临江据险的宣州，诚如后人所云"采石之与京口……实有据险临前之势，而非止于靳靳自守者"③。因此设立镇海军除了用于防御当道外，恐怕也是希望其有能力出境北上勤王。但之所以说不是最主要的，是因为我们从现有的史料来看，德宗削藩战争初期，也就是"泾师之变"发生前，确实没有太多关于浙西军队的记载。即使有，也只是极简略地提到浙西军队曾在河南屯驻过，但史料并未提及此时的浙西军队直接参与了与叛镇的交锋。诚如上文所说，削藩战争前期，与四镇交战的主力仍旧是幽州、淮西、永平、河东、泽潞等北方藩镇以及神策军。

　　综合以上分析，我们认为德宗在建中二年六月对江东所进行的安排并不是一次简单的军政调整，其背后有着德宗为即将开始的削藩战争进行战

---

① 《资治通鉴》卷227"建中二年六月"条。
② 大历十一年（776）李灵曜叛于汴州，北结田承嗣为援，浙西观察使李涵以"（王）栖曜将兵四千为河南掎角"（《旧唐书》卷152《王栖曜传》）。虽然平定此次叛乱主要依靠的仍是河阳、淮西、永平、淄青等河南的军队以及淮南军队。
③ （清）顾祖禹撰，贺次君、施和金点校：《读史方舆纪要》卷25《南直七·镇江府》，北京，中华书局，2005年，第1249页。

略部署的意图。而这个意图之于江东地区就是希望这一地区为削藩战争中的唐廷提供充足的财税保障。而要实现这一目的，一方面是要挑选一位财政专才坐镇江东，而韩滉就是最恰当的人选；另一方面，必须为实现这一目的提供必要的行政军事支持，以免当地发生骚乱或战争，阻碍财赋的供给。至于提高江东的军事实力，是否有希望江东军队出境北上勤王的目的，或许有，但当时的德宗肯定没有想到，战局的发展有一天会将远在浙西的镇海军也深深拖入其中。

二、韩滉经营下的江东

建中初年唐廷和北方藩镇间的深刻矛盾与激烈冲突，为江东的崛起提供了一个有利的契机。但江东在建中、兴元年间的大发展，更重要的还是与其节度使韩滉的经营密切相关。韩滉究竟是怎样经营江东的，他的出镇江东是否达到了德宗原先的期望，而江东地区在韩滉的经营下又有哪些变化？下面就来谈谈这个问题。

首先来看一下人口。据学者考证，韩滉时期的浙东、浙西户数已基本恢复到了天宝元年的水平。① 其次是粮食生产。据史料记载，在德宗初年天下旱蝗的情况下，江东地区基本没有遭受严重的自然灾害，是中晚唐江淮地区受灾最少的一个时期。② 其时天下仓廪耗竭，江东地区却呈现出粮食丰稔的情形③，这一时期江东的粮食产量在唐后期堪居前列。再次，来看一下纺织业的发展。史载到韩滉廉察两浙时，已是"今江南缣帛，胜于谯宋"④，即江南地区普通丝织品的质量后来居上，超过了河南道。此外，一向占有优势的南方造船业在韩滉统领江东时期更有显著发展，史载其时"淮汴之间，楼船万计"⑤，而且所造船只不仅限于运输领域，战舰的制造

---

① 陈勇《唐代长江下游的人口分布与变迁》一文中以为当时韩滉所统十五州中应有"饶、江"二州，并据两浙十三州与"饶、江"二州的户数统计认为韩滉统辖江东时的户数已基本上恢复到了天宝元年的水平。（《唐代长江下游经济发展研究》，上海，上海人民出版社，2006年，第349页）虽然笔者曾考证韩滉当时所统十五州应为两浙十三州加"宣、歙"二州，而非"饶、江"二州，但是文关于韩滉统辖江东时户数已基本上恢复到了天宝元年的水平这一结论大致还是正确的。
② 参见《新唐书·五行志》等史料。
③ 《资治通鉴》卷231"兴元元年十一月"条。
④ 《全唐文》卷530顾况《韩滉行状》。
⑤ 《奉天录》卷2。

规模也是空前的。

以上四点，主要是就江东地区经济生产而言。接下来再看一下韩滉在维护当地稳定方面的表现。其一，征剿浙东的起义骚乱。史称时"自信安洪光东阳捍狼山僧惟晓等，结连数郡，荧惑愚氓，（滉）破其巢窟，伏戎自殪，山越一清"①。其二，遍惩里胥。史载韩滉赴浙后，凡镇内"里胥有罪，辄杀无贷"②，其以"里胥不杖死者，必恐为乱，乃置浙东营吏，俾掌军籍，衣以紫服，皆乐为之。潜除酋豪，人不觉也"③。对付胥吏，韩滉还采取了"惩人吏，皆是罚钱"的惩治措施，以致其后任王纬在贞元年间还曾向朝廷抗疏此举不当，其云："格式：正赃流徒合免。况多杂罚，身已当辜。纵有欠系，仅存家资，估卖荡尽。"④ 但无疑，韩滉此举在惩罚人吏的同时，也变相增加了当地的财税。其三，痛断犯令者。史称："（滉）又痛断屠牛者，皆暴尸连日。谓人曰：'草贼非屠牛醼酒，不成结构之计。深其罪，所以绝其谋耳。'"⑤ 另，"巡内婺州傍县有犯其令者，诛及邻伍，死者数十百人。又俾推覆官分察境内，情涉疑似，必置极法，诛杀残忍，一判即剿数十人，且无虚日"⑥。总的来说，为保持当地的稳定，韩滉采取了比较严苛的手段镇压江东一带的农民起义和豪强势力。但韩滉的一系列严苛措施，确实也达到了"贼皆失图"⑦ 的目的。以至于德宗的谋士李泌后来对逃亡中的德宗力陈韩滉之功时就有"镇江东十五州，盗贼不起，皆滉之力也"⑧ 之语。

虽然韩滉在镇领两浙时"痛行捶挞，人皆股栗"⑨，但他也"安辑百姓，均其租税"⑩。又史称其镇浙西"政令明察"⑪、"威令大行"，"时陈少

---

① 《全唐文》卷530顾况《韩滉行状》。
② 《新唐书》卷126《韩休附韩滉传》。
③ 《唐语林校证》卷1《政事上》，第62页。
④ 《全唐文》卷437王纬《请停征浙西杂罚钱疏》。
⑤ 《唐语林校证》卷1《政事上》，第62页。
⑥ 《旧唐书》卷129《韩滉传》。
⑦ 《唐语林校证》卷1《政事上》，第62页。
⑧ 《资治通鉴》卷231"兴元元年十一月"条。
⑨ 《唐语林校证》卷1《政事上》，第62页。
⑩ 《旧唐书》卷129《韩滉传》。
⑪ 《旧唐书》卷129《韩滉传》。

游为淮南节度,理民有冤不得伸者,往诣晋公(指韩滉),必据而平之"①。在此后"德宗幸梁洋,众心遑惑"的局势下,韩滉"控领十五部人不动摇"②,故"议者以滉统制一方,颇著勤绩"③。

总之,以上所论大致反映了韩滉治理江东的政绩。概括起来说就是两点,一是恢复发展当地农业等生产,二是镇压当地的农民起义与豪强势力。当然,治理江东的政绩不能全部算在韩滉一个人身上,因为大历年间江南地区经济生产的恢复发展与境内的渐趋稳定,已经为德宗初年韩滉经营江东打下了良好的基础。④ 但江东出现"未及逾年,境内称理"⑤ 的局面,却实实在在是在韩滉的治理下出现的。这一局面,既是江东地区自安史之乱爆发后最富庶稳定的局面,同时这时期的江东,也是德宗削藩期间全国最富庶稳定的地区。明白了这两点,将有助于我们接下来讨论韩滉及其领导下的江东在德宗削藩战争中所扮演的角色与所处的地位。

三、"泾师之变"与镇海军的崛起

建中二年爆发的"四镇之乱",随着梁崇义与李惟岳的兵败被杀,田悦、李纳也遭受重创,削藩形势原本一片大好。然而由于德宗对有功藩臣封赏失当,建中三年(782),幽州朱滔、成德王武俊联合魏博田悦、淄青李纳再行叛乱之举。同年底,德宗大为倚重的淮西节度使李希烈也加入了反叛行列,于是南北叛镇遥相呼应,气势颇盛。建中四年(783)十月,受诏赴关东平叛的京西泾原兵途经长安时发生哗变,拥立朱泚为主,德宗不得不出奔奉天。随后,率兵勤王的朔方节度使李怀光也被迫起兵反唐,致使德宗于兴元元年(784)再逃梁州。

---

① 《独异志》卷上,第9页。
② 《唐语林校证》卷1《政事上》,第62页。
③ 《旧唐书》卷129《韩滉传》。
④ 据《全唐文》卷314李华《润州丹阳县复练塘颂并序》载:"永泰元年,王师大蒐西戎。西戎既臲矣,生人舒息,诏公卿选贤良,先除二千石,以江南经用所资,首任能者。"于是大历年间江南地区吏治大行,所莅有政声者上至藩镇廉帅及其幕僚,中及各郡牧守,下至中小县令等。他们在镇压起义、打击豪强、均平赋税、兴修水利、恢复农业、增加户口、崇儒兴学等方面都取得了不小的课绩。江南地区遂出现了"兵兼于农,盗复于人。自中原多故,贤士大夫以三江五湖为家"(《全唐文》卷783穆员《鲍防碑》)的局面。
⑤ 《旧唐书》卷129《韩滉传》。

正如上文所提到的，当我们在史料中寻觅韩氏江东与德宗的关系时，我们发现，几乎所有史料，甚至包括顾况所撰的韩滉行状，在记述两者的关系时，几乎都是从泾师之变、德宗出逃以后开始的。换言之，在韩滉担任镇海军之初的建中二年六月到建中四年十月这差不多两年零四个月的时间里，镇海军还都没有显山露水的表现。但在此之后，史料关于两者的记载却陡然增多，这不禁提醒我们，泾师之变对于导致韩氏江东此后不一般的走向有着决定性的影响。

那么，泾师之变的发生究竟是怎样影响着江东，影响着时为江东地区最高领导者的韩滉的呢？关于这一问题，记载最详细的是时人赵元一的《奉天录》一书，据此书载：

> （自关中多难,）镇海军浙东西节度使、润州刺史韩滉，闭关梁，筑石头五城，自京口距玉山，禁驴马出境。以战舰三十艘，舟师五千人，自海门扬威武至于申浦而还。拆上元县佛寺观宇四十六所，造坞壁，自建业，抵京岘，楼雉不绝。穿大井，深数十丈，下与京江平，凡数百处。滉将邱（丘）岑，严酷士卒，日役数千人，去城数百里内先贤邱（丘）墓，多被侵毁。故老以为自孙权、东晋、宋、齐、梁、陈，兵垒之故，未始有也。①

除了增修武备、缮甲完守外，江东的军队部署在此时也进行了一轮新的调整。对韩滉时期两浙的军队构成可以进行如下分析：

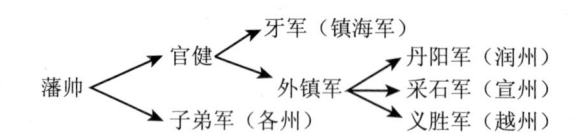

```
                    ┌→ 牙军（镇海军）
              ┌ 官健 ┤                  ┌→ 丹阳军（润州）
        藩帅 ─┤      └→ 外镇军 ────────┼→ 采石军（宣州）
              └ 子弟军（各州）          └→ 义胜军（越州）
```

上文说过，自德宗于建中二年设立镇海军，任命韩滉为镇海军节度使后，不仅使浙江东西道的额定兵数有了明显增加，而且确立了镇海军在当镇的牙军地位，改变了长期以来两浙军队实力分散的局面。但镇海军建立后，肃、代时期设驻润州的丹阳军并未因此而废除，于是在当时的浙西便出现

---

① 《奉天录》卷 2。《旧唐书》卷 129《韩滉传》称"造楼船战舰三十余艘"，与《奉天录》所记"以战舰三十艘"相同；而《新唐书》卷 126《韩休附韩滉传》载"造楼舰三千柂"、《册府元龟》卷 446《将帅部·观望》记"造楼船战舰三千余艘"，两者数字相差极大。盖两唐书等记载皆本于《奉天录》，故取"三十"之数较确。

第四章　江淮：新旧交替的舞台/459

了作为牙军的镇海军与作为外镇军的丹阳军同驻会府的特殊情况①，这无疑增加了润州的屯军数量，使润州的军事地位更显突出。在当时的浙江东西道，除了治所润州驻有镇海、丹阳两支军队外，在原浙东的会府越州驻有义胜军，应由时任越州刺史、浙东西团练副使的王密统领。②另外，沿江的宣州也是当道的军事重镇，"江左多以护兵之臣镇焉"③。建中三年底李希烈叛变后，"攻逼汴、郑，江、淮路绝，朝贡皆自宣、饶、荆、襄趣武关"④。次年京师发生兵变，北方形势更显混乱，韩滉于是便"以其所亲吏卢复为宣州刺史、采石军使"⑤，以加强对两浙上游重地宣州的控制。同时，为了在当时的特殊情况下进一步加强江东的军事力量，韩滉还辟署了一些有能力的新将领"克镇江浒"⑥，充实军队实力。除加强对官健的增置与训练外，韩滉又于两浙"置子弟军，大州一千，小州八百，强者习弓弩，弱者习排枪，缓则修农，急则为兵"⑦。这种缓则农、急则兵的子弟军具有团结兵的特征⑧，虽不属官健，但也接受教习，他们作为正规官健的补充，在军事急需时也能派赴战场。镇海军节度使在当时的兵力情况，据兴元元年德宗南走梁州，"（韩滉）命从事裴枢、李伦微巡，内兵甲麾下将士合三万人，请翊卫銮舆，收复京邑"⑨的记载来看，当不下三万，其中应不包括作为团结兵的军士。另外，就镇海军的武备、战斗力来看，在当时各藩镇中也可算是首屈一指。尤其是该地区一向具有优势的弩兵，在德

---

①　将镇海军作为牙军、丹阳军作为外军的观点见张国刚：《唐代藩镇的军事体制》，《唐代藩镇研究》，第84页。（又见同氏《略论唐代藩镇军事制度的几个问题》，《敦煌学与中国史研究论集——纪念孙修身先生逝世一周年》，第247页）

②　据《唐刺史考全编》卷142《江南东道·越州》的考证，王密于大历十四年至贞元二年担任越州刺史，两浙合并后充任浙东西团练副使。（第2006页）按"藩镇直属军的军使即由本道节度使藩帅担任，外军军使则挂节度副使衔"（见张国刚：《唐代藩镇的军事体制》，《唐代藩镇研究》，第85页）。则王密应统领越州义胜军，或为义胜军使。

③　《全唐文》卷413常衮《授崔昭宣州团练使制》。

④　《资治通鉴》卷229"建中四年十一月"条。"武关"当为"上津"之误。

⑤　《奉天录》卷2。

⑥　《唐代墓志汇编》永贞004记载原同州押衙兼兵马使萧君，"贞元初，銮舆避狄之岁，相国韩公滉辟为上将，克镇江浒"（第1943页）。

⑦　《玉海》卷138《兵制·兵制三》"唐山河子弟"条，第2583页。

⑧　参见方积六：《关于唐代团结兵的探讨》，《文史》，1985年第25期，第103页。

⑨　《全唐文》卷530顾况《韩滉行状》。

宗朝初期的战争中，更是发挥了极其重要的作用。

如果我们要对当时镇海军节度使的军事实力作一下总体的评价，引用唐人的论述或许比较可靠。幸好，长庆时代的著名人物元稹就为我们留下了这样的评论：

> 润之师故南阳韩晋公之所教训，弩劲剑利，号为难当。①

所以说，乘借建中四年"德宗出幸，河、汴骚然"的时机，韩滉"训练士卒，锻砺戈甲"，培养了一支"称为精劲"②的润师，从而使原本军事实力不强的两浙一跃成为当时南方实力最强大的藩镇。可以说，德宗既给予藩镇兵权，却又无法控制，是导致镇海军迅速崛起的最重要原因。江东军事力量的崛起，固然本不在德宗原先的料想之中，但德宗或许应该感到庆幸，因为实力强大的镇海军对于当时处于危难境地的唐廷来说，实在是起到了中流砥柱的作用。

四、德宗削藩战争中的韩滉与镇海军

论及唐德宗奉天定难的功臣，收复长安的神策军大将李晟，原朔方军将、其时护德宗逃难的行在军指挥浑瑊，河东节度使马燧，泽潞节度使李抱真，宣武军节度使刘玄佐等都是榜上有名、常被提及的人物。这其中，除了刘玄佐外，其他诸位都是平定北战场的重要将领，而刘玄佐的宣武军则在平定淮西的战役中发挥了重要作用。我们很少在德宗的削藩战争中论及韩滉与镇海军的表现。因为我们对藩镇的常识似乎告诉我们，东南藩镇很难在唐朝后期的战争中有它表现的一席之地。然而，事实却未必真的如此。我们接下来就要来看一下在此期间韩滉与镇海军的表现。

据史料记载，泾师之变发生后，勤王诸镇的态度发生了微妙的变化。史称："诸道未知行在，营将士无不引还。"而此时，韩滉却遣兵"镇河南冲要，坚守不退。兵马使董晏，将三千人镇徐州"③。按徐州"南控埇桥，

---

① 《元稹集》卷52《唐故开府仪同三司检校兵部尚书兼左骁卫上将军充大内皇城留守御史大夫上柱国南阳郡王赠某官碑文铭》，第568页。
② 《旧唐书》卷129《韩滉传》。
③ 《全唐文》卷530顾况《韩滉行状》。《韩滉行状》所载董晏镇徐州当是事实，但《奉天录》卷2称"滉下三千人先戍宋州"，闻之京师遭难，"即日追还"。从《旧唐书·韩滉传》和《新唐书·韩滉传》的记载来看，所戍宋州的三千人当由大将李长荣等率领。因此《韩滉行状》所谓当时的浙西军队"镇河南冲要，坚守不退"未必尽然。

以扼汴路，故其镇尤重"①。大历末徐州为淄青李正己所控，正己死后，其子李纳反唐，"先以胜兵屯埇口，绝汴河运路，然后谋东窥江淮。朝廷忧虞，计未有出"②。幸李纳部下李洧以徐州归顺。但徐州无兵，无法抵御淄青、魏博劲卒二万之袭，后得宣武、朔方、神策等诸军合力相救，方解其围，运河复通。建中二年底的徐州一役，虽不见有浙西出兵的明确记载，但之后派兵镇守该地却极有必要，浙西军队在当时或许就担当了这一任务。在京师遭变、淄青再叛后，韩滉遣兵坚守徐州不退，故有"徐方既定，转检校吏部尚书，加金紫光禄大夫"③之赏。

如果说徐州遭袭漕运还能改道继续前行的话，那么建中四年底李希烈攻克汴州后则彻底阻断了运河运输。攻陷汴州后的李希烈声言欲袭江淮，以致淮南节度使陈少游"使参谋温述由寿州送款于希烈曰：'濠、寿、舒、庐，寻令罢垒，韬戈卷甲，伫候指挥。'"④次年李希烈往攻宋州，宋州的战略地位早在张巡、许远时代就已凸显无疑，江淮得保，全赖宋州。史称其时已攻下襄邑（宋州属县），并已于白塔大败河南诸军的李希烈气焰正胜，遂引众五万猛攻宁陵（宋州属县），而守城的宣武军将刘昌仅有三千人马。幸好韩滉及时"遣兵马使王栖曜、李长荣、柏良器，以劲卒万人，溯流千里，倍程救援"⑤，与宣武军掎角讨袭。此役中韩滉遣将"以三千强弩，涉水夜入宁陵，弩矢至希烈帐前。希烈曰：'复益吴弩，宁陵不可取也。'解围归汴"⑥。宁陵之围的解除，浙西军队起到了关键的作用，尤其是浙西弩兵战斗力之强，使得李希烈不敢轻窥江淮，从而暂时缓解了当时的危机。

兴元元年冬，李希烈尽锐攻陈州，韩滉"命诸将与宣武军合势"⑦，宣武军将刘昌遂从节度使刘玄佐"以浙西兵合三万人救（陈州）"⑧，"破贼数万人"⑨。不久汴州收复，漕运得以恢复。此后北方局势渐趋稳定，平定李

---

① 《读史方舆纪要》卷21《南直三·宿州》，第1053页。
② 《全唐文》卷680白居易《襄州别驾府君事状》。
③ 《全唐文》卷530顾况《韩滉行状》。
④ 《旧唐书》卷126《陈少游传》。
⑤ 《全唐文》卷530顾况《韩滉行状》。
⑥ 《樊川文集》卷10《宋州宁陵县记》，第158页。
⑦ 《全唐文》卷530顾况《韩滉行状》。
⑧ 《旧唐书》卷152《刘昌传》。
⑨ 《全唐文》卷530顾况《韩滉行状》。

希烈的叛乱也就为时不远了。

从以上两例来看，与其将平定李希烈的首功记在宣武军身上，还不如说加在韩滉与镇海军身上更恰当。宣武军在藩镇时代的名气当然远在镇海军之上，而宣武军的建立与发展也同镇海军一样，得益于德宗的削藩战争。但有一点我们不能忘记，那就是新近成立的宣武军在建中四年底李希烈攻克大梁、永平军瓦解前，是作为前者都统的下属参与作战的。而也正因为永平军的瓦解，军事力量半是脱胎于前者的宣武军在当时实力并不强。① 况且宁陵之战前，宣武军与其他河南军队还刚刚遭遇过白塔之败。这也正是为什么宣武军将刘昌等人几乎是拼尽了全力守卫宁陵城。所以说，真正给于李希烈致命一击的不是宣武军，而是浙西的镇海军。当然，这支军队渡江涉淮后，领导它作战的总指挥肯定不会是非武将出身且要坐镇江东的韩滉，只可能是宣武军节度使刘玄佐，所以文本的叙述常常会将它置于宣武军的名义之下。但幸运的是，史料仍旧为我们保存了细节，使我们知道这支军队并不是宣武军的系统，它的实际指挥权还应属于来自浙西的军将与韩滉。

又史载，兴元元年冬，淮南节度陈少游死，"大将王韶欲自为留后，令将士推己知军事，且欲大掠，韩滉遣使谓之曰：'汝敢为乱，吾即日全军渡江诛汝矣！'韶等惧而让"②。财税重镇淮南的局势得以稳定，对唐廷来说无疑又是一个巨大的贡献。所以史称德宗闻知此事后亦甚喜，谓人曰："滉不惟安江东，又能安淮南，真大臣之器。"③

总之，在泾师之变发生后，韩滉遣兵镇徐州、平淮西、安淮南，稳定了东方的局势。如此看来，说南方战场的首功是韩滉与镇海军所创的当不为过。而东方局势的稳定对唐廷最大的意义，便是保障了漕运的畅通。故

---

① 《资治通鉴》卷229"建中四年十二月"条载李希烈攻李勉于汴州，"勉城守累月，外救不至，将其众万余人奔宋州"。兴元元年正月"戊戌，加刘洽汴、滑、宋、亳都统副使，知都统事，李勉悉以其众授之"。

② 《资治通鉴》卷231"兴元元年十二月"条。《韩滉行状》对此记载略有不同，其曰："淮南初丧节度使，大将王侣带甲数千，夜犯城府。或出权计者，云江南兵至，侣兵遂散。杀戮甚多，士卒骄矜，争邀厚赏，率居人商旅五十万缗。符牒已行，人情恟恟，公即日遣都虞候李栖华谓兵马使张瑷等曰：'收复上都，六军未赏，节度薨殁，岂名为功？赋敛擅兴，何人造意？'诸将引过，横逆立停。"另，"王韶"之名，除《韩滉行状》作"王侣"外，《旧唐书》卷146《杜亚传》作"王绍"。

③ 《资治通鉴》卷231"兴元元年十二月"条。

史称其时"漕路无梗,完靖东南,滉功多"① 应该是比较公允的评价。因此在兴元元年收复京邑后,德宗再加韩滉检校尚书右仆射,进封昌黎县开国公,后改封南阳郡公,以嘉其功。②

以上所谈的主要是镇海军在南战场中的作用,那么更重要的北战场又是如何呢?泾师之变后德宗赦免两河叛镇,北战场的战略重心转向关中,收复关中成了唐廷的头等大事。据顾况所撰《韩滉行状》载,兴元元年德宗南走梁州后,

> (滉)命从事裴枢、李伦微巡,内兵甲麾下将士合三万人,请翊卫銮舆,收复京邑。上深嘉叹,特加检校尚书右仆射。③

实际上,如果韩滉真的派人微巡,并将微巡的状况传到德宗的耳中,那多半也只是一种表忠心的姿态,因为江东的军队在当时无论如何是不可能跑到关中去作战的。而且德宗诏加韩滉检校尚书右仆射也绝不是因为在逃亡途中感闻镇海军的忠诚。韩滉之封,实要到兴元元年京师收复以后。不过顾况在这里所撰的韩滉事迹也并非只是对韩滉的吹许。行状撰文,模糊时间界限也情有可原。江东的军队跑去收复京师固然在当时是不可能的,但韩滉在前后河南用兵之际,遣锐卒"解宁陵睢阳之围,全彭城要害之地"④却是实情。而对于北战场来说,镇海军的意义恐怕也确实并不在于它在军事方面能提供唐廷多大的帮助,而更重要的是在畿甸路断之时,如何将南方的物资源源不断地运往中原及关中等地。实际上,正是由于江东强大的财赋保障,使得平叛战役得以持续,同时也维系着命悬一线的唐廷的生存。这才是镇海军对于北战场最大的贡献。

我们首先来看一下兴元元年春夏之际,由于李怀光叛乱,德宗自奉天再奔梁州后的记载。史称因为仓促出逃,朝廷的物资供应极度匮乏:"六军从官,扈跸千里,时属维夏,未颁春衣"⑤,且"时李希烈阻兵,江淮租输,所在艰阻"⑥。五月,盐铁转运使包佶集江淮缯帛五十万匹,遣判官王

---

① 《新唐书》卷126《韩休附韩滉传》。
② 参校《全唐文》卷530顾况《韩滉行状》、《旧唐书·韩滉传》、《新唐书·韩滉传》、《陆贽集》卷9《韩滉加检校右仆射制》(第276~277页)。
③ 《全唐文》卷530顾况《韩滉行状》。
④ 《全唐文》卷530顾况《韩滉行状》。
⑤ 《全唐文》卷530顾况《韩滉行状》。
⑥ 《旧唐书》卷123《王绍传》。

绍"督缘路轻货，趣金、商路，倍程出洋州以赴行在"①，德宗深赖之。而其时，镇海军节度使韩滉亦"命判官何士幹领健步七百，负绞练十万匹，上献天子"。据称"表至行在，众情大悦"②。更可贵者，"滉闻奉天之难，以夹练囊缄盛茶末，遣健步以进御"③，可见其所虑之细。

相较于衣帛，粮饷的问题在当时更为重要。当时的神策军将李晟方屯渭北，欲复京师，但苦于粮饷不继，幸赖韩滉"运米百艘以饷李晟"。此处之"百艘"并不是一个泛称，因为史载为保障沿途运输安全，韩滉以"艘置五弩手以为防援，有寇则叩舷相警，五百弩已彀矣。比至渭桥，盗不敢近"④。可见当时韩滉馈运李晟的军粮确有百船之多。时人赵元一在评价韩滉时亦以为：

> 时滉以中国多难，翠华不守。淮西、幽燕并为敌国，公虑敖仓之粟不继，忧王师之绝粮，遂于浙江东西市米六百万石，表奏御史四十员，以允纳署。淮汴之间，楼船万计。中原百万之师，馈粮不竭者，韩公之力焉。⑤

再来看一下兴元元年七月德宗还京后的情况。虽说此时关中已复，但大盗之后，又值天下旱蝗，国用尽竭。关中是此次受灾最严重的地区，此时"米斗千钱，仓廪耗竭"⑥。而两河一带除了淮西等地的战乱尚未完全平息外，也遭受了严重的饥荒侵袭，同样"米斗千钱"⑦，非但不能调拨此处粮饷入都，中央还要额外诏赐其米⑧，"由是国用益窘"⑨。幸而此时韩滉

---

① 《旧唐书》卷123《王绍传》。
② 《全唐文》卷530顾况《韩滉行状》。
③ 《唐国史补》卷上，第26页。
④ 《资治通鉴》卷231"兴元元年五月"条。《新唐书》卷126《韩休附韩滉传》称"船置十弩以相警捍"，与《资治通鉴》的"艘置五弩手以为防援"略有不同。
⑤ 《奉天录》卷2。
⑥ 《资治通鉴》卷231"兴元元年十一月"条。
⑦ 《旧唐书》卷12《德宗纪上》贞元元年二月。
⑧ 《旧唐书》卷12《德宗纪上》兴元元年十月"诏宋亳、淄青、泽潞、河东、恒冀、幽、易定、魏博等八节度，螟蝗为害，蒸民饥馑，每节度赐米五万石，河阳、东畿各赐三万石"。
⑨ 《旧唐书》卷12《德宗纪上》贞元元年四月。

"运江、淮粟帛入贡府,无虚月"①,才逐渐转危为安。《资治通鉴》载关中乏粮:

> (韩滉)自临水滨发米百万斛……既而陈少游闻滉贡米,亦贡二十万斛。上谓李泌曰:"韩滉乃能化陈少游亦贡米矣!"对曰:"岂惟少游,诸道将争入贡矣!"②

《韩滉行状》亦称:

> 关中初复,公以为国无年储,何御荒俭?陈围已解,汴路即通。抗表请献军粮二十万斛,从本道直至渭桥。公命判官元友直草创运务,部勒趋程,河中阻兵,坚城未拔,关河蝗旱,军食不足,船至垣曲,王师大振……连岁蝗灾,仰在转运,公自晨及暮,立于江皋,发四十七万斛,舳舻所至,近远慰安。③

而也正因为如此,韩滉"恩遇始深"④,

> 时右丞元琇判度支,以关辅旱俭,请运江淮租米以给京师。上以滉浙江东西节度,素著威名,加江淮转运使,欲令专督运务。⑤

遂于贞元元年(785)七月"以镇海军、浙江东西道节度使韩滉检校尚书左仆射、同平章事、江淮转运使"⑥,不久又进封国公。

---

① 《资治通鉴》卷231"兴元元年十二月"条。
② 《资治通鉴》卷231"兴元元年十一月"条。
③ 《全唐文》卷530顾况《韩滉行状》。
④ 《资治通鉴》卷231"兴元元年十二月"条。
⑤ 《旧唐书》卷129《韩滉传》。《册府元龟》卷511《邦计部·诬谲》系其事于贞元二年,当为兴元元年(784)至贞元元年期间。
⑥ 《旧唐书》卷12《德宗纪上》。《资治通鉴》卷231"兴元元年十二月"条:"庚辰,加滉平章事、江淮转运使。"现据《旧唐书·德宗纪上》、《旧唐书·韩滉传》、《新唐书·韩滉传》、《唐会要》卷87《转运使》等记载,加韩滉平章事、江淮转运使一事,当在贞元元年七月。又《旧唐书》卷49《食货志下》:"贞元元年,元琇以御史大夫为盐铁水陆运使。其年七月,以尚书右仆射韩滉统之。"据《旧唐书》卷12《德宗纪上》的记载,贞元元年三月,户部侍郎、判度支元琇兼诸道水陆运使。七月,除诏加韩滉江淮转运使外,德宗另以李泌为陕州长史、陕虢都防御观察陆运使,以河南尹薛珏为河南水陆运使。盖韩滉七月非统盐铁水陆运使,只是任江淮转运使而已。但元琇其时是否仍兼诸道水陆运使,或已罢免该职,不得而知。不过据有关史料来(转下页)

到了贞元二年春，关中的饥荒进一步加剧。于是德宗不得不下诏紧缩朝廷开支、军马粮草。但杯水车薪之举实在无法缓解险情，所谓"关辅汲汲，只缘兵粮漕引"①，禁军的军粮问题解决不了，京师的危机就不会解除。于是中央急令南方各道转输漕粮入京：

> 诏浙江东西，至今年入运送上都米七十五万石，更于本道两税折纳米一百万石，并江西、湖南、鄂岳、福建等道先支米，并委浙江东西节度使韩滉处置船运。数内送一百万石至东渭桥输纳，余赈给河北等诸军及行营粮料。其淮南及濠寿等道先支米，洪、潭屯米，并委淮南节度使杜亚勾当船运，数内送二十万石至东渭桥，余支充诸军行营粮料。②

当年夏季，由于漕粮未至，关中仓廪竭，军士已露哗变之态，

> 禁军或自脱巾呼于道曰："拘吾于军而不给粮，吾罪人也！"上忧之甚，会韩滉运米三万斛至陕，李泌即奏之。上喜，遽至东宫，谓太子曰："米已至陕，吾父子得生矣！"③

若无韩滉的及时运粮，又一个泾师之变恐怕就近在眼前了。而在"其年秋初，江淮漕米大至京师"④，由江淮转输至长安及河北的米粮总计约二百万石，创下了唐代历史上南粮北运的最高额。⑤如此大功，德宗自然不忘赏誉韩滉，史称：

> 德宗嘉其功，以滉专领度支、诸道盐铁转运等使。⑥

由此也开创了有唐一代藩帅兼领盐铁转运使的先河。⑦

以上所示，应该足以证明韩滉与镇海军在当时政治舞台上所发挥的作

（接上页）看，运务之事此时恐已多为韩滉所督掌。有关韩滉的此次授命，可见陆贽所撰《韩滉检校左仆射平章事制》(《陆贽集》卷7，第230～232页)。

① 《全唐文》卷370刘晏《遗元载书》。
② 《册府元龟》卷498《邦计部·漕运》。
③ 《资治通鉴》卷232"贞元二年四月"条。
④ 《旧唐书》卷130《崔造传》。
⑤ 李廷先：《唐代扬州史考》，第411页。
⑥ 《旧唐书》卷130《崔造传》。
⑦ 《册府元龟》卷483《邦计部·总序》："藩镇领诸道盐铁始于此也。"

用了。可以说，若没有镇海军的支持，不仅平藩战役无法持续，就是唐廷的生存在当时都无法保障。

五、从雄藩到权相——韩滉的政治巅峰

在上文的论述中，我们有意识地将韩滉在德宗削藩战争中的表现与他的晋升一并提及。正如镇海军的崛起得益于削藩战争，尤其是泾师之变的爆发一样，在德宗即位之初原本以贬官身份被任命为两浙观察使的韩滉，也因为建中、兴元年间的战事，地位逐步上升，权势日趋显赫，终于在战争结束后，成为唐后期历史上权势最重之宰辅。下面我们就来谈谈这个问题。

随着贞元二年秋天战争的结束，身为镇海军浙江东西道节度使的韩滉也于当年十一月入朝觐见。然而和安史之乱后不少手握强兵、雄踞一方的节度使害怕被解除权力而不愿入朝相反，韩滉不仅赴朝参见，而且入朝后权势有增无减。史载：

> 韩滉自浙西入觐，朝廷委政待之，至于调兵食、笼盐铁、勾官吏赃罚、锄豪强兼并，上悉仗焉。每奏事，或日旰，他相充位而已，公卿救过不能暇，无敢枝梧者。①

可谓"总将相财赋之任，颇承顾遇，权倾中外"②。野史称：

> 滉至京，威势愈盛，日以橘木棒杀人，判椓郎官每候见皆奔走，公卿欲谒，逡巡莫敢进。③

此说虽不免夸诞，却也着实突显了其权相的本色。

其时秉政当国的韩滉何以能独掌中枢大权，有着如此之盛的权势呢？首先说来，以下三个原因恐怕是不能忽视的。第一，这应当源于韩氏家族在朝中的政治影响力与广泛的政治脉系。第二，当源于韩滉同时身兼度支、盐铁转运两务，尽掌国家出入计量之大权。第三，因为此时入朝辅政的韩滉仍旧领有镇海军浙江东西节度一职，是继开元天宝年间的萧嵩、李

---

① 《旧唐书》卷125《柳浑传》。
② 《旧唐书》卷164《杨於陵传》。
③ 《太平广记》卷79《方士四》"王生"条，出《异闻集》，第500页。

林甫、杨国忠后,又一位"宰相遥领节度"者①,因此亦非一般强藩的"使相"②可比。或以为有唐一代宰辅权势之重者,莫出其右。

不过在这里我更要强调的是,韩滉在朝中的强势地位,与他在当时与手握强兵的两大节度使——关东的宣武军节度使刘玄佐、关中的凤翔节度使李晟关系密切也有关。前文已提及,宣武军是德宗削藩战争期间涌现出来的又一雄藩,其居东诸侯,"控河朔之咽喉,通淮湖之运漕"③,地理位置十分重要。同时它也是平定淄青、淮西叛乱的主力。贞元二年秋,其出师屯境上,又制止了义成军的叛乱,是当时河南一带最强大的藩镇。宣武军的崛起,显然成了战后德宗的又一大心头之患。此时其节度使刘玄佐在汴,"习邻道故事,久未入朝"④,于是德宗密诏当时准备入朝的韩滉讽之:

> 韩滉过汴,玄佐重其才望,以属吏礼谒之。滉相约为兄弟,请拜玄佐母;其母喜,置酒见之。酒半,滉曰:"弟何时入朝?"玄佐曰:"久欲入朝,但力未办耳!"滉曰:"滉力可及,弟宜早入朝。丈母垂白,不可使更帅诸妇女往填宫也!"母悲泣不自胜。滉乃遗玄佐钱二十万缗,备行装。滉留大梁三日,大出金帛赏劳,一军为之倾动。⑤

刘玄佐敬重韩滉的才望,当然与韩滉曾以浙西军队助刘玄佐讨平淮西有关。果然不久后,刘玄佐与陈许节度使曲环俱入朝。小说家言:

> (韩滉离镇,)过汴州,挟刘玄佐俱行,势倾中外。⑥

---

① 《唐会要》卷78《诸使中·宰相遥领节度使》所载者仅三人,分别为开元天宝年间的萧嵩(遥领河西,以牛仙客为留后)、李林甫(遥领陇右,以杜希望为留后)、杨国忠(遥领剑南,以崔圆为留后)。其实此时的韩滉亦应属于此种情况。

② 岑仲勉先生曾对"使相"作如下解释:"武德、贞观时代,已有以外官兼任宰相或宰相兼任外官者……天宝以后,此风益盛,通谓之使相。就事实言,可分为性质不同之两类:(甲)本为宰相,因事奉使外出……或出兼外官……回朝时仍可知宰相之事者。(乙)方镇官已高,乃加宰相虚衔以宠之……即来到京师,仍不能知宰相之事者,此项授官,晚唐至滥,通常加'检校'字样以示别。"[《隋唐史》(上册),北京,中华书局,1982年,第116~117页]若以此论,则韩滉入朝前所除之"同平章事"当系后者。而入朝后之韩滉不仅带有宰相之称,而且确知宰相之事,实为真宰相。

③ 《全唐文》卷740刘宽夫《汴州纠曹厅壁记》。

④ 《资治通鉴》卷232"贞元二年十一月"条。

⑤ 《资治通鉴》卷232"贞元二年十一月"条。

⑥ 《太平广记》卷79《方士四》"王生"条,出《异闻集》,第499~500页。

而韩滉与凤翔节度使李晟的关系则更不一般,史载:"韩滉素与晟善。"① 早在韩滉初判度支时,"李晟以裨将白军事,滉待之加礼,使其子拜之,厚遗器币鞍马"②。建中、兴元年间,李晟统率神策军收复京师,终成大功,亦赖韩滉运米相助。长安收复后,李晟出为京西重镇凤翔节度使。此时入朝觐见的李晟与德宗的信臣张延赏不合,德宗因韩滉"尝有德于晟"③,"命滉移书道意","邀晟平憾"④。其后吐蕃遣使求和,"(李晟)奏曰:'戎狄无信,不可许。'宰相韩滉又扶晟议,请调军食以给晟,命将击之"⑤。其曰:

> 国家若令三数良将,长驱十万众,于凉、鄯、洮、渭并修坚城,各置三万人,足当守御之要。臣请以当道所贮蓄财赋为馈饷之资,以充三年之费。然后营田积粟,且耕且战,河陇二十余州,复之可翘足而待也。⑥

又荐刘玄佐可任边事。德宗"甚纳其言"⑦,遂坚不许与吐蕃盟会⑧,并"趣使进兵"⑨。

可以说,从贞元二年底到三年(787)初的短短数月,韩滉完成了从雄藩到权相的转变,入朝后的他秉政当国、统筹出入、兼领藩维,可谓人臣之极莫过于此,达到了个人政治生涯的巅峰。

六、君臣矛盾与德宗的妥协

上文我们谈过了,自韩滉出任两浙节度以来,转输粮饷、出兵两河,帮助中央顺利度过了建中、兴元年间的战争危机,因此也屡受德宗的奖

---

① 《资治通鉴》卷232"贞元二年十二月"条。
② 《新唐书》卷126《韩休附韩滉传》。
③ 《旧唐书》卷129《张延赏传》。
④ 《新唐书》卷127《张嘉贞附张延赏传》。
⑤ 《旧唐书》卷133《李晟传》。
⑥ 《全唐文》卷434韩滉《请伐吐蕃疏》。
⑦ 《旧唐书》卷129《韩滉传》。
⑧ 从《旧唐书》卷134《马燧传》的记载来看,贞元二年冬到贞元三年春这段时间里,吐蕃屡次遣使请盟,德宗皆不许。直到贞元三年四五月间,德宗才同意与吐蕃会盟。亦可见《资治通鉴》卷232"贞元三年三月"条的记载。
⑨ 《资治通鉴》卷232"贞元三年三月"条。

赏。但是检阅史书，在这对看似关系颇为融洽的君臣间其实也并非毫无芥蒂，完全信任。无论是战时还是战后，在德宗对韩滉的每次赏誉背后似乎都夹杂着不小的顾虑与猜忌。

这种猜忌首先来源于物议对韩滉在战时聚兵修城的不满。时议以为：

> 韩滉闻銮舆在外，聚兵修石头城，阴蓄异志。①

这自然也引起了刚从山南还驾长安不久的德宗的疑虑。于是德宗便向刚从江东赴京的谋士李泌询问，幸赖李泌多方解释、百口保滉，并令韩滉速运粮储转输进京，方才化解了这场危机。② 其实自建中、兴元之际京师遭遇朱泚之乱的变故，德宗被迫出逃奉天、梁州以来，原本勤王的诸藩就纷纷返回本境，修堑垒、缮甲兵，这种增设武备的情况在当时并不止江东一地，史称："时南方藩镇各闭境自守。"③ 此前德宗的谋士陆贽就曾对德宗说过："凡在恋主之诚，各怀徯后之志，是以（张）延赏奉迎于西蜀，韩滉望幸于东吴。此乃臣子之常情，古今之通礼。"④ 而李泌也以为："所以修石头城者，滉见中原板荡，谓陛下将有永嘉之行，为迎扈之备耳。此乃人臣忠笃之虑，奈何更以为罪乎！"⑤ 与陆贽的观点基本是一致的。

韩滉虽没有"阴蓄异志"的野心，但在当时确也有过越权的举措。比如其在闻知京师发生变故后，便以"亲吏卢复为宣州刺史、采石军使"⑥ 就是一例。虽然从表面上看，这一举措并不完全违背大历十二年（777）整顿地方军制时规定的"令诸使非军事要急，无得擅召刺史及停其职务，差人权摄"⑦ 的政令，但毕竟是对本意于削弱藩镇对州刺史控制权的一种挑战。

如果说这种擅召刺史的举措主要是因时事所迫，并且不止韩滉一人，因此无须深加苛责的话，那么韩滉拘留两税盐铁使包佶一事则较此严重多了。史载：

---

① 《资治通鉴》卷231"兴元元年十一月"条。
② 此事详见《资治通鉴》卷231"兴元元年十一月"条。
③ 《资治通鉴》卷229"建中四年十一月"条。
④ 《陆贽集》卷15《兴元论解萧复状》，第468页。
⑤ 《资治通鉴》卷231"兴元元年十一月"条。
⑥ 《奉天录》卷2。
⑦ 《资治通鉴》卷225"大历十二年五月"条。

（建中）四年十月，驾幸奉天，度支汴东两税使包佶在扬州，尚未知也。佶判官崔沅遽报（陈）少游，佶时所总赋税钱帛约八百万贯在焉，少游意以为贼据京师，未即收复，遂胁取其财物。先使判官崔频就佶强索其纳给文历，并请供二百万贯钱物以助军费，佶答曰："所用财帛，须承敕命。"未与之。频勃然曰："中丞若得，为刘长卿；不尔，为崔众矣。"长卿尝任租庸使，为吴仲孺所困，崔众供军吝财，为光弼所杀，故频言及之。佶大惧，不敢固护，财帛将转输入京师者，悉为少游夺之。佶自谒，少游止焉，长揖而遣，既惧祸，奔往白沙。少游又遣判官房孺复召之，佶愈惧，托以巡检，因急棹过江，妻子伏案牍中。至上元，复为韩滉所拘留。佶先有兵三千，守御财货，令高越、元甫将焉，少游尽夺之。随佶渡江者，又为韩滉所留，佶但领胥吏往江、鄂等州。①

淮南节度使陈少游强夺转运使包佶财物之事，德宗在当时便以"或防他盗，供费军旅，收亦何伤"② 为由而不加治罪，虽然时议以为这是"圣情达于变通，明见万里"③，但实际上却并不能掩盖在"方隅阻绝，国命未振"④ 之际，德宗不敢得罪藩镇，又无法制约藩镇的尴尬处境。陈少游后因上表归顺李希烈之事败露而惭惶发疾，死后德宗也未再穷究其罪。而有关韩滉拘留包佶一事则更未见有何下文，或以为若不是史家有所隐讳，那么在当时藩镇截留中央财赋据为己有或许本就不值得小题大做。况且韩滉转输粟帛入京不遗余力，如此有大功于朝廷，对于拘留转运使一事德宗恐怕也就不会再多加计较了。

虽然韩滉的某些越职之举在当时的情势下并非完全无法理解，甚至还有一定的必要，但确实在无形中加深了其与中央的矛盾。面对江东的强势崛起与中央威信的衰退，此消彼长，德宗自然就会心生韩滉坐大而对自己造成威胁的疑虑。不过德宗虽有疑藩之心，在当时的情况下却也不得不向韩滉作出一定的妥协和让步，以求取得韩滉对朝廷的支持。同样，韩滉虽没有反叛之意，却也必须依靠李泌的屡次释惑和通过本镇的及时进贡才能

---

① 《旧唐书》卷126《陈少游传》。
② 《旧唐书》卷126《陈少游传》。
③ 《旧唐书》卷126《陈少游传》。
④ 《旧唐书》卷126《陈少游传》。

打消德宗的顾虑。可见两者间虽有矛盾，但终究还是保持着一个相对均衡的态势，这对双方都是有利的。

除了上述这些矛盾外，德宗与韩滉的分歧更主要的还是围绕利权，即漕运问题而展开的。德宗还驾长安后，立即着手对财政体制进行改革，

> （兴元元年九月，）以前岭南节度使元琇为户部侍郎、判度支。①

此时的关中正面临着由旱蝗灾害引起的饥荒肆虐与钱重货轻导致的钱币短缺两大问题。于是元琇便请运江淮租米以给京师，并令韩滉转送江东钱入关。德宗随即便诏加韩滉江淮转运使，欲令专督运务。事实证明，韩滉也确实未令危机中的德宗失望，源源不断地转输江淮粮饷入京师。与此同时，

> 琇以京师钱重货轻，切疾之，乃于江东监院收获见钱四十余万贯，令转送入关。滉不许，乃诬奏云："运千钱至京师，费钱至万，于国有害。"请罢之。上以问琇，琇奏曰："一千之重，约与一斗米均。自江南水路至京，一千之所运，费三百耳，岂至万乎？"上然之，遣中使赍手诏令运钱。滉坚执以为不可。②

姑且不论韩滉是否诬奏元琇，但其执意不肯运钱进京，甚至无视德宗的诏令，却也令德宗无可奈何。究其原因，就在于关中当时对江淮的漕粮依赖已相当严重，所以绝不敢因为韩滉的不肯运钱而深加责问，唯恐因此而祸及漕粮的运输。

贞元二年初，京畿乘兵乱之后，"仍岁蝗旱，府无储积"③的问题依旧没有得到有效解决，为了摆脱这一困境，德宗任用崔造为宰相实行财政改革，史称：

> 德宗以造敢言，为能立事，故不次登用。造久从事江外，嫉钱谷诸使罔上之弊，乃奏天下两税钱物，委本道观察使、本州刺史选官典部送上都；诸道水陆运使及度支、巡院、江淮转运使等并停；其度支、盐铁，委尚书省本司判。④

---

① 《旧唐书》卷12《德宗纪上》。
② 《旧唐书》卷129《韩滉传》。
③ 《旧唐书》卷130《崔造传》。
④ 《旧唐书》卷130《崔造传》。

> （又）造与元琇素厚，罢使之后，以盐铁之任委之。①

这次试图将财政大权还职尚书户部的改革刚一出台就遭到了韩滉的反对，原因就在于崔造的改革首先触动了"方司转运"而"朝廷仰给其漕发"②的江淮转运使韩滉的利益。面对这一情况，德宗采取了折中的措施，即在维持崔造其余改革条奏的前提下重新恢复韩滉的江淮转运使一职。但这一举措无疑给其时已被委任盐铁转运之职的元琇带来了尴尬，

> 元琇以滉性刚难制，乃复奏江淮转运，其江南米自江至扬子凡十八里，请滉主之；扬子已北，琇主之。滉闻之怒，摭琇盐铁司事论奏。③

为了安抚韩滉，德宗不得已，只能罢除了元琇的判使之职。而在当年秋初，韩滉所运的江淮漕米大至京师，及时缓解了关中的粮食危机。于是德宗嘉赞其功，以韩滉专领度支、诸道盐铁转运等使，正式将全国的财政大权全部交付于韩滉。④ 其后崔造、元琇二人由于韩滉的排挤而被罢职，崔造的改革也全被废除，围绕利权问题而展开的矛盾最后还是以德宗向韩滉的妥协宣告结束。

如上所言，韩滉对崔造改革的失败确实负有一定的责任，但是改革本身也不是没有问题，因为史书对崔造的改革就还曾有过这样的记载：

> 议者谓造举不适时，方用之乏，不能权济大事，虽据旧典，奚能抗一切之制云。⑤

---

① 《旧唐书》卷130《崔造传》。
② 《旧唐书》卷130《崔造传》。
③ 《旧唐书》卷130《崔造传》。《旧唐书·韩滉传》、《新唐书·韩滉传》、《册府元龟》卷511《邦计部·诬谲》略同。但此事发生的时间，当从《旧唐书·崔造传》、《新唐书》卷53《食货志三》的记载，应在崔造以盐铁之任委于元琇的改革之后。
④ 两唐书《崔造传》、《资治通鉴》卷232"贞元二年十一月、十二月"条、《册府元龟》卷483《邦计部·褒宠》等都以为贞元二年秋韩滉的运粮进京是德宗加赞其功、诏加其度支盐铁转运等使的原因。惟《新唐书》卷126《韩休附韩滉传》以为"滉既宿齿先达，颇简倨，接新进用事，不能满其意，众怨之。献羡钱五百余万缗，诏加度支诸道转运、盐铁等使"。
⑤ 《新唐书》卷150《崔造传》。

所以说，"不适时"与"不能权济大事"才是改革无法顺利推行的根本原因。其实在德宗即位后，并不止一次试图将财权收归户部。早在建中元年（780），宰相杨炎就有"罢度支、转运使，命金部、仓部代之"①的改革，只是不到几个月，就不得不重新以谏议大夫韩洄为户部侍郎、判度支，以金部郎中杜佑权江、淮水陆转运使，皆如旧制。这一次改革不成功的原因固然与当时财政专家刘晏遭杨炎罢黜有关，但史料却也记载在杨炎改革后"省职久废，耳目不相接，莫能振举，天下钱谷无所总领"②。

所以说，士大夫之间的个人恩怨，或是中央与藩镇间的矛盾，并不是导致这两次改革失败最主要的原因，而"诸使之职，行之已久，中外安之"③可谓一语道出了其中的关键所在。自安史之乱爆发后，尚书户部四司职能的衰落与使职体系的兴起便是大势所趋，所以韩滉以"司务久行，不可遽改"④而建言德宗，也并不能简单地看作藩镇向中央邀权的跋扈行为。事实上，作为唐王朝在安史之乱后财政体系改革，尤其是使职体系确立的最初实践者，韩滉与刘晏一样，都深谙其理；而且在实际运作中，韩滉也有相当丰富的经验和极强的能力。既然还职部司已不合时宜，适逢战乱、凶荒之岁，更"难为集事"⑤，而改革又恰巧触犯了朝廷正仰给其漕发的浙江东西道观察使韩滉的直接利益，那么最终的结果也只能是德宗作出让步。德宗最后权衡利弊，不仅废除了改革，而且诏加韩滉度支、诸道盐铁转运等使，将全国的财政大权委于韩滉，如此优宠，固然有些许无奈，却也是时事使然，并且，确是着眼于大局的正确选择。⑥

韩滉于贞元二年冬自浙西入朝，此时已集将相财权于一身，不仅满朝公卿不敢得罪韩滉，德宗也是"虚己待之"⑦，对其"言无不从"⑧，野史更称此时的韩滉是"威势胜于王者"⑨，因此在对待一些有分歧的问题时，

---

① 《资治通鉴》卷226"建中元年三月"条。
② 《资治通鉴》卷226"建中元年三月"条。
③ 《资治通鉴》卷232"贞元二年十一月"条。
④ 《旧唐书》卷130《崔造传》。
⑤ 《旧唐书》卷130《崔造传》。
⑥ 有关崔造财政改革所涉及的中央与韩滉的矛盾诸问题，可参见李锦绣：《唐代财政史稿》（下卷），第110~114页。
⑦ 《新唐书》卷142《柳浑传》。
⑧ 《资治通鉴》卷232"贞元三年正月"条。
⑨ 《太平广记》卷79《方士四》"王生"条，出《异闻集》，第500页。

德宗常常是不愿意违逆韩滉的意见的。最明显的例子发生在两者对于吐蕃遣使求和,究竟是许还是不许这一问题上。当时韩滉力扶大将李晟的建议,以为戎狄无信,不可许和,并且主张调军食以峙边,命将击之。但是德宗的本意却是倾向于与吐蕃盟和,史料中有"上方厌兵,疑将帅生事邀功"① 之语,就是最好的佐证。但最后德宗还是听纳了李晟、韩滉之请,没有答应吐蕃盟和的请求,这就说明德宗对韩、李二人,尤其是韩滉,是有所顾忌和畏惮的。

综合以上分析我们不难发现,德宗与韩滉之间的分歧,固然与德宗的猜忌、韩滉的刚愎自用等两者性格有一定的关系,但绝不是最重要的。德宗与韩滉的矛盾,更多的还是朝藩矛盾的一种体现,同时,也是新兴的使职体系代替旧有的省部职能这一制度变革的体现。但不可否认,在中央与藩镇、中央政务机构与新兴使职系统的竞争中,前者都落了下风,因此德宗不得不屡次向韩滉作出妥协,也就是势所必然的结果。

七、韩滉之死与德宗的贞元改革

如上所言,虽然德宗在与韩滉的关系中屡次让步妥协,但镇海军的壮大与韩滉的权势日盛毕竟不是德宗所愿意看到的。然而,正当德宗对韩滉的骄恣似乎无可奈何时,贞元三年二月,入朝未久的韩滉却薨逝于京师私第,结束了其短暂的权相生涯。韩滉的去世,无疑给了德宗调整政策的机会,德宗于是立即着手对中央体制与江东政局进行改革。我们在这里则主要来谈一下韩滉死后江东的变化。

(一)行政区划的调整。史称:

> (贞元三年二月,)分浙江东、西道为三:浙西,治润州;浙东,治越州;宣、歙、池,治宣州。②

德宗在韩滉死后立刻分割江东地盘,显然旨在削弱江东的军政实力。在这次调整中,德宗对江东诸州的归属进行了新的安排:浙江西道,治润州,领常、湖、苏、杭、睦五州③;浙江东道,治越州,领明、台、温、衢、

---

① 《旧唐书》卷133《李晟传》。
② 《资治通鉴》卷232"贞元三年二月"条。
③ 《新唐书》卷68《方镇表五·江东》记载贞元三年两浙分析之时"浙江西道都团练观察使,领润、江、常、苏、杭、湖、睦七州",贞元四年"江州隶江西(转下页)

处、婺六州；宣歙池，治宣州，领歙、池二州。（见图32）自德宗此次改革后，浙西、浙东、宣歙池三镇的疆理设置持续到唐末，就未再进行过调整。所以说，此次改革实际上是结束了自安史之乱爆发后两浙（尤其是浙西）、宣歙等地行政区划一直比较混乱的局面，从此江东地区进入一个行政区划长期较为稳定的时期。大泽正昭先生以为，德宗在贞元三年二月韩滉去世之际，对其所领旧地浙西、浙东、宣歙三道的划分，与贞元元年三月任命李澄为郑滑节度使、二年七月任命曲环为陈许节度使、四年（788）十一月任命张建封为徐泗濠节度使的举措相类似。这些措施构成了贞元改革的一个重要部分，就是对江南、河南漕运沿线藩镇的细分，其目的就是

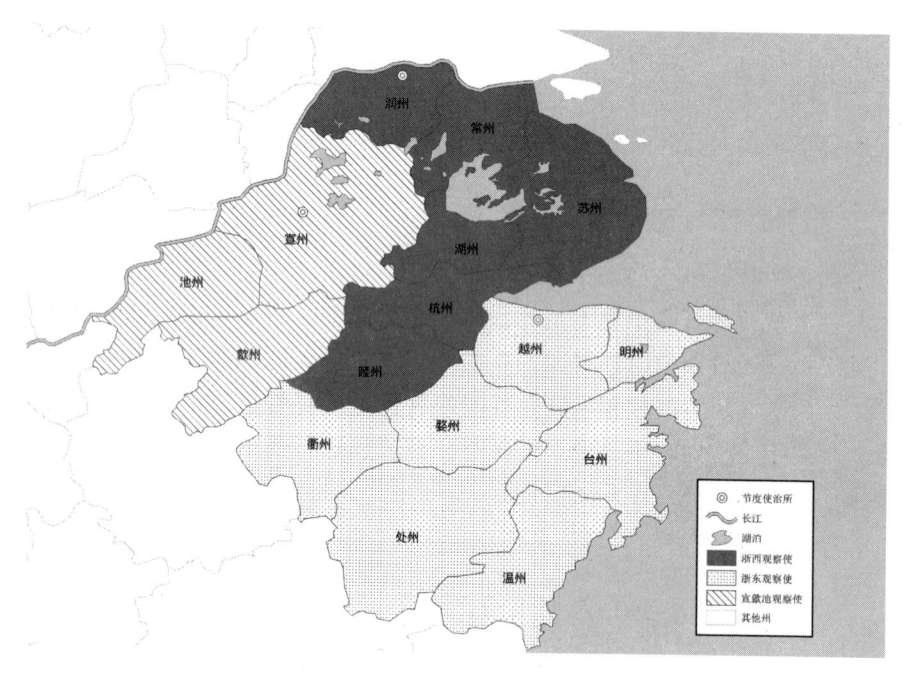

图32　贞元三年之后的江东三镇

（说明：池州乃分宣州置。韩滉统辖江东时池州是否并入宣州，史书无载，推测很可能是的。）

（接上页）观察使"（同年《洪吉》记"江南西道观察使增领江州"）。实江州早在大历初期已属江西道，况且其根本不与其他六州中的任何一州接壤，浙西不可能跨越宣歙池等州来管辖江州。故新表有关江州的记载误。另，新表称此时浙西治苏州，亦误，浙西治所自韩滉担任镇海军节度使起就已改为润州了，这在《资治通鉴》卷232"贞元三年二月"条、《旧唐书》卷12《德宗纪上》的贞元三年记载中也可得到证实。

为了控制漕运沿线藩镇的实力，确保江淮漕运的安全。①

（二）镇海军的废除。在韩滉死后，德宗立即废除了镇海军，降节度为观察，令新设的浙西、浙东、宣歙池三道"各置观察使以领之"②。由于观察都团练使的法定兵额比节度使要少，此举自然也就意味着当地兵力的削减。贞元三年闰五月，度支又奏请：

> 浙江东西节度使韩滉，自建中年已后，供军资费赏设等，每年续加当钱六十一万六千贯，准今年五月五日敕，近日甲兵止息，无别征求，此是常税，先有成例。宜令浙西观察使白志贞、浙东观察使皇甫政，各据道本元额，依旧每年两税征收发遣，其钱物到别库收贮。每有给用，皆先奏取进止，其钱旧例每年六月举征，如秋限送纳。今京西师旅颇众，经用尤多，望令依税限纳，市轻货送上都。③ 从之。

这则奏请显示出，中央曾将建中年间的一部分增税额拨给使级预算支用，这应与当时的战争环境有关。不过作为"成例"，最终仍收归中央财政。④因此在韩滉死后，增拨的使级预算重新收归中央，是中央控制两浙军费的一项重要举措。这或许也与当地兵额数减少有一定关系。

（三）大将的离镇。德宗朝初期的江东，尤其是浙西的军队组成人员，主要是延续了代宗朝的班底，军队的主要将领是自代宗朝伊始就长驻两浙的北下军人，王栖曜、李长荣、柏良器就是其中最重要的三位将领。由于这些将领参与过平定安史之乱及其后诸多的战役，屡受朝廷赏赞，因此在江东的地位相当尊崇。虽于藩帅手下担任都知兵马使，却深受历任浙西观察使的礼重，甚至对藩帅的选任都能产生很大影响。如上文揭示的，当年建言韩滉去浙西担任观察使的就是当地的大将柏良器。虽然放诸全国来看，柏氏说不上是一个有权有势的将领，但是于浙西，他却是一个地道的实权人物。况且他如果没有一定的资历与威望，也不可能得到宰相杨炎的召见，并向杨炎建言重择当镇的藩帅。

---

① ［日］大泽正昭：《唐末の藩镇と中央权力——德宗・宪宗朝を中心として》，《东洋史研究》32：2，1973，第153页。
② 《资治通鉴》卷232"贞元三年二月"条。
③ 《全唐文》卷964《请令浙东西依税限纳当钱奏》。
④ 陈明光：《唐代财政史新编》，北京，中国财政经济出版社，1991年，第231页。

在韩滉担任镇海军节度使后，这批将领受命北上作战，并屡立战功。兴元元年汴州收复之际，朝廷诏封王栖曜为琅琊郡王、李长荣为祁连郡王、柏良器为平原郡王。① 贞元二年淮西平，诏书又称："戎籍乃为裨将副，非所以褒功宠德也"②，因此对这批将领的晋升就势在必行。于是在贞元二年底，王栖曜、李长荣、柏良器三人便随节度使韩滉一同入朝。随后分别被任命为左龙武军将军、右神策军将军、左神策军将军，且知军事，这应是贞元三年五月之事。据《唐会要》记载：

> 贞元三年五月，左右神武等军各加将军一员。上以诸道大将有功劳者，将擢掌禁兵，故增其官员以待之。仍以浙西大将王栖曜、李长荣，河东大将郭定元、符璘充之。③

德宗此举一为褒奖功臣，另外则为强化中央对禁军的控制，史称：

> 上还长安，颇忌宿将握兵多者，稍稍罢之。（兴元元年十月）戊辰，以（窦）文场监神策军左厢兵马使，王希迁监右厢兵马使，始令宦官分典禁旅。④

而以诸道大将代替禁军宿将擢掌禁兵亦是另外一项重要手段，所谓"德宗立禁军，精择元帅"⑤ 就是据此而言。而其时宦官虽分典禁旅，却还未形成实质上的专政局面。直到贞元八年（792）左神策大将军柏良器因募才勇之士以易贩鬻者而得罪监军窦文场，左迁右领军，"自是宦官始专军

---

① 参见《权德舆诗文集》卷16《唐故鄜州伏陆县令赠左散骑常侍王府君神道碑铭并序》（第252页）、潘孟阳《祁连郡王李公墓志》（引自《唐方镇年表》卷4《河阳》所引《孟县志》，第359页）、《全唐文》卷638李翱《柏良器神道碑》。

② 《全唐文》卷638李翱《柏良器神道碑》。

③ 《唐会要》卷72《京城诸军》。《旧唐书》卷12《德宗纪上》："（贞元三年五月）戊戌，左右神策、左右龙武各加将军一员。"《旧唐书》卷44《职官志三》："至贞元三年五月，敕左右神策将军各加二员，左右神武将军各加一员也。"《新唐书》卷50《兵志》："（贞元三年，）左右神策军皆加将军二员，左右龙武加将军一员，以待诸道大将有功者。"各书记载略有不同。

④ 《资治通鉴》卷231"兴元元年十月"条。

⑤ 《唐代墓志汇编续集》大中054张台《唐故青州司户参军韦君夫人柏氏墓铭并序》，第1007页。

政"①。贞元十二年（796），德宗又以窦文场、霍仙鸣二人出任左右神策军中尉，宦官专掌禁军遂成定制。

大将的离镇对中央的意义可谓是多方面的。除了可以加强中央对禁军的控制外，中央还可以依仗这些久历战阵的将领镇守边境、抵御戎事。贞元四年，德宗以王栖曜为鄜坊丹延等州节度使，其后镇守塞垣十四年。又以李长荣先后为河阳、泽潞两地节度使，亦长期出守要镇。而就浙西方面来说，大将的离镇削弱了当地军将层的势力，使得中央在任命新的浙西观察使时不用再受地方将校的掣肘，因此可谓一举多得。

（四）新藩帅的选任。韩滉死后德宗对新藩帅的选任，当然是江东政局调整中最重要的一项内容。其中浙西镇因为地位最重，对其廉帅的选任便尤需多费思量。德宗特别安排其心腹，时贬官果州的原神策军使白志贞担任浙西观察使一职。其时，宰相柳浑以"志贞一末吏憸人……不当顿居重职"②，"累疏以闻而止"③。然而德宗并没有接受柳浑的建议，而是执意以白志贞担任浙西观察使这一重职，这显然是为了更好地加强对浙西的控制。只是仅过了三个月，白氏便卒于任上。于是宰相李泌拟请以给事中王纬为浙西观察使，其言："浙西赋入尤剧，纬清而忠，能惠养民，故请遣之。"④ 诏可。王纬任职十一年，其死后由原浙东观察使李若初继任，李氏曾在刘晏手下任过职，也是善于吏道、精于财赋、"有名于时"⑤ 的官员。史称王纬、李若初两人，一人清洁、一人善理，所以中央特别安排这样的官员来出任浙西观察使仍旧是有一定的财政上的考虑的。只是他们在担任观察使期间的权力与韩滉时期相比已有相当的削弱。史载王纬任观察使时，

> （苏州刺史于𫖯）虽为政有绩，然横暴已甚，追憾湖州旧尉，封杖以计强决之。观察使王纬奏其事，德宗不省。及后𫖯累迁，乃与纬书曰："一蒙恶奏，三度改官。"由大理卿迁陕虢观察使，自以为得志，益恣威虐。⑥

①《资治通鉴》卷234"贞元八年十二月"条。
②《旧唐书》卷125《柳浑传》。
③《柳宗元集》卷8《故银青光禄大夫右散骑常侍轻车都尉宜城县开国伯柳公行状》，第186页。
④《新唐书》卷159《王纬传》。
⑤《新唐书》卷149《刘晏传》。
⑥《旧唐书》卷156《于𫖯传》。

观察使弹劾管内刺史而不果,这与韩滉任职之时可自择管内州县长吏的局面已不可同日而语,这也正是藩镇实力衰弱的一个表现。

德宗在贞元年间对江东地区观察使的任命上还呈现出以下一些特点,值得注意。为了便于分析,特列表7示之:

表7 唐德宗贞元时期江东三镇观察使转迁表

	观察使	任前官	任年	迁出官
浙西	白志贞	果州刺史	贞元三年(5个月)	卒于任上
	王纬	给事中	贞元三年—十四年(11年)	卒于任上
	李若初	越州刺史（浙东观察使）	贞元十四年—十五年(5个月)	卒于任上
	李锜	常州刺史	贞元十五年—元和二年(8年半)	反于任上
浙东	皇甫政	宣州刺史	贞元三年—十三年(10年)	太子宾客
	李若初	福州刺史（福建观察使）	贞元十三年—十四年(1年半)	润州刺史（浙西观察使）
	裴肃	常州刺史	贞元十四年—十八年(3年半)	卒于任上
	贾全	常州刺史	贞元十八年—永贞元年(3年)	卒于任上
宣歙池	刘赞	常州刺史	贞元三年—十二年(9年)	卒于任上
	崔衍	虢州刺史	贞元十二年—永贞元年(9年)	卒于任上

(此表据吴廷燮《唐方镇年表》卷5《浙西》《浙东》《宣歙》作。)

从表中来看,首先,这些观察使的任期普遍较长。浙西王纬的11年,浙东皇甫政的10年,宣歙刘赞、崔衍的9年都是本镇在唐朝中叶连任时间最长的观察使。而且这些观察使几乎都卒于任上。其次,这些观察使几乎多由刺史,尤其是江南地区的刺史改任当地观察使。除白志贞、王纬外,其余诸人在任使之前,都有在两浙一带担任刺史的经历,更如李若初、李锜、皇甫政、刘赞等人，更是长期在江南执政。这表明，在德宗朝，江东诸道观察使的换任其实并不频繁，且多由本地刺史升任，少有中央官员出任的情况。而他们在当地的留任时间又过长，大多是至死不易其地。这种政策的积极方面在于，有过任职经验的官员较为熟悉当地的发展情况，有助于提高施政绩效，而且任期较长也利于稳定地方的行政体系，保持地方政策的延续性。但它的消极一面也很明显，它并不利于中央对藩镇的控制，容易使久居其地的藩帅形成自己的势力。事实证明，后来在宪宗朝初期发生的浙西李锜叛乱，很大程度上就是因为德宗这一政策埋下的隐患。

（五）浙西观察使仍兼盐铁转运使。论及德宗对江东政局的此番调整，最后还有一点不得不谈，这就是在贞元十年（794）后重新由浙西观察使兼任盐铁转运使一职。盐铁转运使操掌天下榷酤漕运，其中重点在江淮，主要管理东南海盐的专卖与工商税等事务，以及负责江淮一带两税米、上供财物的漕转入京，因此职权甚重。有唐一代共有六位藩帅兼领过该职，其中德宗一朝就有韩滉、王纬、李若初、李锜四人①，且都来自浙西，可见这一时期浙西藩帅兼领盐铁转运几成定制。浙西藩帅兼领盐铁转运，延续了韩滉以来的传统，与地缘因素有很大的关系，同时，也与当时浙西观察使突出的财政能力有关。如史称"方整理盐法，颇有次叙"②的李若初，就是浙西廉使兼领盐铁转运颇有成绩者。

但是这一措施的弊端也显而易见。学者以为，"德宗朝三司分掌制的一个明显缺陷，是缺乏一个可统筹中央财政收支全局的核心。本来这个核心应由度支充任，可是，盐铁转运使倚恃掌握丰沛的盐利并操持唐廷的粮食命脉——漕运，亦足以与度支分庭抗礼"③。贞元初期，作为江淮转运使的韩滉之所以能凌驾于中央的度支元琇之上，正是因为在关中粮荒之时，其操持着作为唐政府粮食命脉的东南漕运。

其实，在此后韩滉一人身兼度支、盐铁转运两职，并于贞元三年去世后，中央原本是可以解决所谓"缺乏一个可统筹中央财政收支全局的核

---

① 《旧唐书》卷49《食货志下》、《唐会要》卷87《转运盐铁总叙》《转运使》皆不载"李若初"，现据《旧唐书·李若初传》、《新唐书·李若初传》、《旧唐书》卷13《德宗纪下》补。此后出任淮南节度使的王播，唐末先后在荆南、浙西、淮南担任节度使的高骈也都在节度使任上兼领过该职。

② 《旧唐书》卷146《李若初传》。

③ 陈明光：《唐代财政史新编》，第284～285页。

心"的问题,并将财政大权重新控制在手中的。但是继韩滉之后,要在中央找到一个像韩滉一样财政能力突出,又颇能服人,尤其是要为德宗所信任的大臣却不容易。在韩滉死后,度支、盐铁转运并未由原副使班宏掌管,而是由宰臣窦参兼掌,史载:

> 参许宏,俟一岁以使职归之。岁余,参无归意;宏怒。司农少卿张滂,宏所荐也,参欲使滂分主江、淮盐铁,宏不可;滂知之,亦怨宏。及参为上所疏,乃让度支使于宏,又不欲利权专归于宏,乃荐滂于上;以宏判度支,以滂为户部侍郎、盐铁转运使,仍隶于宏以悦之。①

> (此后)张滂请盐铁旧簿于班宏,宏不与。滂与宏共择巡院官,莫有合者,阙官甚多。滂言于上曰:"如此,职事必废,臣罪无所逃。"②

于是德宗只能命宏、滂分掌天下财赋,如大历年间刘晏、韩滉故事。这种互不相统的混乱局面严重影响了正常的财政运转体制,成为当时最严重的财政问题。贞元八年班宏死后,司农少卿裴延龄专判度支,有宠于德宗,盐铁转运使张滂因陈延龄矫妄而遭罢职,时为贞元十年。或许是鉴于这种矛盾,此后度支权归中央,而盐铁转运一职则重新由浙西藩帅兼任,再次回到了韩滉的故事之中,终德宗一朝未再改变。

这样一来,两职分掌的矛盾又凸显出来了。即使此时中央对东南漕粮的依赖已不似先前那样严重,但因为这一时期巨额的盐利收入仍归盐铁使自掌,就是说"盐铁使也兼具管理收支的双重职能"③,所以同样能与度支平起平坐,这也就是班宏与张滂产生矛盾的原因之一。既然盐铁转运一职如此重要,那么中央理应加强对它的控制,而不应该将其下放于藩镇。况且盐铁转运使及其属下巡院本是限制藩镇财赋的重要机构,可使藩镇因受制于财赋而难以养兵逞强(所以为了获取财赋,藩镇有时也会掠夺转运使、巡院财物,如前述陈少游、韩滉夺取转运使包佶财物之事就系如此),那么,将本是遏制藩镇财权的盐铁转运使委于藩镇,不仅无助于加强中央

---

① 《资治通鉴》卷234"贞元八年三月"条。
② 《资治通鉴》卷234"贞元八年四月"条。
③ 陈明光:《唐代财政史新编》,第282页。

对藩镇的控制，反而便利了藩镇的养兵图强，导致颇有用心的藩帅利用掌握的财赋扩充军队、谋求自立，此后的李锜就是这样。

纵观德宗在贞元初期对江东所进行的改革，主旨还是在于弱化当地藩镇的势力，加强中央对江东的控制。就这一目的而言，改革总体上看来还是比较成功的，尤其是军政方面，取得了相当不错的效果。现在研究中唐历史的学者，大都已经不会再说德宗的削藩战争是彻底的失败，以及德宗在贞元年间对藩镇实行的是全然的姑息政策，并且因此质疑德宗的执政能力了。的确，我们从德宗在韩滉死后对江东所采取的一系列措施上也能很清楚地看到这一点。但不可否认，这次改革并不彻底，一些安排也有失妥当，如在藩帅选任、财权分配上仍存在着比较严重的缺陷，而这些都将为此后的李锜叛乱埋下伏笔。

八、韩滉是个什么样的人物：解读文本中的韩滉形象

本节围绕韩滉这个人物展开论述，因此在本节行将收尾之际也拟再对韩滉的历史形象作一番粗浅的回顾，看看其中是否还有一些有趣的问题值得探讨。

韩滉事迹，详见于顾况所作《检校尚书左仆射同中书门下平章事上柱国晋国公赠太傅韩公行状》中。顾况曾长期在江东担任韩滉幕僚，两人关系密切①，虽说行状之辞难免夸饰溢美，但所撰事迹应大致无误。而有关韩滉在德宗朝的转迁情况，我们还可以从当时陆贽所起草的《韩滉加检校右仆射制》《韩滉检校左仆射平章事制》《韩滉度支盐铁转运使制》三篇制文中得到印证。目今两唐书本传以及《资治通鉴》有关韩滉的内容，大体也是本于《韩滉行状》的记载。除此之外，唐宋时人的笔记小说中也有不少有关韩滉的逸史逸事，其中不少也为两唐书、《资治通鉴》所采纳，因此也是研究韩滉的重要资料。

关于韩滉在史料中的形象，首先需要关注的是《奉天录》一书。《奉天录》是现今所存关于奉天定难之役最完备之杂史，其作者赵元一与韩滉一样都是德宗时人。赵氏对韩滉的评价，几乎是除了官方文书与行状等外，目今所见唯一保留的当时人对韩滉的议论。关于赵氏的身份，有学者

---

① 关于顾况事，详见傅璇琮：《顾况考》，《唐代诗人丛考》，北京，中华书局，2003 年，第 396～426 页。

疑其为奉天定难功臣浑瑊的幕府记室。① 黄永年先生则认为，赵元一当为史馆中人，至少在奉天之难结束后，其应该在史馆供职。② 不过就其本人而言，当与韩滉并无多大关系。从是书的记载看，赵元一对韩滉的评价相当高，称其在奉天之难中的馈粮不竭是"与夫汉之郑公各一时也"③。而这种赞誉之词，与官方在韩滉死后所作制文中称述的"虽郑亡子产，卫失柳庄，憯悼之怀，岂过于此"④，可以说是异曲同工。实际上，赵元一对韩滉的这番评价，很可能就是取材于韩滉死后，后者幕僚顾况代太常博士李豁畅所作韩滉谥议中所比拟的"昔萧何转漕关中，寇恂资用河内，皆以勤王干蛊，推功第一"⑤。总之，这些物议应该表明，在德宗时代，不管是官方还是私人，都不仅承认，而且高度推崇韩滉匡扶唐室中兴的功绩。在唐人著述中，与以上诸论持相同态度的还有元和时人李肇所撰的《唐国史补》⑥，以及时代更晚一些的李冗的《独异志》。⑦

不过唐人对韩滉的态度并非全如上文所示仅有赞誉的一面，因为在唐人著作中也有不少是对韩滉持贬抑态度的。如《戎幕闲谈》记载的一则有关韩滉的传闻就颇具讽刺意味：

> 唐丞相韩滉自金陵入朝。岁余后，于扬子江中，有龟鳖满江浮下，而悉无头。当此时，滉在城中薨。人莫知其故。⑧

实际上细读此段传闻我们或许会有这样的体会，即仅仅说此文具有讽刺意味恐怕还不足以道尽个中的深意，在讽刺的背后似乎还隐约透露着韩滉之死并不自然的重大隐情。如果联系一下韩滉的权相生涯仅仅持续了四个月，韩滉与德宗间的矛盾，德宗在其死后对朝政及江东政局所作的调整，

---

① 任育才：《唐德宗奉天定难及其史料之研究》，台北，"台湾商务印书馆"，1970年，第12页。
② 黄永年：《唐史史料学》，上海，上海书店出版社，2002年，第140页。
③ 《奉天录》卷2。
④ 《全唐文》卷530顾况《韩滉行状》。
⑤ 《全唐文》卷528顾况《太尉晋国公韩滉谥议》。
⑥ 《唐国史补》卷上："韩晋公自江东入觐，气概杰出。"（第27页）卷下："宰相自张曲江之后，称房太尉、李梁公为重德。德宗朝，则崔太傅尚用，杨崖州尚文，张凤翔尚学，韩晋公尚断，乃一时之风采。"（第49页）
⑦ 《独异志》卷上："韩晋公滉镇浙西，威令大行。"（第9页）
⑧ 引自《太平广记》卷143《征应九》"韩滉"条，第1031页。

以及其实早在德宗上台伊始便已埋下的他们君臣不和的种子①等事实,就不免会让人对韩滉的薨逝产生种种疑窦。当然,没有史料的证实,这些揣测和联想也仅仅只能停留在揣测和联想的层面。而真实的历史却是,在唐末的一些笔记小说里,韩滉的功臣形象确已发生变化了,诸如"势倾中外"、"威势胜于王者"② 等语已经见诸其中。晚唐五代杜光庭编撰的《神仙感遇传》中还记述了这样一则故事,称韩滉原是孔子弟子子路的转世,因"常有不轨之志",孔子担心他在人间触犯刑法,因此托人带信给他,让他"谨臣节、勿妄动",韩滉因此而"恭黜谦谨,克保终始"③。更是将韩滉描绘成了一个有不臣之心的藩帅。

  韩滉的形象何以会在唐人笔下有如此大的出入?仔细分析一下上述文本我们发现,其实唐人笔下韩滉形象的出入并非无迹可寻,其中其实存在着一个渐变的过程。据上文分析来看,韩滉功臣形象的转变似乎最早是从《戎幕闲谈》的记载开始的。而至晚唐,虽然也有像《独异志》这样的态度,但总的趋势是韩滉的负面形象越来越突出,至《神仙感遇传》而达极致。

  窥探这其中变化的原因,或许还需要从《戎幕闲谈》这本书入手来寻找一些线索。此书的作者韦绚在大和年间曾担任西川节度使李德裕的巡官,《戎幕闲谈》便是记当时李德裕所谈。④ 因此也可以说,此书中的记载多少能反映一些李德裕的态度。众所周知,李德裕与其父李吉甫是唐代中后期"抑藩振朝"政策重要的支持者与推广者。唐后期不少骄藩被裁抑与打压就是在这两人手中完成的。其中在元和初年帮助宪宗平定西川、浙西两镇叛乱,为宪宗后来的"元和中兴"打下基础的就是李德裕的父亲李吉甫,而被镇压的叛帅李锜则是韩滉的后任。或者从某种程度上说,李锜得以叛乱的军事、经济基础半是靠韩滉时期的经营继承得来的。当然,没有

---

  ① 对韩滉在大历十四年(779)德宗即位之初由判度支改为太常卿,又出为晋州刺史的这段调任经历,《旧唐书》卷129《韩滉传》的记载是:"滉弄权树党,皆此类也。俄改太常卿,议未息,又出为晋州刺史。"而《新唐书》卷126《韩休附韩滉传》的解释却是:"德宗立,恶滉掊刻,徙太常卿。议者不厌,乃出为晋州刺史。"当然,两说并非完全矛盾,也可能所言皆是确有其事。

  ② 《太平广记》卷79《方士四》"王生"条,出唐末陈翰所撰《异闻集》,第500页。

  ③ 引自《太平广记》卷19《神仙十九》"韩滉"条,第132~133页。

  ④ (清)陆心源辑:《唐文拾遗》卷28韦绚《戎幕闲谈序》,北京,中华书局,1983年,第10687页。

资料表明李吉甫、李德裕父子与韩氏家族的人有什么过节,但他们对于悍帅的反感显然是无可置疑的,而从上文的分析来看,韩滉恰恰也是一位悍帅。

　　以上所说,并非意在得出韩滉形象的转变与李德裕有关这样的结论。而是想说明,导致唐人对韩滉舆论转变的原因,或许还应该从当时政治形势的变化中来寻找更为恰当。具体来说,就是当宪宗上台后,采取了与德宗后期对待藩镇不同的态度,尤其是原本强悍的南方藩帅们在宪宗的打压下一个接一个地垮台,南方藩镇的性格也因此发生彻底的改变,而相应的,舆论导向自然也就要发生变化。如此,可能才能解释为何在德宗时期备受敬崇的功臣韩滉,其形象在宪宗以后的历史记载中会显现出愈来愈浓重的被诋毁的意味。加之笔记小说的记载本就大抵出诸传闻,往往又要经文人润色加工而辗转相抄,韩滉由功臣一变而成为叛帅或许也就不难理解了。

　　其实史料中所体现出来的唐人对浙西藩帅态度的游移不仅体现在韩滉一人身上,陆扬先生在讨论韩滉的后任李锜叛乱的问题时就已经指出了,类似的情形还发生在李锜的身上。并且认为这正是中晚唐时期士人价值观紊乱的征兆,而这种价值观的游移不定又恰恰是由于政治和社会的不稳定而造成的。①

　　正因为投射在文本中的唐人的政治价值观和判断是模糊的,因而据行状为蓝本,但又综合唐人笔记小说记载而成的两唐书本传对韩滉的评价自然也就不会高了。旧传作者以为"滉杀元琇,奏瑞盐,逞幹运之能,非贞纯之士,刻下罔上,以为己功。幸逢多事之朝,例在姑息之地,幸而获免,余无可称"②。新传虽未就韩滉的生平事迹进行评价,但观其行文,对韩滉的贬抑态度似乎更甚于旧传。如称韩滉在德宗驾幸奉天之时"握强兵,迁延不赴难"③,并认为韩滉之所以会被德宗委以度支、盐铁之职,乃是因其"献羡钱五百余万缗"④之故。当然,后世史家对韩滉评价不高,

---

　　① 参见陆扬:《从西川和浙西事件论元和政治格局的形成》,《唐研究》第八卷,2002年,第225~226页。而本文对韩滉形象的分析或许也可以作为陆扬先生观点的一个例证。
　　② 《旧唐书》卷129《韩滉传》。
　　③ 《新唐书》卷126《韩休附韩滉传》。
　　④ 《新唐书》卷126《韩休附韩滉传》。

甚至抹杀其中兴之功也有其他方面的原因，比如由于学者对藩镇体制心存芥蒂而不满韩滉在当时的所作所为，就是一个重要的原因。另外，因为学者对当时韩滉与德宗、与中央间的矛盾认识得不够准确，误以为韩滉的骄志就必然是藩镇跋扈的体现也是一个不容忽视的原因。相较于两唐书，《资治通鉴》在这方面相对就比较中肯和客观，这也正是司马光在史学造诣上更胜一筹的地方。当然，韩滉本身也并非一个无可指摘的人物，其诬劾元琇、弄权树党在当时应该确有其事。其"以前辈早达，稍薄后进。晚岁至京师，丞郎卿佐，接之颇倨，众不能平"① 应该也是较为可信的论述。但诚如新传作者所说"盖自其性云"②，这主要还是他性格方面的不足。因此不能因为这些记载就否认他的奉天定难之功，甚至谬言其心怀异志。

有趣的是，学者对韩滉的评价到明清时期依旧未达成一致。明末清初的学者王夫之在他的著作《读通鉴论》中以为：

> 德宗之初，天下鼎沸，河北连兵以叛，李希烈横亘于中，朱泚内逼，天子匿于襃、汉，李楚琳复断其右臂，韩滉收拾江东以观成败，其有必亡之势者十九矣。③

将韩滉与李希烈、朱泚、李楚琳等反唐之臣相提并论。但清末学者李慈铭却认为：

> 刘晏、韩滉，皆唐功臣之最也，天宝、贞元之不亡，二人之力也。④

又将韩滉重新放到了一个左右唐室命运的勋臣位置上。

韩滉究竟是一个匡扶唐室的功臣，还是一个包藏祸心的野心家？经过上文的一系列分析，我想已不难得出结论，如果没有韩滉及其所领江东十五州的支持，德宗便不可能在建中、兴元年间的战争中化险为夷，而此后的贞元之兴更无从谈起。然而遗憾的是，历史上韩滉的真实形象投射到文本中时却被歪曲了。这并不是说文本的作者要有意歪曲韩滉的形象，而是

---

① 《旧唐书》卷129《韩滉传》。
② 《新唐书》卷126《韩休附韩滉传》。
③ 《读通鉴论》卷24《德宗十三》，第841页。
④ （清）李慈铭撰，由云龙辑：《越缦堂读书记》（三），北京，中华书局，2006年，第290页。

因为他们所处的时代决定了他们的思维方式与叙事态度与韩滉时代已经不同了。正如陆扬先生所指出的："和唐前期相比，唐后半期的社会更是一个各种社会力量聚会纷争的场所，因而也是一个价值观念冲突而颇为混乱的时代。这并不表示这一阶段的社会在政治文化上不再具有共识和凝聚力，而是说这种共识因政治和社会的不稳定而变得游移不定。"① 于是文本中的韩滉形象自然也就由于这种价值观的游移不定呈现出了不相统一的特点。而这种不相统一的特点实际上也正代表了贞元、元和两个政治规则不尽相同的时代各自的政治面貌。

而对于唐以后的人们来说，我们对藩镇时代东南藩镇性格的认识，即东南藩镇应该是养兵少、实力弱的印象，也恰恰是以元和时代以后东南藩镇的性格为认识对象的（尽管我们在做这样的选择时自己并未意识到这一点）。既然我们对东南藩镇已经形成了这样一种特定的认知，那么我们对待韩滉——这个东南藩镇藩帅的认知也必然如此。我们先验性地认为，韩滉也应该是一个于当时时代而言不怎么显山露水的人物，他于境内治理可以有不俗的表现，于书、文、乐、画也可以有很高的才性（正如中晚唐时代不少江东廉帅一样，而且韩滉也确实是一个在书、文、乐、画领域有很高造诣的人物），只是不能左右朝政走向、决定唐廷命运（宪宗以后出任江东地区观察使，在很多情况下仅仅是官员转迁的一种资历。而在一些特殊的情况下，甚至是朝廷党争、排除异己的理想去处），因为只有这样才符合他作为东南藩镇藩帅的身份。但实际上，韩滉根本不是，较之那个被后人熟知的创作《五牛图》的画家韩滉，韩滉在他的时代，其意义却毫无疑问首先而且必然在政治领域。作为一个具有杰出气概，但同时也颇为强悍的东南藩帅，韩滉是一个站在当时政界风口浪尖上的人物。所以我们矛盾了，我们对韩滉的历史认知出现差异，甚至大相径庭了。然而幸运的是，我们总算还可以通过对史料的爬梳，通过对韩滉与德宗间种种细微关系的剖析，通过对韩滉历史形象转变原因的条理，还原一个还算比较接近历史真实的韩滉。同时，也为作为后人的我们去认识唐人的价值观，或者还有宋人、明清人，甚至我们自己对待藩镇问题的价值观提供一种途径。

---

① 陆扬：《从西川和浙西事件论元和政治格局的形成》，《唐研究》第八卷，2002年，第225页。

第四节 李锜叛乱与动乱期的终结

在标志帝国对藩政策由德宗的贞元模式向宪宗元和模式转向的政治举措中，元和二年（807）宪宗讨伐宗室李锜——这位韩滉后任镇海军节度使的战事，尽管不是唯一，但也绝对是至关重要的一次政治事件。有关这次事件的意义，陆扬先生于十多年前发表的《从西川和浙西事件论元和政治格局的形成》一文已对其进行了较为全面的讨论。作者通过在特定的时空界限内理解藩镇与中央的关系，对李锜何以会叛乱，以及叛乱的性质提出了不同于以往的新观点，颇有启发性。① 不过由于作者主要致力于探讨藩镇与中央的关系，因而对藩镇内部的军事构造与权力网络则着墨不多。本节的目的则是希望在前辈的基础上，着重探讨李锜事件中镇海军各军事集团的构成，以及它们各自与节度使李锜的关系，希望透过对藩镇内部权力组织的考察来解答李锜叛乱何以会失败，尤其是如此迅速彻底地失败这一问题。我们的研究将指出，对于江淮而言，李锜事件的意义不仅在于它标志着帝国的对藩政策即将发生大的转向，而且，它同样标志着一种旧有的藩镇内部构造即将成为过去时。至于取代它的会是何种新兴结构，我将在结束李锜事件的讨论后再予以解答。

一、李锜谋叛与三朝政局的变迁

有关李锜，史书称其出身于宗室之家，其祖淮安王神通与父国贞（即李若幽）都是唐王朝的功臣。李锜以父荫起家，贞元中累至富庶的湖、杭二州刺史。史载其多以宝货贿赂当时的朝廷显贵李齐运，于是在德宗贞元十五年（799）二月，前浙西观察使兼诸道盐铁转运使李若初卒于任后，

---

① 作者认为不能将李锜事件看作叛乱之举，因为从其前后行事来看，李锜未必真有决心与中央公开对抗。一个在德宗朝的浙西长期任职，利益所在全在江南，并在德宗姑息政策下牢享宠渥的地方观察使，原以为在宪宗上台后可以按照既有的政治模式来维系其地方的利益，却没料到政策变化之迅速大大超出了他的预料，结果不但没能达到"图久安计"的目的，反而陷于被动，被迫兵变。（《唐研究》第八卷，2002年，第225～256页）陆扬先生主张要从历史事件发展的过程中去判断它内部的复杂性，其观点颇值得重视。因为从现有的史料记载来看，显然都把李锜描绘成一个处心积虑、早有反意的藩帅，但往往忽视了急剧的政治变革对促成其谋反的作用。

当时已任常州刺史的李锜便升任为润州刺史、浙西观察使及诸道盐铁转运使,从而成为德宗时期最后一位浙西藩帅。

据载李锜上任后,"持积财进奉,以结恩泽,德宗甚宠之"①,又"恃恩骜横,天下榷酒漕运,锜得专之,故朝廷用事臣,锜以利交,余皆干没于私,国计日耗"②。时浙西有布衣崔善贞"诣阙上封,论锜罪状,而德宗械送赐锜,锜遂坑杀善贞"③。李锜在浙西的所作所为,虽然为"天下切齿"④,但由于得到德宗的姑纵,非但没有受到惩治,反而助长了他无所畏惮、试图自立的野心。史称为"图久安计"⑤,李锜"乃增置兵额"⑥。本来,观察使的军队不仅人数有限,其兵额原则上也应由中央规定,因此李锜的益兵之举便自然是在德宗的姑息下进行的。据称:

> (李锜)选善射者为一屯,号"挽硬随身",以胡、奚杂类虬须者为一将,号"蕃落健儿",皆锜腹心,禀给十倍,使号锜为假父,故乐为其用。⑦

挽硬也称"挽强",是拉硬弓的意思。蕃落则是从流配江南的胡、奚等少数族中选拔出来的兵士。⑧ 显然,这些人并不是"官健",从严格意义上来说,他们还不能属于"增置兵额"的范畴。至于他们的来源,当然绝非良家子弟,恐怕正如后来李吉甫向宪宗所说的"乃亡命群盗"⑨ 耳。但无疑,这些亡命之徒都是李锜所欲倚重的兵卒,其待遇也是一般兵士的十倍,其中也有结为义父子关系、号锜为假父的,可见他们都是李锜的私兵。李锜的扩军,应该还有增募官健或团结兵之举,但"挽硬"与"蕃落"这两支私兵对李锜来说显然是最重要的。

德宗死后,病入膏肓的顺宗即位,严重的中枢斗争成为当时的主要矛

---

① 《旧唐书》卷112《李国贞附李锜传》。
② 《新唐书》卷224上《叛臣上·李锜传》。
③ 《旧唐书》卷112《李国贞附李锜传》。
④ 《旧唐书》卷112《李国贞附李锜传》。
⑤ 《新唐书》卷224上《叛臣上·李锜传》。
⑥ 《旧唐书》卷112《李国贞附李锜传》。
⑦ 《新唐书》卷224上《叛臣上·李锜传》。
⑧ [日]堀敏一:《藩镇亲卫军的权力结构》,《日本学者研究中国史论著选译》第四卷《六朝隋唐》,第606页。
⑨ 《新唐书》卷146《李栖筠附李吉甫传》。

盾，朝廷还无暇顾及藩镇。不过朝政的变革毕竟还是对远在浙西的李锜产生了一定的影响。当时，执政的王叔文将李锜的盐铁转运一务收归中央，曾经有不少为王叔文集团平反的学者认为这是当时"外制藩镇"的一项重要措施，其实不然。韩愈在《顺宗实录》中曾记载道：

> （永贞元年三月）景（丙）戌，诏曰："检校司空平章事杜佑可检校司徒平章事，充度支并盐铁使。以浙西观察李锜为浙西节度检校刑部尚书。"……制曰："……起居舍人王叔文……可度支盐铁副使，依前翰林学士本官赐如故。"初，叔文既专内外之政，与其党谋曰："判度支则国赋在手，可以厚结诸用事人，取兵士心，以固其权。"骤使重职，人心不服。借杜佑雅有会计之名，位重而务自全，易可制；故先令佑主其名，而除之为副以专之。①

可见王叔文罢除李锜盐铁转运使一职，实是为了自身掌权的需要。因此为了安抚李锜，在罢去其盐铁之务的同时，又不得不给予其节度之号以示平衡。② 于是在时隔十八年之后，浙西又重新恢复了立节建军的情况。史载："锜虽罢其利权，且得节度，反状未发。"③ 朝廷既然授李锜以旌节，重建镇海军，那么军队的扩容也就理所当然了，所以后来宪宗在《讨李锜诏》中说到"授以师旅，用之以乱常"④ 就是指此。

永贞元年（805）八月，顺宗内禅于太子李纯，是为宪宗。宪宗的即

---

① 《韩昌黎文集校注》文外集下卷《顺宗实录》卷2，第702～703页。韩愈撰文固然有对王叔文等人持有偏见更或衔有私恨的倾向，但王叔文此举显然不是为了"外制藩镇"，否则不会授李锜以旌节。而且除了浙西升任节度外，在三月和五月，徐州和鄂岳也先后升为武宁军和武昌军节度。不过，我们同样也不能将王叔文此举认定是要助长李锜的割据野心，这只是其为自身集团利益而采取的合理的政治举措。

② 《旧唐书》卷112《李国贞附李锜传》称贞元末："德宗复于润州置镇海军，以锜为节度使。"《新唐书》卷224上《叛臣上·李锜传》略同。而《新唐书》卷68《方镇表五·江东》则称元和二年："升浙江西道都团练观察使为镇海军节度使。"现据韩愈《顺宗实录》的记载，浙西重置节度使的时间应为顺宗永贞元年三月丙戌。《资治通鉴》卷236亦载："（永贞元年三月）丙戌，以浙西观察使李锜为镇海节度使。"可见李锜升任节度使的时间应在顺宗朝而非德宗或宪宗朝。至于史料称此时李锜为浙西节度使或镇海军节度使，则均可。

③ 《旧唐书》卷112《李国贞附李锜传》。

④ 《全唐文》卷59宪宗《讨李锜诏》。

位,也就预示着新的政治规则的全面登场。① 当月,初登大位的宪宗即遣度支、盐铁转运副使潘孟阳宣慰江淮,其诏书中云:

> 顷年以江淮租赋,爰及榷税,委在藩服,使其平均。太上皇君临之初,务从省便,遂令使府,归在中朝。或恐巡院既多,职因交替,新制未立,旧纲已紊。②

因此潘孟阳此行的"首要使命就是调查顺宗时将盐铁使权收归中朝后在江淮的工作交接情形。李权力之所及都应是潘孟阳此行巡视的对象"③。虽然潘孟阳的巡视工作颇不称职,史称其"专事游宴,从仆三百人,多纳贿赂"④,于是宪宗在元和元年(806)三月罢除了潘的度支、盐铁转运副使一职,"但朝廷的控制江淮财政的方针已开始落实为具体步骤,这对李锜无疑是个警讯"⑤。

同年四月,盐铁转运使杜佑也向宪宗提出了解职之请,仍举兵部侍郎、度支使、盐铁转运副使李巽自代。⑥ 而此时,曾被王叔文罢去该职的李锜也在积极采取行动,图谋重新获得该职。史载其"厚赂贵幸,请用韩滉故事领盐铁,又求宣、歙"⑦。李锜搬出了其前任韩滉的故事,让宪宗一时也无法决断,于是便向谋臣李吉甫请教。而李很果断地告诉宪宗:

> 昔(西川)韦皋蓄财多,故刘辟因以构乱。李锜不臣有萌,若益以盐铁之饶、采石之险,是趣其反也。⑧

宪宗悟,乃以李巽为盐铁使。另一方面,李锜要求担任宣歙观察使的请求

---

① 参见陆扬:《从西川和浙西事件论元和政治格局的形成》,《唐研究》第八卷,2002年,第241页。
② 《全唐文》卷59宪宗《遣使宣慰江淮诏》。
③ 陆扬:《从西川和浙西事件论元和政治格局的形成》,《唐研究》第八卷,2002年,第242页。
④ 《资治通鉴》卷237"元和元年四月"条。
⑤ 陆扬:《从西川和浙西事件论元和政治格局的形成》,《唐研究》第八卷,2002年,第242页。
⑥ 《资治通鉴》卷237"元和元年四月"条。
⑦ 《新唐书》卷146《李栖筠附李吉甫传》。
⑧ 《新唐书》卷146《李栖筠附李吉甫传》。

也遭到了拒绝。① 按宣、歙二州是当时有名的殷阜之地、赋税重州。② 且宣州驻有采石军,是"山河地襟带,军镇国藩维"③ 的军事重地。所谓"京口、采石,俱是要地"④,军事地位并不逊于润州。身为浙西节度使的李锜在此时忽然兴起求领宣、歙的企图,或许与此时外界的形势对他已越来越不利有关。

永贞元年十二月,中央曾以刑部郎中杜兼为苏州刺史,据杜兼的墓志记载,杜兼曾任濠州刺史,因在贞元十六年(800)徐州军乱中防淮有功,入为刑部郎中,此时以能官拜苏州刺史。据称:

> (杜兼)即辞行,上书曰:"李锜且反,必且奏族臣。"上(指宪宗)固爱其才,书奏,即除吏部郎中,遂为给事中,出为商州刺史、金商防御使。⑤

而在李锜的幕僚中,也早有人对其在浙西的种种行径表示不满。李翱《故东川节度使卢公传》记载卢坦的事迹称:

---

① 对李锜"又求宣、歙"一语的理解,陆扬先生在《从西川和浙西事件论元和政治格局的形成》一文中认为当是李锜希望宪宗能继续让他保有在浙西的地位,如若不然,则调至另一个富庶的江南藩镇担任长官。(《唐研究》第八卷,2002年,第242页)显然这样的话,宣歙池就是最好的选择。陆氏的理解当是正确的。如果将这句话理解成已经领有浙西六州的李锜,妄图再要兼领宣、歙二州,那么岂不坐实了他的不臣之心?这种冒失的请求李锜应该是不会提出的。另外,李锜的这次请求不知发生在何时。按永贞元年八月宪宗即位之时,原宣歙池观察使崔衍恰好去世,而继任的常州刺史穆赞也于同年十一月去世,史载十二月,中央以常州刺史路应为宣歙池观察使。如果李锜的请求是在元和元年的话,似无道理,因为此时路应刚被任命为宣歙池观察使未久,中央不太可能再进行人员调整。而李锜的请求如果正是发生在永贞元年年底这段人事变动的时期,倒是有可能的,那么李锜求领宣、歙一事当在求领盐铁一事之前。但不管李锜是在何时、究竟出于何种目的提出这样的请求,其对宣歙的觊觎之心应该是可以想见的,此后其在叛变伊始就出兵宣歙,正是出于对该镇的重视。

② 所谓"宣为天下沃饶"(《旧唐书》卷136《刘滋附刘赞传》)、"歙,大州也……宣使之所察,歙为富州"(《韩昌黎文集校注》卷4《送陆歙州诗序》,第231页)。关于宣歙二州的富有,唐人文章或唐史记载颇多,韩国磐先生曾撰有《唐代宣歙镇之雄富》一文(《江海学刊》,1992年第3期),对此有比较详尽的论述。

③ 《白居易集笺校》卷13《叙德书情四十韵上宣歙崔中丞》,第718页。

④ 《读史方舆纪要》卷19《南直一·采石》,第882页。

⑤ 《韩昌黎文集校注》卷6《故中散大夫河南尹杜君墓志铭》,第390~391页。

> 王纬观察浙西,兼盐铁使,请坦为转运判官。及李锜代,请如初,转殿中侍御史。锜所行多不循法,坦每争之,词深切,听者皆为之惧。累求去不得,凡在锜府七年,官不改。锜恶状滋大,坦虑及难,又非可以力争,遂与裴度、李约、李棱继以罢去。①

值得注意的是,这些幕僚中的不少人随后进入了中央,于是李锜在浙西的种种恶行因这批人的入朝而为中央所知晓便不难理解。② 此时身处浙西的李锜对这些不利于他的言论想必也已有所耳闻,因此想乘新主即位之机主动提出奏请,力图改变当下不太乐观的现状。但李毕竟也不愿放弃在江南的既得利益,于是提出了换任至宣歙担任藩帅的请求。宣歙的军事、经济地位并不逊于浙西,因此对李来说,如果宪宗答应了他的要求,倒也没有太大的损失,反而显示了中央的缺乏威信。而且如果能一并获得盐铁使的职位,昔日的权势显然又近在眼前了。

但李锜的如意算盘显然是打错了,宪宗并没有接受他的请求,因为在对待藩镇的问题上,宪宗与他祖父德宗的行事显然截然不同。宪宗即位伊始,就立即表现出对藩镇的强硬态度。元和元年正月,不满刘辟求领三川的宪宗出兵东川,开始了征讨刘辟的军事行动,并于当年九月取得了平定西川的胜利。同年三月,宪宗还成功平定了夏绥杨惠琳的叛乱。夏、蜀两镇的平定,极大地提高了中央的威信,于是"藩镇惕息,多求入朝"③,"锜不自安,亦三请觐"④。李锜当时故作姿态,试探中央,也拟请入朝,史载:

> 初,浙西节度李锜请入觐,乃拜为右仆射,令入朝,既而又称疾,请至岁暮。上问宰臣,郑䌟请如锜奏,(武)元衡曰:"不可。且锜自请入朝,诏既许之,即又称疾,是可否在锜。今陛下新临大宝,天下属耳目,若使奸臣得遂其私,则威令从兹去矣。"上以为然,遽

---

① 《全唐文》卷640。
② 事实上,正如陆扬先生所指出的,李锜幕僚中的裴度、卢坦诸人此后都成了元和时代的重要人物。(参见《从西川和浙西事件论元和政治格局的形成》,《唐研究》第八卷,2002年,第241页)
③ 《资治通鉴》卷237"元和二年九月"条。
④ 《新唐书》卷224上《叛臣上·李锜传》。

追之。①

（而此时，已任宰臣的李吉甫亦）度李锜必反，劝帝召之，使者三往，以病解，而多持金啖权贵，至为锜游说者。吉甫曰："锜，庸材，而所蓄乃亡命群盗，非有斗志，讨之必克。"帝意决。②

可见李锜虽多结交朝中用事之臣，但却丝毫未得到强硬派宰臣武元衡、李吉甫等人的好感，后者更是一如既往地劝说宪宗讨伐这些不臣的藩镇。元和二年六月十九日，中央诏"停润州丹阳军额"③，九月二十五日"诏征锜为左仆射，以御史大夫李元素为镇海节度使"④，向李锜发出了最后通牒。面对宪宗君臣如此强硬的态度，李锜计蹙而反，终于拉开了他反叛中央的军事帷幕。

二、李锜叛乱中的浙西军队

有关李锜叛乱之初的情况，史料这样记载：

锜署判官王澹为留后。锜无入朝意，称疾迁延不即行。澹及中使数趣之，锜不悦，乘澹视事有所变更者，讽亲兵图澹。因给冬服，锜坐幄中，以挽硬、蕃落自卫，澹与中使入谒，既出，众持刃谩骂，杀

---

① 《旧唐书》卷158《武元衡传》。
② 《新唐书》卷146《李栖筠附吉甫传》。
③ 《旧唐书》卷14《宪宗纪上》。
④ 诏征李锜为左仆射、以李元素代之的时间《资治通鉴》卷237作元和二年十月己未，《旧唐书》卷14《宪宗纪上》则作十月己酉。据陈垣先生《二十史朔闰表》考证，元和二年十月只有己未没有己酉，而九月却有己酉。（第102页）按《资治通鉴》与《旧唐书·宪宗纪上》都载十月庚申，李锜表言军变，杀留后、大将，与己未日只差一天，如此来看，诏书下达之日不当是己未日。或以为，十月己未日乃是诏书到达润州的日子，李锜在得知不得不入朝的情况下，遂于第二天发动兵变。而中央下达诏书的日期，或以为九月己酉相对可信。关于诏征李锜的时间及程序，陆扬先生也有考证。（见《从西川和浙西事件论元和政治格局的形成》，《唐研究》第八卷，2002年，第254页注103）陆扬先生的观点笔者基本同意，但其在论述中存在一个小问题，其文曰："据《资治通鉴》上下文顺序，朝廷的此项任命似乎发生在李锜杀王澹、胁中使之后。这在情理上很难说得通。"这一结论当然是对的。但《资治通鉴》关于李锜杀王澹、胁中使一事应该只是倒叙，因为《资治通鉴》下文又记载："十月，己未，诏征锜为左仆射，以御史大夫李元素为镇海节度使。庚申，锜表言军变，杀留后、大将。"将李锜杀留后、大将一事置于诏征李锜的后一天，而胁中使一事应该也是发生在此后。

澹食之。监军使遣牙将赵琦慰谕，又食之。以兵注中使颈，锜阳惊扈解，乃囚别馆。①

李锜署判官王澹为留后本就是不情愿之举，所以当"王澹既掌留务，于军府颇有制置"时，"锜益不平，密谕亲兵使杀之"②。从其"密谕"之举来看，李锜应也深知，明目张胆地诛杀其时已掌留务并获中使支持的判官，无论就道义还是体制而言，均有难自解说的地方，遂特意部署其亲兵于"给冬服"之际伺机发难。冬衣的颁发本是直接关系到当镇官健生计利益的举措，故借此机会寻找缘由诛杀王澹，并得借士卒之请实现自己不愿入朝的企图，显然就是李锜"迁延不即行"的绝好理由。而此事中直接发难的"亲兵"固然可能是李锜的亲信士卒，但既然事涉生计利益，李锜此举应也得到过润州城内其他一些官健的支持。③

叛乱被挑起后，李锜对其属下的浙西军队作了一系列周密的安排。史载：

蕃落兵，薛颉主之；挽硬兵，李钧主之。又以公孙珌、韩运分总余军……属别将庾伯良兵三千筑石头城，谋据江左。④

蕃落兵和挽硬兵是李锜的心腹，此时他们无疑追随主帅李锜坐镇润州。公孙珌、韩运分总的余军，应当是润州当时的"余军"，在亲疏关系上，他们应不及蕃落兵与挽硬兵，至于是李锜额外增设的私兵，还是属于镇海军等的官健，不敢断下结论。另外，李锜遣别将庾伯良领兵三千修筑石头城，同样也是为了加强治所一带的城防设施。总之，李锜对于治所方面的军事安排颇为周全，其主要目的应该是加强对自身及治所润州的保护。

再来看李锜对支州的安排，史载其"室五剑，授管内镇将，令杀五州

---

① 《新唐书》卷224上《叛臣上·李锜传》。
② 《资治通鉴》卷237"元和二年九月"条。
③ 有关士卒诛杀王澹一事与颁给冬服的关系，承蒙陆扬先生提供意见，特表感谢。而《全唐文》卷738沈亚之《李绅传》中确也记载说："会留后使王澹专职为锜具行，锜蓄怒始发于澹，阴教士食之。初士卒当劳赐者，皆会府中受赐。与中贵人临视，次至中军，士得赐者俱不散，齐呼曰'澹逆可食'。"此处之"中军"恐当指以牙军为主的润州官健。
④ 《新唐书》卷224上《叛臣上·李锜传》。别将庾伯良，《资治通鉴》卷237"元和二年十月"条作牙将"庾伯良"，两者应为一人无误。

刺史"①。《资治通鉴》的记载则更为详细：

> 先是，锜选腹心五人为所部五州镇将，姚志安处苏州，李深处常州，赵惟忠处湖州，丘自昌处杭州，高肃处睦州，各有兵数千，伺察刺史动静。至是，锜各使杀其刺史。②

姚志安等将领虽分处浙西管内五州，却并不隶属于当州刺史，而是由节度使李锜委派赴职，其掌管当地军事大权，俨然已成为当州的实权人物。至于由朝廷委派的刺史，主要是文职官员，他们对中央负责，所以李锜会在叛乱伊始就令镇将诛杀五州刺史。况且这些将校"在锜镇实多年，交有素"③，可以说是李锜长期培植的将领。

而在拉拢镇内大将的同时，李锜对待支州刺史的态度则截然不同，其"视部中良守不为己用者，诬陷去之"④。元和元年担任睦州刺史的李幼清就为李锜所诬而得罪遭贬。⑤ 史称其获罪时，"天子使御史按问，馆于睦。自门及堂，皆其（指李锜）私卒为卫。天子之卫不得摇手，辞卒致具"⑥，可见李锜对镇内属州军事部署之严、亲信之众。前京兆尹韩皋自贬所量移杭州刺史，也与李锜不协，其于顺宗即位时被征召入京为尚书右丞，后出为鄂岳观察使，依旧为李锜所恶。⑦ 另据史载，在李锜叛乱时浙西属州的这些刺史就任的时间均不早于永贞元年，而苏州刺史李素的赴任更是距李锜叛乱仅有十二天。⑧ 这些刺史上任未久即遭李锜叛乱，不仅陷于"刺史不得隶兵马"⑨ 的尴尬境地，恐怕一时连当州的军事情况都还来不及了解清楚。

---

① 《新唐书》卷224上《叛臣上·李锜传》。
② 《资治通鉴》卷237"元和二年十月"条。
③ 《全唐文》卷682牛僧孺《昭义军节度使辛公神道碑》。
④ 《柳宗元集》卷23《同吴武陵赠李睦州诗序》，第611页。
⑤ 有关李幼清，参见《唐刺史考全编》卷147《江南东道·睦州》，第2103页。
⑥ 《柳宗元集》卷23《同吴武陵赠李睦州诗序》，第611页。
⑦ 参见（唐）赵璘：《因话录》卷2《商部上》，上海，上海古籍出版社，1979年，第76页。
⑧ 《韩昌黎文集校注》卷6《河南少尹李公墓志铭》载："公（指李素）至十二日，锜反。"曾国藩补注曰："公未迁苏，李锜已先反于镇海。公至苏十二日，贼始至苏也。"（第369～370页）
⑨ 《全唐文》卷682牛僧孺《昭义军节度使辛公神道碑》。

因此在叛乱发生时，刺史在州郡所掌握的军队无论在数量还是质量上都无法与镇将所领之兵相比。史称：

> （及难作，）常州刺史颜防用客李云计，矫制称招讨副使，斩李深，传檄苏、杭、湖、睦，请同进讨。①

但后来牛僧孺在记述当时的情形时却说："颜防用李云驱市人举当，一战败走。"② 颜防的情况或许还并不十分清晰③，但苏州方面的状况则确实极不乐观，史称：

> （苏州刺史李素）为姚志安所败，生致于锜，具桎梏钉于船舷，未及京口，会锜败，得免。④

又韩愈所作李素墓志亦载："公将左右与贼战州门，不胜，贼呼入。"⑤ 在"苏常杭睦四州刺史，或以战败，或被拘执"⑥的情况下，唯湖州刺史辛秘组织起了有效的抵抗，牛僧孺在辛秘神道碑中记载：

> 唯公以儒雅，贼未急迫。公乃夜起，抚左右曰："使若等有父母妻子成其家，皆天子恩也。若能随李锜为贼乎？"左右皆泣曰："唯公命。"乃开罗城门，收湖下子弟，得人数百，公亲以衣衣之，以食食之。烝里掩出，剿垒始呼，大战川东，斩将屠营，值旦悉先歼。⑦

牛僧孺的记述也许有所夸大，不过值得我们注意的是，在叛乱发生后，无论是湖州刺史辛秘、常州刺史颜防，还是苏州刺史李素，史料均记载他们

---

① 《资治通鉴》卷237"元和二年十月"条。
② 《全唐文》卷682牛僧孺《昭义军节度使辛公神道碑》。
③ 陆扬先生曾向笔者指出，为昭义军节度使辛秘撰写神道碑的牛僧孺乃辛秘之婿，故碑中所载常州刺史颜防败于镇兵一事，或许有为凸显其时同在浙西担任刺史的辛秘（任湖州刺史）功勋的目的。但是史载颜防元和三年被朝廷授予同州刺史，地位甚高，而且高于辛秘平乱后的升迁。颜防若无显著功勋，朝廷当不至于有此举动。
④ 《资治通鉴》卷237"元和二年十月"条。
⑤ 《韩昌黎文集校注》卷6《河南少尹李公墓志铭》，第369页。
⑥ 《旧唐书》卷157《辛秘传》。
⑦ 《全唐文》卷682牛僧孺《昭义军节度使辛公神道碑》。

有"募乡间子弟"①，或是"驱市人"、"殴白徒"② 作战的举动。也就是说，这些刺史在当时所能统率的官健极少，所以才有临时驱募乡间子弟或市人之举。而这些数量有限的非职业兵士显然无法与李锜以"高职重贿钩其胆"的"心腹将率壮士"③ 对抗。湖州刺史辛秘之所以能取胜，或如其传中所言"秘以儒者，贼易之"，故赵惟忠所领之兵"未及至"④，给了辛秘招募士卒的机会。或其所征虽为乡人，但很可能为团结兵一类受过训练的乡兵，亦具有一定的战斗力⑤，如《册府元龟》所载：

> 秘密遣牙门将丘知二勒兵数百人，候贼将动，逆战大破之。知二中流矢坠马，起而复战，斩其将，焚其营，一州遂安。⑥

此处之"数百人"可能正为辛秘所募之士。且因提前有所安排与埋伏，并依靠丘知二这样的职业牙校奋力作战，才最终取得胜利。

由此可知，由于李锜早已委派心腹将校镇守五州，他们应李锜而反叛，便形成了与当州刺史的对峙。在两者的对抗中，虽然常、湖二州叛将蹙败，湖州的叛乱军队还立刻被刺史辛秘所击溃，但这并不表示李锜在支州的军事行动全盘皆输。事实上，李锜在支州的军事行动仍然是较占优势的，尤其在兵力方面。因此，若仅靠刺史的有限军队和募兵，是绝不足以抵抗、更不可能粉碎李锜的叛乱的。⑦

李锜叛乱后，除了属别将庾伯良领兵三千修筑石头城、令五州镇将诛杀刺史外，另一项重要的军事举措就是出兵宣歙池。史称：

> 初，锜以宣州富饶，遣四院随身兵马使张子良、李奉仙、田少卿

---

① 《资治通鉴》卷237"元和二年十月"条。
② 《全唐文》卷713刘允文《苏州新开常熟塘碑铭》。
③ 《全唐文》卷682牛僧孺《昭义军节度使辛公神道碑》。
④ 《新唐书》卷143《辛秘传》。
⑤ 此据陆扬先生提示，特表感谢。
⑥ 《册府元龟》卷694《牧守部·武功二》。
⑦ 据《韩昌黎文集校注》卷6《唐银青光禄大夫守左散骑常侍致仕上柱国襄阳郡王平阳路公神道碑铭》记载，当时宣歙池观察使路应闻知李锜将反，"置乡兵万二千人；锜反，命将期以卒救湖常，坐牢江东心。锜以无助败缚"（第393页）。因此常湖二州在军事上取得一定的胜利，或许也与路应有关。不过从时间上来说，最初与李锜所委任的镇将作战的，依旧应是当州刺史所临时招募的小股军队，其他藩镇的救援军队一时恐怕还难以迅速进入浙西助战。

领兵三千分下宣、歙、池。①

宣歙地区的重要性前文已有论述，因此李锜对于出兵该地可能事先有所计划。② 而他所委派的张子良等人亦非泛泛之辈。此三人中，尤以张子良地位最著、职权最重，而且关于他的事迹史料也有记载（李、田二人由于史料缺乏，对他们的具体情况已无从考知），因此不妨重点来谈一下张子良这个人物。关于张子良在浙西担任的具体职务，各史料记载不尽相同，以表8示之：

表8 张子良所任军职名称表

所任军职名称	史料出处
镇海军左厢兵马使	《全唐文》卷62宪宗《平李锜德音》
镇海军左厢兵马使（李、田二人称兵马使）	《册府元龟》卷128《帝王部·明赏二》（部分引自宪宗《平李锜德音》）
四院随身兵马使（同李、田二人）	《册府元龟》卷759《总录部·忠二》
四院随身兵马使（同李、田二人）	《新唐书》卷224上《叛臣上·李锜传》（同上《册府元龟》条）
兵马使	《旧唐书》卷112《李国贞附李锜传》
润州兵马使	《册府元龟》卷762《总录部·忠义三》（大致同上《旧唐书》条）
镇海军兵马使	《新唐书》卷7《宪宗纪》
兵马使	《资治通鉴》卷237"元和二年十月"条
润州牙将	《旧唐书》卷14《宪宗纪上》
为李锜牙门右职	《册府元龟》卷825《总录部·名字二》
牙门百职子良必兼历	《册府元龟》卷374《将帅部·忠五》

上表所列张子良所担任的具体军职名，关键有二：一曰"镇海军左厢兵马使"，其出处为宪宗的《平李锜德音》；一曰"四院随身兵马使"，其

---

① 《新唐书》卷224上《叛臣上·李锜传》。
② 陆扬先生以为"李锜原来的打算是首先利用衙兵来做出兵变的姿态，并通过控制属下诸州和骚扰宣歙，来造成一片混乱的局面，使朝廷不得不留他在浙西以稳定局面"（《从西川和浙西事件论元和政治格局的形成》，《唐研究》第八卷，2002年，第244～245页）。

出处为《册府元龟》和《新唐书》。前者是以编制番号来称呼，后者则是以所领兵职任来称呼。较为可信的是前者，一是它出于宪宗诏书中，二是唐代藩军有左右厢军、中军的建制，史料中亦多有左右厢兵马使之称。①同时史料也称张子良为润州牙将，又称其兼任牙门百职，由此可见作为牙将担任镇海军左厢兵马使一职的张子良地位并不一般，其是统帅浙西牙军的将领之一。

《册府元龟》与《新唐书》所载张子良"四院随身兵马使"一职名，不见于其他史书，不过从其名称"四院随身"几字上来看，倒是颇值得关注的一个军职。按"院"是牙兵居住的营地，也可称为"牙院"，因此以院名兵的多为牙兵。②但牙兵也有层次性，其中也可分为随身的亲军牙兵与普通牙兵。③而张子良的"随身"二字，恰恰体现了李锜颇有引张子良为重的意图在内。从上表最后一栏所引《册府元龟》称"牙门百职子良必兼历"的记载来看，很可能张子良除了担任"镇海军左厢兵马使"这一镇海军系统中正式的官方军职外，还担任与节度使李锜私人关系较为密切的"四院随身兵马使"一职。而史料所载的李奉仙、田少卿两人也与张子良同为四院随身兵马使，由此可见，此三将在浙西的地位不同一般。至于其所率军队的驻地，应该不会在五个支州，而应该在治所润州。

不过值得注意的是，张子良等三人虽是李锜的亲任将校，但他们所率

---

① 不过在唐代藩镇中，由于都知兵马使又简称作兵马使，故易产生混淆。按《资治通鉴》卷215"天宝六载十月"条胡注云："兵马使，节镇衙前军职也，总兵权，任甚重。"张国刚先生认为兵马使是领兵大将，藩军分统于各兵马使，普通兵马使地位其实并不高。（《唐代藩镇军将职级》，《唐代藩镇研究》，第96页）不过由于作者也指出兵马使领兵人数未有定额，故而我认为要具体判断某兵马使权任之轻重，还得结合该兵马使所属藩镇之军队编制及其自身实力作具体分析，胡注所言盖为一般情况。按张子良当时的情况来看，其并非普通的兵马使，当是都知兵马使这种类型。

② 参见王永兴：《关于唐代后期方镇官制新史料考释》，《纪念陈寅恪先生诞辰百年学术论文集》，北京，北京大学出版社，1989年，第273~274页。如史料中记载的"六院兵马"、"五院子弟"指的都应该是牙兵。张子良的情况也应该如此。但有一点需要注意，即"后院兵"却并不是指牙兵。另外，史料中有称"六院兵马使"、"五院子弟"、"四院随身兵马使"，数词有所不同，可能与各藩镇牙军建制的不同有关。

③ 张国刚：《略论唐代藩镇军事制度的几个问题》一文中提出了"藩镇牙兵层次性"一说。其据宣州采石军的事例指出，牙军有随身的亲军牙兵与普通牙兵之分。（《敦煌学与中国史研究论集——纪念孙修身先生逝世一周年》，第246~247页）按宣、润两镇的情况相似，因此张说对理解张子良的情况很有参考价值。

军队与李锜所招募的挽硬、蕃落兵还是有很大的区别。其一，论同李锜的亲疏关系，显然后者更为李锜所亲信。其二，论性质和地位，前者是作为镇海军正规官健的牙军，而后者则是节度使李锜的私兵，原则上来说，后者是不被中央所承认的。其三，论职责，尤其在李锜叛乱中，张子良等人所率的部队主要被李锜用来充当叛乱的马前卒，因此无疑是李锜浙西军队中最具战斗力的部队，而挽硬、蕃落兵则是被李锜留在身边作为自卫用的。

按《资治通鉴》的记载，从李锜杀留后、诛大将，表言军变，到朝廷"制削李锜官爵及属籍。以淮南节度使王锷统诸道兵为招讨处置使，征宣武、义宁、武昌兵并淮南、宣歙兵俱出宣州，江西兵出信州，浙东兵出杭州，以讨之"①，时间不足一周，可见在得知李锜叛乱后，中央的行动也颇为迅速。

概括李锜叛乱之初的军事部署情况我们发现，叛乱由李锜挑唆少数亲兵发起，并应得到过其他一些将士的支持。在其后的军事部署中，李锜将最为亲信的私兵留在身边自卫，令长期培植的心腹镇将诛杀各州刺史，并派遣所信赖的牙军将校率领精锐部队进兵宣歙池。不过颇为讽刺的是，在中央调遣征讨李锜的军队还没有采取什么正式行动之前，李锜所派遣的分下宣、歙、池的张子良、李奉仙、田少卿的部队就已经回戈趣城、返攻润州，并在一夕之间擒拿了李锜，平定了叛乱，此举令朝廷都意料不到。

关于张子良等人的倒戈，《旧唐书》载："三将夙有向顺志，而锜甥裴行立亦思向顺，其密谋多决于行立，乃回戈趣城，执锜于幕，缒而出之，斩于阙下。"②《新唐书》的记载则更为详细，使我们对当时的情形能有比较具体的了解，其文曰：

> （李锜）遣四院随身兵马使张子良、李奉仙、田少卿领兵三千分下宣、歙、池，锜甥裴行立虽预谋，而欲效顺，故相与约还兵执锜，行立应于内。子良等既行，其夕，谕军中曰："仆射反矣，精兵四面皆至，常、湖镇将干首通衢，势麼且败，吾辈徒死，不如转祸希福。"部众大悦，遂回趣城。行立举火，内外合噪，行立攻牙门。锜大惊，

---

① 《资治通鉴》卷237"元和二年十月"条。此处之"义宁"当为"武宁"之误，见胡注。

② 《旧唐书》卷112《李国贞附李锜传》。

左右曰："城外兵马至。"锜曰："何人邪？"曰："张中丞也。"锜怒甚，曰："门外兵何人也？"曰："裴侍御也。"锜拊膺曰："行立亦叛吾邪！"跣足逃于女楼下。李钧引兵三百趋出庭院格斗，行立兵贯出其中，斩钧，传首城下。锜闻之，举族恸哭。子良以监军命晓谕城中逆顺，且呼锜束身还朝，左右以幕縋而出之。锜以仆射召，数日而反状至，下诏削官爵，明日而败，送京师。①

按《资治通鉴》的记载，锜甥裴行立亦为牙将。史载其"重然诺，学兵有法"②，其家自北魏至唐均有人仕官，亦可称为大族，故与宗室联姻。张子良等人的倒戈与裴行立在润州的呼应密不可分，所谓"其密谋多决于行立"，可见他们的军事行动事先有过一定的计划。他们之所以会回攻李锜，总的来说，是预见到了李锜叛乱失败的必然性。所谓"精兵四面皆至，常、湖镇将干首通衢，势蹙且败"应该是比较正确的时事分析，因此裴、张等浙西将领审时度势，倒戈以叛李锜，并不难理解。

但是，平叛之势得以如此顺利，李锜精心安排的军事计划在一夕之间就宣告失败，且毁于自己的部将手中，是一个非常值得思考的问题。张子良能够在行中谕军士而部众大悦；其后入润州，以监军命晓谕城中逆顺，又如此顺利，除了李锜豢养的挽硬兵外，几乎没有遇到什么抵抗，可见其在浙西必定是一个举足轻重的人物。这就是下文所要探讨的问题。

三、浙西牙军与张子良的"徐州军"

张子良其人，由于留有元稹所作的碑文，使我们可以对他的生平有比较充分的了解。张子良出生世宦之家，其祖上既有文臣，也有武职者。张子良本人虽以武功出于郭子仪帐下，但其少读经、史、子，因此并不是一般的武夫。其一生功绩颇著，然最重要之二事，诚如元稹所概括的，为"全徐完润"。"完润"即指张子良平定李锜叛乱一事，无须多言，而"全徐"则有必要略作解释。因为张子良的"全徐"一事，直接促成了徐州兵的入驻浙西，从而改变了浙西军队的结构。

徐州是德宗贞元初年为保障漕运安全而设立的河南藩镇。李泌曾曰：

---

① 《新唐书》卷 224 上《叛臣上·李锜传》。
② 《新唐书》卷 129《裴守真附裴行立传》。

"东南漕自淮达诸汴，徐之埇桥为江、淮计口。"① 此前徐州屡受其东面强藩淄青所扰，所谓"地迫于寇，常困龃不支"②，所以李泌向德宗建言：

> （徐州）脱为（淄青）李纳所并，以梗饷路，是失江、淮也。请以（张）建封代之，益与濠、泗二州。夫徐地重而兵劲，若帅又贤，即淄青震矣。③

于是在贞元四年（788），中央任命此前平定淮西李希烈有大功的原濠寿庐观察使张建封为徐泗濠节度使，徐州复为雄镇，从此亦不再为淄青所扰。

徐州当时地位甚重，不仅因其境内的埇桥控制汴河航运，而且此时濠州亦隶于徐州。所谓"濠有涡口之险"④，当年埇桥为淄青李正己控制时，江南漕运不得不改道异行，其改道途径为经淮水西运，自涡口北上，涡口左近虽仍旧属徐州辖境，但淮水之南则属濠州（濠州非李正己所能轻易染指）。即便如此，在李正己死后，其子李纳还曾与魏博田悦一起以兵驻守涡口，导致"南北漕引皆绝，京师大恐"⑤。

因此，贞元四年张建封担任徐泗濠节度使，其辖区中其实已流经有汴河和淮水两条水路运线，埇桥与涡口并为漕运重地。（参见图5）张建封既以濠寿庐观察使升任徐泗濠节度使，便移军至治所彭城（即徐州），于是便有了将涡口三城授予张子良之举。按《册府元龟》记载，张子良"贞元末为徐州兵马使"⑥，指的就是张子良当时为徐州将，驻守涡口之事。涡口既然亦为漕运重地，其守将张子良自然也就不是一般的人物，从其在"建中中，以骑五百讨希烈于蔡"⑦ 来看，张子良也是平李希烈的将领之一，其后属张建封，被委派镇守涡口三城，可以说也是张建封知人善任之举。

张建封倾心王朝，其"治徐凡十年，躬于所事，一军大治"⑧。但是贞

---

① 《新唐书》卷158《张建封传》。
② 《新唐书》卷158《张建封传》。
③ 《新唐书》卷158《张建封传》。
④ 《读史方舆纪要》卷21《南直三·凤阳府》，第1004页。
⑤ 《新唐书》卷53《食货志三》。
⑥ 《册府元龟》卷374《将帅部·忠五》。
⑦ 《元稹集》卷52《唐故开府仪同三司检校兵部尚书兼左骁卫上将军充大内皇城留守御史大夫上柱国南阳郡王赠某官碑文铭》（以下简称《唐南阳郡王赠某官碑文铭》），第567页。
⑧ 《新唐书》卷158《张建封传》。

元十六年张建封死后，徐州军却出现了叛乱。史载：

> 初，建封卒，判官郑通诚权知留后事，通诚惧军士谋乱，适遇浙西兵迁镇，通诚欲引入州城为援。事泄，三军怒，五六千人斫甲仗库取戈甲，执带环绕衙城，请愔（建封子）为留后，乃杀通诚、杨德宗、大将段伯熊、吉遂、曲澄、张秀等。军众请于朝廷，乞授愔旄节，初不之许，乃割濠、泗二州隶淮南，加（淮南节度使）杜佑同平章事以讨徐州。既而泗州刺史张伾以兵攻埇桥，与徐军接战，伾大败而还。朝廷不获已，乃授愔起复右骁卫将军同正，兼徐州刺史、御史中丞，充本州团练使，知徐州留后；仍以泗州刺史张伾为泗州留后，濠州刺史杜兼为濠州留后。①

直到永贞元年王叔文执政，赐徐州军"武宁"之号，以张愔为节度使。元和元年，张愔被疾，上表请代，以东都留守王绍为武宁军节度，复隶濠、泗二州于徐，"徐军喜复得二州，不敢为乱"②。

在贞元十六年的徐州军乱中，作为徐州兵马使的张子良表现颇为特殊。其既没有拥立张愔为留后之举，也没有加入征讨的行列。驻守涡口的特殊地位，也使他避免了被卷入叛乱的中心。或许诚如元稹碑文所言，张子良的这一行径出于其既"不义其（指张愔）所为"又"不忍讨"③ 的复杂心理。但更为重要的原因或许还在于，张子良本非徐州旧将，其所率之士兵抑恐非全为徐州旧卒。按元稹碑文所记，张子良于大历末始以戎事服郭子仪于邠，建中年间两河骚乱、德宗出逃，张子良参与勤王讨伐李希烈的五百骑也很可能仅是他的亲随部队，还未见得与张建封或其他藩镇有何隶属关系，其属张建封应是后来之事。以当时中央新立徐州藩镇之需要，以及张建封礼贤下士、广纳贤才的慷慨气度，张子良后被任命为徐州兵马使不难想见。张建封以涡之众托付张子良，一来必是因为张子良有可堪此任之才，再有恐怕就是张子良本就领有自己的部众，而且毕竟不属张建封之嫡系，不便同赴彭城，而作为外镇军留在涡口，倒是一支实力不弱的防御力量。何况，对张子良的安排或许也有中央的因素在内。因此，张子良

---

① 《旧唐书》卷140《张建封传》。
② 《旧唐书》卷140《张建封传》。
③ 《元稹集》卷52《唐南阳郡王赠某官碑文铭》，第567~568页。

既以客军身份入徐,其不愿搅进徐州的军事冲突也就能够理解了。

我们之所以能够作这样的判断,还因为在贞元十六年徐州军乱时,张子良以涡口之众尽弃去,带着二万部众渡淮涉江远离徐州而进入浙西。按碑文所记,张子良此时以二万之师归于润,而《册府元龟》却只载"其众千余"①。《新唐书》称张子良、李奉仙、田少卿领兵分下宣、歙、池,也只说领兵三千,而这三千恐怕就是碑文中称记的"明日,与二将誓所部回讨"②的"所部"了。因此,随张子良来浙的士卒人数应以千余为确。那么,何以会与元稹所说的"二万"相差约有七倍,是否元稹所书过于夸大了呢?恐怕也不是,以当时职业军人家属多半随营的情况来看,这二万或许指的是士兵及其家属的数字。这些人选择跟随张子良不远千里而南下,若非多数是长期追随张子良征战的部兵及其家属,原属河南当地的土著士兵恐怕轻易是不会这样做的。因此这些部众随张子良离镇,张愔也无可奈何,元稹碑文所谓"由是泗濠之守皆据郡。愔不能令卒帖徐,由南阳王(指张子良)之断其臂也"③,虽不免有夸大张子良作用的意图,但徐州少了张子良这一支军队,实力有所减弱亦应是事实。

贞元十六年,张子良率其部众由徐至润,其本人也就由徐州兵马使转而成为浙西兵马使。张子良之所以会率众远归浙西,而不是邻近的淮南等镇,或许与贞元十六年浙西戍兵过徐有关。此事史料虽绝少记载,但按当时的惯例,这里的浙西戍兵当指防秋兵而言。徐州军士谋乱,适遇浙西兵迁镇,故留后郑通诚欲引入州城为援,后事泄被杀。按《新唐书·李吉甫传》记载,李吉甫劝宪宗加讨李锜时曾言:

---

① 《元稹集》卷52《唐南阳郡王赠某官碑文铭》所载张子良"以师二万归于润"(第567页),《册府元龟》卷374《将帅部·忠五》载:"张愔之难,子良以其众千余奔于浙西。团练使王纬表加兼御史中丞,仍厚抚其军士,牙门百职子良必兼历焉。"元稹碑文中此数字出于张子良其子之告,元稹又为当时人,应不至有太大的错误。《册府元龟》该条云"团练使王纬表加兼御史中丞",按张子良率众赴浙的时间应为贞元十六年徐州军乱后,而浙西团练使王纬早在贞元十四年就已卒于任上,不仅如此,其后任团练使李若初也已于贞元十五年卒于任上,此时的浙西团练使应已为李锜。在这点上,《册府元龟》的记载是有问题的,但关于张子良所率士兵的数目,参照当时兵马使领兵的相关史料以及浙西在韩滉统率下领有江东十五州的全盛时期,当镇也只有三万军队来看,绝不至于有二万之多。

② 《元稹集》卷52《唐南阳郡王赠某官碑文铭》,第568页。
③ 《元稹集》卷52《唐南阳郡王赠某官碑文铭》,第568页。

> 昔徐州乱，尝败吴兵，江南畏之。若起其众为先锋，可以绝徐后患。①

因此徐、浙两军在当时有过交锋。但不管怎样说，张子良率众归浙的这一举措也必然得到过中央的认可，碑文中就有张子良以师归润，"德宗异之，诏召至京，授侍御史，复职于浙西"② 的记载。而以当时德宗宠昵李锜的情形，以及浙西防秋兵由于被搅进徐州军乱而受到损失的状况来看，也就不免让人联想到李锜借此机会"增置兵额"，将张子良的徐州兵纳入浙西。③

按浙西军在德宗朝初年也是堪称精劲的军队，故元稹有"润之师，故南阳韩晋公（指韩滉）之所教训，弩劲剑利，号为难当"④ 之语。当然，韩滉死后情况已有所变化，但总体来说实力应不算太弱。不过从上引李吉甫之语来看，与当时的徐州兵相比，可见仍处于下风。按李吉甫后又言：

> 韩弘在汴州，多惮其威，诚诏弘子弟率兵为掎角，则贼不战而溃。⑤

可见不仅浙西兵不敌徐州兵，连宣武之兵当时都多惮徐人之威。

张子良所率部众虽非徐州牙军，但也应该是当镇实力不俗的外镇军。这支军队随张子良入浙西，之后归属于镇海军左厢建制，所以宪宗在《平李锜德音》中称：

> 镇海军左厢兵马使、兼御史中丞子良等……其左厢官健等，素闻效顺，亦宜沾赏，并从另敕处分。⑥

由此可知，在李锜时期的浙西军队中，有一支编入镇海军左厢建制的徐州军。更为有意思的是，其以客军身份入浙，却一跃成为浙西的牙军，颇为节度使李锜所倚重。但从另一个角度来说，他们却并不是节度使李锜所能完

---

① 《新唐书》卷146《李栖筠附李吉甫传》。
② 《元稹集》卷52《唐南阳郡王赠某官碑文铭》，第567页。
③ 《旧唐书·李锜传》《新唐书·李锜传》误将浙西复置镇海军的时间系于德宗下，与此时浙西陡然多出这样一支来自徐州的军队不知是否有关，仅备一说。
④ 《元稹集》卷52《唐南阳郡王赠某官碑文铭》，第568页。
⑤ 《新唐书》卷146《李栖筠附李吉甫传》。
⑥ 《全唐文》卷62宪宗《平李锜德音》。

全控制的，他们虽名为镇海军的官健，实际上却直接对兵马使张子良负责。

张子良既率部众归润，其在浙西的地位自然不同于一般的浙西将领。按张子良碑文的记载来看，其率涡口之众弃徐，

> 德宗异之，诏召至京，授侍御史，复职于浙西，就加御史中丞，又加国子祭酒，是元和之元年也。①

又按《册府元龟》的记载：

> 仍厚抚其军士，牙门百职子良必兼历焉。②

可见张子良与其军队在浙西的地位非同一般。因此可以说，李锜虽能在其境内自行辟署一些将领，但张子良的兵马使之职，则是由中央任命的，其在浙西担任的职务亦非李锜所能随意左右。元稹碑文中还说"南阳王喜养士，又能为逆顺言"③，又称其后"在振武时（张子良后为振武节度使），以检俭同士卒劳苦"④，可见张子良在士卒中亦颇有威望。

通过以上的分析，我们似可以解释张子良何以能迅速平定李锜之乱了。张子良作为一个颇有功绩的将领入驻浙西，不仅拥有自己实力雄厚、久经沙场的部众，而且在浙西地位、威望颇著，其能够"为逆顺言"，迅速克定李锜之乱，都应与此有关。张子良出境所率之众多为随其南下的徐州兵，中央调集平定李锜的军队中，武宁、宣武都是中原劲兵，他们若从宣州出，张子良所部首当其冲。李吉甫所谓以徐州兵为先锋，以宣武兵为掎角，则贼（指李锜）不战而溃，是很有先见之明的，史载"诏下，锜众闻徐、梁兵兴，果斩锜降"⑤。张子良处徐州多年，徐州兵强其自然知晓，其选择倒戈以擒李锜，从审时度势的角度来说，与这一点恐怕也不无关系。于是在"徐、梁兵兴"及"常、湖镇将干首通衢"的背景下，张子良与原本预谋的裴行立等人选择倒戈李锜、转祸希福，在"全徐"的功绩之外，又为自己及左厢官健平添了一道"完润"的荣誉。

李锜叛乱平定后，宪宗褒奖有功之士，史载：

---

① 《元稹集》卷52《唐南阳郡王赠某官碑文铭》，第567页。
② 《册府元龟》卷374《将帅部·忠五》。
③ 《元稹集》卷52《唐南阳郡王赠某官碑文铭》，第568页。
④ 《元稹集》卷52《唐南阳郡王赠某官碑文铭》，第568页。
⑤ 《新唐书》卷146《李栖筠附李吉甫传》。

擢子良检校工部尚书、左金吾将军,封南阳郡王,赐名奉国;田少卿检校左散骑常侍、左羽林将军,代国公;李奉仙检校右常侍、右羽林将军,邠国公;裴行立泌州刺史。①

按史料记载,李奉仙于元和十年(815)以右金吾将军为丰州刺史、天德军西城中城都防御使②;裴行立亦于元和年间为桂管观察使,后终于安南都护之任;张子良则"寻迁检校刑部尚书、充振武麟胜等州节度营田观察处置等使,复以刑部尚书兼左金吾卫将军、御史大夫。历左龙武统军鸿胪卿,就加检校兵部尚书,转左骁卫上将军、充大内皇城留守"③。这些浙西将领其后屡有晋升,或镇西陲,或守南疆,或驻皇城,皆不失为王朝之重任。

至此,我们可以对李锜时期浙西军队的构成情况,以及这些军队在李锜叛乱中各自所体现的作用作一个总结了。在浙西的军队中,"挽硬"、"蕃落"是李锜所增募的私兵,不属于中央规定的正式建置。作为李锜所蓄养的心腹之兵,他们多为在当时社会结构中没有地位的亡命徒④,或在广义的意义上和亡命徒相同的流散在内地的异族人。他们的任务主要是追随李锜左右,充当节帅及其家人的护身兵,甚至还与李锜结成了有模拟血缘性质的义父子关系。⑤ 然而,尽管他们是李锜最为亲信的士卒,但毕竟不是正规的官健,并不具备很高的战斗力,在与裴行立交战的过程中,李钧所率的三百挽硬不堪一击。而在李锜被擒后,

---

① 《新唐书》卷224上《叛臣上·李锜传》。《册府元龟》卷128《帝王部·明赏二》记载:"(元和二年)十一月丁亥,以(张)子良为特进、检校兵部尚书,兼左金吾卫将军、御史大夫,赐上柱国,进封南阳郡王,食实封一百五十户,改名奉国。兵马使兼御史中丞田少卿为特进检校右散骑常侍、左羽林军、御史大夫,仍封代国公,食实封一百五十户。兵马使兼侍御史李奉先(仙)为特进、检校右散骑常侍、又(右)羽林将军、御史中丞,仍封邠国公,食实封一百五十户。四年,以左羽林将军田少卿为左金吾卫将军,右羽林将军李奉先(仙)为右金吾卫将军,称赏擒李锜之功也。"转迁之职名略有不同。

② 《旧唐书》卷15《宪宗纪下》。

③ 《元稹集》卷52《唐南阳郡王赠某官碑文铭》,第567页。

④ 在柳宗元所作《同吴武陵赠李睦州诗序》中曾记有睦州刺史李幼清因受李锜诬陷而被贬循州,"既上道,盗(指李锜)以徒百人遮于楚、越之郊",李幼清当时是"战且走,乃得完为左官吏"。(第612页)由此来看,李锜在当时可能还豢养了一批类似于杀手的亡命之徒。而其敢对中央任命的官员进行行刺,可见甚是跋扈了。

⑤ 参见〔日〕堀敏一:《藩镇亲卫军的权力结构》,《日本学者研究中国史论著选译》第四卷《六朝隋唐》,第607页。

> 其"挽硬"、"蕃落"将士，或投井自缢，纷纷枕藉而死者，不可胜纪。①

诚如堀敏一先生所言："这是除去和藩帅的个人关系就不能存在的家兵的命运。"②

李锜军事势力的另一个重要基础是分置在五州的外镇军。由于这些镇将及其军队都是李锜在支州长期培植的军事力量，所以李锜叛乱后，他们都能响应李锜而起兵。于是五州的镇兵与润州的李锜亲兵遥相呼应，形成了内外合围的态势。同时，五州镇兵也是各属郡的军队核心，因此叛乱发生后，当州刺史基本没有什么可利用的职业兵能与这批官健作战。在这些镇将的军队与代表中央的州刺史的对峙中，双方互有胜负，不过都难以成为左右叛乱成败的决定因素。并且在得知李锜叛乱失败后，这些镇将的军队亦"急卒不暇走死"③，可见亦是一群乌合之众。

左右叛乱成败的决定因素是张子良、田少卿、李奉仙所领之兵。这支被李锜委派攻取宣歙的军队与润州城内的裴行立遥相呼应，倒戈回城，并在一夜之间平定了李锜的叛乱。考察他们的身份，我们发现，张、田、李、裴等人都是浙西的职业牙校，而他们所率领的军队也都是浙西最为精锐的牙军。元稹后来在提到这段历史时说：

> 夫李锜据吴楚之雄，兼榷管之利，选才养士，向十五年。独以张子良为腹心不贰之将，故授以锐健先锋之兵；又以裴行立为骨肉不欺之亲，故授以敢死酬恩之卒。④

元稹此语出于《代谕淮西书》中，自然不免有夸大之意，但参引《册府元龟》等所谓李锜以张子良等三人为"四院随身兵马使"一说，则李锜欲引张子良等人为心腹亦可想见，况裴行立亦为李锜之甥。由此来看，他们所率领的军队应该是李锜军事集团中的中坚力量，他们虽未必是李锜最亲信的军士，但却是浙西军队中最为重要的官健。

---

① 《旧唐书》卷112《李国贞附李锜传》。
② ［日］堀敏一：《藩镇亲卫军的权力结构》，《日本学者研究中国史论著选译》第四卷《六朝隋唐》，第608页。
③ 《韩昌黎文集校注》卷6《河南少尹李公墓志铭》，第369页。
④ 《元稹集》卷31《代谕淮西书》，第360页。

分析张子良的碑文铭及相关史料可知，张子良作为镇海军左厢兵马使，在浙西是一个举足轻重的人物。他参与平定过李希烈之乱，后又担任徐州兵马使，驻守涡口三城，其后以客军身份携众入浙，南下的士卒被编为镇海军左厢官健，进而成为浙西的牙军。对于中央来说，他是一个颇有功绩的将领，因此中央对其屡有褒赏，其镇海军左厢兵马使的职务也是中央认可的。正因为如此，李锜对其也颇为倚重。但是张子良毕竟不是普通将领，若说李锜欲引之为心腹，也是基于张子良本身在浙西的地位与他所掌握的实力不俗的徐州兵而言的。其后之所以会遣张子良等三人远下宣州，与张子良所率之"锐健先锋之兵"不无关系。这些"锐众"之中，自然应包括张子良的徐州兵。而这部分军队，李锜显然是不能直接调动的。虽然在名义上，他们应接受节度使李锜的调遣，然而实际上，他们却直接受到张子良的领导和指挥。元稹所谓"授以"一说未必恰当，但"锐健先锋"自应是徐州兵的真实写照。至于张子良、田少卿、李奉仙三人最终会倒戈，李锜恐怕也未曾料到。而张子良其后能够迅速平定李锜叛乱，在润州没有遇到什么有效的抵抗，并安抚好浙西大部分军士，也与其在浙西的重要地位及其军事实力有很大关系。

至于史书中记载的当时被李锜安排在润州的公孙珪、韩运所分总的余军，以及被李锜派筑石头城的别将庾伯良所率的军队，由于缺乏史料，我们对这些军队的情况无法进行深入的了解。这些将领估计也是浙西的职业牙校，而他们所率领的军队也有可能是浙西的牙军，但牙军也有层次之分，不同的牙军在镇内的地位与职责也不相同。因此与这些普通的、基本没有卷入叛乱中的官健相比，更能确信张子良等所率军队应该是当时镇海军的精锐之众了。

综上所述，节度使李锜虽是镇海军统帅，其居浙多年，豢养亲兵，委任心腹，军事实力似乎颇为强大，但诚如李吉甫所云：

> 锜，庸材，而所蓄乃亡命群盗，非有斗志，讨之必克。①

而在浙西左右其军事大局的决定性力量，乃是以兵马使张子良所率的徐州兵为轴心的左厢军。从表面上看，这支南下的中原军队确受李锜所统率，但这批"锐众"实际上由大将张子良直接领导，他们在根本上左右着浙西

---

① 《新唐书》卷146《李栖筠附李吉甫传》。

的政局，是浙西军队中的武力核心，正是这支军队在关键时刻的临阵倒戈，平定了李锜叛乱。

四、"平静期"中的江淮动向

乘借平定李锜叛乱的成功，宪宗开始对江淮地区实施一系列改革，这些改革包括李巽的漕运盐法改革（元和元年至三年）①、裴垍的两税改革（元和四年至六年）②，以及江南的军事改革（元和五年至六年）。③ 元和初期的这些改革，以江淮地区为实施对象，且着眼点主要都在财政领域，即使军事改革也是如此。④ 这一方面是因为南方藩镇在李锜叛乱平定后已为

---

① 关于元和初年李巽的漕运盐法改革，详见吴立余：《略论元和初期李巽的盐法漕运改革》，《清华大学学报》，1986年第2期。

② 关于裴垍两税改革的内容、背景、意义等问题，详见〔日〕松井秀一：《裴垍の税制改革について》，《史学杂志》76:7，1967。

③ 元和五年（810）十一月戊戌，"浙西奏当镇旧有丹阳军，今请并为镇海军，从之"。（《旧唐书》卷14《宪宗纪上》）六年（811）四月丁亥，"浙江东道观察使李逊奏：'当道台、明、温、婺四州，贞元五年（789）准诏权加官健一千五十八人，今请停罢归农，其衣粮、税外所征钱米并请蠲放。'从之"。（《册府元龟》卷491《邦计部·蠲复三》。《旧唐书》卷155《李逊传》记载："先是，贞元初，皇甫政镇浙东，尝福建兵乱，逐观察使吴诜。政以所镇实压闽境，请权益兵三千，俟贼平而罢。贼平向三十年，而所益兵仍旧。逊视事数日，举奏停之。"两者关于"权益"与"蠲放"的兵数有所不同，不知何故。）同年八月丁卯，中央下诏："荆南是赋税之地，与关右诸镇及河南河北有重兵处，体例不同。节度使之外，不合置军额。因循已久，烦弊实深。严绶所请停永安军额，宜依。其合收钱米，委严绶于当府诸县蠲除，不支济人户，均减讫闻奏。"（《唐会要》卷78《诸使中·节度使》）十月己巳，中央又下诏："诸道都团练使，足修武备，以靖一方。而别置军额，因加吏禄，亦既虚设，颇为浮费。思去烦以循本，期省事以便人，其河南水陆运、陕府陆运、润州镇海军、宣州采石军、越州义胜军、洪州南昌军、福州宁海军等使额并宜停。所收使已下俸料，一事已来，委本道充代百姓阙额两税，仍具数奏闻。"（《全唐文》卷60宪宗《停河南陕府水陆运及润州等使额诏》）

④ 史载元和六年六月，因嫉"置吏不精，流品庞杂，存无事之官，食至重之税，故生人日困，冗食日滋"（《新唐书》卷146《李栖筠附李吉甫传》。所奏内容见《全唐文》卷965《减冗员奏》），宰相李吉甫曾向宪宗奏请省减冗员，为宪宗所采纳。此后，经参酌蠲减，凡省冗官八百员，吏千四百员。因此宪宗在此后所进行的停罢镇海军等使职军额的决定，其实也是在继续贯彻六月《减冗员奏》的精神，为的是进一步筛汰冗滥宦吏，减少地方的财政开支。而对省减军额、官吏后所得的这部分财物，诏书中明确规定"委本道充代百姓阙额两税"。

中央成功控制，而宪宗对北方藩镇的制裁其时还未完全展开；另一方面更重要的原因则是，其时的江淮正受困于严重的水旱灾害以及由此引发的经济危机之中，因此中央亟须通过改革来缓解这一紧张局面。① 改革的成功不仅缓解了江淮的经济压力，帮助宪宗在此后利用江淮财赋完成他对北方藩镇的打击，造成所谓"中兴之业"②，而且也进一步奠定了江淮作为帝国财赋来源地的稳固地位，以及军事力量寡弱并得为中央牢固控制的军政面貌。

松井秀一先生曾将李锜叛乱结束到宣宗大中末年这五十年左右的时间视为江淮的一个"平静期"。③ 在此时期内，江淮的官僚体制得到了进一步的强化。在藩帅任期已缩减至平均只有二到三年的同时，中央高级文官出任江淮藩帅，或由后者升迁入中央的比例也大为增加。④ 通过实现对江淮廉帅、刺史等地方主要官员的有效掌握，从穆宗到宣宗时代，这一地区再没有出现过类似李锜叛乱这样的事件，甚至颇为强悍的藩帅都很少见。⑤ 与此同时，这些朝命藩帅的从政心态也已由关注地方转向希冀获得中央的奖擢，因为这是他们保证自身财富累积与仕途官界荣达的根本途径⑥，于是通过克扣军饷、停废兵额等手段来向中央进奉更多财赋的事例频频发生。比如史称：

自大中十二年（858）后，藩镇继有叛乱。宣州都将康全泰逐出

---

① 参见［日］中砂明德：《后期唐朝の的江淮支配——元和时代の一侧面》，《东洋史研究》47：1，1988，第32~38页。

② 参见韩国磐：《唐宪宗平定方镇之乱的经济条件》，《隋唐五代史论集》，北京，生活·读书·新知三联书店，1979年，第321~335页。

③ ［日］松井秀一：《唐代后半期の江淮について——江贼及び康全泰·裘甫の叛乱を中心として》，《史学杂志》66：2，1957，第94页。

④ 参见［日］松井秀一：《唐代后半期の江淮について——江贼及び康全泰·裘甫の叛乱を中心として》，《史学杂志》66：2，1957，第98页，及第120页所作穆宗至懿宗年间江淮诸藩藩帅转迁情况表。

⑤ 正如杜希德先生说的，"中央政府对付南方节度使的政策极为成功，而且更甚于唐朝早期处理节度使的案例。中央依然继续严密地掌握任命与继承，不仅是对地方政府中的高级职官而已，也及于他们所属各州的所有职位"。（见［英］崔瑞德著，张荣芳译：《唐代藩镇势力的各种类型》，《大陆杂志》第66卷第1期，1983年，第43页）

⑥ 参见王寿南：《唐代藩镇与中央关系之研究》，台北，大化书局，1978年，第276页；［日］松井秀一：《唐代后半期の江淮について——江贼及び康全泰·裘甫の叛乱を中心として》，《史学杂志》66：2，1957，第98页。

观察使郑薰,湖南都将石再顺逐出观察使韩琮,广州都将王令寰逐出节度使杨发,江西都将毛鹤逐出观察使郑宪。①

在这几起南方藩镇兵乱发生后,右补阙内供奉张潜就上疏以为:

> 藩府代移之际,皆奏仓库蓄积之数,以羡余多为课绩,朝廷亦因而甄奖。窃惟藩府财赋,所出有常,苟非赋敛过差,及停废将士,减削衣粮,则羡余何从而致!比来南方诸镇数有不宁,皆此故也。②

在官僚体制强化的同时,军士层也在发生重要的转变。一方面,作为藩镇军事中坚的将领层,尤其是安史之乱后南下的中原将校集团正在逐渐退出江淮的政治舞台③;另一方面,地方军人集团则以"骄兵"的面貌渐渐崭露头角。就藩帅与军士的关系而言,为了保证地方军人集团的稳定,藩帅不得不满足甚至迎合士卒的经济要求,但这本身又与中央对江淮日益增长的财赋索取以及藩帅本人希冀获得中央认可的企图形成矛盾。这在穆宗长庆二年(822)的一起浙西未遂兵乱中可以看得很明显。④ 另一方面,就藩帅与将领层的关系而言,原本融洽的江淮节帅与地方将领的关系⑤,也随着时间的推移逐渐向矛盾与冲突的方向发展。⑥ 诸如在大中十二年的

---

① (唐)裴庭裕撰,田廷柱点校:《东观奏记》下卷,北京,中华书局,1994年,第127页。

② 《资治通鉴》卷249"大中十二年七月"条。

③ 长庆二年(822)三月,穆宗以"使幕宾寮,皆有年限改转,军府大将,岂可独不序迁"为由,下诏:"自今已后,诸道节度都团练经略等使下,各随本处,是大将名目已曾授监察已上官者,并限三周年量与改转。"(《全唐文》卷67穆宗《优恤将士德音》)这是唐廷自宪宗元和七年(812)对藩镇文职僚佐的任期作出限定后(参见《旧唐书》卷15《宪宗纪下》),针对武职僚佐改转的一项决定。换言之,中央现在已经注意到了藩镇军将久任不换这一问题。而我们看到,代宗时代南下江东的那些中原将领,如柏良器、王栖曜、李长荣等人,他们任职江东的时间都长达二十年左右。并且,他们也很可能像此后南下的张子良那样,拥有个人的亲信部兵。

④ 有关这一事件的情形以及其后浙西财政窘困的局面,可参见两唐书《窦易直传》《李德裕传》,及《李德裕文集校笺》别集卷5《奏银妆具状》,第510~512页等。

⑤ 这在韩滉与李锜担任镇海军节度使的时代体现得最为明显。

⑥ 诸如武宗会昌六年(846)的浙西未遂军乱(参见《资治通鉴》卷248"会昌六年九月"条)、大中九年(855)的浙东军乱(参见《资治通鉴》卷249"大中九年七月"条),以及大中十二年的湖南军乱(参见《资治通鉴》卷249"大中十二年五月"条),都是因节帅待将士不以礼而引起的。

湖南军乱中，像诗人韩琮这样的文官已经成为唐廷任命江淮藩帅的自然人选①，但他们与那些早已不再具有儒雅气质的武将间的隔膜却在日益增大。② 于是一种身份与身份认同感的转变，最终导致了两者的决裂。

其实，在江淮藩镇中出现的这种节帅与军士身份以及两者关系的变化，与我们在第一章中提到的宪宗"元和中兴"后河南藩镇地方权力结构的变化趋势极为相似。但是，江淮藩帅对待手下军士的态度远没有他们的河南同僚那样小心谨慎。另一方面，一旦他们与军士产生冲突并引发动乱，其后果也远没有河南的军乱那样严重。即便在宣宗朝末期，数起南方藩镇军乱在一年内同时爆发，中央对这些动乱的平定仍然是较为容易的。个中的原因就在于，经历了宪宗元和改革以及穆宗长庆削兵后的江淮诸藩，其军队数量一直维持在一个相当低的水平上。③ 所以说，虽然江淮在

---

① 《旧唐书》卷165《柳公绰附柳璧传》中就径直称"诗人韩琮"。《新唐书》卷60《艺文志四》亦录有"《韩琮诗》一卷"。

② 以当年浙西的几位将领柏良器、王栖曜、李长荣、张子良为例：《唐故卫尉卿赠左散骑常侍柏公墓志铭》载柏良器之子柏元封之语："予家世儒也。昔予大父以射策甲科，授获嘉令。禄山陷东都，围获嘉，持印不去，为贼所害。故吾父痛吾祖之不终，遂学剑从戎，将复仇以快冤叫。"（《唐代墓志汇编续集》大和038郭捐之，第910页）柏良器之女柏茗的墓志中也记载，其父后为神策大将军，"礼贤下士，如韩愈、李观辈，旦夕游处门下"（《唐代墓志汇编续集》大和054张台《唐故青州司户参军韦君夫人柏氏墓志铭》，第1007页）。与柏良器同任浙西将领的王栖曜出身与其相似，其家也世代"用儒行自守"（《权德舆诗文集》卷16《唐故鄜州伏陆县令赠左散骑常侍王府君神道碑铭并序》，第251页）。王栖曜在苏州时，"尝与诸文士游虎丘寺，平野霁日先一箭射空，再发贯之，江东文士自梁肃以下歌咏焉"（《册府元龟》卷846《总录部·善射》）。而梁肃正是当时江东的文坛领袖。而另一将领李长荣，则很可能就与刘禹锡之父、当时从事于浙西的刘绪是执友，而刘绪本人也是一位精通儒学、擅长文章的优秀人物（参见卞孝萱、卞敏：《刘禹锡评传》，南京，南京大学出版社，1996年，第12~15页）。至于张子良，则同样出身官宦之家，其墓志铭中称其"少学读经史子，至古今成败之言，尤所穷究"（《元稹集》卷52《唐南阳郡王赠某官碑文铭》，第567页）。

③ 宪宗于削藩战争胜利后（即宪宗朝末年）所进行的几项旨在加强中央权力、打击藩镇势力的改革，比如非常重要的元和十四年（819）的军队改革，由于在其于元和十五年（820）去世后，其继任者没有充分的实力和精力来进一步巩固和推进，导致这些意在全国推行的改革实际上并没有被一些藩镇所贯彻执行，或者说在一些地区贯彻得并不彻底。但是正如一些学者所指出的，改革的成效在南方地区却被长期有效地保持着。（参见陈志坚：《唐代州郡制度研究》，上海，上海古籍出版社，2005年，第165~178页；王寿南：《唐代藩镇与中央关系之研究》，第256~260页）

"平静期"中也有军乱发生,但这些未遂的或可控的军乱始终没有对帝国造成威胁。或者换句话说,尽管江淮藩帅与军士间的矛盾相当突出,但这种矛盾实际上并不构成江淮政治社会发展的主流。那么,真正在元和时代以后左右江淮政治社会发展的主流是什么?是什么决定了在地方权力结构的重组中,江淮将与河南存在明显的不同?个中的答案就在于这样一个新兴阶层的崛起,他们通常被日本学者称为"土豪",或者"在地有力者"。

何为"土豪"?这是我们在探讨土豪层的崛起时首先需要面对的一个问题。然而,对这一阶层进行定义并不是一件容易的事情。因为其一,确定这一阶层的概念用语在史料中的使用本身就相当混乱;① 其二,基于各自的学术传统,不同语言世界学者定义这一阶层的概念术语也不同。针对后一问题,本文采用的是日本学者惯常使用的术语"土豪层"。原因在于,作为日本战后唐宋史研究的学术焦点之一,对"土豪层"的研究早已在日本学界积累了厚实的基础,学者对"土豪"的内涵及外延均作了相当深刻的探讨。② 而相较于日本同仁,中文及英文世界对此问题的讨论则相对薄弱,或者说,在学术层面上并没有形成一定的气候。

大泽正昭先生考察了部分唐代文献中有关"土豪"的称呼,除了"土豪"一语外,还有"豪富"、"商贾大族"、"上农大贾"、"富商高户"等,当然,可补充的称呼还有不少。对"土豪层"本质的理解,松井秀一先生提出的"大土地所有者"的说法,大致而言是可以被接受的。③ 而如大泽先生对史料整理所显示的,土豪的活动内容不仅与乡村、土地或农业生产有关,也与经营邸店、高利贷、盐、茶买卖等商业活动有很大关系,这也

---

① [日]大泽正昭:《唐末·五代の在地有力者について》,收入《柳田节子先生古稀记念——中国の传统社会と家族》,东京,汲古书院,1993年,第131页。

② 有关唐末五代"土豪"的研究颇多,除了本文引用的松井秀一与大泽正昭的两文外,尚有[日]栗原益男:《关于唐末的土豪地方势力——四川韦君靖的事例》,《历史学研究》243,1960;[日]松井秀一:《唐代后半期的四川——以官僚统治与土豪的出现为中心》,《史学杂志》73∶10,1964;[日]菊池英夫:《节度使权力与所谓土豪层》,《历史教育》14∶5,1966;[日]伊藤正彦:《唐代后半期的土豪》,《史潮》97,1966;[日]清木场东:《唐末·五代土豪集团的解体——吴政权土豪集团的事例》,《鹿大史学》28,1980;[日]伊藤宏明:《关于唐末五代时期江南地区的地方势力》,《中国贵族制社会的研究》,京都大学人文科学研究所,1987;[日]大泽正昭:《唐末·五代"土豪"论》,《上智史学》37,1992等。

③ [日]大泽正昭:《唐末·五代の在地有力者について》,第132页。

正是"豪""富"常常并称的原因所在。所以大泽先生认为,对土豪层应当将其作为包括地主、富商层的这样一个整体来进行理解。①

"土豪层"概念的使用,潜在地是与另一个概念的使用相对应的,这个概念就是"官僚层"。虽然官僚和土豪都占有大量的社会财富,但前者拥有政治特权,换言之,他们的形象是在官界中得以显现的,在地方任职或待选不过是寄住而已。但后者不同,他们虽也会在州县担任一定的职务,但权力来源还是在地方。其实,这组对应概念的使用并非只是日本学界的传统,英文与中文世界的学者同样有这样的共识,尽管他们在概念的表述上不尽相同。②

与其他阶层一样,"土豪层"内部也存在着位阶的差异,大姓豪强在乡里拥有大片土地,对地方民众或地方事务能产生较大的影响,中小型的土豪可能只能在有限的地域范围内施加其影响,且影响相对较弱。这种差异有时还相当巨大,以至于一些财势雄厚的豪强甚至可以与衣冠户中的名族、望族相提并论,而一部分中小土豪的生存状况则与农民相差无几。不过,无论土豪层内部的差异有多大,其权力来源及利益所系均落脚于地方这一点是共通的。而这也正是他们与权力及利益所系来源于中央的官僚层最为本质的区别。我想,这也应该就是日本学者又将"土豪"称为"在地有力者"或"在地势力"的原因所在。

在对"土豪层"的基本概念与学术背景进行简单的介绍后,我们将回到对土豪活动的历史考察中来。如大泽先生的统计所揭示的,从出现"土豪"概念的地域而言,江淮无疑是最集中的区域,而"土豪"活跃的时

---

① [日]大泽正昭:《唐末·五代の在地有力者について》,第134页。
② 比如杜希德先生曾经在论述这一阶层的重要性时就说:"地方利益真正的中心位于州、县城以外的乡村。在这里,刺史与县令的权力,只有得到势族及其广大分支血统的地方优异分子的同意,才得以运作自如,势族以其影响力与名望,被称之为'豪家'或'健吏家',在他们的控制之下,州政府的官员在整个地区并不全然实施直接统治。"(见[英]崔瑞德著,张荣芳译:《唐代藩镇势力的各种类型》,《大陆杂志》第66卷第1期,1983年,第40页)这批在乡村中拥有相当实力,并一定程度地把持乡里社会,甚至与州县下级官吏颇有关联的"势族"被杜希德先生称为地方士绅。而张泽咸先生则依据史料中的一种说法,将他们称为"形势户",而与他们相对的就是"衣冠户"。(见《唐代的衣冠户和形势户——兼论唐代徭役的复除问题》,《中华文史论丛》,1980年第三辑,上海,上海古籍出版社,第155~174页)

期，则多为9世纪前半段。① 不过江淮土豪在中晚唐的崛起，其实并非直待"平静期"到来后才开始的事情，周殿杰先生的研究已经指出，早在安史之乱爆发后的江淮农民起义中，一个突出的现象就是其领导者往往并非普通的农民，而是被史书称为"土豪"的一类人物。州县富人"皆去为盗贼"是肃代之际江淮农民起义的一个重要特点。② 实际上，袁晁起义的领导者袁晁，就是一名被韩滉称为"乡县豪黠"的下级胥吏。③ 不过基于袁晁等起义的影响，代、德之际是政府惩治豪强，同时也是土豪层相对式微的一个时期。而土豪势力的再次崛起，则确实是"平静期"到来后的事情。

有关"平静期"中江淮土豪的活动，松井秀一先生已作了相当详细的考察。概言之，9世纪后江淮土豪的势力不仅重新抬头，而且发展迅猛，其发展趋势突出表现在以下几个方面：其一，豪强富室的大土地私有制得到了前所未有的发展；其二，富豪层从事商业，比如高利贷、盐、茶贸易的势头越来越明显；其三，江淮土豪充任州县下级官吏或冒为衣冠户的情形突出；其四，地方富户假职于诸军诸使的现象在当时也很普遍。④ 换言之，江淮土豪已经成为兼具农、商、吏、军等多重身份的一个地方势力集团。

面对土豪势力的这种膨胀趋势，尤其是其利用从事色役、摄职州县官、假职军使的特权来谋求广置资产、规避赋役、寻求影庇等行为，中央并非没有予以重视和限制。在文宗时代以后的唐廷诏令中，就频频出台了遏制豪富之家的举措。⑤ 但是，虽然政府屡下诏令试图打压豪强的上述行

---

① ［日］大泽正昭：《唐末・五代の在地有力者について》，第135页。
② 参看周殿杰：《肃代之际的江淮和大历财政改革》，《唐史学会论文集》，西安，陕西人民出版社，1986年，第244～245页。
③ 《新唐书》卷126《韩休附韩滉传》、《唐语林校证》卷1《政事上》，第62页。
④ 关于9世纪后江淮土豪问题的讨论，以松井秀一先生重要的学术论文《唐代后半期的江淮について——江贼及び康全泰・裘甫の叛乱を中心として》（《史学杂志》66：2，1957）一文论述最详。此外，相关问题的论述亦可见张泽咸：《唐代的衣冠户和形势户——兼论唐代徭役的复除问题》，《中华文史论丛》1980年第三辑；张泽咸：《唐代的力役》，《魏晋隋唐史论集》（第一辑），北京，中国社会科学出版社，1981年；陈勇：《唐代长江下游大地产的发展》，《唐代长江下游经济发展研究》，第176～199页等。
⑤ 如《全唐文》卷73文宗《罢军将兼充文职诏》、卷74文宗《收江淮诸色人经纪本钱敕》、卷78武宗《加尊号赦文》《加尊号后郊天赦文》均有相关问题的涉及。

为，但实际效果却并不显著。① 而另一方面，政府对是否打压豪强本身也存在着重重顾虑。② 之所以产生这种矛盾，其根源就在于唐代后半期国家的正常运作已越来越要依靠土豪层的支持。土豪富商作为国家赋税的主要来源与政府实行基层控制的重要力量，它的迅速发展迫使政府不得不对其进行妥协和让步。而政府不敢尽全力惩治豪强富室，也是意识到这一阶层潜在的巨大破坏力。于是政府对土豪层就形成了一种既利用依靠又限制打压的态度。

只是随着唐后期国家政治经济形势的每况愈下，土豪层的生存空间也开始面临严重的挤压。于是在相对沉寂了约半个世纪后，到了文宗末期，尤其是武宗之时，两者间又开始呈现出相互对抗的倾向。而由于此时的江淮土豪相对于安史之乱时来讲，不仅外在条件更为有利，他们本身对基层社会的控制力也更加牢固，尤其是得到了一大部分破产农民的支持，因此他们对政府的威胁也就更大。③ 走私茶盐的"江贼"组织与村落武装的出现就是这种土豪集团崛起的表现。④ 当然，由豪强富户组织的走私茶盐群体并非都是"盗贼"，土豪富商本身也会成为"盗贼"攻击的对象。而拥有兵仗的村乡聚落也并不都与"盗贼"结托，在很多情况下，这样的自卫武装正是他们为抵御"盗贼"而组织的，甚至两者间本来就具有相互转换的可能。同样的，那些曾经从事私贩茶盐等的江淮土豪，也可以成为协助政府应对动乱的得力帮手。但不管他们的角色如何在"正""反"之间摇摆，这种以地方豪强雄健之徒为首、集合村乡居民并拥有相当经济及武力背景的聚落组织，已经以相当自立的面貌出现在江淮的历史舞台上了。

"平静期"结束于大中末年。上述的几起发生于大中十二年夏秋的南

---

① 一直到僖宗乾符二年（875）颁布的《南郊赦文》（《全唐文》卷89）中，唐廷仍在对上述问题进行重申。

② 长庆二年韩愈对判度支张平叔变革盐法的驳斥就是体现这一矛盾的事例，参见《韩昌黎文集校注》卷8《论变盐法事宜状》，第652～653页。

③ 对于农民层的分解及其与土豪层结托的研究，参见［日］松井秀一：《唐代后半期の江淮について——江贼及び康全泰・裴甫の叛乱を中心として》，《史学杂志》66：2，1957；［日］堀敏一：《唐末の変革と农民层分解の特质》，《中国古代史の视点——私の中国史学（一）》，东京，汲古书院，1994年。

④ 有关"江贼"问题的讨论，参见［日］松井秀一：《唐代后半期の江淮について——江贼及び康全泰・裴甫の叛乱を中心として》，《史学杂志》66：2，1957，第111～115页；［日］堀敏一：《唐末の変革と农民层分解の特质》，第117～120页。

方藩镇军乱是标志"平静期"结束的重要事件。这几起军乱的规模并不大,并且也很快就被宣宗派兵平定了,不过松井秀一先生早在半个多世纪前就已敏锐地指出,这些看似无关大局的南方军乱,其意涵实际上并非其表面显现的那样简单。比如当年七月发生在宣州的康全泰叛乱,就是一起处在平静与动乱期转换点,并且已然揭示全局根本的重要事件。① 因为康全泰叛乱不仅暴露了江淮在"平静期"中所积聚的各种矛盾,更"揭示了唐代后期地方一级权力结构发展的重要方面"②。而就在此事件平息后的次年,裘甫起义爆发,江淮"平静期"正式宣告结束。但是与"平静期"前的那个江淮相比,新动乱期中引起我们注意的人物,已经不可能再是李璘、李峘、韩滉、李锜这样的皇亲贵胄,也不是季广琛、柏良器、王栖曜、李长荣、张子良这样多少带有点文儒气质的外来将领,在动乱年代的最后,登上并成为江淮舞台新主人的是庐州的杨行密以及杭州的钱镠——一个曾经的"盐贼"、乡里武装的首领、协助唐朝镇压起义并借此发家的江淮土豪。③

小 结

安禄山叛乱对江淮的影响并非以朝叛较量的形式呈现,而是以玄、肃之争的面貌引起人们的关注,这一体现玄、肃之争的事件便是"永王李璘之乱"。玄宗、永王、肃宗三者的矛盾是一个随着永王的一路东行渐次展开并逐渐激化的过程。在此过程中,士大夫们的选择也呈现出一种纷纭而矛盾的特色。因此在永王事件中,我们很难用一种必然或应然的态度去衡量每一位卷入此事件中的人物的行为。事实上,这些人物吊诡的命运本身就说明,在一个中枢斗争紧张的年代里,个人的选择是一件多么艰难而又难以预料的事情。而这一紧张环境本身又是与更为紧张的安史叛乱交织在一起的。于是,不仅理想与现实的冲突让人变得无所适从,甚至简单的

---

① 有关这起事件的分析,参见〔日〕松井秀一:《唐代后半期の江淮について——江贼及び康全泰・裘甫の叛乱を中心として》,《史学杂志》66:2,1957,第116~117页。

② 〔英〕崔瑞德编:《剑桥中国隋唐史》,第697页。

③ 有关钱镠早年的经历,可参见何勇强:《钱氏吴越国史论稿》,杭州,浙江大学出版社,2002年,第34~53页。

"是""非"判断都可能变得模棱两可。

继"永王之乱"后的"刘展之乱"同样是一起可以以上述思路考察的事件。只是引发后者的冲突主线已从唐廷内部的中枢斗争转向中央与地方军将间的矛盾。刘展本人，以及由此事件牵涉出的李藏用、孙待封等人，他们都是起初没有叛乱之心，而后却一步步被逼上叛乱之路，甚至被诬陷为叛臣的人。其实无论在永王事件还是刘展之乱中，我们发现地方军将本来都是相当活跃和颇具实力的一个群体，如果用于与安史叛军交战，本可以大显身手的，但遗憾的是，这些对上层斗争或中枢心态缺乏了解的将领，最终都被内耗于无谓的闲置或牺牲之中。而由此一并带来的结果，则是河南战局的惨烈与落在江淮社会的无妄之灾。

经过代宗一朝的努力，经济社会获得恢复的江淮终于在德宗初年迎来了一个迅速崛起的时代。伴随着"四镇之乱"的爆发与韩滉的出镇两浙，一改往昔的寡弱与被动面目，新兴的镇海军开始在德宗初年的政治舞台上扮演起了重要而积极的角色。凭借强大的经济实力以及不容小觑的军事力量，镇海军成为唐廷在削藩战争中得以生存并获得胜利的支柱。这种情形的出现，也使得中央在江淮的危机终于由中枢斗争及中央与两河将领的矛盾，正式转向其与新兴的江淮藩镇本身的较量。德宗对韩滉的妥协以及韩滉形象在历史中的转变就是这种朝藩矛盾的体现。尽管面对江东的强势崛起，德宗在韩滉死后也立即采取了削弱藩镇的措施，不过，贞元朝的政治性格终究还是决定了江东藩镇自韩滉时代以来形成的主动姿态依然还会持续一段时间。一切的改变，只有等到元和时代的来临才会实现，而见证并实践这一改变的，就是李锜之乱。

浙西的军团构成是我们在对李锜事件的讨论中着力关注的一个层面。分析整个事件的过程，我们发现李锜的军事集团由负责护卫节帅及其家属的私兵、驻守各支州的亲信外镇兵，以及层次有别的各牙军集团构成。其中，李锜的随身牙军统帅兵马使张子良是当镇重要的实权人物，当时浙西军队的武力核心乃是张子良所统率的、由来自中原的"徐州兵"所构成的镇海军左厢官健，正是这支军队的临阵倒戈宣告了李锜叛乱的失败。对浙西军团构成的分析使我们注意到，尽管自安史之乱爆发以来唐廷在江淮所遭遇的危机形式和特质各不相同，但在上述种种事件中，将校层，尤其是北来将校却都在其中发挥着至关重要的作用。

总之，从永王事件到李锜事件，江淮危机的波及范围及程度正在日益变小，直到唐宪宗"元和中兴"事业在江淮的实现，江淮终于成为一个帝国得以最有效实施其控制力，当然也是整个帝国版图内最稳定的地区。不过，当我们在界定这种控制力的有效性时，我想我们不应该只将目光停留在藩镇节帅或军将这些上层人物身上。事实上，如果就底层社会观之，帝国在江淮的控制力反倒在向另一个方向发展。而这种矛盾现象的出现，其实也正是唐代后半叶地方权力结构重组的一种表征。而预此之流的江淮自然也不能免俗。只是不同于河南的地方军人集团，在未来的江淮地方权力结构中扮演主角的却是兼具了农、吏、军、商等多重身份的土豪势力。也许正如谷川道雄先生所说的："看一看唐代后半期民众的动向，就会发现那种与唐代贵族相区别的土豪层所领导的民众的地域集团已在历史上明显出现。我们很容易想象出这就是宋以后那种新社会的原型。"①

---

① ［日］谷川道雄著，马彪译：《中国中世社会与共同体》，北京，中华书局，2002年，第110页。

代结语　藩镇时代的意义

在代结语中，我将在之前四章研究的基础上，对以下几个问题进行解答：第一，帝国的"危机"究竟来自哪里？第二，帝国是怎样化解危机的？第三，在化解危机的过程中，帝国的统治结构与理念发生了一些怎样的变化，这些变化具有怎样的性质？第四，我们对藩镇的研究具有怎样的意义？

一、何谓"危机"与"重构"？

以"安史之乱"的爆发为导火线，唐帝国的"危机"在以下四个层面凸显出来：首先是玄宗与肃宗间的中枢矛盾。玄宗在安禄山叛乱后，以任命皇子和宗室，并设立大军区的方式来应对战事的发展。尤其当潼关被克、玄宗与肃宗分道扬镳后，这一策略变得更加明显。但无疑，这一政策也激化了玄宗与肃宗间的父子矛盾，河南节度使人选的更替，以及在江淮爆发的"永王之乱"就是这一中枢矛盾的体现。这一危机最终以肃宗取得对玄宗中枢斗争的胜利，即唐中央回归一元统治而宣告结束。

第二波危机来源于新兴的地方军将。尽管不再延续大军区的设置，但取代玄宗的肃宗出于讨叛战争等的需要，仍旧在诸藩镇之上设置了拥有统辖诸镇之权的河南行营元帅与江淮都统。不过，无论是在河南设置元帅，还是在江淮设置都统，肃宗对凭借安史之乱而壮大势力的河南地方军将现在都格外关注，尽管他们大都曾对抵御叛军南下起到过关键作用，比如张巡。所以，肃宗既有利用河南元帅去除这些地方军将的努力，也有期望依靠江淮都统打压他们的决心，只是后者的失败最终导致了"刘展之乱"。而在上述种种措施的实施下，到肃宗朝末年，这波同样由安史之乱引发的危机也宣告结束了。

第三波危机来源于西部的异族。党项、吐蕃趁西部唐军东调平叛之际，逐渐侵蚀帝国的西部领土，并在安史之乱结束后对关中造成了严重的威胁。京西北八镇的陆续建立就是帝国为应对这波异族危机而采取的措施。虽然这波危机持续的时间比较长，而且它的化解主要还是与吐蕃等异族自身实力的衰退关系更大，但在京西北八镇与神策军镇布防体系的建立及调整过程中，我们仍旧可以看出唐廷为化解此波危机所进行的深思熟虑的考量。

以上所说的中枢斗争、中央与新兴的地方军将以及异族对帝国的威胁就是由安史之乱引发的三波危机。帝国化解这些危机的时间前后有别，同时，三者对帝国的影响在地域上也有差异。不过，这三者并不是帝国在安史之乱爆发后所遭遇的最主要的危机，因为最主要的危机仍旧是"安史之乱"本身。于是，"安史之乱"与由其引发的上述危机交织在一起，沉重打击了帝国的生存与权威。

那么，"安史之乱"在本质上又是反映了怎样的一组矛盾呢？三十多年前，黄永年先生撰写《〈通典〉论安史之乱的"二统"说证释》一文，已经指出了，"安史之乱"所反映的，实质上是唐廷与边境节度使之间的矛盾。① 作者在此文开篇引中唐时代著名的政治家杜佑在《通典》卷148《兵序》的论述称：

> 玄宗御极，承平岁久，天下乂安，财殷力盛。开元二十年以后，邀功之将，务恢封略，以甘上心，将欲荡灭奚、契丹，翦除蛮、吐蕃，丧师者失万而言一，胜敌者获一而言万。宠锡云极，骄矜遂增。哥舒翰统西方二师，安禄山统东北三师，践更之卒，俱授官名，郡县之积，罄为禄秩。……于是骁将锐士、善马精金，空于京师，萃于二统。边陲势强既如此，朝廷势弱又如彼，奸人乘便，乐祸觊欲，胁之以害，诱之以利。禄山称兵内侮，未必素蓄凶谋，是故地逼则势疑，力侔则乱起，事理不得不然也。

换言之，唐代人自己就已经意识到，帝国最严重的危机实际上是来源于体制本身存在的一个痼疾，这个痼疾就是在唐朝的边境地区存在着军事实力强大的节度使集团。具体来说，就是开元、天宝年间的十节度使。十节度中，除了南方的剑南及岭南五府经略使力量稍弱外，北方的幽州、平卢、

---

① 此文原载《陕西历史学会会刊》1981年第2期，后收入《六至九世纪中国政治史》，第314～348页。

河东、朔方、河西、陇右、安西、北庭都拥有强大的兵力,并且到安史之乱前,如杜佑所说的,已经形成了以安禄山统领的幽州、平卢、河东,以及哥舒翰统领的河西、陇右这东西两大军事集团。而安史之乱就是一起由来自东北的幽州以及部分平卢、河东军队发起的军事叛乱。

面对来自东北军团的叛乱,玄宗首先想到的就是利用西部军团进行抵御。于是除了一批西部军团的将领被陆续派往与叛军对峙的前线河南外,河西、陇右的军队也开始在潼关集结。但河西、陇右军队在随后的灵宝之役中遭遇惨败,这一集团的首领哥舒翰也兵败被俘,于是河西、陇右的势力基本瓦解了。不过,尽管西部军团经灵宝之役遭受重创,但继玄宗之后与叛军对抗的肃、代两位君主除了借用回纥的军队外,仍旧不得不依靠这些乱前的边境节镇力量来与叛军周旋。这不是因为他们想要如此,而是除了这些边境节度使的军队外,唐廷没有什么可资利用的其他力量。安史之乱在代宗初年结束,但叛乱的平息并不彻底,乱后的河北仍由来自幽州、平卢的安史旧将占领。而对于那些平定安史之乱的原边境军团,唐廷也不得不在乱后给予其内地实地的待遇,这既是褒奖功臣的应然举措,也是安置因边境故地沦丧而不得不率军进驻内地的边境节度使军队的必然结果。所以,在结束了河南行营元帅这一战时体制后,乱后的北方藩镇版图几乎全由乱前的边镇势力所占领。除了来自幽州、平卢的安史旧将占据河北外,帮助唐廷平叛的平卢系势力主导了河南;关中则由朔方、四镇北庭,以及此后的幽州军人所分据;此外,河西、陇右的部分残军则入驻了河东①;至于南方的江淮一带,虽然它与边境节度使势力并不存在关系,但安史之乱后逐渐入驻当地的一些外来军将,尤其是中原军将及其部众却在很大程度上影响着当地的政治走势,所以我们不妨也可以把它看作边境叛乱导致的结果。

传统的史观认为,唐廷在安史之乱后于内地普设藩镇是削弱自身统治力、助长地方割据的一种行为。但是如果我们将这些藩镇中的政治实体与乱前的边境诸节度使军团进行比较的话,可以很明显看到,经过八年的安史之乱,这些边境大军团的实力,无论是来自叛军方面的东北节镇,还是阻击叛军的西北节镇,其实都已经大为削弱了。并且,通过于内地普设藩

---

① 有关河西、陇右残军入驻河东,并主导河东政局的论述可参见黄寿成:《唐肃宗时河东朔方兵变事探索》,《陕西师范大学学报》,2004年第6期。

镇的方式，唐廷也已经对这些旧有势力进行了分割。当然，唐廷对边境大军团的削弱是被动而不是主动的，而且在此过程中，唐廷本身的权威也遭受了重创。但至少在解决杜佑所说的"边陲势强既如此，朝廷势弱又如彼"的危机中，唐廷确实是前进了一步。而实际上，这种前进的势头在安史之乱结束后依旧没有停止。因此，如果我们现在重新来定义"安史之乱"的意义，不妨把它看作一个帝国解决"边陲势强而朝廷势弱"问题的契机。而安史之乱本身，也正拉开了帝国解决大军团危机的序幕。

安史之乱结束后，朝藩矛盾的主线依旧沿着这条唐廷与原边镇势力的矛盾在发展。只是由于唐廷已于内地普设藩镇，原来的东、西两大军事集团已被打散，所以朝叛冲突不会再像安史之乱时期那样剧烈，这正是唐廷经由安史之乱，通过重构帝国空间结构所取得的一大成功。延续着打压这些旧有边镇势力的政策，虽然代宗、德宗、宪宗诸帝削弱这些军团的方式和程度还不完全相同，但比起乱时的肃宗，他们都要更主动积极。至少在主观上，他们已经会将朔方、四镇北庭、平卢、幽州这些原先的边境势力视为一种潜在的威胁，不管它们是曾经的叛乱者还是平叛者。同时，上述诸帝对这些旧有势力的打压，本身又是和重振唐廷自身权威的努力结合在一起的。于是，以"抑藩振朝"为理念，唐廷与这些原边境势力所主导的北方藩镇间的战争在乱后被再次引燃了，这就是"四镇之乱"、"奉天之难"以及元和后期战事。另一方面，现在的唐廷巩固其打击成果的方式，也已从重构藩镇空间结构向更为实质的重构藩镇权力结构的方式转变。即除了进一步分割藩镇领土等弱化藩镇实力的措施外，对那些在藩镇中具有影响力的旧有势力也一并进行革除。而这两点，其实在对江淮藩镇的打击中也同样适用。

综上所述，帝国所遭遇的最严重的危机就是由原边境藩镇带来的大军团危机，而化解这一危机的过程就是一个重构这些藩镇空间结构与权力结构的过程。至于"安史之乱"的意义，就在于它既是这一危机最明显的体现，也提供给帝国一个化解这一危机的契机。到宪宗元和末年，随着唐廷对关中、江淮、河南藩镇旧有势力的清除，藩镇危机基本宣告结束。而危机结束的表现之一，就是藩镇空间版图在元和以后基本稳定了（参见图33）。

二、从"关中本位"到"中央本位"

不过我们需注意到，唐廷在处理这些大军团危机的过程中，就处理时

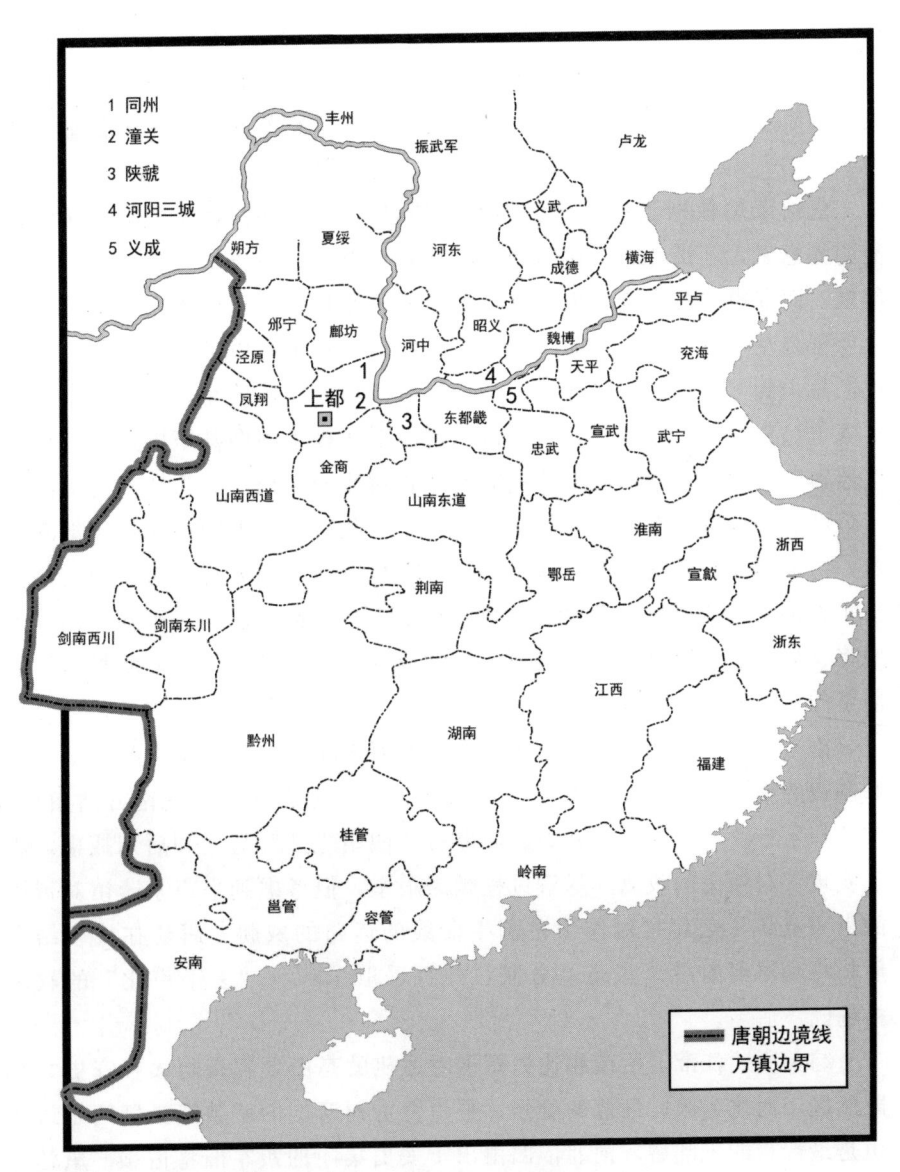

图 33　元和十五年藩镇图

序和方式而言，已经体现出了明显的地域差异。唐廷最关心的是帝国的政治中心关中，因此虽然关中的几大派系都对平叛或抵御异族有过重要贡献，但德宗最先打压的还是此地的朔方军、四镇北庭军以及稍后入驻的幽州军。而尽管在打压过程中引发了"奉天之难"这样严重的危机事件，但事件平息后我们发现，关中藩镇的问题确实是唐廷最先也是最为彻底地解决的。不仅如此，早在打击关中三大派系之前，唐廷就已经开始着手发展神策军，并且逐渐在关中构筑起了一种神策军镇与边镇互相配合和制约并且盈缩有度的多维度空间结构。这种复杂的政治空间结构也是其他地区所不具有的。

仅次于关中的是南方，尤其是江淮地区。自安史之乱爆发后，唐廷已经明显意识到江淮作为帝国财政区的决定性意义。所以永王"东巡"的目的地、江淮都统的设立，以及德宗削藩战争之初设立统辖十五州的镇海军主要都是基于这方面的考虑。不过在愈益依赖江淮财赋的过程中，唐廷也逐渐意识到，强大的江淮藩镇的存在对帝国而言并不安全，所以德宗在削藩战争结束伊始，以及宪宗在即位之初，都选择了削弱甚至以武力打击江淮藩镇。当然，唐廷对江淮藩镇的制裁相对比较轻松，因为江淮与乱前的十节度势力没有关系。不过，江淮在安史之乱后与南下的中原将领却存在着一定关系。在韩滉与李锜这两个镇海军势力强盛的时代，当镇的一些实力军将都来自北方，并都对唐廷利用与稳定当镇情势起到过重要作用。中原将领势力逐渐退出江淮，与德、宪二帝从军政与财政两个领域打压江淮藩镇的措施同时进行。

由出于叛军集团的平卢军势力主导的河南藩镇是第三个引起帝国关注和制裁的地区。德宗在制裁完关中藩镇，以及宪宗在制裁完南方藩镇后，都选择了继续向河南藩镇开刀。而经过"四镇之乱"与元和后期战事，唐廷实现了对河南的收复。尽管过程颇为艰辛，但考虑到平卢系藩镇对帝国的巨大威胁，尤其是对作为帝国生命线的运路的威胁，唐廷在战事结束后，立刻对河南藩镇实施了分割，并且采取了种种"去平卢化"的软硬措施。

与关中、江淮、河南相比，帝国对河北的态度要复杂得多。安史之乱既然起于河北，因此河北的幽州、平卢势力对帝国的威胁毫无疑问是最早也是最严重的。乱后，河北依旧由出于安史集团的叛军旧将占领。唐廷不是没有考虑过对盘踞在这里的原东北节镇势力进行打压，德宗初年的"四镇之乱"其实主要针对的就是河北藩镇。但是在唐廷与河北藩镇的一次次接触中，它终于不再期望全面"收复"河北了。两者的关系最终在武宗时代以"河朔旧事"的规则比较清晰地确定下来。这一过程，其实就是唐廷逐渐"放弃"河朔的过程。而这一"放弃"不仅是关乎唐廷有没有能力"收复"河朔的问题，同时也是唐廷有没有意愿"收复"河朔的问题。在对河朔的打击中,唐廷现在更多地要视江淮的财力以及关中禁军与河南藩军的兵力来行动。所以说,帝国的维系现在主要依靠而且几乎只要依靠前三个地区就能进行,于是"收复"河朔在君臣看来反倒成了一桩赔本的买卖。

当然,并不是所有的士人都主张放弃河北的,比如杜佑之孙杜牧在《战论》中就强调收复河北的必要性:

> 河北视天下犹珠玑也,天下视河北犹四支也。珠玑苟无,岂不活身;四支苟去,吾不知其为人。何以言之?夫河北者,俗俭风浑,淫巧不生,朴毅坚强,果于战耕。名城坚垒,巘崿相贯;高山大河,盘互交锁。加以土息健马,便于驰敌,是以出则胜,处则饶,不窥天下之产,自可封殖,亦犹大农之家,不待珠玑然后以为富也。天下无河北则不可,河北既虏,则精甲锐卒利刀良弓健马无有也。卒然夷狄惊四边,摩封疆,出表里,吾何以御之?是天下一支兵去矣。河东、盟津、滑台、大梁、彭城、东平,尽宿厚兵,以塞虏冲,是六郡之师,严饰护疆,不可他使,是天下二支兵去矣。六郡之师,厥数三亿,低首仰给,横拱不为,则沿淮已北,循河之南,东尽海,西叩洛,经数千里,赤地尽取,才能应费,是天下三支财去矣。咸阳西北,戎夷大屯,吓呼膻臊,彻于帝居,周秦单师,不能排辟,于是尽铲吴、越、荆楚之饶,以啖兵戍,是天下四支财去矣。乃使吾用度不周,征徭不常,无以膏齐民,无以接四夷。礼乐刑政,不暇修治;品式条章,不能备具。是天下四支尽解,头腹兀然而已。焉有人解四支,其自以能久为安乎?①

不论杜牧对河北的态度在当时是否具有代表性,但他论说中的一个潜在意涵是值得注意的,这就是现在的唐帝国必须依靠各个扮演不同功能的地域块的协调配合才能维持。只是对于杜牧来说,他认为这些地域块中必须包括防御夷狄的河北,而君主和其他一些士大夫则不这样认为。不过,无论河北是否应该加入这个集团,但西南的三川地区(主要指剑南东道、剑南西道、山南西道)却确实不在杜牧考虑的范围之内。

为什么没有三川?彼得森(Charles Peterson)在《剑桥中国隋唐史》

---

① 《樊川文集》卷5,第91~92页。

中的下述论断或许可以作为这一疑问的解答:

> 四川是这类区域的第五个,但有争议;虽然它是守卫西面和西南边境的要冲,但它与中央政府的命运的关系,并不像上面所谈的四个区域那样有决定性意义。①

和本文的论述稍有不同,彼得森将关中分为京畿和西北边境两个区域,因此他将三川地区视为这类区域中的第五个。不过这种对关中的细分并不影响我们论述区域的大致吻合,所以不妨仍旧可以来看看彼氏是如何来定义我们所讨论的几个区域的地位的:

> 这些关键区域的第一个当然是京畿的关中道,那里的资源虽然减缩,但它作为国家的政治中心仍是至高无上的。第二个关键区是西北的边境区,它是掩护京师使之避免帝国面临的最大外来威胁的盾牌。第三个是长江淮河流域,这一区域有迅速扩大的生产力、增长的人口和繁荣的商业,因此已成为政府的主要收入来源。第四个是运河地带,它包括那些从南方运输税收所必经的几个镇。②

正如那些和杜牧不同但却代表着唐廷主流意见的士大夫们的观点一样,在彼得森的唐廷"关键区域"中,同样不包括河北。

其实在这段论述之前,彼得森还有过一段论述,他认为,唐帝国之所以能在安史之乱后接受藩镇体制,而又在这种体制中"保存了帝国的统一和自己居于唯一正统地位的权力"的"了不起"的成绩,正在于"它能牢牢地控制(上述)四个对它的生存绝对重要的区域"③。而在上述"关键区域"的论述之后,彼得森又接着说道:

> 因此,像陈寅恪指出的那样,唐朝在八世纪后期和九世纪的统治之得以幸存,实质上只是因为它成功地维系了西北—东南的轴心。④

很长时间以来,我们对陈寅恪关于唐帝国地缘结构的论说只集中于和帝国建立以及与帝国前期历史更为相关的"关中本位政策"上。这一杰出

---

① [英]崔瑞德编:《剑桥中国隋唐史》,第493页。
② [英]崔瑞德编:《剑桥中国隋唐史》,第493页。
③ [英]崔瑞德编:《剑桥中国隋唐史》,第493页。
④ [英]崔瑞德编:《剑桥中国隋唐史》,第494页。

论断无疑为研究唐史的学者提供了重要的启示，并引发了直到当下都没有消退迹象的热烈讨论。① 不过我们是否考虑过，为什么"关中本位政策"的适用对象只是前期的唐帝国？因为我相信陈氏的这一论断绝不针对中晚唐，并且在唐以后，也不会再有任何一个王朝能够适用这样一个以政治中心所在地来命名的"本位政策"的说法。近年来，两位研究西汉的学者杨建与辛德勇都在各自的研究中指出，其实西汉也存在着一个所谓"关中本位政策"。② 于是这更进一步提醒我们，为什么西汉在地缘结构上会与唐前期存在着这种相似性？难道只是因为两者的政治中心都在关中的缘故？我想要解答这一问题，我们必须首先弄清楚"关中本位政策"的实质是什么。在我看来，"关中本位政策"的实质是各个地域的相对独立。只有在地域与地域间的联系与依赖还不那么紧密，各个地域在整体中的功能定位还不那么明确的时候，我们才能使用"某地本位政策"这种既凸显其一，但也仍旧可以给予作为"次"或"客"的其他地区相对完整和独立地位的说法。所以我们无论在唐还是西汉的"关中本位政策"下，都可以看到与关中相对的"关东"的活跃姿态。③ 只是这一说法针对唐相较西汉的意义更大一些。因为在西汉，可堪与关中比肩的主要还只是关东，但到了唐代，南方，尤其是江淮也逐渐走上了可与之对话的平台。所以，针对多方的"关中本位政策"相较于只有两者竞争产生的"关中本位政策"意义终究要大一些。

---

① 学界对于"关中本位政策"的讨论主要集中在与之密切相关的"关陇集团"层面，相关研究可参见《二十世纪唐研究》"关陇集团"条目下的介绍，第25～27页。近年来对这一问题的讨论仍在继续，比如雷艳红：《陈寅恪"关陇集团"说评析》，《厦门大学学报》，2002年第1期；张攀：《陈寅恪"关陇集团"说的学术史考察》，复旦大学2004年硕士学位论文；黄富源：《陈寅恪唐初关陇集团说新解》，《贵州文史丛刊》，2005年第1期；曹印双：《试析陈寅恪先生的关陇集团概念》，《陕西师范大学继续教育学报》，2005年第2期；贾海燕：《陈寅恪先生"关陇集团理论"解析》，首都师范大学2005年硕士学位论文等。最近对陈氏"关中本位政策"进行梳理的则是李万生：《说"关中本位政策"》，《清华大学学报》，2010年第4期。

② 参见杨建：《西汉初期津关制度研究》，武汉大学2002年博士学位论文，第128～132页；辛德勇：《汉武帝"广关"与西汉前期地域控制的变迁》，《中国历史地理论丛》，2008年第2辑。

③ 参见傅乐成：《汉代的山东与山西》，《汉唐史论集》，台北，联经出版事业公司，1977年，第65～79页；仇鹿鸣：《陈寅恪"山东集团"辨析》，《史林》，2004年第5期等。

至于一个老生常谈的问题，"关中本位政策"究竟终结于何时，我想我们没有必要把时间限定得过于明确。事实上，本书的目的只是希望从地缘结构的角度着眼，来看一下结束了"关中本位政策"的唐帝国，它未来地缘结构的发展方向会在哪里。而"安史之乱"的意义就在于，它提供给了我们一个审视这一变化的绝好切入点。关于这起事件的性质，正如彼得森所指出的，它绝不像陈寅恪所说的，是由于异族迁入河北导致了东北社会的"胡化"而引起的。同时，另一种解释安史之乱爆发的观点，即由谷霁光提出并为蒲立本（E. G. Pulleyblank）所采纳的"异化"观点在彼得森看来也是有问题的。这种观点"从河北（在东北）对唐朝廷（在西北）的长期异化这一角度来解释叛乱，这一异化过程主要是朝廷对该区的歧视政策造成的。根据这一理论，安禄山是作为这一地区的感情和利益的代表出现的"。彼氏质疑这一解释的原因就在于"关于朝廷和河北道之间长久分裂的证据不够充分，而且几乎都来自七世纪的材料"①。不过我更感兴趣的是，为什么谷、蒲二人会从位于西北的朝廷对河北地区的歧视这一角度来解释安史之乱？显然，这一观点本质上就是以承认"关中本位政策"，即关中与关东的对立为前提的。而他们使用的证据之所以在7世纪以后就不多了，本身就说明，关中与关东的对立在7世纪以后并不明显了。换言之，"关中本位政策"也在此时逐渐瓦解了。

实际上，从朝廷与地方的关系来看，不待"安史之乱"的爆发，以关中为政治中心的唐帝国，随着将它的军事力量逐渐部署在边境，随着政府部门需要不断到位于河南的东都来转运食粮，随着河南运路的开辟并漕转江淮粮饷入京，一个原先主要依靠关中就可自立的朝廷，现在不得不将军事、经济权力移交于其他地区，它就已经在逐渐瓦解"关中本位政策"了。而安史之乱爆发后的藩镇时代，只是加快了这一转变的进程，并且使之变得更有"效益"。所谓"效益"，就是帝国现在仅需要关中、河南、江淮这三个地区就可以维持其统治。它不需要亲力亲为地参与河北的军事布防，因为安史乱后处于半独立状态的幽州已经承担了为帝国抵御东北异族的责任。② 所以就统治效益而言，牺牲江淮的财力与不顾威胁帝国心脏地

---

① 参见［英］崔瑞德编：《剑桥中国隋唐史》，第469～470页。
② 有关幽州镇在中晚唐时代在抵御东北外族入侵过程中所起的作用，可参见黄永年：《范阳节度与奚、契丹》，《六至九世纪中国政治史》，第308～313页。

带的西部异族，去利用禁军或河南藩军收复既无太大经济价值又可能导致军事压力的河北，意义显然是不大的。

如果我们这样来理解陈寅恪关于唐帝国建立的"关中本位政策"之见，并联系他关于唐帝国灭亡的下述论断：

> 唐代自安史乱后，长安政权之得以继续维持，除文化势力外，仅恃东南八道财赋之供给。至黄巢之乱既将此东南区域之经济几全加破坏，复断绝汴路、运河之交通，而奉长安文化为中心、仰东南财赋以存立之政治集团，遂不得不土崩瓦解。大唐帝国之形式及实质，均于是告终矣。①

那我们就将发现，纵然陈氏提出的这两个地缘框架理论未必是深思熟虑或有意联系的结果，但他确实为我们指出了一条有关唐帝国地缘结构发生巨大变化的重要线索。而如果我们承认这一变化具有"变革"的意义，那么由变革的这一端到另一端的过程或许也可视为一种"重构"的过程。即一个国家从各个地域相对独立，唯政治中心所在地更为突出的地缘结构形态，向各个地域相互依赖，没有主次之分、只有功能差异的地缘结构形态转变的过程。而如果我们以"关中本位政策"来定义前者的话，那我想，也许我们可以把后者称为"中央本位政策"。

至于藩镇时代的意义，就在于它见证了帝国从区域本位向中央本位的转变。因此，虽然藩镇时代的帝国就表面来看是带有分裂倾向的，但实质上，帝国区域间的联系与依赖却比过去来得更紧密了。当然，这并不是说因为藩镇体制的存在才导致了这一转变，其实这一转变是历史的必然趋势，只是这一转变过程中最为重要的"变革"阶段是在藩镇时代完成的。至于变革完成后的图景，未来的赵宋王朝就是这种图景的呈现。②

---

① 陈寅恪：《唐代政治史述论稿》上篇《统治阶级之氏族及其升降》，第204页。

② 一个以运河所在的河南为政治中心，以财赋所出的江淮为经济依托，以实现了禁军出镇的关中与河北为军事防御前线，并且将坐拥"茶马古道"的四川也恰到好处地纳入了这一地缘框架之中的新王朝。只有到了宋代，我们才看到四川对于中央政府命运的决定性意义。也同样在宋代，我们看到了王朝对于放弃边地表现出了果决的态度与积极的评价。

三、"中央集权"与地方基层势力的崛起

以上,我们以唐廷的立场为论述视角,对帝国所遭遇的危机、化解危机的重构手段以及重构过程中所体现出的地域性差异,还有这种差异所反映的唐廷对地方统治结构与统治理念的变化进行了总结。下面,我们要站在藩镇的角度来审视一下帝国重构的意义又在哪里。

正如我们在上文指出的,除了在安史之乱初期就受到重创的河西、陇右势力外,平卢、朔方、四镇、北庭、幽州诸军也相继在唐廷此后的削藩过程中遭到了清理,甚至因北方战争南下的中原军将势力在帝国对江淮藩镇的打压中也逐渐被移出了当镇的权力核心。不过,政治权力的非真空性决定了当这些旧有势力逐渐退出藩镇权力中坚层的时候,一些新兴势力也将顺势填补它们的位置。

随着削藩战争的胜利,朝命的官员,尤其是一大批文官被派往各藩镇担任节帅或幕府僚佐,这是唐廷重构藩镇权力结构所获得的巨大成功,也是"中央集权"的一个重要表现。① 但是,这些朝命的官员实际上并不构成藩镇未来发展的主导力量,因为真正取代旧有大军团势力主导藩镇未来发展的,是当地的基层势力。

不过我们仍需注意,不同地域基层势力的体现仍旧并不相同。在河南,以牙兵为特色的地方军人集团已经形成。在关中的支柱禁军中,挂名军籍的豪富,尤其是商人子弟占据了相当的比例。而在江淮一带,则是兼具农、商、军、吏等多重身份的土豪层的强势崛起。这种地域差异的出现,其实也正是地域功能逐渐明晰的一个产物。至于河北,则再一次显现出它的复杂性。尽管河北不可能像关中、河南、江淮一样,由朝命的武将(尤其是神策军出身的将领)或更占主流的文官出任作为其最高统帅的节度使,但左右当镇走势的决定性力量其实也如河南一样,已由原军将层转移到了牙兵层手中,比如魏博。但河北的复杂性就在于,魏博的模式并不具有普遍性。成德镇就始终由军将层占据权力中枢,只是到了后期,他们开始显现出了文质化的倾向。而在主导当镇大权的幽州军将层中,军将人

---

① 实际上关于这些文官的性质,本身也值得探讨,因为他们与之前的文官节帅也存在不同,这一点在江淮诸镇身上体现得最为明显。而这种转变同样反映了"中央集权"的趋势。不过这已非本书所讨论的主要内容了。

选则由牙将逐渐转为边将及土著边豪势力。

作为唐廷始终未能完全收复的一个地区，河北的政治发展自安史之乱以来就一直比较自主。这也正是相较于以朝藩矛盾为主线展开的其他三个地区，我们对河北的论述更侧重于沿其自身发展脉络展开的原因。不过虽然受唐廷的政治影响不大，但和前者一样，河北以安史之乱的爆发为契机，实际上本身也正在经历着一个危机与重构的过程。并且它的危机从本质上来讲，和唐廷也一样，那就是以军将势力为表征的中间阶层的强大。只是河北化解这一危机的重构手段，在魏博、成德、幽州三镇中体现得并不相同，并导致了它们此后发展的差异。魏博是作为基层势力的牙兵逐渐压倒军将，掌握政治主导权；军将势力始终强大的成德则实现了军将与节帅共治的稳定情势；至于权力结构颇为相似的幽州，则没有解决好这一问题。

不过就总体而言，地方基层势力的崛起仍是一个大的趋势。于是一方面，在大军团危机结束后，通过控制藩镇上层，帝国"中央集权"趋强的势头已在藩镇身上有所体现，但是另一方面，藩镇真正的主导权却已下移到那些新兴的地方基层势力手中。而如果我们承认"中央集权"的强化，以及这些在大军团危机结束前尚不能对帝国命运产生决定性影响的基层平民力量的崛起，与之前那种君主贵族共治政体有所区别，并且也承认由后者向前者的转变具有"变革"意味的话，那我们也许同样可以将这一转变过程视为一种"重构"，一种阶层的重构。而在阶层重构的同时，阶层的流动性也在加强。因此在这里，我尤其要强调江淮土豪层崛起的意义，因为兼具农、商、军、吏等多重身份的江淮土豪层拥有更为牢固和厚实的基层基础。

至于这些新崛起的基层势力会不会给帝国未来的统治带来新的危机，尤其像谷川道雄所言，"中唐以后唐朝权力与民众之间的敌对关系，其结果便是导致唐朝权力的瓦解"①，那是值得进一步研究的课题，但已不是本书讨论的主旨了。不过，由中唐开启的藩镇时代，它见证了帝国社会阶层转变的这一意义总是需要肯定的。虽然"藩镇"一名本有"诸侯"的含义，但就藩镇时代的唐廷与"诸侯"观之，君主与贵族共治的意味，正在

---

① ［日］谷川道雄著，李济沧译：《隋唐帝国形成史论》，上海，上海古籍出版社，2004年，第2页。

向君主专制与地方平民社会崛起的方向发展。当然，我们仍旧要说，这并不是说因为藩镇体制的存在才导致了这一转变，其实这一转变同样也是历史的必然趋势，只是这一转变过程中最为重要的"变革"阶段还是在藩镇时代完成的。而变革完成后的结果，我们依旧会在未来的赵宋王朝身上找到答案。①

四、作为"唐宋变革期"的藩镇时代

对藩镇进行研究的意义，不仅在于藩镇本身有值得研究的地方，比如它的空间结构、权力结构，也不仅在于它切实关乎着唐帝国的生存，比如唐帝国在藩镇体制下长存了一个半世纪之久；更为重要的是，通过藩镇这一视角，我们获得了一个得以审视帝国性质发生变化的可能。而如果这些变化堪称"变革"，那见证这些"变革"的藩镇时代，它在中国历史上的地位就是需要认真评估的。

其实，这一评估早在20世纪初就已展开了，并因此形成了一个新的史观，这就是由内藤湖南所提出，并经由其弟子宫崎市定等人发扬，并最终形成京都学派主要学说的"唐宋变革"：

> "唐宋变革"是指中国历史从中古变为近世的一个变革，它把唐宋断裂为两个性质不同的时代，唐是中古之末，宋是近世之始；"唐宋变革期"就是指中国历史从中古变为近世这个变革所经历的过渡期或转型期，起点在8世纪的中唐，终点在10世纪的宋初。②

因此，也许就历史心态而言，一个藩镇林立的中晚唐时代未必能引起世人的好感，甚至被有意排除在人们建构"盛唐"印象的历史记忆之外。但就历史意义而言，它的地位却是决不能低估的。所以，于鹤年先生在20世纪30年代所说的这番话，也许可以作为我们研究藩镇与藩镇时代意义的总结

---

① 一个文士地位凸显，但同时地方骄兵、富商、胥吏、豪民势力也大增的新王朝。只有到了宋代，我们看到了士、农、兵、商的身份转换变得如此容易，也看到了他们彼此间的依赖变得比之前任何一个时代都更为紧密了。

② 柳立言：《何谓"唐宋变革"?》，《宋代的家庭和法律》，上海，上海古籍出版社，2008年，第20页。诚如柳立言先生在这篇旨在厘清"唐宋变革"概念的文章中所指出的，也许我们可以不必接受"中古"、"近世"这类的"史观"，但唐宋之间发生变革的"史实"仍在。（第40页）

吧:"自中唐至宋初乃是一整个的藩镇时代。在这二百余年的长时期中,可称道的固然不仅有藩镇一件事,然而他(它)总不失为最重要者,因为政治的变革,宫廷的风潮,民族的兴衰,文化的迁嬗,差不多都和他(它)有关系。若以藩镇为这一时期历史的中心,是最恰当不过的。"①

---

① 于鹤年:《唐五代藩镇解说》,《大公报·史地周刊》第二十五期,1935 年 3 月 8 日。

附　录

李怀让之死

广德元年（763）对唐帝国而言是颇为重要的一年，这一年是新任帝国君主代宗即位的第二年。上一年（762），他的祖父玄宗和父亲肃宗相继去世。代宗本人则在当时"久典禁军"①、权势鼎盛的唐廷首宦李辅国，与身任"内射生使"②，即执掌宫廷禁卫军，并党于辅国的另一名重要宦官程元振的推戴下，在宫廷政变中成功胜出，成为新任帝国君主。不过到了广德元年初，由于李辅国的离奇死亡，宫廷斗争的阴影已逐渐在唐廷内部淡去。而外部，与安史叛军的作战也迎来了拨云见日的光明，因为持续了八年的安史之乱终于在这年春天随着史朝义的败亡正式宣告结束。就是在这样一个唐廷与帝国获得重生的年代，长安近郊也迎来了一场规模隆重的大臣葬礼。

一、盛大的葬礼

这场葬礼是为前任华州刺史，亦是安史之乱爆发后的首任同华节度使李怀让而举行的。有关葬礼宏大场面及隆重规格的描述保存在常衮所作的《华州刺史李公墓志铭》③ 中：

> 广德元年九月三日，（李怀让）薨于华州军府，春秋若干。天子闻之，辍朝兴叹，特优命数，宠赠司空。诏发輀车，即日迎柩，列辟卿士，咸会丧焉。赠赗襚含，有加故事，京兆尹监护，内谒者致以

---

① 《资治通鉴》卷 222 "宝应元年建巳月"条。
② 《旧唐书》卷 184 《宦官·程元振传》。
③ 《全唐文》卷 419。

词，即以其年十月四日，陪葬建陵，旌勋臣也。将军卤薄，司空法驾，钲车介士，前后鼓吹。观者称荣，懦夫增气。百官临吊，毕集孔光之门；五校送丧，直至邓宏之墓。君臣之义，厚莫重焉。

墓志提醒我们，李怀让具有陪葬肃宗建陵的"勋臣"身份，因此墓志对其丧葬仪式宏大规模的渲染也就是一种有据可依的铺陈，并不是全然的阿谀之作。由于传世文献对李怀让的记载很少，因此墓志为我们提供了一份极为难得的得以颇为完整地勾勒出这位肃宗朝勋臣生平的资料。墓志首先称：

（李怀让）以良家子选羽林郎，骑射绝伦，材官入侍，射熊旧馆，戏马前台，百步应弦，两骖如舞。便蕃左右，趋奉阶闼，秺侯笃慎，汉帝哀嘉。

墓志此段辞气颇为丰赡，但关键信息却只有一个，即李怀让在安史乱前即已获得了禁军成员的身份。

李怀让仕途的发展，得益于安禄山叛乱。因为他在乱中一直担任着离京在外的肃宗警卫军首领这样一个特殊的职务。无论是肃宗登基的灵武（灵州），还是此后临时驻跸的扶风（凤翔府），流亡时期的肃宗一直得到李怀让尽职的扈从与羽卫，这就是墓志说的：

属皇室艰难，王师巡狩，侍执羁鞘，扈陪惊奥。节见时危，捧六龙于岐下；口陈天命，从五马于回中。披荆榛而执殳，冒风雨而持盖，中原行在，实掌禁戎。领护钩陈，典司环列，出入警跸，肃清扦敔。羽卫甚严，军容益振，夜合枪櫐，晓开旌门。拥嘉气于月营，横大风于天仗，始自灵武，至于扶风，险阻屯蒙，未尝离上。

墓志记叙李怀让的第一个职衔为"临彰府折冲，射生供奉"。按"折冲"只是虚衔，负责肃宗宫苑宿卫的"射生供奉"才是实职。当然，肃宗"巡狩"之际的羽卫工作也同样是由其承担的。

正因为"险阻屯蒙，未尝离上"的这份特殊功绩，在至德二载（757）十二月肃宗还京表彰蜀郡、灵武扈从立功之臣时，李怀让被封为"沂国公，食实封一百户，一子五品官"①。《册府元龟》保留了当时的这份表彰

---

① 《册府元龟》卷131《帝王部·延赏第二》。

名单。从名单中来看，李怀让是地位仅次于两位率兵勤王的蕃部将领论诚节与钳耳大福的人物。① 换言之，排位第三的李怀让可能才是肃宗最为亲赖的将领。李怀让的这次受封在其墓志中被具体记载为"以佐命功特授镇国大将军、左羽林军大将军、知左神武军事，加特进兼鸿胪卿、左神武军大将军，封汧（沂）国公"。而据《唐会要》卷72《京城诸军》载：

> 至德二年十月十四日，左右神武两军，先取元扈从官子弟充，如不足，任于诸色中简取二千人为定额。其带品人，并同四军例，白身准万骑例，仍赐名"神武天骑"，永为恒式。

这条记载显示，当肃宗于至德二载十月十九日由临时驻跸的凤翔返回长安前②，其已经着手对禁军系统进行规划了。而这支被肃宗特加重视，也无疑将是还京后被寄予重任的禁军就是"先取元扈从官子弟充"，并被赐名为"神武天骑"的左右神武军。而在还京后被任命为首任"左神武军大将军"、"知左神武军事"的将领就是李怀让。至此，李怀让由宫苑的禁卫军首领荣升为京城禁军统帅。

李怀让在肃宗朝的第二次转迁发生在上元二年（761）。当年唐廷曾对京东地区的节镇区划进行过一次重要调整，这就是让原本分属于陕州和河中的华、同二州合并为一个节镇。华、同二州以黄河与东面的陕州和河中府分界，而在西面，它们则又紧邻长安所在的京兆府，两州均各自拥有一处重要的关隘——潼关和蒲津关，因此可以说是长安的门户。肃宗在上元二年将华、同二州由东面的陕州等地分出，并升级为一个独立的节镇，很可能是针对当年二月唐军遭遇邙山之败，史思明的叛军进逼陕州的一次防御措施。而被任命为首任同华节度使的就是李怀让，这也就是墓志所说的：

> 于是出镇左辅，建牙近关，扼天下之枢，走山东之盗。

关于李怀让被任命的具体职衔，墓志记载为"又加开府仪同三司，充潼关镇国军使、同华等州节度使、华州刺史"。作为长安门户的执掌者，李怀

---

① 有关论诚节事，参见《全唐文》卷479吕元膺《骠骑大将军论公（惟贤）神道碑铭并序》。关于论氏家族的事迹，亦可参见正文中的相关论述。有关钳耳大福事，可参见《旧唐书·哥舒翰传》和《新唐书·哥舒翰传》。

② 《旧唐书》卷10《肃宗纪》载："癸亥（十九日），上自凤翔还京。"

让在这一时刻被肃宗委以此职，是后者对其信任与器重的一种表现，这当然也与怀让曾经的扈从身份以及此时的禁军统帅身份有关。不过，李怀让得以成为同华节度使，也许更要归功于另一位人物的支持，这就是当时的宫廷首宦——李辅国。

李辅国在肃宗一朝的崛起过程与李怀让颇为相似。更确切地应该说是，李怀让与李辅国的仕途发展同行并进，并且彼此关联。作为肃宗的东宫侍宦，李辅国不仅在乱时扈从肃宗，而且对肃宗的即位有匡翊之力，所以《旧唐书·李辅国传》称：

> 肃宗即位，擢为太子家令，判元帅府行军司马事，以心腹委之。仍赐名护国，四方奏事，御前符印军号，一以委之……从幸凤翔，授太子詹事，改名辅国。

又称肃宗还京后，辅国"专掌禁兵"①。李辅国肃宗心膂的地位以及此后执掌禁兵的权任，很自然地会将他与在行在中统辖肃宗禁戎，以及此后出任左神武军大将军的李怀让联系起来。甚至在肃宗出巡的那段日子里，两人的接触与互动就可能更为密切和频繁。其实我们确实看到，当肃宗还京、李辅国权势日盛时，李怀让的仕途也在稳步上升。因此当上元年间，李辅国的权势业已达到"节度使皆出其门"②的地步时，如果李怀让凭借着长期以来与李辅国之间的良好关系而被推举为首任同华节度使的话，是不会让人感到太多诧异的。

从上元二年开始担任同华节度使的李怀让，其任期一直持续到了广德元年，即代宗即位后的第二年。在这两年左右的时间里，唐廷发生了两次变故，一次就是肃宗去世、代宗登基，另一次则是到广德元年，宫廷的首宦已经从李辅国变成了程元振。不过两起事件似乎都未对尚在华州任职的李怀让产生太大影响。广德元年六月，已外任两年的李怀让与另两位节度使一起入朝觐见：

> （六月）癸未（十一日），以陈郑泽潞节度使李抱玉检校司空，封武威郡王；河中节度使王昂检校刑部尚书，封邠国公；同华节度使李

---

① 《旧唐书》卷134《宦官·李辅国传》。
② 《资治通鉴》卷221"上元元年四月"条。

（怀）让检校工部尚书。同日入省，宰相送上。①

这次改迁也就是李怀让墓志中所说的"寻拜御史大夫、检校工部尚书，并兼旧务"。然而不幸的是，就在不久后的九月三日，李怀让"薨于华州军府"，结束了其不算太长的节度生涯。而为了褒奖这位肃宗朝"勋臣"，一个月后的十月四日，一场为李怀让举行的盛大葬礼就在建陵所在的醴泉县上演了。

二、吊诡的墓志

广德元年对唐帝国而言是一个具有戏剧性的年份。就在当年春天，关东的安史叛乱才刚刚结束，而到了秋天的时候，关中却又将面临一波不下于前者的致命威胁。发动这波威胁的是西面的吐蕃，它的入侵长安甚至导致了代宗的出逃陕州。

由吐蕃入侵而给长安带来的震撼发生在广德元年十月。据史书记载，十月二日（辛未）吐蕃已自邠州进寇京畿的奉天。奉天是由邠州逾梁山、经漠谷而到达京畿的第一县。一旦过了当长安西北大道之要的奉天，直达长安的道路就无甚大的阻碍。所以《资治通鉴》会说吐蕃进军到奉天时，"京师震骇"②，而代宗也因此立即诏郭子仪为关内副元帅，"出镇咸阳以御之"③。咸阳紧邻长安西北，既然吐蕃已攻至奉天，其沿奉天、醴泉、咸阳的驿路直捣长安就是最便捷的路径。④ 这也正是为什么代宗要任命郭子仪出镇咸阳的原因。但有意思的是，吐蕃的这次入侵恰恰没有沿这条东南下的路线，而是由奉天转向西南的武功，然后渡过渭河，由盩厔东向攻击长安，这样一来，就完全绕过了咸阳。⑤（见图14）《资治通鉴》记载："（癸酉，）渭北行营兵马使吕月将将精卒二千，破吐蕃于盩厔之西。乙亥（十月六日），吐蕃寇盩厔，月将复与力战，兵尽，为虏所擒。"⑥ 丙子（十

---

① 《旧唐书》卷11《代宗纪》。
② 《资治通鉴》卷223"广德元年十月"条。
③ 《资治通鉴》卷223"广德元年十月"条。
④ 参见严耕望：《唐代交通图考》第一卷《京都关内区》篇六《长安西北通灵州驿道及灵州四达交通线》，第182页；第二卷《河陇碛西区》篇十一《长安西通安西驿道上：长安西通凉州两驿道》，第385～387页。
⑤ 参见史念海：《河山集》（四集），第213页。
⑥ 《资治通鉴》卷223"广德元年十月"条。

七日），代宗出逃。①

在这里，我们必须对"癸酉"这个日期特别注意，因为癸酉就是十月四日，也就是《李怀让墓志》记载的李氏下葬的这一天。不过据《资治通鉴》的记载来看，如果李怀让下葬的时间是十月四日，那么这个时候吐蕃已经攻至盩厔西面，离代宗不久后的出逃也就三天。在这种节骨眼上，唐廷有没有心思和能力办理李怀让规格不低的葬礼是颇让人怀疑的。即便说吐蕃四日的时候还在长安西面，而李怀让陪葬的肃宗建陵则位于长安西北的醴泉县境②，那他的葬礼也不可能正常举行。因为二日时吐蕃已攻入奉天，而代宗已任命郭子仪出镇咸阳。③ 换言之，唐廷原以为吐蕃是要沿奉天—咸阳驿路南下的，而建陵所在的醴泉正介于奉天、咸阳驿路之间，因此四日的时候还想在这里举行功臣的陪葬仪式也很难让人想象。实际上，《唐会要》卷17《庙灾变》就记载说：

> 建中二年（781）二月，复肃宗神座于寝宫。初，宝应中（即广德元年），西戎犯京师，焚建陵之寝，至是始创复焉。

显然，有部分吐蕃军队在此次入侵长安的过程中到过醴泉，并焚毁了那里的建陵。而此事只可能发生在十月九日（戊寅）吐蕃攻入长安前。④

有关李怀让葬礼发生时间的这一"怪戾"记述，促使我们对由常衮所作的这份墓志进行重新审视。实际上，墓志所蕴含的"怪戾"气氛倒并不源于葬礼时间本身的异样之处，因为墓志中记录的下葬日期多半是卜筮后的结果，而墓志的撰写也本来就在墓主落葬之前。换言之，计划中的盛大葬礼由于碰巧遭遇了吐蕃的入侵，只能遗憾地告吹。而我们也只能从留存下来的墓志中，再去拟构与想象它本将举行时的盛大场面。其实，我们之所以要重新审读这份墓志，并不是因为葬礼时间的"怪戾"，而是葬礼规格的"怪戾"。纵然李怀让盛大的葬礼可能因吐蕃的入侵而无法按期举行，但他作为勋臣陪葬建陵的名分，却恐怕不应该因为这次意外的事件而轻易

---

① 《资治通鉴》卷223"广德元年十月"条、《旧唐书·代宗纪》、《新唐书·代宗纪》。
② 参见《唐会要》卷1《帝号上》。
③ 不管子仪在接到诏命时是否在第一时间就赶往咸阳部署军队。
④ 此事不可能发生在吐蕃不久后退出长安的过程中，因为吐蕃是从西面的凤翔方面撤出的。

抹去。但据《唐会要》卷21《陪陵名位》的记载，陪葬肃宗建陵的只有此后的尚父汾阳王、再造唐室的第一功臣郭子仪一个人，根本没有李怀让。①而如果后者确实没有获得陪葬建陵的资格，那么墓志作者如此煞有介事地去杜撰这一事件就将是一件极危险的事情。因为没有哪一个墓志撰写者敢去犯这样的禁忌：为一位没有资格陪葬皇陵的大臣杜撰陪葬一事。

其实，我们不用去猜测墓志作者常衮何以要冒如此大的政治风险去杜撰李怀让"特陪元斗"之事。事实上，常衮的写作根本不存在风险，因为《李怀让墓志》本来就不是常衮因与李氏有私交而为其撰写的。志文最后的"史臣奉诏，谨而志之"数字，让我们知道了这是一篇常衮受代宗之命而执笔为肃宗朝功臣所作的墓志。至于墓志中的"怪戾"之处，其实也还不止上述关于李怀让葬礼的这些。甚至李怀让的死亡时间（或许还有地点）也是错误的。源于《实录》的《旧唐书·代宗纪》就明确记载，李怀让死亡的时间根本不是九月三日，而是六月二十二日（甲午）左右，也就是李怀让"入省"后的十数天。至于李怀让死亡的原因，旧纪也一并给出了记录："同华节度使李怀让自杀，为程元振所构。"

我想，当我们终于读到这样一段关于李怀让之死令人唏嘘不止的文字时，我们或许已经意识到，常衮所作墓志中关于怀让死亡甚至下葬时间、地点的错误，关于其丧葬规格和气氛的杜撰及烘托，应该都不是无意为之的结果。而很可能正是为了要掩饰李怀让的"自杀"或其"自杀"的原因，并且，似乎也隐藏着一种意欲回护某位宫廷人物的目的。

三、伪作的意图

墓志想要袒护的那位宫廷人物，当然有可能就是当时的权宦、代宗的宠臣，也就是旧纪中说的迫使怀让自杀的程元振。不过，也可能有另外一种假设，就是墓志意欲回护的人物其实不是，或者说不完全是程元振，而是元振背后的代宗。其实，旧纪所谓"自杀"，真正的含义很可能是"赐死"，这是唐代君主意欲诛杀臣下，却又找不到诛杀理由时惯会使用的一种伎俩。而志文最后"君臣之义，厚莫重焉"几个字也许也不光是要凸显

---

① 其实郭子仪墓也很可能只是衣冠冢。且已有学者研究指出，唐陵陪葬墓自盛唐以后已全为皇族陪葬墓。（见沈睿文：《唐陵的布局：空间与秩序》，北京，北京大学出版社，2009年，第253~254页）

李怀让与曾经的肃宗之间的君臣之义，而更可能是暗示着现在的代宗对李氏的君主之义。至于这"君主之义"所含的究竟是代宗的愧疚之情，还是自负的虚情假意，这就恐怕只有代宗自己知道了。

而关于李怀让"自杀"的原因，即其是不是因为可能存在的曾经与李辅国之间的关系而为程元振"所构"，我们不得而知。但有一点应该是肯定的，就是李怀让的"自杀"必然会对帝国的上层造成负面影响，以至于代宗不得不通过伪造墓志的方式来对李怀让的死亡真相进行掩饰，并且极力渲染其对这位勋臣的"君臣之义"。而我推测，代宗此举的目的，很可能是因为怀让之死确实已经对其他一些勋臣造成了震撼，并且，代宗本人也正深陷于一种因得不到这些元勋支持而导致的困境之中，以至于他不得不通过对李怀让及自身形象的再创造来重新挽回朝廷在这些佐命元勋心目中的形象，并再次赢得他们的信任。而代宗所遭遇的困境就是在吐蕃入侵之时，像李光弼这样的平叛功臣不愿护驾。

关于其时李光弼等人不愿护驾的具体原因，《资治通鉴》的叙述道出了一部分真相，即：

> 骠骑大将军、判元帅行军司马程元振专权自恣，人畏之甚于李辅国。诸将有大功者，元振皆忌疾欲害之。吐蕃入寇，元振不以时奏，致上狼狈出幸。上发诏征诸道兵，李光弼等皆忌元振居中，莫有至者。①

据传世文献记载，代宗初年为程元振"忌疾"的"诸将有大功者"至少有以下几位，除了在吐蕃入寇之际不愿入关的河南副元帅李光弼，与光弼并称的佐命大臣郭子仪，身为元勋的宰臣裴冕，可能为元振构陷而"自杀"的李怀让，还有一位则是在广德元年初入朝谢罪而为程元振等所陷、最后为代宗赐死的平叛名将——山南东道节度使来瑱。而对程元振这样一位基于代宗宠信而"中外咸切齿"却又"莫敢发言"②的权宦，只有到了吐蕃入侵、代宗幸陕之际，像太常博士柳伉这样的大臣才敢上疏称：

> 犬戎犯关度（渡）陇，不血刃而入京师，劫宫闱，焚陵寝，武士无一人力战者，此将帅叛陛下也。陛下疏元功，委近习，日引月长，

---

① 《资治通鉴》卷223"广德元年十月"条。
② 《资治通鉴》卷223"广德元年十月"条。

以成大祸，群臣在廷，无一人犯颜回虑者，此公卿叛陛下也……自十月朔召诸道兵，尽四十日，无只轮入关，此四方叛陛下也。①

并且也只有在这样的局势下，代宗才不得不在十一月"削元振官爵，放归田里"②。

这样看来，李怀让墓志的撰写时间很可能就是代宗在广德元年底返驾长安后不久。在总算逃过一劫后，代宗需要立即采取措施修复他与功臣之间的关系。而为李怀让撰写墓志就是这些修复措施中的一项。至于墓志的作者常衮，其时正担任翰林学士、知制诰③，因此由其来撰写墓志当然是再正常不过的一件事情。而我也怀疑，之所以选择将李怀让下葬的时间放在十月四日，很可能就是想要故意利用吐蕃焚毁建陵一事。既凸显了怀让"勋臣"的地位，也是为其不明不白的死亡，以及根本不可能陪葬建陵的事实寻找一块天然的掩饰牌。而将一场根本不可能举行的葬礼，与规模隆重的两汉大臣孔光、邓宏（弘）的葬礼相提并论④，其中掩人耳目的用意也是不难体察的。

而到了《实录》编撰的时代，如果李怀让确是曾因程元振的谗毁而"自杀"的话，那么彼时的史臣应该已经不会像常衮时代那样，对这位虽在广德元年十一月被代宗削夺官爵、放归田里，但其后因代宗感念程氏当年拥立自己即位的旧功（当然还应该包括认真贯彻代宗抑制元勋意图），复令其于江陵安置的宦官再有任何忌讳。这也是我们得从旧纪中一定程度地了解怀让死亡真相及其促成者的原因。当然，如果在李怀让"自杀"事件中，代宗所负责任更大的话（实际情况可能也确是如此），那么到《实录》编撰的时代，由于当事人的全部离世，史臣将促使怀让自杀的罪名扣在程元振头上，既部分地还了怀让的清白，也保住了代宗的名声，也许比起墓志，这倒是更障人耳目的一种方法。⑤

---

① 《资治通鉴》卷223"广德元年十月"条。
② 《资治通鉴》卷223"广德元年十一月"条。
③ 参见《旧唐书》卷119《常衮传》。
④ 有关孔光事，参见《汉书》卷81《孔光传》[（汉）班固撰，（唐）颜师古注，北京，中华书局，1962年]。有关邓弘事，参见《后汉书》卷16《邓禹附邓弘传》[（宋）范晔撰，（唐）李贤等注，北京，中华书局，1965年]。
⑤ 有关《代宗实录》的编撰，可参见[英]崔瑞德：《唐代官修史籍考》，第125～126页。

四、宦官与同华

讽刺的是，无论是程元振还是代宗，其实都没有在李怀让"自杀"事件中获得什么收益。而真正渔翁得利的，是在吐蕃入侵之际正于陕州督掌神策军及在陕诸军，同时也是肃、代之际外军系统中权势最显赫的一位宦官——鱼朝恩。代宗一行于十月七日逃离长安，次日（丁丑）至华州，并在那里遇到了前来护驾的鱼朝恩，这就是《旧唐书·鱼朝恩传》说的：

> 代宗幸陕……比至华阴（华州属县），朝恩大军遽至迎奉。①

十月十二日（辛巳），代宗在鱼朝恩的陪护下最终来到陕州。我们可以设想，如果当时华州方面的统帅还是李怀让的话，那么此后护驾的首功或许就不会记在鱼朝恩头上了。而后者也得借李怀让死后同华节度一职暂时空缺的机会，在十月底吐蕃刚退出长安时，便顺理成章地将自己的部将周智光推上了这一位置。同时鱼朝恩也凭借此次护驾的契机，在广德元年底代宗还京后，成功取代程元振成为代宗初年的第三位唐廷首宦。这样看来，李怀让"不当其时"的"自杀"，不免有"为他人作嫁衣裳"的意味。

而审视同华节帅变更的这段公案，也使我们得以睹见肃、代之际宦官势力对于同华一镇的影响。在安史之乱至唐僖宗时代之前的一百余年历史中，以华州为治所设立的节镇（镇国军节度使）只存在于肃、代、德三朝。② 而同、华合镇的时间则更短，且只产生过李怀让和周智光两任节帅。到大历二年（767）代宗平定周智光的叛乱后，同州和华州就正式分镇了。而我们本文所谈论的同华初代节帅李怀让，他的任命、死亡、后继者就分别与肃、代之际的三任权宦李辅国、程元振、鱼朝恩有点关系。

如果要说肃、代之际宦官对同华一镇的影响，那么其时与程元振、鱼朝恩并称的另一大宦官骆奉先也不得不提上一句。骆奉先的地位可能略低于鱼朝恩，但他同样是肃、代之际外军系统中权势最显赫的宦官之一，而他所监督的军队就是仆固怀恩所领的朔方军。史料显示，仆固怀恩在广德、永泰之际的"叛乱"也和骆奉先有一定的关系。史称在仆固怀恩事平后：

---

① 代宗是先在华阴得到鱼朝恩军队的迎驾，再一同东趋陕州的。（参见《旧唐书·代宗纪》、《新唐书·代宗纪》、《资治通鉴》卷223"广德元年十月"条）

② 参见《唐方镇年表》卷8《华州》，第1145～1149页。

擢奉先军容使，掌畿内兵，权焰炽然。永泰初，以吐蕃数惊京师，始城鄠，以奉先为使……累封江国公，监凤翔军，大历末卒。①

这一关于骆奉先生平的简略叙述，无法让我们对他和鱼朝恩之间的关系有更深入的了解。总的来看，骆、鱼二人之间似乎并没有什么矛盾可言，当鱼朝恩在广德元年底和代宗一起还京，并且不久后因将神策军培养成位在北军之上的禁军主力，从而成为宫廷首宦后，骆奉先可能更多的是在京西北担任监军。②

骆奉先对同华一镇也有影响，因为他的养子骆元光（即李元谅）其时就担任着地位仅次于镇国军节度使（即同华节度使）的副使一职③，而且他的驻地正在重要的潼关，并且领军屯驻潼关长达十余年。骆元光显达于唐代的政治舞台，当然得益其在德宗初年"奉天之难"中的表现，他的赐姓李氏、改名元谅，并被任命为华州一地在唐代中后期第三位也是最后一位节度使（其时镇国军节度使只领华州一州）也由此而来。当然，骆元光作为骆奉先养子驻守潼关长达十余年，这一事件本身可能未必能说明后者对潼关的影响，而且史料也称，实际署奏元光担任镇国军副使的还是当时的节度使李怀让。④ 但我想指出的是，同李怀让一样，骆元光也是以"宿卫"身份出镇华州的。⑤ 我们知道，肃、代之际的三任权宦李辅国、程元振、鱼朝恩，甚至包括骆奉先，他们之所以能左右宫廷及京畿局势的秘密，很大程度上就在于他们都执掌着禁军。⑥ 而华州的高级将领又多出于

---

① 《新唐书》卷207《宦者上·骆奉先传》。
② 不过我们还不好确认上述史料中所谓"监凤翔军"，是指监临凤翔陇右节度使的藩镇军队，还是监临同样屯驻在凤翔的神策军。
③ 具体职名为"潼关镇国军防御副使"（见《全唐文补遗》第三辑杜确《唐故华州潼关镇国军陇右节度支度营田观察处置临洮军等使开府仪同三司检校尚书左仆射兼华州刺史御史大夫武康郡王赠司空李公（元谅）墓志铭并序》[以下简称《李元谅墓志》]，第128页）。
④ 《旧唐书》卷144《李元谅传》。
⑤ 《李元谅墓志》中称其："少居幽蓟，历职塞垣。否倾泰授，方归京邑。以才干见推，列在环卫；以将校是选，爰副戎昭。迁太子詹事，充潼关镇国军防御副使。"（第128页）
⑥ 参见[日]小畑龙雄：《神策军の建立》，《东洋史研究》18：2，1959，第52~53页。

禁军系统。① 换言之，同华地区得因宦官、禁军这些要素大大强化了其与京畿的联系，也强化了其被京畿控制的程度。于是，正因为同华地区与京畿之间的这层地缘与亲缘关系，虽然在长安，权宦的人选在不断地变更，但不变的是，宦官势力对同华的渗透，本质上都意味着立国关中的唐帝国，对其政权中心渭河谷地的重视和谨慎。我想，这才是我通过对《李怀让墓志》及相关问题的考察真正想阐述的命题。②

---

① 此外在代宗时代，华州应该也驻有神策军。《旧唐书》卷145《李忠臣传》曾载，代宗曾于大历初"诏（淮西节度李）忠臣与神策将李太清等讨平（周智光）"。而此"神策将李太清"者，应该就是在德宗初年"四镇之乱"时，被唐廷委派支援讨伐淮西李希烈的神策同华行营右厢兵马使权秀的表弟。［《全唐文补遗》第二辑冯越《唐故神策军先锋突将兵马使开府仪同三司试太子宾客兼御史中丞洋川郡王权君（秀）墓志铭》最后记有"表弟奉天定难功臣、经略副使、左金吾卫大将军、试鸿胪卿、五原郡王李太清刻字"，第32页］从代宗以神策将领李太清讨平同华周智光的叛乱，而李氏的表兄权秀在德宗朝初又是以神策同华行营将领的身份赴援河南的记载看，有表兄弟关系的李、权二人很可能出于同一支神策军中，而这支神策军就驻扎在同华一带。不过我们现在还不能肯定这支神策军驻屯华州的时间是在周智光叛乱前还是后。又据权秀的墓志，权氏曾经和李怀让一样，也是扈从过肃宗的羽林射生将领。不过对其结束扈从生涯直至讨伐李希烈之间的十多年经历，墓志没有详细交代。

② 具体就李怀让墓志撰写的动机和过程而言，其实"附录"提供的只是类似于"罗生门"事件中的一种解释。在尚受制于史料不足的情况下，上文的推论仅仅是一种"说法"，而不一定是"真相"。

后　记

　　本书是在我博士学位论文的基础上略加修改而成。论文于2011年4月写定，此次出版，除了略微增订个别史料及论述外，并无太多的修改。

　　我于2011年夏天毕业后，进入上海中西书局工作，原本并没想到论文能那么快就得到出版。非常感谢仇鹿鸣学长的多方联系，帮助我得到了这一与北京师范大学出版社合作的宝贵机会。

　　北京师范大学出版社的谭徐锋先生是本书的策划编辑，是他将本书纳入"新史学&多元对话系列"丛书之中，提供了资助出版的机会。对于他的信任与辛劳，我深表感谢。

　　为了达到出版的要求，原文的地图重新进行了绘制。改绘地图的工作再次得到了张鑫敏师弟的帮助。他在百忙之中不厌其烦地一次次帮助我重绘地图。其间制定绘图策略，选择、修改底图，考证地点、区域、河流、路线等工作颇耗精力与折磨耐心。但鑫敏同学的严谨态度和幽默性格，使得这一枯燥而烦琐的工作在最短的时间里得到了完满的解决。

　　论文的出版，同时得到了诸多师友的关心和支持，在此衷心感谢。

　　最后，再次感谢业师周振鹤、李福长两位先生对我学业的指导，他们为我的学术成长付出的心血，我将永远铭记于心。

　　同样铭记于心的是我的父母十多年来对我学业的支持与鼓励，以及对我生活各方面无微不至的照顾。

　　博士论文的出版无疑是我十年大学生涯的一份重要收获与肯定；但是，在学习与研究过程中认识的增长，即从一个为应付课程论文而只会随意在图书馆书架或期刊网中寻找相关文献的大学生，成长为一个当读到一篇精彩文章会为之鼓掌、激动，甚至产生"我也要做这样的学问"的憧憬与自信的学人的经历，也许更让我欣慰与动容；不过我想，比起以上这些，最让我珍惜与感动的，还是十年里和我一起度过大学生活的朋友们的情谊，因为你们的陪伴，让我的十年大学生涯真正充满了精彩、幸福与成功。非常感谢你们！

李碧妍

2014年6月3日于上海中西书局

图书在版编目(CIP)数据

危机与重构：唐帝国及其地方诸侯 / 李碧妍著. —北京：北京师范大学出版社，2015.8(2025.2重印)

(新史学 & 多元对话系列)

ISBN 978-7-303-18387-6

Ⅰ. ①危… Ⅱ. ①李… Ⅲ. ①中国历史—研究—唐代 Ⅳ. ①K242.07

中国版本图书馆 CIP 数据核字(2015)第 016762 号

WEIJI YU CHONGGOU

出版发行：北京师范大学出版社 https://www.bnupg.com
北京市西城区新街口外大街 12-3 号
邮政编码：100088

印	刷：保定市中画美凯印刷有限公司
经	销：全国新华书店
开	本：730mm×980mm 1/16
印	张：35
字	数：595 千字
版	次：2015 年 8 月第 1 版
印	次：2025 年 2 月第 13 次印刷
定	价：79.80 元

策划编辑：谭徐锋	责任编辑：王艳平
美术编辑：王齐云	装帧设计：王齐云
责任校对：陈 民	责任印制：马 洁

版权所有 侵权必究

读者服务电话：010-58806806
如发现印装质量问题，影响阅读，请联系印制管理部：010-58806364